Allgemeines

ne
d
d

Bohuslän
und
Dalsland

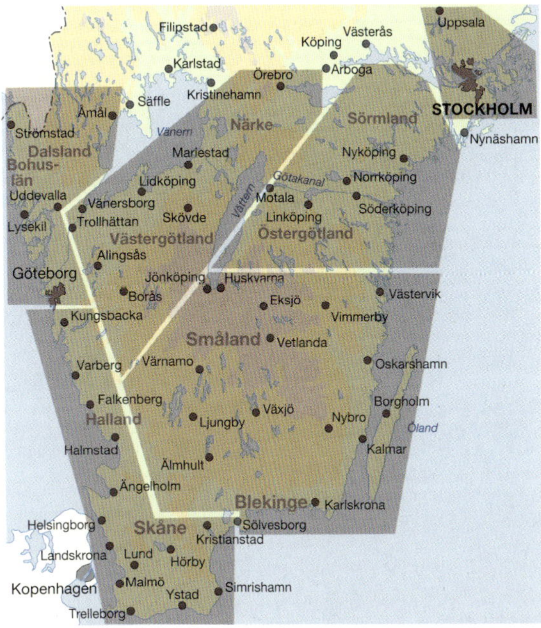

Västergötland
und
Närke

Blekinge
und
Småland

Östergötland
und
Sörmland

Stockholm

Text und Recherche Sabine Gorsemann und Christian Kaiser | **Co-Autorinnen** Britta Jansen, Petra Burkhardt | **Lektorat** Brigitte Seitzer, Überarbeitung: Christine Sadler | **Redaktion und Layout** Heike Dörr, Susanne Beigott | **Karten** Susanne Handtmann, Gábor Sztrecska, Hans Joachim Bode, Michaela Nitzsche, Hana Gundel, Judit Ladik | **Cover** Karl Serwotka | **Covermotive** oben: herbstliche Abendstimmung in den Schären von Orust; unten: Hafen auf der Insel Käringön (beide: Britta Jansen)

Fotos Sabine Gorsemann und Christian Kaiser, außer S. 66 (Petra Burkhardt) und S. 13, 14, 369, 373, 375, 378, 380, 382, 385, 387, 389, 393, 395, 397, 398, 399, 400, 402, 404, 406, 408, 410, 411, 412, 415, 416, 419, 420, 422, 423, 424/425, 426, 428, 429, 431, 432, 437, 454, 456 (Britta Jansen)

Die Vorwahlnummern der im Text behandelten Städte/Orte sind jeweils zu Beginn des Informationsblocks unter den Ortsbeschreibungen aufgeführt. Sie gelten für alle Rufnummern des jeweiligen Informationsblocks, es sei denn, eine Rufnummer ist explizit mit einer davon abweichenden Vorwahlnummer versehen.

Sabine Gorsemann studierte Deutsch, Englisch und Geschichte. Sie promovierte mit dem Thema Reiseliteratur, arbeitete als Reiseleiterin im skandinavischen Raum und verfasste mehrere Reiseführer. Heute ist sie als Lehrerin an einem Bremer Gymnasium tätig

Christian Kaiser studierte Geographie, Sport und Sonderpädagogik und war als Lehrer tätig. Zusammen mit seiner Frau Sabine Gorsemann verfasste er mehrere Reiseführer.

Britta Jansen studierte Englisch und Deutsch als Fremdsprache. Seit einigen Jahren lebt und arbeitet sie auf Orust an der schwedischen Westküste. Eine Wohnung in Stockholm hat sie noch nicht, aber die Koffer wären schnell gepackt... Für den vorliegenden Band verfasste sie das Kapitel zu Stockholm sowie in Zusammenarbeit mit Sabine Gorsemann den kleinen Sprachführer „Etwas Schwedisch".

ISBN 3-89953-642-3

 Druck: Stürtz GmbH, Würzburg.

4. umfassend erweiterte und aktualisierte Auflage 2011

SÜDSCHWEDEN

Sabine Gorsemann

INHALT

Kartenverzeichnis

Zeichenerklärung für die Karten und Pläne

Autobahn
Fernverkehrsstraße
Hauptstraße
Landstraße
Gewässer
Grünanlage
bebaute Fläche
Badeplatz
Leuchtturm
Aussichtspunkt
Campingplatz
Jugendherberge
Sehenswürdigkeit
Ruine
Schloss/Burg
Kirche
Museum
Parkplatz
Bushaltestelle
Apotheke
Post
Information
Wanderweg Start
Wanderweg Ziel

Was haben Sie entdeckt?

Haben Sie eine schöne Wanderroute gefunden, ein besonderes Restaurant oder eine freundliche Pension?

Wenn Sie Ergänzungen, Anregungen, aber auch Kritikpunkte haben, lassen Sie es uns wissen.

Schreiben Sie an:

Sabine Gorsemann
Stichwort „Südschweden"
Michael Müller Verlag
Gerberei 19
91054 Erlangen
Gorsemann@michael-mueller-verlag.de

malerischen Bauerndörfern und romantischen Schlösschen. So manche alte Hofanlage, die für Landwirtschaft und Kleinindustrie unrentabel geworden ist, wird als Heimatmuseum oder Kunsthandwerkerbetrieb weitergeführt, sodass die Fahrt über Land, abseits der Europastraßen, auch kulturell einiges zu bieten hat.

Stockholms klassische Bühne: das Dramaten

Aus der wechselvollen Geschichte des dänisch-schwedischen Machtkampfes sind Burgen und Befestigungen erhalten, unter denen die Vasa-Schlösser der schwedischen Großmachtzeit eine besondere Bedeutung besitzen und zu Besuchermagneten avanciert sind. Für deutschsprachige Touristen nimmt Schloss Gripsholm eine wichtige Rolle ein, zumal der gleichnamige Roman von Kurt Tucholsky verfilmt wurde.

Auch die Frühzeit der Industrialisierung hat ihre Spuren hinterlassen, sei es durch Erzgruben, historische Hüttenanlagen oder Kanalbauten. Eine der klassischen Reiseformen in Südschweden ist eine Fahrt mit der „Diana", „Juno" oder „Wilhelm Tham" auf dem Götakanal, dessen Treidelwege sich auch hervorragend für Radtouren eignen.

Schweden war zuletzt vor fast 200 Jahren in einen Krieg involviert, sodass sich die Baukultur seit der Zeit Napoleons in so mancher intakten Altstadt spiegelt. Herrschaftliche alte Parkanlagen und liebevoll herausgeputzte Gärten tragen zur Attraktivität vieler Orte bei.

… für Familien

„Barnvänlig", kinderfreundlich, kann man Schweden bedenkenlos nennen, jedenfalls wenn es um die Ferien geht. Kinder sind eigentlich überall gern gesehen. Hotels bieten oft preiswerte Familienzimmer an, und in Cafés und Restaurants gehören Kindersitze, Wickeltisch und Rauchverbot zum Standard. Die Campingplätze sind fast immer mit Bade- und Spielplatz, oft mit Minigolfbahn und Bootsverleih ausgestattet, sodass der kindliche Bewegungsdrang sich auch dann entfalten kann, wenn die Großen als Entertainer nicht zur Verfügung stehen.

Die Natur bietet zudem Raum für zahlreiche familienfreundliche Aktivitäten, vom Baden und Buddeln am Strand bis zum Felsengekraxel auf Ronja Räubertochters Spuren. Viele der ländlichen Freilichtmuseen sind auch für Kinder interessant, man kann ein paar Ziegen oder Kaninchen streicheln, einem Handwerker bei der Arbeit zusehen, und oft sind die Leute altertümlich angezogen. Anschaulichkeit wird in fast jedem Museum großgeschrieben. Freizeit-, Tier- und Themenparks sind in

Südschweden recht verbreitet und locken trotz der oft hohen Preise unzählige Besucher an. In Vimmerby steht alles im Zeichen von Astrid Lindgren, man spaziert hier durch Bullerbü und die Villa Kunterbunt. Göteborgs Lisebergpark und Skara Sommarland sind die beliebtesten Rummelplätze mit wilden Karussells und Riesenrutschen. Spaßbäder finden sich in zahlreichen Orten, besonders bekannt sind die in Örebro und Halmstad. Bei Nordens Ark in Bohuslän und Eriksberg in Blekinge sind heimische Tiere in großen, schön gestalteten Naturparks zu beobachten, in Lysekil taucht man im Havets Hus in die Tierwelt des Atlantik ab, und bei Norrköping übt der riesige Zoo Kollmården eine magische Anziehungskraft auf Kinder aus.

Naturraum Südschweden

Der südwestliche Teil der skandinavischen Halbinsel weist nur ein sanftes Relief auf; die höchsten Erhebungen Südschwedens betragen kaum mehr als 300 m. Den Untergrund bildet der hier fast 2 Mrd. Jahre alte Baltische Schild, südwestlicher Teil des alten Fennoskandia. Im Silur, also auch noch im Erdaltertum, faltete sich das Kaledonische Gebirge auf, das mit der Bildung des Atlantiks zum Teil mit den Appalachen ins heutige Nordamerika verlegt wurde. Es wurde im heutigen Europa mehrere hundert Kilometer auf den Baltischen Schild aufgeschoben und ist heute noch als Gebirge – die „Skanden" – in und an der Grenze zu Norwegen zu sehen. Allerdings erodiert es an seinem schwedischen Ostrand stark, sodass es in ein paar Millionen Jahren eingeebnet sein dürfte. Für das heutige Erscheinungsbild spielten die **Eiszeiten** die wichtigste Rolle. Der bis zu 2000 m mächtige Eispanzer, der auf der skandinavischen Halbinsel lastete, band ungeheure Mengen Wasser, sodass der Meeresspiegel zeitweilig 100 m niedriger lag als heute. Die Gletscherabflüsse formten entsprechend tiefe Täler und Rinnen, die sich später mit Seen und Flüssen füllten; der knapp 100 m tiefe Vättern ist der mächtigste derartige Rinnensee. Die Eismassen hinterließen außerdem vielerorts Gesteinsschutt, sei es als sanft gewellte Grundmoränen oder als dammartige End- oder Seitenmoränen. Beide Varianten

Kanadagänse brüten regelmäßig in Südschweden

sind in der heutigen Landschaft noch vielfach erkennbar, etwa als hügeliges, fruchtbares Weideland und in Form von Querriegeln, die große Seen aufstauten, Landzungen oder trockene Bänder durch Moorgebiete bildeten. Das Eis hobelte auch frühere Sedimentschichten teilweise wieder ab, sodass die urzeitlichen Granite in unzähligen Rundhöckern, Schären und Felskuppen wieder zu Tage traten. Feine Schwebstoffe, von den Gletscherflüssen an den Küsten abgelagert, wurden vom Wind zu Flugsanddünen aufgeworfen. Nach dem Ende der Eiszeiten blieben auf wasserundurchlässigem Felsgrund unzählige, oft flache Seen zurück, die im Laufe der Jahrtausende zu großen Moorgebieten verlandeten, während auf dem Moränengelände riesige Laub- und Mischwaldgebiete entstanden. Neben Buchen sind im südlichen Laubwaldgürtel Eichen, Eschen, teils auch Birken und Linden vertreten, der nördlich angrenzende Mischwald enthält neben Waldkiefern- und Fichtenbeständen vor allem Espen und Birken. Die letzten noch erhaltenen dieser ursprünglich artenreichen Wälder stehen heute ebenso unter Naturschutz wie die wenigen nicht abgetorften Moore. Meist sind diese Naturreservate für Wanderer und Naturfreunde gut erschlossen.

Seit dem Abschmelzen der Eiskappe vor etwa 10.000 Jahren hebt sich die skandinavische Halbinsel. Für Südschweden beträgt die Hebung etwa einen halben Meter pro Jahrhundert. Dies hatte zur Folge, dass verschiedene Seewege von der Ostsee ins Hinterland, die während der Wikinger- oder Hansezeit schiffbar waren, später unterbrochen wurden; der Mälaren wurde Binnensee. Mit der Besiedlung Südschwedens veränderte sich die Landschaft zunehmend. Ackerbau, Weide- und zuletzt Forstwirtschaft drückten den Naturräumen ihren Stempel auf.

Im wahrsten Sinne des Wortes herausragend in Südschwedens **Tierwelt** ist der Elch. Die mit etwa 2 m Schulterhöhe wahrhaft riesigen, hirschartigen Waldbewohner sind besonders in der Dämmerung gut zu beobachten, wenn sie sich aus dem

So dicht kommt man den Tieren nur im Elchpark – hier Dalslands Moose Ranch

Schutz des Dickichts auf die umliegenden Wiesen oder Äcker wagen. Ihre vorwiegend aus Blättern bestehende Nahrung finden sie sowohl in Wald- wie in Moorgebieten, während Rotwild und Fuchs sich vor allem in den Mischwäldern aufhalten. Die Vogelwelt ist besonders an den Küsten, Seeufern und in Feuchtgebieten interessant. Zur Zeit der Vogelzüge im Frühjahr und besonders im Herbst finden sich Ornithologen an den neuralgischen Punkten ein, etwa an der Südspitze Ölands, am Hornborgasjön und Tåkern, auf Falsterbo oder den vorspringenden Landzungen Hallands, um Gänse- und Entenarten, Limikolen, Raub- und Seevögel zu beobachten.

Geschichte im Überblick

Man geht davon aus, dass bald nach dem Abschmelzen des Eises vor 10.000 Jahren die ersten Jäger- und Sammlerkulturen dem jagdbaren Wild nach Norden folgten und im südschwedischen Raum heimisch wurden. Vor etwa 6000 Jahren entwickelten sich erste Ackerbaugesellschaften, die Wald zu roden begannen und Haustiere hielten. Von dieser Megalith-Kultur sind die riesigen, aus Findlingen errichteten Hünengräber erhalten. Ihr folgten andere prähistorische Gesellschaften, die Pferde domestizierten und von denen Steinkistengräber und Bautasteine zeugen.

1500–500 v. Chr.: Die Bronzezeit ist in Südschweden u. a. durch die zahlreichen Felsritzungen belegt, in denen die damaligen Menschen auch verschiedene Kult- und Gebrauchsgegenstände abbildeten, darunter Luren, Äxte, Jagdspeere, Pflüge und zweikufige Fellboote. Diese Zeit war von relativ mildem Klima mit günstigen Bedingungen für die Landwirtschaft geprägt.

500 v. Chr.–800 n. Chr.: Die Eisenzeit ging mit einer allmählichen Abkühlung des Klimas einher. Die Beherrschung des neuen Werkstoffes ermöglichte die Anpassung an die sich verändernden Lebensbedingungen, Hausbau und Landnutzung wurden verbessert. Die um 100 n. Chr. entstandene „Germania" des römischen Geschichtsschreibers Tacitus erwähnt den Stamm der Svear, die im Gebiet des heutigen Uppsala lebten; von ihnen leitet sich der Name Svearriket, später Sverige ab.

800–1100: Zeit der *Wikingerzüge*. Von der schwedischen Ostküste drangen die skandinavischen Seefahrer nach Russland und über die dortigen Flüsse bis nach Konstantinopel vor, erbeuteten und handelten mit Sklaven und Pelzen. Nach Westen überquerten ihre Langschiffe die Nordsee, die Wikinger handelten, plünderten und siedelten auf den Britischen Inseln und im Frankenreich. Von Westen her gelangte das Christentum nach Skandinavien, zunächst nach Norwegen, dessen Herrscher Olav Tryggvason im Jahr 1000 in der Schlacht bei Svolder jedoch gegen die „Heiden" aus den Gebieten Dänemark und Südschweden unterlag. Bis ins 12. Jh. konnte sich weder die Kirche noch eine dauerhafte Zentralmacht über die rivalisierenden Stammesfürsten und Regionalkönigtümer im heutigen Südteil Schwedens erheben.

1130–1250: Konsolidierung des Königreiches Sverige. Nach dem Tod *Eriks des Heiligen* 1160 wurde Uppsala der erste Erzbischofsitz des Reiches. Schweden bestand in seinem Kernland nun aus dem Götaland im Westen und dem ehemaligen Gebiet der Svear im Osten. Der Süden gehörte zu Dänemark. Missionierung und Kolonisierung wandten sich bald Finnland zu.

1250–1389: Unter der von *Birger Jarl* begründeten Folkunger-Dynastie stieg Schweden erstmals zum mächtigsten

Reich Skandinaviens auf, das in ständige Machtkämpfe in Finnland und gegen Dänemark verwickelt war. Erste Gesetzeswerke wurden verfasst, die feudale Gesellschaftsstruktur mit einem dem König ergebenen Ritterheer entstand, Kirche und Aristokratie wurden tragende Säulen der Herrschaft. Ein Teil der freien Bauernschaft wurde in Pachtverhältnisse gezwungen, sie bearbeiteten das Land der Krone, der Kirche und des Adels. Die Hanse dehnte ihre Aktivitäten auf die schwedische Küste aus und errichtete Handelsstützpunkte. Konkurrenzkämpfe unter den Folkungern führten 1318 zu einer ersten Machtkrise, die der Adel zur Durchsetzung größerer Rechtssicherheit gegenüber der Krone nutzen konnte. Um 1350 erschütterte die Pest ganz Skandinavien. In Schweden starb ein Drittel der Bevölkerung, das Land blutete ökonomisch aus. Zwistigkeiten mit der Hanse und dem Dänenkönig Valdemar Atterdag um die Provinzen Skåne, Blekinge und Halland schürten den innerschwedischen Streit zwischen Krone, Klerus und Adel um die drastisch gesunkenen Staatseinnahmen. In den letzten Regierungsjahren von *Magnus Eriksson* zerbrach das Reich weitgehend, der Adel holte den deutschen Herzog *Albrecht von Mecklenburg* als neuen Herrscher ins Land, vermutlich durch Einfluss der mächtigen Hanse. Albrechts Eigenmächtigkeiten bei der Vergabe von Lehen an Mecklenburger machten ihn jedoch bald unbeliebt beim schwedischen Adel, der daraufhin mit dem dänisch-norwegischen Thronfolger Olav sympathisierte. Als der noch unmündige Olav 1387 starb, ließ sich seine Mutter *Margarethe* als Regentin bestätigen und begann einen Feldzug gegen den unbeliebten Schwedenkönig. Bei Falköping wurden die Truppen Albrechts 1389 vernichtend geschlagen, und Margarethe wurde Herrscherin über alle drei skandinavischen Reiche.

1397–1523: Zwei Gründe begünstigten diese Union, die 1397 in Kalmar besiegelt wurde: Der Kampf gegen die mächtige deutsche Hanse machte die skandinavische Einigung notwendig. Innerhalb der skandinavischen Gesellschaft standen sich außerdem länderübergreifend Adel und Zentralgewalt konkurrierend gegenüber, sodass Koalitionen zwischen Adeligen verschiedener Länder nicht ungewöhnlich waren. Dennoch war die Kalmarer Union von Beginn an brüchig und von dauernden Kriegen begleitet. Nach Margarethes Tod 1412 wurde die Opposition gegen die dänische Dominanz in Schweden und Margarethes Nachfolger Erik von Pommern größer. Unter *Engelbrekt Engelbrektsson* erhob sich 1434 die bäuerliche Bevölkerung und erreichte die Vertreibung zahlreicher dänischer Verwalter. Zwar bekam das Land nun wieder einen schwedischen Regenten und einen Reichsrat, doch die Steuerlast für die Bauern blieb, und ihr Anführer erlag einem Mordanschlag, der dem Hochadel gerade recht zu kommen schien. 1520 ließ der dänische Unionskönig *Christian II.* schwedische Oppositionelle in einer Überraschungsaktion gefangen nehmen und im Blutbad von Stockholm über 80 von ihnen hinrichten. In den daraufhin ausbrechenden Aufständen tat sich einer der Anführer, *Gustav Eriksson Vasa* hervor. Unter seiner Führung wurden König und Erzbischof abgesetzt, der pro-dänische Hochadel trat auf Gustav Vasas Seite über, der Einfluss der Hanse wurde zurückgedrängt.

1523–1648: Mit Gustav Vasas Machtantritt begann Schwedens Aufstieg zur Großmacht. Der König setzte den lutherischen Glauben im Lande durch und zog die Besitztümer der Kirchen und Klöster ein. Mit dieser „Finanzreform" ging eine Verwaltungsänderung einher, das Land wurde fortan zentralistischer regiert. Gustav Vasas Enkel, *Gustav II. Adolf*, baute Schweden zu einer Militärmacht aus, die in den Dreißigjährigen Krieg eingriff und im Westfälischen Frieden zu den Gewinnern zählte: Schweden konnte sich Gebiete in Mecklenburg und Pommern, dazu das Erzbistum Bremen und Verden aneignen, auch ehemals dänische Gebiete im heutigen Südschweden wechselten den Besitzer.

1648–1814: Ab 1654 erzwang *Karl X. Gustav* im Reichstag die Reduktion der Adelsprivilegien, ein wichtiger Schritt, um den durch teure Kriegsführung angeschlagenen Staatshaushalt zu konsolidieren. Das Ziel, die Großmachtposition Schwedens zu halten, äußerte sich in der Eroberung der letzten dänischen Besitzungen auf dem heutigen Gebiet Schwedens: Blekinge, Skåne und Bohuslän gingen 1658 im Frieden von Roskilde endgültig an Schweden. Im Nordischen Krieg 1700–1721 verlor Schweden dann gegen das aufsteigende russische Zarenreich seine deutschen und baltischen Besitzungen, 1751 in einem erneuten Vorstoß weite Teile Finnlands. Dies schwächte die Macht der Krone, und Adel und Bürgertum konnten ihre Rechte wieder stärken. Aus den Wirren der Napoleonischen Kriege ging Schweden 1814 mit einem neuen Herrscherhaus (den aus Frankreich stammenden *Bernadottes*), einem hinzugewonnenen Reichsteil (Norwegen) sowie einem verlorenen (Finnland) und einer zeitgemäßen Verfassung hervor.

1814–1905: Eine Phase der Industrialisierung setzte ein, die Infrastruktur des Landes wurde ausgebaut, was neue Gebiete wirtschaftlich interessant machte. Erzabbau, Eisenindustrie und Maschinenbau, Forstwirtschaft, Holzverarbeitung und Papierindustrie prosperierten. Das wirtschaftlich aufsteigende Bürgertum errang auch politischen Einfluss, das anwachsende Proletariat blieb davon ausgeschlossen. 1869 wurde die erste Gewerkschaft, 1889 die Schwedische Arbeiterpartei gegründet. Der Reichstag blieb im dänisch-deutschen Krieg um Schleswig-Holstein neutral, und als Norwegen sich 1905 von Schweden unabhängig erklärte, verzichtete Schweden ebenfalls auf eine kriegerische Entscheidung.

Zeugnis bronzezeitlicher Besiedlung: Felsritzungen

1905–1945: Im Ersten Weltkrieg führte Schweden seine begonnene Neutralitätspolitik fort; schwedische Industriegüter, besonders Metallerzeugnisse, besaßen inzwischen Weltrang und wurden vor allem nach Deutschland exportiert. 1921 wurde das allgemeine Wahlrecht eingeführt. Ab 1932 bildete die sozialdemokratische Arbeiterpartei unter *Per Albin Hansson* die Regierungsmehrheit im Parlament. Das Abkommen von Saltsjöbaden regelte ab 1938 die

Tarifkonflikte zwischen Arbeitern und Unternehmern. Auch im Zweiten Weltkrieg blieb Schweden neutral, ließ allerdings deutsche Truppentransporte nach Narvik zu. Zahlreiche Verfolgte des Nazi-Regimes flüchteten nach Schweden.

Nach 1945: Unter der sozialdemokratischen Regierung *Tage Erlanders* (1946–1969) entstand der schwedische „Wohlfahrtsstaat", der die Idee des sozialen Ausgleichs durch staatliche Eingriffe beinhaltete. Aufgrund einer jahrzehntelangen Phase ökonomischen Wachstums wurde das schwedische Modell finanzierbar. In den 80er Jahren kam das System in die Krise, die Wirtschaft verzeichnete das neue Phänomen der Arbeitslosigkeit, in den Vorortsiedlungen, die rings um die Großstädte hochgezogen wurden, wuchsen soziale Probleme. Ein Schock für die Nation war 1986 der nie aufgeklärte Mord am Ministerpräsidenten *Olof Palme*, ein zweiter die Verwicklung des menschenrechtlichen „Musterlandes" in dubiose internationale Waffengeschäfte. Die seit 1932 fast ununterbrochene Regierungszeit der Sozialdemokraten ging 1991 zu Ende, die bürgerliche Regierung Carlsson löste sie ab. Schweden ist seit 1990 Mitglied der EG und seit 1995 Mitglied der EU. Um die extrem hohe Staatsverschuldung abzubauen, verordnet seitdem jede Regierung dem Land ein strenges Sparprogramm, dem vor allem Sozialleistungen zum Opfer fielen. Daran änderte die zwischenzeitlich mit *Göran Persson* wieder ans Ruder gekommene sozialdemokratische Regierung ebenso wenig wie die seit Oktober 2006 wieder bürgerlich dominierte Regierungskoalition unter *Fredrik Reinfeldt*. Letzterer war auch 2010 Sieger der Wahl und stellt eine Minderheitsregierung, da verständlicherweise weder er noch das unterlegene Rotgrün-Bündnis mit den Rechtspopulisten koalieren wollten. Diese zogen mit 5,7 % erstmals in den Reichstag ein. Die Sozialdemokraten (als Teil von Rotgrün) erhielten das schlechteste Ergebnis seit 1914.

Große Erschütterung löste im September 2003 die Ermordung der sozialdemokratischen Außenministerin Anna Lindh aus. Die Befürworterin der schwedischen EU-Mitgliedschaft war besonders durch ihre Werbung für die Übernahme des Euro in Schweden umstritten; ein Referendum kurz nach ihrer Ermordung machte deutlich, dass die Mehrheit der Schweden den Euro nicht will. Zu groß sind die Befürchtungen, damit die nationale Wirtschaft und noch übrig gebliebene Wohlfahrtspolitik – das traditionelle Markenzeichen der schwedischen Gesellschaft – vollends aufs Spiel zu setzen.

Ein weiterer schwedischer Skandal erschütterte zunächst eher das europäische Ausland als Schweden selbst: der Störfall im AKW Forsmark im Sommer 2006, als bei einer automatischen Schnellabschaltung des Reaktors zwei von vier Notstromaggregaten ausfielen und der Reaktor nur knapp einer nuklearen Katastrophe entging. Kritiker sehen auch hierbei einen Zusammenhang zwischen Privatisierungstendenzen und abnehmender Sicherheit in den AKWs, deren Personaldecke sträflich ausgedünnt worden sei. So ist z. B. auch ein Leser unseres Buches mit dem Schichtwechsel versehentlich bis in das AKW Ringhals vorgestoßen statt nur bis zu den Ausstellungsräumen. Dieser Ausflug endete dann (vorübergehend) in einer Polizeizelle. Auch einen Streit um ein Atommüll-Endlager gab es in Schweden, allerdings zwischen drei Gemeinden, die sich um den Zuschlag stritten, obwohl (oder weil) sie bereits Atomkraftwerke besitzen. Der ausgewählte Standort Östhammer liegt zum Glück nicht mehr im Bereich dieses Buches – und der Baltische Schild ist ja seit fast 2 Mrd. Jahren überaus stabil (s. o.).

Kostenlose Fähren wie die über den Gullmarn ersparen weite Umwege

Anreise

PKW

Die meisten Urlauber kommen mit dem eigenen Fahrzeug nach Südschweden, sei es mit dem PKW, Camper oder Motorrad. Auch nachdem die spektakuläre Straßenverbindung über den Öresund im Juli 2000 eröffnet wurde, bleiben die Fährlinien interessant. Welche Variante man wählt, hängt vor allem vom Wohnort und der angesteuerten Reiseregion ab. Preislich macht es keinen großen Unterschied, ob man die Brücke oder die Fähre über den Öresund benutzt; längere Schiffsfahrten werden tendenziell natürlich teurer. Es gibt außerdem Kombitickets und z. T. Ermäßigung bei Hin- und Rückreise auf derselben Strecke.

Fährverbindungen

Die Fährfahrten sind über jedes Reisebüro zu buchen und unterscheiden sich im Preis nicht nur je nach Saison, Anbieter, Tageszeit und Fahrtlänge, sondern auch darin, ob man Mo–Do oder am Wochenende fährt. Da spart eine gute Planung einige Euro und/oder Zeit.

Scandlines (Servicenummer ✆ 01805-116688, www.scandlines.de) bietet folgende Strecken an:

Puttgarden – Rødby (45 Min.) und **Helsingør – Helsingborg** (20 Min.), beide Überfahrten sind ohne Vorbuchung möglich, die Schiffe pendeln im Halbstundentakt und öfter.

Rostock – Gedser (9-mal tägl., 1:45 Std.) und **Helsingør – Helsingborg**.

Rostock – Trelleborg (3- bis 4-mal tägl., 6 Std.).

Sassnitz – Trelleborg (4- bis 5-mal tägl., 4:30 Std.).

TT-Line (✆ 04502-80181, www.ttline.com) fährt folgende Touren:

Travemünde – Trelleborg (3- bis 4-mal tägl., 7–9:30 Std.).

Rostock – Trelleborg (2- bis 3-mal tägl., 6–7 Std.).

Die Öresundbro verbindet Malmö mit Kopenhagen

Stena Line (✆ 01805-916666, www.stenaline.de) bedient:

Grenå – Varberg (4-mal tägl., 4–6 Std.).

Fredrikshavn – Göteborg (mehrmals tägl., 2 oder 3:30 Std.).

Kiel – Göteborg (1-mal tägl., 19.30–9 Uhr).

Die Öresundsbron (Öresundbrücke) zu überqueren ist ein Erlebnis für sich. Die Brücke ist von Seeland zuverlässig beschildert; südlich von Kopenhagen vereinen sich die E 20 von Odense, die E 47 von Rødby und die E 55 von Gedser zu einer dreispurigen Autobahn. Die E 20 passiert dann den Flughafen Kastrup, taucht für die ersten Kilometer in den Tunnel unter dem Sund ab und führt anschließend auf der Brücke zur schwedischen Seite nach Malmö hinüber. (PKW/WoMo bis 6 m 39 € für die einfache Fahrt, mit Anhänger verdoppelt sich der Preis. Bei Vorbuchung über www.oeresund-bruecke.de wird es 3 € billiger.)

Bahn

Die Anreise per Bahn via Kopenhagen ist die gängigste Verbindung nach Südschweden und schließt eine Fährfahrt Puttgarden – Rødby ein. In der dänischen Hauptstadt hat man Anschluss zum Fährhafen Helsingør und zum Öresundståg, der alle 20 Min. über die Brücke in 35 Min. nach Malmö pendelt (105 SEK). Die günstigste Methode, mit der Bahn zu reisen, ist wohl per InterRail (mit One Country oder Global Pass).

Bus

Mit den Eurolines-Bussen kommt man von zahlreichen deutschen Städten preiswert u. a. nach Göteborg/Oslo und nach Stockholm, 3- bis 5-mal pro Woche. Ein Fahrplanheft (Travel Guide) ist in Reisebüros erhältlich oder bei Deutsche Touring GmbH, Mannheimer Str. 15, 60329 Frankfurt/Main, ✆ 069-7903501. Infos auch unter www.eurolines.com.

Flugzeug

Natürlich gibt es noch die SAS, die ganz klassisch von bekannten größeren Flughäfen nach Stockholm oder Göteborg startet. Eine Recherche im Internet zeigt aber, dass die Explosion auf dem Flugmarkt auch den Luftraum zwischen Deutschland und Schweden erfasst hat. Allein 16 schwedische Flughäfen mit Verbindung nach Deutschland gab es im November 2010. Von wo man überall in Deutschland starten kann, ist meist nur in der Region bekannt oder bei Freaks, die für wenige Euro durch Europa jetten. Wenn man die Angebote mancher Fluglinien sieht, verwundert es, dass überhaupt noch Geld verlangt wird. So wollen wir hier auch keine Vorschläge machen, die morgen schon überholt sind. Zudem kann auch die anstehende Luftverkehrssteuer einiges verändern – so droht Ryanair z. B. damit alle Flüge ab Deutschland zu streichen …

Unterwegs in Südschweden

PKW

Wenn man in Schweden mit dem Auto unterwegs ist, sollte man einige Verkehrsregeln beachten: Man fährt immer mit Abblendlicht, auf Landstraßen gilt maximal Tempo 90, auf Autobahnen 110. Die gelbe Linie am Fahrbahnrand bedeutet Halteverbot, ist sie gezackt, besteht Parkverbot. Auf Schnellstraßen dient der schmalere rechte Streifen zum Ausweichen, wenn man überholt wird. **Achtung**: Er kann ohne besondere Ankündigung enden, also nicht dauerhaft darauf fahren. Anfahrende Linienbusse und Straßenbahnen haben Vorfahrt, bei Einfahrt in die unzähligen Kreisel gilt ebenfalls: Vorfahrt achten. Wildwechsel wird bezeichnenderweise mit dem Elchsymbol im rotumrandeten Dreieck angezeigt und sollte ernst genommen werden. Die an sich scheuen Tiere sind gern frühmorgens sowie abends unterwegs und werden dann zur Gefahr für Autofahrer. Auf schmalen Straßen zeigt ein weißes M auf blauem Grund manchmal an, dass man den Gegenverkehr beachten und ggf. die Ausweichstelle benutzen muss. Unter Ortseingangsschildern verwirrt häufig ein Schild „Tomgångskörning max 1 min“, d. h. man darf sein Auto nur maximal eine Minute leer- oder warmlaufen lassen. Weißes Blinklicht an unbeschrankten Bahnübergängen bedeutet „Grün“, kommt ein Zug, ist das Licht rot. Die Promillegrenze liegt bei 0,2. Streng geahndet werden Fahrten mit mehr Promille im Blut sowie Geschwindigkeitsüberschreitungen.

In Grönåsens Elchpark: Die Elchwarnschilder sollte man beachten!

Im Übrigen ist das Autofahren in Schweden meist recht entspannend, denn es wird vergleichsweise rücksichtvoll gefahren.

Diese Brücke über den Götåkanal wird gerollt

An Fußgängerüberwegen und Zebrastreifen wird **immer** angehalten – Fußgänger verlassen sich darauf! Die Straßen sind gut ausgebaut und nur selten überfüllt. Umgekehrt haben ausländische Reisende nicht gerade den besten Ruf bei schwedischen Autofahrern, die diese nicht selten als Verkehrsrowdys empfinden. Also: Nur die Ruhe, es ist schließlich Urlaub!

Tanken

Bensin wird nach der Oktanzahl unterschieden: 95 entspricht Super- und 98 Super-plus-Benzin, bleifrei heißt *blyfri*, Normal-Benzin ist nicht mehr erhältlich. An vielen kleineren Tankstellen gibt es Automaten an der Zapfsäule, wo man mit *Kort* oder *Sedel* – Kreditkarte oder Geldscheinen – zahlt, seltener jedoch für Diesel. Dieselfahrer sollten sowieso frühzeitig tanken, da das Dieselnetz weniger eng ist. Die Preise sind ähnlich wie in Deutschland, d. h. sie können sich auch von heute auf morgen stark ändern.

Die (kostenpflichtige) **Pannenhilfe** (*Assisancekåren/Väghjälp*) erreicht man im ganzen Land unter ✆ 020-912912, ebenso FALK, ✆ 087-679000. Reparaturwerkstätten werben mit *Bilservice* oder *Bilverkstad*, Camper finden Hilfe beim *Husvagnstjänst*, und auf Reifenprobleme ist der *Däckservice* spezialisiert.

Autovermietungen („Hyrbiler") findet man in allen größeren Orten, es gibt die bekannten internationalen Firmen wie auch lokale Anbieter, oft bei Tankstellen und Werkstätten. Kleinwagen werden ab ca. 70 € inkl. Vollkasko und unbegrenzten Kilometern angeboten, bei längerer Mietdauer sind Rabatte üblich.

Bahn

Das Schienennetz der Schwedischen Eisenbahn (SJ = Statens Järnvägar) verbindet alle größeren Orte, dazwischen aber klaffen Lücken. Es gibt die schnellen, komfortablen X2000- und die normalen Inter-City-Züge. Wer hauptsächlich mit dem Zug unterwegs ist, fährt auch hier mit InterRail (s. Anreise) am günstigsten. Ein R im Fahrplan bedeutet, dass eine Platzkarte nötig ist. Fahrräder müssen aufgegeben werden (expressgods), kommen dann im Gepäckwagen mit. Die Züge, die Fahrräder transportieren, sind ebenfalls im Fahrplan mit einem Fahrradsymbol gekennzeichnet. Wer auf Nummer Sicher gehen will, sollte sich am besten noch einmal jeweils vor Ort erkundigen.

Bus

Die überregionalen Schnellbusse von Swebus (✆ 0771-218218, www.swebusexpress.com) und GoByBus (✆ 0771-151515, www.gobybus.se) eignen sich für längere Strecken, fahren aber z. T. nicht täglich. Eine Fahrt von Göteborg nach Stockholm kostet etwa 350 SEK.

Die Busse von Länstrafiken sind regional organisiert und fahren im entsprechenden Landesteil fast überall hin, oft recht häufig und meist zeitlich gut mit den Anschlüssen abgestimmt. Überregionale Linien verkehren in die angrenzenden Landesteile, Stadtbusse und Flughafenbusse werden von Länstrafiken betrieben. Fahrpläne sind bei den Touristeninformationen (TI) und an Bahnhöfen erhältlich.

Schiff

Fähren über Fjorde oder zu bewohnten Inseln sind meist kostenlos. In den Schären werden (preiswerte) Postboote von den regionalen Busgesellschaften (Länstrafiken) betrieben.

Übernachten

Es kommt vor, dass ausländische Urlauber in der Hochsaison in der TI eines Küstenbadeortes nach einem netten Ferienhäuschen in Strandlage fragen, das sie noch für denselben Tag mieten möchten. Das ist dann einer der seltenen Fälle, in denen man garantiert abgewiesen wird. Im Prinzip ist das Angebot an Unterkünften aber groß und breit gestreut, sodass es selten zu wirklichen Engpässen kommt und man beim Herumreisen oft spontan dort bleiben kann, wo es einem gefällt.

Hotels und Pensionen

Der Sommer ist für die großen Hotels Nebensaison. Das eigentliche Geschäft wird im Rest des Jahres mit Konferenzen und Geschäftsreisenden gemacht. Das wirkt sich entsprechend auf die Preise aus, und Nobelherbergen, die sich sonst kaum ein Privatmensch leisten könnte, werden zwischen Mittsommer und Mitte August plötzlich erschwinglich. Auch an Wochenenden außerhalb des Sommers gelten oft Sonderpreise. Preisnachlässe von 1700 SEK auf unter 1000 SEK für ein DZ sind nicht selten. Einige internationale Hotelketten bieten außerdem Hotelschecks an, mit denen man dann in jedem angeschlossenen Haus bezahlen kann. Da diese

Unterkünfte aber weit verstreut liegen, oft eher in geschäftlich als touristisch interessanter Lage und zudem bei allem Komfort doch ziemlich gesichtslos sind, bilden sie nicht die interessanteste Wahl bei den gehobenen Unterkünften.

Wesentlich schwedischer sind privat geführte Häuser, oft mit langer Tradition und persönlichem Stil, teils als *Gästgivaregård* oder *Pensionat* bezeichnet. Im Reiseteil werden vor allem solche Hotels genannt. In der preiswerteren Kategorie können Ausstattung und Lage allerdings sehr unterschiedlich sein; vom schlichten Motelzimmer bis zum urigen Kämmerchen im alten Gasthaus reicht die Palette, oft wird nur Frühstück serviert, manchmal gibt es Etagenbäder, nicht alle Häuser haben ganzjährig geöffnet. Viele Hotels bieten Familienzimmer an, die nur unwesentlich teurer sind als ein Doppelzimmer, für Einzelzimmer muss man im Schnitt 75 % des DZ-Preises rechnen. In den Informationsblöcken des Reiseteils wird i. d. R. jeweils der Sommer-Preis für ein DZ genannt, Frühstück inbegriffen.

Privatzimmer

Bed & Breakfast, Rum ledig, Gästhem, Lägenhet att hyra – solche Schilder an der Straße weisen auf freie Zimmer oder privat vermietete Ferienwohnungen hin. Wer es nicht dem Zufall überlassen will, wo er unterkommt, wendet sich am besten an die regionale TI, die solche Unterkünfte ebenso wie Ferienhäuser gegen eine mäßige Gebühr vermittelt. Standard und Preise können jedoch recht verschieden sein, manchmal bekommt man den „Familienanschluss" gratis dazu. Erkundigen sollte man sich, ob Bettwäsche und Frühstück im Preis enthalten sind oder eine Selbstversorgerküche vorhanden ist.

Jugendherbergen

In Schweden kann jeder in einem *Vandrarhem* übernachten, egal wie alt er ist. Die Herbergen sind populär und preisgünstig, wobei die Preise bei etwa 200 SEK pro Person ohne Frühstück losgehen. Oft sind die Herbergen in interessanten alten Gebäuden untergebracht, meist mit 2- bis 6-Bett-Zimmern, Etagendusche und immer mit Selbstversorgerküche. Viele haben nur im Sommer geöffnet, bei den sehr beliebten Häusern muss man schon vor Saisonbeginn reservieren, einige nehmen auch den Rest des Jahres bei Vorbuchung Gäste auf (im Reiseteil erwähnt). Die JHs des STF (Svenska Turistföreningen) gewähren Mitgliedern auch deutschsprachiger JH-Organisationen Rabatt (ca. 50 SEK), bei den privaten, teils im SVIF (Sveriges Vandrarhem i Föreningen) zusammengeschlossenen Herbergen zahlt jeder dasselbe. Beide Organisationen geben kostenlose Broschüren ihrer Unterkünfte heraus, erhältlich über die TIs. Zunehmend wird der Begriff Vandrarhem auch von unabhängigen Unterkünften verwendet, die man anderswo eher als einfache Hotels bezeichnen würde. Hier sind teils keine einzelnen Betten, sondern nur ganze Zimmer zu mieten – sie sind für Einzelreisende daher nicht so preisgünstig wie die „offiziellen".

Camping

Die meisten Campingplätze sind dem Schwedischen Campingverband angeschlossen, und man braucht einen Campingausweis, den man bei der ersten Übernachtung auf einem der Plätze erwirbt (ca. 140 SEK). Die Plätze sind in einem jährlich erscheinenden Verzeichnis aufgeführt und beurteilt, erhältlich auch auf Deutsch über www.camping.se. Die meisten sind landschaftlich schön gelegen, von Wald umgeben, mit Zugang zum Meer oder zum Seeufer, oft grenzen sie an Naturreservate oder Wanderrouten und man kann Fahrräder sowie Boote leihen. An den Küsten sind die Plätze im Hochsommer oft ziemlich voll, es kommt sogar vor, dass einige ausgebucht sind. Der Stellplatz für ein Zelt oder einen Camper kostet etwa 150–200 SEK. Viele Campingplätze vermieten auch feste Unterkünfte, vor allem *Stugor*. Das können einfache Hütten sein, mit Kochgelegenheit und Kühlschrank, aber ohne eigenes Bad, oder komplett ausgestattete kleine Ferienhäuser. Auch Miet-Wohnwagen und Gästehäuser finden sich auf manchen Plätzen. Campinggas bekommt man überall, allerdings nur in den schwedischen Flaschen, die deutschen sind nicht kompatibel. Nur auf wenigen SweCamp-Plätzen ist es möglich, passende zu bekommen.

Ferienhäuser

Etliche Reiseveranstalter haben schwedische Ferienhäuser im Programm, Kataloge gibt es in Reisebüros. Im Internet braucht man nur „Ferienhaus/Schweden" zu googeln, um Tausende Einträge zu erhalten, z. B. www.ferienhaus.se oder www.schwedenprivat.com. Auch die TIs bieten Sommerhäuser an, doch vor Ort kann es in der Hauptreisezeit schwer werden, eine freie *Stuga* zu finden. Die Häuser werden meist wochenweise vermietet, sodass man sich vorher überlegen muss, in welcher Region es liegen sollte und was sich von dort besichtigen und unternehmen lässt. Für einen richtig relaxten, typisch schwedischen Ferienhausurlaub braucht man aber eigentlich nur den Wald drum herum, einen See in der Nähe, Badezeug, Angel und ein gutes Buch.

Gästgivaregård oder Pensionat heißen die traditionellen Unterkünfte

Ein Badplats findet sich immer

Wissenswertes von A bis Z

Apotheken

Fast alle Apotheken in Schweden sind unter der Rufnummer 0771-450450 zu erreichen. Nur wenige haben noch eine eigene Nummer, auch sie werden die Umstellung jedoch bald vornehmen.

Diplomatische Vertretungen

Deutsche Botschaft, Skarpögatan 9, 11527 Stockholm, ✆ 08-6700300 (✆ im Notfall: 070-8529420), 6701572, www.stockholm.diplo.de.

Österreichische Botschaft, Kommendörsgatan 35, 11458 Stockholm, ✆ 08-6651770, 6626928, www.aussenministerium.at/stockholm.

Schweizer Botschaft, Vallhallavägen 64, 10041 Stockholm, ✆ 08-6767900, 211504, www.eda.admin.ch/stockholm.

Einkaufen

Die kleineren Geschäfte sind in der Regel Mo–Fr bis 18 Uhr und Sa bis 14 Uhr geöffnet. In den Ferienorten und größeren Städten gibt es aber meist Supermärkte, die länger und auch am Sonntag geöffnet haben. Das Angebot ist umfangreich und das Preisniveau unterscheidet sich kaum mehr vom deutschen Markt.

Einreise

Außer einem gültigen Personalausweis braucht man als EU-Bürger keine Dokumente, Kinder unter 16 Jahren müssen im Ausweis der Eltern vermerkt sein oder einen Kinderausweis haben. Autofahrer benötigen ihren Führerschein und Fahrzeugschein, außerdem ist die grüne Versicherungskarte sinnvoll.

Zollfrei einführen darf man alle Lebensmittel zum Eigenbedarf, auch alkoholische Getränke. Haustiere mitzunehmen erfordert eine etwa halbjährige Vorausplanung. Ein Impfpass muss ausgestellt, eine Gesundheitsprüfung durchgeführt und ein Einfuhrantrag genehmigt werden. Die genauen Infos gibt es unter www.schwedenhun.de; Thema hier: Hundeeinfuhr.

Essen und Trinken

Gravad Lax, Sill, Kjöttbullar, Pytt i Panna und natürlich das *Smörgåsbord* sind mittlerweile auch deutschen Gaumen nicht mehr fremd. In demselben Maße, wie sich Klassiker der schwedischen Küche bei uns etabliert haben, sind in Schweden südlichere, besonders mediterrane Einflüsse aufgegriffen worden. Das gastronomische Angebot hat sich in den letzten Jahren stetig erweitert, und man findet mittlerweile in jedem kleineren Ort ein Restaurant, in jedem Heimatmuseum oder Strandbad im Sommer ein Café. Oft herrscht Selbstbedienung, ohne dass die Atmosphäre deshalb an Fast-Food-Stätten erinnern würde. Auch in gediegenen kleinen Kaffeestuben geht man oft zum Bestellen an den Tresen, und der Kaffee steht nicht selten auf der Anrichte im Gastraum, wo sich jeder selbst nachschenken kann. Auch in vielen Restaurants mit Bedienung wird zum mittäglichen „Lunch" ein Salatbuffet aufgebaut. Im Preis für das Tagesgericht „Dagens rätt" (ca. 70–90 SEK) sind Salat, Brot, ein Softdrink und Kaffee üblicherweise enthalten. Angeboten wird es von allen mittags geöffneten Restaurants, meist von 11.30 bis 14 Uhr, nicht selten auch länger. Abends (etwa 18 bis 21 Uhr) wird verwirrenderweise das „Middag" eingenommen, im Schnitt doppelt so teuer wie das Dagens rätt, entweder à la carte oder – zu bestimmten Zeiten, wie etwa an Sommerwochenenden oder in der Adventszeit – vom *Smörgåsbord*, dem skandinavischen Buffet. Trinkgeld war ursprünglich eher ungewöhnlich in Schweden, inzwischen ist es etwas üblicher und wird natürlich immer gern genommen!

Seitdem Schweden EU-Mitglied ist, wurden die strengen Alkoholgesetze etwas verwässert, sodass man Bier oder Wein inzwischen nicht nur überall zum Menü bestellen kann, sondern auch in den neu entstandenen Pubs ohne den früher üblichen Verzehrzwang bekommt. Die Preise sind noch immer höher als weiter südlich, aber deutlich gesunken: Das „Stor Stark" kostet etwa 50 SEK.

Außerhalb der Lokale ist Alkohol nur in den Läden des staatlichen Monopolhandels „Systembolaget" zu bekommen, die sich in jedem größeren Ort und zumeist in zentraler Lage befinden (Mo–Fr 10–18 Uhr). Einzig Bier und Cidre bis 3,5 % werden in den Supermärkten verkauft.

Feiertage und Ferien

Neben Ostern, Pfingsten, 1. Mai, Weihnachten und Neujahr sind der 6. Januar (Dreikönigstag) und der Mittsommertag (wechselndes Datum, der Freitag ab dem 21.6.) arbeitsfrei. *Midsommar* sind alle Büros, auch die meisten TIs, geschlossen, Hotels, Sommerhäuser und Campingplätze ausgebucht, die Lokale voll. Überall in Schweden wird ein Wochenende lang gefeiert, wenn möglich außerhalb der Städte, denn mit diesem Datum beginnt die Feriensaison, und viele Familien ziehen um aufs Land, in die eigene Stuga oder aufs Boot. Wer arbeiten muss, pendelt zumindest an den Wochenenden, während die Kinder oft das Glück haben, mit einem Eltern- oder Großelternteil bis zum Schulanfang Mitte August die schwedische Natur zum Abenteuerspielplatz zu haben.

Geld

Schweden wollte den Euro nicht, es gilt weiterhin die Schwedische Krone (SEK). Eine SEK ist knapp 11 Cent wert (1 € = 9,27 SEK, Stand November 2010).

Mittsommer-Tanz in Flämslätt Stiftsgård

Mit den gängigen EC-Karten erhält man an den Geldautomaten der Banken Bares, jedenfalls im Prinzip: Im Sommer 2010 kamen wir mehrere Tage lang mit der EC-Karte nicht an Geld – weder an Automaten noch am Schalter – und niemand wusste, warum. Wir mussten mit der Kreditkarte Geld ziehen, was teurer ist. Da wir vor der Reise von unserer Bank schriftlich die Information bekommen hatten, dass unsere EC-Karten (Maestro) in Schweden funktionieren würden, bekamen wir die Mehrkosten der Geldbeschaffung von unserer Bank aus Kulanzgründen erstattet. Eine Erklärung für das Problem, das auch einen Leser traf, erhielten wir nirgendwo – falls jemand das aufklären kann, wären wir an einer Mitteilung sehr interessiert.

Wir rechnen immer SEK geteilt durch 10 plus 10 %.

In vielen Geschäften werden die üblichen Kreditkarten akzeptiert. Reiseschecks werden nur bei Banken genommen. Euro in bar werden zu ungünstigerem Kurs getauscht als Abhebungen vom Konto. Die Banken sind in der Regel geöffnet: Mo–Fr 9.30–15 Uhr, in den Zentren Do bis 18 Uhr, vor Feiertagen oft kürzer, an Bahnhöfen teils länger.

Gesundheit

In jedem größeren Ort gibt es ein staatliches Ärztezentrum (*Vårdcentral/Primärvården*) oder ein Krankenhaus mit Ambulanz (*Sjukhus/Lasarett, Akutmottagning*), im Reiseteil jeweils unter „Adressen" genannt.

Kassenpatienten sollten die blaue Europäische Krankenversicherungskarte dabeihaben, dann sind sie schwedischen Patienten gleichgestellt, d. h. man zahlt einen geringen Eigenanteil von etwa

250 SEK. Zahnärzte (*Tandläkare/Tandvården*) sind nur teilweise dem staatlichen Gesundheitswesen angeschlossen und heißen dann *Folk-* bzw. *Jourtandläkare*. Hier ist der Eigenanteil für schwedische Patienten höher und nach den Behandlungskosten gestaffelt, man sollte zu Hause seine Kasse nach den Erstattungsmodalitäten fragen. Dasselbe gilt für Bürger der Schweiz, für die es kein Sozialversicherungsabkommen gibt, und für alle Privatversicherten.

Auf Körperbehinderte ist man in der schwedischen Öffentlichkeit besser eingerichtet als hierzulande; rollstuhlgerechte Zugänge und Toiletten gehören zum Standard in öffentlichen Einrichtungen und sind eher die Regel als die Ausnahme in Unterkünften, Lokalen und Verkehrsmitteln. Informationen: De Handikappades Riksförbund, Katrinebergsvägen 6, 11734 Stockholm, ✆ 08-68580000, www.dhr.se. Auch die TIs können weiterhelfen.

Information

Wichtigste Anlaufstelle für Autofahrer ist die in einem alten Bauernhof untergebrachte Touristeninformation (TI) Skånegården gleich hinter der Öresundbrücke. Hier gibt es umfangreiches Infomaterial nicht nur zu Malmö und Skåne, sondern über ganz Schweden. Auch bei allen Spezialfragen erhält man Unterstützung (✆ 0046-40-341200). Die offizielle Homepage des schwedischen Fremdenverkehrsamtes ist www.visitsweden.com. Die Postadresse lautet: Visit Sweden, Stortorget 2–4, 83130 Östersund, ✆ 0046-633-910334. Hier gibt es auch Broschüren, die man klassisch bestellen oder z. T. herunterladen kann.

In Schweden kann beim *Turistbyrå* in jedem größeren oder touristisch wichtigen Ort nachgefragt werden, im Reiseteil unter „Information" genannt. Die mit dem grünen „I" gekennzeichneten Büros geben Auskunft über die betreffende Region, die blau-gelben für ganz Schweden. Letztere gibt es vor allem in Großstädten und an wichtigen Ein- und Durchreisestationen, z. B. Malmö, Trelleborg, Helsingborg, Kungälv, Göteborg, Vänersborg, Jönköping, Örebro, Stockholm, Nyköping, Västervik, Värnamo und Karlskrona.

Landkarten

In Deutschland gibt der Verlag *freytag & berndt* gute Autokarten für Schweden heraus; Blatt 1 (Schweden Süd, Malmö), Blatt 2 (Schweden Südwest) und Blatt 3 (Schweden Südost, Stockholm) decken Südschweden im Maßstab 1:250.000 ab. Fast die gleichen Karten sind in Schweden 1 € billiger. Außerdem haben die TIs kostenlose und recht brauchbare Regionalkarten, sodass man auch damit – und natürlich diesem Buch – gut zurecht kommt.

Notruf

112, landesweit und kostenlos.

Post

Nur noch in wenigen schwedischen Großstädten findet sich ein Postamt (Mo–Fr 9–18 Uhr, Sa 9–12 Uhr). Andere Geschäfte, meist die ICA-Supermärkte, haben deren Dienste übernommen. Briefmarken bekommt man teils auch an Zeitungskiosken, Hotelrezeptionen und dort, wo Postkarten verkauft werden. Vom deutschen Postsparbuch lässt sich in Schweden kein Geld abheben, sondern nur mit der Postbank SparCard.

Rauchen

In Schweden gilt bereits seit 1. Juni 2005 ein Rauchverbot in allen öffentlichen Einrichtungen. Dazu gehören u. a.

gastronomische Betriebe, in deren Freiluftzonen jedoch nach wie vor geraucht werden darf. Außerdem existieren auch einige Raucherräume ohne nennenswerte gesetzliche Vorgaben. Drakonische Strafen wie in Deutschland werden im Falle eines Verstoßes nicht verhängt – das Rauchverbot wird meist freiwillig eingehalten.

Reisezeit und Wetter

Südschweden hat relativ warme, sonnenreiche und trockene Sommer und recht kalte Winter, wobei das Klima im Westen maritimer ist, also mehr Niederschläge verzeichnet als weiter östlich. Dies gilt zwar im Prinzip, aber dennoch kann man mehr oder weniger Glück haben. Die Schweden selbst sind ausgesprochen anspruchsvoll, was das Wetter in der Urlaubszeit angeht. Wenn sich Mitte Juli eine Regenphase länger als zwei Tage hält, hört man allerorten die Befürchtung, nun sei dieser Sommer wohl vorbei – offenbar ist man Besseres gewöhnt.

Hauptsaison ist von Mittsommer bis Mitte August. Alle touristisch interessanten Stellen sind dann geöffnet, die Schweden stellen die weitaus größte Gruppe der Urlauber im Lande dar. Früh- und Spätsommer sind als Reisezeit ebenfalls geeignet, es ist überall ruhiger, doch sind die Öffnungszeiten etlicher Museen, Freizeitparks und Lokale eingeschränkt. Mancher Küstenort stirbt sogar schlagartig aus, alle Restaurants sind winterfest verrammelt und Schilder sagen „takk för säsong"; ziemlich frustrierend, wenn man an einem schönen Spätsommertag da landet – so erging es uns Ende August in Smögen. Offenbar sind die wenigen Ausländer nicht genug Publikum, für die sich eine längere Saison rentieren würde. Da hilft dann nur, einen ganzjährig bewohnten Ort aufzusuchen, wo sich immer ein nettes Café und zumindest eine Pizzeria findet – in unserem Fall hieß das, von Smögen nach Kungshamn auszuweichen.

Der Winter ist in Südschweden eigentlich keine Hochsaison, obwohl es nördlich von Skåne im Landesinneren vielerorts kleinere Skihänge und Langlaufmöglichkeiten gibt, die aber vorwiegend von den Bewohnern der Umgebung genutzt werden. Ein Aufenthalt im „eigenen" Ferienhaus an der rauen Küste oder einem stillen See kann gerade außerhalb der Hauptferienzeit seinen Reiz haben.

Rechte & Pflichten in der Natur

Das schwedische „Jedermannsrecht" *(Allemansrätt)* stammt aus der Zeit, als Reisen noch nicht gleich Tourismus war und die Menschen in dem dünn besiedelten Land darauf angewiesen waren, zu wandern, unterwegs überall zu rasten und sich von der Natur zu ernähren. Zwar haben sich die Voraussetzungen des Reisens inzwischen grundlegend geändert, aber noch heute hat jeder in Schweden das Recht, die Natur zu nutzen, ohne ihr zu schaden, frei zu campen, wilde Beeren und Pilze zu sammeln, zu baden und mit dem Boot anzulegen. Dabei sind einige Einschränkungen zu beachten:

Hausgrundstücke, Felder und Schonungen nicht betreten. Weidegatter wieder schließen, Zäune nicht beschädigen.

Nicht mit Motorfahrzeugen im Gelände fahren.

Campen nicht in Sichtweite von Häusern und nicht länger als 24 Stunden an einem Platz. Gruppen dürfen nicht ohne Erlaubnis des Grundbesitzers wild campen. Abfall mitnehmen.

Boote nicht an privaten Anlegern festmachen. Mit Motorbooten Geschwindigkeitsbegrenzung und Zutrittsverbote beachten.

Kein Feuer machen in Naturreservaten, Gebieten mit Brandgefahr (Wäl-

Badeplatz von Källbuktens Camping (s. S. 324)

der, besonders im Sommer) und nicht auf Felsen (sie zerspringen). Nur Totholz verfeuern.

Wild- und Weidetiere nicht stören. Hunde im Sommer anleinen. Markierte Vogelschutzgebiete während der angegebenen Schonzeit nicht betreten (*fågelskydd – tillträde forbjuden*), mit dem Boot mindestens 100 m Abstand halten.

Das Jedermannsrecht funktioniert nur, wenn jeder rücksichtsvoll mit der Natur umgeht. Wo das nicht der Fall ist, werden die Verbote mehr und der Urlaubsgenuss wird für alle weniger.

Sport und Freizeit

Angeln darf man entlang der Küsten, an Vänern, Vättern, Hjälmaren und Mälaren kostenlos (Handangel). Für 800 weitere Angelgewässer braucht man die *Sverigefiskekortet,* die in TIs und Sportgeschäften erhältlich ist und die es für zwei Erwachsene und Kinder als Tages-, Wochen- oder Jahreskarte gibt (60, 250 oder 500 SEK, www.sverigefiskekortet.se). Organisiert sind die schwedischen Angler bei Sportfiskarna, Svartviksslingan 28, 16739 Bromma, ✆ 08-7044480, www.sportfiskarna.se.

Baden kann man im Sommer an unzähligen Plätzen an den Küsten und Seeufern, das Gelände variiert vom Sandstrand über Wiesenstreifen bis zur Schärenklippe. Schilder entlang der Straßen weisen die Badestellen aus, ebenso die gängigen Landkarten und von den TIs herausgegebene Faltblätter. Parkplatz, Trockentoilette, Mülleimer, Grillstellen, Picknicktische und ein mit schwimmenden Pontons abgetrennter Nichtschwimmerbereich gehören zur Grundausstattung eines *Badplats,* oft ist ein Kiosk oder Café vorhanden. Campingplätze und Feriensiedlungen liegen häufig in der Nähe schöner Strände, die dann in der Hauptsaison teils recht belebt sein können. So voll wie am Mittelmeer wird es aber an Schwedens Badeplätzen kaum, dafür gibt es einfach zu viele.

Fahrradfahren: Das flache bis sanft gewellte Südschweden ist gut geeignet für Radtouren, die TIs geben zahlreiche Routenvorschläge heraus, und fast jede

Region hat Radstrecken beschildert, die auf wenig befahrenen Nebenstraßen durch landschaftlich reizvolle Gebiete führen. Adresse des Schwedischen Radfahrerverbands: Svenska Cyckelsällskapet, Torniågatan 10, 16479 Kista, ✆ 08-7516204, www.svenska-cykelsallskapet.se.

Golf ist in Schweden geradezu ein Volkssport und überhaupt nicht elitär, es gibt gerade im Süden des Landes zahlreiche landschaftlich schöne Plätze. Als Gast ist man gegen eine erträgliche „pay&play"-Gebühr auf vielen willkommen. Infos bei Svenska Golfförbundet, Box 84, 182 11 Danderyd, ✆ 08-6221500, 📠 7558 439, oder den TIs.

Kanufahren: Südschwedens Seen, Flüsse und Schärenreviere sind ideal für diese Sportart. Oft paddelt man nur ein paar Stunden und fühlt sich schon wie in einer anderen Welt; nur Wald, Felsen, Wasser und Einsamkeit. Für Anfänger bieten sich die schmaleren Binnenseen und Kanäle an, auf denen weder Strömung noch Wind zu Problemen führen können. Ambitioniertere kommen auf Flussläufen und in den Küstenrevieren auf ihre Kosten. Kanuverleihstationen sind im Reiseteil unter „Aktivitäten" aufgeführt. Dort gibt es auch Karten und Informationen zum jeweiligen Revier. Weitere Auskünfte erteilt der Schwedische Kanuverband: Svenska Kanotforbundet, Rosvala Idrotsvägen, 61161 Nyköping, ✆ 0155-209080, www.kanot.com.

Diese Kanutour dauert wohl länger

Segeln und Motorbootfahren wird in jeder Bootsklasse und massenhaft betrieben. Wer kleinere Boote leihen will, wendet sich an die Marinas oder die TI vor Ort, für Yachtcharter an Svenska Seglarförbundet, af Pontins väg 6, 11521 Stockholm, ✆ 08-4590990, 📠 4590999 oder www.yachtcharter-sweden.com.

Surfen: An den Küsten gibt es zahlreiche gute Spots zum Windsurfen, vor allem in Halland und Skåne, wo sich die langen Sandstrände und weiten Buchten befinden. Die Binnenseen eignen sich ebenfalls vielerorts für diesen Wassersport, die kleineren sind eher für Anfänger interessant, die noch keine Starkwindreviere suchen.

Tauchen lohnt sich besonders in Bohuslän an der Westküste, wo im salzhaltigen Skagerak die Artenvielfalt besonders groß ist, und im Vättern, wo glasklares Wasser für ungewöhnlich gute Sichtverhältnisse sorgt. Unter „Aktivitäten" sind im Reiseteil Tauchschulen aufgeführt. Infos ansonsten bei: Svenska Sportsdykkarforbundet, Idrottshuset, Måbackagatan 19, 12343 Farsta, ✆ 08-6058802, www.ssdf.se.

Wandern: Es gibt zahlreiche markierte Wanderrouten, von der einstündigen

Kurztour bis zu Fernwanderwegen wie dem gut 1000 km langen *Sörmlandsleden*. Südschweden ist ein eher beschauliches Wandergebiet, es fehlt das Dramatische, das die Bergwelt weiter nördlich bietet. Das macht Wandern in Südschweden aber zu einer familienfreundlichen Angelegenheit, und die Attraktionen sind oft eher die kleinen Dinge: ein idyllischer Waldsee, ein mächtiger Felsblock, flechtenüberzogene Äste und moosgepolsterte Steine, eine Bachkerbe oder Uferklippen. Nur selten ragen die Hügelkuppen aus bewaldeten Regionen hervor, doch für die Fernsicht sind hier und da Aussichtstürme errichtet. Entlang der Fernwanderwege gibt es verschiedene Unterkünfte, eine unverschlossene Hütte oder einen romantischen Windschutz mit Feuerstelle davor, an Etappenpunkten weisen Karten auf Trinkwasserstellen, Busanschlüsse und Einkaufsmöglichkeiten hin. Weitere Informationen gibt Svenska Turistforeningen (STF), Box 17251, 10482 Stockholm, ✆ 08-4632100, www.stfturist.se.

Idyllischer Rastplatz in Tiveden

Sprache

Schwedisch gehört außerhalb Skandinaviens nicht zu den häufig gelernten Fremdsprachen, auch wenn die Volkshochschulen vieler deutscher Städte Schwedischkurse im Programm haben. Die meisten Schweden sprechen Englisch, in der Tourismusbranche häufig auch Deutsch, Prospekte sind oft mehrsprachig, Museen bieten meist Erläuterungen in mehreren Fremdsprachen an. Probleme wird man also auch ohne Kenntnis der Landessprache nicht haben. Wichtige Begriffe, auf die man beim Reisen trifft, werden bei den jeweiligen Themen erwähnt, ein kleiner Sprachführer findet sich am Ende des Buches.

Telefonieren

Televerket vertreibt Telefonkarten, erhältlich an Zeitungskiosken (*Pressbyrån*) und in TIs. Die meisten öffentlichen Telefone funktionieren mit Karte, nur noch wenige mit Münzen.

Vorwahl nach Schweden 0046, nach Deutschland 0049, nach Österreich 0043 und in die Schweiz 0041 (danach jeweils die 0 der Ortsvorwahl weglassen!).

Mit dem Mobiltelefon lässt sich in den D-Netzen telefonieren. Schwedische Handynummern beginnen mit der Vorwahl „070“.

Zeitungen

Deutschsprachige Zeitungen und Zeitschriften gibt es an Bahnhöfen, in Großstädten und in touristischen Zentren, meist am Tag nach ihrem Erscheinen.

▲ Hafeneinfahrt von Hjo am Vättern

Südschweden – Die Regionen

Skåne und Halland

Die meisten Besucher Schwedens lernen von Skåne (Schonen) nur die Küsten kennen, denn große landwirtschaftliche Nutzflächen haben sie ja schon bei der Anreise in Dänemark und Norddeutschland gesehen. Skåne ist nicht nur die Kornkammer Schwedens, sondern ein Drittel aller landwirtschaftlichen Produkte des Landes kommt von hier. Das hat seine Ursachen in den fruchtbaren Böden einer nur sanft hügeligen Landschaft, die von drei Seiten vom Meer umgeben ist, also auch klimatische Vorzüge hat.

Eingebettet in diese relativ unspektakuläre, eher liebliche Landschaft liegen mehrere sehenswerte Städte und Städtchen. Schon im Steinzeitalter wohnten hier Menschen, da dieser Zipfel Schwedens bereits vor 10.000 Jahren eisfrei und bald sehr wildreich war. Überall zeugen Hügelgräber, Runenfunde, Burgruinen und alte Kirchen von der langen Besiedlungsgeschichte. Mit der hängt auch der schonische Dialekt zusammen, der dazu führt, dass die Bewohner im übrigen Land schlecht verstanden werden. Er ist dänisch gefärbt, denn Skåne gehörte bis Mitte des 17. Jh. zu Dänemark und wurde erst danach endgültig schwedisch.

Skåne wird im Nordwesten von Halland begrenzt, und auch hier, zwischen Helsingborg und Göteborg, war fast jeder Küstenort früher von den dänisch-schwedischen Machtkämpfen berührt; die Provinz kam erst 1645 dauerhaft unter schwedische Herrschaft.

Lange Sandstrände und flache Buchten, unterbrochen nur hier und da von vorspringenden Halbinseln aus Fels oder Moränen, prägen Hallands Küste und ziehen Urlauber an. Das Baden hat hier Tradition, und das zeigt sich auch in so mancher altehrwürdigen Kuranlage.

Im Hinterland spielt hier ebenfalls Ackerbau die Hauptrolle, Waldwirtschaft wird erst nach Norden hin bedeutender. Wasserreiche Flüsse münden in das Kattegatt und bieten Anglern und Paddlern ideale Bedingungen.

Malmö

(258.000 Einw.)

Im Juli 2000 wurde die Öresundbrücke zwischen Malmö und ihrer großen Schwesterstadt Kopenhagen eröffnet. Durch diese bequeme, wenn auch nicht ganz billige Verbindung rückt Malmö etwas mehr in das touristische Blickfeld. Malmö – damit verbindet man nicht nur in Schweden vor allem „Industrie- und Hafenstadt".

Sicherlich ist die drittgrößte Stadt Schwedens eines der wichtigsten Industriezentren des Landes. Aber gleichzeitig befinden sich im Stadtgebiet auch 19 größere und kleinere Parks. Malmö kann außerdem auf eine lange und wechselvolle Geschichte zurückblicken. Schon im 11. Jh. befand sich hier eine kleine Hafenstadt, die sich dann rasch vergrößerte. Ihre Bedeutung gewann die Siedlung aus ihrer strategischen Lage: Malmö ist nur durch den Öresund von Kopenhagen getrennt und stand damit im Brennpunkt des jahrhundertelangen Konflikts zwischen Dänemark und Schweden. Heute ist die Region durch die Öresundbrücke transnational zusammengewachsen. Viele Kopenhagener wohnen nun „drüben", da die Lebenshaltungskosten und vor allem die Immobilienpreise hier relativ günstig sind. In den

Sommertag am Västra Hamnen in Malmö

ersten zehn Jahren haben fast 200 Mio. Menschen die Brücke passiert – 76 Mio. Bahnreisende auf der unteren Brückenetage und 51 Mio. Fahrzeuge oben. Zurzeit queren gut 7 Mio. Fahrzeuge pro Jahr die Öresundbrücke. Viele Schweden arbeiten jetzt für bessere Löhne in Kopenhagen. Mit dem schwedischen Eintritt in die EU ist die Bedeutung Malmös für Schweden als Tor zum restlichen Europa gewachsen, was sich an der boomenden Wirtschaft in der Stadt ablesen lässt. (Für Informationen zur Brücke siehe www.oeresund-bruecke.de oder www.oresundsbron.com; Preis pro Strecke mit PKW 39 €.)

Sehenswertes in Malmö

Eine Vorstellung vom alten Malmö gewinnt man am besten im Schloss **Malmöhus,** das von Gamla Staden über Mälarbron und Norra Vallgatan erreichbar ist. Als Festung und zentrale Münzerei für Dänemark 1434 gegründet, bekam das Schloss sein heutiges Aussehen 1537–1542 von dem Dänenkönig Christian III. Es ist damit eines der ältesten erhaltenen Renaissanceschlösser im Norden. Typisch für seine Funktion als Grenzfeste sind die wuchtigen Kanonentürme an beiden Flanken des Schlosses. Hier fanden die Bewohner Schutz während eines Angriffes. Man mag sich heute über die leuchtend rote Farbe der Türme wundern, doch dies ist die Originalfarbe, in der das gesamte Gebäude im 16. Jh. gestrichen war. 1658 brachte König Carl X. Gustav Skåne unter schwedische Hoheit und eroberte das Schloss. Es diente weiterhin als Grenzfeste und Kaserne, nun gegen die Dänen. Mit den nachlassenden Kämpfen zwischen den beiden skandinavischen Ländern verlor Malmöhus als Festung allmählich an Bedeutung, bis es schließlich 1828–1914 als Gefängnis der Stadt diente.

Heute beherbergt das Gebäude drei thematisch verschiedene Museen: ein Stadtmuseum, ein Kunstmuseum sowie ein Naturkundemuseum – also für jeden Geschmack etwas.

Schloss Malmöhus

Im **Stadtmuseum** werden die Geschichte der Besiedlung Skånes seit der Steinzeit und das alltägliche Leben in Malmö im Mittelalter dargestellt. Außerdem sind die original möblierten Räume aus dem 16./17. Jh. zu besichtigen.

Im **Kunstmuseum** werden vorwiegend Arbeiten skandinavischer Künstler gezeigt. Das Reizvolle an diesem Museum besteht darin, dass die Gemälde in Wohnräume mit zeitgenössischen Möbeln und Designs integriert sind. Man schlendert sozusagen durch die Kunstepochen von der Renaissance bis zur Moderne und bekommt einen umfassenden Eindruck vom jeweiligen Zeitgeschmack präsentiert.

Das **Naturkundemuseum** hat sich auf gut gemachte Dioramen aus der schonischen Tierwelt spezialisiert sowie auf die beeindruckende Darstellung der Formenvielfalt in der Natur. Angegliedert ist außerdem ein kleines, sehenswertes Aquarium, in dem tropische und einheimische Fische, in Terrarien auch Schlangen und Zwergseidenäffchen zu beobachten sind.

Alle Museen Malmöhusvägen, ✆ 344437, Juni bis Aug. tägl. 10–16 Uhr, übrige Zeit tägl. 12–16 Uhr, 40 SEK.

Mit der gleichen Eintrittskarte sind zu denselben Öffnungszeiten noch zwei weitere Museen zu besichtigen: das **Kommandanthus** und das **Technik- und Seefahrtsmuseum,** beide ebenfalls am Malmöhusvägen unweit des Schlosses gelegen. Das Kommandanthus aus dem Jahre 1787 beherbergt den Raum der Fotografie mit Fotoausstellungen. Im Technik- und Seefahrtsmuseum gibt es viele technische Errungenschaften wie etwa Flugzeuge und Flugzeugmotoren, Dampfmaschinen, Lokomotiven und ein begehbares U-Boot zu bewundern. Bemerkenswert ist die Abteilung „Kundskapstivoli", eine Art Mitmach-Museum, bei der man verschiedene technische Geräte selbst ausprobieren kann.

Erholsam nach so viel Kultur ist ein Bummel durch **Kungs- und Slottsparken,** die nur durch den Kanal getrennt sind. Hier lässt sich wunderschön im Schatten alter Bäume ausruhen oder ein Picknick machen. An der östlichen Seite der Parks grenzt **Gamla Staden** an, das Zentrum der Stadt. Folgt man den kleinen Straßen, die von der Slottsgatan abgehen, so kommt man rasch zu einer Reihe belebter Plätze und

Einkaufsstraßen. Besonders vielfältig ist die Gastronomie um den **Lilla torget.** Hier stehen auch die fünf altehrwürdigen Gebäude des Handelshofes **Hedmannska Gården,** dessen älteste Gebäudeteile bis ins 16. Jh. zurückreichen. Heute beherbergen sie mehrere Geschäfte und das **Form Design Center,** in dem zeitgenössisches Design (Möbel, Textil und Tapeten) ausgestellt wird. (Di, Mi und Fr 11–17 Uhr, Do bis 18 Uhr, Sa 11–16, So 12–16 Uhr, ✆ 6645150, Eintritt frei. Der Eingang liegt in einem Hinterhof.)

Durch eine kleine Gasse erreicht man schnell den **Stortorget.** An diesen Platz grenzt das **Rådhus** (Rathaus) von 1546. In den Jahren 1864–1869 allerdings wurde die Fassade grundlegend verändert und dem damals beliebten holländischen Neorenaissancestil nachempfunden. Hinter dem Rathaus liegt die schöne, im baltischgotischen Stil erbaute **St. Petri kyrka** aus dem 14. Jh. (soll Ostern 2011 nach Renovierungsarbeiten wieder geöffnet sein). Besonders sehenswert ist der hohe Altar von 1611, der reich mit Figuren und Verzierungen geschmückt und in Nordeuropa einzigartig ist. Durch Zufall ist in der Taufkapelle die ursprüngliche mittelalterliche Deckenbemalung erhalten geblieben. Diese vermittelt einen lebendigen Eindruck von dem Farben- und Bilderreichtum in der damaligen Zeit.

Die neue Zeit hat sich im Bereich **Västra Hamnen** eindrucksvoll in Szene gesetzt. 2001 fand hier die Europäische Wohnmesse Bo01 statt. Verschiedene renommierte Architekturbüros verwirklichten ihre Vorstellungen vom Wohnen der Zukunft. Inzwischen sind die Häuser bewohnt, und ein beliebter neuer Stadtteil ist entstanden, der nicht nur für künftige Bauherren sehenswert ist. Wahrzeichen des Västra Hamnen ist der 190 m hohe **Turning Torso,** ein hoher, gewundener Turm aus Glas und Stahl, immerhin der höchste Wolkenkratzer Skandinaviens, der aber leider für Besucher nicht zugänglich ist. Die geschmackvolle, moderne Architektur und die vielen Lokale entlang der attraktiven **Promenade** locken an sonnigen Tagen Scharen von Flaneuren hierher.

Auf einen Blick

Vorwahl Malmö: 040

• *Information* **Skånegården Turistbyrå**, ✆ 341200, malmo.turism@malmo.se, Mitte Juni bis Mitte Aug. tägl. 9–19, Sa/So bis 16 Uhr, übrige Zeit Mo–Fr 9–17, Sa/So 10–14.30 Uhr. Direkt an der E 20 in einem alten schonischen Fachwerkhaus gelegen, ist diese TI die erste Anlaufstelle für Touristen, die über die Öresundbrücke kommen.

Malmö Turistbyrå, Centralstationen (Hbf.), Skeppsbron 2, 21120 Malmö, ✆ 341200, ℻ 341209, www.malmotown.com. Ende Juni bis Aug. Mo–Fr 9–19, Sa/So 9–16 Uhr, übrige Zeit Mo–Fr 9–17, Sa/So 10–14.30 Uhr.

Bei den TIs gibt es die **Malmökortet** für 1 oder 2 Tage (170 oder 200 SEK), mit der ein Erwachsener und zwei Kinder kostenlos Museen besuchen, Busse und Parkplätze nutzen sowie Ermäßigung in vielen Freizeiteinrichtungen bekommen können. Zudem beinhaltet sie die Malmö City Card, eine Art Discount-Karte für 400 Geschäfte in der City.

• *Verbindungen* **Malmö Airport (Sturup)**: Verbindungen u. a. nach Stockholm, nicht nach Deutschland (✆ 6131100). Pendelbusse (www.flygbussarna.se, ✆ 0771-777777) nach Malmö (Hbf.) 40 Min, ca. stündl. **Flughafen Kastrup (Kopenhagen)**: Der wichtigste internationale Flughafen für Skandinavien ist mit dem Öresundzug (Öresundstågen) in ca. 20 Min. stündl. von Malmö aus erreichbar. Weiterfahrt ins Zentrum von Kopenhagen (insg. 35 Min.).

Zug: Malmö ist ein wichtiger Knotenpunkt für den Zugverkehr. Von hier aus gehen tagsüber nahezu stündlich Schnellzüge (IC und X2000) nach Stockholm, Göteborg und Kopenhagen. Auch nach Lund, Kristianstad und weiter nach Karlskrona sowie nach Helsingborg sind die Verbindungen ausgezeichnet.

Bus: Skånetrafiken, ✆ 0771-777777, www.skanetrafiken.com. Busknotenpunkte am Hbf.

(„Centralen") und Gustav Adolfs torg. Beide sind u. a. mit den Linien 2, 5, 7 und 8 verbunden. Schloss Malmöhus ist mit der Linie 3 vom Bahnhof zu erreichen (Haltestelle: Teknikens och Sjöfartensmuseum). Am Hbf. fahren auch alle Überlandbusse ab, z. B. Nr. 100 nach Skanör/Falsterbo und Nr. 146 nach Trelleborg, beide stündl. bis halbstündl. Etwas außerhalb des Zentrums liegt eine weitere wichtige Busstation, Södervärn. Hier halten die Überlandbusse noch einmal, bevor sie die Stadt verlassen. Stadtbustickets kauft man beim Fahrer (Einzelfahrt 18 SEK). Die Stadtbusse sind grün. Möchte man sich viel mit dem Bus bewegen, lohnt sich der Kauf der Discount card **Jojo**. Diese Chipkarte muss man mit mindestens 200 SEK aufladen. Man spart damit 20 % und kann sich überall in Skåne, aber auch nach Dänemark, bargeldlos bewegen, bis die Einlage verbraucht ist. Skånetrafiken bietet auch zahlreiche andere günstige Reisemöglichkeiten – s. o.). Kundencenter von Skånetrafiken im Hbf. (Mo–Fr 6.30–19, Sa 8–17, So 9–16 Uhr), am Gustav Adolfs torg (Mo–Fr 7.30–18, Sa 10–14.30 Uhr) und in Södervärn (Mo–Fr 6.30–18, Sa 9–13.30 Uhr).

Parken: Parkmöglichkeiten z. B. am Malmöhusvägen gegenüber dem Schloss Malmöhus oder am Kanal zwischen Schloss und Hbf. Es in der Innenstadt selbst zu versuchen, ist wegen der kleinen Gässchen etwas mühsam.

• *Adressen* **Ärztliche Hilfe**: Hälsocentralen Ellenbogen, Snapperupsgatan 12, ✆ 6642550. Vårdcentralen Fågelbacken, Fågelbacksgatan 13, Mo–Fr 8–17 Uhr, ✆ 6234900. Universitetssjukhuset, Carl Gustavsväg (Krankenhaus), ✆ 331000.

Apotheken: Im Einkaufszentrum Hansa, Stora Nygatan. Außerhalb normaler Öffnungszeiten: **Gripen Apothek**, Bergsgatan 48, ✆ 192110, ✆ 192115, tägl. 8–22 Uhr. **Apothek Lejonet** am Stortorget ist auch ohne Zahnschmerzen einen Besuch wert, sie wurde 1571 gegründet, die Inneneinrichtung stammt aus dem Jahre 1897. ✆ 71235, Mo–Fr 9–14 Uhr.

Internet: ZeZe Café, Engelbrektsgatan 13, ✆ 238128, www..zeze.se.

Polizei: Polizeidirektion Porslingatan 6/Ecke Excercisgatan, ✆ 201000 oder 11414. Im **Notfall 112**.

Übernachten/Camping

Teaterhotellet (12), etwas graues Äußeres, aber sehr edles Hotel mit gutem Service, wie man es in dieser Preisklasse erwarten kann. DZ ab 1500 SEK (Wochenende 950 SEK). Fersens väg 20, ✆ 6655800, ℻ 6655810, www.teaterhotellet.se.

Best Western Hotell Royal (4), empfehlenswertes Hotel der gehobenen Preisklasse, skandinavisch-freundlich eingerichtet. DZ ab 1595 SEK, (Wochenende 950 SEK). Norra Vallgatan 94, ✆ 6642500, ℻ 127712, www.bwhotelroyal.se.

Hotell Astoria (6), geschmackvolles und ruhiges Hotel. DZ 1395 SEK (Wochenende 900 SEK). Gråbrödersgatan 7, ✆ 78660, ℻ 78870, www.astoriahotel.se.

STF Vandrarhem Malmö Eriksfält (16), große, nicht mehr ganz neue JH, Stadtbus 2 ab Bahnhof. Ab 175 SEK, DZ ab 400 SEK. Backavägen 18, ✆ 82220, ℻ 80759.

STF Vandrarhem Malmö City (11), neue, zentral gelegene JH. Ab 190 SEK, DZ 460 SEK. Rönngatan 1, ✆ 6116220, ℻ 6116225.

Hotel Formule 1 (2), Hotel mit gepflegtem JH-Standard. DZ ab 41 €. Lundavägen 28, ✆ 930580, ℻ 183640, www.hotellformule1.se.

Bosse´s Guest Apartments (15), einfaches, günstiges Hotel. Eigene Kochgelegenheit. DZ 525 SEK (auch 3- und 4-Bett-Zimmer 625/850 SEK). Södra Förstadsgatan 110b, ✆ 326250, ℻ 326256, www.bosses.nu.

• *Camping* **Malmö Camping & Feriecenter (10)**, ganzjährig, Stadtbus 34 und 4. Direkt neben der Öresundbrücke, nah zum Badestrand. Hecken umgeben jeden Stellplatz. Hütten/4 Pers. 600–995 SEK. Strandgatan 101, Ortsteil Limhamn, ✆ 155165, ℻ 159777, www.malmocamping.se.

Essen & Trinken/Nachtleben

Museumscafé Wega (9), im Schloss Malmöhus, geeignet für eine gemütliche Pause nach dem Museumsbesuch. Kleine Gerichte, Kaffee und Kuchen (Juni bis Aug. 10–16 Uhr, übrige Zeit 12–16 Uhr).

Restaurants und Cafés für jeden Geschmack finden sich rund um den **Lilla torget** und in der **Saluhallen (7)**, der angrenzenden Markthalle (Mo–Fr 10–18, Sa 10–16 Uhr; einige Restaurants länger). Unter einem Dach

Übernachten

2 Hotel Formule 1
4 Hotell Royal
6 Hotell Astoria
10 Malmö Camping & Feriecenter
11 STF Vandrarhem Malmö City
12 Teaterhotellet
15 Bosse's Guest Apartments
16 STF Vandrarhem Malmö Eriksfält

Essen & Trinken

1 Salt & Brygga
5 Årstiderna
7 Saluhallen/Lilla torget
8 Café Form Design Center
9 Museumscafé Wega
14 Möllan

Nachtleben

3 Mattsons Musikpub
13 Bodoni

Skåne und Halland
Karten S. 46/47 und S. 91

Malmöfestival auf dem Stortorget

findet man hier die verschiedensten Küchen, von der Sushibar bis zum Italiener. Besonders empfehlenswert: **Bageri Caféet**, (✆ 303513, prall gefüllte Baguettes und Bagels) und **Johan P.**, (✆ 971818, Mo–Sa 11.30–23, So 13–21 Uhr, gute schwedische Fischküche). Am Lilla torget im Hedemannska Gården: **Café Småklöken**, kleines, gemütliches Café und Lunchrestaurant, gute schwedische Küche. Mo–Fr 9–21, Sa/So 11–20 Uhr, ✆ 79990.

Zeitschriftencafé im Form Design Center (8), geöffnet wie das Museum. Ruheoase, Möglichkeit zum Blättern in den ausliegenden (Kunst-)Zeitschriften.

Die etwas gehobeneren Restaurants versammeln sich am **Stortorget,** besonders empfehlenswert:

Årstiderna (5), erstklassiges Restaurant, beste schwedische Küche, kreiert aus den Produkten der Region. Qualität hat natürlich ihren Preis; günstiges, gutes Dagens. Mo–Fr 11.30–24, Sa 17–24 Uhr. Frans Suellsgatan 3, ✆ 230910.

Die jüngste und angesagteste Gastronomiemeile liegt am **Västra Hamnen**, darunter:

Salt & Brygga (1), Mo–Fr 11.30–15 und 17–21, Sa 12.30–21 Uhr. Sundspromenaden 7, ✆ 61 15940. Kühl und edel, interessante Küche, nicht ganz billig. Sehr empfehlenswertes Dagens mit großem Salatbuffet, viel Fisch auf der Karte. Alternativ lohnt sich ein Bummel um den **Möllevångstorget**, wo einige gute und preiswerte Lokale die Küchen aller Herren Länder vertreten, darunter der indische „Kvarterskrog" **Indian Haweli** (Södra Förestadsgatan 88, ✆ 123124), das familiäre **Krua Thai** (Möllevångstorget 14, ✆ 122287) und **Restaurang Möllan (14)**, Bergsgatan 37c, ✆ 121015, mit schwedischen und vegetarischen Gerichten.

• *Nachtleben* Die sommerliche Partyszene konzentriert sich um den **Lilla torg**, dann sorgen hier diverse Clubs für Stimmung, z. B. das **Victors** (✆ 127670). Nebenan am Stortorget hat man im Club **Etage** die Auswahl zwischen Dance-Klassikern und – auf einer zweiten Tanzfläche – Aktuellem. Im **Bodoni (13)** (Bergsgatan 20, ✆ 976387) gibt es jeden Abend unterschiedliche Musikrichtungen; Freunde des Jazz können in **Mattsons Musikpub (3)** (✆ 232756, Göran Olsgatan, Nähe Hbf.) auf ihre Kosten kommen.

Aktivitäten

Bus-Stadtrundfahrten in Schwedisch, Englisch und Deutsch werden täglich (Juni bis Aug.) um 12 Uhr angeboten (Mitte Juli bis Mitte Aug. auch 13.30 Uhr, Dauer 90 Min., Karten (mit Malmökortet frei) und Abfahrt bei der TI.

Fahrt mit der Buslinie 3: Dies ist die günstigste Art, sich die Stadt anzuschauen. Die Linie 3 fährt eine Rundtour durch die zentralen Teile Malmös und steuert u. a. den Bahnhof, Gustav Adolfs torget, die Gegend um das Schloss und einige der großen Parks an.

Bootsrundfahrt auf den Kanälen der Altstadt: ab Hbf. mit der „Rundan", 50 Min., 110 SEK (✆ 6117488). Am Fahrkartenschalter gibt es Kaffee und Kuchen, die man in einem Picknickkörbchen bequem mit an Bord nehmen kann. Abfahrten stündl., Mai/Juni 10.30–16 Uhr; Juli/Aug. bis 18.30 Uhr; Sept. 11.30–14.30 Uhr, Führung auch auf Deutsch und Englisch.

Märkte: Neben dem Tekniska- och Sjöfartsmuseum stehen die kleinen, bunten Buden von Fischern und Händlern, die hier ihre Waren verkaufen (Fiskehoddorna). Flohmärkte im Folkets Park (Di, Do, Sa 8–15 Uhr) und am Drottningtorget (Mi, Fr, So 8–16 Uhr), Wochenmarkt am Möllevångstorget.

Malmöfestival: Eine Woche lang Ende August gibt es jedes Jahr kostenlos Konzerte, Filme, Straßenkunst und Tanz. Die üblichen Buden sorgen für die Verpflegung.

Baden: Besonders zentrumsnah liegt **Ribersborgs Strand**. Ein kilometerlanger Sandstrand, Grünflächen und das alte Kallbadhus von 1898 (✆ 260366), heute mit Sauna und Café/Restaurant, machen seinen besonderen Reiz aus.

Spaßbad Aq-Va-Kul, Regementsgatan 24, ✆ 300540, Mo–Do 9–20.30, Fr 9–19.30, Sa/So 9–13 und 14–18 Uhr. Türkisches Bad (nur für Erwachsene und nach Geschlechtern getrennt).

Skånes Süden

Söderslätt, wie die Region auch heißt, ist Schwedens ungewöhnlichster Küstenstrich, fehlen hier doch jegliche Felsen. Stattdessen plattes Land, geprägt von weiten Getreidefeldern, Obstplantagen und stattlichen alten Bauernhöfen. Zum Meer hin dünengesäumte Sandstrände, aber auch Fischerei- und Fährhäfen, und bei Falsterbo natürlich die wichtigste Flugroute der Zugvögel.

Skanör/Falsterbo

Die Halbinsel Falsterbonäset ragt als „Nase" von Skåne in den Öresund vor. Auf Schwedens südwestlichster Spitze liegen die beiden Zwillingsdörfer Skanör und Falsterbo. Durch den enormen Heringsreichtum im Meer vor ihrer Haustür waren diese beiden Dörfer vom 11. bis ins 14. Jh. einer der größten Verarbeitungs- und Marktplätze für Hering. Damals besaßen die Orte sogar Handelsverbindungen bis nach Mitteleuropa. Als der Heringsfang aufgrund der Überfischung zurückging, verloren Skanör und Falsterbo an Bedeutung, und heute zeugen dort nur noch rasenbedeckte Erdhaufen und -wälle vom einstigen Stellenwert: Unter ihnen befinden sich die Reste von Burganlagen aus dem 11. Jh. Mittlerweile sind Skanör und Falsterbo eine Art Nobelvorort von Malmö geworden. Die beschauliche Atmosphäre in den Dörfern mit den typisch lang gestreckten, alten Häuschen, die reine Seeluft, viel Natur und kilometerlange, weiße Sandstrände sind ein wunderbarer Kontrast zum hektischen Malmö – für Bewohner wie Besucher.

Rundgang in Skanör

In Skanör bietet sich ein ein- bis zweistündiger Rundgang an, der sowohl die Sehenswürdigkeiten des Dorfes als auch eine gehörige Portion Seeluft beinhaltet. Man verlässt den Ort Richtung Hafen auf der Hamngatan und fährt bis zum ersten Parkplatz rechts. Von hier folgt man einem Pfad weiter zum Meer. Parallel zum Strand geht es bis zum Pfad „Borgmästarstigen“, der kurz vor einem Seezeichen bei einem Toilettenhäuschen rechts abzweigt. Dieser führt durch Feuchtwiesen und **Flommens Naturreservat** zum Ortsrand von Skanör. Nach rechts auf dem Slottstigen und gleich wieder links auf die Kirkogatan kommt man zu der ehrwürdigen **St.-Olofs-Kirche** (Mo–Fr 10–16 Uhr). Ihr ältester Teil stammt aus dem 13. Jh., sehr wahrscheinlich stand aber schon früher eine Kirche auf diesem Platz. Zu ihrer Erweiterung im 15. Jh. hat man praktischerweise die Steine der Burg verwendet. Zu deren Überresten führt gleich hinter der Kirche das Schild „Borgruin“. Es ist nur noch eine große Erdaufhäufung mit Graben drum herum – und schöner Aussicht über das Naturreservat. Zurück bei der St.-Olofs-Kirche lohnt noch ein Blick auf das gegenüberliegende Rathaus von 1777, das auch aus dem alten Burgmaterial gebaut wurde. Es geht nun zurück auf den Slottstigen und links am Rande der Häuser entlang, bis man auf einen weiteren Pfad, den Bakdjupstigen, stößt, der durch die Wiesen von Flommen direkt wieder zum Parkplatz führt. Für eine längere Wanderung empfiehlt es sich, vom Parkplatz aus am Strand in Richtung des Leuchtturms von Falsterbo und der Landspitze Nabben zu gehen (ca. 4 km). Dies kann man zusätzlich mit einem Rundgang durch Falsterbo verbinden.

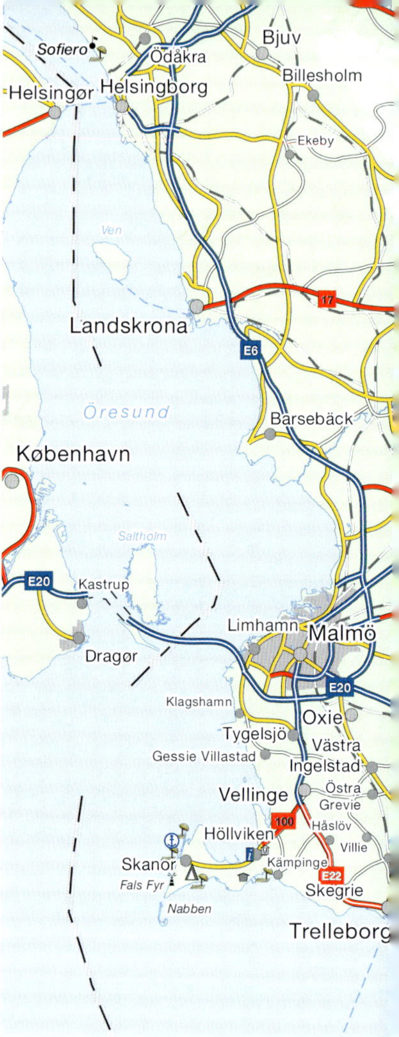

Landeinwärts liegen bei Höllviken zwei sehenswerte **Museen:**

Die lange Besiedlungsgeschichte der Region wird nirgends so lebendig dargestellt wie im **Foteviken Viking-Museum,** einem nachgebauten Wikingerdorf. Im Sommer werden die Häuser des Freilichtmuseums von Wikinger-Begeisterten bevölkert, die das Leben ihrer Vorfahren hautnah nachempfinden wollen. So kann man dann z. B. einem Zimmermann in Wikingertracht zuschauen, wie er in der alten Weise die Balken für ein neues Haus bearbeitet. Der Ort des Museums wurde mit Bedacht gewählt, denn hier lag in alter Zeit ein Kultplatz.

Museivägen 24, Höllviken, ✆ 330800, Juni bis Aug. tägl. 10–16 Uhr, Mai und Sept. nur Mo–Fr, 80 SEK, mit der Malmökortet (s. Malmö-Informationen) halber Preis.

An den Stränden der Falsterbohalbinsel wird besonders viel Bernstein gefunden, und so ist es passend, gerade hier ein Museum ausschließlich diesem Harz uralter

Bäume zu widmen. Das **Bärnstensmuseet** ist deshalb für seine Bernsteinkollektion mit Einschlüssen, z. B. von Insekten und Spinnen, berühmt.

Södra Mariavägen 4, Höllviken, ✆ 454504, Mitte Mai bis Sept. tägl. 10–17 Uhr, übrige Zeit Sa/So 11–15 Uhr, 20 SEK.

Abstecher nach Trelleborg und Smygehamn

Die RV 10 führt von Höllviken Richtung **Trelleborg** dicht entlang der Küste – eine schöne Strecke. Die Kleinstadt selbst ist eher beschaulich, doch jeder Skandinavienbesucher kennt sie wohl als Fährhafen. Von hier verkehren die Schiffe nach Rostock und Sassnitz (s. Anreise). An der **Strandpromenade** stehen Palmen aufgereiht und sollen südliches Flair verbreiten. Um den **Gamla torget** sind etliche alte

Das Leben der Wikinger lässt sich im Foteviken-Museum nachempfinden

Holzgebäude erhalten. Eine Besonderheit ist die erst 1988 entdeckte und dann rekonstruierte „**Trelle-Borg**" aus der Wikingerzeit, nördlich des Fährhafens gelegen. Die ringförmige Befestigung aus hölzernen Pallisaden und Erdwällen ähnelt Wikingerburgen aus Seeland.

Västra Vallgatan 6, ✆ 0410-733021, Mittsommer bis Aug. tägl. 10–17 Uhr, übrige Zeit 11–17 Uhr, Museum 30 SEK, Gelände immer kostenlos zugänglich.

Ab Trelleborg geht es auf der RV 9 beschaulich weiter, immer entlang der Küste und z. T. mit herrlicher Aussicht aufs Meer. Die Dörfer an der Route nach Ystad wissen um ihre Attraktivität für Touristen, denn überall findet man kleine Cafés, Privatunterkünfte, Campingplätze und – typisch für die Gegend – Töpfereien.

Schwedens südlichster Punkt ist **Smygehuk** am Ortsrand von Smygehamn; der gleichnamige 17 m hohe **Leuchtturm** markiert ihn. Das alte Leuchtturmwärterhaus daneben ist heute eine originelle Jugendherberge, und Gäste können sogar die Aussicht vom Turm genießen. Nahe dem kleinen Hafen zeigt ein Schilderbaum die Entfernung zu verschiedenen Orten an und demonstriert die Nähe zum Kontinent; das alte **Köpmansmagasinet** von 1806 beherbergt die TI, das Skånsk Mat Café (nur Juni bis Aug.) und Kunsthandwerk.

Auf einen Blick

Vorwahl Falsterbonäset: 040

• *Information* **Falsterbonäsets Turistbyrå**, Videholms Allé 1A, 23631 Höllviken, ✆ 425454, www.vellinge.se/turism, Mitte Juni bis Mitte Aug. Mo–Fr 10–18, Sa/So bis 14 Uhr, übrige Zeit Mo–Fr 10–12 und 13–15 Uhr. Die TI liegt im Zentrum von Höllviken in der Bibliothek.

• *Verbindungen* **Buslinien** 100 und 300 (Skånetrafiken) ab Malmö Hbf. (stündl. bis halbstündl.). Nach Trelleborg und Smygehamn fahren die Linien 190 und 146.

Übernachten/Camping

Hotell Spelabäcken, familiäres, gemütliches Hotel gleich beim Wasser. DZ ab 1000 SEK. Mellangatan 58, Skanör, ✆ 475300, 📠 473242. www.spelabacken.com.

Lotsvillans Vandrarhem, einfacher Standard, schöne, strandnahe Lage am Falsterbokanalen. DZ ab 500 SEK. Västra Kanalvägen 2, Höllviken, ✆ 0761-180045. www.lotsvillan.com.

Vogelzug auf Falsterbo

Im Herbst hat Falsterbo ein besonderes Schauspiel zu bieten: Über die Halbinsel ziehen an schönen Tagen Ende September bis Anfang Oktober täglich bis zu 1 Mio. Vögel nach Süden. Diese Konzentration hat mit der besonderen Form von Nordeuropa zu tun. Auf ihrem Weg in den Süden stoßen die Zugvögel auf Küsten, denen sie eine Weile folgen. Die Küstenlinien leiten die Vögel wie eine Art Trichter nach Falsterbo, der südwestlichen Spitze von Schweden. Hier müssen sie die skandinavische Landmasse verlassen, um nach Dänemark, Deutschland und weiter ins Mittelmeergebiet oder noch weiter bis nach Afrika zu ziehen. An manchen Herbsttagen ist der Himmel voller Buchfinken, Grünfinken und Blaumeisen. Überall in den Gärten Falsterbos hört man dann Rotkehlchen, Wintergoldhähnchen und Zaunkönige, die in der Nacht weiterfliegen und sich tagsüber vor dem anstrengenden Flug übers Meer ausruhen. Aber nicht nur Singvögel verlassen Skandinavien, sondern auch viele Greifvogelarten. Es ist schon ein imposanter Anblick, wenn Hunderte von Mäusebussarden, Wespenbussarden, Rotmilanen und Weihen majestätisch am Himmel ihre Kreise ziehen.

Dieses Phänomen ist besonders gut von der südwestlichsten Spitze Nabben zu beobachten. Diese Spitze ist sozusagen der allerletzte sichere Hafen für die Vögel, danach geht es nur noch raus aufs Meer. Von den frühen Morgenstunden bis etwa mittags ist hier die höchste Flugaktivität zu verzeichnen. Nabben erreicht man zu Fuß von Skanör aus einfach den Strand entlang Richtung Leuchtturm. Mit dem Auto in Falsterbo den Hinweisschildern zur Konsthall (Kunsthalle) folgen, dann links in den Fyrenvägen abbiegen, bis zum Ende (Wendehammer mit kleinem Parkplatz) fahren, rechtzeitig einen Parkplatz suchen, denn die Straße ist eng und an guten Tagen hoffnungslos vollgeparkt. Am Ende des Fyrenvägen zu Fuß weiter durch das Naturreservat Flommen. Beim Leuchtturm, der Privatgelände und nicht zu besichtigen ist, am Strand nach links abbiegen. Es lohnt sich unbedingt, ein Fernglas mitzubringen! Ab dem späten Vormittag empfiehlt sich dann folgende gute Beobachtungsstelle für Greifvögel: Direkt vor dem Campingplatz Ljungen liegt ein lichtes Birkenwäldchen, von dessen Rand man einen weiten Blick über die Heide hat.

Falsterbo Fågelstation, Sjögatan, ✆ 470688, falsterbo@skof.se, www.skof.se/fbo. Infos zu Führungen, außerdem kleine, einfache Unterkunft (160 SEK/Pers.).

STF Vandrarhem Smygehuk, Feb. bis Nov. Originelle Herberge im alten Leuchtturmwärterhaus an Schwedens Südspitze und entsprechend beliebt – im Sommer reservieren! Ab 230 SEK, auch im DZ. ✆ 0410-24583.

• *Camping* **Ljungens Camping Falsterbo**, Mitte April bis Ende Sept. Mit Büschen umstandener Campingplatz, gute Bade- und Spaziermöglichkeiten in der Nähe. 4- und 5-Bett-Hütten ab 650 SEK. Strandbadsvägen, ✆ 471132. www.mamut.net/ljungenscamping.

Essen & Trinken

Café Annas Bageri, nettes Café mit Sommerterrasse, gleich bei der Kanalbrücke in Höllviken. Hier gibt es leckeres „Wienerbröd“, mit Pudding gefüllte Blätterteigtaschen. Mo–Fr 7–18, Sa/So 7–16 Uhr. Falsterbovägen 117, ✆ 450750.

Fiskhuset Skanör, serviert werden Hering in verschiedenen Variationen und andere

Skåne und Halland
Karten S. 46/47 und S. 91

Fischgerichte, passend zum nahen Hafen. Mittsommer bis Mitte Aug. Mo–Sa 10–20, So ab 11 Uhr, übrige Zeit Di–Fr 10–18, Sa 10–15, So 11–15 Uhr. Skanörs Hamn, ✆ 479608.

Café Kust, Storgatan 14, Falsterbo, ✆ 473830, Mo–Fr 11–18, So bis 17 Uhr.

Kaptensgården, urige Kneipe im einen Teil, im anderen ein gemütliches Restaurant mit deftigen Gerichten – typischer Kvarterskrog. Mo–So ab 17 Uhr (im Sommer). Kaptensgatan 1, ✆ 470750 (Falsterbo).

Aktivitäten

Wer einen guten Platz für einen wirklich entspannten Tag am Meer sucht, ist im **Falsterbo Strandbad** an der südlichen Küste der Halbinse bestens aufgehobenl.

Ystad (17.000 Einw.)

Das verschlafene Städtchen an der schwedischen Südküste ruft unversehens großes Interesse in Europa hervor, ohne selbst etwas dafür zu tun – als Schauplatz der Bestsellerkrimis rund um Kommissar Wallander. Der Autor Henning Mankell beschreibt darin detailliert und eindrucksvoll seine Heimatstadt und die Region Schonen. Die Krimis machen Ystad aber nicht wieder zur „Weltstadt“, die sie im Mittelalter war – oder zumindest fast: Reich geworden durch Heringsfang und Ostseehandel, war sie damals das Zentrum der Südküste. Geblieben ist von dieser Blütezeit vor allem eine wunderschöne Altstadtbebauung, der man unbedingt ein paar Stunden widmen sollte, etwa auf folgendem Rundgang:

Stadtbesichtigung

Vor der TI führt direkt links eine kleine Gasse zum **Hotel Continental,** allen Mankell-Lesern bestens bekannt, weil Kommissar Wallander hier häufiger zu Gast ist. Um das Hotel herum geht es auf der Hamngatan zum Stortorget, wo sich hinten die **St. Maria kyrka** von 1300, das älteste Bauwerk der Stadt (im Sommer tägl. 10–18 Uhr) erhebt. Ystad hat eine mittelalterliche Tradition bewahrt: Vom Turm der Kirche bläst der **Tornväktare** (Turmwächter) jede Nacht zwischen 21 und 1 Uhr stündlich auf seiner kupfernen Lure. Er wacht darüber, dass nirgends unbemerkt ein Feuer ausbricht; sein Trompeten soll den Bewohnern versichern, dass alles in Ordnung ist. Gleich beim Kirchturm findet sich die Latinskolan, ein Backsteinbau mit schönem Treppengiebel, entstanden um 1500 und bis 1841 als Schule genutzt – vermutlich die älteste des Landes. Wenig weiter in der Stora Västergatan liegt der ähnlich alte Fachwerkhof **Kemnerska gården.** Zurück zum Stortorget und gleich links durch die Stora Norregatan erreicht man den mächtigen Fachwerkbau **Änglahuset** (16. Jh.), schräg gegenüber das um 1450 erbaute **Brahehuset.** Hier führt die Sladdergatan rechts zum **Gråbrödra Klostret** („Graubrüder“ = Franziskaner, wegen ihrer grauen Kutten), erbaut 1267. Im Zuge der Reformation wurde das Kloster 1532 aufgelöst und diente danach als evangelische Kirche und Krankenhaus, bevor es verfiel. 1909 wurde mit der Renovierung begonnen, und heute ist das Kloster neben Vadstena das besterhaltene Schwedens. Es beherbergt u. a. einen Kräuter- und Rosengarten und das Stadtmuseum (✆ 577286, Juni bis Aug. Mo–Fr 10–17, Sa/So 12–16 Uhr, übrige Zeit Di–Fr 12–17, Sa/So 12–16 Uhr, 30 SEK, Garten immer geöffnet). Weiter am Kloster entlang und direkt in die Bäckahästgränd kommt man zum **Tvättorget,** einem von kleinen Fachwerkhäusern umgebenen großen Platz, auf dem Cafés mit vielen Außenplätzen locken. Von dort geht's weiter zur Einkaufsstraße Stora Östergatan. Hier links, findet sich bald das Birgittahus mit markantem

Treppengiebel, etwas weiter Henrik Rogges gård und angrenzend **Pilgrändsgård** von 1480, das älteste Fachwerkhaus der Stadt. Dort auf dem Pilgränd rechts ab kommt man zurück zur TI.

Auf einen Blick

Vorwahl Ystad: 0411

• *Information* **Ystads Turistbyrå**, St. Knuts torg, 27143 Ystad, ✆ 577681, 📠 555585, www.ystad.se, Juli/Aug. Mo–Fr 9–19, Sa/So 10–18 Uhr, übrige Zeit Mo–Fr 9–17 Uhr.

• *Verbindungen* **Zug**: nach Malmö etwa stündlich und weiter nach Kopenhagen. **Fähre**: Bornholm (4-mal tägl., s. Aktivitäten).

• *Adressen* **Ärztliche Hilfe**: Lasarett, Kristianstadsvägen, ✆ 99500, **Apotheke** Svanen, Stora Östergatan 11. **Parkplätze** um den Hauptbahnhof und die TI.

Übernachten/Camping

Hotel Continental, Wallanders Empfehlung kann man vorbehaltlos folgen! DZ ab 1190 SEK. Hamngatan 13, ✆ 13700, 📠 12570, www.hotelcontinental-ystad.se.

Hotel Tornväktaren, gemütliches, familiäres Hotel mitten im Zentrum. DZ ab 795 SEK. Stora Östergatan 33, ✆ 78480, 📠 72927, www.tornvaktaren.se.

STF Kantarellen Vandrarhem, Juli/Aug. Rezeption 9–10 und 16–20 Uhr, übrige Zeit Telefon. Schön im Wald gelegene JH, Badestrand in der Nähe. Ab 200 SEK, DZ ab 400 SEK. Ystad, Fritidsvägen 9, ✆ 66566, 📠 10913.

• *Camping* **Sandskogens Camping**, April bis Sept., schöner Waldcampingplatz, nicht weit vom Meer. Hütten/4 Pers. ab 800 SEK, nur für die Nacht 450–650 SEK/4 Pers. Österleden, Ystads Sandskog, ✆ 19270, 📠 19169, www.sandskogenscamping.se.

Essen & Trinken

Lottas Restaurang, gemütliches Lokal mit moderner Küche. Stortorget 11, ✆ 78800, Mo–Sa 17–22 Uhr.

Bryggeriet, uriges Restaurant, beliebt für seine Grillspezialitäten und das selbstgebraute Bier. Im Sommer sitzt man schön im Garten. Långgatan 20, ✆ 69999.

Hartmanns Café & Conditori, moderneres Café mit wunderbarem Kuchen. Mo–Fr 8–18, Sa 7–15 Uhr, Stortorget 3, ✆ 12101.

Maria-Caféet, Mo–Fr 7–19, Sa 7–18, So 8–18 Uhr. Nettes, altertümliches Café. Stortorget 15, ✆ 65006.

Bäckahästen, schönes Café und Lunchrestaurant, im Sommer kann man herrlich draußen sitzen. Tägl. 9–17 Uhr. Lilla Östergatan 6, ✆ 14000.

Aktivitäten

Von Ystad aus sollte man unbedingt eine **Tagestour nach Bornholm** einplanen, statt mit der normalen Autofähre mit dem schnellen Katamaran (Fahrzeit 75 Min., 4-mal tägl.). Bornholmstrafikken, ✆ 558700.

Wallander-Touren: Für Fans des grüblerischen Kommissars bietet die TI ein kostenloses deutschsprachiges Faltblatt („Wallander Land – Auf den Spuren des Kriminalkommissars Kurt Wallander") an. Mit Hilfe einer genauen Karte kann man die Orte der Handlungen in den Büchern und Verfilmungen besuchen. Man findet sogar den Geldautomaten verzeichnet, an dem eines der Opfer ermordet wurde.

Zudem bieten die Pensionäre der Freiwilligen Feuerwehr im Sommer ab Store torget eine Tour „Auf den Spuren Wallanders" in einem oben offenen Feuerwehrwagen an (Anmeldung in der TI; Mo–Fr 18.30, 19.30 und 20.30 Uhr, Mo auf Deutsch, Mi auf Englisch, 60 SEK).

Ystads Sandskogen ist ein bewaldetes Freizeitgebiet mit dem **Strandbad Saltsjöbaden**, 2 km östlich von Ystad, über die Landstraße 9 in Richtung Simrishamn zu erreichen.

Durch Skånes Südostecke Österlen

Simrishamn (6500 Einw.)

Simrishamn ist ein beschauliches Küstenstädtchen. Vom **Gästehafen** bewegt sich der sommerliche Besucherstrom durch die Storgatan, in der sich Läden und Lokale aneinanderreihen, bis zur **Nicolaikirche** aus dem 12. Jh. Ruhiger geht es in den malerischen Nebenstraßen zu. In der Stora Norregatan, Östergatan oder Brunnsgatan trifft man auf zahlreiche niedrige Wohnhäuser, die aus dem 19. Jh. erhalten geblieben und liebevoll herausgeputzt sind.

Der Regionalgeschichte widmet sich **Österlens Museum:** Gezeigt werden Artefakte von der Frühgeschichte bis ins 19. Jh., mit Schwerpunkt auf der Fischerei- und Seefahrtsgeschichte. Ein Highlight ist die Ausstellung Jarlens Hall, die auf den Ausgrabungen eines Wikingerhofes in Järrestad basiert und das Leben dieser Epoche anschaulich macht.

Storgatan 24, ✆ 819670, Mitte Juni bis Aug. Mo–Fr 11–17, Sa 10–14 Uhr, übrige Zeit Di–Fr 12–16, Sa 10–14 Uhr, 35 SEK.

Auch das Kunstmuseum **Gösta Werner och Havet** hat Bezüge zur Region. Seemann, Künstler, Globetrotter – die Vielseitigkeit seines Lebens spiegelt sich in Gösta Werners Bildern wider.

Strandvägen 5, ✆ 10440, 2 Wochen um Ostern und Mitte Juni bis Aug. Di–So 12–17 Uhr, 50 SEK.

Nördlich von Simrishamn liegen die Fischerdörfchen Baskemölla und Vik, beide sind recht pittoresk und einen Abstecher wert.

Ausflug durch Österlen

Von der RV 9 zweigt bei Tommarp die Straße nach Glimminge ab. Die spätmittelalterliche **Burg Glimmingehus** stellt mit ihrem viergeschossigen Hauptgebäude eine hoch aufragende Landmarke in dem sanft gewellten Ackerland dar. Um 1500 erbaut, ist dieser befestigte Wohnturm weitgehend im Originalzustand erhalten geblieben.

✆ 18620, Juni bis Anfang Aug. tägl. 10–18 Uhr, April bis Sept. tägl. 11–16 Uhr, Okt. Sa/So 12–16 Uhr, 60 SEK inkl. Führung.

Weiter auf der RV 9 Richtung Ystad, zweigt man bei Glemmingebro Richtung Küste und dort nach links ab. Ein Streifen hoher Altdünen liegt meerwärts, über den man erst bei **Kåseberga** wieder einen Blick werfen kann. Der kleine Hafenort hat eine besondere Attraktion zu bieten, die auch die großen Parkplätze am Ortseingang rechtfertigt: die Schiffssetzung **Ales Stenar,** hoch oberhalb des Hafens auf dem Dünenrücken gelegen und auf Fußpfaden erreichbar. 58 Felsblöcke bilden die Form eines Langschiffes nach, mit besonders hohen „Steven“ an Bug und Heck. Mit fast 70 m Länge gilt Ales Stenar als größte Schiffssetzung Skandinaviens. Ihre Funktion liegt im Dunkeln, die Vermutungen reichen von Kult- oder Thingstätte über Seezeichen bis hin zum Grabdenkmal für einen Wikingerhäuptling. Beeindruckend ist nicht nur das steinerne Monument selbst, sondern auch seine Lage hoch über der Küste.

Bei Löderup erstrecken sich ausgedehnte Sandstrände, hinter denen das Naturreservat Hagestad liegt. An der Straße ist der alte schonische Hof **Backåkra** ausgeschildert, einst im Besitz von Dag Hammarskjöld, der das Anwesen restaurieren ließ und es als Ruhesitz nutzen wollte. Dazu kam es nicht, da der damalige UN-Generalsekretär 1961 bei einem Flugzeugabsturz in Sambia ums Leben kam. Backåkra

Die Schiffssetzung Ales Stenar thront hoch über der Küste

beherbergt heute ein kleines Museum, das seinem berühmten Besitzer gewidmet ist (✆ 0411-526010, Mitte Juni bis Mitte Aug. tägl. 12–17 Uhr), sowie ein kleines Naturreservat. Bei Sandhammaren, einem weitläufigen Dünengebiet mit preisgekröntem Strand (2010 bester Strand Schwedens), markiert ein Leuchtfeuer Schwedens südöstlichsten Landzipfel.

Stichwege führen zu den Stränden und Feriengebieten der Ostküste, bis mit **Skillinge** wieder ein gewachsener Ort erreicht ist. Fischerei spielt hier noch heute eine Rolle, sodass im Hafen nicht nur Freizeityachten dümpeln.

Auf einen Blick

Vorwahl Simrishamn: 0414

• *Information* **Simrishamn Turistbyrå**, Tullhusgatan 2, 27280 Simrishamn, ✆ 819800, ✆ 16364, www.simrishamn.se, Mitte Juni bis Ende Aug. Mo–Fr 9–20, Sa 10–20, So 11–20 Uhr, übrige Zeit Mo–Fr 9–17 Uhr.

• *Verbindungen* **Bus**: Linie 5 nach Lund, Linie 3 über Kivik nach Kristianstad, 570 über Hammenhög nach Ystad, ab Skillinge entlang der Küste Linie 322, alle mehrmals tägl.

Zug: Verbindung über Ystad nach Malmö und Kopenhagen. Busterminal und Bahnhof an der Stenbocksgatan.

Fährlinie Bornholm-Express, ✆ 10700, fährt ab Simrishamn nach Allinge auf Bornholm, Mittsommer bis Mitte Aug. ca. 2-mal tägl.

Parken: Am Strandvägen (Nordende des Gästehafens) zentral und kostenlos.

• *Adressen* **Ärztliche Hilfe** und **Apotheke**: Sjukhuset, Christian Barnekowsgatan, ✆ 15000. **Banken** und **Geschäfte** dort und am Stortorget.

Übernachten/Camping

Hotell Svea, großes Hotel am Gästehafen, guter Standard. DZ ab 1350 SEK. Strandvägen 3, ✆ 411720, www.hotellsvea.se.

Maritim Krog & Hotell, kleines Hotel direkt am Hafen, im Krog werden gute, fantasievolle Fischgerichte serviert. DZ ab 1250 SEK. Hamngatan 31, ✆ 411360, www.maritim.nu.

Hotell Kockska Gården, schöner alter Fachwerkhof, innen modernisiert. DZ ab 1290 SEK. Storgatan 25, ✆ 411755, www.kockska garden.se.

Am Hafen von Simrishamn

Hotell Turistgården, ruhig und zentral gelegenes Frühstückshotel. DZ ab 990 SEK. Storgatan 21, ✆ 16622, ✆ 13701, www.turistgarden osterlen.se.

• *Camping* **Tobisvik Camping**, ganzjährig. Strandnah am nördlichen Ortsrand gelegener Wiesenplatz. Hütten/4 Pers. ab 600 SEK. Tobisvägen, ✆ 412778, ✆ 412771, www.camping.se/114.

Südlich von Simrishamn **Hörnan på Brantevik**, B&B in Brantevik, April bis Sept. Nette Frühstückspension. DZ ab 900 SEK. Skepparegatan 22, ✆/✆ 24089, www.hornanpabrantevik.se.

Pensionat Villa Myrbacka, Juni bis Aug. Familiäres, preiswertes Gästehaus in Strandnähe. DZ ab 730 SEK. Kyhls Strand, ✆ 440445.

STF Vandrarhem Backåkra, Mai bis Sept. Schön gelegener alter Hof am Naturreservat. Fahrradverleih. Ab 220 SEK, auch DZ. Östra Kustvägen, ✆ 0411-526080, ✆ 0411-526121, www.backakra.se.

Tygegårdens Vandrarhem, ganzjährig. Nahe Backåkra in ländlicher Umgebung gelegene JH, Gehabstand zum Strand und Naturreservat. 190 SEK. Hagestad, ✆ 0411-526488, www.ystad.nu/tygegarden/.

Löderups Strandbads Camping, April bis Sept. Schöner, kiefernbestandener Platz direkt am weißen Sandstrand. Wanderwege durch das Hagestads Naturreservat starten hier. Hütten/Camper/4 Pers. ab 500 SEK. ✆ 0411-526311, ✆ 526613, www.loderups strandbadscamping.se.

Borrbystrand Camping, April bis Sept. Strandnaher Platz, angrenzend an ein Ferienhausgebiet, teils baumbestanden. Hütten/4–7 Pers. Mitte Juni bis Mitte Aug. 690–990 SEK, übrige Zeit 390–490 SEK. ✆ 0411-521260, www.borrbystrandscamping.com.

Landeinwärts **Karlaby Kro**, eines der besten Hotels der Region, komfortabel, geschmackvoll eingerichtet, man wohnt im historischen Milieu eines alten Gutshofes. Bekannt ist auch das Gourmetrestaurant, das erstklassige schonische Küche bietet. DZ 2400 SEK. Tommarp, ✆ 20300, www.karlabykro.se.

Hammenhögs Gästgifvaregård, hier weht der Hauch der Geschichte; der kleine Gasthof besteht seit 1693. In der Gaststube gute ländliche Küche, im Garten wird an Sommerabenden der Grill angefacht. DZ ab 1160 SEK, Etagenbad. Hammenhög, Ystadsvägen 34, ✆ 440288, www.hammenhogs.nu.

STF Vandrarhem Hammenhög, Mai bis Sept., übrige Zeit mit Vorbuchung. Große, gut ausgestattete Herberge im herrschaftlichen Ziegelbau Nästgården. 230 SEK (auch DZ). Skolgatan 20, ✆ 440950.

Essen & Trinken

In Simrishamn ist das Angebot rings um den Gästehafen und an der Storgatan im Sommer groß.

Måns Byckare, interessante Küche, gutes Dagens. So–Do 11.30–22, Fr/Sa bis 1 Uhr, im Sommer tägl. bis 1 Uhr. Storgatan 8, ✆ 10060.

Evelina's Kök – din restaurang, beliebtes Lokal für alle Gelegenheiten, Außenbereich, internationale Küche. Cafe tägl. ab 10, Restaurant ab 12 Uhr, open end. Storgatan 3, ✆ 448070.

Börje Olssons Skafferi, Feinkostladen mit angeschlossenem Bistro, empfehlenswert für einen kleinen Imbiss. Mo–Fr 10–18, Sa bis 15 Uhr. Storgatan 11, ✆ 17177.

Südlich von Simrishamn **Guten Fisch** bekommt man im Hafen von Kåseberga bei den Räuchereien, entweder zum Mitnehmen oder als Imbiss vor Ort, in Skillinge ebenfalls in der Rökeri am Hafen.

Löderups Strandbad, vom Restaurant der Ferienanlage hat man beste Aussicht auf

Strand und Meer. Im Sommer So mittags und Mi, Do, Fr abends beliebtes, preiswertes Buffet. Tägl. 12–22 Uhr. ✆ 0411-526119.

Backagården Trädgårdscafé, **Kustvägen**, idyllisches Gartencafé im dreiflügeligen Skånehof zwischen Kåseberga und Löderup, im Gewächshaus werden die Hofprodukte verkauft und wechselnde Kunstausstellungen präsentiert. Tägl. 11–18 Uhr. ✆ 0411-526112.

Skillinge Hamnkrog, bekannt für gute Fischgerichte und sorgfältige Zubereitung. Im Sommer tägl. 12–21 Uhr. Hamnen, ✆ 30825.

Branteviks Bykrog, im Sommer auf der überdachten Terrasse. Serviert sowohl gute Hausmannskost als auch Feinschmeckermenüs, draußen kleine Gerichte. Di–Fr 12–14 und 18–22, Sa 12–22, So bis 17 Uhr. Auch Hotel, DZ ab 800 SEK. Mästergränd 2, Brantevik, ✆ 22069.

Landeinwärts

Café & Galleri Blå, mehr als ein Café; serviert preiswertes Dagens und abends Gerichte à la carte, in der Galerie wechselnde Ausstellungen. April bis Mitte Okt. tägl. 12–17 Uhr. Gärsnäs, ✆ 50080.

Kivik

(1000 Einw.)

Kivik ist ein kleiner Küstenort, der von seinem Hafen geprägt ist. Fischer- und Freizeitboote machen hier im Sommer fest und ein bisschen Marktstimmung kommt auf, wenn ein paar Gemüsekarren und Räucherfischbuden ihre Waren am Pier ausbreiten.

Das Bild ändert sich jährlich in der dritten Juliwoche von Montag bis Mittwoch: Dann findet **Kiviks Marknad** statt, der größte Jahrmarkt Schwedens mit weit über 100.000 Besuchern. Und am letzten Septemberwochenende rückt der Ort mit dem großen **Apfelfest** noch einmal ins Rampenlicht.

Kiviks größte Attraktion ist das **Kungagraven,** ein 3000 Jahre altes Hügelgrab am südlichen Ortsrand. Sein Inneres besteht aus einem begehbaren, aus Steinplatten errichteten und mit Felsritzungen geschmückten Hohlraum, der jedoch nach seiner Entdeckung im 18. Jh. geplündert wurde, sodass von seiner ursprünglichen Ausstattung nichts erhalten ist.

Mitte Mai bis Ende Aug. tägl. 10–18 Uhr, Kopfhörer im Café zu entleihen.

Etwas südlich davon ist **Kiviks Musteri** an der Hällevik ist ein beliebtes Ausflugsziel. Die traditionsreiche Mosterei kann besichtigt werden, im Laden werden Säfte, Cider, Marmeladen und was sich sonst noch aus Früchten machen lässt zum Kosten und Kaufen angeboten. Im Restaurant Kärnhuset serviert man u. a. die Anbauprodukte in Form leckerer Kuchen.

✆ 71900, Feb. Mo–Fr 11.30–13.30 Uhr, März bis Juni tägl. 10–17 Uhr, Juli/Aug. bis 18 Uhr, Sept./Okt. tägl. 10–17 Uhr, Nov. bis Mitte Dez. Mo–Fr 11.30–13.30, Sa/So 10–17 Uhr.

Kungsgraven bei Kivik

Im Süden grenzt **Stenshuvud Nationalpark** an das Obstanbaugebiet von Kivik; markierte Wanderpfade erschließen das abwechslungsreiche Gelände rings um das knapp 100 m aufsteigende „Steinhaupt“, in dem sich das skandinavische Urgestein aus der umliegenden Moränendecke erhebt. Laubwald und altes Kulturland bedecken die Hänge der beiden Felskuppen, des namensgebenden Stenshuvud und des 80 m hohen Kortelshuvud, zum Meer hin wechseln Sandstrand und Felsklippen sich ab.

Seit das Gebiet 1986 unter Schutz gestellt wurde, hat sich eine artenreiche Pflanzenwelt entfaltet, zahlreiche Frühblüher beleben den Waldboden schon ab März, später blühen etliche Orchideenarten, Storchenschnabel und Küchenschelle unter dem Laubdach der Buchen, Eichen und Linden.

Drei Zufahrten führen in den Park hinein (Parkplatz am **Naturum,** geöffnet Mitte Juni bis Mitte Aug. 11–18, sonst 11–16 Uhr). Vom Naturum führt die nördliche Route zum Stenshuvud hinauf und über Hällevik entlang der Küste zurück. Bei den Fischerhütten Kviareboden geht es landeinwärts wieder zum Naturum (6 km). Nach Süden ist die kürzere Runde über Kortelshuvud ausgeschildert, von dort aus hat man ebenfalls einen schönen Blick über Strände und Meer.

Nördlich von Kivik liegt mit der Schiffssetzung **Havängs dösar** ein weiteres prähistorisches Zeugnis nahe der Küste. Wanderwege führen vom alten Reetdachhof Skepparegården, heute eine idyllische Jugendherberge, durch die Felder- und Wiesenlandschaft und an der Küste entlang nach Süden.

Verbindungen/Übernachten/Camping

Vorwahl Kivik: 0414

Verbindungen **Bus**: Linie 3 von Simrishamn über Kivik nach Kristianstad.

Übernachten **Vitemölla Badhotell**, stilvolles Traditionshotel, hoher Standard, schöne Lage mit Meerblick. DZ 1700 SEK. Lejegatan 60, ☎ 70000, Fax 70591, www.badhotell.com.

Logi Blåsingsborg, südlich von Kivik am Nationalpark gelegenes Gehöft, renovierte, geschmackvolle Zimmer, Gästeküche, Restaurant. Der angeschlossene Reitstall bietet Touren in den Nationalpark mit Islandpferden an. DZ ab 900 SEK. Stenshuvud, ☎ 70218, Fax 70399, www.blasingsborg.se.

Mellby Atelier, kleines Kulturzentrum südlich von Kivik mit angeschlossener Unterkunft. Im Sommer oft Klassikkonzerte, Kunstausstellungen und Kurse. DZ 750 SEK, Etagenbad. Södra Mellby (weit außerhalb), ☎ 71117, Fax 71137, www.mellby-atelier.com.

STF Vandrarhem Baskemölla, Mitte Mai bis Ende Aug., übrige Zeit mit Vorbuchung. Nette Holzhausunterkunft am idyllischen Wäldchen Tjörnedalalund. 250 SEK, DZ 540 SEK. Tjörnadalavägen, ☎ 26173, Fax 26054, www.bopabaske.se.

STF Vandrarhem Kivik, Juni bis Aug., übrige Zeit mit Vorbuchung. Gemütliches, älteres Haus unweit des Hafens. 330 SEK, auch DZ. Tittutvägen, ☎ 71195, www.kivikstrand.se.

STF Vandrarhem Skepparpsgården, Mai bis Sept., Reservierung notwendig. Wunderschöner alter Fachwerkhof am Rand des Naturreservats Haväng. 265 SEK, DZ ab 600 SEK. Skepparpsgården, ☎ 74071, Fax 74073, www.stfhavang.com.

Ängdala Vandrarhem, Juni bis Aug., übrige Zeit nach Absprache. Moderne, freundliche Herberge mit großem Garten. DZ 375 SEK. Auch Hütten/4 Pers. 500–800 SEK. Ravlunda, RV 9, ☎ 74179, Fax 73146, www.angdala vandrarhem.se.

Camping **Kiviks Familiecamping**, April bis Mitte Okt. Nördlich von Kivik gelegen, strandnah, vorwiegend Wiesengelände. Hütten/4 Pers. ab 650 SEK. RV 9, ☎ 70930, Fax 70934, www.kivikscamping.se.

Essen & Trinken

Tjörnedala Krog, stilvolles Gasthaus (☎ 26355) und angrenzende Kunstgalerie (☎ 26080) in romantischem alten Hofgebäude, beide April bis Sept. Di–So 12–17 Uhr, Okt. bis Dez. Mi–So 13–15 Uhr. Tjörnedalagården, Baskemölla.

Buhres Fisk, Fischgeschäft mit eigener Räucherei und Imbisslokal, eine Institution. April bis Dez. 10–17, Fr bis 18 Uhr, So ab 11 Uhr. Hamnplan, Kivik, ✆ 70212.

Café Sågmöllan, gemütliches kleines Café beim Kungagraven, serviert hausgemachte Kuchen. Mitte Mai bis Aug. tägl. 10–18 Uhr. Bredarörsvägen, Kivik, ✆ 70337.

Kaffestugan Annorlunda, Ostern bis Okt. nur Sa/So, Mitte Mai bis Aug. tägl. 11–17 Uhr. An der zentralen Zufahrt zum Nationalpark gelegenes Hofcafé, bekannt für sein Kuchenbuffet – Süßes zum Festpreis, so viel man will. Vielleicht sind deshalb so viele Wanderer hier unterwegs? Stenshuvud, ✆ 70475.

Aktivitäten

Einen **Fahrradverleih** findet man entweder bei den JHs Kivik und Baskemölla oder den Campingplätzen Kivik und Borrbystrand

Auch ohne Schwedisch verständlich: Hier wird vor allem Fisch serviert

Åhus (9000 Einw.)

Das Städtchen am Nordende der weiten Hanöbukt ist das Zentrum der Aalküste, im Mittelalter bedeutender Hafenort, heute beliebtes Urlauberziel und Sitz einer großen Schnapsdestillerie. Der kopfsteingepflasterte **Torget** mit seiner bunten Mischung pittoresker, niedriger Häuschen, dem alten Rathaus und der **Mariakyrka** aus dem 13. Jh. bildet das Zentrum des alten Fischerdorfes. Schmale, verwinkelte Gassen führen zur Mündung des Helgeån hinunter, wo der Gästehafen an lauen Sommerabenden vor Besuchern fast überquillt.

Hanöbukt

Zwischen Åhus und Kivik erstreckt sich die weite, sichelförmige Bucht, schmale Sträßchen führen hinter dem Dünengürtel durch Kiefernwald, gespickt mit Feriengrundstücken und unterbrochen durch kleine Naturreservate. Auf Stichwegen erreicht man immer wieder die weiten Sandstrände der Hanöbukten, an der hier und da die Aalbuden *Ålabodar* an die regionale Bedeutung dieses Fischereizweiges erinnern. Im Hinterland der Bucht haben bei **Brösarp** alte Grundmoränen malerisches, kleingliedriges Hügelland hinterlassen. Hier gibt es schöne Möglichkeiten, auf markierten Routen zu wandern, z. B. ab dem Parkplatz an der Straße nach Hörröd (norra backar), die blaue Runde ab Glimmeboda (etwa 7 km). Faltblatt zum Wandergebiet Brösarps backar in der Vägstation Brösarp an der RV 9.

Auch bei Degeberga beginnen Wanderwege. Sie führen durch das bewaldete **Naturreservat Forsakar**, der Forsakarbäcken bildet eine schöne Bachschlucht und rauscht über einen kleinen Wasserfall. Etwas nördlich von Degeberga liegt bei **Vitskövle** eine Wasserburg aus dem 16. Jh. inmitten schöner Parkanlagen.

Auf einen Blick

Vorwahl Åhus: 044

• *Information* **Åhus Turistbyrå**, Järnvägsgatan 7, 29631 Åhus, ✆ 134777, ℻ 243898, www.kristianstad.se/turism, Mitte April bis Sept.

Mo–Fr 10–17 Uhr, Mittsommer bis Mitte Aug. Mo–Fr 10–19, Sa 10–15, So 10–14 Uhr.

• *Verbindungen* **Bus**: Linie 551 nach Kristianstad, dort Anschluss an weitere Verbindungen.

Parken: Entlang der Hafenanlagen etliche Parkmöglichkeiten. Am Täppetstranden zahlreiche strandnahe Parkplätze.

• *Adressen* **Ärztliche Hilfe** bei Åhus Vårdcentral, Sandvaktaregatan 15, ✆ 249752. In der Köpmannagatan **Geschäfte**, **Banken** und **Apotheke** Flädern.

Frisch geräucherter Åhus-Aal wird im passenden Milieu der Ålaboden an der Landzunge Revhaken verkauft (Mo–Fr 8–16, Sa bis 12 Uhr, ✆ 248628), im südlichen Ortsteil Äspet.

Übernachten/Camping

Die TI vermittelt neben Privatzimmern auch zahlreiche Ferienhäuser in der Umgebung.

Åhus Gästgivaregård, das gediegene Hotel, im alten Dorfkern am Flussufer gelegen, hat sich inzwischen auf die pittoresken Nachbarhäuser ausgedehnt. DZ ab 1200 SEK. Gamla Skepsbron, ✆ 289050, www.ahusgastis.com.

STF Vandrarhem Åhus, Juni bis Aug., übrige Zeit mit Vorbuchung. Zentrale, gemütliche Unterkunft. In der JH ab 250 SEK, auch DZ. Stavgatan 3, ✆ 248535, ℻ 247718, www.cigarrkungenshus.se.

Yngsjö Havsbad, März bis Dez. Kleineres Strandhotel, dessen gesichtslose Architektur durch die Lage auf dem Dünenkamm und den Meerblick wettgemacht wird. DZ 900 SEK. Yngsjö, Havsbadsvägen, ✆ 232004, ℻ 231115, www.yngsjohavsbad.se.

Wärdshuset Kastanjelund, stilvoller alter Herrenhof unter großen Bäumen, jüngst renovierte Zimmer. Im Restaurant wird schonisch gekocht. DZ ab 950 SEK. Yngsjö, Kastanjelundsvägen 2, ✆ 232533, www.kastanjelund.se.

Brösarps Gästgifveri, Gasthaus mit 300-jähriger Tradition, ländlich-gemütlich eingerichtet, das Restaurant serviert preisgekrönte regionale Küche. DZ ab 890 SEK. Brösarp, Albovägen 21, ✆ 0414-73680, ℻ 73305, www.brosarpsgastgifveri.se.

• *Camping* **Åhus Camping**, ganzjährig. Großer, gut ausgestatteter Platz im strandnahen Kiefernwaldgelände, in der Hochsaison oft ziemlich voll. April bis Okt. Hütten/4 Pers. 360–920 SEK und einmalig 350 SEK. Bei längerem Aufenthalt wird es billiger, z. B. zahlt, wer 7 Nächte bleibt, nur für 5. Kolonievägen, ✆ 248969, ℻ 243523, www.regenbogen-camp.de.

Yngsjö Bangolf & Camping, Mai bis Sept. Strandnaher, familiärer Platz. Havsbadsvägen 3, ✆ 232288.

Essen & Trinken

In Åhus haben im Sommer zahlreiche Gaststätten entlang der Gästebrücke und am Täppetstranden geöffnet, ohne dass besondere „Highlights" darunter wären. Interessanter sind die folgenden:

Åhus Gästgivaregård, interessante, anspruchsvolle Küche, die ihren Preis hat. Mo–Fr 11.30–14 und 18–22, Sa 18–22 Uhr. Gamla Skepsbron, ✆ 289050.

Gallericaféet Fina Fisken, gutes Lunchcafé mit idyllischem Garten, serviert *Sill* in etlichen Variationen, Aal und Lachs, aber auch leckere Eisbecher und Waffeln. Juni bis Aug. tägl. 12–18 Uhr. Västra Hamngatan 4, ✆ 243625.

Nya Conditoriet, angenehmes Café in der Einkaufsstraße von Åhus. Mo–Fr 7–18, Sa bis 14 Uhr, Juni bis Aug. auch So 8–14 Uhr. Köpmannagatan, ✆ 240312.

Außerhalb von Åhus **Yngsjö Havsbad**, auf der Karte viel Fisch zu moderaten Preisen, schöne Aussicht auf Strand und Meer. An Sommerwochenenden wird ein Smörgåsbord geboten. April bis Aug. Di–Sa 11.30–21, So 12–17 Uhr, Sept. bis Dez. nur Sa/So 12–16 Uhr. Havsbadsvägen, ✆ 232004.

Aktivitäten

Bootstouren ins Kristianstads Vattenriket, Infos bei der TI, zwei Anbieter: **Die Landschaft JO**, ✆ 289395, u. a. Natur- und Kultur-Safaris und immer Vogelbeobachtung, und **Watersightseeing**, ✆ 0708-075564. **Kajakverleih** bei Ahus Camping, s. o.

Fahrradverleih bei Jockes Cykel & Sport, ✆ 243454 oder JH.

Historisches Häuserensemble nahe der Norre Porten in Kristianstad

Kristianstad (33.000 Einw.)

Was für die Schweden mit dem Namen Karl, war für die Dänen mit dem Namen Christian verbunden: königliche Stadtgründungen. Der dänische König Christian VI. ließ die nach ihm benannte, befestigte Siedlung 1614 im Stil der Renaissance anlegen: ein schachbrettartiges Straßensystem, gesäumt von vierflügeligen Handwerker- und Kaufmannshöfen, Kasernen und stattlichen Verwaltungsgebäuden, umgeben von der gezackten Linie der Festungswälle. Vom Fluss Helgeån und den Wallgräben eingeschlossen, war dieses moderne Bollwerk, das vor allem gegen die Schweden errichtet worden war, praktisch uneinnehmbar. Erst Mitte des 19. Jh. wurden die Festungsanlagen geschleift und Platz für die breiten, teils von gründerzeitlichen Prachtbauten gesäumten Boulevards geschaffen, die heute den alten Stadtkern umgeben.

Stadtspaziergang

Gegenüber vom Bahnhofsgebäude, das zwischen 1865 und 1917 entstand und in seinen Ausmaßen an die Vergangenheit der Stadt als Verkehrsknotenpunkt erinnert, erhebt sich die sehenswerte **Trefaldighetskyrka,** 1617–28 errichtet. Die schmalen, hohen Fenster und die schlanken Säulen geben ihrem Inneren eine luftige Atmosphäre, und zahlreiche Einrichtungsstücke, darunter Altar und Kanzel sowie die geschnitzten Bänke, stammen noch aus der Zeit der Kirchengründung (geöffnet Mo–Sa 11–17 Uhr). Jenseits der Kirche liegen an der Västra Storgatan einige historische Gebäude, darunter Nr. 7, das unscheinbare Prytz Lejehus von 1641, ein typisches Wohnhaus dieser Zeit, und Nr. 11, das Fortifikationshus, dessen ältester

Südteil 1630 als Wirts- und Handwerkshaus gebaut wurde. Gleich daneben trifft man auf das Stadttor **Norre Porten** von 1760, hinter dem ein ebenso altes Kasernengebäude liegt. Auch der Vattentornet ist von hier nicht weit und bietet von oben eine gute Aussicht über die Stadt, so das Café oben wieder öffnet. Zurück am Stadttor wendet man sich nach links und passiert zunächst die Östra Storgatan; in der zweiten Straße rechts, der J. H. Dalsgatan 8, trifft man auf den alten Kaufmannshof **Molingården,** dessen kopfsteingepflasterter Innenhof von Fachwerkfassaden umgeben ist. Dann geht es zurück zur Östra Storgatan, die in der Nr. 9 im historischen Kellergewölbe das Restaurant Kipper beherbergt und ebenfalls um einen kleinen Innenhof herum gebaut ist.

Zum **Stora torget** hin flankieren das Borgmästarhus von 1640 links und das Stora Kronhuset von 1840 rechts die Östra Storgatan. Dann erreicht man das Rathaus, 1891 im Stil der Neorenaissance gebaut, gegenüber die beiden korrespondierenden Gebäude der Post und der Riksbank aus den 1920er Jahren. Gleich dahinter liegt der Fachwerkhof Tyggargården von 1616, einst königliche Stallung, dann Zeughaus und heute Sitz des **Regionsmuseum,** das in die Geschichte der Stadt einführt (✆ 135800, Juni bis Aug. tägl. 11–17 Uhr, übrige Zeit Di–So 12–17 Uhr, Eintritt frei, Cafeteria gleiche Zeiten). Links vom heutigen Stadshotell von 1884 sind in der zweiten Straße rechts, der Östra Vallgatan 22–24, die Vähusen als nächste Gebäude aus der Zeit der Stadtgründung zu finden, gefolgt vom Fachwerkhof Garvaregården an der Kreuzung Östra Boulevarden/Tivoligata, die in einer Links-Rechts-Kombination zu finden ist.

Zurück zum Abzweig der Östra Vallgatan und weiter auf der Cardellsgatan erreicht man gleich an der nächsten Ecke rechts das **Filmmuseum:** In Schwedens erstem Filmatelier wird die Zeit lebendig, als die Bilder laufen lernten. Es gibt Kulissen und Kostüme aus der Stummfilmära zu sehen, und im alten „Biografsalong" werden Kostproben aus damaligen Produktionen vorgeführt.

Östra Storgatan 53, ✆ 135729, So 12–17 Uhr, Ende Juni bis Mitte Aug. auch Mo–Fr 13–18 Uhr, Eintritt frei.

Erneut weiter auf der Cardellsgatan findet man in der nächsten Straße links das Kungshuset und das Cardellshuset, die aus dem 18. Jh. stammen (Västra Storgatan 39 und 40); Letzteres besitzt einen hübschen Innenhof.

Auch das Fachwerkhaus in der nächsten Parallelstraße, Västra Vallgatan 26, ehemals eine Räucherei, stammt aus dieser Zeit. Wieder auf der Tivoligatan erreicht man, vorbei am Stadshuset von 1872, den Västra Boulevarden, flankiert von weiteren herrschaftlichen Bauten derselben Epoche. Gegenüber liegt im Tivolipark das Theater, 1906 im Jugendstil gebaut. Dahinter kann man am Flussufer oder durch den Park zurück zum Bahnhof spazieren, vorbei an der 1886 im altnordischen Stil errichteten Fornstuga. Am Ende des Parks empfiehlt sich ein letzter Halt bei dem renovierten Industriegebäude **Barbacka,** heute ein Kulturzentrum.

Abstecher zum Ivösjön und nach Sölvesborg

Am **Ivösjön** gehen die fruchtbaren schonischen Moränengebiete allmählich in die rundkuppigere, felsendurchsetzte Landschaft über, wie sie typisch für weite Teile Südschwedens ist. Die Südufer sind noch vorwiegend von Agrarflächen geprägt, weiter nördlich bedeckt Laubwald weite Teile der Seeufer und Inseln, unterbrochen von Obst- und Hopfenplantagen. Die beschilderte Route **Humleslingan** (Hopfenrunde) führt um den Ivösjön und zu zahlreichen hübschen Plätzen (Broschüre in den TIs). Am bewaldeten **Kjugekull** lohnt sich ein Spaziergang (1,3–3,3 km) zu einem gut 60 m hohen Aussichtspunkt sowie zu kleinen Gletschermühlen (Jättegryttor) im von dunklen, glänzenden Streifen durchzogenen Gestein und zwischen haushohen Felsklötzen hindurch. Am Hembygdsgård informieren Tafeln auf Schwedisch über deren Entstehung; zumindest die Schaubilder sind auch für Sprachunkundige aussagekräftig. Man nahm lange irrtümlich an, dass die Blöcke während der Eiszeiten aus dem Gneis- und Granitgestein gerissen worden sind. Tatsächlich jedoch war dies schon ca. 100 Mio. Jahre früher geschehen, und die Blöcke wurden während der Kreidezeit auf dem Boden des damals hier existierenden Meeres allmählich von einer mächtigen Kalkschicht bedeckt. Aus dieser lösten die Eiszeiten die riesigen Klötze dann tatsächlich wieder heraus. Das noch heute rings um den Ivösjön vorkommende Kalkgestein, das in der Grube Blaksudden auf der Insel Ivö bis in die 1950er Jahre abgebaut wurde, hat bisher ein Übersäuern des Sees verhindert, sodass dieser zahlreiche Fischarten beherbergt und zu einem der beliebtesten Angelgewässer des Landes zählt.

Nobel: Bäckaskog Slott

Nördlich vom Kjugekull liegt **Bäckaskog Slott** am Wege, einst Kloster, dann königlicher Landsitz, heute Hotel und teils Museum (Mo–Sa 10–18 Uhr, Eintritt frei). Im ersten Stock spaziert man durch eine Zimmerflucht im Stil des frühen 19. Jh., als Karl XV. hier seinen Sommersitz hatte. Die Kirche, heute gern für Hochzeiten benutzt, stammt noch aus der Zeit der Klostergründung um 1250. Die weitläufigen Gärten mit Kräuterbeeten und Rosenpflanzungen lohnen ebenfalls einen Besuch, und das Restaurant im alten Schafstall ist im Sommer auch für Durchreisende geöffnet (✆ 53020, s. u.). Weiter nördlich verkehrt bei Barum die Fähre nach **Ivö**, einem beschaulichen Inselchen, dessen bewaldeter Nordteil sich für eine Wanderung zum steilen Ivöklack eignet. Dort hat man aus 133 m Höhe eine weite Rundsicht über den See, an dessen Ufern nur hier und da eine Siedlung die Waldflächen unterbricht.

Zentrum und Westen von Skåne

Auf halber Strecke zwischen Kristianstad im Osten und Lund im Westen markiert der Ringsjön in etwa die Mitte der Provinz. Reiche Gutshöfe und Klöster entstanden im Zentrum von Skåne, umgeben von fruchtbarem, seit jeher intensiv genutztem Ackerland. Die Westküste grenzt an den Öresund, Kulturgeschichte hat hier eine andere Bedeutung: Mit der alten Universitätsstadt Lund und Tycho Brahes Forschungsstätte auf Ven lagen hier bedeutende Wissenschaftszentren.

Höör (7400 Einw.)

Die Kleinstadt Höör grenzt mit ihren Vororten an den Ringsjön, der, obwohl Trinkwasserreservoir, für alle Formen des Wassersports offen steht. Der doppelte Umlaut des Ortsnamens soll auf Initiative der schwedischen Post entstanden sein, denn früher war es üblich, Postsendungen innerorts einfach mit Här = „hier" zu adressieren. Dank unleserlicher Schrift landeten so eben viele im damaligen Hör.

In der Umgebung

Der **Ringsjön** besteht heute aus einem westlichen und einem östlichen Teil, seit der Wasserspiegel Ende des 19. Jh. um 1,5 m gesenkt wurde und die Seeoberfläche somit um 30 % abnahm. So kann man nun von Höör aus auf der RV 23 durch ihn hindurchfahren und trifft gleich auf **Bosjökloster,** das von ca. 1080 bis ins 16. Jh. ein Nonnenkloster war. Gut erhalten sind noch die Gewölbe und die Kirche, in der heute noch Gottesdienste stattfinden. Besonders sehenswert ist der Park mit einer tausendjährigen Eiche.

✆ 25048, 8–20 Uhr, 75 SEK, auch Café/Restaurant, Mai bis Sept. tägl. 10.30–17.30 Uhr.

Nördlich des Sees beginnt das grüne Skåne mit großen Laubwäldern, die die südlich vorherrschende Landwirtschaft ablösen.

3 km nördlich des Bahnhofs (Ringbus alle 1–2 Std.) befindet sich der gut beschilderte **Skånes djurpark,** der sich der z. T. bedrohten skandinavischen Tierwelt verschrieben hat. Über 80 Tierarten lassen sich hier beobachten, u. a. Biber, Bär, Luchs, Fuchsarten, Moschus- und Auerochsen, Hirsche und Ren. Etwas merkwürdig ist die Eintrittspreisgestaltung: Kinder bis 15 Jahre zahlen nichts, Erwachsene dafür satte 200 SEK, allerdings ist diese Karte dann ein Jahr gültig – das freut den Touristen von außerhalb. Aber wenn man geschickt plant ...

✆ 553060, Okt. bis März 10–16 Uhr, April bis Sept. bis 19 Uhr, Einlass bis 15 bzw. 17 Uhr.

Etwas weiter nördlich liegt der schöne **Vaxsjön** (Bade- und Wandermöglichkeiten) mit dem Naturreservat Frostavallen, im Westen an der RV 13 der **Nationalpark Söderasen** mit u. a. Buchen, Eichen, Eschen, Ahorn und Linden – ein Wald, wie er hier von Natur aus hingehört. Neben dem obligatorischen Naturum sind viele Wanderwege (je 1–2 Std.) vorhanden, darunter auch der Skåneleden, die den Horst, seine Spaltentäler und einige kleinere Seen erschließen.

Naturum, ✆ 0435-442120, Okt. bis April Di–So 11–16 Uhr, Mai bis Aug. tägl. 10–18 Uhr, im Sept. bis 17 Uhr.

Auf einen Blick

Vorwahl Höör: 0413

- *Information* **Höörs Turistbyrå**, Föreningsgatan 11, 24330 Höör, ✆ 27575, www.hoor.se, Mo–Fr 10–12 und 13–16.30, Do bis 18 Uhr, Mitte Juni bis Mitte Aug. Mo–Fr 9.30–18, Sa/So 10–13 Uhr.
- *Verbindungen* **Zug**: Höör liegt auf Strecke Malmö/Lund – Stockholm mit Richtungsänderungen in Hässleholm und Alvesta. **Bus**: Linie 470 fährt nach Hörby und Sjöbo, in Hörby an der E 22 Anschluss an Expressbusse.
- *Adressen* **Ärztliche Hilfe**: Höörs Vårdcentral, Storgatan 2, ✆ 559400. **Apotheke** Kronan, Föreningsgatan 7, ✆ 04677-4441111. **Polizeistation**: Ringvägen 1, **Poststelle** bei Konsum Föreningsgatan, **Banken** und **Geschäfte** in der Storgatan.

Übernachten

Ringsjö Krog & Wärdshus, an der Straße 23 kurz vor Bosjökloster direkt am Ö. Ringsjön gelegen, nette Zimmer, DZ ab 950 SEK, ✆ 33255 oder 33223, 📠 33503, www.ringsjowardshus.se.

Hotell Frostavallen, wie das Vandrarhem 4 km nördlich von Höör im Naturschutzgebiet am Vaxsjön. Sauna und Restaurant, mehrere markierte Rundwege (3–10 km), DZ ab 750 SEK, ✆ 553300, 📠 553339, www.frostavallen.se.

STF Vandrarhem Höör/Frostavallen, s. Hotel Frostavallen; Bootsverleih und Angelscheine. Ab 250 SEK, auch DZ und FeWo, pro Woche ab 2800 SEK/2 Pers., ab 3500 SEK/4 Pers. ✆ 24454, www.stfvandrarhemhoor.se.

Vandrarhem Grottbyn, **Skånes Djurpark Camping**, Anlage im schönen Laubwald. Skurril die JH, die in Erdhöhlen zu liegen scheint, kleiner Pool im Sommer, ab 200 SEK, auch DZ. 4 kleine Hütten/4 Pers. 650 SEK. ✆ 553270, 📠 553450, www.grottbyn.se.

Ringsjöstrand, Hotel, Camping und Ferienhäuser am Ringsjön in der Nähe der E 22, Ausfahrt 28. Verleih von Fahrrädern, Kanus, Ruderbooten; Ausstellung von Angelscheinen. Sauna. DZ ab 1100 SEK, Haus/4 Pers. ab 1400 SEK oder ab 3900 SEK/Woche, im Mai und Sept. 6900 SEK/Monat. ✆ 0415/10567, www.ringsjostrand.se.

Aktivitäten

Björkviksbadet, Bad mit Sauna, Dampfbad, Rutschen, Whirlpool und Fitness-Center, Mo 11–20, Di–Fr 9–20, Sa/So 10–17 Uhr, 70 SEK, Friluftsvägen 11, Höör, ✆ 20552.

Lund (76.000 Einw.)

Gewissermaßen im Windschatten von Malmö liegt nur 17 km weiter nördlich die Stadt Lund. Als echter Lundianer schaut man auf die große Industriestadt herab, denn obwohl die Geschichte Malmös weit zurückreicht, ist Lund doch etwas ganz Besonderes. Die Stadt kann nämlich von sich behaupten, eine der ältesten Schwedens zu sein.

An einer wichtigen Wegekreuzung gelegen, war Lund vermutlich schon im 10. Jh. unter dem dänischen Wikingerkönig Svend Gabelbart ein wichtiger Versammlungs- und Marktplatz. In der Folgezeit blühte Lund auch als religiöses Zentrum auf. Im Mittelalter wurden allein im Stadtgebiet 27 Kirchen und acht Klöster gebaut, allen voran der große romanische Dom, der 1145 fertiggestellt wurde. 1103 wurde Lund zum Erzbistum für ganz Skandinavien, was die damalige Bedeutung dieser Stadt ermessen lässt. Der dritte Erzbischof, Absalon, ging übrigens als der Begründer von Kopenhagen in die Geschichte ein. Die Bedeutung der Stadt nahm ein jähes Ende, als 1523 das Erzbistum im Zuge der Reformation aufgelöst wurde. Viele der Kirchen und Klöster wurden zerstört.

Das klassizistische Universitetshus ist heute Sitz der Verwaltung

1668 beendete König Carl X. Gustav jedoch Lunds Dornröschenschlaf mit der Gründung der noch heute bestehenden Universität. Die Stadt konnte dabei bereits auf eine eigene Tradition des Lernens und Lehrens verweisen, denn schon 1438 hatten die Franziskaner hier eine Universität eingerichtet, die allerdings mit der Reformation geschlossen wurde. So kann die Stadt stolz von sich behaupten, der älteste Wissenschaftsstandort in ganz Skandinavien zu sein. Mit 80 Studenten begann die Geschichte der Universität, heute sind mehr als 40.000 Studenten hier eingeschrieben.

Sehenswertes in Lund

Die Universität prägt auch heute noch das Stadtbild. Im Mittelpunkt des universitären Lebens stand und steht ein Park, der **Lundagården.** Bis 1837 war er mit einer Mauer eingezäunt, die den Campus markierte. Was innerhalb der Mauer passierte, fiel in den Zuständigkeitsbereich der Universität, die eine eigene Gerichtsbarkeit und sogar eine Studentenarmee besaß.

In dem Park befindet sich das **Königshaus** (erbaut 1584), die alte Residenz von König Frederick II. Mit der Gründung der Universität wurde sie zum Hauptgebäude umfunktioniert. Damals fand darin der gesamte Lehrbetrieb Platz. 1882 musste allerdings ein neues Domizil errichtet werden, welches sich gleich im Uhrzeigersinn an das Königshaus anschließt. Eingerahmt wird das strahlend weiße, im klassizistischen Stil erbaute Gebäude von Magnolienbäumen, die im Frühling prachtvoll blühen und die das Wahrzeichen der Universität sind. Im Uhrzeigersinn weitergehend, trifft man auf die Akademische Vereinigung, die ebenfalls aus dem 19. Jh. stammt. Hier befindet sich heute die studentische Verwaltung.

Von hier lohnt sich ein kurzer Abstecher nach Norden in die Finngatan zum **Skissernas Museum:** Es wurde 1934 vom damaligen Kunstprofessor Ragnar Josephson gegründet, der die Entstehungsgeschichte berühmter Werke genauso interessant fand wie die Endprodukte. So sind im Museum Skizzen und Vorstudien berühmter Werke und Maler gesammelt.

Finngatan 2, ✆ 2227283, Di–So 12–17, Mi bis 21 Uhr, 50 SEK.

Den Abschluss des Universitätskreises bildet das **Historische Museum.** Es zeigt archäologische Funde aus der Region, eine große Münzausstellung sowie religiöse Kunst.
✆ 2227944, Di–Fr 11–16 Uhr, in der Saison auch So 12–16 Uhr, 50 SEK.

Gleich am südlichen Ende des Lundagården, eigentlich fast dazugehörig, steht das älteste erhaltene Gebäude der Stadt, der **Dom** (Mo–Fr 8–18, Sa 9.30–17, So 9.30–18 Uhr). Er gilt als eines der wichtigsten romanischen Bauwerke Skandinaviens, obwohl er in seiner späteren Geschichte immer wieder verändert wurde. Der älteste Teil, die Krypta, stammt aus dem Jahre 1123, die Kirche selbst wurde 1145 eingeweiht. Im Innern des Doms ist insbesondere die astronomische Uhr sehenswert, die das alte Kirchenlied „In dulci jubilo" spielt (Mo–Fr 12 und 15 Uhr, Sa/So 13 und 15 Uhr) sowie ein kleines mechanisches Theater vorführt. Über die Geschichte des Doms informiert das **Dommuseum** im Gebäude des Historischen Museums (Öffnungszeiten und ✆ s. dort).

Der Riese Finn

Um die Erbauung des Doms geht folgende Sage: Der heilige Laurentius nahm für den Bau die Hilfe eines Riesen mit Namen Finn in Anspruch. Als Lohn forderte der Riese die Sonne und den Mond. Wenn diese nicht zu beschaffen seien, würde er sich auch mit den Augen von Laurentius zufrieden geben. Unter einer Bedingung allerdings wäre er bereit, auf diesen hohen Preis zu verzichten, nämlich wenn es Laurentius gelänge, seinen Namen herauszufinden. Der Heilige nahm das Angebot des Riesen an, doch er schaffte es einfach nicht, den richtigen Namen des Riesen zu erraten. Erst am letzten Tag kam Laurentius der Zufall zu Hilfe. Als er abends unglücklich durch die Gassen Lunds lief, hörte er die Frau des Riesen ihren Kindern ein Schlaflied vorsingen, in dem der Name Finn erwähnt wurde. Laurentius ging also am nächsten Tag in die Kirche, wo Finn gerade in der Krypta stand, und rief ihn mit seinem richtigen Namen. Daraufhin war der Riese so erbost, dass er anfing, die Kirche wieder abzureißen. Da wurde er plötzlich zu Stein. Seine Statue ist heute noch in der Krypta zu besichtigen.

An der südlichen Seite der Kirche steht ein kleines Backsteinhaus, eines der wenigen erhaltenen Gebäude aus dem 15. Jh., das als Bibliothek diente.

Ein Museum ganz besonderer Art befindet sich östlich vom Lundagården: das **Kulturen** (tägl. 10–17 Uhr, ✆ 350400, 70 SEK). Der Name steht für das Hauptthema des Museums: die Geschichte der Kultur. Der Schwerpunkt liegt dabei auf dem südschwedischen Raum. Hier sind aber nicht nur zahlreiche Kulturgüter zusammengetragen, wie Möbel, Textilien, Schmuck und andere Gegenstände des Alltags, sondern es wurden ganze historische Häuser gesammelt und auf dem Gelände liebevoll wieder aufgebaut. Die Ähnlichkeit zum *Skansen* in Stockholm ist unverkennbar. Die Gründer des Kulturen-Museums hatten es sich Ende des 19. Jh. zum Ziel gesetzt, das Leben und die Häuser der vier Stände, nämlich Adel, Geistlichkeit, Bürger und Bauern, zu illustrieren. Später kamen noch der Arbeiterstand und, passend für Lund, das Haus eines Professors hinzu. Außerdem gibt es im Museum Kulturgegenstände aus verschiedenen Zeitperioden und Ländern sowie wechselnde Ausstellungen zu zeitgenössischer Kunst und Design zu besichtigen. Das **Universitätsmuseum,** im selben Gebäude und im Eintritt enthalten, stellt die Geschichte der

Lunder Universität dar. Sehenswert ist auch die Umgebung des Museums. Es erstreckt sich auf beiden Seiten der Adelgatan, einer der schönsten Gassen der Lunder Altstadt.

Das Zentrum des städtischen Lebens findet man in den Straßen rund um den **Stortorget.** Früher war hier der Platz für Markt und Handel. Heutzutage ist das Gebiet zum großen Teil Fußgängerzone und dank vieler kleiner Straßencafés und einladender Geschäfte voller Leben. Der Platz selbst wird von einem Backsteinbau aus dem 19. Jh. dominiert, der viel Kritik auf sich zog, weil er den freien Blick auf den Dom blockierte. Rechts davon befindet sich das **Rathaus,** ein relativ schlichter, weißer Bau aus dem Jahre 1837. Der zweite wichtige Platz der Stadt ist der **Mårtenstorget.** Er wurde Mitte des 19. Jh. als Marktplatz für Fleisch und Fisch angelegt. Als Anfang des 20. Jh. der Verkauf dieser Waren im Freien verboten wurde, baute man eigens dafür die Markthalle „Saluhallen“, wo man zwar immer noch Fleisch und Fisch kaufen kann, doch inzwischen dominieren hier vor allem kleine Imbisse mit internationalen Spezialitäten. Dafür gibt es draußen auf dem Mårtenstorget wieder jeden Vormittag (außer sonntags) einen Markt. Auch die **Kunsthalle** von 1957 befindet sich am Platz, hier werden in wechselnden Ausstellungen zeitgenössische Künstler präsentiert.

Lunds konsthall, Mårtenstorget 3, ✆ 355295, Di, Mi, Fr 12–17, Do bis 20 Uhr, Sa 10–17, So 12–17 Uhr, Eintritt frei.

Auf einen Blick

Vorwahl Lund: 046

• *Information* **Lund Turistbyrå**, Botulfsgatan 11, 22100 Lund, ✆ 355040, www.lund.se/turist-kongress, Juni bis Aug. Mo–Fr 10–18, Sa bis 15 Uhr, So 11–15 Uhr, übrige Zeit Mo–Fr 10–18, Sa 11–14 Uhr.

• *Verbindungen* **Zug**: Praktisch alle Züge nach Malmö halten auch in Lund, selbst der schnelle X2000. **Bus**: Innerhalb von Lund fahren die Busse von Stadstrafiken. Wichtige Busstationen am Bahnhof und an der Tvärgatan zwischen der Bankgatan und Råbygatan.

Parken: Lund verfügt über ein gut ausgeschildertes Parkleitsystem. Relativ zentral parkt man in der St. Månsgatan oder im Parkhaus am Staffansgränd, günstig und vor allem schattig unter den großen Alleebäumen der Södra Esplanaden, von hier sind es aber etwa 500 m bis ins Zentrum.

• *Adressen* **Ärztliche Hilfe**: Universitetssjukhuset, Getingevägen 4, ✆ 171000. **Zahnarzt**: Tandvårdcentralen, St. Laurentiigatan 10, ✆ 2759180. **Apotheke**: Hjärtat, Mårtenstorget 12, Mo–Fr 9–20, Sa 10–17, So 10–15 Uhr. **Polizei**: Byggmästaregatan 1, ✆ 11414.

Übernachten/Camping

Hotel Duxiana (3), edles Hotel mit schönem Ambiente. DZ ab 1195 SEK. St Petri Kyrkogatan 7, ✆ 135519, ✆ 135671, www.lund.hotelduxiana.com.

Hotell Concordia (7), sehr schönes Hotel mit freundlich-hellen und gemütlichen Zimmern. DZ ab 1095 SEK. Stålbrogatan 1, ✆ 135050, ✆ 137422, www.concordia.se.

Hotell Ahlström (5), einfaches Hotel, sehr zentral in der Fußgängerzone, Rezeption erst ab 15 Uhr geöffnet. DZ ab 700 SEK. Skomakaregatan 3, ✆/✆ 2110174, www.hotellahlstrom.se.

Bed-&-Breakfast-Vermittlung der Touristeninformation: Das Turistbyrå vermittelt Bed-&-Breakfast-Gelegenheiten. Diese kosten DZ 500 SEK (plus 50 SEK Vermittlungsgebühr).

STF Youth Hostel Tåget (1), hinter dem Bahnhof in einem kleinen Park ist die JH in mehreren Schlafwagen und einem Speisewagen untergebracht. Der „Zug“ ist recht schwer zu finden: Mit dem Auto fährt man die Vävaregatan bis ganz zum Ende und biegt nach rechts in eine Zufahrt, zu Fuß überquert man die Gleise des Bahnhofs auf einer Eisenbrücke und hält sich am Ende

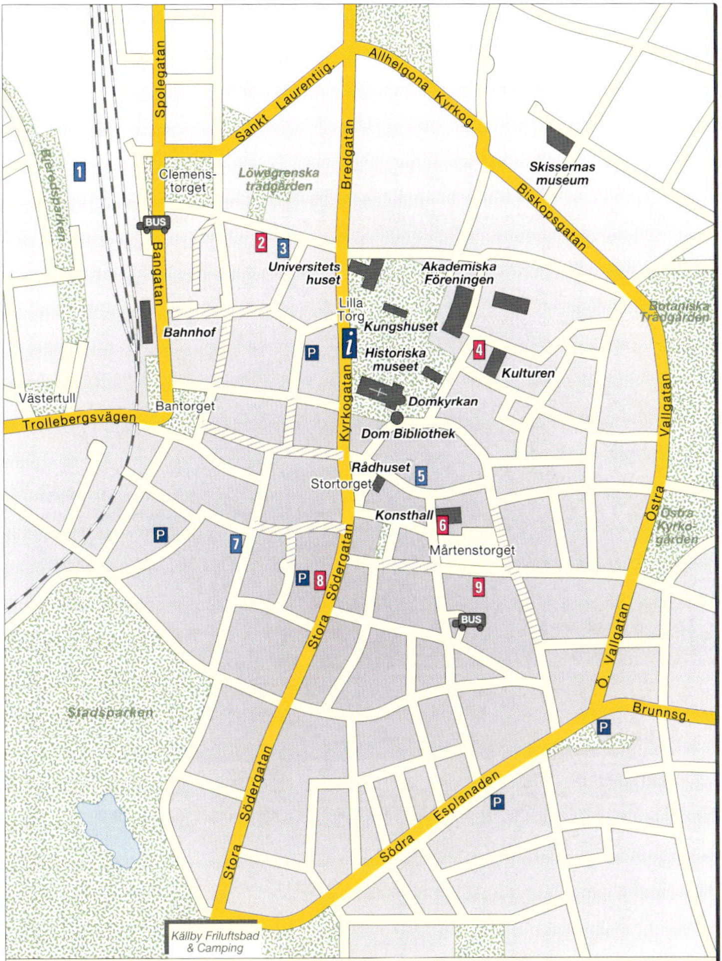

Übernachten

1 STF Jugendherberge Tåget
3 Hotell Duxiana
5 Hotell Ahlström
7 Hotel Concordia

Essen & Trinken

2 Gloria's
4 Kulturkrogen
6 Finn
8 Stäket
9 Conditori Råmklints

100 m

Lund

rechts, dort findet man einen Fußweg, der nach ca. 50 m zur Rezeption führt. 190 SEK. Vävaregatan 22, ✆ 142820, ✆ 320568, www.trainhostel.com.

• *Camping* **Källby Friluftsbad & Camping**, Juni bis Mitte Aug. Kleiner Campingplatz, im Preis ist der Eintritt zum Freibad enthalten. Badarevägen, ✆ 355188.

Essen & Trinken (siehe Karte S. 69)

Kulturkrogen (4), modernes Restaurant mit internationaler Küche, im Sommer kann man hier angenehm unter Bäumen sitzen. Besonders bei Studenten beliebt. Mo/Di 11.30–17, Mi–Sa bis 21 Uhr, So bis 17 Uhr. Tegnérsplatsen, ✆ 146510.

Der Dom von Lund

Finn (6), beliebtes Restaurant, besonders zum Lunch, mit leckeren Kleinigkeiten, internationaler und schwedischer Küche. Mo–Sa 11–23.30, So 12–22 Uhr. Mårtenstorget 3, ✆ 130565.

Stäket (8), sehr vielseitiges, gutes Restaurant in einem alten Backsteinhaus aus dem 16. Jh. Mo–Do 11–23, Fr 11–24, Sa 12–24, So 13–23 Uhr. Stora Södergatan 6, ✆ 2119367.

Conditori Råmklints (9), hier geht man in Lund zum Kaffeetrinken. Mo–Fr 7.30–18.30, Sa 8–17, So 9.30–16.30 Uhr. Mårtenstorget, ✆ 2110664.

Gloria's Bar & Restaurant (2), beliebter Treffpunkt mit Cajun-Küche, am Donnerstag Livemusik. Mo–Fr ab 11.30 Uhr, Sa ab 12.30, So ab 13 Uhr bis spät. St Petri Kyrkogatan 9, ✆ 151985.

Aktivitäten

Botaniska Trädgården, Östra Vallgatan 20, ✆ 2227320, Eintritt frei. Schöner Park mit Gewächshäusern (Letztere sind tägl. 12–15 Uhr geöffnet).

Landskrona (28.000 Einw.)

Das kleine Städtchen am Öresund feiert 2013 seinen 600sten Geburtstag. Geplant war es als Gegengewicht zur Hanse als Kontrollposten am Ostseezugang, wobei auch holländische und englische Kaufleute involviert waren. Allerdings zerstörte die Hanse diesen Stützpunkt 15 Jahre später wieder. Von 1549 bis 1559 ließ der dänische König Christian III das heutige Wahrzeichen der Stadt, die **Zitadelle,** erbauen, die Ende des 17. Jh. zur Bastion mit innerem und äußerem Wallgraben ausgebaut wurde. Sie war damals die modernste Festung Skandinaviens und ist heute die besterhaltene, die allerdings nur auf geführten Touren besichtigt werden kann (✆ 448250, Juli/Aug. Di–So 3-mal tägl., 50 SEK). Bekannteste Bewohnerin des Ortes war Selma Lagerlöf, die von 1885 bis 1897 als junge Lehrerin in der Elementarschule für Mädchen unterrichtete und im Dachgeschoss in der Kungsgatan 32 ihre schriftstellerische Karriere begann. Im **Landskrona-Museum,** das in einer Kaserne aus der Mitte des 18. Jh. untergebracht ist, widmet sich eine Abteilung der späteren Nobelpreisträgerin der Literatur. Außerdem werden hier Stadtgeschichte und ein Blick zurück in die Steinzeit geboten (Slottsgatan, ✆ 473120, Di, Fr und So 12–17, Mi/Do 15–20 Uhr, Eintritt frei, mit Café). Der Name Landskrona hat in Österreich zumindest bei den Fußballfreunden keinen guten Ruf, denn hier verlor 1990 ihre Nationalmannschaft im EM-Qualifikationsspiel gegen die zum ersten Mal international antretenden Färöer 0:1. (Auf den Inseln gab es noch keinen UEFA-tauglichen Rasenplatz, so dass man das Heimspiel hier austrug.) Ein kurzer Ausflug kann in den Norden der Stadt nach Borstahusen führen. Dort ist das alte Pumpenhaus am Hafen, mit moderner Architektur kombiniert, zu einem Kulturzentrum mit u. a. einem kleinen Museum zur Regionalgeschichte und zum Fischfang geworden (✆ 13130, Di–So 12–17, Fr/Sa bis 20 Uhr, 20 SEK). Vom schönen Café reicht der Blick bei klarer Sicht bis zur Öresundbrücke.

Abstecher nach Ven

Vom Hafen in Landskrona fährt Ventrafiken mit Personenfähren in einer halben Stunde hinüber nach Bäckviken (✆ 473473, Juli bis Mitte Aug. zwischen 8.30 und 21.30 Uhr mindestens stündl., übrige Zeit 8-mal tägl., hin/zurück 90 SEK). Ein Inselbus, eines der wenigen motorisierten Fahrzeuge auf der Insel, ist auf den Bootsfahrplan abgestimmt. Da die Insel ein sanft nach Norden geneigtes Plateau von 4,5 km Länge und 2,6 km Breite ist, dürfte das Fahrrad hier das beste Fortbewegungsmittel sein, und so hält „Vens cykeluthyrning" auch weit über 1000 gelbe Räder bereit (✆ 72250, gleich oberhalb des Hafens, Mitte April bis Mitte Sept. tägl. 9–16.45 Uhr, ab 80 SEK für den ersten Tag, weitere Tage um ca. 50 % billiger, bei Panne gibt es vier weitere Depots zum Fahrradtausch). Bei 45 m Maximalhöhe der Insel im Süden hat man bei Fahrtantritt schon den größten Höhenunterschied zu Fuß bewältigt. Auf der Fahrt nach Nordwesten kommt man auf dem Landsvägen bald zum **Tycho Brahe Museum,** das dem herausragenden Gelehrten seiner Zeit gewidmet ist (April bis Sept. 10–16 Uhr, Juli bis Mitte Aug. bis 18 Uhr, 60 SEK, www.tychobrahe.com). Von 1576 bis 1597 herrschte **Tycho Brahe** auf Ven, das ihm von der Dänischen Krone als Lehen übertragen wurde. Zusätzlich leistete die Krone Apanagen in einer Höhe, die mehr als 5 % des Bruttonationalproduktes betragen haben soll. Man wollte die Wissenschaft fördern. Und so entwickelte sich um die Uranienburg von Brahe ein wissenschaftliches Zentrum der Astronomie und Meteorologie, wobei zu bedenken ist, dass das Fernrohr noch nicht erfunden war. 1584 ließ Brahe das unterirdische Observatorium Stjerneborg bauen, das wichtigste seiner Zeit. Er wollte seine präzisen Messinstrumente vor Witterungseinflüssen schützen. Das Museum befindet sich in einer ehemaligen Kirche und bietet neben zahlreichen Exponaten auch Filme (auch auf Englisch). Stjerneborg und Teile des Renaissanceparks sind rekonstruiert worden, ein Café steht gleich neben der Anlage bereit (✆ 72244, gleiche Zeiten wie Museum). Vor dem Museum rechts bietet sich auch ein Abstecher zum **Backafall Naturreservat** an der Steilküste an. Weiter auf dem Landsvägen zweigt an seinem Ende links der Kyrkvägen ab zur mittelalterlichen St.-Ibb-Kirche, die malerisch über der Steilküste thront (Mai bis Sept. 13–16 Uhr).

Obwohl Ven seit 1660 schwedisch ist (damals im Tausch gegen Bornholm), war es für Kopenhagen bis in die Mitte des 20. Jh. sehr wichtig, denn hier wurden Ziegel hergestellt und hinüber exportiert, man spricht von zig Millionen Stück. Die Insel besteht aus eiszeitlichen Ablagerungen, u. a. viel Moränenlehm, die einem kreidezeitlichen Kalksockel aufliegen.

Auf einen Blick

Vorwahl Landskrona: 0418

• *Information* **Landskrona Turistbyrå**, Regeringsgatan 13, im Gebäude der Stadtbibliothek, 26136 Landskrona, ✆ 473000, www.landskrona.se, Mo–Fr 10–17, Do bis 18 Uhr, Sa bis14 Uhr.

• *Verbindungen* **Zug**: nach Malmö, Lund, Helsingborg und Kopenhagen. **Fähre**: nach Ven mit Ventrafiken (☎ 473473, mehrmals tägl., Fahrzeit ca. 30 Min., 90 SEK, s. Abstecher).

• *Adressen* **Ärztliche Hilfe**: Vårdcentralen im Lasarett, Mo–Do 8–18, Fr bis 17 Uhr, ☎ 651400; Sa/So 10–15 Uhr, ☎ 651495. **Apotheke Lejonet** (Löwen Apotheke), Storgatan 25, Mo–Fr 7–18, Sa 6–21, So 5–23 Uhr. Großer **Parkplatz** direkt beim Hafen. Auf Ven gibt es **keine Geldautomaten**.

Übernachten

Hotel Öresund, direkt bei der Zitadelle, mit Fitnessraum, DZ ab 1045 SEK. Landskrona, Selma Lagerlöfs väg 4, ☎ 474000, www.hoteloresund.se.

Kronan Hamnhotellet, mit Blick auf den Öresund, Sauna. DZ ab 895 SEK. Landskrona, Lilla Strandgatan 11, ☎ 446360, Fax 446379, www.hamnhotelletkronan.se.

STF Vandrarhem Landskrona, Mitte Jan. bis Nov., zentrale Lage. Ab 210 SEK, DZ ab 440 SEK. St. Olovsgatan 15, ☎ 12063.

Borstahusens Semesterby, Feriendorf mit 80 teils einfachen Hütten im Norden Landskronas, fast am Öresund, ab 550 SEK/4 Pers., ☎ 474730, Fax 559426, www.borstahusenssemesterby.se.

Auf Ven Wer im Sommer auf der Insel übernachten will, sollte die Unterkunftsfrage zuvor geklärt haben!

Vens Vandrarhem, ganzjährig, im alten Kapitänshaus beim Fähranleger, ab 300 SEK, DZ 750 SEK, Hakenstigen 19, ☎ 72555, www.vensvandrarhem.se.

Vens Camping & Stugby, im Nordosten an der Steilküste bald hinter der Whiskybar, einfache Hütten, 680 SEK/4 Pers., Husviksvägen, ☎ 72550, www.venscamping.se.

Essen & Trinken

Allt i Gläntan, nettes Café im alten Fachwerkhaus, Hagåkersgatan 8, Nähe Karlslundsparken, ☎ 20370, Mo–Fr 10–18, Sa bis 16 Uhr, So bis 17 Uhr.

Hamnkrogen, im Hafen von Kyrkbacken auf Ven mit Blick über den Sund, nur im Sommer, ☎ 72003.

Backafallsbyns Whiskybar, hier gibt es 500 Sorten Whisky und fast 50 Biersorten, in Südschweden eine Institution. Norreborgsvägen 55 auf Ven, nach dem Museum nächste Straße rechts, ☎ 449999.

Aktivitäten

Baden kann man an den Stränden in Borstahusen und Alabodarna im Norden der Stadt sowie auf Ven bei Bäckviken und Kyrbacken.

Karlslundbad, Abenteuerbad im Norden Landskronas am Idrottsvägen, ☎ 473010, Mo 12–17 Uhr (ab 15 Uhr nur Kinder von 10–17 Jahren), Di/Do 10–20.30 Uhr, Mi 10–21.30 Uhr (ab 18 Uhr für alle ab 18 Jahren), Fr–So 10–17, Fr bis 18 Uhr.

Helsingborg (91.500 Einw.)

Als Fährhafen kennen wohl viele Schwedenurlauber die Stadt an der schmalsten Stelle des Öresunds. Kommt man mit einer der ständig pendelnden Fähren vom dänischen Helsingør herüber, so führen einen die breiten Ausfallstraßen geschickt um das eigentliche Stadtgebiet herum. Außer Häfen und Industrie kriegt man so nichts zu sehen. Auch wenn von Helsingborgs gut 900-jähriger Geschichte heute nicht mehr allzu viel zeugt, hat das Städtchen doch einige für Besucher interessante Ziele zu bieten.

Blickfang ist der trutzige **Burgturm Kärnan** aus dem 14. Jh., einziges Überbleibsel der einstigen Festungsanlage. Auch wenn er selbst nur 34 m hoch ist, lässt ihn sein erhabener Standplatz auf den Hügeln des heutigen Schlossparks (Slottshagen) wesentlich höher aufragen. Vom zentralen Platz **Stortorget,** der eingerahmt wird vom neogotischen Rathaus und dem fast ebenso monumentalen Grand Hotel, führt die breite, geschwungene Treppe „Terrassen" hinauf. Von der Turmkrone hat man dann eine weite Aussicht über den Öresund (Juni bis Aug. tägl. 10–18 Uhr, April, Mai und Sept. Di–Fr 9–16, Sa/So 11–16 Uhr, übrige Zeit Di–So 11–15 Uhr, 30 SEK). Unweit des Stortorget an der Södra Storgatan liegt, umgeben von schmalen, ruhigen Gassen, die älteste Kirche der Stadt, **St. Mariakyrkan** aus dem 14. Jh., im Stil der dänischen Backsteingotik errichtet (tägl. 9–16 Uhr, Mitte Juni bis Mitte Aug. bis 18 Uhr). In der anderen Richtung sind an der Nordra Storgatan einige der ältesten Häuser der Stadt zu finden: Nr. 9, Gamlegården, ist ein repräsentatives Bürgerhaus aus dem 18. Jh., Nr. 12, Henckelska Gården, ein 1681 gebautes Kaufmannshaus mit schönem Innenhof, von der Seitenstraße aus zugänglich. Das auffallende Fachwerkgebäude Nr. 21, das Jakob Hansens Hus, stammt von 1641. Davor erinnert auf einem kleinen Platz der Tycho-Brahe-Brunnen an den bedeutenden schwedischen Astronomen. Richtung Hafen trifft man auf den Sundstorget und das neue **Dunkers Kulturhus** (✆ 107400, Kernzeit 10–18 Uhr). Der architektonisch interessante Gebäudekomplex beherbergt neben verschiedenen Kunstausstellungen eine Sammlung zur Stadtgeschichte, Studios und Aufführungsstätten für Ballett, Theater und Konzerte sowie die **Touristeninformation.** Das Kulturzentrum grenzt an die Kaipromenade des **Norra Hamnen,** im Sommer Helsingborgs eigentliche Hauptstraße. Postmoderne Fassaden in Stahl, Holz und Glas säumen den Uferweg des Yachthafens, unterbrochen vom ebenfalls neu gestalteten Henry-Dunkers-Platz. Geschäfte und Cafés profitieren von dem geschmackvollen Ensemble, das im Sommer zahlreiche Flaneure anlockt.

Sehenswertes außerhalb der City

Fredriksdal Friluftsmuseum: Zu dem weitläufigen Freilichtmuseum gehört ein Herrenhaus aus dem 18. Jh., das im Stil dieser Zeit eingerichtet ist. Küchen- und Obstgarten umgeben es, Gartenbaugeschichte wird im Engelska- und Franska Parken

Helsingborg: am Norra Hamnen

Bus: Die **Stadtbusse** fahren meist im 20-Minuten-Takt. *Kontant* zahlt man im Bus (18 SEK), eine *Rabattkort* (200 SEK) lohnt sich, wenn man auch ins Umland fahren will. **Expressbusse** (go-by-bus = ehemals Säfflebussen) fahren direkt über Göteborg nach Oslo und nach Stockholm (auch Swebus). Die **Regionalbusse** von Skånetrafiken (www.skanetrafiken.se) verkehren in die umliegenden Küstenorte: Linie 219/220 ca. stündl. nach Höganäs (dort mit der Linie 222 Anschluss nach Mölle), 506 nach Ängelholm, 220 nach Landskrona.

Zug: Direkte Verbindung mit Göteborg/Oslo, Stockholm, Malmö/Kopenhagen, Karlskrona, alle mehrmals tägl. Die Regionalzüge (Pågatågen von Skanetrafiken) verkehren auf den Strecken in Skåne, u. a nach Ängelholm, Förslöv und Båstad.

Fähre: Fährverbindungen mit **Scandlines** bestehen im 20- bis 30-Minuten-Takt mit Helsingør auf der anderen Seite des Sundes. Außerdem fährt **HH-Ferries** (eine zu Stena Line gehörende Reederei) nach Helsingør; bei Vorausbuchung übers Internet wird die Fahrt billiger (www.hhferries.se).

Flug: Der nächstgelegene Flughafen liegt 30 km nördlich der Stadt bei Ängelholm (Zubringerbus), von dort ca. alle 1–2 Std. Flugverbindung nach Stockholm.

Parken: Beschilderte Parkplätze findet man überall im Stadtgebiet; je zentrumsnäher, desto teurer werden sie. Günstig und relativ zentral parkt man am Fährhafen.

• *Adressen* **Ärztliche Hilfe**: Helsingborgs Lasarett, Södra Vallgatan 5, ✆ 100000, dort auch **Apotheke**, ✆ 010-4947400, Mo–Fr 8.30–20, Sa 15–20, So 11–20 Uhr. **Apothek Björnen**, Drottninggatan 14, übliche Geschäftszeiten. **Polizeistation** in der Berga-Alle 25, ✆ 11414.

Übernachten/Camping

Hotell Viking (7), stilvolles Hotel im ältesten Stadtkern, gemütliche Zimmer. DZ ab 1000 SEK. Fågelsångsgatan 1, ✆ 144420, ✆ 184320, www.hotellviking.se.

Hotell Linnéa (5), nettes, kleineres Hotel im Zentrum, familiär und gemütlich. DZ ab 1095 SEK. Prästgatan 4, ✆ 214660, ✆ 372429, www.hotell-linnea.se.

Best Western Hotel Duxiana (3), ordentlich ausgestattetes Stadthotel. Die Kooperation mit einem Bettenhersteller verspricht hohen Schlafkomfort. In der Dependance auch Apartments, mit Parkblick, allerdings an verkehrsreicher Hauptstraße gelegen. DZ ab 1200 SEK. Bruksgatan 40, ✆ 219202, ✆ 212584, www.helsingborg.hotelduxiana.com.

Villa Thalassa Vandrarhem (9), in herrlichem Park und strandnah gelegenes Landgut, wenige Kilometer vom Zentrum entfernt auf der Strecke nach Sofiero; Stadtbus 6 oder Regionalbus 219. DZ ab 595 SEK. Dag Hammarskjölds väg, ✆ 380660, ✆ 128792, www.villathalassa.com.

Cityvandrarhemmet i Helsingborg (8), zentral gelegen, schräg gegenüber vom Knutspunkten. Mit Abstand die preiswerteste Adresse in der City. Ab 195 SEK, DZ 495 SEK. Järnvägsgatan 39, ✆ 145850, ✆ 142975, www.cityvandrarhemmet.se.

• *Camping* **Nordic Camping Råå Vallar Resort (2)**, hinter dem Hafen im Außenbezirk von Helsingborg an der Küste gelegen; Buslinie 1. Großer, von vielen Durchreisenden benutzter Platz, ordentlich ausgestattet, Schwimmbecken. Hütten ab 790 SEK/4 Pers. Kustgatan, ✆ 182600, ✆ 182675, www.ncsab.se.

Essen & Trinken

Gastro (1), gehört neben Sofiero Slott (s. Sehenswertes) zu den besten Restaurants des Landes. Interessante Menüs von Per Dahlberg, beliebte Bar. Mo–Sa 19–1 Uhr, Mitte Juni bis Mitte Aug. geschlossen. S. Storgatan 11–13, ✆ 243470.

Am Norra Hamnen ist das gastronomische Angebot umfangreich; darunter:

Cafe Ro Restaurang & Bar (10), typischer „Kvarterskrog" im älteren Teil des Hafens, gute schwedische Esskneipe. April bis Sept. tägl. ab 11.30 Uhr bis spät, übrige Zeit Mo–Fr ab 16 Uhr, Sa/So ab 12 Uhr. Båthusgatan 11, ✆ 211029.

Roy's Fiskhandel & Servering (13), gutes Dagens (bis 15 Uhr), Snacks und kleine, feine À-la-carte-Auswahl. Im Sommer tägl. 11.30–15 und Mo–Sa ab 18 Uhr, übrige Zeit Do–Fr ab 18, Sa/So ab 12 Uhr, im Laden Di–Fr 9.30–18, Sa bis 14 Uhr. Kaipromenaden 21, ✆ 133131.

Dunker Bar & Matsalar (12), interessante Kreationen mit Fisch, mediterraner Einfluss. Tägl. ab 11 Uhr, im Winter nur bis 18 Uhr. Kungsgatan 11, ✆ 322996.

Telegrafen (4), gehobene Küche und Preise im Restaurant, der urgemütliche Pub im plüschig-altenglischen Stil serviert auch Snacks. Sa abends Live-Jazz, freitags Blues. Mo–Do 11.30–24, Fr/Sa bis 2 Uhr, So 14–22 Uhr. N. Storgatan 14, ✆ 181450.

Fahlmans Café (6), bekannte Konditorei und die klassische Adresse für den Kaffeeklatsch, gegenüber vom Grand Hotel. Mo–Fr 8–18, Sa 8.30–16.30, So 10–16 Uhr. Stortorget, ✆ 213060.

Tivoli (11), wichtige Bühne für Livekonzerte; Disco, Kneipe und Restaurant unter einem Dach. Vinylbaren Di–Fr ab 18, Sa/So ab 13 Uhr, wechselndes Musikprogramm von Blues bis Hip-Hop. Hamntorget 11, ✆ 187171.

Ängelholm (22.500 Einw.)

Das Städtchen liegt etwas abseits der Küste und des dortigen Ferientrubels. Die Altstadt rund um den Stortorget ist umgeben von einer Flussschleife der gewundenen Rönneå, am Tingstorget steht das trutzige ehemalige Gefängnis; einige ältere Häuschen nahe der Kirche strahlen kleinstädtische Gemütlichkeit aus. Für Familien mit Kindern hat der etwas außerhalb gelegene Hembygdsparken (freier Eintritt)

Auf dem Stortorget von Ängelholm

Verschiedenes zu bieten: einen kleinen Zoo, einen großen Spielplatz sowie ein Freilichtmuseum mit dem Schulmuseum (✆ 411027, Mai bis Mitte Aug. Di–So 13–17 Uhr, Mitte Aug. bis Sept. nur Sa/So 13–17 Uhr). Nicht nur die Kleinen dürfte es in das **Eisenbahnmuseum** im alten Lokomotivschuppen von 1898 nahe dem Bahnhof ziehen (✆ 442075, Mai bis Sept. tägl. 10–17 Uhr, 50 SEK). Ab der Brücke beim Rathaus befährt im Sommer das **Ausflugsboot Laxen** die Rönneå (✆ 0431-20300, Juli/Aug. tägl. 11, 13, 15 und 17 Uhr, 2 Std., 100 SEK). Die Strände an der großen Skälderviken sind nicht weit; bei **Ängelholms Havsbad** tummeln sich die Sommergäste.

Abstecher zur Kullen-Halbinsel

Malerisch ducken sich niedrige, teils reetgedeckte Häuschen entlang verwinkelter Gassen zusammen, überragt von der Sophiamöllan; **Viken,** einst Fischerdorf und vom saisonalen Heringsfang und Nebenerwerbslandwirtschaft abhängig, ist heute längst vom Fremdenverkehr entdeckt. Die Grundstückspreise schnellten wie in jeder Urlaubsidylle hoch, und die Bewohner wechseln. Beim Hindurchschlendern fällt das nicht unangenehm auf, alles scheint liebevoll gehegt und gepflegt. Am Hafen überwiegen die Boote der Freizeitskipper; Fischlokale und Sommercafés haben sich auf die Feriengäste eingestellt.

Immer in Ufernähe geht es durch Lerberget, ebenfalls recht idyllisch gelegen, aber nicht ganz so touristisch, nach **Höganäs.** Der Hauptort von Kullen ist für seine Keramik berühmt; die Fabriken an der Hauptstraße, die mit Werkverkauf und Ausstellung locken, sind nicht zu übersehen. Auch wenn Höganäs eher ein Industriestädtchen ist – der Hafen mit angrenzendem Badeplatz ist ein beliebtes Ausflugsziel und im Sommer gut besucht.

Weiter Richtung Norden bei **Lerhamn** liegt das **Schlösschen Krapperup** in einem herrlichen, für die Öffentlichkeit frei zugänglichen Park. Im Sommer wird in den Stallungen Kunst präsentiert (✆ 042-344898, meist Sa/So 13–17 Uhr) und Kaffee serviert (✆ 042-344800, Juni bis Mitte Aug. tägl. 11–17 Uhr, bis Mitte Dez. und März bis Mai nur Sa/So 11–17 Uhr).

Mölle, in einer Bucht unterhalb des Kullaberg, ist ein traditionsreicher Badeort mit einigen schönen, alten Villen. Besonders das hoch über der Küste gelegene, mondäne Grand Hôtel zieht die Blicke auf sich. Um 1880 begann in der kleinen Fischersiedlung der Badebetrieb und sorgte bald für Skandale: Man badete hier nicht nach Geschlechtern getrennt. Als ein Brand 1890 die alte Bebauung teilweise zerstörte, bauten die Bewohner ihre neuen Häuser möglichst mit Keller. Dorthin zog dann im Sommer die Familie, wenn die zahlenden Sommergäste kamen. Nachdem 1910 die Eisenbahnlinie von Höganäs hierher verlängert worden war, zählte man neben diesen Privatquartieren auch zehn Hotels, drei Pensionate und sechs Cafés im Ort. Auch das Mölle Turisthotell und das am Hafen gelegene Hotell Kullaberg stammen noch aus dieser Epoche.

An der Kreuzung in Brunnby geht es, vorbei an der weiß getünchten, mittelalterlichen Dorfkirche, Richtung **Arild,** einem hübschen Fischer- und Ferienort an der Nordküste. Bei Skäret liegen in schönem Waldgelände gleich zwei traditionsreiche Ausflugslokale, bei Farhult die ersten geschützten Badestrände, die nun die Strecke entlang der inneren Skälderviken und bis **Ängelholm** prägen.

Das Naturreservat Kullaberg

Das Naturreservat Kullaberg erkundet man am besten zu Fuß. Wanderwege erschließen die nach Norden steil aufragende Klippenhalbinsel, die sich im Håkull 187 m erhebt. Bis zu 60 m hohe, senkrechte Felswände, teils mit Klüften und Höhlen durchzogen, umgeben den äußersten Zipfel bei Kullens Fyr. Dieses wilde Stück Küste ist zu jeder Jahreszeit ein Erlebnis, doch die meisten der jährlich 500.000 Besucher kommen natürlich im Sommer. Dann sind die Zugänge zu den Grotten am Fuß der Felsen am ungefährlichsten zu erreichen, die Ausflugslokale sind geöffnet und an einigen Stellen lässt sich sogar baden.

Folgende Wandertour gibt einen guten Einblick in das Naturreservat (ohne Abstecher ca. 2:30 Std., mit doppelt so lang):

Von der Vaktstugan (Mautstelle für Kfz, wenig Parkplatz, besser in Mölle parken) am oberen Ortsrand von Mölle verläuft der rot markierte Wanderpfad den bewaldeten Rücken entlang, kreuzt die Straße zur Badebucht Ransvik und umgeht das Grünland eines Golfplatzes, bevor die ersten Steilklippen unterhalb des nun offenen Heidelandes erreicht werden. Kurze, aber steile Abstiege führen zum Fuß der Klippen und zu den ersten Höhlen. Bei Kullens Fyr treffen alle Wege zusammen; ein kurzer Abstecher vom Leuchtfeuer und seit 2009 bestehenden Naturum führt zum äußersten Punkt der felsigen Landzunge. Dann folgt man dem nun blau markierten Pfad die steil abstürzende Nordküste entlang, gegen die das Meer anbrandet. Lohnende Abzweige zur Visitgrottan und Josefinelust sind markiert. Wenn die blaue Route sich von der Küste entfernt, bestehen erste Querverbindungen nach Mölle zurück. Es lohnt sich jedoch, der Route noch bis zum Abzweig auf den Ljungås zu folgen: Dort hat man aus 175 m Höhe einen unverstellten Ausblick über die Halbinsel.

Naturum: ✆ 347056, Feb. bis Nov. tägl. 10–16 Uhr, im Sommer bis 17 Uhr, direkt beim Leuchtturm Kullen.

Auf einen Blick

Vorwahlen Höganäs und Kullen: 042, Ängelholm: 0431

• *Information* **Ängelholms Turistföreningen**, Gamla Rådhuset, Stortorget, 26232 Ängelholm, ✆ 82130, 📠 19207, www.turist.engelholm.se, Juni bis Aug. Mo–Fr 10–18, Sa 10–14 Uhr, Juli Sa bis 15 Uhr und auch So 11–15 Uhr, übrige Zeit Mo–Fr 10–17 Uhr, Mai und Sept. auch Sa 10–14 Uhr.

Höganäs Turistbyrå, Centralgatan 20, 26382 Höganäs, auch Fahrradverleih, ✆ 337774, 📠 349 916, www.turism.hoganas.se, Juli bis Mitte Aug. Mo–Fr 9–18, Sa 10–14 Uhr, übrige Zeit Mo–Fr 10–16 Uhr, Okt. bis März ab 12 Uhr.

• *Verbindungen* **Bus**: Mitte Juni bis Aug. Badbus von Ängelholm Stortorget zu den Strandbädern, 10–16 Uhr stündl., Linie 219 fährt von Helsingborg bis Höganäs, Linie 222 weiter bis Mölle. Linie 506 fährt nach Helsingborg, Skåneexpressen nach Kristianstad. **Zug**: Von Ängelholm Verbindung nach Helsingborg, Malmö, Göteborg und Kopenhagen.

• *Adressen* **Ärztliche Versorgung** in Ängelholm: Vårdcentralen Laxen, Sockerbruksgatan 8, ✆ 587100. **Apotheke** in Ängelholm: Medstop Kronan, Laxgatan 6, ✆ 077-4441111.

Übernachten/Camping

Klitterhus, traditionelles Gästehaus direkt am Strand, Zimmer teils mit fantastischem Meerblick, im Erdgeschoss beliebtes Restaurant mit großer Sonnenterrasse. DZ ab 1050 SEK (günstige Pakete inkl. Lunch). Havsbaden, Ängelholm, ✆ 13530, 📠 13531, www.klitterhus.com.

Hotel Lilton, nettes, kleineres Hotel im Zentrum von Ängelholm, DZ ab 790 SEK. Järnvägsgatan 29, ✆ 442550, 📠 442569, www.hotellilton.se.

Hotell Villa Rönne, zentral und hübsch am Fluss gelegenes Apartmenthotel. Ab 670 SEK. V. Kyrkogatan 1, Ängelholm, ✆ 10335, www.villaronne.se.

Jugendherberge im Zentrum, ganzjährig. DZ 500 SEK. Ängelholm, Landshövdingevägen 2, ✆ 19335, www.vandrarhemmetiangelholm.se.

STF Vandrarhem Ängelholm/Magnarp, April bis Okt. Große, in Strandnähe gelegene Herberge. Ab 225 SEK. Magnarps Strandväg 17, Vejbystrand, Ängelholm, ✆/📠 452364, www.magnarps-vandrarhem.se.

In der Region Höganäs/Kullen **Hotell Köpmansgården**, zentral gelegen, repräsentatives Wohnhaus von 1865, 1998 zum behaglichen

Am Kullaberg: Himmelstorps Hembygdsgård

Hotel umgebaut. DZ ab 1200 SEK. Köpmansgatan 7, Höganäs, ✆ 331005, 📠 361930, www.kopmansgarden.se.

Grand Hôtel Mölle, das traditionsreiche Haus ist die beste Adresse im Ort und für sein preisgekröntes Gourmet-Restaurant bekannt. DZ ab 1050 SEK. Bökebolsvägen 11, Mölle, ✆ 362230, 📠 362231, www.grand-molle.se.

Rusthållargården, der Gasthof aus dem 17. Jh. ist heute ein Konferenzhotel, die Zimmer verteilen sich über mehrere moderne Nebengebäude. Im historischen Haupthaus befindet sich das Restaurant, bekannt für ausgezeichnete regionale Küche (tägl. 12–21 Uhr). DZ ab 1300 SEK (günstige Pakete inkl. Lunch). Utsikten 1, Arild, ✆ 346530, 📠 346793, www.rusthallargarden.se.

Höganäs Hotell & Vandrarhem, in Margreteberg, zwischen Strand und Hauptstraße gelegen, zum Ort muss man allerdings das Industriegebiet umgehen. Freundlich-helle Räume, Fahrradverleih. Ab 150 SEK/Pers., DZ ab 750 SEK. Kullagatan 135, Höganäs, ✆ 330500, 📠 331719, www.hoganasvandrarhem.com.

• *Camping* **Råbocka Camping**, Mitte April bis Mitte Sept. Schön gelegener, großer Platz, teils baumbestanden, direkt hinter dem Dünengürtel und nah zum Sandstrand. Råbockavägen 101, Ängelholm, ✆ 10543, www.rabockacamping.se.

First Camp Mölle, April bis Okt. Gut ausgestatteter Campingplatz am Fuß des Kullabergs, Verleih von Tauch- und Angelgerät sowie Fahrrädern; Sauna. Hütten ab 440 SEK/2 Pers., FeHa 1050 SEK/4 Pers. An der Straße 111 zwischen Lerhamn und Mölle, zum Strand knapp 2 km, ✆ 347384, 📠 347729, www.firstcamp.se.

Essen & Trinken

Hervorragende Restaurants finden sich in einigen Hotels (s. o.)!

Nilssons Café, Smörgåsar, Lunch und Kaffee im Bibliotheksgebäude und auf dem Balkon über Ängelholms zentralem Platz. Mo–Fr 9–17, Sa 9–14 Uhr. Stortorget, Ängelholm.

In der Region Höganäs/Kullen **Hamnkrogen i Viken**, gut für Fisch und kleine Gerichte, nette Verandabar, Mai bis Dez. tägl. 12–1 Uhr (Küche bis 21 Uhr). Bööse Backe 6, Viken, ✆ 237303.

Himmelstorpsgårdens Kaffeservering, hausgebackener Kuchen im Ambiente des historischen Bauernhofes, dem höchstgelegenen auf Kullaberg, der ein ideales Ausflugsziel darstellt. Unterhalb des Hofes an der Küste liegen die skurrilen Kunstwerke von Lars Vilks: Nimis, ganz aus Treibholz gebaut, und Arx, sein Pendant aus Steinen, auf markiertem Wanderpfad erreichbar (von oben sind sie nicht einzusehen). Mitte Juni bis Mitte Aug. tägl. 13–17 Uhr, Mai bis Aug. Sa/So 13–17 Uhr. Kullaberg, ✆ 346006.

Ellens Café, an herrlichen Badeklippen mitten im Naturreservat, ideal, um nach der Felsenkletterei zu Kaffee und Waffeln einzukehren. April bis Sept. Fr–Mo 11–19 Uhr, Juli/Aug. tägl. 11–17 Uhr. Kullabergs Naturreservat, ✆ 347666.

Rut på Skäret, bekannt für schonische Spezialitäten.Im Sommer tägl. 12–21 Uhr, ab Sept. So–Do 12–17, Fr/Sa bis 21 Uhr. Skäret, ✆ 346188.

Flickorna Lundgren, seit die sieben Schwestern Lundgren 1938 begannen, auf dem elterlichen Hofgelände Kaffee, Saft und Selbstgebackenes zu verkaufen, hat sich das idyllische Gartencafé zum populären Ausflugslokal entwickelt. Eine der Schwestern, die bis 1988 das Café führten, begründete das benachbarte Restaurant Rut på Skäret. Mai bis Mitte Sept. tägl. 11–17 Uhr, Juni bis Aug. 10–19 Uhr, Skäret, ✆ 346044.

Aktivitäten

Wandern: Kullaberg Strövomrade, beschilderter Abzweig zwischen Krapperup und Campingplatz: nicht so stark frequentierter Einstieg in die Wanderwege am Kullaberg.

Angel- und Sightseeingtouren mit Möllebåten, ✆ 070-6674051.

Kanu- und Bootsverleih bei Skåne Marin Ängelholm, an der Hamnbro, ✆ 20300 und Stisses Kanuverleih, ✆ 453038.

Tauchen beim First Camp Mölle und bei Ängelholms Dykcenter, Via Marina 3, ✆ 20370.

Klettern, **Tauchen und Paddeln** und Ausrüstungsverleih in Mölle bei Äventyrskolan, Kullabergsvägen 110, ✆ 0706-936400; Tauchen, Bootsverleih und Speedboot bei Special Sport School, Mölle Hamn, ✆ 347705.

Baden kann man natürlich an den Stränden, aber auch im Schwimmbad Vejby Strand

(✆ 452835, Juni bis Aug.) sowie im Hallenbad Rönnebad in Ängelholm, mit Salzwasser und Dampfsauna (✆ 87383, Juni bis Aug. geschlossen, sonst Mo 12.30–15 Uhr, Di/Do bis 19 Uhr, Mi bis 17 Uhr, Fr 12–19, Sa/So 11–15 Uhr. Bad/Sauna 40 SEK).

Golf: Mölle Golfklubb, ✆ 347523, in besonders schöner Lage auf dem Kullaberg.

Einkaufen: Werksverkauf von Keramik, Glas und Heimtextilien in Höganäs bei Boda Nova, Norregatan 4, ✆ 361157 (Juli bis Mitte Aug. Mo–Fr 9–19, Sa/So 10–17 Uhr, übrige Zeit Mo–Fr 10–18, Sa/So bis 17 Uhr), und bei Höganäs Saltglaserat, Bruksgatan, ✆ 331020 (Juli/Aug. Mo–Fr 10–18, Sa/So 11–16 Uhr).

Båstad (14.000 Einw.)

Båstad, in der Südecke der weiten Laholmsbukten gelegen, ist ein trubeliges, fast mondänes Ferienstädtchen, in dem sich Segler, Surfer und Golfer tummeln. Vor allem aber ist es als Mekka des Tennissports bekannt; alljährlich finden hier internationale Turniere statt und der Nachwuchs wird im örtlichen Tennisgymnasium gefördert.

Ursprünglich war Båstad zwar ein Fischerdorf, doch davon ist kaum etwas geblieben. Am Hafen dominieren die Freizeitboote, ein paar enge Gässchen mit niedrigen Häusern gibt es noch, aber eher ist die Tradition als Urlaubsort greifbar: in schönen Flaniermeilen, traditionsreichen Hotels und unzähligen Geschäften mit allem, was der verwöhnte Gast braucht, viele davon aufgereiht entlang der immer vollen Durchgangsstraße.

In der Umgebung

Nördlich des Ortes, am bewaldeten Hang oberhalb der Küste gelegen, ist **Norrvikens Trädgårdar** ein schönes Ausflugsziel. Die weitläufige Anlage bietet Themengärten von italienisch bis japanisch, Ausstellungen zu Kunst und Handwerk, ein Wintergartencafé und außerdem einen herrlichen Meerblick.

✆ 369040, Juni bis Aug. tägl. 10–17 Uhr, Mai nur Sa/So 10–16 Uhr, 60 SEK.

An der Straße 115 oberhalb von Båstad liegt hinter dem unübersehbaren Servicezentrum Boarpskorset **Boarp Hembygdspark** – eigentlich ein Heimatmuseum wie viele andere auch, aber im Rahmen des Programms *European Cultural Paths* ist hier ein ein Bronzezeitzentrum entstanden. Ein Bauernhof mit Gebäuden und landwirtschaftlichen Geräten macht das Leben dieser Zeit nachvollziehbar. Eine gute Ergänzung zu den bronzezeitlichen Grabhügeln der Region (z. B. Lugnarohögen, s. u.). Boarp ist eine Etappe auf der Bronzezeit-Tour, die man auf der Bjäre-Halbinsel unternehmen kann (siehe www.bronzeage.net).

✆ 73073, Juni bis Aug. Di–So 13–18 Uhr, Mai und Sept. nur So, bei speziellen Veranstaltungen 40 SEK, sonst Eintritt frei.

Von Båstad auf der Straße 115 etwa 8 km landeinwärts liegt bei Hasslöv das interessante, bronzezeitliche Hügelgrab **Lugnarohögen.** Es wurde 1926 ausgegraben und restauriert, eine für diese Region ungewöhnliche Schiffssetzung wurde dabei ebenso gefunden wie verschiedene Gebrauchsgegenstände. Statt den Grabhügel einfach wieder mit Erde und Steinen zu bedecken, ersetzte man ihn durch ein Betongewölbe, das originalgetreu mit Gras überwachsen ist. Ein unterirdischer Gang führt nun von der angrenzenden Hütte aus dort hinein; in der Hütte ist die Grabung dokumentiert. Im Jahr 2010 war das Hügelgrab leider wegen Kompetenzstreitigkeiten geschlossen. Jetzt betreibt die Gemeinde Laholm die Anlage. Sie soll natürlich im Sommer geöffnet sein, die genauen Zeiten standen bei Drucklegung aber noch nicht fest. Bitte bei der TI in Laholm nachfragen (✆ 0430-15450).

Ein Bummel durch Torekov führt unweigerlich zum Hafen

Abstecher nach Torekov

Die Häuser in **Torekov** sind nicht aus Holz, wie es landeinwärts der Fall ist. Dem salzigen Wind halten die weiß verputzten oder rot verklinkerten Steinmauern länger stand. Rings um den Hafen erstreckt sich der Ortskern mit schmalen, kopfsteingepflasterten Straßen. Ein kleiner Platz, auf dem früher die Kirche stand, weist heute nur noch deren Grundmauern auf; gegenüber fällt das herrschaftliche Gasthaus Kattegatt ins Auge. Um das geschützte Hafenbecken brandet im Sommer der Besucherstrom. Man macht Halt an den Galionsfiguren, die das originelle, kleine **Schiffsmuseum** flankieren, kauft Fisch, frisch aus dem Netz oder Rauch, am Kai, kehrt zu Kaffee oder Bier vor dem Hamnkrog ein oder sitzt eisessend auf dem grasigen Deich, wo im kleinen Warmbadhus heute in Tangbädern und Algenpackungen gekurt werden kann. Auch der Fähranleger zieht Interessierte an, denn von hier starten die lohnenden Fahrten zur vorgelagerten, unbewohnten Insel **Hallands Väderö,** wo man auf schönen Spazierwegen von Sandhamn mit Anleger und Café über die Landenge zu Felsklippen auf der Westseite und im Südteil durch ursprünglichen, üppigen Mischwald laufen kann.

Auf einen Blick

Vorwahl Bjärehalvön: 0431

• *Information* **Båstad Turism**, Köpmansgatan 1, 26921 Båstad, ✆ 75045, 📠 70055, www.bastad.com, Juli bis Mitte Aug. Mo–Fr 10–18, Sa/So bis 16 Uhr, übrige Zeit Di–Fr 10–17, Sa 11–14 Uhr.

Torekov Turistbyrå, Hamnplan, 26093 Torekov, ✆ 363180, 📠 364553, www.torekov.se, Juni bis Aug. tägl. 10–19 Uhr, übrige Zeit Mo–Di 13–17 und Do–Fr 10–15 Uhr.

• *Adressen* **Apotheke** in Båstad: Kronans Droghandel, Köpmansgatan 72, ✆ 0771-612612.

Übernachten/Essen & Trinken

• *Übernachten* **Hotel Riviera**, großes Traditionshotel in schöner, strandnaher Lage. Vergleichsweise günstig: DZ ab 990 SEK; nur Mai bis Sept. Rivieravägen 33, Båstad, ✆ 369050, www.hotelriviera.nu.

Pensionat Hjorten, Juni bis Aug. Gemütliches Hotel am Malenbadet, im angeschlossenen Lokal gute Fischgerichte. DZ ab 950 SEK. Roxmansvägen 23, Båstad, ✆ 70124, ℻ 70180, www.hjorten.net.

Värdshus Hovs Hallar, Gasthaus, DZ ab 850 SEK. ✆ 448370, ℻ 448492, www.hovshallar.com.

Drivan Sportshotel, am Ortsrand nahe der Sportanlagen, dem Tenniscenter angeschlossen. DZ 700 SEK. Korrödsvägen, Båstad, ✆ 68500, ℻ 70619, www.bmts.se.

First Camp Torekov, Mitte April bis Sept. Gut ausgestattet und gelegen, baumbestanden und küstennah. FeHa/4 Pers. ab 3300 SEK/Woche. Flymossvägen 5, Torekov, ✆ 364525, ℻ 364625, www.firstcamp.se.

• *Essen & Trinken* **Café Utsikten**, hoch über Båstad und Küste, nahe der Wanderroute Skåneleden, bekannt für hausgemachte Waffeln. Ostern bis Mai und Sept. nur Fr–So 11–18 Uhr, Juli bis Mitte Aug. tägl. 11–21 Uhr, Juni und 2. Hälfte Aug. bis 18 Uhr. Duvinge Gård, ✆ 70800.

G. Svenson's Krog & Café, Torekovs Traditionsgasthaus von 1907 zieht Einheimische und Besucher an. In der weinlaubberankten Veranda ist auch bei stürmischem Wetter Sommer, im Restaurant wird hohe Kochkunst bewiesen. März bis Nov. Fr ab 18, Sa/So ab 12 Uhr, zusätzlich Mai Mi/Do und Sept. Mo–Do ab 18 Uhr, Juni bis Aug. tägl. ab 12 Uhr. Pål Romares gata 2, Torekov, ✆ 364590.

Hamnkrogen i Torekov, uriges Ambiente am Hafen; die Fischsuppe ist bekannt – orangerot in blauem Teller serviert. Mai bis Sept. tägl. 12–1 Uhr. Torekov, ✆ 364400.

Aktivitäten

Tennis in Schwedens Sportzentrum Båstad bei Drivan, ✆ 68500.

Kutterfahrten von Torekov nach **Hallands Väderö** mit Väderötrafiken, ✆ 363045, im Sommer tägl. 9–16 Uhr zur vollen Stunde, April bis Sept. Sa/So 10, 12, 14 und 16 Uhr, Rückfahrten immer 20 Min. später.

Wandern um die Bjärehalvön

Die folgende Mehrtagestour auf dem Fernwanderweg Skåneleden bietet viele kürzere Varianten. Wer einsame Küsten sucht, ist auf der ersten Etappe richtig, denn dort verlaufen die Straßen weit im Inneren der Bjärehalvön. Die großartigen Klippen von Hovs Hallar sind ein Highlight der zweiten Etappe und auch auf kürzeren Rundwegen ab dem dortigen Parkplatz zu erkunden, aber dort drängeln sich Autos und Touristen ziemlich stark. Und die dritte Etappe führt in die waldreiche Region des Höhenzuges Hallandsåsen, die man als Wanderer ganz für sich hat.

Etappen: Vejbystrand – Torekov, 20 km, 4–5 Std./Torekov – Båstad, 22 km, 5 Std./Båstad – Vejbystrand, 25 km, 5–6 Std.

Übernachten: z. B. JH in Magnarps Strand, 2 km südl. von Vejbystrand, in Båstad Drivan Vandrarhem, in Torekov Hütten bei Krono Camping und in Hovs Hallar (s. o., Essen & Trinken), Wander-Camps entlang der Route mit Unterstand, Trinkwasser und Toilette (Schlafsack und Proviant mitnehmen!) jeweils kurz hinter den drei Startpunkten.

Bus: Linie 523 Ängelholm – Torekov hält in Vejbystrand, Linie 525 verbindet Torekov mit Båstad, von dort nach Ängelholm via Förslöv verkehren die Linie 513 sowie Expressbus und Züge.

Wegverlauf: *Etappe 1*: Von **Vejbystrand** geht es die flache Küste entlang, zunächst noch in Sichtweite der lang gezogenen Siedlung, um die schmale Leirvik und am ersten Wander-Camp vorbei, dann durch Wiesen- und Heideland mit Blick auf die vorgelagerten Inselchen Gryteskär nach **Ranarpsstrand,**

wo ein Badestrand zu einer ersten Rast verlockt. Entlang des kleinen Hafens geht es wieder aus der Bebauung hinaus, durch das **Strandbad Ölövsstrand** und dann wieder durch Weideland nach Glimminge. Ein Naturreservat schließt sich an, und bei **Dagshög** liegt ein besonders mächtiger bronzezeitlicher Grabhügel am Wege. Man passiert die Ausläufer von **Torekov** und erreicht den freundlichen Ort und seinen geschützten kleinen Fischereihafen, der im Sommer Ausflugsziel zahlreicher Strandurlauber ist.

Etappe 2: Am anderen Ende von Torekov passiert man das in einer kleinen Waldlichtung gelegene Wander-Camp (beschilderter Abzweig), durchquert gleich darauf den Campingplatz und läuft dann zwischen Küste und Golfgelände wieder in einsamere Gefilde. Durch zumeist flaches, nur hier und da von Felsbuckeln und Moränenhügeln sanft gewelltes Terrain geht es nun an der rauen Nordküste entlang. Bei **Gröthögarna** liegen mehrere weithin sichtbare bronzezeitliche Grabhügel am Weg. Bei der kleinen Landzunge **Sänkudde** trifft man auf eine Badestelle, gleich dahinter auf eine winzige Hafenbucht mit einer Handvoll Schuppen und Boote, bevor man der allmählich ansteigenden Küste aufwärts folgt. Mit weitreichender Aussicht geht es auf Hovs Hallar zu, knapp 40 m hohe Gneisklippen, vor denen sich Felstrümmer in wildem Tohuwabohu in der Brandung türmen. Nur ein kurzes Stück führt der Skåneleden nahe der dramatischen Küste entlang, und es empfiehlt sich deshalb, den **Rundwegen** vom Parkplatz (mit Café und Kiosk) durch das spannende Gebiet von **Hovs Hallar** zu folgen, bevor man die Streckenwanderung wieder aufnimmt. Der Skåneleden wendet sich bald landeinwärts, hält auf die Kuppe des **Knösen** zu und schlängelt sich unterhalb des 154 m hohen Moränenhügels den bewaldeten

Felsklippen von Hovs Hallar

Hang entlang nach Süden. Ab und zu hat man nun schon Aussicht auf die weite Laholmsbukten, die sich im Norden an die Halbinsel anschließt. Die Straße wird in kurzer Folge zweimal gequert, ein paar Häuser passiert, dann ein Fahrweg ein Stück verfolgt; es geht bergab und auf das Parkgelände von **Norrvikens Trädgårdar** (s. Aktivitäten) in Apelryd zu. Hier lohnt sich ein Parkspaziergang mit anschließender Kaffeepause. Dann ist es, entlang der hier wieder sandigeren Küste, nicht mehr weit bis **Båstad,** das sich weit um die Bucht zieht. Vorbei am Hafen geht es auf dem Tennisvägen landeinwärts. Jenseits der Hauptstraße Köpmansgatan erreicht man das Ortszentrum. Den Skåneleden trifft man am Vandrarhem Drivan wieder.

Etappe 3: Vorbei an den benachbarten Plätzen der Tennisschule geht es auf dem Lyavägen über die Bahngleise, dann aufwärts zum Wander-Camp Korröd. Nicht weit entfernt liegt das **Ausflugslokal Utsikten,** das sich für eine Pause anbietet. Weiter führt die Route bergan, bis zum Dörfchen Lya entlang schmaler Fahrwege, dann wieder auf Pfaden. Mit 180 m hat man nun den höchsten Abschnitt der Wanderung auf dem **Hallandsåsen** erreicht. Hier oben geht es jetzt abwechselnd durch Heide-, Moor- und Mischwaldgelände, bis der Pfad sich bei Örlid gabelt: Man hält sich rechts und wandert dann den alten Postreiterweg entlang, der bis Simonstorp meist durch Wald führt. Dort wendet sich die Route nach rechts und hält, wieder auf alten Verbindungswegen, allmählich abwärts auf Forslöv zu. Das kleine Naherholungsgebiet **Hålehall** mit Rastplatz wird passiert, dann geht es deutlich bergab. Durch Forslöv hindurch wird man nun auf Nebenstraßen hinunter zur Küste bei Vejbystrand geführt, wo die Runde sich schließt.

Durch Halland nach Norden

Sonne, Sand und Meer locken zwischen Laholm und Varberg die Sommerurlauber an. Oft reiht sich Ferienhaus an Ferienhaus, wo nicht ein Stück küstennahe Natur unter Schutz gestellt wurde. Nette Küstenstädte und Fischerhäfen liegen dazwischen, auch die Provinzhauptstadt Halmstad grenzt ans Kattegatt. Im Hinterland dagegen wird es einsamer, Felder werden von Wald abgelöst. Wem es an der Küste zu voll ist, der zieht sich dorthin zurück.

Laholm

Um die Mündung des Lagan rasten und nisten zwischen Dünen und Heide zahlreiche Vogelarten, darunter im Mai Tausende von Sterntauchern. Angler versuchen entlang der Ufer ihr Glück, wenn auch der einstige Lachsreichtum seit Beginn des 20 Jh. der Energiegewinnung weitgehend zum Opfer fiel; weiter als bis zum **Stauwerk bei Laholm,** dem ersten von elf, kommt der König der Fische nicht mehr.

Das Städtchen, dessen Ursprünge in der mittelalterlichen dänischen **Festung Lagaholm** auf einer Insel im Fluss liegen, trägt den Lachs als Wappentier im Stadtsiegel. Von der alten Burg sind nur noch Grundmauern übrig, unweit davon übernehmen heute Zuchtbassins die Aufgabe der Lachsvermehrung, die man in einer Begleitausstellung studieren kann (Juni bis Aug. Mo–Fr 13.30–15.30 Uhr). Der Altstadtkern **Gamleby** wirkt mit seinen Kopfsteingassen und niedrigen Häuserzeilen rings um die Sankt Clemens Kyrka kleinstädtisch und gemütlich; auf dem Fluss verkehrt im Sommer das Ausflugsboot Sofiero.

In der Umgebung

Das große Wasserkraftwerk Karsefors liegt ein paar Kilometer weiter flussaufwärts. Der neoklassische Bau stammt von 1930. Oberhalb seiner Staumauern hat sich der vielarmige **Hjörneredsjön** gebildet, ein herrliches Paddelrevier.

Laholm wirbt damit, den längsten Sandstrand Schwedens vor der Haustür zu haben: Der 15 km lange **Mellbystrand,** 5 km von der Stadt entfernt, ist denn auch eine einzige große Sommerkolonie an der „Badewanne“ Laholmsbukten.

Auf einen Blick

Vorwahl Laholm und Mellbystrand: 0430

• *Information* **Turistbyrå Laholm**, Stortorget, 31230 Laholm, ☎ 15450, 📠 16642, www.laholm.se, Mitte Juni bis Aug. Mo–Fr 10–18, Sa/So 10–14 Uhr, übrige Zeit Mo–Fr 10–16.30 Uhr.

• *Verbindungen* Laholm und Halmstadt sind mit den Expressbussen Malmö – Göteborg zu erreichen, zu den Stränden verkehren von dort Regionalbusse.

• *Adressen* **Ärztliche Versorgung** in Halmstad.

Übernachten/Camping

STF Vandrarhem Laholm, große, gut ausgestattete Herberge, zentral gelegen, Fahrradverleih. 230 SEK, DZ ab 460 SEK. Tivolivägen 4, ☎ 13318, 📠 15325, www.laholmsvandrarhem.se.

• *Camping* **Marias Camping**, Mai bis Aug. Am Nordende von Mellbystrand gelegen. Hütten ab 500 SEK/4 Pers., im Juli nur pro Woche ab 5000 SEK, ☎ 28585, www.mariascamping.se.

Gullbrannagården Camping, ganzjährig. Auf halber Strecke zwischen Laholm und Halmstad. Gut ausgestatteter, strandnaher Platz, teils unter Bäumen. Fahrradverleih. Sehr viele einfache Hütten ab 550–680 SEK/2 Pers., auch größere Hütten, DZ 430–460 SEK. Außerhalb der Sommerferien beliebt für Klassenfahrten. Eldsberga, ☎ 035-42180, 📠 46180, www.gullbrannagarden.se.

Essen & Trinken

Gröna Hästen, Restaurant mit Mittagsbuffet in schöner Hanglage am Lagen, Mo–Fr 11.30–14 Uhr, Mitte Juni bis Aug. Di–Sa 11.30–15 und ab 18 Uhr, Hästtorget 3b, ☎ 10036.

Rökeriet, bei schönem Wetter kann man fast am Fluss sitzen, Mi/Do 12–19, Fr/Sa bis 21 Uhr, So bis 17 Uhr, Mitte Juni bis Aug. Di–So 10–20 Uhr. Lagavägen 10, ☎ 10475.

Aktivitäten

Das **Dampfboot** Sofiero, Baujahr 1888, schippert von Laholm den Lagan entlang, Juli bis Aug. Di–So 11 und 14 Uhr. Wer eine Fahrt buchen will, wendet sich an die TI.

Halmstad (56.000 Einw.)

Verwaltung, Industrie- und Hafenanlagen, reger Geschäfts- und Fremdenverkehr prägen Hallands Hauptstadt. Nahe der Slottsbron, die die beiderseits des Nissan gelegene City verbindet, gibt es (teure) Parkmöglichkeiten, Zug- und Busbahnhof sind nicht weit. Auf der östlichen und neueren Seite erhebt sich vor der Kulisse repräsentativer Gründerzeitgebäude, dem Theater und der Bibliothek ein überdimensionaler Nachbau von Picassos Skulptur „Frauenkopf". Nicht weit entfernt springt nahe der Slottsbron der Lachs in der Brunnenskulptur „Laxen går upp" von Walter Bengtsson. Gegenüber fällt das alte **Segelschulschiff Najaden** ins Auge (z. Zt. in Renovierung), dahinter liegt der große Schlosskomplex, verputzt und rot gestrichen, heute Sitz der Kommunalverwaltung und des Touristbüros. Er stammt aus der Regierungszeit des Dänenkönigs Christian IV. (1588–1648). Dieser prägte das Stadtbild wie kein anderer. Gegen die schwedische Konkurrenz ließ er ab 1600 aus dem einstigen Handelsplatz am Nissan einen befestigten Grenzposten mit Wällen, Gräben, Toren und Schanzen rings um die heutige Altstadt errichten. Von den Stadtbefestigungen sind nur noch Reste erhalten, darunter die Norra Porten am Nordende der Storgatan. Auch das rechtwinklige Straßennetz stammt aus dieser

Der Brunnen „Europa und der Stier" in Halmstad

Zeit, nach einem Stadtbrand 1619 angelegt, doch sind nur noch wenige der alten Ziegel- und Fachwerkhäuser in dem Karré zwischen Vall- und Kyrkogatan erhalten, darunter das Eckhaus am Stora torg mit dem Lokal Tre Hjärtan. In der Nachbarschaft erhebt sich die große **Nicolaikirche** aus dem 15. Jh., in der die kunstvoll geschnitzte Kanzel von 1634 und die modernen Glasmalereien von Einar Forseth (im Chor) und Erik Olson (Westseite) zu den Kostbarkeiten gehören. Am Stora torg liegt auch das Rathaus von 1938, in dessen strenge Klinkerfassade ein Relief von Stig Blomberg und ein Glockenspiel eingefügt wurden. Mitten auf dem Marktplatz erhebt sich Carl Milles' monumentaler Springbrunnen „Europa und der Stier" von 1926.

In der Umgebung

Mjällby: Auf dem Weg von Halmstad zu den Stränden von Tylösand lohnt sich für Kunstinteressierte bei Söndrum ein Abstecher nach Mjällby, wo im **Mjällby Konstgård** die Werke der 1929 gegründeten, surrealistischen Halmstadgruppe um *Eric und Axel Olson* ausgestellt werden. Auch innerhalb der Stadt gibt es Zeugnisse dieser Kunstrichtung zu entdecken, das **Länsmuseum** stellt neben älterer Volkskunst auch Werke der Halmstadgruppe aus. Außerdem wurden Räume im Rathaus und der Bibliothek von den Surrealisten mitgestaltet.

Mjällby Kunstmuseum: ✆ 13711995, Di–So 12–17 Uhr, Juli/Aug. ab 11 Uhr, 60 SEK.
Länsmuseum: ✆ 162300, Mai bis Aug. Di–So 12–16, Mi bis 20 Uhr, Tollsgatan, Eintritt frei.

Tylösand ist einer der bekanntesten Badeorte Schwedens, sein Ruf gründet sich auf den langen, wunderbar weißen und feinen Sandstrand, der sich nach Norden schier unendlich an die vorspringende Halbinsel anschließt. Seit Jahrzehnten zieht Tylösand Sommerfrischler aus allen Schichten der schwedischen Gesellschaft an. Nicht nur die Reichen und Schönen machen hier seit jeher Ferien, sondern seit der Einführung des gesetzlichen Urlaubsanspruchs Anfang der 1930er Jahre auch das arbeitende Volk. Nahe der Bucht Tjuvahålan auf der Südseite der Halbinsel entstand die „Zeltstadt", in der im Sommer Arbeiterfamilien auf Bretterböden ihre Zelte aufschlugen. Heute ist daraus eine Kolonie dicht gedrängt stehender Parzellenhäuschen geworden. Eleganter geht es im Villenviertel zu, das am Hang bei der kleinen Olafskapelle liegt.

Von der alten Küstenstraße Richtung Norden führen immer wieder Stichwege zwischen Ferienhäusern zum langen Sandstrand. Zwischen Vilsherad und Haverdal ist dann der Siedlungsstreifen entlang der Küste durch das **Naturreservat Haverdal** unterbrochen; bei Lynga führt eine Straße zum Parkplatz des Reservats. Von hier aus erschließen markierte Wege den mit knorrigen Kiefern bewaldeten Dünengürtel, aus dem sich der Stora Sandkullen mit 37 m erhebt (vom orangefarben markierten Rundweg führt eine Treppe hinauf). Zum Meer hin werden die Kiefern geduckter, Heide geht in Strandhafer und Dünengras über, am Strand entlang der weiten, unbebauten Bucht bleibt sogar im Hochsommer viel Platz für Spaziergänger.

Auch nördlich von Haverdal gibt es immer wieder naturnahe Küstenabschnitte. Bei Steninge wechseln sich im **Naturreservat Stensjöstrand** flache Klippen, Kies- und Sandbuchten, Heide und Strandwiesen ab. Bei Grimsholmen ragt die Kuppe **Smörkull** gut 50 m über der Küste auf und bietet herrliche Aussichten.

Landeinwärts lohnt sich ein Abstecher auf der RV 25 nach **Simlångsdalen.** Unterwegs lohnt sich ein erster Halt schon bei **Tolarp** (bei Skedala rechts über den Fluss, dann links und den Weg 1 km geradeaus): Ein gut erhaltenes Ganggrab aus der Bauernsteinzeit liegt nahe des Flusses (beschildert). Etwas flussaufwärts liegen die Gefällestufen des Tolarpsfossen.

Der Ort Simlångsdalen liegt am Südende des gut 6 km langen, schmalen Seesystems **Simlången,** das der Fluss Fylleån auf seinem Weg Richtung Küste bildet. Im Ort sind ein alter Gasthof und ein Lanthandel aus dem 19. Jh. erhalten, etwas nördlich liegt nahe der Straße nach Oskarström das **Naturreservat Klövaberget,** dessen Hauptattraktion eine beeindruckende, fast 30 m hohe Felswand ist. Pfade führen von dort auf die aussichtsreiche Kuppe darüber. Etwas südlich der Ortschaft liegt im Eriksköps Naturreservat der **Danska Fall** (auf der Nebenstraße nach Mästocka, vor dem Skällåsasjön links ab, bis zum Wegende); über mehrere Stufen stürzt der Fluss hier in eine kleine Schlucht, Pfade führen an ihn heran. Seinen Namen bekam der Wasserfall nach einer Schlacht im 17. Jh., bei der dänische Soldaten hier im Fluss ertrunken sein sollen.

Am Westufer entlang erreicht man das Nordende der Seen bei **Simlångsgården,** einem beliebten Ausflugsziel. Der Hof liegt erhöht in malerischer Landschaft, durch die Spazierwege führen, es gibt ein Sommercafé und einen Badeplatz.

Skåne und Halland
Karten S. 46/47 und S. 91

Auf einen Blick

Vorwahlen Halmstad und Tylösand: 035

• *Information* **Halmstads Turistbyrå**, Lilla torg, Storgatan, 30102 Halmstad, ✆ 120200, ℻ 158115, www.destinationhalmstad.se, Mo–Fr 9–18, Sa 10–13 Uhr, Mitte Juni bis Aug. Mo–Fr 9–19, Sa 10–15, So 11–18 Uhr.

• *Verbindungen* Laholm und Halmstadt sind mit den Expressbussen Malmö – Göteborg zu erreichen, zu den Stränden verkehren von dort Regionalbusse.

• *Adressen* **Ärztliche Versorgung** bei den Vårdcentraler, z. B. Nyhem, Långgatan 32, ✆ 134504. Nach 17 Uhr und Sa/So hilft die Jourcentralen im **Krankenhaus** Länssjukhus, Lasarettsvägen 6, ✆ 131000.

Apotheken: Vakteln, Storgatan 14, Sjukhusapoteket, Länssjukhuset. **Polizeistation** in der Norra Källgatan 3, ✆ 182500 oder 11414.

Übernachten/Camping

Hotel Tylösand, großes, modernes Ferien- und Konferenzhotel in Tylösand mit allem, was der Gast so braucht, vom Tennisplatz und Spa über das Beauty Center bis zum abendlichen Partyprogramm. Wer hier wohnt, braucht nicht einmal mehr zum Strand. DZ ab 1790 SEK. Tylöhusvägen, ✆ 30500, ℻ 32439, www.tylosand.se.

Steninge Vandrarhem, Juni bis Aug., übrige Zeit nach Anmeldung. Sehr nette JH an der Küste nördlich von Halmstad in gemütlichem alten Pensionat von 1930, durch die Bäume blitzt das Meer. Naturreservate in der Nähe – weit und breit die idyllischste Unterkunft. Ab 225 SEK. Kustvägen, Haverdal, ✆ 035-52054, ✆ 52361, www.steninge vandrarhem.se.

• *Camping* **First Camp Tylösand**, ganzjährig. Etwas nördlich von Tylösand gelegener, großer Platz mit allen Schikanen und Kinderbelustigung. Hütten/4 Pers. ab 600 SEK. Kungsvägen 3, ✆ 30510, www.firstcamp.se.

Im Simlångsdalen **Tallhöjdens Värdshus**, am Ortseingang von Simlångsdalen gelegener, schöner Gasthof mit Restaurant, Sauna und Pool. Im Haupthaus stilvolle Zimmer, auf dem Gelände urig-gemütliche Blockhäuser, DZ ab 700 SEK, FeHa ab 800 SEK. Bredaredsvägen 15, ✆ 70245, ✆ 70571, www.talhojden.se.

Essen & Trinken

Fridolfs Krog & Bar, gemütliches Lokal mit großer Auswahl. An Sommerabenden sitzt man herrlich im kleinen Innenhof. Mo–Sa 18–24, So 17–23 Uhr. Brogatan 26, Halmstad, ✆ 211666.

Skånskan, süßes kleines Café im Fachwerkhaus, eingerichtet wie vor hundert Jahren. Mo–Fr 9–18, Sa 9–16 Uhr. Bankgatan 1, Halmstad, ✆ 212407.

Konditori Regnbågen, preisgekrönte Torten-, Kuchen- und Smörgås-Auswahl, die man in dem etwas unscheinbaren Café in Wohnblockumgebung nicht unbedingt erwarten würde. Mo–Fr 7–18.30, Sa 7–17, So 11–17 Uhr. Karl XI:s väg 37, Halmstad, ✆ 122900.

Aktivitäten

Fahrradverleih in Halmstad bei Levin & Nilsson, Brugatan 30, ✆ 210117

Halmstad ist eine Hochburg des **Golfsports,** es gibt 13 Plätze mit insgesamt 192 Löchern in der Kommune. Die beiden 18-Loch-Plätze in Tylösand sind besonders bekannt; Halmstad Golfklubb, ✆ 176800.

Ein **Einkaufsbummel** lohnt sich besonders in Halmstad: Fischmarkt an der Österbro, Shopping entlang der Storgatan, Blumen- und Gemüsemarkt (ganzjährig) auf dem Stora torget, Kunsthandwerk im historischen Fattighuset (Armenhaus), Delikatessen und Käse am Lilla torget (Lilla Ostboden).

Von Halmstad nach Tylösand führt der abwechslungsreiche **Wanderweg** Prins Bertils Stig immer an der Küste lang, Start am Schloss, Länge 13 km, beschildert.

Spaßbad Halmstad Arena Bad, Växjövägen, ✆ 139655, Mo–Mi 12–19, Do 10–18 Uhr (und bis 21 Uhr nur für Erwachsene), Fr 10–19, Sa/So 11–17 Uhr, 50 SEK/2 Std. oder 60 SEK/3:30 Std. Eine Alternative, wenn tagelang kein Strandwetter ist.

Halmstad mit Kindern: Aventyrsland, Gamla Tylösandsvägen 1, ✆ 108460, Juni bis Aug. tägl. 10–18 Uhr: Schweden in Miniatur, 190 SEK.

Falkenberg (19.000 Einw.)

Das alte Städtchen erhielt seinen Namen im 13. Jh. zwar durch den Handel mit Jagdfalken, doch spielt auch hier längst der Lachs die Hauptrolle. Der Ätran, an dessen Mündung der Ort mit der malerischen Altstadt liegt, ist bevorzugtes Angelgewässer und beheimatet sogar heute noch einen großen Wildlachsbestand. Unterhalb der alten, gemauerten Zollbrücke von 1760 stehen ab dem Frühjahr zahlreiche Angler im seichten Fluss. Lachsfischerei und -handel waren seit dem 18. Jh. wichtige Erwerbszweige des Ortes und zogen im 19. Jh. betuchte Briten als Sportangler an.

Stadtspaziergang

Rings um die Laurentii-Kirche liegt das Viertel **Gamla Stan** mit seiner um 1800 entstandenen, fast unveränderten Holzbebauung. Die Kirche wurde schon um 1300 errichtet, später aber mehrfach erweitert und verändert, die Wandmalereien stammen

40
Västra Frölunda
Askim
158
Målsryd
Limmared
Särö
Kungsbacka
Fjärås
Lyngern
Kinna
Svenljunga
Tranemo
Tostared
Onsala
Äskhult
Fjärås
Bräcka
Förlanda
Björketorp
Tjöloholmen
Gottskär
Kungsbackafjorden
Åsa
Horred
Borrås
Skåra
41
Tokabo
Stråvalla
Veddige
Österby
Kvarnadalen
Väröbacka
Grimmared
Humlered
Åsby
Sällstorp
Bua
Älvsered
Klosterfjorden
Torpa
Varberg
Ullared
Ätran
Skeppshult
Getterön
Grimeton
153
Apelviken
Åkulle
Fegen
Skärsjön
Ätran
Träslövsläge
Ottersjön
Nissan
E6
Hyltebruk
154
Glommen
150
Morups Tånge
Skrea
Falkenberg
26
Grimsholmen
Getinge
Naturreservat Stensjöstrand
Oskarström
Steninge
Harplinge
Haverdal
Simlångsdalen
Naturreservat Haverdal
Skedala
25
Mjällby
Villshärad
Halmstad
Frösakull
Tylösand
Eldsberga
Gullbranna
Laholmsbukten
Mellbystrand
Lagan
Hovs
hallar
Laholm
Segeltorp
Hallands Väderö
Boarp
Hov
Östra Karup
Torekov
Båstad
Våxtorp
Bjärekustens
naturreservat
Hasslöv
Lugna-
röhogen
Ranarp
Förslöv
Skälderviken
Simontorp
24
Vejbystrand
Margretetorp
Rössjön
Kullen
Kullaberg
Hjärnarp
Örkelljunga
Mölle
Arild
Magnarp
Skäret
Möllehässle
Ängelholm
Krapperup
Lerhamn
Jonstorp
Nyhamnsläge
E4
Höganäs
Munka-Ljungby
Farhult
Lerberget
13
Kullen
Åstorp
Perstorp
Viken
Ödåkra
Sofiero
Halland
10 km
Helsingborg
Helsingør

vermutlich aus dem 16. Jh. Die niedrigen Wohnhäuser der damaligen Händler, Fischer und Handwerker ziehen sich lang gestreckt die holperigen Straßen entlang. Dahinter liegen, oft unsichtbar, Hofgärten und Nutzgebäude. An manchen Stellen lässt ein geöffnetes Holztor einen Blick hinter die Kulissen zu. Das **Heimatmuseum** an der St. Lars Kyrkogatan 8 liegt mitten in diesem Ensemble in einem der alten Höfe und gibt weitere Einsichten in die Stadtgeschichte (✆ 10222, Ende Juni bis Aug. Mi–So 13–17 Uhr). Gleich daneben hat Sjöbergs Laxrökeri von 1857 ihren Sitz, heute Teil des Museums. Folgt man der Storgatan unter dem Eisenbahngleis hindurch, liegt links um die Ecke hinter einem der wenigen modernen Wohnhäuser in Gamla Stan die alte **Töpferei Tjörngren.** Seit 1789 besteht dieser Familienbetrieb, wo man in historischer Werkstatt dem Herstellungsprozess zuschauen kann (Krukmakaregatan 4, ✆ 10354, Mo–Fr 9.30–16.30 Uhr). Weiter auf der Storgatan trifft man mit Nr. 69 auf das älteste Haus des Viertels, Hinströms Gård von 1736. Ein paar Schritte weiter ist am Flussufer das **Falkenbergs Museum** in einem alten Speicher am Hafen untergebracht. Hier wurde ab 1865 Getreide gelagert, inzwischen wird die wirtschaftliche Entwicklung der Stadt auf mehreren Etagen gezeigt, und ein Café präsentiert sich im Stil der 1950er Jahre (✆ 886125, Juni bis Aug. Di–So 12–16 Uhr, übrige Zeit So geschl., Dez./Jan. ganz geschl., 30 SEK). Gleich hinter dem Lagerhaus beginnt der moderne Seehafen des Ortes. Zurück auf der Hamngatan erreicht man bald wieder die markante Zollbrücke.

Nördlich von Falkenberg

Ein Stichweg führt zum Leuchtturm von **Morups Tånge.** Dort und bei der südlich angrenzenden, kleinen Bucht Korshamnsviken gibt es ausgezeichnete Stellen zur Beobachtung zahlreicher See- und Watvogelarten. Das benachbarte **Glommen** ist eine kleine, aber lebendige Fischereisiedlung, am Hafen wird im Sommer montags bis freitags der Fang ab Fabrik verkauft.

Auf einen Blick

Vorwahl Falkenberg: 0346

• *Information* **Falkenbergs Turistbyrå**, Holgersgatan 11, 31134 Falkenberg, ✆ 886100, 📠 14526, www.visitfalkenberg.se, Juni bis Mitte Aug. Mo–Fr 9.30–18 Uhr, ab Juli auch Sa 9.30–18 und So 13–18 Uhr, übrige Zeit Mo–Fr 10–17, Do bis 18 Uhr, Sa bis 13 Uhr.

• *Verbindungen* **Bus/Zug**: Buslinie 351 Halmstad – Falkenberg, von dort nach Varberg Linie 653. Zugverbindung Malmö – Göteborg.

Parken: In Falkenberg nahe der Zollbrücke (Tullbron) an der Hamngatan, kostenlos.

• *Adressen* **Ärztliche Hilfe**: Vårdcentalen Falkenberg, Oscar Lindquistsvägen 2, ✆ 56210. **Apotheke** Lejonet, Nygatan 38, ✆ 077-4441111. **Poststelle** im ICA-Markt, Sandgatan 34.

Übernachten/Camping

Nya Pallas Hotel, neu, zentral und ruhig, schöner Garten, Sauna, Whirlpool. DZ ab 990 SEK. Åke Tottsgatan 5, ✆ 10700, 📠 83346, www.pallashotel.com.

Hotell Steria, einfaches Frühstückshotel, etwas außerhalb der Innenstadt, auch Mehrbettzimmer. DZ ab 690 SEK. Arvidstorpsvägen 28, ✆ 15521, www.hotelsteria.se.

Falkenbergs Vandrarhem, Juni bis Aug., nach Absprache auch Mitte März bis Mitte Okt. Gemütliche Herberge, strandnah in Skrea gelegen, ca. 3 km zum Zentrum. Ab 170 SEK, DZ ab 450 SEK. Hansagårdsvägen, ✆ 17107, 📠 15840, www.skreacamping.se.

• *Camping* **Hansagårds Camping**, Mai bis Aug. Strandnaher Platz, am Südrand von Skrea gelegen. Hütten ab 400 SEK/4 Pers. Falkenberg, ✆ 16944, 📠 10945, www.hansagard-camping.se.

Essen & Trinken

Gustav Bratt, bekannt für gute Küche, darunter Lachsgerichte. Auch Nachtklub. Sommer tägl. 16–23 Uhr, übrige Zeit Mo–Sa 18–23, So 13–21 Uhr. Brogatan 1, ✆ 10331.

Värdshuset Hwitan, schön gelegener Gasthof von 1703. Im Garten buntes Kulturprogramm, teils etwas trubelig. Mo–Fr 11.30–14 und 18–21 Uhr, Sa ab 13 Uhr, So 13–17 Uhr. Storgatan 24, Falkenberg, ✆ 82090.

Falkmanska Cafeet, in dem Gebäude von 1690 gab es schon immer einen Gasthof; das Café bewahrt die Tradition. Mo–Fr 9–18, Sa 9–16, So 10–16 Uhr. Storgatan, ✆ 87777.

Stålboms Konditori, schönes altes Café gleich oberhalb der Stadtkirche. Mo–Fr 7–18, Sa/So 8–17 Uhr. Arvidstorpsvägen 20, ✆ 13092.

Aktivitäten

Beim **Kanuverleih** Fritidsboden kann man nicht nur Kanus und Kajaks mieten, es werden auch Fahrten auf dem Ätran organisiert. Evert Taubes väg 10, Falkenberg, ✆ 12609.

Varberg (26.000 Einw.)

Apelviken ist schon ein Trabant von Varberg. Der Name der weiten, sandigen Bucht hat in Surferkreisen einen guten Ruf. Die nördlich angrenzende Landzunge **Subbe** beherbergt **Varbergs Kurort,** heute ein luxuriöser Hotelkomplex, ehemals ein Sanatorium mit mehr als 500 Betten. Und dessen Name hatte bei vielen ärmeren Schweden überhaupt keinen guten Klang, denn hierher wurden Anfang des 20. Jh. Tuberkulosekranke aus allen Landesteilen geschickt. Das bedeutete oft jahrelange Trennung von Familie und Freunden. Wer trotz guter Pflege und viel Sonne die Seuche der Armen nicht überlebte, fand seine letzte Ruhestätte mit einiger Wahrscheinlichkeit auf dem angrenzenden Friedhof. Viele Familien hatten nicht einmal das Geld, ihre verstorbenen Angehörigen nach Hause zu holen.

Die Fähre aus Dänemark legt in Varberg nahe der Festung an

Das alte Kallbadhus beherbergt heute eine Sauna. Das Tauchbecken ist das Meer

Der weniger ernste Teil des Kurbetriebs spielte sich schon im 19. Jh. in **Varbergs Zentrum** ab. Hier steht zwischen der mächtigen Festung, Zeugnis von Varbergs strategischer Bedeutung seit dem 13. Jh., und dem Hafen das weiß gestrichene **Kallbadhus** mit seinen Zwiebeltürmchen auf hölzernen Stelzen im seichten Meerwasser. Innen steigen noch heute, streng nach Männlein und Weiblein getrennt, die Badegäste über die Badebrücken ins salzige Nass hinunter. Und das zu jeder Jahreszeit. Man muss allerdings hinzufügen, dass oben im Inneren des Kallbadhus heute eine Sauna für die nötigen Hitzegrade sorgt, um auch im Winter das Meerwasserbad verlockend erscheinen zu lassen (✆ 17396, ganzjährig Mi 13–20, Sa/So 9–17 Uhr, Mitte Juni bis Mitte Aug. Mo–Fr 10–17, Mi bis 20 Uhr, 60 SEK). Das verschnörkelte **Kurhaus von 1883** in dem kleinen Societätsparken liegt gleich dahinter, das klassizistische **Warmbadhus** von 1925 grenzt landeinwärts an, bevor jenseits der Bahngleise die betriebsame Innenstadt mit der **Shoppingmeile Ströget** beginnt.

Hauptattraktion der Stadt und frei zugänglich ist die im 17. Jh. fertiggestellte, mächtige Festungsanlage **Varbergs Fästning.** Bereichert wird ein Bummel durch die Tore, Gänge und entlang der hoch aufragenden Wehrmauern durch einen Besuch im **Länsmuseum,** das im ältesten Teil der Anlage, der aus dem 13. Jh. stammenden Burg, untergebracht ist. In den mittelalterlichen Gemäuern wird – neben wechselnden Kunstausstellungen – die Geschichte der Festung, der Stadt und der Region thematisiert. Bekannt ist auch der „Bockstensmann", eine Moorleiche aus dem 14. Jh., die man mit fast unversehrter Kleidung fand.

✆ 82830, Ende Juni bis Mitte Aug. tägl. 10–18 Uhr, übrige Zeit Mo–Fr 10–16, Sa/So 12–16 Uhr, 50 SEK, Audioguide.

Am Hafen liegt das ehemalige Lagerhaus **Hamnmagasin,** das heute verschiedene Kunsthandwerker beherbergt, darunter Keramiker und Silberschmiede (Mo–Fr 10–

18, Sa bis 15 Uhr, im Sommer auch So bis 15 Uhr) sowie Glasbläser, denen man im Sommer bei der Produktion zusehen kann (✆ 80200, Mo–Fr 9–18, Sa/So 10–15 Uhr).

An der Küste

Richtung Norden ragt gleich hinter Varbergs ausgedehnten Hafenanlagen die **Halbinsel Getterön** aus der Küstenlinie vor. Auf ihrer Nordseite bietet flaches Sumpfland unzähligen Wat- und Seevögeln Rastplatz und Brutgebiet. Das Getterön Naturum bietet Beobachtungsplätze, eine informative Ausstellung zum Vogelreservat und ein Cafe (✆ 87510, März bis Okt. tägl. 10–16 Uhr, übrige Zeit nur Fr/Sa). Gubbanäs, die felsige Spitze der Halbinsel, ist von schönem Granitgestein geprägt und eignet sich gut für kurze Streifzüge.

Träslövsläge, der Hafenort südlich von Varberg, lebt nicht nur vom Fisch. Die hübsch verwinkelten Dorfstraßen locken auch Touristen aus den umgebenden Strandbädern an. Die unzähligen Eissorten von Tre Toppar haben sich herumgesprochen, und im Restaurant Kajutan werden aus dem frisch gefangenen Fisch leckere Gerichte zubereitet.

Abstecher nach Norden

Nördlich von Varberg wird das AKW Ringhals auf der Halbinsel bei Bua als Touristenziel angepriesen – mit dem Superlativ, Schwedens größtes zu sein. Ein Grund mehr, es zu meiden und einen Abstecher ins Hinterland zu machen, wo eine ältere Form der Energiegewinnung zur Erkundung lockt.

Auf der RV 41 zweigt bei Veddige ein Fahrweg nach rechts Richtung **Kullagård** ab. Auf diesem erreicht man nach knapp 4 km in einer Rechtskurve die Zufahrt zu den **Wassermühlen im Kvarnadalen** (Schilder: Skvaltkvarnar), wo man einen Spaziergang entlang des schmalen Baches Ulvatorpsbäcken machen kann. Auf einem guten Kilometer verteilten sich im 19. Jh. insgesamt 14 Wassermühlen. Die Hälfte ist noch erkennbar, mehrere wurden vollständig restauriert. Entlang der roten Markierungen des Hallandleden geht es vorbei am Lilla Dämm. Wo die roten Markierungen nach rechts durch ein Gatter leiten, erreicht man geradeaus zwei Mühlenhäuschen in einer lauschigen Wiese, dahinter einen Forstweg und auf diesem links nach 30 Min. den Stora Dämm, 1800 in der Regierungszeit Gustav IV. Adolf errichtet. Dahinter lag ein Stauteich, mit dessen Wassermenge man damals drei Tage lang Energie zum Mahlen hatte.

Von Veddige Richtung Väröbacka/Bua erreicht man gleich hinter dem Tunnel unter der E 6 hindurch den kleinen Ort Sunnvära, von wo sich ein Abstecher zur **Felskluft Borrås Skåra** (siehe Foto S. 99) anbietet – die Anfahrt ist deutlich beschildert, der Einstieg etwas unscheinbar: Hat man die bewaldeten Kuppen erreicht, liegt ein großer Parkplatz rechts des Fahrwegs. Ein paar Meter davor weist ein Schild rechts hangaufwärts. Nach kurzem Aufstieg steht man am Eingang zu der teils nur schulterbreiten Spalte, an deren Ende ein mächtiger Felsbrocken bedrohlich eingeklemmt hängt. Wer sich traut, darunter durchzulaufen, kann dahinter auf die aussichtsreiche Kuppe klettern.

Abstecher ins Hinterland

Landeinwärts kommt man nach der Abfahrt 54 von der E 6 auf der Straße 153 nach Gödestad, wo es rechts abgeht zum **Weltkulturerbe Grimeton**. Hier wurde 1925 ein Sender installiert, der eine drahtlose Telegrafie-Verbindung nach Amerika ermöglichte und heute noch in Betrieb ist. Ein Besucherzentrum mit Café, Filmen und Informationen rundet den Besuch ab.

☎ 674190, Mai und Sept. nur Sa 10–15 Uhr, Führung auf Englisch um 13 Uhr, Juni bis Aug. tägl. 10–17 Uhr, Führung auf Englisch um 12 und 16 Uhr, 60 SEK.

Von Tvååker Richtung **Åkulla** führt die Nebenstraße durch ein Gebiet voller Seen und Buchenwälder. Besonders im Naturreservat von **Skärbäck,** am Ostufer des Skärsjön gelegen, lohnen sich Streifzüge. Auch am Ysasjön bei Åkulla liegt ein schönes Wandergebiet.

Etwas weiter östlich erreicht man die Kleinstadt **Ullared**, die vor allem bei Schnäppchenjägern berühmt ist, liegt hier doch Skandinaviens größtes **Kaufhaus Ge-Kås.** Gegründet wurde es 1963 von Göran Karlsson, einem echten „Knallar", wie die fahrenden Händler in Schweden hießen. Bald entwickelte sich aus dem kleinen Restpostenladen in einem Kellerraum ein immer größeres Warenhaus, das schließlich eine stillgelegte Fabrikanlage füllte und sich nach IKEA in Stockholm zu Schwedens meistbesuchtem Geschäft entwickelte – mit über 4 Mio. Besuchern jährlich. Karlsson leitete das Unternehmen 30 Jahre lang, dann verkaufte er es an einige seiner Angestellten. Um die Jahrtausendwende machte es einen Umsatz von über einer Milliarde SEK. Dabei umfasst die Palette des Warenhauses „alles für Zuhause, was sich im Auto transportieren lässt". Rings um das eigentliche Kaufhaus entstanden mittlerweile unzählige andere Läden, die von dem Besucherstrom profitieren wollen – eine Rechnung, die offensichtlich aufgeht. Und damit sich der Weg auch lohnt, bleiben viele gleich länger – der konzerneigene Campingplatz mit Hüttenanlage bietet die nötige Unterkunft (www.gekas.se).

Folgt man der RV 153 weiter über Ätran, erreicht man im oberen Ätradalen das herrliche Seengebiet **Fegen**, ein unerschöpfliches Revier zum Paddeln und Wildnis pur.

Auf einen Blick

Vorwahl Varberg: 0340

• *Information* **Varberg Turistbyrå,** Brunnsparken, 43224 Varberg, ☎ 86800, 📠 86807, www.turist.varberg.se, Mittsommer bis Mitte Aug. Mo–Sa 9.30–19, So 13–18 Uhr, April bis Mittsommer und Mitte Aug. bis Sept. Mo–Fr 10–18, Sa 10–14 Uhr, übrige Zeit Mo–Fr 10–17 Uhr.

• *Verbindungen* **Bus/Zug**: Buslinie 351 Halmstad – Falkenberg, von dort nach Varberg Linie 653. Zugverbindung Malmö – Göteborg. **Fähre**: 2-mal tägl. mit Stena Line von Varberg nach Grenå (DK), ☎ 690900.

Parken: In Varberg immer mit Parkscheibe, z. B am Hafen.

• *Adressen* **Ärztliche Hilfe**: Vårdcentralen Varberg, Västra Vallgatan 14, ☎ 482100. **Apotheke** Kronan, Torggatan 19, ☎ 077-4441111. **Poststelle** bei Quantum zwischen Torg- und Vallgatan.

Übernachten/Camping

Varbergs Kurort Hotell & Spa, das Kurhotel schlechthin: teuer, luxuriös und gediegen. Kuranlagen und Restaurant stehen auch Besuchern offen. DZ ab 2560 SEK. Apelviken, ☎ 629800, 📠 629850, www.varbergskurort.se.

Hotell Gästis, zentral gelegener Altbau, innen geschmackvoll renoviert. DZ/HP ab 1250 SEK. Borgmästaregatan 1, ☎ 18050, 📠 13850, www.hotellgastis.nu.

Hotell Strandgården, gemütliches Pensionat in Strandnähe, Sept. geschl., DZ ab 750 SEK. Getterön, ☎ 16855, 📠 92885, www.getteronhotell.se.

Fästningens Vandrarhem, im ehemaligen Gefängnistrakt der Festung zu wohnen ist sehr beliebt, in der Hauptsaison ist Vorbuchen trotz der Zahl von 74 Betten ratsam. Ab 240 SEK. ☎ 86828, www.fastningensvandrarhem.se.

Societätshus

Wer nicht in der Festung unterkommt, findet weitere JHs in Varberg:

Skeppsgården i Varberg, Krabbes väg 4, ✆ 13035, ℻ 1031995. Ab 205 SEK.

Varbergs Vandrarhem, schönes Haus, zentrale Lage, ab 195 SEK. Villagatan 13, ✆ 611640, www.varbergsvandrarhem.se.

Vandrarhem Eja-Märtas, ganzjährig. JH 6 km südlich von Varberg, schön, ruhig und strandnah, am Rande des Fischerdorfes Träslövsläge. Ab 180 SEK. Laxvägen 20, ✆ 41488, ℻ 41481, www.eja-martas.com.

Im Hinterland **Fegens Vandrarhem**, im gleichnamigen Ort direkt am Südende des Sees liegt die große Villa Solvik mit einfachen, aber gemütlichen Zimmern. Badeplatz und Kanuverleih angrenzend. Kapellvägen 2, ✆ 0346-61202, www.fegensvandrarhem.com.

• *Camping* **Södra Näs Camping**, neuer Platz 5 km südlich von Varberg, strandnah. Hütten 800 SEK/3 Pers. im Sommer, sonst ab 400 SEK, Nygård 3, ✆ 671388, ℻ 671590, www.sodranascamping.se.

Getteröns Camping, 4 km nördlich von Varberg auf der gleichnamigen Halbinsel. Schöne Badebuchten, Naturreservat. Mai bis Mitte Sept. Hütten ab 490 SEK/4 Pers., 890 SEK/6 Pers. Valvikavägen 3, ✆ 16885, www.getteronscamping.se.

Apelvikens Camping, ganzjährig. An der gleichnamigen Bucht gelegener, großer Wiesenplatz, knapp 2 km zum Zentrum. Die nahe Bahnlinie stört etwas. Hütten ab 325 SEK/2 Pers., ab 550 SEK/6 Pers., Apartments 900 SEK/1 Pers., dann pro Person 100 SEK mehr – bis zu 6 Pers. ✆ 641300, www.apelviken.se.

Essen & Trinken

Grappa Restaurang, feinere Küche. Di–Fr ab 16 Uhr, Sa ab 12 Uhr bis spät. Brunnsparken, ✆ 17920.

Wärdshuset, traditionsreiches Gourmetrestaurant, bekannt für ausgezeichnete Fisch- und Wildgerichte. Sommer tägl. 12–24 Uhr, übrige Zeit Mo–Fr ab 17, Sa ab 12 und So ab 14 Uhr; die Küche schließt um 22 Uhr. Kungsgatan 14, ✆ 80111.

Mignon Café, gemütliches Lokal für tagsüber, ob zum Frühstück, Lunch oder hausgemachten Kuchen. Mo–Fr 7.30–19, Sa bis 17 Uhr, So 9.30–18 Uhr. Drottninggatan 23, ✆ 10959.

Ein Vandrahem von Varberg liegt wirklich in der Festung

Societeten, Ess- und Tanzlokal im alten Kurhaus. Vergangene Größe spiegelt sich im gediegenen Charme der Einrichtung und in den riesigen Kristalllüstern an der Decke wider. Nur Mai bis Aug., tägl. ab 17.30 Uhr, Societetsparken, ✆ 676500.

Hus No. 13, Mai bis Aug. tägl. 11–23 Uhr. Kleines Restaurant neben der JH Varbergs Fästning, ✆ 83594.

Café Fästningsterrassen, Kaffeetrinken auf den Mauern der Festung, mit weitem Blick über die Küste. Juni bis Aug. tägl. 12–22 Uhr, wetterbedingt. Varbergs Fästning, ✆ 10581.

Kafé Blå Dörren, eine Institution in Varberg, bei Einwohnern und Besuchern gleichermaßen beliebt. Mo–Fr 9–19, Sa 10–17, So 9–17 Uhr. Norrgatan 1, ✆ 673440.

Apelviksgården, wunderschön in einem alten Bauernhof gelegenes Café mit Kunsthandwerk, zwischen Kurhotel und Campingplatz, tägl. 10–18 Uhr, ✆ 19660.

Stinas, angenehm schlichtes Lokal an der Marina, an Sommerwochenenden wird manchmal Jazz gespielt. Mitte April bis Aug. Mo–Fr 11.30–14, So 12–16 Uhr. Getterön, Småbåthamn, ✆ 87520.

Aktivitäten

Surfkurse aller Art, Verkauf auch gebrauchter Bretter und Brettverleih in Varberg: Surfers Paradise, Södergatan 22, ✆ 677055, Mo–Fr 13–18, Sa 10–14 Uhr, im Sommer tägl. 1 Std. früher und So 12–16 Uhr.

Kanuverleih Fritidsboden in Falkenberg, Evert Taubes väg 10, ✆ 12609, organisiert Fahrten auf dem Ätran.

Fahrradverleih bei Apelvikens und Getteröns Camping sowie bei BF Cykelsport, Östra Langgatan, Varberg, ✆ 611255.

Kungsbacka (18.000 Einw.)

Im Zentrum des betriebsamen Ortes liegen hübsche Holzhäuser rings um den Stortorget, es gibt zahlreiche Einkaufsmöglichkeiten, darunter das Shoppingcenter Kungsmässan und das Freeport Designer Outlet Village, dazu ein Sport- und Kulturhaus; insgesamt also eher ein Städtchen zum Leben als zum Besichtigen. Das Turistbyrå ist allerdings rührig und bietet Reisenden zahlreiche Vorschläge für Urlaub in der Region an (s. u.). Das **Heimatmuseum** zeigt wechselnde Ausstellungen und dokumentiert daneben insbesondere die Lebens- und Arbeitswelt vergangener Zeiten

Västergatan 17, ✆ 10844, Mo/Do 10–15, Sa 10–13 Uhr.

Wahrhaft beklemmend: in der Felskluft Borrås Skåra

In der Umgebung

Südlich der Stadt lohnt sich ein Ausflug zum Kungsbackafjord, wo auf einer Landzunge das englisch anmutende **Schloss Tjolöholm** inmitten eines weitläufigen Gutsgeländes liegt. Errichtet wurde es um 1900 im Auftrag der aus Schottland stammenden Göteborger Kaufmannsfamilie Dickson. Für die riesige Anlage, zu der auch ein Dorf für die Gutsarbeiter und weite Ländereien gehören, sollte man etwas Zeit einplanen.

Führungen stündl. Mitte Juni bis Aug. tägl. 11–16 Uhr, auf Englisch Juli bis Mitte Aug. tägl. 14.30 Uhr, Mitte Jan. bis Mitte Nov. nur Sa/So 12, 13.30 und 15 Uhr, 80 SEK, Park frei, Parken 20 SEK, Broschüre auf Deutsch, ✆ 0300-544200.

Landeinwärts liegt am Westende des lang gestreckten, fjordähnlichen Sees Lyngern bei Fjärås eine geologische Besonderheit. **Fjärås Bräcka** ist ein Moränenrücken von 3 km Länge, der den See vom Tiefland am Kungsbackafjord trennt. Vor etwa 13.000 Jahren, als die letzte Eiszeit zu Ende ging, muss ein mächtiger Gletscher hier über Jahrhunderte sein Zehrgebiet gehabt und so den imposanten Querriegel aufgebaut haben. Schon in vorhistorischer Zeit verlief ein wichtiger Verbindungsweg auf dieser Endmoräne und umging das angrenzende Sumpfland. Das große, bronzezeitliche **Gräberfeld Li** am Fuß der Moräne zeugt von der damaligen Bedeutung. Kurze Spazierwege erschließen den Höhenzug und das Gräberfeld mit seinen über hundert Bautasteinen, verschiedenen Schiffssetzungen, Steinkreisen und Grabhügeln. Infotafeln informieren über die Trinkwassergewinnung für Kungsbacka, für die hier das Wasser des Lyngern durch den „Moränenfilter“ geschickt wird. Ein kurzer Natursti und zwei Wanderwege erschließen das Gebiet, und ein Naturum mit Cafeteria bietet die nötigen Hintergrundinformationen auch auf einem Faltblatt.

Naturum, ✆ 0300-543070, Jan. bis April So 12–17 Uhr, Mai Sa/So 12–17 Uhr, Juni bis Aug. tägl. 11–18 Uhr, Sept. bis Dez. Sa/So 11–17 Uhr.

Im Süden des Lyngern liegt das kleine Bauerndorf **Äskhult,** dessen vier Gehöfte original aus dem 18. Jh. erhalten geblieben sind. Im Sommer wird das Landleben von damals wiederbelebt, im Hofcafé gibt es dazu hausgemachten Kuchen.

✆ 0300-542159, ab Mai Sa/So 11–17 Uhr, Mittsommer bis Mitte Aug. tägl. 11–18 Uhr, bis Sept. Sa/So 12–17 Uhr, Café 1 Std. kürzer.

Nördlich des Kungsbackafjorden ragt die **Onsala-Halbinsel** mit ihren Bade- und Hafenorten ins Meer; ein netter Umweg auf der Weiterfahrt nach Göteborg. Wer ihn nicht machen will, trifft auf der RV 158 nördlich von Kungsbacka bei **Särö** wieder auf die Küste – eine schöne Alternative zur E 6. Der kleine, feine Badeort ist noch heute von den vornehmen Villen reicher und adeliger Gäste geprägt, die schon im 19. Jh. hier den Sommer verbrachten. Mit dem Anschluss an die Eisenbahnlinie 1904 wurde das Seebad ein mondäner Vorort von Göteborg. Im alten, roten Bahnhofsgebäude ist inzwischen ein nobles „Värdshus" eingezogen und bietet einen herrlichen Meerblick von der Veranda. Nicht weit davon beginnt das kleine **Naturreservat Särö Västerskog** mit herrlichem Mischwald, den ein Strandweg und ein Waldweg erschließen.

Auf einen Blick

Vorwahl Kungsbacka: 0300

• *Information* **Kungsbacka Turistbyrå**, Storgatan 15, 43432 Kungsbacka, ✆ 834595, ℻ 564599, www.kungsbacka.se, März bis Mai Mo–Fr 10–17, Do bis 18 Uhr, Juni Mo–Fr 10–18, Sa/So bis 14 Uhr, Mittsommer bis Mitte Aug. Mo–Sa 10–18, So 10–14 Uhr, 2. Hälfte Aug. Mo–Fr 10–18, Sa 10–16, So bis 14 Uhr, Sept. bis Nov. Mo–Fr 10–17, Sa bis 18 Uhr.

• *Verbindungen* **Bus/Zug**: Kungsbacka liegt auf der Überlandroute Malmö – Göteborg der Fernbusse und der Züge.

Parken: In Kungsbacka zentral gelegene gebührenfreie Plätze, z. B. nahe Kungsmässan und Ecke Vallgatan/Varlagatan.

• *Adressen* **Ärztliche Hilfe**: Husläkarna Kungsbacka, Nygatan 10, ✆ 566766. **Apotheke** Kronan schräg gegenüber, Kyrkogatan 6, ✆ 0771-450450. **Polizeistation**: Lantmannagatan 5, ✆ 11414.

Übernachten/Camping/Essen & Trinken

• *Übernachten* **Hotell Halland**, zentral gelegenes, alteingesessenes Stadthotel mit gutem Restaurant, jetzt Best Western. DZ ab 1095 SEK. Storgatan 35, Kungsbacka, ✆ 77530, ℻ 16225, www.hotel-halland.se.

Vandrarhem Kungsbacka, schönes altes Holzhaus, ganzjährig. JH 225 SEK, DZ 590 SEK. Göteborgsvägen 515, ✆ 38160, www.kungsbackavandrarhem.se.

Vandrarhem Åsa, ganzjährig. Strandnahe, freundliche JH. 200 SEK, DZ ab 440 SEK. Kuggaviksgården, ✆ 0340-651285, ℻ 651242, www.kuggavik.se.

• *Camping* **Åsa Camping & Havsbad**, Mai bis Aug. An herrlicher Badebucht gelegener, ordentlicher Wiesenplatz. ✆ 0340-651774, www.asacamping.se.

• *Essen & Trinken* **Restaurang Storgatan 1**, gediegenes Traditionslokal von 1908, mittags Lunch und großes Salatbuffet. Mo–Fr 11–14 Uhr, ✆ 15436.

Café Trubaduren, Café im architektonisch interessanten Kulturhuset Fyren. Juni bis Aug. Mo–Fr 11–19, Sa 11–14 Uhr, übrige Zeit ab 10 Uhr, Sa 11–14 Uhr. Borgmästaregatan 6, Kungsbacka, ✆ 10055.

Blomstermåla Värdshus, im ehemaligen Bahnhof des Kurbades Särö sind Küche und Aussicht gleichermaßen erfreulich. April bis Sept. Mo–So 12–23 Uhr, übrige Zeit Mi–Fr 11.30–22, Sa/So 13–22 bzw. 20 Uhr. Säröhusvägen 1, Sarö, ✆ 031-936920.

Aktivitäten

Boots- und Kanuverleih im Sommer: Stättared JH, ✆ 0340-30003, Gottskärs Kajak auf der Onsala Halbinsel, ✆ 0709-726519. Einen **Fahrradverleih** gibt's in der JH Åsa.

Dyrön ist eine typische Schäreninsel

Bohuslän und Dalsland

Bohusläns Nord-Süd-Ausdehnung von knapp 170 km wäre auf der E 6 in ein paar Stunden abzufahren, verwandelt sich abseits der Hauptverkehrsachse jedoch zum urlaubsfüllenden Programm. Darin spielt das Wasser eine Hauptrolle: Die geschützten Meeresarme sind ein beliebtes Segelrevier, und auch ohne eigenes Boot erreicht man auf kleinen Fähren oder Ausflugsbooten zahlreiche der wind- und wellenumtosten Außenposten davor.

Geprägt wurde diese Landschaft von den Eiszeiten, als Gletscher den felsigen Untergrund zu den heutigen runden Formen abhobelten. Der Meeresanstieg ließ sie zum Teil ertrinken – und fertig war der Schärengarten. Unter Wasser sorgt der relativ hohe Salzgehalt des Skagerrak für eine artenreichere Tierwelt als an den übrigen Küsten Südschwedens. Krabben und andere Schalentiere sind die Hauptfänge der heutigen Fischereiflotte.

Im angrenzenden Dalsland spielen Holzverarbeitung und Wasserkraft noch heute eine wichtige Rolle, für Landwirtschaft eignet sich nur die fruchtbare Ebene am Südwestrand des Vänern. Lange Seenketten durchziehen Dalsland in Nord-Süd-Richtung, auch sie Spuren der Eiszeitgletscher, die hier schon vorhandene Risse im Grundgestein weiter vertieften. Die Rinnenseen, die bis nach Norwegen hinüberreichen, stellen natürliche Transportwege dar, die durch den Bau des Dalslandkanals im 19. Jh. mit dem Vänern und damit mit einem Großteil des Landes verbunden wurden. Heute wird allerdings kein värmländisches Erz mehr verschifft, sondern unzählige Freizeitboote bevölkern das vielarmige, unendlich erscheinende Netz von Wasserwegen.

Café in 86 m Höhe: der Turm Utkiken

Göteborg – Zentrum der Westküste

(510.000 Einw.)

Schwedens zweitgrößte Stadt hat heute eine halbe Million Einwohner, etwa jeder zehnte davon ist nicht in Schweden geboren. Die Stadt gibt sich weltoffen, und das schon, seit Gustav II. Adolf sie als "Pforte nach Westen" 1621 am Reißbrett entwerfen ließ. Für den Aufbau wurden u. a. Holländer angeworben, besonders Spezialisten für die Entwässerung des Marschlandes am Götaälv, was man dem Stadtbild mit dem Hamnkanal und Wallgraben noch heute anmerken kann. Später ließen sich Kaufleute aus Großbritannien und Deutschland hier nieder. Schwedens Asienhandel lief seit der Gründung der Ostindiska Kompanie 1731 über die Göteborger Häfen. Die wirtschaftlichen Bande zu den Britischen Inseln wurden in der Zeit der napoleonischen Kriege gefestigt, als die Göteborger die Kontinentalsperre gegen England erfolgreich unterliefen. Wie lukrativ diese Kollaboration war, zeigt der große Aufschwung dieser Zeit: Im Verlauf des 19. Jh. stieg die Stadt zum wichtigsten Industrie- und Handelszentrum der Westküste auf. Dazu trug auch der Bau des Götakanals bei, der ab 1800 den Warentransport ins Hinterland verbesserte und seit 1832 eine Verbindung nach Stockholm herstellte, die nicht durch die Meerenge bei Kopenhagen verlief.

Nähert man sich dem Stadtzentrum auf einer der Haupteinfahrtsstraßen, so wirken die weitläufigen Industrie- und Hafenanlagen ringsherum geradezu erschlagend. Auf über 20 km erstreckt sich der bedeutendste Hafen Skandinaviens. Zur Landseite umschließt ein Ring von modernen, gesichtslosen Vorortsiedlungen das eigentliche Stadtgebiet. Die Altstadt innerhalb des alten Festungsringes und die angrenzenden Viertel sind jedoch für Bewohner wie Besucher gleichermaßen attraktiv. Breite Boulevards, schöne Grünanlagen, sehenswerte Prachtbauten, einladende Straßencafés und trubelige Einkaufsstraßen bilden ein urbanes Mosaik, das man am besten auf einem Rundgang entdecken kann.

Stadtspaziergang

Vom Hauptbahnhof Centralstationen durchquert man das riesige Shoppingcenter Nordstan Richtung Altstadt. Über die Östra Hamngatan hinweg erreicht man auf der Post- oder Kronhusgatan das **Kronhuset** von 1643, den ältesten Profanbau der Stadt, ehemals Sitz des Reichstags, dann des Militärs, heute Ausstellungsstätte. Portale führen auf den kopfsteingepflasterten Innenhof, die umliegenden, niedrigen Gebäude aus dem 18. Jh. beherbergen originelle kleine Geschäfte wie die verlockende Chokoladfabrik, ein Café und Kunsthandwerk (Mo–Fr 10–17, Sa–15 Uhr). Durch die Tyggårdsgatan geht es zum Hamnkanalen, der von Repräsentationsbauten aus drei Jahrhunderten gesäumt ist. Rechts grenzt das **Ostindiska Huset** an, einst Stützpunkt der Ostindienfahrer; das Renaissancegebäude von 1750 repräsentiert wie kein zweites den damaligen Aufstieg der Göteborger Kaufmannschaft. Heute beherbergt es das **Stadsmuseum,** das sich doppelt für einen Besuch lohnt: wegen der prunkvollen Säle und Treppenaufgänge einerseits, der umfangreichen und anschaulichen Ausstellung andererseits. Die kultur- und industriegeschichtliche Sammlung reicht von der Wikingerzeit bis zur Moderne, ein Schwerpunkt liegt auf dem 18. Jh., also der Entstehungszeit des Ostindienhauses.

Norra Hamngatan 12, ✆ 3683600, Di–So 10–17, Mi bis 20 Uhr, 40 SEK, im GP enthalten.

Links schließt sich die Kristine Kyrka von 1648 an – einst Kirche der deutschen Bewohner Göteborgs –, dahinter um den **Gustav Adolfs torg** das Stadshus von 1759, das Rådhus von 1669 und die Börse, in den 1840er Jahren erbaut. Der Stadtgründer steht in Bronze gegossen mitten auf dem weiten Platz.

Über den Hamnkanalen hinweg verläuft die geschäftige, von Läden und Lokalen gesäumte Östra Hamngatan zum **Kungsportsplatsen** mit der Touristeninformation und der **Saluhallen.** Die Markthalle von 1886 ist einen Besuch wert, egal ob zum Einkaufen, Essen oder Schauen (Mo–Fr 9–18, Sa 9–15 Uhr). Am Wallgraben starten die Ausflugsboote **Paddan,** jenseits erstrecken sich um das Stora Teatern die Wallanlagen, die den Stadtkern als grünes Band umgeben. Nach links über die Kungsportsavenyn erreicht man den ältesten Park der Stadt, **Trädgårdsföreningens Park** von 1842, mit Rosarium, Cafés und Gewächshäusern. Das beeindruckende **Palmenhaus** ist eine Kopie des Crystal Palace in London. Die gesamte Anlage steht heute unter Denkmalschutz.

✆ 3655858, Mo–Fr 7–18, Sa/So 9–18 Uhr, Palmenhaus tägl. 10–16 Uhr, 20 SEK, im GP enthalten.

Jenseits der Wallanlagen beginnt die Prachtstraße **Kungsportsavenyn,** gesäumt von stattlichen Gebäuden aus dem 19. Jh. Auf Straßenniveau schieben sich die großen Veranden der Lokale auf die breiten Bürgersteige vor. Der Boulevard führt auf den **Götaplatsen** zu, wo sich um die zentrale Poseidonstatue von Carl Milles (1923) einige Kulturstätten gruppieren: neben Konzerthaus, Stadttheater und -bibliothek auch das **Konstmuseum** mit nordischer Kunst aus fünf Jahrhunderten und das Hasselblad-Center für Fotokunst.

✆ 3683500, Di/Do 11–18, Mi bis 21 Uhr, Fr–So bis 17 Uhr, 40 SEK, im GP enthalten.

Alltäglicher wird es entlang der Engelbrektsgatan, die durch den wohnlichen Stadtteil **Vasastaden** führt. Kleine Eckläden und gemütliche Kellerkneipen haben sich in den gutbürgerlichen Wohnblocks angesiedelt. Auf der Viktoriagatan nach rechts, dann die Vasagatan nach links passiert man Universitätsgebäude, darunter die neogotische Unibibliothek am Haga Kyrkoplan. Ein paar Schritte durch diesen Park, und die **Haga Nygatan** ist erreicht, einst Arbeiterbezirk, heute durch die studentische Szene geprägt. Etliche der restaurierten Häuser bestehen im Erdgeschoss aus Stein,

Bohuslän und Dalsland
Karten S. 112 und S 148/149

Idylle im Trädgårdsföreningens Park

darüber aus Holz – ein Kompromiss, den die Stadtverwaltung im 19. Jh. einging: Stein war brandsicher, aber teuer, Holz erschwinglich, aber gefährlich, wie zahlreiche Stadtbrände bewiesen hatten. Tagsüber herrscht in den kleinen Cafés und Butiken viel Betrieb, gegen Abend wird es überraschend leer, man findet kaum noch ein geöffnetes Lokal.

Nach rechts über den Järntorget, vorbei am **Folkets Hus** und auf die Türme des Energiverket zu, geht es über den Rosenlundskanalen hinweg. Rechts der Brücke liegt die **Fischhalle Feskekörkan,** bekannt für eine riesige Auswahl an frischem Meeresgetier. In den Lokalen an den Stirnseiten der Markthalle wird der Fang lecker zubereitet (Di–Do 9–17, Fr bis 18 Uhr, Sa bis 14 Uhr). Ein Stück weiter am Kanal und dann links in die Viktoriagatan, erreicht man die **Fußgängerzone** mit der höchsten Geschäftsdichte der Stadt. Die Magasingatan trifft auf den Lilla torget, jenseits hat am Götaälv die Göta Kanal Rederiet ihren Anleger. Mit etwas Glück liegt gerade eines der alten Kanalschiffe am **Stenpiren.** Ansonsten ist Schiffegucken entlang des angrenzenden Packhuskajen möglich: **Göteborgs Maritiman** versammelt hier 20 verschiedene Wasserfahrzeuge – zivile wie militärische.

✆ 105950, Mai bis Sept. tägl. 10–18 Uhr, April und Okt. Fr–So bis 16 Uhr, 80 SEK, im GP enthalten.

Dahinter schließt sich das moderne **Opernhaus** an, auf dem Kanaltorget dreht sich ein Riesenrad und ist die (kostenlose) Ausstellung **Älvrummet** dem Fluss gewidmet. Vorbei am Bootshafen Lilla Bommens Hamn und dem Viermaster Barken Viking erreicht man das unübersehbare rot-weiße Hochhaus **Utkiken.** Vom Café im obersten Stock des Hauses hat man aus 86 m Höhe eine hervorragende Aussicht über Häfen und Stadt.

✆ 156135, Juni bis Aug. tägl. 11–16 Uhr, übrige Zeit Mo–Fr 11–15 Uhr, 30 SEK, im GP enthalten. Achtung: Der Aufzug für Besucher fährt nur zu jeder vollen Stunde.

Eine Glasröhre führt vom Lilla Bommens torg zurück zum Shoppingcenter Nordstan und zu dem angrenzenden Bahnhof.

Weitere Ziele in der Stadt

Alle folgenden Ziele lassen sich mit den Straßenbahnlinien 2 und 13 ab Hbf. erreichen: Auf der belebten Prachtstraße Linnégatan geht es stadtauswärts bis zur Haltestelle Linnéplatsen. Hier liegt das **Naturhistoriska Museum,** das unzählige ausgestopfte Tiere präsentiert. Besonderer Publikumsmagnet ist das Skelett eines 1865 gestrandeten Blauwals.

✆ 7752401, Di–So 11–17 Uhr, 40 SEK, im GP enthalten.

An das Museum grenzt der **Slottsskogsparken,** Göteborgs weitläufige grüne Lunge. Verschlungene Wege führen zu Tiergehegen, Teichen, Freilichtbühne und Gartenlokalen. Sehr sehenswert ist **Göteborgs Botaniska Trädgård,** der sich jenseits der Carl-Skottsbergsgatan anschließt. Auf dem Freigelände – mit unglaublichen 16.000 Pflanzenarten – sind verschiedene Themengärten angelegt, darunter Felsengarten, Rhododendrontal und Bambuswald. In den **Gewächshäusern** sind weitere 4000 Pflanzen aus aller Welt zu sehen, darunter allein 1500 Orchideenarten und eine endemische Baumart der Osterinsel, die dort längst ausgestorben ist.

✆ 7411111, tägl. 9 Uhr bis Sonnenuntergang, Gewächshäuser Mai bis Aug. 10–17 Uhr, übrige Zeit bis 16 Uhr, H Botaniska Trädgården, im Park Eintritt frei, Gewächshäuser 20 SEK, im GP enthalten.

An der Haltestelle Korsvägen steigt man zu folgenden Zielen aus:

Lisebergs Nöjesparken ist der größte Vergnügungspark Schwedens und ein Magnet für große und kleine Kinder; fast 3 Mio. Besucher zählte er im Jahr 2010.

✆ 400100, Mitte Mai bis Aug. tägl., Kernzeit 15–21 Uhr, Sept. bis Mitte Okt. Sa/So 11–20 Uhr. 75 SEK, auch für Kinder ab 7 Jahren, im GP enthalten, aber **Achtung**: Die Fahrgeschäfte kosten extra, z. B. 15 Fahrten 255 SEK, Tagespass 295 SEK, eine Begleitung für Kleinkinder ist in manchen Karussells frei. Um Wartezeiten zu vermeiden, kann man mit dem Quick Pass Fahrten bei den Hauptattraktionen reservieren.

Gleich neben dem Freizeitpark liegt das Entdeckungscenter **Universeum,** das Naturwissenschaft spannend aufbereitet. Verschiedene Biotope sind erfahrbar, und man kann vieles selbst ausprobieren. Ein erfolgreiches Konzept.

✆ 3356450, Juli bis Mitte Aug. tägl. 10–19 Uhr, übrige Zeit tägl. 10–18 Uhr, 175 SEK, im GP enthalten.

Neu ist das benachbarte **Världskulturmuseet,** das aktuelle Themen in wechselnden Ausstellungen präsentiert und großen Zuspruch findet.

Södra vägen 54, ✆ 632730, Di und Fr–So 12–17 Uhr, Mi/Do bis 21 Uhr, Eintritt frei.

Jenseits des Korsvägen liegt die Veranstaltungsmeile der Stadt mit Messezentrum, der Sport- und Konzerthalle **Skandinavium** und, im Burgårdsparken, dem Fußballstadion Ullevi.

Ausflug zu den Schäreninseln Öckeröarna

Auf der Inselkette, die Göteborg vorgelagert ist, ließe sich ein ganzer Urlaub verbringen – aber ein Tagesausflug lohnt sich auch schon. Die Autofähre ab Hjuvik verkehrt nach **Hönö,** das mit Fotö im Süden, Ökerö und Hälsö im Norden über Brücken verbunden ist. Knapp 10.000 Menschen leben hier, ein Vielfaches an Gästen kommt im Sommer, vor allem im eigenen Boot. Um die Fischer- und Gästehäfen herrscht im Sommer kein Mangel an Cafés und Fischlokalen. Doch entlang der felsigen Ufer finden sich trotzdem genügend ruhige Bade- und Rastplätze. Zum Wandern in der rauen Schärennatur eignet sich Ramleberget auf Hönö ebenso wie

Bohuslän und Dalsland
Karten S. 112 und S 148/149

der Norden von **Öckerö** und die Aussichtskuppe Stuvöbergen auf **Hälsö.** Auch der einsamere Außenposten **Rörö** ist von Hälsö aus per Fähre erreichbar – kaum 300 Bewohner hat er, dafür ein großes Naturreservat und nach Westen windgepeitschte Ufer, gegen die das Meer ungebremst brandet. Geschützter liegt **Björkö,** die größte und östlichste Schäreninsel, ebenfalls vom Festland aus mit der Autofähre erreichbar. Bewaldete Felskuppen, schmale Täler und üppige Wiesen prägen die Landschaft um Ryd und Huvudet.

Auf der RV 155 nördlich des Götaälv erreicht man, vorbei am Volvowerk, den Fähranleger bei Hjuvik (Buslinie 24), die kostenlosen Autofähren von Vägverket pendeln rund um die Uhr, 1- bis 5-mal stündl. Alle weiteren Informationen zu den Öckeröarna unter www.ockero.se oder bei der TI Göteborg.

Auf einen Blick

Vorwahl Göteborg: 031

• *Information* **Göteborgs Turistbyrå**, Kungsportsplatsen 2, 41110 Göteborg, ✆ 612500, 📠 684218, www.goteborg.com, Juli bis Mitte Aug. tägl. 9.30–20 Uhr, Juni und 2. Hälfte Aug. tägl. 9.30–18 Uhr, Mai Mo–Fr 9.30–18, Sa/So 10–14 Uhr, übrige Zeit Mo–Fr 9–17, Sa 10–14 Uhr. **Filiale im Nordstan**: ganzjährig Mo–Sa 10–18, So 12–17 Uhr.

Bei der TI, in Hotels und einigen Pressbyrå-Stellen sowie unter www.goteborg.com ist der **Göteborgs Passet (GP)** erhältlich, der freien Eintritt zu Museen, Sightseeing-Tours und diversen Attraktionen bietet, ferner freie Fahrt im öffentlichen Nahverkehr, freies Parken und Preisnachlässe in angeschlossenen Geschäften: 24 Std. Gültigkeit 245 SEK, Kinder 170 SEK; 48 Std. Gültigkeit 390 SEK, Kinder 270 SEK.

• *Verbindungen* **Bus/Straßenbahn**: Västtrafik unterhält die Stadtbus- und Straßenbahnlinien sowie zwei Fährlinien zu den städtischen Schären. Das Zahlen im Bus ist **nicht möglich**. Västtrafik verkauft eine Chipkarte, die aufgeladen und am Automaten im Bus entwertet wird, sie kann aber nur in der Hauptstelle am Slussplatsen/Hbf. zurückgegeben werden. Alternativ kann man mit schwedischer Handy-Karte per SMS bezahlen. Einzelfahrkarten gibt es auch in Pressbyrån-Kiosken oder bei 7-Eleven.

Am Hauptbahnhof starten auch der Flybus zum Flughafen Landvetter und die Überlandlinien.

Flug: **Landvetter Airport**, ✆ 941000, www.landvetter.lfv.se. Vom zweitgrößten Flughafen Schwedens fliegen jährlich ca. 4,5 Mio. Passagiere u. a. von/nach Berlin, Düsseldorf, Frankfurt, Hamburg, München und 8 Zielen in Schweden.

Göteborg City Airport, ✆ 926060, www.goteborgcityairport.se. Ryanair fliegt von hier 17 (kleinere) europäische Flughäfen an, u. a. Frankfurt-Hahn, Düsseldorf (Weeze) und Klagenfurt.

Zug: Göteborg ist ein wichtiger Knotenpunkt der schwedischen Eisenbahn mit entsprechend guten Verbindungen.

Fähre: Stena Line, ✆ 7040000, www.stenaline.se, verkehrt nach Fredrikshavn und Kiel.

Parken: Parkhaus Nordstan, großer, zentraler Parkplatz in Heden, nur So kostenlos.

• *Adressen* **Apotheke** Vasen, Nordstan, tägl. 8–22 Uhr. **Medizinischer Notdienst** rund um die Uhr: Södra Allégatan 6, ✆ 7250000. **Polizei**: Odinsgatan 28, ✆ 7394600.

Übernachten/Camping

Parken ist fast durchgängig das Hauptproblem, wenn man in der City wohnen will; zu den kostenpflichtigen Plätzen – z. B. Parkhaus Nordstan – gibt es kaum Alternativen. Also ca. 100–180 SEK Extrakosten hierfür einrechnen!

• *Hotels* **Barken Viking (3)**, wohnen auf einer Viermastbark am Lilla Bommen torg. Man kann zwischen Offizierskajüten und Mannschaftslogis wählen, alle auf modernen Standard gebracht. DZ ab 1470 SEK. Gullbergskajen, ✆ 635800, 📠 150058, www.liseberg.com.

Im Altstadtkern Innom Vallgraven **Best Western Hotel Eggers (4)**, herrschaftlicher Hotelbau mit klassischer Fassade, gediegene Üppigkeit in der Einrichtung – das charmanteste der Nobelhotels. DZ ab 1350 SEK, Parkhaus angrenzend. Drottningtorget, ✆ 3334440, 📠 3334449, www.hoteleggers.se.

Essen & Trinken

5 Café Kronhuset
6 Fiskekrogen
8 Trädgår'n
10 Sjömagasinet
16 Räkan
17 Smaka
18 Folkmusikkaféet
19 Junggrens Café
22 Jazzå
23 Husaren
24 Meze
25 Sjöbaren
28 Hos Pelle

Übernachten

1 Göteborgs Camping Lilleby
2 Kvibergs Vandrarhem & Stugby
3 Barken Viking
4 Eggers Best Western Hotel
7 Palace Hotel
9 Hotel Flora
11 STF Vandrarhem Stigbergsliden
12 City Hotel
13 Masthuggsterrassens Vandrarhem
14 Lisebergs Camping & Stugbyn
15 Hotel Poseidon
20 Maria Erikssons Hotell & Pensionat
21 Hotel Vasa
26 Lisebergsbyn Kärralund
27 Slottkogens Vandrarhem
29 Hotel Lilton

Göteborg

Verlockend: Chocoladfabrik beim Kronhuset

Hotel Flora (9), freundlich-schlicht eingerichtet, Parkplatz in der Nähe (ca. 50 SEK/Tag). DZ ab 1195 SEK. Grönsakstorget 2, ☏ 138616, 📠 132408, www.hotelflora.se.

Palace Hotel (7), ehemals Hotel Robinson, alter Prachtbau in Toplage, innen etwas schlichter. Das Wintergartenlokal ist beliebt nach dem Shopping, Bar und Disco später (Do–Sa 23–3 Uhr). DZ ab 750 SEK/Etagenbad. Palacehuset, Södra Hamngatan 2, ☏ 802521, 📠 159291, www.hotelrobinson.se.

Citynah und mit Parkplätzen in der Nähe **City Hotel (12)**, nettes älteres Haus in einer tristen Parallelstraße zur Kungsportsavenyn. DZ ab 695 SEK. Lorensbergsgatan 6, ☏ 7084000, 📠 7084002, www.cityhotelgbg.se.

Im zentralen, gutbürgerlichen Stadtteil Vasastaden Alle folgenden Unterkünfte finden sich in ansprechenden Backsteinbauten aus dem 19. Jh., werden persönlich geführt, sind ruhig und gepflegt:

Hotel Vasa (21), gemütlicher Innenhof, Sauna. DZ ab 995 SEK, Parkhausplätze reservieren (120 SEK/Tag). Victoriagatan 6, ☏ 173630, 📠 7119597, www.hotelvasa.se.

Hotel Lilton (29), familiäres Hotel, mit Veranda und Garten eine kleine Oase. DZ ab 990 SEK. Foreningsgatan 9, ☏ 828808, 📠 822184, www.lilton.se.

Hotel Poseidon (15), stilvolle, frisch renovierte Zimmer. DZ ab 990 SEK, Parkplatz ca. 3 Min. entfernt. Storgt. 33, ☏ 100550, 📠 138391, www.hotelposeidon.com.

Maria Erikssons Hotell & Pensionat (20), liebevoll eingerichtete Zimmer, teils mit originell „verkleidetem" Bad, Frühstück im nahen Café TinTin, Parkhaus in der Nähe. DZ ab 700 SEK (Etagenbad), auch Apt. Chalmersgatan 27A, ☏ 207030, 📠 166463, www.hotellmariaeriksson.se.

• *Jugendherbergen und Budgetunterkünfte* **STF Vandrarhem Stigbergsliden (11)**, ganzjährig. Straßenbahnlinien 3, 11 und 9 bis Stigbergstorget, zu den Fährterminals 300 m. Wohnen im alten, denkmalgeschützten Sjömanshus. Ab 210 SEK, DZ 500 SEK. ☏ 241620, 📠 246520, www.hostel-gothenburg.com.

Masthuggsterrassens Vandrarhem (13), ganzjährig. Straßenbahnlinien 3, 11 und 9 bis Masthustorget, Eingang von Andra Långgatan. Schlichte, moderne JH am Fluss, mit Aussicht auf die Häfen. DZ 500 SEK, JH 195 SEK. Masthuggsterrassen 10 ☏ 424820, 📠 424821, www.mastenvandrarhem.com.

Slottskogens Vandrarhem (27), ganzjährig. Straßenbahnlinie 1 und 2 bis Olivedalsgatan. Schön gelegene, aber riesige JH, im

Mehrbettzimmer 215 SEK, DZ 490 SEK. Vegagatan 21, ✆ 426520, ✆ 142102, www.sov.nu.

Kvibergs Vandrarhem & Stugby (2), ganzjährig. Straßenbahnlinien 6,7 und 11 bis Haltestelle Kviberg. Naturnahes Gelände bei Gamlestaden, nördlich der City, Parkplatz gratis. DZ 490 SEK, keine Einzelbetten! Hütten/5 Pers. 1185 SEK. Lilla Regementsvägen 35, ✆ 435055, ✆ 432650, www.vandrarhem.com.

• *Camping* **Göteborgs Camping Lilleby (1)**, Juni bis Aug., Buslinie 23, Lilleby. Nördlich der Stadt an schöner Fels- und Sandküste. Lilleby Havsbadet, Torslanda, ✆ 562240, ✆ 560867, www.lillebycamping.se.

Lisebergsbyn Kärralund (26), ganzjährig. Straßenbahnlinie 5 Richtung Torp, Haltestelle Welandersgatan. Am städtischen Naherholungsgebiet gelegen und entsprechend beliebt. Hütten/4 Pers. ab 745 SEK, im Sommer 1345 SEK. Auch DZ ab 595 SEK, im Sommer 1195 SEK. Olsbergsgatan 1, ✆ 840200, ✆ 840500, www.liseberg.se.

Lisebergs Camping & Stugbyn (14), Askim Strand, Mai bis Aug. Südlich der Stadt an schöner Badebucht. Verbindungen mit Expressbus. Hütten/4 Pers. ab 745 SEK, im Sommer 1295 SEK. Marholmsvägen, ✆ 286261, ✆ 681335, www.liseberg.se.

Essen & Trinken/Nachtleben (siehe Karte S. 107)

Fiskekrogen (6), sehr gut, aber nicht billig. Mo–Fr 11.30–14 und 17.30–22 Uhr, Sa 13–22 Uhr. Lilla torget 1, ✆ 101005.

Sjöbaren (25), gutes Fischlokal im Ambiente des alten Arbeiterviertels, uriger Hofgarten. Mo–Fr 11–23, Fr bis 24 Uhr, So 13–21 Uhr, Haga Nygatan 25b, ✆ 7119780.

Smaka (17), modernisierte schwedische Küche im Souterrain, Vasaplatsen 3, ✆ 132247, tägl. 17–23 Uhr, Bar bis 2 Uhr.

Meze (24), gute griechisch-türkische Küche im gemütlichen Kellerlokal, Mo–Do 11–23, Fr bis 24 Uhr, Sa 13–24, So 13–22 Uhr, Vasagt. 6, ✆ 137003.

Sjömagasinet (10), Klippans Kulturreservat, originelles Ambiente im alten Lagerhaus der Ostindischen Kompanie. Gehobene Küche und Preise. Mo–Fr 11.30–14 und 18–22 Uhr, Sa/So 17–22 Uhr. Nahe Älvsborgsbron, ✆ 7755920.

Hos Pelle (28), bekannt für beste schwedische Küche. Mo–Do 18–23, Fr 17.30–24, Sa 13–24 Uhr. Djupedalsgatan 2, ✆ 121031.

Räkan (16), bekannt geworden für sein skurril-maritimes Interieur – Modellboote schippern die Krabben zum Tisch. Mo–Fr 17–23, So 15–22 Uhr. Lorensbergsgatan 16, ✆ 169839.

Trädgår'n (8), innen nordisch-kühles Ambiente, draußen herrliche Oase im Trädgården, beliebt für Lunch, After Work und als Nachtklub. Restaurant Mo–Fr 11.30–15, Mi–Sa 15–22 Uhr, Nachtklub/Disco Fr/Sa 23–4 Uhr. Nya Allén 11, ✆ 102080.

Zahlreiche Cafés in der Altstadt, auf Kungsportsavenyn und in der Haga Nygatan, z. B.:

Husaren (23), eines der vielen netten Cafés auf der Haga Nygatan (Nr. 28), Mo–Do 9–20, Fr bis 19 Uhr, Sa/So bis 18 Uhr, ✆ 136378.

Junggrens Café (19), um 1900 von den Schwestern Junggren gegründet, war das preiswerte Café Treffpunkt brotloser Künstler und Intellektueller; Wandbilder erzählen davon. Mo–Fr 8–22, Sa/So 9–22 Uhr. Kungsportsavenyn 37, ✆ 161751.

Café Kronhuset (5), gemütlich und schön gelegen im Innenhof des historischen Gebäudekomplexes Kronhuset. Mo–Do 9–19, Fr–So 10–18 Uhr. Kronhusbodarna, Postgatan 6–8, ✆ 7110832.

• *Nachtleben* Abends wird es um die **Kungsportsavenyn** besonders lebendig, außerdem beliebte Nachtklubs im **Trädgår'n** und **Palace Hotel**. Livemusik am Wochenende auch im:

Jazzå Bar & Restaurang (22), Andra Långgt. 4b, ✆ 141690, und im

Folkmusikkaféet (18), Södra Allégt. 4, ✆ 3658067.

Aktivitäten

Auf dem Götaälv verkehrt das Fährboot **Älvsnabben**, das durch den Hafen pendelt und u. a. bei Lilla Bommens torg anlegt. Es gehört zum ÖPNV von Västtrafik; www.vasttrafik.se.

Bootstouren durch Stadt und Hafen mit **Paddan**, Kungsportsplatsen, ✆ 609670, Mai bis Sept. tägl. ab 10 Uhr, mehrmals stündlich, Führung auf Englisch bei Bedarf, auf Deutsch um 15 Uhr, 140 SEK, im GP enthalten.

Vom Anleger Lilla Bommen Bootstouren **zur Festung Älfsborg** aus dem 17. Jh., ✆ 158151, Mai bis Aug. tägl. ab 9.30 Uhr, 5–6

Bohuslän und Dalsland
Karten S. 112 und S 148/149

Abfahrten, 160 SEK inkl. Führung, im GP enthalten.

Fährlinie 81 verkehrt fahrplanmäßig ab Saltholmen (Straßenbahnlinie 11) in den Schären, 12 autofreie Inselchen sind mit einem Ticket des Göteborger Stadtbusnetzes zu erreichen. Västtrafik, s. Bus/Straßenbahn oder Styrsöbolaget, ✆ 696400.

Unter den teureren Kreuzfahrten – inkl. Essen und Unterhaltung – sind die Fahrten mit dem Dampfer **Ångaren Bohuslän** die interessantesten; Tourplan unter www.steamboat.se.

Schiffstouren auf dem Götakanal, Tagesfahrten oder Kreuzfahrten bis nach Stockholm; Göta Kanal Rederi, ✆ 806315, 📠 158311.

Stadtrundfahrten an Land mit der **Stinsen-Bahn**, Juni bis Aug. tägl. 11–18 Uhr, Mai und Sept. bis 16 Uhr, stündl. ab Gustav Adolfs torg, schwed./engl., 90 SEK, im GP enthalten. Mit dem offenen **Bus** ab Paddan-Anleger Juni bis Aug. 4- bis 6-mal tägl., 140 SEK, im GP enthalten.

Ausflug von Göteborg nach Marstrand und Kungälv

Per Bus über Kungälv erreicht man das Städtchen Marstrand, auf zwei Schäreninseln gelegen und autofrei. Die Seglerhochburg ist im Sommer ein äußerst beliebtes Ausflugsziel der Göteborger. Marstrand, das auf eine Gründung des norwegischen Königs Håkon im 13. Jh. zurückgeht, verdankte wie so viele Westküstenorte seine Existenz lange Zeit der Heringsfischerei. Im 19. Jh. begann dann seine Karriere als exklusiver Ferienort, der er auch heute noch ist. Attraktive Holzgebäude, teils mit Schnitzereien geschmückt und von herrschaftlichen Ausmaßen, prägen das Ortsbild, und in den Marinas liegen zur alljährlichen Regattasaison im Juli Tausende von Yachten. Überragt wird das Städtchen von der 1667 gebauten **Festung Carlsten,** die jahrhundertelang als Gefängnis und wegen ihrer exponierten Lage auch als Leuchtfeuer diente (Juni bis Aug. tägl. 11–16 Uhr, Mitte Juni bis Mitte Aug. bis 18 Uhr). Ein etwa einstündiger, lohnender Rundwanderweg führt zwischen Felskuppen und Badebuchten um die kleine Insel Marstrandsön.

Kungälv kann zwar auf mehr als tausend Jahre Stadtgeschichte zurückblicken, doch ist davon heute herzlich wenig zu sehen. Angelegt als norwegische Grenzfeste Kungshälla, war sie immer wieder umkämpft. Ruhigere Zeiten brachen erst mit dem 17. Jh. an, und damit ließ die Bedeutung des Ortes nach. Aus dieser Zeit bewahrt blieben die Kopfsteingassen der Altstadt um den Gamla torget mit schönen Holzhäusern und der Barockkirche. Und natürlich **Fästning Bohus,** die Festung, die hoch über der Stadt thront und der gesamten Provinz ihren Namen gab. Begonnen wurde der Bau Anfang des 14. Jh., Umbau, Zerstörung und Wiederaufbau wechselten sich in den folgenden Jahrhunderten ab, bis die Anlage im 18. Jh. allmählich verfiel. Erst ab den 1920er Jahren wurde sie in umfangreichen Restaurierungsarbeiten wiederhergestellt, und heute ist sie Kungälvs wichtigstes Besucherziel. ✆ 0303-239203, Mai bis Aug. tägl. 10–19 Uhr, Sept. 11–15 Uhr, April und Okt. nur Sa/So 11–15 Uhr, 50 SEK.

Auf einen Blick

Vorwahl Kungälv/Marstrand: 0303

• *Information* **Marstrands Turistbyrå**, Hamngatan 25, 44030 Marstrand, ✆ 60087, 📠 60018, www.marstrand.se, Mitte Juni bis Mitte Aug. Mo–Fr 10–18, Sa 11–18, So 12–16 Uhr.

Kungälvs Tourist, Färjevägen 2, 44231 Kungälv, ✆ 18900, www.vaghals.se, Mai bis Juni 9–12 und 15–18 Uhr, Juli/Aug. tägl. 8–21 Uhr, Sept. 9–12 und 16–18.30 Uhr.

• *Verbindungen* **Bus**: Linie 302/312 ab Göteborg Bus-Terminal, Mitte Juni bis Mitte Aug. ca. stündl., übrige Zeit 2- bis 4-mal tägl. **Passagierboot**: Von Marstrand verkehren zwischen Mitte Juni und Mitte Aug. Passagierfähren nach Rönnäng auf Tjörn. Zwischen den beiden Ortsteilen von Marstrand pendelt eine Fähre im Viertelstundentakt. Parkplätze am Hafen.

Übernachten/Camping/Essen & Trinken

• *Übernachten* **Marstrands Varmbadhus/ Båtellet**, im alten Warmbadehaus gelegene, originelle Unterkunft, auch mit Mehrbettzimmern. Das neue Schwimmbecken im verglasten Anbau erinnert an die frühere Funktion (So und Mi 10–15, Fr/Sa bis 20 Uhr, Mitte Juni bis Aug. tägl. 10–19.30 Uhr). DZ ab 675 SEK, nur Sept. bis Mai erhältlich, JH 225–280 SEK. Kungsplan, ✆ 60010, 📠 60607, www.båtellet.se.

• *Camping* **Marstrands Familjecamping**, strandnaher und gut ausgestatteter Platz unweit des Fähranlegers auf Koön. Bäume, Büsche und Schärenkuppen geben Windschutz. Mitte April bis Sept., in der Hochsaison oft voll. Campinghütten ab 500 SEK/ 4 Pers., ab 800 SEK bis 6 Pers. ✆ 60584, 📠 60440, www.marstrandscamping.se.

In Kungälv **Kungälvs Vandrarhem**, Abfahrt Jordfallsmotet/Kungälv Süd, Unterkunft im schönen alten Schulhaus und auf dem angeschlossenen kleinen Campingplatz, nahe dem Fluss und am Fuß der Festung gelegen, auch als Stützpunkt für Ausflüge nach Göteborg geeignet. TI im Haus, im Sommer hat das nostalgische Våghals Café geöffnet. DZ 520 SEK, Hütten ab 625 SEK/4 Pers. Färjevägen 2, ✆ 1890, 📠 19295, www.kungalvsvandrarhem.se.

• *Essen & Trinken* **Drott Restaurang**, beliebtes Esslokal mit breitem Angebot. Juni bis Aug. tägl. 12–23 Uhr, übrige Zeit Sa/So 12–15 Uhr. Kungsplan 15, ✆ 61870.

Marstrands Wärdshus, das am Hafen gelegene, gemütlich-rustikal eingerichtete Wärdshus serviert alles, was das Meer an kulinarischen Verlockungen zu bieten hat. Nur im Sommer tägl. ab 11 Uhr. Hamngatan 23, ✆ 60369.

Hamnkrogen, liegt, wie der Name verrät, direkt am Hafen, Mai bis Sept. tägl. 12–20 Uhr, übrige Zeit Mi–So ab 12 Uhr. Lilla Varvsgatan 20, ✆ 61153.

Societätshus, im alten Kurhaus wird in zwei Restaurants, Café und Brasserie gespeist, Bar, Disco und Casino ergänzen das Angebot. Mai bis Aug. tägl. 12–1 Uhr. Långgatan 1, ✆ 60600.

In Kungälv Neben den üblichen Hotelküchen im Sommer **Våghals Café** im Vandrarhem (s. o.) und **Café Mors Mössa**, ebenfalls gleich an der Festung (Fästingsholmen 3).

Die Festung von Marstrand ist für Segler eine markante Landmarke

Herrestad
Uddevalla
Gustavsberg
162
161
Lilla Kornö
Stora Kornö
Havstensfj.
Ammenäs
Bokenäs
Lysekil
E6
Slussen
Fiskebäckskil
160
Dragsmark
Henån
Grundsund
Flatön
Ljungskile
Malö
Gullholmen
Ellös
Härmanö
Orust
Göta älv
Stocken
178
167
Hälleviksstrand
Varekil
Svanesund
Käringön
Tegneby
Lilla Edet
Stora Hällungen
Nösund
Mollösund
Stenungsund
Valön
Mjörn
Myggenäs
E6
Härön
169
Lödöse
Kyrkesund
Tjörn
Kållekar
Skärhamn
Hakefjord
Älvängen
Klädesholmen
Bleket
Rönnäng
Pater Noster Skären
Astol
Dyrön
Marstrandsfj.
Nol
168
Marstrand
Koön
Göta älv
Kungälv
Klaverön
45
Surte
190
Kärra
Rörö
Tuve
Björkö
Torslanda
E20
Öckerö
Hönö
Göteborg
Västra Frölunda
40
Mölndal
Asperö
Styrsö
Askim
158
Donsö
Vrångö
Bohuslän Süden
5 km

Im Frühjahr herrscht noch Ruhe im Bootshafen von Skärhamn

Von Stenungsund nach Strömstad

Zwischen Göteborg und der norwegischen Grenze erstreckt sich die Schärenküste von Bohuslän, ein Gewirr aus Buchten, Sunden, Landzungen und Inseln – eine beliebte Ferienregion.

Die beiden großen, miteinander verbundenen Inseln Tjörn und Orust erreicht man via Stenungsund auf Brücken, die spektakuläre Blicke auf den von Holmen übersäten Meeresarm freigeben. Meerwärts ist die Küste gespickt mit malerischen Fischer- und Feriendörfern. Bis Strömstad bieten sich immer wieder Möglichkeiten, auf kleinere Eilande vor der Küste überzusetzen, und auch Brücken und Dämme lassen so manchen Abstecher in die Schärenwelt zu.

Tjörn

Rönnäng ist der südlichste Küstenort auf Tjörn und von Marstrand aus auch mit Passagierfähren zu erreichen. Überhaupt ist das Inselhüpfen von Rönnäng aus besonders lohnend. **Dyrön** mit seinem geschützt liegenden Dörfchen und beiderseits hoch aufragenden Felskuppen eignet sich für aussichtsreiche Spaziergänge. Unterwegs kann man nach den hier wild lebenden Mufflonschafen Ausschau halten.

Åstol ist ein kleinerer Felsenholm, fast unbewachsen, dafür aber umso dichter bebaut. Zwischen den Holzhäuschen, die den geschützten Hafenfjord umgeben, liegen schmale Gassen, und zum offenen Meer hin weisen die Granitklippen besonders vielfältige Bänderungen auf. Am Anleger liegt die Räucherei. Das angeschlossene Restaurant lockt nicht nur mit Lachsforelle frisch aus dem Rauch, sondern an Sommerwochenenden auch mit wechselndem Kulturprogramm.

Tjörnekalv ist ein heute recht einsamer Außenposten von Rönnäng mit einigen Fischerhütten an der Ostseite der Insel, die aus zwei kleinen Schärenbuckeln und einer schmalen Landzunge dazwischen besteht.

Straßenanschluss über eine Brücke gibt es nach **Klädesholm,** dessen kleine, farbenfrohe Siedlung sich auf mehreren Inseln eng um verschiedene Fischkonservenfabriken schart. Hier wandern Hering und Anchovis kräftig gewürzt vom Fass in die Blechbüchsen, die man direkt ab Fabrik erstehen kann. Das Museum Sillbua ist in einem der alten Betriebe auf dem äußersten – und autofreien – Schärenbuckel Holmen eingerichtet und zeigt anschaulich, wie hier zwischen 1920 und 1960 produziert wurde (Mittsommer bis Mitte Aug. tägl. 15–19 Uhr, 10 SEK, übrige Zeit nach Absprache, ✆ 673361).

Skärhamn ist der malerisch gelegene Hauptort von Tjörn und heute ein typischer Hafen für Freizeitskipper. Schön verwinkelt ziehen sich die Gassen um die Kirche herum die Felskuppen hoch, und gleich neben der Straße machen Kutter am Pier fest. Das kleine Seefahrtsmuseum im Hafen (Juli Mo–Fr 17–20 Uhr, Juni bis Mitte Aug. Sa/So 15–18 Uhr) hat kulturelle Konkurrenz bekommen, seit das **Nordiska Akvarellmuseum** seine Pforten geöffnet hat. In dem modernen, lichtdurchfluteten Gebäude finden sich neben der permanenten Ausstellung auch Werke wechselnder Gastkünstler. Ein Atelier, in dem Besucher selbst mit Wasserfarben experimentieren können, rundet das Angebot ab (✆ 600080, Juni bis Aug. tägl. 11–18 Uhr, 70 SEK, übrige Zeit Di–So 12–17 Uhr, 45 SEK).

Richtung **Kyrkesund** liegt links der Straße **Pilane Gravfelt,** eines der größten Gräberfelder an der Westküste und ein nationales Kulturdenkmal. In der hügeligen Landschaft verteilen sich an die Hundert Gräber verschiedener Formen, vor allem Grabhügel und Steinsetzungen aus der Bronze- und Eisenzeit (ca. 0–600 n. Chr.). Schafe beweiden das idyllische Gelände. Seit 2007 ist Pilane auch ein **Freilichtmuseum** für moderne Skulpturen; allsommerlich bestücken wechselnde Künstler das Gebiet mit ihren Werken (Pilane Heritage Society, ✆ 663950, Mitte Juni bis Mitte Sept. tägl. 9–19 Uhr, 70 SEK, unter 18 Jahren frei). Kyrkesund ist vor allem als Fährhafen für **Härön** interessant (s. Wanderung).

Die große Nachbarinsel Orust ist auf der RV 160 erreichbar: Bei Kållekärr Richtung Norden quert man die kleine Insel **Mjörn.** Ein schönes Etappenziel ist dort **Sundsby Säteri,** ein traditionsreicher Hof in schöner Umgebung mit dem typischen Angebot aus Sommercafé, Kunsthandwerk und Hofladen (Juni bis Aug. tägl., Mai und Sept. Do–So 11–18 Uhr, ✆ 666032).

Wanderung 1: Über die Schäreninsel Härön

Eher ein ausgedehnter Spaziergang, führt diese kurze Tour durch die typische Landschaft der inneren Schären; nur ein kurzer Fährhüpfer bringt einen in das Bilderbuchörtchen der Insel, auf der noch heute jede grasige Senke zwischen den Felsrücken als Kulturland genutzt wird. Es ist möglich, auf Weidetiere zu treffen, man wird gebeten, diesen nicht zu nahe zu kommen bzw. sie nicht zu stören – im Übrigen sind sie an Wanderer gewöhnt. Das Meer ist nie weit weg auf der Runde zwischen Sund und Skagerak, die durchgehend markiert ist.

Tourdaten: Dauer 2 Std., Länge 6 km, Schwierigkeitsgrad *

Versorgung: Nahe dem Anleger bietet das **Magasinet Härön** Verpflegung im urigen Lagerhausmilieu (✆ 664020, Mitte Juni bis Mitte Aug. tägl. 11–22 Uhr).

Anfahrt: Startpunkt (WP 1) ist der Anleger auf Härön. Die Insel erreicht man ab Kyrkesund; s. Verbindungen.

Wegverlauf: Vom Anleger führt ein Sträßchen aufwärts. Beim ersten quer verlaufenden Weg geht es nach rechts, man trifft auf das Feuerwehrhaus (WC) und dort auf den Wanderweg, der sowohl geradeaus wie auch nach links beschildert ist: Wir gehen geradeaus am Sundufer weiter, passieren hübsche, weiß gestrichene Holzhäuser in liebevoll gepflegten Gärten. Immer wieder taucht dazwischen der schmale Kyrkesund auf. In einer deutlichen **Linkskurve** (WP 2) geht der Asphalt in einen Erdweg über, der letzte Wohnhäuser passiert und dann nach rechts schwenkt: Ein erster **Pflock** mit grüner Raute (WP 3) markiert die Route, die zwischen felsigen Kuppen und verstreut liegenden Feriengrundstücken hindurchführt. Sie erreicht eine grasige Bucht mit einem letzten Sommerhaus in einsamer Traumlage, führt daran vorbei und durch ein Gatter zu einer Infotafel und einem alten Viehunterstand aus Feldsteinen und Grassoden; hier beginnt das Weideland der Insel. Auf dem weiteren Weg trafen wir vereinzelt auf Kühe, die sich aber durch uns Wanderer nicht stören ließen. Durch den Mini-Talzug geht es zwischen den niedrigen Schärenrücken dahin, bald säumen Birken, Ebereschen und niedrige Kiefern den Weg, der über Planken durch kleine Feuchtstellen geleitet wird. Ein Schild markiert den **Abzweig nach Änga** (WP 4, 30 Min.): Hier biegen wir nach links ab und wandern nun teils über glatt geschliffene Felsbuckel, dann wieder durch Heide, niedrigen Wald oder entlang kleiner Moorsenken voller Wollgras. Ein Eisengatter wird durchquert, nach etwa 45 Min. erreicht man eine Feldsteinmauer, vor der die Route sich nach rechts wendet. Zuvor lohnt sich aber ein Blick über die voraus baumlose Heide bis zu den unbewachsenen Uferschären. Davor ist das Meer von kleinen, grauen Felsholmen gesprenkelt. Vor der Mauer nach rechts, führen die Markierungen nun weiter durch das Inselinnere, bald abwärts in eine üppige Wiesensenke und zu einem Zaungatter (WP 5, 1 Std.): Dahinter liegt um ein weithin sichtbares Hofgebäude das Kulturland von Änga. Zwischen Felsrücken führt der Wanderweg zu einem **Wegweiser** (WP 6) und dort nach links auf die flachen Felsbänder hinauf. Zuvor lohnt sich aber ein kurzer **Abstecher** geradeaus weiter bis zum Hofgebäude in der weiten Senke, von Feldern umgeben, die sich teils bis ans Ufer einer kleinen Bucht erstrecken. Die kahlen Felsen bilden einen starken Kontrast zum üppigen Ackerland.

Unterwegs auf Härön

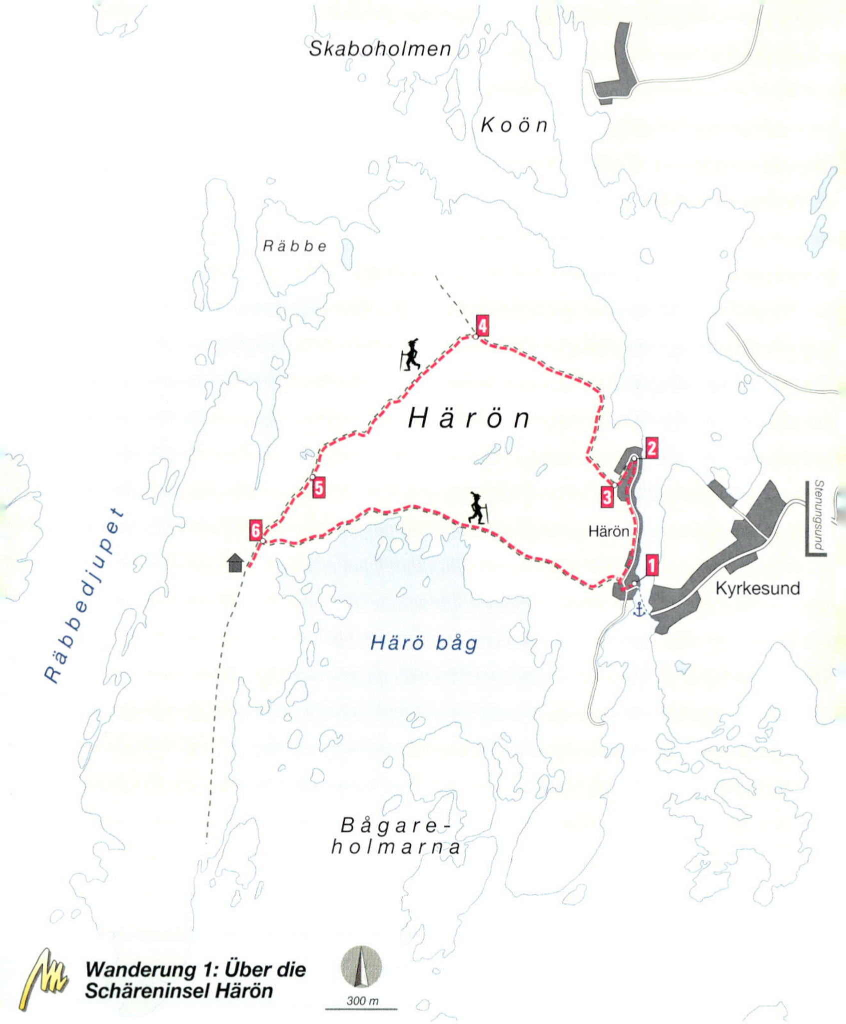

Zurück am **Wegweiser** (WP 6), folgen wir der Runde weiter und gleich auf eine felsige Kuppe hinauf, dann wieder abwärts und erneut hinauf zu einem erst spät erkennbaren Gatter – es ist durch Gebüsch halb verdeckt. Das Ganze dauert nur wenige Minuten, dabei hält man sich parallel zu einer Stromleitung. Hinter dem Gatter erreicht man bald den ersten Zipfel der weiten Bucht Härö båg, die die Südhälfte der Insel teilt, und folgt dem Ufer eine Weile, vorbei an herrlichen Rastplätzen. Nach 1:30 Std. quert man durch buschigen Bewuchs eine Landzunge, erreicht jenseits wieder die Bucht, passiert dann einen kleinen Tümpel und geht durch ein Gatter auf die Häuser des Inseldorfes zu. Man erreicht wieder Asphalt und geradeaus weiter gleich das Feuerwehrhaus, an dem sich die Runde schließt. Wenige Meter nach rechts und dann links hinunter hat man am Fähranleger die Wanderung nach etwa 2 Std. beendet.

Auf einen Blick

Vorwahl Tjörn: 0304

• *Information* **Stenungsund Turistbyrå**, Kulturhuset Fregatten 2, Stenungstorg, nahe der Tjörnbrücke, 44430 Stenungsund, ✆ 0303-83327, 📠 68049, www.sodrabohuslan.com, Mitte Juni bis Mitte Aug. Mo–Fr 10–18, Sa/So 11–15 Uhr, übrige Zeit Mo–Fr 9–17, Do bis 18 Uhr, Sa 11–15 Uhr.

Tjörns Turistbyrå in Skärhamn, Södra Hamnen, neben dem Akvarellmuseum, ✆ 601016, 📠 601219, ganzjährig, Di–Fr 12–17, Sa 11–15 Uhr, Internetcafé.

• *Adressen* **Ärztliche Hilfe**: Tjörns Vårdcentral, Kållekärr, Syster Ebbas väg, ✆ 679801, **Apotheke** in Kållekärr, Sundbyvägen. Riesiges **Einkaufszentrum** Stenungstorg an der Tjörnbrücke bei Stenungsund (dort auch die TI).

• *Verbindungen* **Bus**: Nach Rönnäng und Skärhamn mit Tjörn-Expressen ab Göteborg Bus-Terminal, ca. 5–10 Abfahrten tägl.

Schiff: Zu den autofreien Inseln **Dyrön, Åstol und Tjörnekalv** mit Personen-Fährlinie 361 ca. stündl. ab Rönnäng. Der Parkplatz liegt ca. 1,5 km entfernt im Industriegebiet Stamsvik an der Straße 169 vor dem Kreisverkehr mit dem Schild „till färjeläget". **Parkplätze** in Hafennähe mit dem Hinweis „Boende" sind **nur** für Bewohner reserviert. Auf Klädesholmen Parkplatz gleich jenseits der Brücke. **Härön** erreicht man ab Kyrkesund Mo–Fr 7.30–18.30 und Sa/So 9.30–17.30 Uhr ca. stündl., ✆ 0703-192362, der Parkplatz liegt ca. 600 m entfernt nahe einem Badeplatz, 25 SEK einfache Fahrt oder innerhalb von 90 Min. Rückfahrt inkl.

Übernachten/Camping

Björholmens Marina, am nordwestlichen Zipfel von Tjörn in absoluter Gunstlage des malerischen Fischerörtchens – Hotelzimmer und Ferienhäuser mit Aussicht über die Schärenwelt, alle edel-maritim gestaltet, Sauna auf den Badeklippen und ein exquisites Restaurant – ein solches Urlaubsidyll hat natürlich seinen Preis (trotzdem frühzeitig buchen!). DZ 1795 SEK, Suite/4 Pers. 1995 SEK, FeHa/6–8 Pers. 13900 SEK/Woche. Klövedal, ✆ 663991, www.bjorholmen.se.

Anfangs wandert man durch das hübsche Inseldorf von Härön

Bohuslän und Dalsland
Karten S. 112 und S 148/149

Salt & Sill, wenn schon viel Geld ausgeben, dann hier. Hotel: Die komfortablen, rustikalen Zimmer sind auf Pontons im Wasser aufgebaut, mit Terrasse obendrauf. Schwimmende Sauna 150 SEK, für Besucher 250 SEK. Die Sauna befindet sich auf einem Katamaran und kann komplett mit Suite für einen Ausflug gemietet werden. Ganzjährig geöffnet, DZ April bis Okt. 1990 SEK, übrige Zeit 1490 SEK. Klädesholmen, ✆ 673480, www.saltosill.se.

Hotell Bergabo, Hotel, JH und FeWo. Hübsch gelegenes, stilvolles Holzgebäude am oberen Dorfrand von Rönnäng, FeWo im Neubau, beide mit guter Aussicht über die Inselwelt. DZ ab 1500 SEK, FeWo/4 Pers. 1500 SEK, JH DZ 500 SEK. Kyrkvägen, ✆ 677080, 677352, www.bergabo.com.

Bryggan, neben der TI in Skärhamn gelegenes, kleines Hotel, die Zimmer haben teils Meerblick. Beliebtes Lunchcafé im Haus, im Sommer Kulturveranstaltungen. Södra Hamnen 8, DZ 1100 SEK. ✆ 670145, 670119, www.bryggaiskarhamn.se.

Hotell Nordevik, relativ schlichtes, familiäres Hotel mit ordentlich ausgestatteten Zimmern. Im angeschlossenen Matsal wird guter Fisch serviert, zur Lunchzeit haben die Angestellten der umliegenden Betriebe hier ihre Stammtische. Mo–Fr 8–18 Uhr. DZ ab 1050 SEK. Hamngatan 60, Skärhamn, ✆ 670311, 670335, www.hotellnordevik.se.

Rönnängs Vandrarhem, gemütliche Herberge im Ortsteil Bekkevik, nah zu Strand und Klippen. Ab 250 SEK. Nyponvägen, ✆ 677198, 677674.

• *Camping* **Mossholmens Marina**, Campingplatz (ungeeignet für Zelte) beim Yachthafen nahe der Klädesholm-Brücke. Gepflegte Anlage, Plätze direkt am Ufer mit Schärenblick, allerdings mit etwas „Industrieflair“ durch Bootshalle und Öltank. Ferienhaus ab 1150 SEK/4 Pers., Hütten 550 SEK/2 Pers., Bleket, ✆ 675255, 675021, www.mossholmen.se.

Essen & Trinken

Skärgår'n, serviert Lunch, Snacks und Kaffee. Treffpunkt für Insulaner und Ausflügler direkt am Fährkai. Tägl. 12–22 Uhr. Rönnängs Brygga, ✆ 672201.

Dyrön Krog, die alte Netzmacherei am Fähranleger von Dyrön ist heute eine gemütliche Gaststätte. Mittsommer bis Mitte Aug. tägl. ab 12 Uhr, sonst nach Absprache. ✆ 677977.

Åstols Rökeri, originelles Ambiente im ehemaligen Gefrierhaus am Kai von Åstol. Wenn donnerstags der Trawler Nordhavet anlegt, gibt es die Räkor frisch gekocht. Geräuchert sind sie, neben anderen Meeresfrüchten, täglich im Angebot. Livemusik mehrmals pro Woche ab 19 Uhr. Mittsommer bis Aug. 10–22 Uhr, übrige Zeit Fr/Sa ab 19 Uhr, So ab 16 Uhr – bei schönem Wetter. ✆ 677260.

Salt & Sill, am Ortseingang und Yachthafen gelegen. Im Stil der typischen rostroten Fischerbuden, aber doch etwas überdimensioniert, mit beliebter Terrasse zum Meer. Hier zählt „sehen und gesehen werden“. Mitte Mai bis Mitte Aug. tägl. 12–1 Uhr, übrige Zeit Do/Fr ab 19 Uhr, Sa ab 14 und 19 Uhr, So 13–16 Uhr, Klädesholmen, ✆ 673480.

Pater Noster Fiskrestaurang, auch wenn die namensgebenden Pater-Noster-Schären nicht zu sehen sind, die Aussicht aus dem ersten Stock auf Wasser und Inseln ist herrlich und passend zum leckeren Meeresgetier auf dem Teller. Juni bis Aug. tägl. 12–23 Uhr, Küche bis 21 Uhr. Skärhamn, ✆ 671901, nahe Akvarellmuseum und TI auf der Landzunge.

Restaurant Fregatten, zentral zwischen Hafen und Ortszentrum gelegen, zieht das maritim eingerichtete Lokal nicht nur Touristen an. Juni bis Aug. tägl. 11–23 Uhr, übrige Zeit Mo–Fr 11–16 Uhr. Hamngatan, Skärhamn, ✆ 670195.

Restaurang Vatten Gourmet och Café, Museumsrestaurant im kühlen, nordischen Design mit gehobenem Speisenangebot und Blick auf das Segelrevier. Mitte Juni bis Aug. tägl. 10–23 Uhr, übrige Zeit Di–So 12–17 Uhr. Skärhamn, Nordiska Akvarellmuseet, ✆ 670087.

Aktivitäten

Badeplätze nahe der Brücke auf Klädesholmen.

Motorboote verleiht Mossholmens Marina, s. Camping.

Fährfahrten s. Verbindungen

Segelkurse werden in Skärhamn bei Tjörns Segelsällskap, ✆ 671727, angeboten.

Orust

An der RV 178 zwischen Varekil und Tegneby liegt das **Megalithgrab Hagadösen** (beschildert). Man parkt am Hofgelände, blaue Pfeile weisen den Weg durch das Kulturland (Gatter) zu einer romantischen Lichtung. Vier mächtige Steinplatten und ein Deckstein bilden das Ganggrab, dessen Alter auf 4000 Jahre geschätzt wird. Ein ähnliches Grab wurde bei **Leby** gefunden (siehe Infotafel am Parkplatz) und kann auf dem Weg nach Westen besucht werden: Von Tegneby links Richtung Nösund ist es von der Straße beschildert (Gånggrift). Ein kurzer Fußweg am Feld und dann rechts am Waldrand entlang führt zu dem grasig überwachsenen Grab, von dem nur die Deckplatte freiliegt – nachdem es 1915 ausgegraben und untersucht worden war, bedeckte man es wieder so. In beiden Gräbern wurden Pfeilspitzen und Tonscherben gefunden, die als Grabbeigaben oder Opfergaben fungierten.

Megalithengrab Hagadöse

Bei **Nösund,** idyllisch in einer schmalen Senke zwischen Felsen gelegen, erreicht die Straße wieder einen Meeresarm. An dessen Ende lohnt sich unbedingt ein Abstecher nach **Mollösund,** einem hübschen Fischerdorf am Südwestzipfel von Orust. Am Aussichtspunkt oberhalb der Kirche hält eine hölzerne Fischerfrau besorgt nach heimkehrenden Booten Ausschau. Wen nicht der „Blanke Hans" holte, der fand auf dem kleinen Friedhof zu Füßen der Felsen seine letzte Ruhe. Die zahlreichen Fischerbuden rings um den Hafen sind augenscheinlich noch in Betrieb, und manchmal baumeln hier und da Dorsche an Holzgerüsten in der salzigen Brise und verwandeln sich bis zum Sommer in den steinharten, schier unbegrenzt haltbaren Stockfisch. Um ihn wieder genießbar zu machen, muss man ihn wässern; dann kommt er als *Lutfisk* Weihnachten auf so manchen skandinavischen Tisch. Mollösunds **Hembygdsmuseum,** in einer Fischerkate von 1850 beheimatet, stellt erwartungsgemäß Gerätschaften aus der traditionellen Fischerei aus (Juli bis 1. Woche Aug. tägl. 16–18 Uhr).

Entlang der Westküste nach Norden sollte man über Hälleviksstrand fahren. Von dort verkehrt eine Passagierfähre zur Insel **Käringön,** besiedelt seit dem 16. Jh. und ein schönes Ausflugsziel. Schmale Gässchen winden sich von der Hafenschäre zwischen Felskuppen hindurch, in die nur wenige grüne Flecken eingebettet liegen. Mitten in dieser rauen, felsigen Landschaft überrascht der baumbestandene Garten

Auf Kärringön

des alten Pfarrhofes. Der Pfarrer, der ab 1849 hier residierte, gebot den Insulanern, bei jeder ihrer Fahrten zum Festland einen Beutel Mutterboden für den Friedhof mitzubringen. Da der gestrenge Gottesmann zugleich auch alle Kneipen der Insel schließen ließ, hat es wohl einen so regen Pendelverkehr gegeben, dass die gute Erde auch noch für den priesterlichen Garten reichte. Im Sommer ist der pittoreske Fischerort bei Urlaubern beliebt – aus 120 ständigen werden im Sommer 1500 Bewohner –, und auch die Gastronomie hat sich seit den Tagen des Pastors Simon deutlich erholt. Auf der winzigen Klippe am Hafen versammeln sich malerisch einige Lokale und Unterkünfte. Wichtig ist das weit draußen vor der Küste gelegene Eiland außerdem als Stützpunkt der Seenotrettung.

Ein anderer Außenposten ist Härmanö mit **Gullholmen.** In dem seit dem 13. Jh. bestehenden Ort lohnt sich ein Bummel durch die alten Gassen und entlang der Strandlinie Richtung Norden zur **Stenstugan.** Die unscheinbare Steinhütte aus dem 19. Jh. zeigt die damaligen Wohnverhältnisse der Armen (Juli bis Mitte Aug. Di/Do 16–18 Uhr, übrige Zeit nach Absprache, ✆ 57330). Die Bewohner des **Skepparhuset** hingegen standen auf der Sonnenseite: Das Kapitänshaus von 1893 kann ebenfalls besichtigt werden (Juli bis Mitte Aug. Di–Fr 15.30–18 Uhr, übrige Zeit nach Absprache, ✆ 57070). Das **Naturreservat Härmanö** bietet sich für ausgedehnte Streifzüge an. Immer wieder ist das Gneisgestein von Klüften und Gängen durchzogen. Zugvögel machen zahlreich auf der Insel Station, und Rotwild durchstreift das Gelände. Der Gegensatz zwischen der Wiesen- und Laubwaldlandschaft der geschützten Ostküste und der felsig-rauen Westseite, an die das Meer ungebremst brandet, könnte nicht stärker sein. Am Südende steigt die 6 km lange Insel zum schönen Aussichtspunkt Härmanö Huvud an.

Zurück auf Orust sollte man hinter dem Hafenstädtchen **Ellös** einen Halt an der Kirche von Morlanda einlegen, die bereits 1308 erwähnt wurde und als einzige auf der Insel noch ihr mittelalterliches Erscheinungsbild erhalten hat. Zunächst war sie ohne Turm, dieser wurde erst 1769 errichtet. Nahe der Kirche zweigt die Route über Målö und Flatön Richtung Grundsund und Fiskebäckskil ab (s. Lysekil), geradeaus weiter erreicht man **Henån,** den Hauptort von Orust. Bootswerften, Handel und Dienstleistung sind die wirtschaftlichen Standbeine, der Hafen ist auch bei Freizeitskippern als Versorgungsstation beliebt, denn gleich dahinter liegt beiderseits des Kanals und um den **Hamntorget** die kleine City mit Fußgängerzone, Geschäften, Lokalen und dem Kulturhus Kajutan (TI). Eine gute Adresse für Fisch in allen Variationen ist Henåns Fisk & Skaldjur, im Sommer mit Imbissverkauf (✆ 31480).

Von Henån ist auf der RV 160 schnell das Festland erreicht, doch ist auch ein Abstecher auf Nebenstraßen zum Havstensfjorden lohnend, der Orust vom Festland trennt: Bei **Slussen** liegt ein verschwiegener kleiner Anleger mit Badeplatz, daneben ein entzückendes Pensionat; **Stillingsön** ist eine kleine Siedlung mit dem Charme alter Badeorte, etliche Häuser aus dem 19. Jh. sind noch erhalten. **Svanesund** ist der älteste Fährort der Insel, mit fester Bootsverbindung seit 1594. Auch einen ersten Gasthof gab es schon bald nach 1600. Davon ist heute nichts mehr zu sehen, und obwohl die Brückenverbindungen dem Ort etwas an Bedeutung nehmen, ist er doch eine beliebte Sommerfrische geblieben. Ein paar Sommervillen entlang der Ufer und zahlreiche neue Ferienhäuser in der Umgebung beweisen dies.

Auf einen Blick

Vorwahl Orust: 0304

• *Information* **Orust Turistbyrå**, Kulturhuset Kajutan, Hamntorget, 47334 Henån, ✆ 334494, 📠 30487, www.sodrabohuslan.se, ganzjährig Di–Fr 12–16 und Sa 10–14 Uhr.

• *Verbindungen* **Bus**: Mit Orust Expressen Uddevalla – Göteborg über Henån, ca. 10 Abfahrten tägl.; Röd Express fährt nach Stenungsund, Linie 371 nach Tuvesvik (Gullholmen), Hälleviksstrand und Mollösund, 372 von Vareskil nach Nösund und Mollösund, 375 von Ellös nach Morlanda, alle mehrmals tägl. **Personenfähren**: Von Hälleviksstrand nach Käringön, Linie 381, ca. 5-mal tägl. Parken nur 600 m vom Kai entfernt möglich. Von Tuvesvik nach Gullholmen, Linie 382, ca. stündl.

• *Adressen* Ärztliche Hilfe: Orust Vårdcentral, in Ellös, Henån und Svanesund, ✆ 680100, Apotheken in denselben Orten.

Übernachten/Camping

Nösunds Värdshus, aus dem alten Pensionat in herrlicher Lage an einer geschützten Bucht wurde ein Konferenzhotel mit Stil und Spa, im Restaurant werden Fisch und gehobene Regionalküche geboten, im Sommer beliebte Buffets (ab 19 Uhr), Lunch (12–14.30 Uhr) ganzjährig, 125 SEK. DZ ab 1300 SEK. ✆ 20925, www.nosundsvardshus.se.

Mollösunds Wärdshus, ganzjährig, beliebtes altes Pensionat von 1850, Zimmer im alten Stil, neue Bäder, alles sehr geschmackvoll. DZ ab 1400 SEK. Im modernen Anbau zum Hafen Restaurant mit Schwerpunkt Fisch, Juni bis Aug. tägl. ab 13 Uhr. ✆ 21108, 📠 21607, www.mwhus.se.

Hotell Käringön, im restaurierten ehemaligen Handelsstützpunkt. Die roten Holzgebäude liegen in schönem Hafenambiente; Sauna. DZ ab 1400 SEK. Restaurant tägl. 12–14 Uhr, ab 19 Uhr Ölkrogen – also „Bierkrug". ✆ 56330, 📠 56333, www.karingon.se.

Sjögården, Hotel und JH. Guter Stützpunkt für Bootstouren, s. Aktivitäten. DZ ab 1390 SEK, in der JH Mitte März bis Mitte Dez. ab 230 SEK, auch im DZ. Ein Traum ist der neue Spa-Bereich. Ellös, ✆ 51030, 📠 51394, www.sjogarden.se.

H' Emma, in Mollösund direkt am Pier. In einem renovierten Lagerhaus eingerichtet, strahlt die nette Herberge viel Hafenatmosphäre aus. DZ 895 SEK. ✆ 21175, www.cafeemma.com.

Vandrarhemmet Trollhummern, kleines, gemütliches Vandrarhem auf Käringön, das

Jugendherberge. Die idyllische Lage teilt sie sich mit dem alten Kurhotel und einem Café am Ufer, ein Stück weiter endet der Weg beim Bootshafen von Lindesnäs.

Ab der TI eine Strecke von 5 km, Skeppsviken liegt auf halber Strecke, mit dem Auto dorthin über Göteborgsvägen, nahe Hotel Bohusgården rechts ab zum Parkplatz Svenskholmen. Ab der TI fährt Mitte Juni bis Aug. auch ein Ausflugsboot hierher und weiter nach Gustavsberg (20 SEK einfache Fahrt, weiter als größere Rundreise 80 SEK).

Abstecher nach Ljungskile

Der Ort südlich von Uddevalla erstreckt sich entlang einer Bucht des Hafstens Fjorden, der das Festland von Orust trennt. Bahnlinie und E 6 durchschneiden ihn, doch zum Ufer hin gibt es idyllische Fleckchen. Nördlich des Ortes ist die **Laxbutiken** nicht zu übersehen; das beliebte Ausflugslokal liegt an einem Rastplatz am Ufer. Weiter auf dem Ulvesundsvägen geht es nach **Ulvö,** einem Inselchen, das man zu Fuß über eine Brücke erreicht; hier liegen Badeplatz, Hotel und Strandcafé. Weiter südlich liegt der Vorort **Lyckorna,** ein traditionsreiches Havsbad mit alter Holzhaus-Architektur.

Auf einen Blick

Vorwahl Uddevalla: 0522

• *Information* **Uddevalla Turistbyrå**, Södra Hamnen 2, 45181 Uddevalla, ✆ 99720, www.uddevalla.com, Mitte Juni bis Mitte Aug. Mo–Fr 9–18, Sa/So bis 15 Uhr, übrige Zeit Mo–Mi und Fr 10–16, Do bis 18 Uhr.

• *Adressen* **Ärztliche Hilfe**: Sjukhus, Fjällvägen 9, ✆ 010-4738100, **Apotheke**: Västerlånggt. 2 und im Torp Köpcentrum. **Polizei**: Lagerbergsgt. 35, ✆ 11414. **Einkaufen** außer in der City im Torp Köpcentrum an der Kreuzung E 6/RV 161, **Wochenmarkt** auf dem Kungstorget jeden Montag.

• *Verbindungen* Busbahnhof und Västtrafikbüro in der City, Västerlånggatan, Bahnhof etwas nordwestlich davon, über Strömstadsvägen. **Bus**: Vielfältige Möglichkeiten, z. B. Linie 860 nach Trollhättan alle 30 Min., 830 nach Munkedal, 333 nach Stenungsund, 6 nach Herrestad oder Orust Express nach Henån. **Zug**: Verbindungen nach Göteborg, Strömstad und Vänersborg.

Übernachten/Camping

Innerorts sind ansprechende Unterkünfte rar, die meisten können schon äußerlich nicht überzeugen. Folgende drei seien dennoch empfohlen:

Hotel Bohusgården, großes Konferenzhotel mit neu renovierten Zimmern, Schwimmbad und Sauna; herrlicher Fjordblick. DZ ab 1095 SEK, Nordens väg 6, ✆ 36420, ℻ 34472, www.bohusgarden.se.

Hotell Sköna Rum, Lichtblick in trister Umgebung, gemütlich-familiär, nah zum Bahnhof. DZ ab 750 SEK. Strömstadsvägen 24, ✆ 39470, ℻ 30318, www.hotellskonarum.se.

Hotel Viking, einfaches älteres Hotel Nähe Bahnhof, DZ 590 SEK/Etagenbad. Strömstadsvägen 25, ✆ 99800, www.hotelvikig.se.

Außerhalb ist die Auswahl an empfehlenswerten Unterkünften deutlich größer, besonders in *Ljungskile*:

Villa Sjötorp, Dirhuvudsvägen, Ljungskile, verspielte alte Holzvilla in herrlichem Garten im Vorort Lyckorna, Meerblick, exzellentes Restaurant im Stil alter Pensionate: Man sitzt zum Lunch an der Table d'Hôte. DZ ab 1200 SEK, Reservierung empfohlen. ✆ 20174, www.villasjotorp.se.

KomBo Logi-Hostel, schön gelegene Herberge am Stadtrand nahe Torpa; idealer Ausgangspunkt für das Herrestadsfjäll. 190 SEK, DZ 420 SEK. Kisslebergsvägen 28, ✆ 88480, ℻ 88490, www.kombo.se.

STF Vandrarhem Gustavsberg, Juni bis Aug. Originelle JH im alten Warmbadehaus des Kurortes, Reservierung empfohlen. 275 SEK, auch im DZ. ✆ 15200, www.gustafsberg.se.

Vandrarhem Ulvö/Ljungskile, April bis Sept. Das einstige gewerkschaftliche Ferienheim liegt exponiert auf der Inselkuppe, vom riesigen Speisesaal tolles Panorama über den Fjord, unten am Ufer gruppieren sich Ferienhütten um den schönen Badestrand; ein idealer Fleck für Familien. Die Insel ist nur zu Fuß zu erreichen, Gepäcktransport möglich. DZ ab 400 SEK, FeHa ab 3000 SEK/Woche/6 Pers., Apt. ab 2500 SEK/Woche/4 Pers., einzelne Tage ab 1200 bzw. 900 SEK. ✆ 29184, www.ulvon.se.

• *Camping* **Unda Camping**, ganzjährig, großer Platz auf einer Landzunge nahe der Uddevallabron/E 6, viele Dauercamper, Hütten für bis zu 6 Pers. mit WC ab 600 SEK, ohne ab 450 SEK, ✆ 86347, 📠 86392, www.undacamping.se.

Lyckornas Husvagnscamping, Mai bis Mitte Sept., ruhig gelegener, kleiner Terrassenplatz am Fjordufer, Wasserblick auch von den Hütten, 700 SEK/4 Pers., Ljungskile, Tel. 20909 www.lyckornashusvagenscamp.se.

Essen & Trinken

Kullgrens Kök & Bar, zwischen urigen Ziegelmauern im Souterrain des Eckhauses von 1860 wird Lunch und à la carte serviert, beliebt auch als Bar. Di/Do 11.30–14, Mi bis 22 Uhr, Fr bis 2 Uhr, Sa 17–2 Uhr, N. Hamngt. 6, ✆ 18810.

Kajkanten, beliebtes Lunchrestaurant im Museum, regionale Küche und Produkte, hausgemachte Kuchen. Mo–Do 10–19.30, Fr–So bis 16 Uhr. Museigt. 1, ✆ 656502.

Roomer Coffee & Deli, lustig-bunter Comicstil, Terrasse am Bachufer. Mo–Fr 10–20, Sa/So bis 18 Uhr, Kockska Gränden 4, ✆ 39666.

Cactusz, kühl-schlichte Essbar, draußen Blick auf den Margaretepark. Große Salatauswahl, Snacks. Mo–Fr 8–19, Sa/So 11–18 Uhr, Kilbäcksgt. 36, ✆ 17550.

Röda Rummet, wunderbar plüschig im Stil der alten Literaturcafés, gute Zimtschnecken. Mo–Fr 10–18, Sa bis 14 Uhr, Kilbäcksgt. 23, ✆ 36105.

Yerba Kulturbokhandel, Teestube mit leicht esoterischem Touch und schönem Garten; eine Oase inmitten der hässlichen Umgebung. Mo–Fr 10–18, Sa bis 14 Uhr, N. Drottninggt. 30, ✆ 15130.

Snäckan, gemütliches Esscafé im alten Kurbad Gustavsberg, Mai bis Okt. tägl. 11–20 Uhr, Juli/Aug. bis 22 Uhr, ✆ 38080.

Laxbutiken, Verkauf und Lokal bieten alles, was sich aus Lachs machen lässt, darunter wunderbare Patés und Pies, tägl. 10–19 Uhr. Ein Renner ist das sommerliche Buffet: Juli bis Mitte Aug. tägl. 11.45–18 Uhr, Reservierung empfohlen: ✆ 20810, www.laxbutiken.se. Ljunskile, Norra Motet/E 6.

Lyckorna Brygga, beliebtes Traditionslokal mit Hütten an der Badebrücke, im Sommer Livemusik. Juli bis Mitte Aug. tägl. ab 13 Uhr, Juni und 2. Hälfte Aug. Fr 18–2, Sa 13–2, So 13–20 Uhr. Ljungskile, ✆ 22255.

Wunderbar plüschig: im Röda Rumme

Aktivitäten

Badeplätze bei Lyckorna und Unda Camping und entlang der Strandpromenade.

Kanuverleih in Gustavsvik, ✆ 13100.

Bootstouren mit Bohuskryssningar, ✆ 511812, www.bohuskryssningar.se.

Veranstaltungen: Mehrere Musikfestivals finden alljährlich statt; Blues am 1. Juliwochenende, Folk vier Tage Mitte August, das Fjordfestival am letzten Juliwochenende und die Jazzwoche in Ljungskile in der letzten Juliwoche.

Wanderung 2: Durch das Herrestadsfjäll bei Uddevalla

Die kleine Wildmark nahe der Stadt ist ein fantastisches Wandergebiet. Das felsig-hügelige Fjäll ist mit Nadel- und Mischwald bewachsen, in dem zahlreiche kleine Seen, Moorflecken, alte Hofstellen und urige Rasthütten eine wildromantische Mischung ergeben. Die Wanderpfade sind durchgehend markiert, Teilstücke können etwas holperig oder moorig sein, der Bohusleden, auf dem die halbe Strecke verläuft, ist gut ausgetreten.

Tourdaten: Dauer ca. 4 Std., Länge 14 km, Schwierigkeitsgrad **

Anfahrt: Von Uddevalla auf der RV Richtung Torp Köpcenter (Kreuzung mit der E 6), nach der Bushaltestelle Herrestad Skola rechts rausfahren, nach rechts zurück und parallel zur RV 44 1,5 km bis zum Majorebergsvägen fahren, auf diesem dann nach links (Wegweiser). Nach 7 km trifft dieser Weg an das Südende des Vrångevatnet, hier liegt ein Parkplatz an einem links abzweigenden Fahrweg; dies ist der Startpunkt (WP 1).

Wegverlauf: Wir folgen dem abzweigenden Fahrweg durch alten Mischwald des Hofgeländes Östra Fjället, vorbei an einem Grasplatz mit Infotafel, zu einer ersten Gabelung mit Wegweisern (WP 2) und wenden uns nach rechts, Richtung Kärravatnet N/Krokestugan. Die Route ist gelb markiert, verläuft als grasige Spur zwischen alten Feldstein- und Grundmauern und gabelt sich gleich wieder, diesmal ohne Schilder. Man hält sich links, erreicht kurz darauf ein nächstes Schild und wieder eine Gabelung (WP 3), an der es nach rechts geht – links unterhalb liegt der **Kärravatnet,** zu dem der linke Abzweig führen würde. Gleich kommt auch rechts Wasser in Sicht, zwischen den felsigen Ufern beider Seen wandert man hindurch und trifft nach knapp 30 Min. auf den **Bohusleden** (WP 4). Diesem Fernwanderweg folgen wir nun nach rechts längere Zeit; er ist gut ausgetreten und orange mit "Baumringen" markiert. Es geht zu einer kleinen Anhöhe hinauf, von dessen licht bewaldeter Kuppe man den Aborresjön links unter sich sieht. Dann weist ein Schild zum Pölevatnet (WP 5), wohin ein kurzer **Abstecher** nach rechts führt: Ein Rastplatz liegt am Ufer (WP 6), gegenüber sind ein Steg und eine Hütte zu sehen – dort verläuft die Straße. Zurück am Abzweig (WP 5) geht es in bisheriger Richtung weiter, auf und ab durch felsiges Gelände, über einen Plankensteg und zur **Straße** (WP 7, 1 Std.). Auf dieser links, verlassen wir das Naturreservat für ein kurzes Stück, unterqueren Stromleitungen und biegen bald darauf bei Infotafeln (WP 8) mit dem Bohusleden nach rechts ab. Eine Schranke versperrt den Fahrweg, der dann den **Mettsjö** bei einem breitem Steg mit Picknickbank erreicht (WP 9). Weiter auf dem Schotterweg treffen wir auf den **Abzweig zur Krokestugan** (WP 10, 1:15 Std.), die wenige Meter rechts auf einer flachen Landzunge liegt, mit schönen Picknickplätzen drum herum. Auf dem Hauptweg weiter wird nun das Nordende des Krokevatnet umrundet, dann geht es rechts wieder ins Gelände (WP 11) und zur nächsten Raststelle, der erhöht über dem See thronenden **Kåta** (WP 12, 1:30 Std.). Die kegelförmige Schutzhütte mit dem zentralen Ofen ist einem Sami-Zelt nachgebildet und immer für Wanderer offen. Die Route umrundet die kleine Felsenschäre mit der markanten Hütte darauf, wendet sich dann wieder nach rechts, führt über eine alte Staumauer aus Feldsteinen und erreicht den **Hofplatz Gumperöd,** dessen üppige Hauswiese man nun durchquert. Der Hof war, wie Tafeln informieren, vom 17. Jh. bis 1952 besiedelt, niedrige Grundmauern und die hügelförmig überwachsenen Ruinen eines Stalles sind noch zu erkennen; ein idyllischer

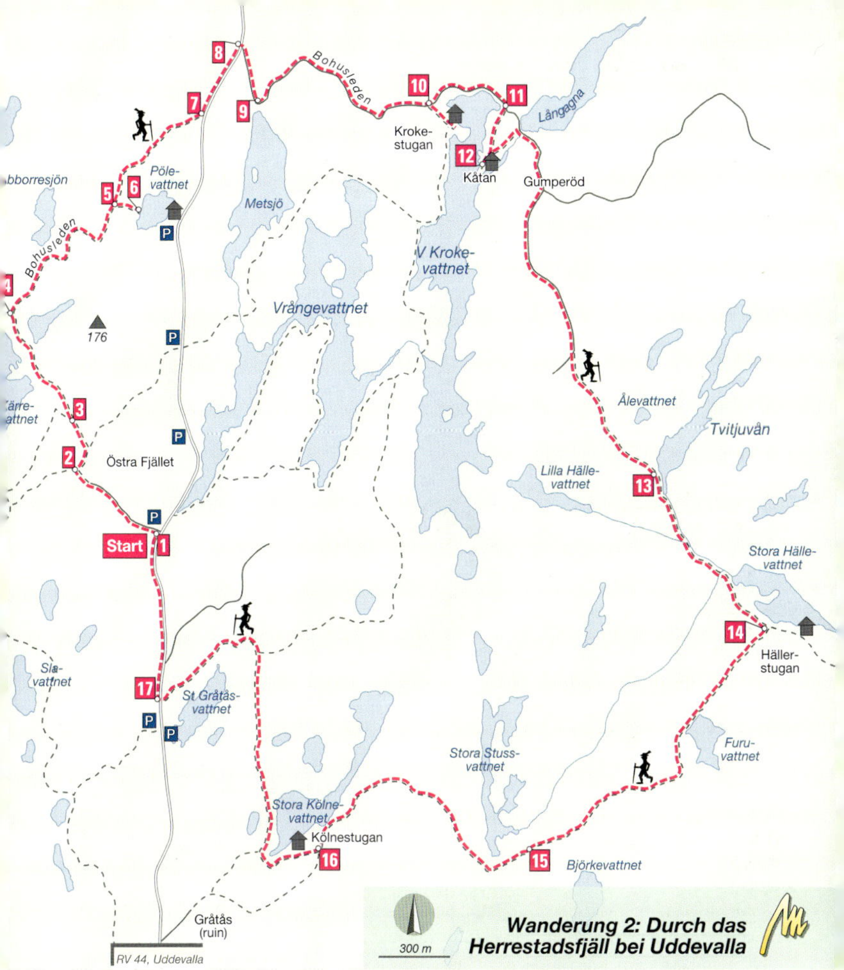

Platz. Weiter geht es auf einem Forstweg zwischen moorigen Senken und baumbestandenen Felsrücken bis zum Tvitjuvån (WP 13, 2 Std.), an seinem felsigen Ufer zum nahen See-Abfluss und an diesem entlang bachabwärts bis zum **Hällevattnet.** Eine kleine Landzunge wird gequert, dann steht man am nächsten Wegweiser (WP 14): Geradeaus zur nahen Wanderherberge Hällerstugan (bei unserem Besuch geschlossen), nach rechts 2,5 km zur Kölnestugan. Dorthin wenden wir uns – weg vom Bohusleden: Ab jetzt ist die – weniger gut ausgetretene – Route gelb markiert und führt kurz darauf in ein militärisches Sperrgebiet hinein, mit der einzigen Folge, dass man aufgefordert ist, sie nicht zu verlassen. Aber das dürfte in dem nun recht sumpfigen Terrain ohnehin schwerfallen. Nach 2:30 Std. liegt der kleine **Furuvattnet** am Weg, das Gelände ist hier offener, weniger felsig, und in der Krautschicht löst die Multebeere die ansonsten dominierende Blaubeere ab. Dann passieren wir die Grenzmarkierung des Naturreservates wieder (WP 15) und überqueren bald

Am Vrångevattnet beginnt die Wanderung durch das Herrestadsfjäll

einen Knüppeldamm am Südende des Store Slussvattnet, der nur kurz zwischen den Bäumen auftaucht. Etwas später erreichen wir mit dem Kölnevattnet den nächsten See und haben ihn nun ein Stück rechts neben uns, folgen dem Wegweiser zur **Kölnestugan** nach rechts und erreichen sie auf einer Anhöhe nach 3:15 Std. (WP 16). Nahe am Ufer steigen wir in eine Senke hinunter, queren auf ziemlich baufälligem Plankensteg einen Bach und wandern zwischen dem gerade noch sichtbaren Kölnevattnet und einem benachbarten Teich hindurch, nun wieder in trockenerem Felsengelände. Nach 3:45 Std. treffen wir an eine Gabelung: Beschildert ist nur die Krokestugan, zu der es nach rechts geht. Nach links ist kein Ziel benannt, dorthin müssen wir aber abbiegen, um zur **Straße** zu kommen – ein kurzer, steiler Abstieg ins Bachtal am Gråtåsvattnet und vorbei am Abzweig zum Rastplatz, dann ist sie erreicht (WP 17). Hier geht es nach rechts in wenigen Minuten zum Ausgangspunkt zurück, wo sich nach 4 Std. die Runde schließt (WP 1).

Lysekil (7600 Einw.)

Nördlich von Orust ist die Küste bis weit ins Hinterland durch Fjordarme aufgefächert. Um sie auf festem Boden zu umrunden, muss man bis zur E 6 ausweichen.

Lysekil liegt am Eingang zum Gullmaren, einem weit ins Land reichenden Fjordarm, auf der äußersten Landspitze. Die Nähe zu den Fischfanggründen und der gute Transportweg ins Hinterland zogen schon im 16. Jh. Fischer aus verschiedenen nordeuropäischen Regionen an. Auch heute noch ist Lysekil einer der wichtigsten Häfen an der bohusländischen Küste, nicht nur für die Fischerei. Der große Containerterminal und Ölraffinerien sind weitere ökonomische Standbeine der Gemeinde. Dazu will auf den ersten Blick nicht passen, dass auch die „weiße Industrie" Tourismus in Lysekil traditionell eine wichtige Rolle spielt. Entlang der ausgedehnten Küstenlinie räumlich voneinander getrennt, lassen sich die so verschiedenen Wirtschaftszweige aber durchaus vereinbaren, was die hohen Besucherzahlen allsommerlich beweisen.

Sehenswertes in Lysekil

Havsbadet: Der Ortsteil um die Badhusgatan und den Yachthafen entstand in der zweiten Hälfte des 19. Jh., als der Badetourismus unter betuchten Skandinaviern beliebt wurde. Man kam zur Sommerfrische, nahm im Warm- und Kaltbadehaus seine Meerwasseranwendungen, spazierte entlang der Ufer und besuchte Kulturveranstaltungen im Societätshaus. An der Strandpromenade ließ der Badearzt Carl Curmann um 1880 die auffälligen Villen Storstugan und Lillstugan nach eigenen Entwürfen errichten. Die reich mit Ornamenten aus der nordischen Mythologie verzierten Holzgebäude erinnern an die norwegischen *Stabbur* (Holzhäuser in Stabbauweise) und sind in Privatbesitz (im Sommer gelegentliche Führungen durch die TI).

Havets Hus: Wo der Strandvägen von der Badhusgatan abzweigt, liegt das moderne Meeresaquarium, in dem die Flora und Fauna des Meeres auf hohem Informations- und Unterhaltungsniveau präsentiert werden. Man spaziert durch Plexiglasröhren unter Großfischen hindurch und erlebt verschiedene Unterwasserbiotope vom Riff über Fjorde bis zum Strand, alles in geräumigen Tanks untergebracht. Kinder dürfen, was Taucher tunlichst lassen sollten: alles anfassen, was im Streichelaquarium wohnt. Meeresbiologische Forschung hat am Gullmarsfjorden Tradition und wird in einer Ausstellung und in Filmsequenzen anschaulich gemacht.

✆ 668161, Mitte Feb. bis 1. Woche Nov. tägl. 10–16 Uhr, Mitte Juni bis Mitte Aug. bis 18 Uhr, 95 SEK.

Vikarvets Bohus Museum: Nur ein paar Schritte weiter liegt an der Turistgatan 17 eine zweite Sammlung mit Bezug zum nassen Element und dem Granitabbau im Ort. Schiffsmodelle, ein altes Fischerboot und eine bunte Mischung von allem, was mit der Arbeit auf See zu tun hat, sind hier ausgestellt.

✆ 13720, Mitte Juni bis Mitte Aug. Di–Do und So 15–17 Uhr, übrige Zeit So 15–17 Uhr, 20 SEK.

Stångehuvud: Das Naherholungsgebiet auf den Granitklippen beginnt da, wo die Turistgatan den Pinneviksvägen quert. Spazierwege überziehen die seit 1980 unter Naturschutz stehende Westspitze der Halbinsel, die vor einem Jahrhundert noch als Steinbruch genutzt wurde. Von korallenrot bis sandgelb leuchtet das Gestein bei Sonne. Die Frau des Badearztes Curmann setzte sich für den Erhalt der interessanten Felsenlandschaft ein und kaufte das Gebiet nach und nach auf. Badeklippen und schöne Aussichtspunkte finden sich seewärts, Infotafeln klären über vorkommende Pflanzen auf.

Gamle Stan: Nordwärts trennt der Industriehafen entlang der Verkstadsgatan diesen ältesten Ortsteil Lysekils von Stångehuvud. Jenseits der belebten Drottninggatan finden sich in der Gamle Strandgatan und der Bansviksgatan zahlreiche niedrige, alte Holzhäuser. Viele stammen aus der Zeit, als Lysekil noch vorrangig eine Fischersiedlung war. Etliche der Häuschen sind inzwischen von Sommergästen als urige Ferienhütten entdeckt worden, aber noch wohnen auch Einheimische hier.

Kirche und Aussichtsturm: Südlich der Drottninggatan liegt auf einer Kuppe der *Utsiktstornet*, der hält, was sein Name verspricht. Gleich daneben steht ebenfalls erhöht die Kirche von 1901, aus dem rötlichen Granit von Stångehuvud errichtet. Das Kircheninnere ist mit farbenprächtigen Malereien ausgestattet. Besonders wertvoll ist die Kanzel von 1670.

Abstecher über den Gullmaren

Mit der Passagierfähre oder auf einem weiten Straßenumweg um den Gullmaren erreicht man das malerische Örtchen **Fiskebäckskil.** Zwischen alten Fischerhäusern finden sich zahlreiche Sommerwohnsitze aus der Frühzeit des Tourismus. Der moderne Ortsteil ist auf die andere Fjordseite nach Östersidan verbannt, und so stört kein Neubau das einheitliche Bild. Schneeweiße Holzvillen wechseln mit

Wohnhäusern in zarten Pastellfarben ab, und am Ufer liegen die Nutzgebäude der Fischer im typischen Falunrot. Die Kirche stammt von 1772, aus der Phase des Heringsbooms, was sich in ihrer reichen Innenausstattung mit wertvollem Altaraufsatz und kunstvoller Wandmalerei widerspiegelt.

Etwas weiter südlich liegt **Grundsund,** ebenfalls ein hübscher Küstenort mit Fischereivergangenheit.

Abstecher landeinwärts

Die Straße 162 führt nun schnurstracks nach Norden. Kurz vor **Brodalen** lohnt sich ein erster Abstecher nach rechts zu den Hällristningar: Die bronzezeitliche Felsritzung zeigt u. a. den sog. Skomakaren, eine metergroße Gestalt, die eine Axt schwingt (Zentrum der Felsritzungen ist Tanum, s. dort).

Hinter Bro geht es auf der Straße 171 wieder Richtung Meer, und bei Åby liegt der außergewöhnliche **Tierpark Nordens Ark.** Hier werden bedrohte Tierarten besonders der nördlichen Regionen nachgezüchtet, darunter auch viele alte Haustierrassen.

Åby Säteri, Hunnebostrand, ✆ 79590, Mittsommer bis Aug. tägl. 10–19 Uhr, Mai bis Sept. bis 17 Uhr, übrige Zeit bis 16 Uhr, 190 SEK, auch Café.

Auf einen Blick

Vorwahl Lysekil: 0523

• *Information* **Lysekils Turist och Informationsbyrå**, Södra Hamngatan 6, 45333 Lysekil, ✆ 13050, www.lysekilsturist.se, Juni bis Aug. Mo–Sa 9–19, So 11–15 Uhr, übrige Zeit variabel.

• *Verbindungen* **Bus**: Unter anderem Linie 841 nach Göteborg, ab Orust/Henån Linie 375 nach Uddevalla, s. o. **Fähre**: Von Süden via Bokenäs auf der Straße Nr. 161 zur Autofähre Skår – Finnsbo, die über den Gullmaren pendelt. Die Passagierfähre Lysekil – Östersidan/Fiskebäckskil verkehrt ca. stündl. ab Södra Hamnen.

• *Adressen* **Bezirkskrankenhaus** Lysekils Lasarett in der Lasarettsgatan 1, ✆ 18080. **Zahnärztlicher Dienst**: Kungstorget 5, ✆ 18210. **Apotheke**: Kungsgatan 33–35. **Einkaufen**: rings um Kungs- und Rosvikstorget.

Übernachten/Camping

Gullmarsstrand Hotell och Konferens, moderne Ferienanlage der gehobenen Kategorie, direkt am Wasser und nahe dem Golfplatz gelegen. DZ ab 1495 SEK. Strandvägen, Fiskebäckskil, ✆ 667788, 📠 22805, www.gullmarsstrand.se.

Stadshotellet, zentral gelegenes Traditionshaus; man wohnt im verschnörkelten Ambiente der Frühzeit des Badetourismus. DZ ab 1190 SEK. Kungstorget, Lysekil, ✆ 14030, 📠 12740, www.stadshotellet-lysekil.se.

Lysekil Havshotell, schön gelegenes, kleineres Hotel im Viertel Havsbadet, ein Teil der Zimmer mit herrlichem Seeblick. DZ ab 1195 SEK. Turistgatan 13, ✆ 79750, 📠 14204, www.strandflickorna.se.

Strand Vandrarhem och Kusthotell, preiswerte Unterkunft in charmanter alter Holzvilla, gehört zum Havshotell. 200–300 SEK/Pers., DZ ab 500 SEK. Strandvägen 1, ✆ 79751, 📠 12202, www.strandflickorna.se.

• *Camping* **Gullmarsbadens Camping**, Mitte Mai bis Mitte Aug. Schön gelegener Platz an weiter Felsenbucht, nahe der Straße 162. ✆/📠 611590.

Gleich angrenzend:

Löfgrens Camping, Mai bis Aug. Etwas weiter zum Strand. Viele Hütten, ab 350 SEK/2 Pers. ✆ 12415.

Siviks Camping, Mai bis Mitte Sept. Gut ausgestattet, geschützte Lage an Sand- und Felsenküste, 4 km nördlich von Lysekil. Komplett eingerichtete Wohnwagen, ab 690 SEK/4–5 Pers., ✆ 611528, 📠 12727, www.sivikscamping.nu.

Trellebystrands Camping, Mai bis Aug. Familienfreundlicher Platz auf Wiesengelände nahe der Felsküste. Badeplatz und Schwimmbecken mit Wasserrutsche. Der benachbarte Freizeitpark Leklandet bietet kommerzielle Kinderbelustigung, was richtig ins Geld gehen kann! Hütten ab 350 SEK/2 Pers., ab 500 SEK/4 Pers. ✆ 12183, www.trellebystrand.se.

Essen & Trinken

Havsbadrestaurangen, stilvoll in den alten Kuranlagen gelegen. Mitte Juni bis Mitte Aug. tägl. 12–22 Uhr. Gästhamnen, ✆ 10073.

Jönssons Katt, in Hafennähe gelegen, zieht das urige Lokal nicht nur Touristen, sondern auch Einheimische an, die hier ihre Kaffee- oder Mittagspause verbringen oder sich abends auf ein Bier treffen. ✆ 611500, Mitte Juni bis Mitte Aug. Mo–Fr ab 7 Uhr, Sa/So 10–23 Uhr, übrige Zeit Mo–Fr 7–18, Sa 10–16, So 11–16 Uhr. Södra Hamngatan 18.

Pråmen, Restaurant und Bar auf dem gleichnamigen Schiff. Meeresfrüchte dominieren das Speisenangebot, und in der Bar schlagen abends die Wogen hoch. Juni bis Aug. tägl. ab 12 Uhr bis nachts, Mai nur am Wochenende. Södra Hamngatan, ✆ 13452.

Luna Café, etwas außerhalb nahe Gullmarsbaden, Tapascafé. Mitte Juni bis Mitte Aug. tägl. 10–23 Uhr, übrige Zeit Do 16–22, Fr/Sa 11–23 Uhr, Dalskogen 102, ✆ 610061.

Brygghuset, nahe der Kirche gelegener Krog, nette Einkehrmöglichkeit auf dem Ortsbummel. Juni bis Aug. tägl. 12–1 Uhr, übrige Zeit Fr 18–24, Sa 12–24, So 12–18 Uhr. Fiskebäckskil, ✆ 22222.

Die Kirche von Lysekil steht auf erhabenem Standort

Aktivitäten

Baden im Meer kann man zwar auch anderswo, aber im historischen Rahmen nur im **Kallbadhus**, angelehnt an einer kleinen Schäre. Es wurde glücklicherweise in den 1990ern von einem Verein gerettet und steht von Juni bis Aug. auch Touristen zur Verfügung.

Tauchen: Oxygene Dykskola, Badhusgatan 16, ✆ 16470.

Angel- und Ausflugsfahrten u. a. mit MS Oberon können über die TI gebucht werden. Die „RAN" pendelt im Sommer tägl. nach Grundsund. Seehundsfahrten im Sommer tägl. 13 Uhr, s. Ellös.

Seekajaks bei Nautopp, Kungsgatan 57, ✆ 29030, auch geführte Touren.

Kungshamn und Smögen

Ein Abstecher zur Spitze der Landzunge Sotenäs endet in **Smögen,** einem der meistbesuchten Hafenorte der Westküste. Wer nicht vorher im Stau stecken bleibt, kann sich im Sommer mit den übrigen Besuchermassen über die zugegebenermaßen malerische **Hafenbrücke** drängeln oder die Fischauktionshalle von außen besichtigen. Die Auktionen finden leider nur noch via Internet statt. Wer außerhalb der Hauptsaison herkommt, hat die Szenerie fast für sich allein. Wenige Besucher verirren sich hierher, und die Bewohner kommen höchstens zum Fischkaufen. Ansonsten bildet für sie das angrenzende **Kungshamn** das Zentrum, wo Verwaltung, Geschäfte und Betriebe ihren Sitz haben. Ab der TI am Jachthafen lädt eine schöne **Uferpromenade** zum Spaziergang in Richtung Smögenbrücke ein.

Abstecher um die Sotenäs-Halbinsel

Nördlich von Smögen führt ein Abzweig nach **Ramsvikslandet,** einem einsamen Abschnitt der oft so belebten Küste. Der Weg führt über den **Sotekanalen,** der in den 1930er Jahren angelegt wurde und nach fünf Jahren Bauzeit den Seeweg nach Hunnebostrand sicherer und kürzer machte – vielleicht war der Hauptgrund für den Kanalbau aber auch Arbeitsbeschaffung für die vielen damals arbeitslosen Steinhauer, die hier für wenig Lohn im staatlichen Auftrag schufteten. 1935 erfolgte die Einweihung unter königlicher Anteilnahme, viel wirtschaftliche Bedeutung erlangte der kurze Kanal hingegen nicht. Heute ist er beliebt bei Freizeitkapitänen.

Jenseits liegt das **Naturreservat** mit Wanderwegen bis zur Küste, im Norden befinden sich Bade- und Campingplätze.

Bei **Hunnebostrand** führt das Stenhuggarmuseum in einem alten Steinbruch in diesen ehemals so bedeutenden Industriezweig ein (Mitte Juni bis Mitte Aug. Di–So 15–18 Uhr, Eintritt frei, ✆ 55380). Das Städtchen zieht sich malerisch um die weite Bucht, Promenadenwege führen an roten Bootshäuschen vorbei und bis zu den Badeplätzen auf Store Göransö.

Bis **Bovallstrand,** dem nächsten hübschen Fischerort, folgt die Straße 174 oft der felsigen Küstenlinie. In **Gerlesborg** wird Kunst und Kunsthandwerk ausgestellt (ganzjährig, Zeiten variieren, Gerlesborgskolan, Konsthall, ✆ 51710, KKV Håndverksbyn Skärholmen). In der Nähe, etwa 1 km hinter Bottna Kyrka (rechts Richtung Binghult, „Fornstugan"), liegt **Rambergskyrkan,** eine Felsformation aus mächtigen Blöcken mit Klüften und Höhlen dazwischen. Bei der Svenneby Gamla Kyrka führt ein Abstecher landeinwärts zum vorzeitlichen Gräberfeld von **Vrångstad** mit fast hundert Grabhügeln und Dutzenden von Bautasteinen. In anderer Richtung gelangt man zur Küste und zum Naturreservat **Valön:** Vom Parkplatz führen Spazierwege über die landschaftlich abwechslungsreiche Halbinsel zu Felsklippen und kleinen Buchten.

Auf einen Blick

Vorwahl Sotenäs: 0523

• *Information* **Sotenäs Turistbyrå**, Bäckevikstorget, 45622 Kungshamn, ✆ 665550, 📠 665559, www.sotenasturism.se, Mittsommer bis Mitte Aug. Mo–Fr 10–18, Sa/So bis 17 Uhr; übrige Zeit Mo–Fr 9–17 Uhr.

• *Verbindungen* **Bus**: Linie 860 von Kungshamn nach Munkedal, dort Anschluss nach Göteborg und Strömstad.

Übernachten/Camping

Makrillvikens Vandrarhem, unweit des markanten Wasserturms an einer idyllischen Schärenbucht gelegene, gemütliche Herberge mit Badesteg und Kanuverleih. Vom Trubel im Ort ist man weit entfernt. Ab 300 SEK/Pers., auch DZ. Makrillgatan, Smögen, ✆ 31565, www.makrillviken.se.

Sjösportgården/Hotel Sea Lodge, auf einem Schärenbuckel am Nya Hamnen gelegen. Herrlicher Blick auf den inneren Hafen, freundlich-schlichte Zimmer, im Sommer gutes Fischrestaurant, Tauchbasis. DZ ab 850 SEK. Smögen, ✆ 70302, 📠 70602, www.sealodge.se.

• *Camping* **Johannesvik Camping**, größerer, geschützt zwischen Felsrücken gelegener Platz in Wassernähe, Hütten ab 950 SEK/3 Pers. im Juli, ab 2. Woche Aug. deutlich preiswerter. ✆ 32387, www.johannesvik.se.

Ramsvik Stugby & Camping, im Norden von Ramsviklandet gelegenes, herrliches Schärengelände mit 140 Hütten und kleinem Zeltplatz – für WoMos kaum Stellfläche! Die Unterkünfte reichen von einfachster Minihütte bis zu urig-maritimen Sjobodar mit Schlafboden, Kochnische und WC. Duschen und Sauna im Servicetrakt. Im Juli richtig teuer, 400–1180 SEK, Villawagen 1680 SEK, ab Mitte Aug. ca. 30 % weniger. ✆ 0523-50303, www.ramsvik.nu.

Essen & Trinken

In beiden Orten hat man ab Mitte August Probleme, überhaupt noch ein geöffnetes Lokal zu finden. Wir landeten schon mal beim Chinesen – nicht gerade landestypisch.

Bella Gästis, die Speisekarte, aufgemacht wie eine Zeitung, ist kaum zu überblicken; hier ist garantiert für jeden was dabei. Klassiker des Traditionshauses an der Wasserfront: Rotzunge mit Krabben. Ganzjährig, Mo–Do 11.30–21, Fr bis 22 Uhr, Sa/So 12–22 Uhr, Tullgatan 5, Hunnebostrand, ✆ 50000.

Skärgårdskrogen Spättan, direkt am Wasser, engagierte Küche, Mo–Fr 11.30–15 Uhr zum Lunch immer die Auswahl Fisch/Fleisch. Kungshamn, Hamngatan 6, ✆ 38410.

Skärets Konditiri & Krog, für jede Tageszeit das passende Angebot, schöne Veranda, Smögen, Hamnen 1, ✆ 32317.

Bohuslän und Dalsland
Karten S. 112 und S 148/149

Fjällbacka (850 Einw.)

Der Ferienort Fjällbacka fasziniert vor allem durch seine Lage, eng unter die Steilklippen des Vetteberget geduckt. Vom Stora Kajen, unweit des nördlichen Abzweigs in den Ort, hat man einen guten Blick über den schmalen, eng bebauten Streifen Unterland, auf dem die Hamngatan seewärts von den Pfahlbauten etlicher Lagerhäuser gesäumt wird. Der **Ingrid Bergmans torg** bildet das Zentrum; die Schauspielerin war wohl prominentester Stammgast in Fjällbacka. Eine Treppe führt die Felsen hinauf zur **Kungsklyftan,** einer schmalen Schlucht im **Vetterberget.** Am anderen

Café Bryggan am Hafen von Fjällbacka

• *Camping* **Fjällbacka Camping**, Mitte April bis Sept. Am südlichen Ortsrand bei Sälvik hübsch zwischen Felskuppen an der Küste gelegen. Hütten ab 250 SEK/2 Pers., ab 600 SEK/ 4 Pers., ✆ 31490, 📠 31496, www.fjallbacka camping.o.se.

Långsjö Familjecamping, Mai bis Mitte Sept., 3 km nördlich von Fjällbacka. Weitläufiger Platz mit kinderfreundlichem Strand und Spielplatz. Hütten ab 600 SEK, FeWo/ 4 Pers. ab 800 SEK, DZ ab 400 SEK. ✆ 12116, 📠 12310, www.langsjocamping.se.

Rörviks Familjecamping, Mai bis Sept. Ordentlich ausgestatteter Platz mit Badestrand, einige Stellplätze unangenehm nah an der Hauptstraße. 1,5 km südlich von Hamburgsund. Hütten/2 Pers. oder 4 Pers. ab 500 SEK, Familienzimmer (bis 4 Pers.) ab 600 SEK. Hamburgsund, ✆ 33573, 📠 33594, www.rorviks camping.se.

Essen & Trinken

Skafferiet, das Eckhaus, das sich unter die überhängenden Felswände zwängt, fällt sofort ins Auge. Gemütlich eingerichtetes Restaurant in aussichtsreicher, zentraler Lage. Mitte Juni bis Aug. ab 11.30 Uhr, übrige Zeit Fr/Sa abends. Ingrid Bergmans torg 2, ✆ 32210.

Café Bryggan, eigentlich schon zu groß, um gemütlich genannt zu werden, aber mit maritim-rustikalem Charme. Draußen kann man dem bunten Treiben am Hafen folgen, abends ist der skurrile Bartresen beliebt, der aus dem Heck eines alten Fischerbootes besteht. Mitte Juni bis Sept. tägl., Ostern bis Weihnachten nur Sa/So. Ingrid Bergmans torg, ✆ 31060.

Nolhåtten Krog, uriges Lunchlokal am Fähranleger in Hamburgsund, ganzjährig, Mo–Fr ab 11.30 Uhr, Sa ab 12 Uhr, Juni bis Mitte Aug. tägl. ab 11.30 Uhr, ✆ 33828.

Aktivitäten

Bootstouren: Preiswert kommt man mit dem **Postboot** herum, s. o. unter Verbindungen/ Fähren. Zu den Väderöarna mit Fjällbacka Båttraffik, Buchungen über TI oder ✆ 32001. Die **M/S Nolhåtten** macht von Juli bis Mitte Aug. 2,5-stündige Touren durch den Hamburgsund (tägl. 11 und/oder 17 Uhr). 200 SEK, ✆ 33083.

Boots- und Kajakverleih bei Hälsan Fjällbacka, ✆ 32125.

Fahrrad- und Bootsverleih bei Långsjö Camping. Fahrräder auch beim Fjällbacka Vandrarhem & Pensionat.

Sauna im alten Varmbadhus (nur im Sommer) beim Badeplatz auf Badholmen.

Reittouren auf Fjordpferden, 1 Std. bis 3 Tage: Rimfaxe, ✆ 0524-12403.

Tanum

Bei Tanum lohnt es sich besonders, Bohuslän abseits der Küsten kennenzulernen. Berühmt sind die hier sehr zahlreich erhaltenen Felsritzungen „hällristningar" aus der Jungsteinzeit und Bronzezeit. Gleich zwei Museen, eins touristisch-unterhaltsam, eins hintergründig-informativ, sind diesen zum UNESCO-Weltkulturerbe erhobenen prähistorischen Kulturzeugnissen gewidmet. Steuert man Tanumshede von Süden an, so trifft man einige Kilometer vor dem Ort auf die ersten Hällristningar: Litsleby ist für seinen „Speerwerfer" bekannt.

Aspeberget

Bei Aspeberget erschließt ein lohnender Rundweg vom Parkplatz das Gebiet. Die Felsritzungen befinden sich auf den flachen Felskuppen und -hängen, immer etwas erhöht über dem heutigen Wiesen- und Ackerland, aus dem die Granithügel wie Inseln herausragen. Man weiß, dass zur Entstehungszeit der Felsritzungen – etwa 1500 bis 500 v. Chr. – der Meeresspiegel etliche Meter über dem heutigen lag: Die damaligen Menschen brachten die Bilder immer in Wassernähe an, und Schiffsabbildungen spielten offenbar eine wichtige Rolle. Hier bei Aspeberget findet man

So wohnte man in der Bronzezeit: Nachbau in Vitlykke

zahlreiche Abbildungen von Schiffen, Jagd- und Nutztieren, daneben stilisierte Menschendarstellungen und Sonnenscheiben. Die Interpretation, manchmal auch die Identifizierung selbst ist oft schwierig, denn die prähistorischen Urheber dieser Bilder kannten noch keine Schrift und haben daher ihre Vorstellungen nicht überliefert.

Felsritzungen kennt man auch aus anderen Regionen Europas, doch nirgendwo sind sie so gut erhalten geblieben wie auf den harten Granitfelsen Skandinaviens. Dennoch ist auch hier ihr Fortbestand unsicher; der saure Regen setzt dem Stein zu und lässt die Ritzungen zunehmend unschärfer werden. In Aspeberget hat man deshalb begonnen, einen Teil der Bilder mit Erdschichten wieder abzudecken, um sie so lange zu erhalten, bis man besucherfreundlichere Methoden für die Konservierung gefunden hat. Der Versuch, die Felsbilder zu überdachen, schlug fehl: Bei Hitze zersprang der Felsen unter den Dächern.

Vitlykke

Nur ein paar hundert Meter weiter liegt das bekannteste Hällristnings-Gebiet. Ein Museum wurde gleich daneben errichtet. Vom Parkplatz aus liegen die Felsbilder der **Vitlykke-Platte** auf der anderen Straßenseite; ein paar Meter den Hang hinauf steht man vor einer beeindruckenden Ansammlung von Ritzungen der unterschiedlichsten Motive, zum größten Teil mit roter Farbe ausgemalt, um sie besser erkennbar zu machen. Diese Methode wird an einigen Stellen angewendet, da Besucher sonst in der sommerlichen Mittagssonne die Umrisse der flach in den Stein gekerbten Motive nur schwer erkennen könnten. Ob die Vertiefungen ursprünglich auch mit Farbe hervorgehoben wurden, ist nicht sicher.

Verschiedene Motive der Vitlykke-Platte haben zu Interpretationen und fantasievollen Namen Anlass gegeben, darunter das bekannte „Liebespaar“, offenbar eine Darstellung des Geschlechtsaktes, sowie „Götter“ in Menschengestalt, darunter der führt der 3 km lange, markierte Rundweg Falkerödsleden vom Falkeröds Hembygdsgård zu weiteren prähistorischen Relikten.

Grebbestad ist ein Fischerei- und Touristenzentrum. Am Ende der Bucht dominiert Hafenindustrie im Kleinen, fjordauswärts übernehmen die Freizeitskipper das Ruder. Am Yachthafen promenieren sommertags die Massen, entsprechend hat sich jedes Gebäude entlang der Brücke auf Urlaubsgäste eingestellt. Im alten Ortskern, etwas oberhalb auf den felsigen Kuppen, verläuft sich der Besucherstrom ein wenig in den verwinkelten Gassen.

Richtung Norden lohnt sich ein Abstecher nach **Havstensund,** auf zerfransten Schärenbuckeln gelegen. Unterwegs passiert man vor **Ulmekärr** eines der besterhaltenen Steinlabyrinthe der Bronzezeit. Seine Funktion ist nicht bekannt. Etwas weiter zweigt ein Fahrweg zum Naturreservat **Tjurpannan** ab, einer besonders exponierten Halbinsel mit Wanderwegen zu Tümpeln, Mooren und Felsbuchten, in die bei stürmischem Wetter die See ungebremst brandet.

Weiter nördlich lohnt sich ein nächster Ausflug in die Schärenwelt: Über Galtö nach Resö ändert sich das Landschaftsbild von lieblich-bewaldet bis felsig-rau, dann endet die Fahrt am Hafen von **Resö,** vor dem das Hamnmagasin hoch auf der vorgelagerten Klippe thront. Ein Holzturm ragt am Ufer auf, das Bronzerelief daneben zeigt die Unterwasserwelt des Kosterfjorden und wurde diesem neuen maritimen Nationalpark gewidmet, an dessen Südrand Resö liegt. Nach links schließen sich Badeplätze an, Rad- und Wanderwege führen um die Insel, vorbei am Campingplatz nahe der alten, holzverschindelten Kirche.

Auf einen Blick

Vorwahl Tanum: 0525

• *Information* **Tanums Turistkontor**, Tanumshede, Riksvägen 143a, ganzjährig, Mo–Fr 8–16.30 Uhr, ✆ 18380, www.bohuslan.com/tanum. **Achtung**: Es gab in den letzten Jahren viele Orts- und Kompetenzänderungen der TI; im Zweifel kann man im Museum von Vitlykke nachfragen.

• *Verbindungen* **Bus**: Tanumshede liegt an der Strecke der Bahn- und Buslinie Göteborg – Strömstad. Vom Busbahnhof, Kreuzung Str. 163/ Apoteksvägen, Linie 878 nach Grebbestad, 4- bis 6-mal tägl., nach Fjällbacka Linie 875, 3- bis 5-mal tägl., zum Bullaren Linie 882, Juni bis Aug. auch Bus von Tanumshede nach Vitlykke, Infos bei der TI.

Parken: In Grebbestad auf dem Hamnplan bei den Supermärkten, in Tanumshede beim Busbahnhof.

• *Adressen* In Tanumshede: **Ärztlicher Dienst** Vårdcentralen, Ringvägen, ✆ 18500, nahe der Einkaufsstraße und Supermärkte, **Apotek Gruppen** ebenfalls dort, Mo–Fr 10–18 Uhr, Sa bis 13 Uhr.

In Grebbestad: **Apotheke** im Supermarkt ICA, wie **Bank** am Hamnplan gelegen.

Übernachten/Camping

Tanums Gjestgifveri, das Gebäude von 1663 ist für sich genommen eine Attraktion. Hier führte früher die Postkutschenroute vorbei. Noch heute wohnt man im Stil dieser vergangenen Zeit, ergänzt durch modernen Komfort. Das angeschlossene Restaurant ist ein bekannter „Gourmettempel" und gilt als eines der besten im Lande. DZ ab 1290 SEK. Apoteksvägen 7, Tanumshede, ✆ 29010, 📠 29571, www.hoteltanum.se.

Hotel Vinbäck, geschmackvoll renoviertes Holzgebäude. DZ ab 1190 SEK, auch Vandrarhem, dort DZ ab 650 SEK. Tanumshede, Riksvägen 76, ✆ 20074, 📠 29400, www.hotelvinback.se.

Rosenhill Bed & Breakfast, ruhig gelegenes Landhaus mit großem Garten, DZ ab 600 SEK. Grebbestad, Sövallsvägen 5, ✆ 0733-480100, www.rosenhillbedandbreakfast.se.

Urlaubsidylle auf Resö

Grebbestad Vandrarhem & Minihotell, März bis Nov. Zentral gelegene, gut ausgestattete Herberge direkt am Hafen mit 2- bis 4-Bett-Zimmern. Ab 250 SEK, im Hotel DZ 925 SEK. Nedre Långgatan 15, ✆ 61414, www.grebbestadsvandrarhem.se.

Charlottenlund, etwas außerhalb des Zentrums nahe der Kirche im alten Kurpark gelegenes, kleines Vandrarhem mit angeschlossenen Hütten. Reservierung ratsam. Nur im Sommer. JH 200 SEK, Hütten/4 Pers. ab 950 SEK. Lundenväg, Grebbestad, ✆ 14221.

Tanum Strand, Hotel und FeHa in riesigem, trubeligem „Resort", 2 km südlich von Grebbestad. Erinnert an eine Mischung aus Club Med und Center Park und hat vor allem skandinavisches Publikum. Guter Standard in der gesamten Anlage, die Hütten stehen allerdings ziemlich dicht, aber für Ruhesuchende ist das Feriendorf ohnehin nichts. Die „Animation" reicht vom Spaßbad und Freizeitcenter über Tauchen und Tennis bis zum wechselnden Unterhaltungsprogramm zwischen Afterbeach und Danskvällar. Kinderbetreuung. DZ ab 1400 SEK, Hütten ab 1790 SEK/4 Pers., im Sommer nur wochenweise. ✆ 19000, 📠 19147, www.tanumstrand.se.

Resö Gamla Skola, die alte Dorfschule von Resö ist heute ein süßes Pensionat mit gemütlichen Zimmern, Bibliothek und Kamin in ländlicher Idylle. Unterm Dach, wo die Kinder seit 1927 turnten, werden heute Konferenzen gehalten. DZ 1000 SEK/Etagenbad, das Balkonzimmer mit Bad 1200 SEK – das Sahnestück. ✆ 25900 und 070-3102086, www.resogamlaskola.se.

• *Camping* Der Campingplatz bei Vitlykke machte 2010 einen desorganisierten Eindruck; falls geöffnet, ist er eine Alternative zu den vollen Strandplätzen, ohne Wasser zwar, aber nahe den Felsritzungen.

Grebbestad Fjorden Hotel & Camping, ganzjährig. 1 km südlich des Zentrums in Strandnähe gelegen, einige Stellplätze sehr straßennah, wenig Schatten, gute Ausstattung, darunter Sauna und Whirlpool. Im Sommer recht voll. JH ab 350 SEK. Das angeschlossene Pensionat Fjorden bietet DZ ab 700 SEK. ✆ 61211, 📠 14319, www.grebbestadfjorden.com.

Saltviks Camping, April bis Mitte Sept., 5 km nördlich von Grebbestad nahe dem Naturreservat Tjurpannan, an grasiger, geschützter Bucht. Im Hochsommer wie alle Küstenplätze voll. Gut eingerichtete Hütten und Ferienhäuser ab 700 SEK/4 Pers. Långeby, ✆ 21249, www.saltvikscamping.se.

Kyrkvikens Familiecamping, Mitte Juni bis Mitte Aug. Auf Resö an herrlicher Bucht in lichtem Kiefernwald gelegen, wirkt der Platz noch recht ursprünglich und naturbelassen.

Bohuslän und Dalsland
Karten S. 112 und S 148/149

Anfahrt von der Straße auf Resö beschildert, vorbei an der Kirche. ✆ 25362, www.kyrkvikenscamping.se.

Galtö Camping, Mitte Juni bis Mitte Aug., an der Straße nach Resö und auf einer kleinen Landzunge von Galtö gelegener kleiner Platz, fast nur von Dauercampern bewohnt, aber dennoch o. k.; hier fehlt das Abgezirkelte und Gedrängte anderer Plätze, man kommt wegen der Natur und Ruhe hierher. Die einfachsten Sanitäranlagen erinnern an ein Freibad bei uns aus den 1960er Jahren. Man sucht sich selbst einen Platz, abends kommt jemand zum Kassieren.

Essen & Trinken

Entlang der Hafenbrücke von Grebbestad reiht sich ein Lokal ans andere, frisches Meeresgetier bekommt man überall; immerhin werden hier die Mehrzahl aller Austern, Krebse und Hummer Schwedens aus dem Wasser geholt. Besonders originell ist darunter:

Grebys Rökeri & Skaldjurscafé, in der alten Konservenfabrik von „Abba" hat sich Grebys mit verschiedenen Lokalen auf mehreren Etagen eingerichtet, noch ganz im Stil der ehemaligen Werkhallen. Das Gebäude von 1901 steht teils auf Pfählen im Hafenbecken, und auf der hölzernen Brücke davor kann man im Sommer gut draußen sitzen. Im Skaldjurscafé ist mittags der Hauptbetrieb, abends verlagert sich das Geschehen in den zweiten Stock, wo die Restaurants Sjösalen und Konserven mit Meeresfrüchten und Livemusik aufwarten. Ergänzt wird das Angebot durch die Tångbrödsbakeriet, in der u. a. Brot aus Seetang angeboten wird. Mitte März bis Dez. Sa/So 12–23 Uhr (berühmt ist das Weihnachtsbuffet, bestehend nur aus Meeresfrüchten, das an jedem Adventswochenende serviert wird), Juni bis Sept. tägl. 11–23 Uhr. Strandvägen 1, ✆ 14000.

Restaurang Telegrafen, gute Hausmannskost, daneben viel Fisch. Juni–Aug. Di–So 12–22 Uhr, übrige Zeit Di–Fr 12–14.30, Fr auch 18–22 Uhr, Sa 12–22, So bis 18 Uhr. Nedre Långgatan 28, ✆ 10167, www.telegrafen.info.

Restaurang Hertigen, bewährter „Matkrog", wie die international bekannten, meist südländisch inspirierten Esskneipen auf Schwedisch heißen. Die Karte bietet das mediterrane Spektrum von Pizza bis Kebap in guter Qualität, daneben ist der Brunch (im Sommer tägl. 11–14 Uhr) sehr beliebt. Tägl. 12–1 Uhr. Nedre Långgatan 21, ✆ 61531, hertigen.grebestad@telia.com.

Restaurang Nautic, das angeschlossene Kino sorgt für Nachfrage. Angenehmes Lokal im ersten Stock, vorn mit Lounge-Charakter, hinten mit Blick zum Hafen. Auf der Karte finden sich Snacks, Salate, Fast Food, Fleisch- und Fischgerichte. Im Sommer tägl. ab 12 Uhr, übrige Zeit Do/Fr ab 17 Uhr, Sa/So ab 12 Uhr bis spät. Nedre Långgatan 33, ✆ 66677.

Außerhalb von Grebbestad ist die Lokalszene auf die Cafeterien der Campingplätze und wenig aufregende Pizzerien in Tanumshede begrenzt. Feinschmecker reisen allerdings von weit an, um in **Tanums Gjestgifveri** (s. Übernachten) zu speisen.

Panget Restaurang & Bageri, Resö Hamn, schönes Gartencafé und gehobenes Restaurant, Mitte Juni bis Mitte Aug. tägl. 8–17 Uhr im Café, im Restaurant länger. ✆ 25022.

Aktivitäten

Heimatmuseum Sockenmagasinet, ✆ 29991. Am Busbahnhof von Tanumshede gelegenes Bezirkslagerhaus von 1869. Auf drei Etagen sind liebevoll die unterschiedlichsten Exponate zur Regionalgeschichte zusammengetragen, darunter eine historische Schulstube. Das Gebäude ist schon für sich sehenswert. Nur im Sommer Di/Fr 12–18 Uhr, Eintritt frei.

Tauchzentren: in Tanum Strand West Point Divers, ✆ 19496.

Bootstouren in die Schären ab der Grebbestad Brücke und Tanum Strand mit der „Donalda", Juli bis Mitte Aug. So-Fr 17.30–22.30 Uhr, auch morgendliche Angeltouren. ✆ 070-5223670.

Kajakverleih beim KajakCenter, Svinnäs, ✆ 10930 (im Bootshafen)

Badestellen entlang der Strandpromenade und dem anschließenden Spazierweg von Grebbestad nach Tanum Strand.

Fahrradverleih in Grebbestad beim Info Centre (s. o.).

Der zweite Samstag im Juli ist in Grebbestad der **Karnevalstag**. Gefeiert wird von mittags, wenn der Umzug beginnt, bis in die Nacht.

Dauergast am Hafen von Strömstad

Strömstad (6100 Einw.)

Die kleine Hafenstadt verbindet wie nur wenige Westküstenorte urbanes Alltagsleben mit sommerlichem Fremdenverkehr. Der Hafen mit den Fischereianlagen bildet seit eh und je Strömstads Wirtschaftszentrum, verschiedene Fährlinien, darunter eine ins norwegische Sandefjord, unterstreichen die verkehrstechnische Bedeutung der Stadt. Ihre Lage dicht an der Grenze zieht denn auch zu verlängerten Wochenenden wie Ostern oder Pfingsten Zehntausende von Norwegern für einen Kurzbesuch an. Was sie lockt, ist nicht nur die schöne Schärenküste, die man ja im Süden des Nachbarlandes auch fände, sondern vor allem das niedrige Preisniveau. Doch auch umgekehrt funktioniert der kleine Grenzverkehr, denn nicht wenige Bewohner Strömstads und Nord-Bohusläns arbeiten im benachbarten Norwegen, wo die Löhne (wie die Preise) wesentlich höher sind als in Schweden.

Auch in historischer Hinsicht sind die Verbindungen eng, denn Strömstad gehörte, wie weite Teile Bohusläns, bis 1658 zu Norwegen. Erst nachdem der Ort schwedisch geworden war, wuchs seine Bedeutung als konkurrierender Handelsplatz zu den norwegischen Küstenstädten Halden und Fredrikstad. Dennoch blieb der Ort recht klein, bis der beginnende Badetourismus im 19. Jh. zusätzliche Impulse gab.

Stadtspaziergang

Vom Udden, dem großen Parkplatz vor dem Krankenhaus, hat man einen guten Überblick über den Norra Hamnen, wo die Passagierfähren zu den Koster-Inseln und nach Norwegen ablegen. Verschiedene Buchten und Schären umrahmen das Hafenbecken, und zum Stadtzentrum hin schiebt sich die kleine Halbinsel **Laholmen** mit dem gleichnamigen Hotel in die Hafenregion vor. Auf der Norra Hamngatan und über eine Brücke geht es zur anderen Seite des Strömsån hinüber. Beiderseits des kurzen Flussarms, der den Stadtsee mit dem Meer verbindet, liegen die Haupteinkaufsstraßen. Auf der Landenge von Laholmen, zwischen Norra und Södra Hamnen, befindet sich die Touristeninformation, kurz dahinter das markante alte Badehaus **Badanstalt,** das einen Besuch wert ist. Wer nicht im geheizten Meerwasser schwimmen will, findet im Untergeschoss, zum idyllischen kleinen Oskarsplatsen gelegen, eine Bäckerei und zur Strandpromenade allerlei maritime Einrichtungen, darunter Bootsverleih und Hafenkneipe. Auch die Ausflugsboote zu Schären und Badeplätzen starten hier. Auf der Promenade geht es vorbei am ehemaligen **Societätshaus Skagerrak-Strand,** das heute mehrere Gaststätten beherbergt, zum Jernvägtorget mit dem Stationshuset von 1903. Der Sackbahnhof ist noch in Betrieb. Er ist umgeben von den ältesten Gebäuden des Ortes, zahlreichen kleineren, bunten Holzhäusern, die den Platz und die angrenzenden Gassen säumen. Am Gästehafen vorbei geht es in den Fischereihafen auf **Torsholmen.** Zwischen Lagerschuppen und Kai haben sich auch hier Fischverkauf und Gastronomie auf Sommerbesucher eingestellt. Am Ende der Kais legt die Autofähre nach Sandefjord ab. Ein Abstecher führt daran vorbei ein kurzes Stück den Uddevallavägen weiter zum Lokstallet, der auch von außen sehenswerten ehemaligen Werkshalle der Eisenbahn, in der heute wechselnde (Kunst-)Ausstellungen stattfinden (✆ 19319).

Zurück am Järntorget geht es die Buktegatan entlang, vorbei an der kleinen Galleri Olivia (Mittsommer bis Mitte Aug. Mo–Fr 12–18, Sa 11–15 Uhr), dann ein Stück die Karlsgatan entlang, bis links der Fußweg Gällarstigen zum Stadtsee Strömsvattnet abzweigt. Auf dem Weg erreicht man das malerische Freilichtmuseum **Fiskatorpet,** das aus verschiedenen alten Fischerhütten, teils aus dem 17. Jh., besteht und in einem herrlichen Bauerngarten liegt. Das Café bietet hausgebackene Kuchen, im Sjöboden wird zeitweilig Kunst aus der Region ausgestellt, eine Freilichtbühne im Sommer dann und wann für Kulturveranstaltungen genutzt (Juni bis Mitte Aug. Mo–Fr 11–18, Sa/So 12–18 Uhr). Zurück Richtung Zentrum bleibt man auf dem

Freilichtmuseum Fiskatorpet

ufernahen Weg und trifft auf die Södra Hamngatan. Ein paar Meter weiter liegt das **Strömstadsmuseum,** das über die Geschichte des Fischer- und Badeortes informiert (Di–Do 11–16, Sa bis 14 Uhr). Entlang der Einkaufsstraße und über die Brücke erreicht man wieder den Ausgangspunkt.

Ausflüge ab Strömstad

Nach **Tjärnö** und **Saltö** geht es auf der Straße 176 nach Süden bis zum Campingplatz Daftö. Hier beginnt eine wunderschöne Strecke, die sich besonders zum Radfahren eignet. Über vier Inseln, teils durch hohe Brücken, teils durch Dämme miteinander verbunden, führt sie bis zum Straßenende bei einem kleinen Bootshafen. Auf Tjärnö hat das Marinbiologiska Laboratorium seinen Sitz, in dem man das Aquarium besichtigen und einen Kaffee trinken kann (✆ 68621, Juli bis Mitte Aug. Mo–Fr 14–17 Uhr). Unterwegs liegen attraktive Badestellen, Aussichtspunkte und das Naturreservat Saltö mit Spazierwegen durch ursprünglichen Wald zur Küste.

In **Skee,** nahe der E 6 gelegen, lohnt die romanische Kirche aus dem 12. Jh. einen Besuch. Wenige Kilometer weiter nördlich liegt bei **Blomsholm** eine bekannte Schiffssetzung, mit über 40 m Länge eine der größten des Landes und etwa aus dem 6. Jh. n. Chr. Hügelgräber und Steinkreise finden sich in der Nähe des Blomsholmskeppet, ein kurzer Spazierweg führt an den beeindruckenden Grabmalen vorbei. (Anfahrt ab E 6, Abfahrt Strömstad, Schild „Fornlämningar“, landeinwärts/Richtung Norden bis Bushaltestelle Böjenbo Södra, hier rechts – war 2010 unbeschildert.)

10 km vor der Küste liegen die **Koster-Inseln,** ein beliebtes Ausflugsziel ab Strömstad. Die beiden bewohnten, autofreien Hauptinseln werden mehrmals täglich, in der Hochsaison fast stündlich angesteuert (eine Tour 80 SEK, hin und zurück 120 SEK, von Okt. bis April ist es billiger, dann 50 bzw. 80 SEK). Die meisten der etwa 400 Insulaner wohnen auf dem lieblicheren und landwirtschaftlich besser nutzbaren Süd-Koster. Hier liegen vier kleine Siedlungen verteilt, dazwischen Weideland und Wald, etliche Feriendörfer sowie an der Ostküste schöne Strände. Nord-Koster ist rauer, vom schmalen Sund, über den im Sommer eine Seilfähre pendelt (2. Woche Juni bis Aug.), zieht sich ein kleines Siedlungsgebiet

Anleger auf Saltö

zur nahen Vettnet-Bucht, dahinter steigen die kahlen Gneiskuppen an, Wanderpfade durchziehen den Norden. Badeplätze, Unterkünfte und Lokale gibt es auf beiden Inseln, Süd-Koster eignet sich besonders zum Fahrradfahren. Wer die Inseln länger als für einen Tag besuchen will, sollte die Unterkunftsfrage unbedingt vorab klären.

Auf einen Blick

Vorwahl Strömstad: 0526

• *Information* **Strömstad Tourist**, Ångbåtskajen 2, 45230 Strömstad, ✆ 62330, www.stromstadtourist.se, Mitte April bis Aug. Mo–Fr 11–16, Sa bis 14 Uhr, Juni bis Mitte Aug. Mo–Sa 9.30–19 Uhr, im Juli tägl., übrige Zeit Mo–Sa 11–15 Uhr. Außerhalb der Öffnungszeiten im ICA-Markt gegenüber PC mit Infos.

• *Verbindungen* **Bus**: Verschiedene Buslinien nach/von Göteborg, auch der Sävlebussen nach Malmö hält hier, je 2-mal tägl. **Zug**: Zugverbindung mit Göteborg, 3- bis 5-mal tägl. **Schiff**: Autofähre Color Line fährt vom Terminal Torskholmen in 2:30 Std. nach Sandefjord, Südnorwegen, ca. 5 Abfahrten tägl., ✆ 62000.

Parken im Zentrum: Großer Parkplatz am Krankenhaus, vom Oslovägen immer geradeaus bis zum Wasser, dort rechts. Wie überall im Stadtbezirk gebührenpflichtig. Eine gute Alternative bietet der Park-and-ride-Service (beschildert ab Ortszufahrten mit **fri Pendelbus**), Abfahrt ca. alle 20 Min.: entweder am Ringvägen beim Schulzentrum – vom Oslovägen links abbiegen – oder am Uddevallavägen nahe dem Campingplatz.

• *Adressen* **Ärztlicher Dienst**: im Krankenhaus, Västra Hamngatan, also gleich beim Hafen, ✆ 28133. **Zahnärztlicher Dienst**: Folktandvården, Klockaregatan 2, ✆ 12575. **Apotheke** Kronan Drughandel, gegenüber der TI, ✆ 0771-612612, Mo–Fr 9–18, Sa 9.30–14 Uhr. **Polizeistation** in der Vestra Klevgatan. Die Haupteinkaufsstraßen liegen beiderseits des Kanals, große Supermärkte auf der grünen Wiese am Ortseingang, Oslovägen. **Post** im Koop-Supermarkt. Daftö Camping wechselt deutsche **Gasflaschen**.

Übernachten/Camping

Hotel Laholmen, das ältere Traditionshotel profitiert vor allem von seiner tollen Lage auf der gleichnamigen Halbinsel am Hafen. Den Außenbereich fanden wir etwas ungepflegt, die Berechnung von Parkgebühr und WiFi kleinlich, unglücklich den Aschenbecher unter der Speisekarte am Restauranteingang. DZ ab 1690 SEK. ✆ 19700, www.laholmen.se.

Hotell Krabban, zentral gelegenes, kleineres Stadthotel. DZ ab 890 SEK. Södra Bergsgatan 15, ✆ 14200, 📠 14204, www.hotellkrabban.se.

Crusellska Vandrarhemmet, März bis Nov. Vorbuchung in der Saison erforderlich. Gemütliche JH in ruhiger, zentraler Lage. Gutes Frühstücksbuffet. Ab 230 SEK/Pers., DZ 600 SEK. Norra Kyrkogatan 12, ✆ 10193, 📠 66140, www.crusellska.com.

Roddaren Vårt Vandrarhem, gut ausgestattete Herberge mit 2- bis 6-Bett-Zimmern in schlichtem 60er-Jahre-Bau, nahe der Zufahrtsstraße zum Zentrum gelegen, ab 190 SEK/Pers. Fredrikshaldsvägen 26, ✆ 0703-567919, www.roddaren.se.

• *Camping* Rings um Strömstad gibt es etliche Campingplätze und Ferienanlagen, die alle gut ausgestattet und im Sommer stark frequentiert sind. Mit Straßenlärm rechnen muss man bei Lagunen – die Straße zerschneidet den Platz bei Dynekil – die optische Idylle wird akustisch zunichtegemacht durch die Straßenbrücke der E 6 darüber.

Strömstads Camping, Mitte Mai bis Sept. Nur ein paar hundert Meter vom Zentrum entfernt auf einer bewaldeten Felsklippe gelegen. Schöne Blicke über Stadt, Buchten und Meer. Hübscher öffentlicher Badeplatz auf der ortsabgewandten Seite. Teils winzige Hütten ab 400 SEK/2 Pers. ✆ 61121, 📠 61349, www.stromstadcamping.se.

Capri, Mitte Febr. bis Okt., 6 km nördlich von Strömstadt hinter Seläter an der offenen Küste gelegene, riesige Anlage mit Strand, Pool und Sauna. Die komfortabel ausgestatteten FeHa stehen dicht an dicht.

Nur wochenweise, je nach Zeit erhebliche Preisunterschiede: von 3500 SEK bis 9500 SEK., ✆ 13940, ℻ 13941, www.brfcapri.se.

Daftö Resort, 5 km südlich von Strömstad am Abzweig nach Saltö, ganzjährig, großer, kinderfreundlicher, gut ausgestatteter Platz am Wasser, fast schon ein Freizeitpark, mit Abenteuer-Golf, Burgberg, Schwimmbad und Spa. Hütten ab 490 SEK/2 Pers. (nur Mitte Juni bis Aug.), FeHa ab 690 SEK/4 Pers. in der Vorsaison bis 7700–9975 SEK im Sommer (nur wochenweise). ✆ 26040, ℻ 26250, www.dafto.com.

Bjälveröd Camping, kleinerer, einfacher Platz nahe Daftö, die schmale Einfahrt von der Straße übersieht man leicht. An der grasigen Bucht sucht man sich selbst einen Stellplatz, abends kommt jemand zum Kassieren – eine ruhigere Alternative zum üblichen Trubel der Viersterneplätze.

Miltons Stugby, Mai bis Mitte Sept. Hütten und FeWo für 1–5 Pers., teils recht klein. In der Hochsaison nur wochenweise. Nord-Koster, ✆/℻ 20018.

Reservatet Nordkoster, Juni bis Sept., einfacher Zeltplatz, schön und einsam an der geschützten Haslevik gelegen. Hütten ab 5800 SEK/4 Pers., im Sommer nur pro Woche, Kajakverleih, ✆ 20466, ℻ 20090, www.reservatet.nu.

Kostergården Stugby, Mai bis Okt. Hütten und Hostel unweit des südlichsten Fähranlegers der Insel. Fahrradverleih. JH 200–300 SEK, Hütten ab 800 SEK/2 Pers. oder ab 1600 SEK/4 Pers. Im Sommer nur pro Woche. Kilesand, Süd-Koster, ✆ 20123, ℻ 20465, www.kostergarden.se.

Schiffssetzung von Blomsholm

Langzeit-Parkplatz auch für **WoMos** Richtung Campingplatz am Bootshafen (30 SEK/Tag, max. 3 Tage).

Auf den Koster-Inseln ist wildes Campen **verboten**, da Naturschutzgebiet.

Essen & Trinken

Restaurang Vidön, vielseitiges Lokal, gemütliche, entspannte Atmosphäre, Lunch und à la carte, WiFi, tägl. 11.30–22 Uhr. Norra Hamngatan 9A, Strömstad, ✆ 60062.

Restaurang Heat, zentral bei TI und Koster-Anleger gelegen, viel Fisch, nette Atmosphäre, Mo–Do 11.30–23, Fr bis1 Uhr, Sa 12–1, So 13–23 Uhr. Ångbåtskajen 6, ✆ 60067.

Rökeriet i Strömstad, tägl. 12–15 Uhr und ab 17 Uhr, serviert in freundlich-rustikaler Atmosphäre alles, was das Meer hergibt, nicht nur geräuchert. Torskholmen, ✆ 14860.

Göstases, im Keller der Schwimmhalle mit der Front zum Wasser liegt die schön altmodisch eingerichtete Hafenkneipe mit dem großen Wintergarten davor, in der man tagsüber bei Muschelsuppe oder Krabben den anlegenden Fährbooten zusehen kann. Abends trifft man sich am rettungsberingten Bartresen. Geöffnet nach Wetter und Nachfrage. Badhuset, ✆ 10812.

Kaffedoppet, Bäckerei mit angeschlossenem Café und entsprechend gutem Kuchenangebot, im alten Ortskern gelegen. Von der ersten Etage hat man den besten Überblick über den Hafen. Mo–Do 8–20, Fr bis 19 Uhr, Sa 9–16, So 11–17 Uhr. Järnvägstorget, ✆ 10115.

Park Restaurant, rustikales Restaurant und zugleich beliebter Pub mit etlichen Biersorten vom Fass. Das Kino im selben Haus sorgt mit für den regen Zuspruch. Mo–Do 11–24, Fr bis 1 Uhr, Sa 12–1, So 13–24 Uhr. Skolgatan 3, ✆ 14450.

The Cod, mittags wird am Kai serviert, abends im ersten Stock des weitläufigen

Hafenschuppens getanzt, das alles in der Atmosphäre des Fischereihafens. Wer hier bis zum Schluss durchhält, kann gleich bis zur Fischauktion (s. u.) aufbleiben. Mitte Juni bis Mitte Aug. tägl. 12–3 Uhr, übrige Zeit tägl., aber kürzer. Torskholmen ✆ 61500.

Sydkoster Hotell Ekenäs, gutes Restaurant im nicht so guten traditionsreichen Hotel, herrliche Lage. ✆ 20250.

Kosters Rökeri, direkt am Hafenkai gelegen und für taufrische Meeresfrüchte bekannt. Je nach Anlandung wechselnde Öffnungszeiten, im Sommer tägl., sonst an Wochenenden, Kläppeberget, Süd-Koster, ✆ 20073.

Aktivitäten

Bootstouren: Zur Badeinsel Furholmen (auch Restaurant) mitten in den Schären in 5 Min. ab Badanstalt, im Sommer mehrmals tägl.; zu den Koster-Inseln Passagierfähre ab Norra Hamn, mehrere Abfahrten tägl.

Fischauktion, Torskholmen, Di–Fr 7 Uhr, nur bei „Fangwetter".

Bootsverleih: Segel- und Motorboote bei Mare Adventure, Seekajak- und Motorboote bei Lagunen Camping und Daftö Camping, Motor- und Ruderboote beim Feriencenter Capri.

Tauchen auf Nord-Koster, Långegärde Brygga, bei Trident Divers, ✆ 070-6539095.

Badestellen liegen nahe der Campingplätze, auf Saltö und Råssö sowie zahlreich auf den vorgelagerten Inseln.

Schwimmen in der Badanstalt, Badhusgatan, ✆ 19600, jeden Tag andere Öffnungszeiten, im Prinzip Mo–Fr 8–19, Sa 19.30–16, So 12–17 Uhr. Das renovierte Badehaus ist selbst sehenswert, im 1. Stock blickt man vom Schwimmbecken oder der Sonnenterrasse direkt auf den Hafen.

Zum Bad gehört das **Kallbadhus** (20 SEK), auf schwimmenden Pontons ins Wasser gebaut, hier kann man in die **Sauna** gehen (Sept. bis Mai öffentl., 40 SEK, im Sommer nur privat zu buchen, 300 SEK), im „Innenhof" im Meer baden oder vom Turm die Aussicht genießen. Unterhalb des Hotels Laholmen gelegen, von der Badeanstalt aus kurzer Fußweg am Wasser entlang. Juni bis Aug. tägl., Sept. bis Mai Mi 17–20 und So 13–16 Uhr.

Fahrradverleih bei Capri, auf Süd-Koster bei Kostercyceln in Långagärde und bei Kostergården Stugby.

Nössemark
NORWEGEN
Bodals Viken
Stora Le
Tresticklan Nationalpark
Kråkviken
Lelång
172
Svärdlång
Ömmeln
Baljåsen 301
Egersknatten 262
Bengtsfors
164
Edsleskog
Åmål
45
Billingsfors
Laxsjön
Grann
Dalslands Kanal
Gutshof Baldersnäs
Årrsjön
Skottesjön
Lilla Le
164
Steneby
Dals Ed
Ivåg
Dals Långed
Sörknatten
Råvarpen
Tisselskog
Ånimmen
Södra Kornsjön
Marsjön
Snäckle Slus
Flötemarken
Bäckefors
Hallebäck
Håverud
Upperud
Yttre Bodane
166
Fjärdingen
Järbo
Köpmannebro
Kynnefjäll
Dalskog
Dalsland
Dals Rostock
Vaktar-Kullen
Mellerud
Sunnanå hamn
Sannesjön
Ambots-dalen
Kroppefjäll
Högsäter
Örsjön
Hedekas
Ragnerudsjön
172
Granan
45
Färgelanda
Kärnsjön
Sundals Ryr
Brålanda
173
Vänern
Ellenösjön
Östra Hästefjorden
Munkedal
Frändefors
Stora Hästefjorden
Ursand
Vänersborg
Halleberg
Dättern
161
Herrestad
Uddevalla
45
Vargön
Ammenäs
Havstensfj.
Gustavsberg
44
Hunneberg
44
Grästorp
Slussen
Öresjö
Trollhättan
Henån
Göta älv
Ljungskile
60
167
Bohuslän-Nord und Dalsland
6 km

Die lang gestreckten Seen Dalslands sind bei Paddlern beliebt

Unweit des Campingplatzes ist **Dalslands Moose Ranch** das Hauptbesucherziel des Ortes. Im Elchpark leben ca. zehn Tiere, und jährlich kommen hier mehrere Jungtiere zur Welt. Tagsüber hält sich die Herde in den Gehegen nahe dem Eingang auf, wo auch die Fütterungen stattfinden, ansonsten durchstreifen sie das größere Freigelände dahinter, das vom „Moosetrail" (1,5 km, Aussichtsplatz) umgeben ist. Sachkundige Führungen im Gehege werden ständig angeboten – näher kann man den Elchen nicht kommen.

✆ 070-2945012, Mitte Juni bis Aug. tägl. 11–18 Uhr, Elchfütterung um 11, 14 und 17 Uhr, übrige Zeit Besuch nur Sa 11–13 Uhr, Fütterung um 11 Uhr; 75 SEK.

In der Nähe liegt auch **Ängs gravfält,** ein schönes Wiesengelände und bedeutendes Gräberfeld aus der jüngeren Eisenzeit mit beeindruckenden Grabhügeln und zahlreichen Steinringen.

Abstecher nach Nössemark

Westlich des Stora Le geht die Straße Richtung Norden; ein beschilderter Abzweig führt in den **Tresticklan Nationalpark.** Das mit knapp 3000 ha relativ große, naturbelassene Waldgebiet setzt sich jenseits der Grenze mit dem 2000 ha umfassenden Naturreservat Lundsneset fort und bildet eine zusammenhängende Wanderregion (s. Wanderung).

Die ländliche Siedlung **Nössemark** erstreckt sich zum Stora Lee hin um die geschützte Bucht Strandviken; am Ufer liegen Bootshafen und Campingplatz. Zahlreiche norwegische Autokennzeichen lassen erkennen, dass die Grenze nur einen Katzensprung entfernt ist; zur Grenzstadt Halden, dem nächstgelegenen Ort, sind es nur rund 30 km. Bei Nössemark pendelt zudem die **Autofähre** Lee Floran über den See (rund um die Uhr, stündl. bis halbstündl.). Jenseits erreicht man auf einsamen, landschaftlich hübschen Strecken bei Bengtsfors wieder dichter besiedeltes Gebiet.

Wanderung 3: Tresticklan Nationalpark

Die Risstal-Landschaft ist von lang gestreckten Seen und Felsrücken geprägt, urtümlicher Kiefernwald konnte sich hier ohne menschlichen Einfluss entwickeln – nur wenige Gebiete Südschwedens wirken ähnlich unberührt. Wenige, aber gut markierte Pfade erschließen in einem unablässigen Auf und Ab zwischen moorig-feuchten Senken und felsigen Anhöhen den Park. Die grenznahe Wildnis stellte in der Zeit der deutschen Besetzung Norwegens einen wichtigen Korridor für Flüchtlinge dar, die vor den Nazis ins neutrale Schweden entkamen. Heute führt die Wanderroute ins norwegische Budalsvika auf diesem Fluchtweg entlang.

Tourdaten: Dauer ca. 4 Std., Länge 13 km, Schwierigkeitsgrad ***

Wanderhütte: Die norwegische Wanderhütte Budalsvika ist nur mit DNT-Schlüssel zugänglich.

Anfahrt: Von Dals Ed auf der Straße Richtung Nössemark erreicht man nach ca. 25 km einen beschilderten Abzweig nach links, der bis zum Wanderparkplatz Råbocken führt (WP 1).

Wegverlauf: An der Infotafel beginnt der mit roten Punkten markierte Weg, ein Wegweiser nennt auch schon die Reichsgrenze bei Budalsvika, unser erstes Ziel. Die breite, ab und zu aufgespaltene Spur führt nach 600 m in den **Nationalpark** hinein (WP 2); hier wird auf Tafeln die Risstal-Landschaft erklärt. Kurz gesagt: Der 1,7 Mio. Jahre alte Gneis ist in diesem Gebiet durch Spannungen in der Erdkruste gerissen. Für das geologisch weniger geübte Auge lässt die Landschaftsform eher die jüngere, glazial geprägte Vergangenheit erkennen; das Eis hat die vorhandenen Bruchzonen abgeschliffen und gerundet – das typische, flache Fjellrelief ist entstanden. Der Pfad führt über Fels, durch Feuchtsenken und lichten Kiefernwald und erreicht als erstes Etappenziel den namensgebenden See **Stora Tresticklan** (WP 3, 30 Min.). Eine Brücke führt über eine Seeenge, auf Treppen überwindet man eine steilere Klippe, dann zweigt nach links der **Rundweg nach Båtane** ab (WP 4) – hier werden wir später zurückkommen. Zunächst geht es aber geradeaus weiter, gleich an einem Teich vorbei, etwas später wieder zu einem **Abzweig** (WP 5, 1 Std.): Wegweiser beschildern nur den Parkplatz zurück und voraus unser erstes Ziel, nicht jedoch den Rundweg nach links; dorthin werden wir auf dem Rückweg abbiegen. Erst aber geht es auch hier geradeaus weiter, nun zum Ufer des **Norra Märdetjärn,** vorbei am nächsten Wegweiser und bald deutlich absteigend in eine Bachsenke. Über eine Plankenbrücke und vorbei an der nächsten Infotafel erreichen wir die **Grenze zu Norwegen:** Sie verläuft hier mitten durch den Bach, jenseits ist die Wanderhütte Budalsvika erreicht (WP 6, 1:30 Std.). Der Flüchtlingsstrom, der hier zwischen 1940 und 45 durchkam, war enorm: Von insgesamt etwa 50.000 Menschen, die aus Norwegen flohen, kamen 15.000 auf dieser Route nach Schweden. Sie mussten ab Halden beschwerliche 20 km Wildnis durchqueren, oft buchstäblich bei Nacht und Nebel und schlecht ausgerüstet. Begleitet wurden die Flüchtlinge von Grenzhelfern, die jeweils auf einer Route eingesetzt waren – aus Sicherheitsgründen kannten sie die anderen Wege nicht. Ebenso unabhängig voneinander arbeiteten die Kuriere, die Informationen aus dem besetzten Norwegen hinausschmuggelten und auf eigenen Strecken operierten. Der Fluchtweg über die unbewohnte Wildnis von Tresticklan galt als besonders sicher und wurde deshalb viel benutzt.

Zurück geht es auf demselben Weg wieder vorbei am **Norra Märdetjärn,** kurz dahinter dann am **Abzweig** nun nach

Karten S. 112 und S. 148/149

rechts (WP 5, 2 Std.). Gleich kommt der See wieder in Sicht, man steigt zu ihm ab und durchquert auf Planken eine sumpfige Senke, die ihn vom Södra Märdetjärn trennt. Wieder aufwärts, passiert die Route einen Steinmann und führt einige Minuten auf einem Felsrücken entlang, wo die Markierungen teils etwas spärlich werden – Aufmerksamkeit ist hier nötig. Nach halbrechts geht es in eine nächste Senke, nun wieder auf gut erkennbarem Pfad, und bald um eine Moorfläche herum, die an das Seeufer grenzt. Dann lässt man den See hinter sich und es folgt wieder felsiger Grund. Nach gut 2:30 Std. trifft man auf einen Pfeiler und **Wegweiser** (WP 7); in einem kurzen Abstecher geht es hier nach rechts Richtung Bråtane und Orshöjden. Hinunter in ein Bachtal und jenseits durch dichten Fichtenbestand erreichen wir sofort den alten **Hofplatz Bråtane,** heute nur noch eine grasige Lichtung, durch die der Pfad erneut aufwärts führt, um kurz darauf die höchste Anhöhe des Nationalparks zu erreichen, den 276 m hohen **Orshöjden** (WP 8, 3 Std.). Viel aussichtsreicher als so manche andere Kuppe im Park ist er allerdings auch nicht – die Bäume sind davor. Immerhin fällt der Blick zwischen ihnen hindurch auf einen idyllischen kleinen See. Zurück am **Pfeiler** (WP 7), folgen wir nun nach rechts weiter dem Rundweg und erreichen bald das Ufer des Orstjärnet, wo ein Bach hübsch über die glatten Felsen hinunterfällt. Er wird auf Planken überquert, bevor es steil zum nächsten Rücken aufwärts und auf diesem entlanggeht. Nach 3:30 Std. erreichen wir den nächsten See (WP 9), einen kleinen Nachbarn des **Stora Tresticklan,** dessen Ufer bald darauf ebenfalls auftaucht. Nun geht es zu diesem hinab und eine Weile nah am Wasser entlang, mit schöner Aussicht über kleine Schären und Buchten, anschließend durch eine schmale Senke und man steht am **Abzweig vom Hinweg,** wo sich die Runde nun schließt (WP 4, 4 Std.). Rechts zurück, über die Treppen und die Brücke (WP 3), vorbei an den Infotafeln bei der Nationalparkgrenze (WP 2), erreicht man nach 4:30 Std. wieder den Ausgangspunkt (WP 1).

Auf einen Blick

Vorwahl Dals Ed: 0534

• *Information* **Dals Ed Turistbyrå**, Södra Moränvägen 65 am Campingplatz, 66831 Ed, ✆ 19022, www.dalsed.se, nur Mitte Juni bis Mitte Aug. tägl. 10–18 Uhr.

• *Verbindungen* **Bus**: Linie 775 nach Bengtsfors und Åmål, 770 Strömstad – Ed – Bengtsfors, in Smeberg Anschluss nach Bullarebygden und Tanum mit Linie 882, ca. 2-mal tägl. **Zug**: Verbindung nach Halden (weiter nach Oslo) und Göteborg.

Parken: In Dals Ed zahlreiche Möglichkeiten im Zentrum und bei der TI.

• *Adressen* **Ärztliche Hilfe**: Vårdcentralen/Sjukhus Edsgärdet, ✆ 62110. **Apotheke** in der Magasingatan 10. Am Torget und in der Storgatan **Banken** und **Geschäfte.**

Übernachten/Camping/Essen & Trinken

• *Übernachten* **Hotel Carl XII**, schön gelegene alte Villa von 1898, stilvoll eingerichtet. Vom Restaurant (Mo–Fr 11–22, Sa 12–22, So 12–16 Uhr) traumhafter Blick auf den Stora Le. DZ ab 1045 SEK, im Annex Sjövillan ab 750 SEK. Storgatan 41, ✆ 61155, ℻ 12224, www.carlxii.com.

Hotell Dalsland, große, terrassierte Apartmentanlage am Lilla Le, von außen wenig ansprechend, aber von innen überzeugend: komfortabel, frisch renoviert und mit herrlicher Seeterrasse; hier bekommt man viel fürs Geld. Restaurant, Sauna und Pool im Haupthaus. Ab 930 SEK/2 Pers., Strömstadsvägen 2, 66831 Ed, ✆ 12350, www.hotelldalsland.se.

STF Vandrarhem Ed, ganzjährig. Kleinere, angenehme Herberge, ruhig und zentrumsnah gelegen. Fahrräder für Gäste frei. Ab 200 SEK, auch DZ ab 450 SEK. Strömstadsvägen 18, ✆ 10191, www.daggdroppen.com.

• *Camping* **Gröne Backe Camping**, ganzjährig. Großer, oft recht voller Platz am hohen Südufer des Lilla Le, teils mit Kiefernbestand. Die schwimmende Sauna muss man lange vorher reservieren! Zum Zentrum knapp 2 km auf schönem Uferweg. Hütten/4 Pers. ab 450 SEK. Södra Moränvägen, ✆ 10144, ℻ 10145, www.gbcamp.nu.

Nössemarks Camping & Gästhamn, Mitte Mai bis Mitte Sept., der ufernahe Platz ist quasi das touristische Zentrum Nössemarks, mit Sommercafé (Mitte Juni bis Mitte Aug. tägl. 11–21 Uhr), Kunst- und Trödelladen, Kiosk und Kanuverleih. ✆ 30014, www.nossemarks camping.blogspot.com.

• *Essen & Trinken* Außer den ordentlichen Hotelrestaurants (im Sommer mittags geschlossen) machen Imbiss und Pizzerien die nicht gerade aufregende Gastronomie in Ed aus. Ein kleiner Lichtblick ist

Fröken Johnssons Café, Torget, ✆ 10115, Mo–Fr 10–16, Sa 10–14 Uhr.

Café mitt på Lee, nördlich von Nössemark liegt am Ende der Welt das urige Hofcafé mit hausgemachten Waffeln und regionaler Küche – geöffnet ab Mai, genaue Zeiten unter ✆ 30052 und 070-5280924 oder am Camping Nössemark erfragen.

Bohuslän und Dalsland Karten S. 112 und S. 148/149

Aktivitäten

Kanu-, Boots- und Fahrradverleih: Canodal, Gamla Edsvägen 4, ✆ 61803, und am Campingplatz Gröne Backe.

Kanu-, Fahrrad- und Motorradverleih bei Villa Smile in Nössemark; deutsche Inhaber. ✆ 070-2980455.

Kanufahrten auf Stora Le und Lelången lassen auf sich problemlos zu mehrwöchigen Rundtouren ausdehnen. Allerdings können die weitläufigen Seen den Eindruck vermitteln, nicht recht voranzukommen, und auch Wind kann zum Problem werden. Routenbeschreibungen und Informationen bei Verleihstationen und TI.

Bengtsfors (3200 Einw.)

Hauptattraktion von Bengtsfors ist seine schöne Lage am Südarm des Lelången und inmitten weiterer Seen. Die Schleuse zum angrenzenden Bengtsbrohöljen ist der Wendepunkt der von Håverud kommenden Kanalschiffe; vom Vänern haben sie auf dem Dalslandkanal bis hierher in 20 Schleusen knapp 50 Höhenmeter überwunden.

Das Industriestädtchen selbst ist nicht besonders reizvoll, und so sammeln sich die Besucher rings um die **Schleuse** und am Seeufer mit dem kleinen Bootshafen.

Ein kurzer Aufstieg – oder eine steile Zufahrt – führt zur nahen Aussichtskuppe **Majbergen,** wo gleich mehrere Attraktionen versammelt sind. Die zahlreichen alten Holzgebäude des Freilichtmuseums **Gammelgården** verteilen sich über das felsige Gelände; ein Faltblatt erklärt sie (auch auf Deutsch). Wer sie von innen besichtigen will, halte nach Mitarbeitern des Heimatvereins Ausschau, die im Sommer Führungen anbieten (✆ 61075, Mai bis Sept. tägl. 9–15 Uhr, 50 SEK, übrige Zeit Gelände frei zugänglich, Häuser geschlossen). Auch die JH ist Teil der Anlage, eingezogen in den alten Herrenhof von 1748.

Ein Neubau beherbergt das **Café** mit der Aussichtsterrasse (✆ 0531-10148/12642) und das originelle Stroh-Museum **Halmens Hus,** das die Bedeutung dieses Rohstoffes im Laufe der Geschichte veranschaulicht: Er diente zum Bau von Lehmhütten und Fachwerkhäusern, als Dachbedeckung, zur Isolierung und Herstellung zahlreicher Gebrauchsgegenstände. In Heimarbeit hergestellte Strohhüte bildeten im 19. Jh. eine wichtige Einnahmequelle für landlose Kätnerfamilien.

Gammelgården, ✆ 12642, Mai bis Aug. Di–So 10–17 Uhr, Sept. bis Nov. und Feb. bis April Di–Fr 10–16 Uhr, Dez. Di–So 10–16 Uhr, Eintritt frei.

Die abwechslungsreiche Landschaft um Bengtsfors, also die zahlreichen Seen, Kanalabschnitte, Buchten und Landzungen, erkundet man am besten mit dem Boot oder auf folgender Radtour (ca. 50 km):

Radtour ab Bengtsfors

Von der TI in Bengtsfors überquert man Schleusenkanal und Seeabfluss auf der Hauptstraße und wendet sich am Kreisel rechts. Wer die 172 vermeiden will, kann links über den Majbergsvägen ausweichen, der später zur Hauptstraße zurückkehrt, muss dafür aber einige Steigungen in Kauf nehmen. Am Ortsende passiert man den Klovstjärn, dann biegt man an einer Gabelung links Richtung Åmål auf die 164 ab. Über die Landenge zwischen Laxsjön und Svärdlång, vorbei an einer Umtragestelle für Kanuten und einem Parkplatz mit Kiosk, geht es gleich wieder nach rechts von der Hauptverkehrsader weg und Richtung Skåpafors. Der Gamle Åmålsvägen passiert den am Seeufer gelegenen Ort oberhalb und kommt dann zur 164 zurück, kurz darauf kann man bei **Laxarby** aber schon Richtung Laxarby Kyrka

Besser als umtragen: Kanus in einer Schleuse des Dalslandkanals

und Fjäll nach rechts abbiegen. Nun wird die Strecke ruhiger und führt bald aus der Bebauung hinaus. Teils direkt am Ufer, teils durch Wald verläuft die gute Schotterstraße in sanften Wellen am **Laxsjön** entlang und eröffnet immer wieder schöne Ausblicke. Bei der kleinen Siedlung Fjäll trifft man auf eine Asphaltstraße, der man nach rechts Richtung Dals Långed folgt, bis ein kurzes Stück weiter ein Schild auf den **Gutshof Baldersnäs** hinweist. Ein Abstecher dorthin ist lohnend, entweder für ein Picknick in der weitläufigen Parkanlage auf der Landzunge oder eine Stärkung im Terrassencafé. Nun geht es am Seeufer entlang, vorbei am Bootsanleger nach **Dals Långed,** dort auf der Hauptstraße nach rechts, über Eisenbahngleise und eine Schleuse des Dalslandkanals hinweg. Bald zweigt eine Straße links Richtung **Dingelvik** ab, und auf ihr fährt es sich nun wieder gemütlicher. Zwischen Feldern und Waldstücken schlängelt sich die Straße hindurch, durchquert dann die ländliche Siedlung und trifft ein Stück weiter auf die 172. Auf dieser nach rechts, bis gleich ein Schild links auf einen Badeplatz hinweist. Von dieser Stichstraße zweigt sofort ein Fahrweg rechts zum **Dalsland Aktivitätscenter** und den „Jättegrytor" von **Steneby** ab, die das nächste Etappenziel darstellen. Vorbei am Gelände des Freizeitcenters und nach links erreicht man sie bei der Kirche von Steneby. Die teils meterbreiten **Gletschermühlen** liegen im Felshang des tief eingeschnittenen Flusstals und sind mit Pfaden und Infotafeln durch den Heimatverein gut zugänglich gemacht worden. Von der Kirche fährt man zum Aktivitätscenter zurück, dort nach links, über die 164 hinweg und in die Hofeinfahrt nach Åsen. Am Gehöft vorbei nach rechts und vor der 172 wieder links erreicht man die Nebenstraße nach **Gatan/Edsviken,** der man nun nach links folgt. Wieder wechseln Felder und Wald, eine erste Steigung ist zu bewältigen, einzelne Höfe säumen den Weg. Nach einer Weile kommt der See Ärtigen in Sicht, in Gatan/Edsviken hält man sich an einer Gabelung rechts und an den folgenden wieder: Es geht immer Richtung Bengtsfors um den buchtenreichen See herum. Auf einer Landzunge erhebt sich die Kirche von Ärtemark, dann erreicht man auf der Landenge zwischen Ärtigen und Lelången ein Kanucenter mit Campingplatz, dahinter führt die Straße am Ufer des Lelången entlang wieder nach Bengtsfors hinein, wo sich an der Schleuse die Runde schließt.

In der Umgebung

Auch zu Fuß gibt es zahlreiche lohnende Ziele rund um Bengtsfors, erreichbar auf markierten Wanderrouten.

Von Bengtsfors ca. 8 km nach Norden Richtung Gustavsfors, hinter Lund bei einer Parkbucht links der Straße beginnt der Wanderweg zum **Aussichtspunkt Egersknatten:** Das unscheinbare grüne Schildchen „Fornminne" neben der Straße ist leicht zu übersehen (soll aber verbessert werden!), am Wanderweg steht dann ein Wegweiser. Der halbstündige Aufstieg führt vorbei an zwei malerischen Waldseen zum vorzeitlichen **Grabhügel** auf der Gipfelkuppe, von wo man eine unendlich weite Aussicht über den Lelången hat. Der Egersknatten ist auch auf dem neu angelegten Fernwanderweg **Nordleden** von Bengtsfors nach Gustavsfors zu erreichen (28 km, Camping unterwegs bei Kråkviken).

Auf der westlichen Seite des Lelången beginnt bei Torrskog Bygdegård der **Torrskogsleden,** ein 26 km langer Rundwanderweg zu verschiedenen Aussichtskuppen, z. B. dem 200 m hohen **Örnknatten**. Abkürzungen sind möglich, das Gelände ist recht einfach.

Ein Windschutz findet sich entlang der Fernwanderwege in regelmäßigen Abständen

Auf einen Blick

Vorwahl Bengtsfors: 0531

- *Information* **Bengtsfors Turistbyrå**, Sågudden, 66631 Bengtsfors, ✆ 526355, 📠 526018, www.turism.bengtsfors.se, Mitte Juni bis Mitte Aug. Mo–Sa 9.30–18, So 11–16 Uhr, übrige Zeit Mo–Fr 10–16 Uhr.
- *Verbindungen* **Bus**: Linie 730 Göteborg – Uddevalla – Bengtsfors, mehrmals tägl., Linie 700 nach Mellerud und Vänersborg 1- bis 3-mal tägl.

Parken: An der TI und hinter den Supermärkten an der Storgatan.

- *Adressen* **Ärztliche Hilfe**: Sjukhus/Jourcentralen, ✆ 72510, und **Apotheke** in der Storgatan 7, **Banken** und **Geschäfte** in der Storgatan, im Konsum **Post.**

Übernachten/Camping

Baldersnäs Herrgård, im Herrenhaus komfortable, geschmackvoll eingerichtete Hotelzimmer, DZ 1390 SEK. Im Gårdskontor einfachere Unterkunft, DZ 795 SEK, oder man schläft im Hausboot, DZ 795 SEK. 2010 wurde das Zimmerangebot ausgebaut. Baldersnäs 22, Dals Långed, ✆ 41213, 📠 41245, www.baldersnas.nu.

Kanalvillan, ganzjährig, unbedingt reservieren, wunderschöne alte Holzvilla, einst Wohnsitz des Kanaldirektors, heute gemütliche JH, ab 275 SEK. Dals Långed, Stenebyvägen 11, ✆ 41116, www.kanalvillan.com.

Bootshaus, freundlich-helle JH- und Gästezimmer im 1. Stock, unten betreiben die – deutschsprachigen – Kanuspezialisten Laden und Verleih. Ab 160 SEK, DZ 500 SEK. Norra Grean 4 (an der Straße Richtung Campingplatz), ✆ 12540, 📠 12541, www.bootshaus.se.

Husbåtar-uthyrning, fünf schwimmende Hütten (2 Pers.), einfach ausgestattet, jede mit Motorboot davor; das Gespann ist schleusentauglich und schneller als ein Kanu! So kann man in eine beliebige Nische des Seengebietes schippern und dort Seele und Beine baumeln lassen. 5000 SEK/Woche. ✆ 31276, www.stugbaat.se.

STF Vandrarhem Bengtsfors, auf dem Hügel Majbergen und fast ein Teil des Freilichtmuseums, Mai bis Aug., 190 SEK. Gammelgården, ✆ 61075, www.gammelgarden.com.

• *Camping* **Dalsland Camping & Kanotcentral**, April bis Sept. Auf der Landenge zwischen Lelången und Ärtigen hübsch gelegen, 2 km von Bengtsfors entfernt. Verleih von Kanus, Booten und Rädern, kleine Hütten für 2, 4 und 6 Pers. 350, 450 und 500 SEK, Zimmer 350 SEK/2–4 Pers., ✆ 10060, 📠 10070, www.dalslandscamping.se.

Laxsjöns Camping & Friluftsgård, April bis Sept. Weitläufiger, gut ausgestatteter Platz auf einer Landzunge am Laxsjön. Von der eigenen Bahnstation (Friluftsgård) davor verkehrt der Schienenbus nach Bengtsfors (2-mal tägl.). FeHa/4 Pers. 720 SEK, Hütten/4 Pers. ab 420 SEK, JH DZ 340 SEK. ✆ 30010, www.laxsjon.se.

Norebyns Café & Camp, das große Blockhausrestaurant an der Straße zwischen Dals Ed und Bengtsfors fällt sofort ins Auge, die 11 Hütten am Seeufer des Grann sind in ähnlich urigem Stil gebaut, innen teils etwas vollgestopft. Einige Stellplätze, neue Duschen. Insgesamt sehr nette Bleibe ohne Massencharakter. Hütten ab 360 SEK/2 Pers. bis 1000 SEK/6 Pers. mit Bad. Restaurant s. u., ✆ 35017, 📠 35014, www.norebyn.se.

Vammervikens Camping, Mitte Mai bis Mitte Aug., kleinerer Platz an schöner Bucht nördlich von Gustavsfors, ✆/📠 20107, www.vammervikenscamping.se.

In **Kråkviken** einfacher Zeltplatz und Kanustation, Richtung Gustavsfors.

Bohuslän und Dalsland
Karten S. 112 und S. 148/149

Essen & Trinken

Rosellmagasinet, gemütliches Restaurant im alten Lagerhaus mit Terrasse direkt am Seeufer, gute Küche und Weinauswahl, moderate Preise. Juni bis Aug. Mo–Sa ab 17 Uhr, So ab13 Uhr, übrige Zeit Fr/Sa 17–21, So 13–18 Uhr. Karellbergsvägen, Bengtsfors, ✆ 10040.

Kikis Kaffestuga, auf dem Gelände des Freilichtmuseums. Der Blick von der Terrasse auf Bengtsfors und die Seen Lelången und Bengtsbrohöljen ist unübertrefflich. Mitte Juni bis Aug. Di–So 11–21, Sept. bis 16.30 Uhr, Mo 17–21 Uhr. ✆ 10148.

Baldersnäs, s. Übernachten, (Terrassen-) **Café Allé**, ✆ 41244, auf der Rückseite des Herrenhauses, Mittsommer bis Mitte Aug. 11–18 Uhr. Wunderschöner Blick über die Gartenanlagen bis zum See.

Norebyns Café & Camp (s. Camping), nettes Ausflugslokal mit Seeterrasse, das Lunchbuffet (12–16 Uhr) ist preiswert und vielfältig. Juni bis Aug. tägl. 11–19 Uhr, bei Bedarf länger.

Aktivitäten

Kanuverleih und Ausrüstung bei **Bootshaus**, s. Übernachten (sehr kompetenter Ausrüster, hochwertige Boote – „kein Blech").

Kanuverleih bei Dalslands Camping & Kanotcentral, Laxsjöns Camping und JH Kanalvillan.

Paddel- und Draisine-Touren bei Silverlake Kanotcentral, Brogatan 2, ✆ 12173, Zweigstelle in Kråkviken, 15 km nördlich von Bengtsfors. Großes Kanuzentrum, in Kråkviken auch einfacher Zeltplatz.

Von Halbtages- bis Zweiwochentouren ist bei allen genannten Verleihstationen alles möglich. Schön und windgeschützt ist die Strecke auf dem von Felshängen flankierten **Svärdlången**, interessant der buchtenreiche Südteil von Västra Silen und Östra **Silen**, abwechslungsreich sind die „**Kanalstrecken**" Bengtsfors – Billingsfors oder von Dals Långed nach Süden, durch mehrere Schleusen und auf schmalen Wasserwegen.

Draisinefahrten werden in Bengtsfors am Bahnhof angeboten: DVVJ, ✆ 526801. Die stillgelegte Strecke Richtung Årjäng, 52 km weiter nördlich, eignet sich für das „Fahrradfahren auf Schienen". Einer fährt, einer sitzt – oder beim Tandem zwei und zwei. 260 bzw. 390 SEK für die Zeit von 9–17 Uhr. Bei Hochbetrieb ist man auf der einspurigen Strecke allerdings oft mit Ausweichen beschäftigt, dann heißt es absteigen, Draisine von den Gleisen nehmen, Entgegenkommende durchlassen und wieder rauf auf den Schienenweg. Wenn dann die Strecke auch noch neben der Fahrstraße entlangführt, wünscht man sich vielleicht, doch gleich aufs Fahrrad gestiegen zu sein.

Dalslands Aktiviteter, Elchgehege, Hochseilgarten, Abenteuerspielplatz und Aquarium, dazu verschiedene Kurse – Familienbelustigung aus einer Hand. Steneby Gård, Dals Långed, ✆ 33086.

Schiffstouren auf dem Dalslandkanal von Bengtsfors nach Håverud Mo, Mi und Fr mit der M/F Storholmen, ✆ 10633, Di, Do und Sa mit der M/S Dalslandia, ✆ 530-31027 oder -31001, 4:30 Std., 250 SEK, inkl. Rückfahrt mit dem Zug 340 SEK (nur im Sommer, Abfahrt 9.50 Uhr, Ankunft zurück per Zug um 16 Uhr).

Åmål

(9400 Einw.)

Die kleine Bezirkshauptstadt an einem geschützten Nordwestzipfel des Vänern entwickelte sich ab dem 17. Jh. aus einem Marktflecken. Sie diente vor allem als Umschlagplatz für Eisenerz. Hafen und später die Eisenbahnlinie brachten weitere Industrie und Handel in den Ort.

Ein Bummel durch die kleine Altstadt führt zu einigen Gebäuden aus dem 18. und 19. Jh. Beginnen kann man ihn bei der TI, am heutigen Gästehafen gelegen, einem der beliebtesten am Vänern. Am Åmålsån entlang spaziert man um eine Flussbiegung zum baumbestandenen Markt, der **„Plantage"**, die von historischen Bauten eingerahmt ist: Zum Hafen hin befindet sich mit dem Vågmästargården von 1704 das älteste. Die rechtwinklig dazu gelegenen Bügerhäuser Dahlgrens- und Lilienstjernska gården stammen aus den 1780er Jahren, noch etwas später entstanden sind die beiden Gebäude gegenüber, der Waldenströmskagården um 1800, das Hantverksföreningens hus 1840.

Zur Kungsgatan hin grenzt dann das Stadtshotellet von 1902 an den alten Marktplatz, gegenüber liegt das Kulturhaus mit Bibliothek, Kunsthalle und gleich daneben beginnt die Einkaufsstraße. Richtung Wasser liegt die Gamla Kyrka, erbaut 1666 und heute als Kulturmagasin genutzt. Weiter zum Hafen findet man entlang der Gassen noch einige weitere historische Häuser, darunter auch ein altes Lagerhaus, das heute das **Heimatmuseum** beherbergt. Eingerichtet ist es mit verschiedenen Ensembles von anno dazumal, darunter ein Kramladen, ein Café sowie eine Schuster- und Schneiderwerkstatt (✆ 15820, Mitte Juni bis Aug. tägl. 12–18 Uhr). Das **Hantverksmagazinet** in der Norra Långgatan/Kyrkogatan verkauft Kunsthandwerk und befindet sich in einem schönen, alten Handwerkshof (Mo–Fr 10–18, Sa bis 14 Uhr). Gleich nebenan liegt das Strandcafé (✆ 14030, Di–Fr 11–18, Sa bis 14 Uhr). Richtung Campingplatz hat man im Örnäspark mit dem Hof Snarhöpsgården von 1805 und neun weiteren alten Gebäuden ein **Freilichtmuseum** eingerichtet.

Etwas außerhalb liegt das **Järnvägsmuseum.** Drei alte Dampfloks und vieles andere, was sonst noch auf Eisenbahnschienen fuhr, wird hier ausgestellt. Bei einem Besuch darf man sich nicht durch die Umgebung abschrecken lassen, die eher wie ein Schrottplatz wirkt – skurril.

Östra Bangatan, ✆ 15428, Mittsommer bis Mitte Aug. Mo–Fr 13–16 Uhr.

In der Umgebung

In Edsleskog, auf der 164 ca. 15 km westlich von Åmål, lohnt sich ein Abstecher zum **Baljåsen:** Ein kurzer, markierter Rundweg führt über Felskuppen und bewaldete Hänge zu schönen Aussichtsstellen. Am Parkplatz liegt der kleine **Hof Petersburg,** der heute dem Heimatverein als Veranstaltungsort dient. **Edleskogs Wärdshus** ist ein alteingesessenes Gasthaus mit kleinem Uferpark dahinter und seit Sommer 2008 unter rühriger neuer Leitung: Johan Postma sorgt in Kooperation mit Dalslands TI für zuverlässige Wandermarkierungen und -informationen in der Region (s. Übernachten und www.vandringscentralen.se).

Naturreservat Sörknatten/Vingenäsbergen: Westlich des Ånimmen gelegenes, abwechslungsreiches Wandergebiet und Schauplatz der Verfilmung von **Ronja Räubertochter.** Von der landschaftlich schönen Nebenstraße sind zwei Einstiege beschildert. Vom nördlichen, unweit der Schleuse bei Strömmen, führt die markierte Route (Beschilderung Baståsen/Sörknatten, 6 km, ca. 2:30 Std.) nach einem kurzen Waldstück auf die kahlen Felsrücken, die den Ånimmen auf weiten Strecken flankieren. Der Blick reicht über Seen und Wälder bis zum Vänern. In einer Stunde erreicht man den ersten „offiziellen" Aussichtspunkt Husdalsbergen, hinter dem sich das Wandergelände in den Wald senkt und in einer weiteren Stunde zur schon sichtbaren Felskuppe Sörknatten weiterführt. Ein steiler Pfad leitet auf die von Quarzit fast weiß gefärbte Anhöhe hinauf, jenseits wieder hinunter und über flaches Felsenterrain zum südlichen Parkplatz (Anfahrt von Süden besser beschildert, Wanderung zum Husdalsbergen hin und zurück 10 km, sehr empfehlenswert).

Südlich des Gebietes weist an der Straße bei Snäcke ein Schild „Naturreservat" auf ein anderes Besuchsziel hin, die Halbinsel **Ryrhalvön,** auf deren kalkhaltigem Boden im Frühsommer zahlreiche Orchideen blühen. Markierte Spazierroute.

Yttre Bodane ist ein Schärengebiet, das auch von Land aus zu erreichen ist. Vom Parkplatz führen markierte Wanderwege (1–2 Std.) zu den Schären, die teils mit Stegen verbunden sind und bei schönem Wetter zum Baden einladen. Auf dem Lassevägen erreicht man die ersten Badestellen nach kaum 10 Minuten.

Auf einen Blick

Vorwahl Åmål: 0532

• *Information* **Åmåls Turistbyrå**, Hamngatan 1, 66231 Åmål, ✆ 17098, 📠 16750, www.amal.se, Mitte Juni bis Mitte Aug. Mo–Fr 8–19, Sa 8–18, So 11–18 Uhr, übrige Zeit Mo–Fr 8–16 Uhr.

• *Verbindungen* Bahnhof und Busbahnhof am Strömstadvägen. **Bus**: Linie 775 über Bengtsfors nach Dals Ed, Linie 721 nach Mellerud, dort Anschluss an Linie 720 nach Håverud. **Zug**: mehrmals tägl. Verbindung Richtung Göteborg.

Parken: zentral an der TI und rings um den Bootshafen.

• *Adressen* **Ärztliche Hilfe**: Sjukhus/Läkarstation, Södra Långgatan, ✆ 17900. **Apotheke** in der Fußgängerzone Mellanbrogatan 3. **Polizei** Ecke Västerlång-/Norra Långgatan, ✆ 11414.

Übernachten/Camping

Stadshotell, gediegenes Traditionshotel in der Altstadt, komfortable Zimmer, gutes Restaurant, Lunchbuffet. DZ ab 895 SEK. Kungsgatan 9, ✆ 61610, 📠 61619, www.amalsstadshotell.se.

STF Vandrarhem Åmål, ganzjährig. Oberhalb des Bootshafens, mit weiter Aussicht über den Vänern gelegene Herberge in geräumigem Holzhaus. 225 SEK/Pers., auch DZ. Gerdinsgatan 7, ✆/📠 10205.

Edsleskogs Wärdshus, im gleichnamigen Ort, etwa 15 km westlich von Åmål an der 164. Hübsches, altes Gasthaus am See Edslan, unter holländischer Leitung. Im Sommer Café und Lunchrestaurant (Di–So 11–16 Uhr). DZ 795 SEK. Idealer Wanderstützpunkt; 7 verschiedene Pakete stehen zur Auswahl, für Wanderinfos ist man bei Johan Postma an der Quelle. ✆ 51055, www.edsleskogswardshus.se.

• *Camping* **Örnäs Fiske Camp**, ganzjährig. Kleiner Platz auf einer kiefernbewachsenen Landzunge im Vänern, 1,5 km vom Zentrum gelegen. Campinghütten für 2, 4 oder 6 Pers. ab 500, 600 oder 700 SEK. (Originelle Bootshäuser auf dem Hafensteg, nebenan Hafenindustrie – weit genug entfernt.) Gamla Örnäsgatan, ✆ 17097, ✆ 71624, www.ornasfiske.se.

Essen & Trinken

Hamn Compagniet, sommerlicher Treffpunkt der „Yachties & Yuppies", soweit man in Åmål von dieser Spezies reden kann. Innen sind die alten Hafenschuppen höchst geschmackvoll renoviert worden, außen sitzt man auf großer Terrasse am Seeufer oder auf der kleineren am Kai. Lunchbuffet, abends auch Pub und Disco. Restaurant Mo–Fr 11–22, Sa 12–22, So 12–18 Uhr. Disco ganzjährig Sa 21–2 Uhr, Juni bis Aug. auch Do. Hamngatan 3, ✆ 10010.

Restaurang Hörnan, in einem herrschaftlichen Holzgebäude, Mo–Do 12–22, Fr/Sa bis 1, So bis 22 Uhr, Kungsgatan 17, ✆ 14600.

Café XO, im Hantverksforeningens hus direkt am alten Marktplatz Plantagen. Beliebter Platz für einen Cappuccino oder Lunch, im Sommer auch im Hof mit Blick auf das historische Häuserensemble; auch Live-Konzerte. Im Sommer Mo–Mi 10–19, Do bis 23, Fr/Sa bis 1 Uhr, übrige Zeit Mo–Fr 11.30–14.30, Mi/Do bis 22, Sa 11–2 Uhr. Södra Ågatan 11, ✆ 10808.

Café Trädgården, süßes Sommercafé am Ufer, Strandgatan 1, ✆ 71014.

Aktivitäten

M/S Vänernvog fährt für ca. 2:30 Std. in den Tössebäcke Schärengarten (✆ 070-6073622): Juli bis Mitte Aug. Di–Fr und So 12 Uhr, 120 SEK.

Kanu- und Fahrradverleih bei Daltrail, Forsbackabaden (an der Straße 164 6 km westlich von Åmål), Mitte Juni bis Mitte Aug. tägl. 9–17 Uhr, dort auch **Draisinefahrten** und Kombinationen Kanu/Draisine, ab 2011 auch Camping geplant. ✆ 43115.

Not Quite, im Gebäude der alten Papierfabrik von Fengerfors ist ein Kulturzentrum mit Skulpturengarten und Café entstanden; Mitte Mai bis Aug. Mi–So 12–17 Uhr, ✆ 23388.

Blues Festival, alljährlich am zweiten Juliwochenende, eines der bekanntesten in Skandinavien.

Mellerud

(3800 Einw.)

Die Kommune erstreckt sich über die Ebene Dalboslätten mit Dalslands größten Anbauflächen und reicht vom bewaldeten Höhenzug Kroppefjäll bis zum Vänernufer. Im Norden verbindet der Dalslandkanal die waldreichen Seengebiete bis Bengtsfors und der berühmte Aquädukt überspannt in Håverud das Flussbett.

Der Ort Mellerud selbst ist touristisch weniger wichtig als seine abwechslungsreiche Umgebung. Im Zentrum prägt Einzelhandel die Straßen um den Köpmantorget, Sport- und Bildungsstätten liegen in der Nähe – ein typisches Unterzentrum. Auch für Besucher interessant ist das **Regionalmuseum** im alten Tinghus, das neben anschaulichen Milieus aus dem 19. Jh. in der "Hantverksgatan" auch ein Modell der mittelalterlichen Festung Dalaborg zeigt; die Burg stand einst am Vänernufer.

Tinghusgt. 1, ✆ 13214, Mo–Fr 10–16 Uhr, Mai bis Sept. auch Sa/So 11–15 Uhr, 20 SEK.

In den Binnenschären von Ytre Bodane

Eher skurril ist das **Nordiska Tomtemuseum**, das Weihnachtszwerge ausstellt und verkauft – ein Blick in das alte Industriegebäude der Gamla Bryggeriet mit dem Laden ist vielleicht lohnend, die kostenpflichtige Ausstellung aber kaum.
Järnvägsgt. 16, ✆ 40116, tägl. 10–18 Uhr, 40 SEK.

Eine Freizeitoase ist **Rådahallen** mit Spaßbad, Solariumstrand und Fitnessabteilung (s. u.).

Melleruds Lebensadern sind vor allem die Gewerbegebiete rings herum – bis jetzt. Man setzt seit ein paar Jahren jedoch verstärkt auf die Freizeitindustrie, und dort gilt inzwischen: Think Big. Richtung Vätternufer wird das an mehreren Projekten deutlich. Am Ortsrand liegt der örtliche Golfplatz, bis vor Kurzem einer wie viele, landschaftlich schön, aber ohne viel Schnickschnack. Nun soll er bis 2012 zum riesigen Nobelresort ausgebaut werden; eine Investition von 60 Mio. Euro. Die weitläufige Straßenanbindung und Werbetafeln waren 2010 schon entstanden. Weiter zur Küste hin entsteht bei Melleruds Bootshafen **Sunnanå** das nächste Großprojekt. Schon fertig ist eine Feriensiedlung im Stil der traditionellen "Sjöbodar", die teils auf Pontons ins Wasser gebaut wurden. Was in anderen Häfen urig wirkt – eine Handvoll dieser schmalen, zweistöckigen Bootsschuppen entlang der Holzstege –, wird hier mit 127 Häusern eher zur eintönigen Reihensiedlung (Vermietung z. T. privat oder über www.blocket.se). Im Hinterland nimmt man schon für den nächsten Bauabschnitt Anlauf, denn um ein kreisrundes Hafenbecken sollen weitere Feriendomizile entstehen; alles dies wurde, wie Tafeln verraten, mit EU-Geldern zur Entwicklung strukturschwacher Gebiete unterstützt. Der Wald wurde zwar schon gerodet, doch lang andauernde Probleme mit Baugenehmigungen behindern das Fortschreiten.

Der angrenzende, ursprüngliche Hafen mit Anlegern für ein paar Fischer- und Ausflugsboote ist vom trutzigen Stenhuset, dem Hamnkrog und dem alten Kontorgebäude umgeben. Dahinter schließt ein kleiner Uferpark an, von dem der Spazierweg an der Küste bis Vita Sandar führt.

Abstecher zum Dalslandkanal

Der spektakulärste Weg nach Håverud ist vermutlich die Fahrt auf dem Dalslandkanal. Von Köpmannebro führt die Strecke über den verwinkelten Svanefjorden, den mehrarmige Landzungen und zahlreiche Inseln gliedern.

Das Dörfchen **Upperud** liegt an einer ersten Gefällestufe. Im ehemaligen Getreidespeicher gleich neben den beiden Schleusenkammern ist das Hantverkshuset dem Kunsthandwerk der Region gewidmet (✆ 30780, Mittsommer bis Aug. tägl. 10–18 Uhr, übrige Zeit Mo–Fr 11–17, Sa/So bis 16 Uhr). Jenseits des Kanals liegt ein paar Gehminuten entfernt das 1995 eröffnete, sehenswerte Dalslands Art Museum, das einen Querschnitt durch die traditionelle wie moderne Kunstproduktion der Provinz zeigt (✆ 30098, März bis Dez. Di–So 11–17 Uhr). Nebenan befindet sich das Café Bonaparte (geöffnet wie Museum), im Stil des frühen 19. Jh. gestaltet, als die mit einem schwedischen Grafen verheiratete Nichte Napoleons, Egypta, hier wohnte. Auf dem Upperudshöljen erreicht das Schiff nun bald **Håverud,** das Zentrum des Dalslandkanals (zentraler, kostenloser Parkplatz am Upperudsvägen, hinter der JH).

Altes Schiff in alter Schleuse bei Håverud

Die vier in den Felsen geschlagenen Schleusen, die gut zehn Höhenmeter überwinden, sind nicht die einzige Attraktion von Håverud. Der Kanal wird hier außerdem in einem **Aquädukt** über das schroffe Flussbett hinweggeführt. Die Stromschnellen zwischen den Seen Åklången und Upperudshöljen stellten das Haupthindernis beim Bau des Wasserweges dar. Wer nicht per Schiff über die eiserne Brückenkonstruktion, eine technische Meisterleistung des Kanalbau-Ingenieurs Nils Ericson von 1868, fahren will, kann das Schauspiel vom benachbarten Felshang oder von der hoch darüber hinwegführenden Straßenbrücke aus verfolgen.

Im **Kanalmuseum** wird die Entwicklung des Wasserweges nachgezeichnet, seine Bedeutung für verschiedene Wirtschaftszweige aufgezeigt und die Lebensbedingungen der Bewohner zu Zeiten des Kanalbaus werden liebevoll vorgestellt: die passende Ergänzung nicht nur zur Bootstour.

✆ 30624, Juli bis Mitte Aug. tägl. 10–18 Uhr, Mai bis Sept. 11–16 Uhr, 30 SEK.

Auch auf dem Landweg ist die Annäherung an Håverud reizvoll. Von Norden lohnt sich die Strecke über Tisselskog, wo bei **Högsbyn** die Hällristningar am Seeufer des

Råvarpen beschildert sind. Zahlreiche interessante Felsritzungen sind in dem Wiesengelände zu entdecken. Zwischen Parkplatz und Gartencafé (Juli bis Mitte Aug. 12–16 Uhr) ist ein kleines Museum eingerichtet, das in Modellen und Fundstücken das Leben der Bronzezeitmenschen anschaulich macht und in Beziehung zu den Felsbildern setzt. Auf Knopfdruck erschallt der Klang der oft abgebildeten Luren (Juli bis Ende Aug. tägl. 11–17 Uhr).

Abstecher nach Dals Rostock

Fährt man von Håverud Richtung Süden, bietet sich die Nebenstrecke ab **Dals Rostock** an, die durch das Hochplateau des Kroppefjäll, ein beliebtes Wandergebiet, führt.

Das hübsche Dörfchen am Rand des waldreichen Kroppefjäll war einst ein Kurbad und hält diese Tradition heute in etwas abgewandelter Form aufrecht. Die alten Kuranlagen liegen rings um das alte Kurbadrestaurant von 1885, heute **Heimatmuseum** mit Kaffeeausschank (✆ 20670, Mitte Juni bis Mitte Aug. tägl. 11–18 Uhr, Eintritt frei). Der benachbarte **Kräutergarten** enthält vor allem Heilkräuter, die um 1900 vom örtlichen Schulrektor hier kultiviert sowie für Kuranwendungen und Medikamente benutzt wurden. Heute werden die Pflanzen, Kräuterprodukte und Kunsthandwerk auch im angrenzenden Laden verkauft (Kerstins Ateljé, ✆ 20608, Juni bis Aug. tägl. 13–18 Uhr).

Folgt man der Straße durch den lang gezogenen Ort, trifft man oberhalb des Supermarktes auf die alte Bahnstation. Die Zeit, als Kurgäste per Zug anreisten, ist zwar vorbei, doch wurde das ehemalige **Bahnhofsgebäude,** das von 1908 bis 1941 existierte, im Jahr 2000 rekonstruiert, allerdings im Maßstab 1:2, was das im Schweizerhausstil mit Türmchen gestaltete Gebäude noch origineller wirken lässt. Im Laden nebenan kann man sich für 20 SEK einen Schlüssel ausleihen und das Gebäude „betreten" – allerdings beträgt die Deckenhöhe nur 1,44 m (siehe auch www.stationen.rostock.se).

Die alten Kuranalgen von Dals Rostock

Badesteg bei Håverud

Snäckekanal ansteuern, der aus den lang gestreckten Seen Ånimmen und Ärrsjön besteht. Dort bei der Schleuse Snäcke Sluss auch Kanuvermietung, ✆ 0530-34120. Auch die **Vänernküste** ist ein interessantes Revier; nach Norden ist das nahe gelegene Schärengebiet vor der Halbinsel Yttre Bodane ein reizvolles Ausflugsziel

Fahrten auf dem Dalslandkanal: MF Dalsland fährt Mitte Juni bis Aug. tägl. von 13.15 bis 16.45 Uhr von Haverud via Aquädukt zu den Felszeichnungen von Högsbyn und zurück (✆ 31097). M/S Dalslandia befährt die Strecke Haverud – Bengtsfors Mittsommer bis Aug. Mo, Mi und Fr 10.50 Uhr. M/S Storholmen verkehrt zwischen Håverud und Bengtsfors Di, Do und Sa auch 10.50 Uhr (beide brauchen 5 Std., Näheres bei Bengtsfors).

Die Håfvreström macht Rundfahrten durch die Schleusen zum angrenzenden See (1:30–2 Std., Infos bei der TI). Noch kürzer ist eine Fahrt mit dem urigen kleinen Dampfboot S/S Hamfri (12 Passagiere) vom Hantverkshuset in Upperud nach Håverud. Juni bis Aug. tägl. 12–17 Uhr zu jeder vollen Std. ab Upperud, zu jeder halben Std. ab Haverud ✆ 33780, 20 SEK eine Tour, 30 SEK hin/zurück.

Freizeitbad Rådahallen, Mittsommer bis Mitte Aug. nur Mo + Do 13–17.30 Uhr, dafür zum Schnäppchenpreis von 30 SEK inkl. Sauna. Übrige Zeit Mo–Fr 15–20, Sa 10–16, So 13–17 Uhr, 58 SEK. Bergsgt. 28, ✆ 13050.

Badestellen bei den Campingplätzen; Vita Sandar wird auch Riviera des Vänern genannt, hier gibt es einen herrlichen Strand und kinderfreundliches Flachwasser.

Angeln kann man im Vänern kostenlos.

Ponyreiten und Farmer Golf (eine Cross-Country-Version) bei Skötterud, s. Camping.

Färgelanda (2000 Einw.)

Die große Kommune erstreckt sich zwischen Kroppe- und Kynnefjäll, mit viel Natur und Platz für Urlauber; ein sommerliches Rückzugsgebiet für alle, denen es an der Küste zu hektisch wird. Der Ort Färgelanda selbst ist ein beschaulich-unspektakuläres Städtchen; rings um das Centrumshuset mit Bibliothek und Kunstausstellung liegen die Geschäfte und Cafés, besondere Highlights sucht man vergebens.

In der Umgebung

Am südlichen Ortsrand liegt das eisenzeitliche Gräberfeld Håvesten mit einem Domarring und mehreren hohen Bautasteinen, ein Stück weiter bei Ödeborg das **Brötegårdens Museum** mit vorgeschichtlichen Funden aus Dalsland, untergebracht in einem originellen Gebäude im altnordischen Stil.

Die RV 172 führt bei **Dagsholm** über die Seeenge zwischen dem Ellenösjön und Östersjön. Hier liegt das Freizeitgebiet des Ortes mit Golfplatz, Badestelle, Spazierwegen und einem Aussichtsturm am Ufer. Die lang gestreckten Seen bilden ein hübsches Paddelrevier.

Richtung Osten führt die Nebenstraße nach Brålanda durch das südliche **Kroppefjäll;** der Berghof Granan mit dem Aussichtspunkt und Sommercafé ist unterwegs beschildert. Von dort erreicht man die Einstiege in das Wandergebiet (s. u.).

Auf einen Blick

Vorwahl Färgelanda: 0528

• *Information* **Turistbyrå Färgelanda**, Centrumshuset, Timmervägen 12, 45831 Färgelanda, ✆ 567300, www.fargelanda.se, Mo–Do 9–19, Fr bis 17 Uhr, Sa 10–13 Uhr.

• *Adressen* **Ärztliche Hilfe**: Vårdcentralen, Håvestensvägen, ✆ 10810, **Apotheke** am Centrumsvägen, gegenüber der TI.

Übernachten/Camping/Essen & Trinken

• *Übernachten* Alle folgenden Unterkünfte haben empfehlenswerte Restaurants, außerdem auch Dagsholm Golfklubb, ✆ 20385.

Furåsen Kök & Hotell, freundlich geführtes Hotel mit modernem Standard, an der Kreuzung der RV 172 und 173. Stigenvägen 2, ✆ 75020 und 070-3497698, www.furasen.com.

Dagsholm Hotell & STF Vandrarhem, 6 km südlich von Färgelanda in naturschöner Lage am Ellenosjön, JH nur Juni bis Aug., pro Pers. im DZ 275 SEK, im Hotel DZ ab 695 SEK. ✆ 19990, ℻ 19999, www.dagsholm.se.

• *Camping* **Ragnerudsjön Camping och Stugby**, Mai bis Sept. 2 km von Högsäter entfernt am Kroppefjäll und an einer Badebucht gelegener, teils baumbestandener Wiesenplatz, idealer Ausgangspunkt für Wanderungen. Hütten ab 560 SEK/4 Pers. Jolsäter/Högsäter, ✆ 0528-40064, ℻ 40776, www.ragnerudssjonscamping.se.

• *Essen & Trinken* **Kaffestugan Granan**, herrlicher Garten. Kroppefjäll, Mai bis Aug. tägl. 12–21 Uhr, ✆ 0521-35360 oder 10115.

Restaurang M Kitchen, Ragnerudsjön Camping (s. o.), nur im Sommer, beliebt für Lunch und verschiedene Themenabende.

Aktivitäten

Wanderungen im Kroppefjäll: Zwischen Granan Kaffeestuga und Ragnerudsjön Camping mehrere Einstiege in das markierte Routennetz, z. B. ab Parkplatz am See Store Kvarndålet Richtung Lunnarna; nach gut 1 km Gabelung Ambolsbäcken mit Möglichkeiten zu verschieden langen Rundtouren (Lunnarna – St. Ålevatnet – Ambolsbäcken ca. 2 Std., Svingsjön – Lunnarna – St. Ålevatnet–Ambolsbäcken ca. 3 Std.) Infos und Karten beim Campingplatz und in der Kaffeestube. **Achtung**: Die Etappe am Campingplatz war 2010 nicht zuverlässig markiert, bitte dort nachfragen (die Leute dort sind zuständig).

Kanuverleih bei Dalslands Naturguide in Rådanefors, ✆ 070-3490093 und beim Campingplatz, dort auch Fahrradverleih.

Badeplätze beim Camping und nahe Dagsholm.

Blick vom Aussichtsturm auf den Hornborgsjön

Västergötland und Närke

Zusammen erstrecken sich die beiden Provinzen von der Westküste bei Göteborg bis Örebro am Hjälmaren. Entlang des Götaälv verlief einst die Grenze nach Norwegen, heute bildet der Fluss die Trennungslinie zur Provinz Bohuslän. Die Spaltentäler des Götaälv, Viskan und Ätran prägen zusammen mit flachen Kalkplateaus wie Hunne- und Halleberg die Landschaft im südlichen Västergötland.

Zwischen Vänern und Vättern liegt ein abwechslungsreiches Stück Schweden. Historische Städtchen inmitten alter Kulturlandschaft, Hafen- und Fischerorte an den Küsten, Süßwasserschären und sandige Badebuchten finden sich hier reihenweise. Die felsige Urwaldlandschaft des Tiveden Nationalparks ist ideal zum Wandern, mit Fahrrad oder Boot lässt sich der Götakanal entdecken. Im Norden liegt die Stadt Örebro am Hjälmaren, wichtiges Handelszentrum seit dem 13. Jh. und für ihr beeindruckendes Schloss bekannt.

Süden und Mitte Västergötlands

Abseits von Küste und Binnenmeeren erstreckt sich eine vielfältige Region, die alle Zutaten für einen typischen Schwedenurlaub vereint: herrliche Seen und verträumte Landsitze, Großstadttrubel in Schwedens Shopping-Zentrum Borås, entspannte Urlaubsorte wie Ulricehamn, Wander- und Radrouten auf alten Bahntrassen, bei Falköping beeindruckende Megalithgräber und aussichtsreiche Plateauberge, bei Skara mittelalterliche Kirchen und einen riesigen Freizeitpark.

Vorgeschichte in Västergötland

Das Gebiet zwischen den Binnenmeeren – Mellansjön oder Skaraborg genannt – hat eine vieltausendjährige Siedlungsgeschichte; die fruchtbaren Ebenen zwischen bewaldeten Höhenzügen sorgten früh für reiche Ernten und eine damit wachsende Bevölkerung. Landwirtschaft reicht hier 6000 Jahren zurück. Mit der Sesshaftigkeit kommen die großen Steingräber auf, für die besonders Falbygden berühmt ist und die in unterschiedlichen Typen von der Jungsteinzeit bis zur Zeitenwende reichen. Bei einem Besuch im **Falbygdens Museum** in Falköping und einer anschließenden Tour durch durch Falbygden erschließt sich diese Megalithkultur auf ideale Weise (siehe S. 196 ff.).

Alingsås (23.000 Einw.)

Der gut 40 km von Göteborg entfernte Ort strahlt kleinstädtische Gemütlichkeit aus. Um den Stora- und Lilla torget, geteilt durch den Bachlauf Lillån, sind Kopfsteingassen von schönen alten Holzgebäuden aus dem 18. und 19. Jh. gesäumt. Handel und Textilindustrie prägten das Wirtschaftsleben des Ortes; dazu trug ab 1862 die Eisenbahn bei, heute führt auch die E 20 durch Alingsås. Museal geht es trotz schöner Fassaden in der „City" nicht zu, jedenfalls nicht werktags. Dafür sorgen die zahlreichen Geschäfte, Cafés und Restaurants, dazu der Wochenmarkt (mittwochs und samstags). Richtig trubelig wird es alljährlich zum „Potatisfestivalen", das mit Jahrmarkt, Musik- und Theaterbühnen, Essbuden und Straßenkunst gefeiert wird (am Wochenende vor Mittsommer, Donnerstag bis Sonntag). Anlass dazu gab der Textilfabrikant Jonas Alströmer, der 1724 als Erster in Schweden Kartoffeln anbaute – hier in Alingsås, auf seinem Landgut Nolhaga, dem heutigen Stadtpark. Dieser liegt herrlich zwischen Zentrum und Seeufer des buchtenreichen Mjörn und ist vom mäandrierenden Säveån durchzogen.

Sehenswertes

Am Lilla torget fällt das trutzige **Museumsgebäude** von 1731 auf (z. Zt. geschl.), ehemals Lager der Alströmer Textilmanufaktur. Am anderen Ende des Platzes steht am Stora torget das rosa **Rathaus,** ein repräsentatives Holzhaus von 1769, damals Wohnsitz der Fabrikantenfamilie Alströmer. Gegenüber ist **Hedéns Länga** ein typisches Holzhausensemble des 18./19. Jh., mit Kolonialwarenladen nach vorne, Lager und Stallung im Hinterhof. Ähnliche Handels- und Handwerkerhöfe liegen auch entlang der **Kungsgatan,** darunter mit Nr. 27/28 **Nygrens Handelsgård** von 1750. Hier lässt sich im Hofcafé pausieren und in Baldershages Diversehandel herrlich stöbern. Nimmt man dessen Hauptausgang zur **Drottninggatan,** trifft man gegenüber in Nr. 24 auf einen alten Gerberhof, daneben liegt Ekstedts Hofcafé. Rechts verläuft die **Nygatan** mit weiteren schönen Holzgebäuden, deren Läden und Lokale den perfekten Rahmen für einen Einkaufsbummel abgeben.

Nolhaga ist mehr als ein Stadtpark; auf dem Landgut der Alströmer-Familie findet man neben Spazierwegen am Fluss und im Laubwald auch Spielplatz, Minizoo, Sportanlagen, Kleingärten, Aussichtsberg und ein Schloss – erbaut um 1900.

Der Park grenzt mit einem Vogelschutzgebiet an den **Mjörn,** dem mit 55 km^2 weitaus größten See der Region und mit zahlreichen Inseln und Schären gespickt; ein

Dals Ed
Ivåg
Sörknatten
Tisselskog
Bäckefors
Håverud
Upperud
Yttre Bodane
166
Kynnefjäll
Fjärdingen
Dalskog
Köpmannebro
Dalsland
Mellerud
Dals Rostock
Sunnanå hamn
Kroppefjäll
Orsjön
Granan
Spiken
Läckö
Kållandsö
Otterstad
172
45
Hindens Rev
Hällekis
Kinnekulle
Sundals Ryr
Brålanda
Vänern
173
Kinneviken
Frändefors
Lidköping
Vänersnäs
Husaby
Östra Hästefjorden
44
Ursand
Stora Hästefjorden
Vänersborg
45
Dättern
Uddevalla
Halleberg
Skara
Vargön
44
Hunneberg
Grästorp
E20
Trollhättan
44
Ulvstorp
Öresjö
Vara
Ljungskile
Göta älv
Gökhem
Lilla Edet
Ingelsängen
Sollebrunn
Herrljunga
Anten
Lödöse
Vårgårda
Kyrkarp
Älvängen
Hjällnäs
Nol
Östad
Alingsås
Älmestad
42
Kungälv
190
Mjörn
Banvalle
Vänga
Surte
Färgen
180
Timmele
Kärra
Floda
Hedared
Bredared
Hökerum
Stenkullen
Tollered
Ubbarp
45
Sparsör
Aspen
Frufällan
Ulricehamn
E20
Lerum
Marbäck
Borås
Göteborg
Ånghester
Åsunden
40
Erikstorp
40
Vegby
41
Målsryd
Mölndal
Torpa

Skagern
Finnerödja
Askersund
Laxsjön
Alsen
Brommö
Sjörtorp
Lyrestad
Älgarås
Unden
Fagertjärn
Aspabruk
Tived
50
Torsö
Göta Kanal
Mariestad
Töreboda
Tivedens nationalpark
Utnäset
Medevi Brunn
Granvik
Forshem
26
Tåtorp
Viken
49
Forsvik
Vättern
Götene
200
Varamobaden
Karlsborg
Lundsbrunn
Berg
Lerdala
Naturreservat Blängmossen
Vadstena
Eggby
Billingen
Brevik
Skövde
Tibro
49
Borghamn
50
Varnhem
Hornborgasjön
Omberg
Broddetorp
Hjo
Väderstad
Stenstorp
Gudhem
Ödeshög
Torbjörntorp
Kungslena
Åsle
Mossebo
Falköping
Luttra
Karleby
Madängsholm
Sommen
Ålleberg
Kinnarp
Vartofta
Visingsö
Sandhem
Hökensås
Tranås
Åsarp
Gränna
Örserum
Fagerhult
Trädet
Säby
Humla
Furusjö
Brötjemark
Blidsberg
Mullsjö
Dalum
Hullaryd
Marbäck
Aneby
Fagerslätt
Bredestad
Bottnaryd
Jönköping
Tenhult
Västergötland
8km

Aktivitäten

Lights in Alingsås, das international bekannte Festival findet seit 1999 alljährlich im Oktober statt. Lichtdesigner setzen spannende Akzente in der Stadt und ihrer Umgebung und locken Tausende von Besuchern hierher. In der verzaubernden Atmosphäre finden Konzerte und Ausstellungen statt. Ca. 4. Woche Sept. bis Okt.

Wandern: Ein beliebtes Gebiet ist der Höhenzug Risveden, den der Risvedspåret erschließt. Klevsjöloftet (184 m) ist ein schöner Aussichtspunkt. Wanderkarte in der TI.

Boots- und Kanuverleih bei den Campingplätzen.

Fahrradverleih bei Perfect Mountainbike och Cycel, Färgaregt. 18, ✆ 18022

Borås (63.400 Einw.)

Die Großstadt auf halber Strecke zwischen Göteborg und Jönköping ist das unbestrittene Zentrum der Region Sjuherad. Verkehrsreich und geschäftig wirkt sie, nicht unbedingt wie der ideale Urlaubsort. Wer allerdings Shopping zu seinen Freizeitvergnügungen zählt, ist in Knalleland genau richtig. In dem als Hauptsitz des schwedischen Versandhandels entstandenen, riesigen Gewerbegebiet haben sich inzwischen unzählige Outlets angesiedelt. Der Name stammt übrigens von den fahrenden Händlern, Knallar, die sich um 1620 zuerst hier niederließen – auf Geheiß des Königs Gustav II Adolf. Diesem war das in dieser Region entstandene Hausiererwesen ein Dorn im Auge, umging es doch die Steuern, die in den Mauern der Marktstädte erhoben wurden. So schritt der König gegen das illegale Treiben ein: Viele der Händler mussten sesshaft werden und Borås entwickelte sich. Von dieser Stadtgeschichte ist allerdings nichts mehr zu sehen, nur die Bronzeskulptur Knallen in der St. Brogatan erinnert daran; vier große Brände, der letzte 1827, vernichteten die Bebauung.

Eher greifbar ist die Industriegeschichte von Borås als Standort der Textilproduktion, u. a. in den schönen Ziegelbauten der Baumwollspinnerei, heute Sitz des Textilmuseums, und der alten Weberei, Spielstätte des Stadttheaters. Tradition hat besonders die Baumwollverarbeitung. Bis heute wird die Region um Borås von Textilindustrie geprägt; etwa die Hälfte der in Schweden produzierten Stoffe und Kleidungsstücke stammt von hier.

Sehenswertes

Die City liegt um den **Stora torget,** der seinem Namen wirklich gerecht wird. Stattliche Wohn- und Geschäftshäuser säumen ihn, überragt vom Rathaus. Um den zentralen Brunnen herum wird Wochenmarkt gehalten, im Juli und August verwandelt sich der Platz jeden Donnerstagabend zur Bühne für kostenlose Konzerte. Die **Caroli-Kirche,** ältestes Gebäude der Stadt, grenzt an den Platz. Erbaut nach dem ersten Brand von 1681, überstand sie die weiteren beschädigt und wurde dreimal restauriert (Eingang Skolgatan, Mo–Fr 12–18, Sa 11–13 Uhr). Die **Einkaufsachsen** Österlånggatan/St. Brogatan kreuzen sich ebenfalls am Stora torget; auf beiden erreicht man das Ufer des **Viskan.** Auch der schöne **Stadtpark** mit Rosarium und Teich grenzt an den Fluss. Über City und Park verteilen sich zahlreiche Kunstwerke, die man teils an überraschenden Orten findet, so z. B. die Buddha-Büste im Fluss oder die von hohen Schornsteinen nahe der Hochschule flatternden „Wäscheleinen". Ein Prospekt beschreibt diese interessante **Kunst im öffentlichen Raum** (erhältlich in der TI). Das **Kunstmuseum** mit seinen Exponaten und Ausstellungen besonders zur zeitgenössischen Kunst bildet dazu eine gute Ergänzung (Di–So 11–17 Uhr, Do

Am Viskan in der Innenstadt von Borås

bis 19 Uhr, 40 SEK, Kulturhuset, P A Halls Terrass, ✆ 357671). Das **Abecita** Konstmuseum hingegen ist nur für Gruppen zugänglich, abgesehen von der **Fotokunst** mit erstklassigen wechselnden Ausstellungen (s. u. Abecita Konstcafé; 40 SEK).

Im **Textilmuseum** erlebt man die Arbeitsbedingungen um 1900 hautnah; auf der Führung durch die ehemalige Produktionshalle werden Maschinen in Gang gesetzt, und während etwa an einem Webstuhl faszinierend feine Stoffe entstehen, ahnt man, welch ohrenbetäubendem Lärm die Arbeitenden damals ausgesetzt waren, wenn davon hunderte liefen. Die enorme Größe einer solchen Fabrik verdeutlicht ein Modell: Von oben blickt man auf schier unendliche Reihen von Näherinnen. Eine kleine Modeabteilung und wechselnde Ausstellungen, z. B. Abschlussarbeiten der Designstudenten, sind im Obergeschoss zu sehen.

Druveforsvägen 8, ✆ 358950, Juni bis Aug. Di–So 11–17 Uhr, Führungen 12.30 und 14.30 Uhr; übrige Zeit Di/Do bis 20 Uhr, Führungen auch 16.30 und 18.30 Uhr, 40 SEK.

Ein weiteres lohnendes Ziel ist der **Ramnaparken** mit dem Borås Museum am Ufer des Ramnasjön, eine grüne Oase, wenn auch in Hörweite der Schnellstraße. Das neugestaltete **Museum** zur Regionalgeschichte beherbergt als ein Highlight die „Frau aus Dannike“, eine gut erhaltene Moorleiche. Im Sommer öffnet das angrenzende Freilichtmuseum seine Häuser.

✆ 358580, Mai bis Sept. Di–So 11–16 Uhr, übrige Zeit nur So, Eintritt frei.

Besonders Kindern wird **Borås Djurpark** gefallen. Der Zoo beherbergt sowohl afrikanische als auch einheimische Tiere, zu den Stars gehören Giraffen und Löwen, Bären und Elche, Affen und Pinguine. Ein schönes Savannengehege und der Robbensee bilden das Kernstück der weitläufigen Anlage, ein neues Bärengehege wurde 2010 eröffnet.

Fristadsvägen, ✆ 353277, Mittsommer bis Mitte Aug. tägl. 10–17 Uhr, Mai bis 1. Woche Sept. tägl. 10–16 Uhr, April/Okt. nur Sa/So, 190 SEK, Familien 620 SEK, bei Buchung einer Unterkunft in Borås (egal ob Camping, Hütte oder Hotel) wird der Zoo-Eintritt günstiger.

Das **Naturreservat Rya Åsar** westlich der Stadt ist ein abwechslungsreiches Wandergebiet. Über teils felsige Kuppen verteilen sich Eichen- und Fichtenwald, altes Weideland, Seen und Aussichtspunkte. Vom Haupteingang bei **Björbostugan** führt ein kurzer Rundweg zu schönen **Aussichtspunkten,** darunter Ryssby klint (Ekskogen, 4 km), ein längerer vorbei an Rya klint weiter ins Innere des Reservates mit Nadelwald und Seen (Vilmarken, 9 km). Im Norden grenzt das Gebiet an den **Öresjön,** wo bei Almenäs ein beliebter Badeplatz liegt. Ryssby- und Hestra klint sind auch ab der RV 180 beschildert und zu Fuß in wenigen Minuten erreichbar.

Abstecher nach Rydal

Die beschauliche kleine Siedlung, 25 km südlich am Viskan gelegen, entwickelte sich ebenfalls mit der Textilindustrie; hier entstand 1853 die erste Spinnerei der Region, mit Wasserkraft als Antrieb. Das trutzige, dreistöckige Fabrikgebäude mit den noch funktionierenden Maschinen bildet den Kern des spannenden **Industriemuseums,** zu dem auch die alte Werkssiedlung mit Arbeiterwohnungen und Schule sowie die Villa des Direktors gehört. Eine weitere Besonderheit ist der Generator von 1896; die Fabrik bekam schon 1882 als eines der ersten Gebäude in Schweden elektrisches Licht.

Rydalsmuseum och Spinnerei, Borasvägen, ✆ 0320–93300, Juli bis 1. Woche Aug. Di–Fr 12–17 Uhr, Vorführungen 13 und 15 Uhr, Sa/So und übrige Zeit (dann Mo/Fr geschl.) 12–16 Uhr, Eintritt frei, Spende erwünscht.

Abstecher nach Hedared und Vänga

Drei lohnende Ausflugsziele liegen nordwestlich der Stadt: Hedareds Stavkyrkja, Unos Djur in Bredared und Vänga Kvarn.

Richtung Alingsås liegt an der RV 180 in **Hedared** die einzige erhaltene Stabkirche Schwedens, ein äußerlich recht unscheinbares Holzgebäude, dessen älteste Teile auf das 12. Jh. zurückgehen. In ihrer heutigen Form wurde die Kirche vermutlich um 1500 erbaut. Von der Stabbauweise – aus senkrechten Pfosten – ist wenig zu erkennen, auch fehlen die Schnitzereien, Drachenköpfe oder übereinandergeschichteten Dächer, wie man sie von den berühmten norwegischen Stabkirchen kennt. Diese gehört eher zum schlichteren Urtyp. Innen gab es im Laufe der Zeit viele Änderungen; Holzfußboden und -decke kamen später hinzu, ebenso die Einrichtung. Nur die Altarbilder sind original, ein Prozessionskreuz stammt aus dem 12. Jh., eine Madonnenstatue aus dem 13./14. Jh.. Um 1830, als die Gemeinde eine neue Kirche erhielt, sollte diese eigentlich abgerissen werden. Doch die Bewohner widersprachen den Behörden und setzten das Kirchlein in jahrzehntelanger Eigenarbeit instand. Weitere Restauratio-

Die kleine Stabkirche von Hedared

nen erfolgten in den 1930er und 1990er Jahren, mit dem Ziel, dem ursprünglichen Aussehen der Kirche wieder näher zu kommen.

Mitte Juni bis Mitte Aug. tägl. 11–18 Uhr, Spende erwünscht.

Bei **Bredared** werden in einem neuen Museum, Unos Djur, die erstaunlich lebendig wirkenden Tierschnitzereien des Holzkünstlers Uno Axelsson präsentiert, die auch Kindern gefallen dürften. Aus knorrigen Wurzeln, verwachsenen Stämmen oder Ästen tauchen seine Figuren auf, als hätten sie schon immer darin gewohnt – aber es brauchte einen besonderen Blick, um sie zu entdecken. Dieser Blick für die künstlerischen Möglichkeiten macht, verbunden mit handwerklichem Geschick, den Reiz von Unos Tieren aus.

Museet Unos Djur, Bredareds Hembygdsforening, Bygdegård, ✆ 245450, Mai bis Aug. Mo, Mi, Do und So 10–18, Di bis 21 Uhr, Sa bis 15 Uhr, 40 SEK.

In **Vänga**, an der RV 42 gelegen, steht die voll funktionsfähige Dorfmühle von 1850 am Flüsschen Säveån. Hier wird im Sommer Getreide gemahlen, im Café das Backwerk daraus verkauft, hier finden Kunstausstellungen statt und werden Konzerte gegeben. Aber auch ein Bummel durch das schöne alte Mühlenmilieu ist für sich schon lohnend.

Vänga Kvarn & Kafé, ✆ 268143, Juni bis Aug. Di–So 11–19 Uhr, ab Mai und bis Sept. nur Sa/So. Musikveranstaltungen Sa/So 15 Uhr, Mi 19 Uhr.

Auf einen Blick

Vorwahl Borås: 033

• *Information* **Borås Turistbyrå**, Österlånggatan 1–3, 50331 Borås, ✆ 57090, www.boras.com, Mitte Juni bis 1. Woche Aug. Mo–Fr 10–19, Sa/So bis15 Uhr, übrige Zeit Mo–Fr 10–18, Sa bis14 Uhr.

• *Verbindungen* **Bus**: Stadtbusse und Büro von Västtrafiken am Södra torget, Überlandlinien ab Resecentrum/Bahnhof, z. B. Linie 100 nach Göteborg und Ulricehamn, Linie 550 nach Alingsås.

Zug: Verbindungen u. a. nach Göteborg, Varberg und Uddevalla.

Parken: außen um den Cityringen zahlreiche Parkplätze, 2 SEK/Std., z. B. an der Magasingatan hinter dem Bahnhof.

• *Adressen* **Ärztliche Hilfe** und **Apotheke** im Södra Älvsborg Sjukhus, ✆ 6161000, **Apotheke** Kronan zentral: Alleegt. 43, ✆ 450450. **Polizei**: Sandgärdsgt. 15, ✆ 11414. **Einkaufen**: in der City um den Stora torget, in Knalleland ca. 100 Läden, viele Ketten und Outlets, Mo–Fr 10–19, Sa/So bis 17 Uhr. Außerhalb hat Gällstad (s. Ulricehamn) ein riesiges Einkaufszentrum besonders für Bekleidung.

Västergötland und Närke
Karten S. 172/173 und S. 228/229

Übernachten/Camping (siehe Karte S. 180)

In Borås fehlt das Mittelfeld; man hat nur die Wahl zwischen Luxus oder schlicht. Wie in allen Großstädten sind im Zentrum die üblichen Hotelketten vertreten, bei denen sich evtl. ein Blick auf die Wochenendrabatte lohnt – ansonsten landet man bei 1500–2000 SEK fürs DZ. Im First Grand Hotel halbiert sich der Preis auf ca. 1000 SEK, im Comfort bei 40 % Rabatt auf 950 SEK, Scandic geht gut ein Drittel runter auf 900 SEK, ebenso viel verlangt Best Western, ist werktags mit 1200 SEK (aber nur im Annex) das günstigste. Alle diese Hotels haben WiFi und Spa, geht man nach dem Normalpreis, ist Scandic das interessanteste:

Scandic Plaza (4), modern-geschmackvoll, Spa im 6. OG. Superiör-DZ mit abgeteilter Sitzecke sind werktags nicht teurer als ein Standard-DZ: 1490 SEK. Allégatan 3, ✆ 785820, ℻ 7858211, www.scandichotels.com.

Vila Minihotel & Vandrarhem (9), zentral und preiswert, wäre unsere Wahl in der City. Die JH befindet sich im Altbau (Rezeption), mit schönem Aufenthaltsraum und schlichten Zimmern, 195 SEK, auch DZ. Gegenüber

im Kauf- und Parkhaus (Fahrstuhl) ordentliche Hotelzimmer, teils mit Etagenbad. WiFi und heiße Getränke inkl., der Frühstücksraum ist fensterlos. DZ 560 SEK, mit Bad 760 SEK. **Achtung**: Keine Barzahlung möglich! Lilla Brogt. 11, ✆ 226969, www.vila.nu.

CentRum Turistlogi (10), einfaches Hostel im verwinkelten Eckhaus, das Mobiliar ein skurriler Mix aus Flohmarkt und IKEA. Mehrbettzimmer und Apt., ab 400 SEK/2 Pers. Nygatan 4a, ✆ 419246, www.cent-rum.se.

• *Camping* **Borås Camping (1)**, ganzjährig. Die riesige Anlage am Viskan mit fast 500 Stellplätzen liegt günstig zwischen Tierpark, Klettergarten und Freibad auf der einen, Knalleland und Naturreservat auf der anderen Seite; besonders Familien zieht es hierher. Hütten ab 440 SEK/2 Pers., das **STF Vandrarhem** liegt ebenfalls hier, 225 SEK, auch DZ. Paketpreise mit dem Zoo. Campinggt. 25, ✆ 353280, ✆ 140582, www.borascamping.com.

Seglora Familiecamping, Mai bis Sept. Der ländlich gelegene Platz nahe Rydal ist mit seinen gerade mal 18 Plätzen und drei Hütten auf großzügigem Wiesengelände eine kleine Oase der Erholung. Hütten 300 SEK/4 Pers. Kyrkbyn Furulund, ✆/✆ 0320-91020, www.seglora.se/camping.

Essen & Trinken

Die Auswahl an Lokalen ist recht groß, wenn auch die Küche generell von Fleisch und mediterran geprägt ist. Außer den folgenden sind auch die Hotelrestaurants Brasseriet und Renässans (Allégt. 21 und 32) beliebt, letzteres besonders zum After Work.

Restaurang Oliven (9), die gute Küche deckt sozusagen die Nordküste des Mittelmeeres ab, von iberisch bis kleinasiatisch; Hauptgericht ab 150 SEK. Mo–Do 16.30–23, Fr bis 24 Uhr, Sa 12–14, So 13–21 Uhr, Mo–Fr auch 11.30–14.30 Uhr. Lilla Brogt. 11, ✆ 101065.

Babbel Restaurang & Bar (11), das Lokal im gediegenen alten Stadthaus nahe dem Viskan ist ein beliebter Treffpunkt, im Sommer draußen. Steaks und Tapas. Mo–Do 16–23, Fr bis 24 Uhr, Sa 12–24, So 13–22 Uhr. Västerbrogt. 15, ✆ 133132.

Café Viskan (12), moderner Mix aus Kaffeehaus und Bar, herrlich am Fluss gelegen, mit Blick auf den Park. Mo–Mi 7.30–21, Do bis 22, Fr bis 23 Uhr, Sa 9–23, So 10–19 Uhr, Lunch Mo–Fr bis 15 Uhr, à la carte nur Fr/Sa 19–22 Uhr. Södra Strandgt. 5, ✆ 102580.

Jensens Bøfhus (6), im Gewölbe des Rathauses, ähnelt im Stil etwas einer bekannten „Familienrestaurant"-Kette, es gibt aber deutlich interessanteres Essen als bei McD... Fleischfans jeden Alters kommen hier auf ihre Kosten; unschlagbar günstig ist der Lunch. Mo–Do 11–21, Fr/Sa bis 23 Uhr, So 12–21 Uhr, Österlånggt. 35, ✆ 107820.

Almenäs Café (2), schön gelegenes Lunchcafé am Badeplatz des Öresjön, tägl. 10–18 Uhr. Almenäsvägen 48, ✆ 246024.

Abecita Konstcafé (3), in der alten Korsettfabrik nicht weit entfernt vom Trubel Knallelands lässt sich deutlich kultivierter Pause vom Shopping machen; im Museum ist nur die Fotoausstellung zugänglich (s. o.), aber einige Werke hängen immer auch im lichten Foyer mit dem Kaffeetresen. Mi–Fr 12–18, Sa/So 11–15 Uhr, Herrljungagt. 15, ✆ 0768-350100.

• *Nachtleben* **Brasseriet (5)**, im Pub des Hotel Jazz wird am Wochenende aufgelegt oder live gespielt, das Publikum ist bunt gemischt. Mo–Do 17–1, Sa bis 2 Uhr, Allégt. 21, ✆ 100136.

Puls Bar & Lounge (7), Club und Disco mit studentischem Publikum, Di und Do–Sa 22–2 Uhr, bis 23 Uhr freier Eintritt. Stora Brogt. 9, ✆ 129075.

Trägårn (8), Treffpunkt der jüngeren Clubszene; Themen wie Popland, Noise oder Love Addicts geben die musikalische Richtung vor; live wird schwedischer Rock und Pop geboten. Fr/Sa 21–2 Uhr, im Sommer auch Do. Sven Eriksonspl. 2–4, ✆ 122488.

Aktivitäten

Sommartorsdagar Live-Konzerte finden donnerstagabends auf dem Stora torget und im Stadtpark statt, umsonst und draußen, Juli bis Mitte Aug.

Navet Science Center, in der großartigen Industriearchitektur einer alten Textilfabrik werden unzählige Aspekte von Natur und Technik anschaulich gemacht. Experimentieren, ausprobieren, entdecken und staunen sollen die – meist jungen – Besucher hier. Mittsommer bis Mitte Aug. tägl. 11–16 Uhr, übrige Zeit nur Sa/So, 100 SEK. Nybrogt. 9a, ✆ 4109.

Kletterwald Upzone, vier verschieden anspruchsvolle Kletterzonen stehen zur Verfügung, die leichteste ab 6, die schwierigste ab 13 Jahren; 250 SEK, tägl., Zeiten müssen gebucht werden: Fristadsvägen 24, ✆ 411741, neben dem Zoo.

Kanuverleih beim Campingplatz Borås.

Fahrradverleih bei der TI.

• *Baden* **Stadtbadet**, zentral im Stadtpark gelegen, ist das Freizeitbad der Stadt. Juli bis Mitte Aug. Mo–Fr 10–20, Sa/So bis 16 Uhr, übrige Zeit Mo–Fr ab 6.30 Uhr und 1 Std. länger. Sven Eriksonsgt. 29, ✆ 357399.

Alidebergsbadet, großes, beheiztes Freibad neben Campingplatz und Zoo, Mitte Juni bis Mitte Aug. Mo–Fr 7–19, Sa/So 10–18 Uhr, Alidelundsgatan, ✆ 357425.

Schöne **Badeplätze** liegen am Södra Kypesjön (nahe Zoo) und bei Almenäs am Öresjö.

Västergötland und Närke
Karten S. 172/173 und S. 228/229

Ulricehamn (9300 Einw.)

Das Städtchen am Ufer des Åsunden wirkt recht beschaulich. Kaum zu glauben, dass es vor dem 2. Weltkrieg ein Jahrhundert lang als mondänes Kurbad die Reichen und Berühmten angezogen haben soll, darunter Selma Lagerlöf und die blaublütigen Bernadottes. Beweisstücke dafür finden sich nur wenige, allen voran das heutige **Folkets hus** in der Nygatan: Die verspielte Holzvilla diente als Veranstaltungsort der kultivierten Unterhaltung; noch heute ist das Kino hier untergebracht. Und dann natürlich das **Kallbadhus** auf der Badebrücke im See, das in modernisierter Form weiter seinem Zweck dient: Es beherbergt heute eine Sauna, von der aus man zur Abkühlung – wie damals – in den See hinabsteigt (tägl. 6–22 Uhr, Tickets in der TI oder an der Q8-Tankstelle). An der modernen **Brygga** mit beliebtem Restaurant und Aktivitätscenter liegt das **Ausflugsschiff** MS Sylvia, mit dem man über den lang gestreckten See und zu herrschaftlichen Gutshöfen schippern kann (Juli/Aug. Sa 10, So 14, Mi ca. 18 Uhr, ✆ 530170).

Die nette Einkaufsstraße Storgatan verbindet den Lilla- mit dem **Stortorget,** Kopfsteinpflaster, niedrige Holzhäuser und das **Rathaus** von 1789 strahlen kleinstädtische Gemütlichkeit aus. Die angrenzende **Kirche** stammt von ca. 1400; schon im Mittelalter war der Ort – damals Bogesund genannt – eine Station auf der wichtigen Fernstraße zwischen dem Götareich und der dänischen Grenze. Innen sind schöne Deckenmalereien zu sehen, auf Knopfdruck erschallt entweder Orgelmusik oder wird eine kurze Kirchengeschichte erzählt – auch auf Deutsch (im Sommer tägl. geöffnet).

Die alten Verkehrswege werden heute als Rad- und Wanderrouten wiederverwendet (s. Wanderung) und führen durch die abwechslungsreiche Landschaft des Ätradalen.

Abstecher Richtung Süden: zum Torpa Stenhus

Rings um den Åsunden sind verschiedene alte Herrenhöfe erhalten, unter denen Torpa Stenhus mit Abstand der bedeutendste sein dürfte.

Torpa ist von der Straße Borås – Ulricehamn erreichbar; bei Dannike geht es nach Süden und auf schmalen Straßen zum südlichsten Abschnitt des Åsunden, dem durch die Landzunge Torpanäs fast ganz vom Hauptsee abgetrennten Torpasjön. Schon von der Zufahrt hat man über den Lillasjö hinweg einen guten Ausblick auf das beeindruckend mächtige, weiße Gebäude. Turm und Eingang liegen noch unsichtbar dahinter. Vorbei an den Wirtschaftsgebäuden mit dem netten **Hofcafé** führt ein kurzer Fußweg dorthin.

Torpa Stenhus wurde im späten 14. Jh. als Wehrburg im damaligen Grenzgebiet des Götareiches angelegt und bis 1550 zu seiner heutigen Form erweitert: Ein hoch aufragender, strenger Steinbau mit zentral davorgesetztem Turm, seinerzeit eine fast uneinnehmbare Festung. Befestigte Adelssitze dieser Art wurden im Mittelalter zahlreich in der Grenzregion zu Dänemark (im heutigen Halland) errichtet. Erst mit dem Frieden von Roskilde 1658 wurden sie strategisch überflüssig. Die Festung war bis 1660 bewohnt, wurde dann jedoch als Getreidespeicher verwendet, bis sie in den 1930er Jahren wieder in ihren Originalzustand zurückverwandelt wurde. So gewinnt man denn bei der Wanderung durch die Räume und Etagen Einblicke in das Wohnen und Leben der Adels- und Ritterschicht um 1500. Im Kellergewölbe lagen Vorratsräume und Kerker, in der **Borgstugan** im Erdgeschoss war die Wachstube der Grenzsoldaten untergebracht, außerdem ist hier die **Kapelle** zu

Gustav Vasa und Katharina Stenbock

Der **Rittersaal** im ersten Stock von Torpa Stenhus war 1552 Schauplatz eines historisch greifbaren Ereignisses, der Verlobung Gustav Vasas mit der erst 16-jährigen Katarina Stenbock. Die Tochter des hier ansässigen Adelsgeschlechtes wurde mit dem schon 56-jährigen König noch im selben Jahr in Vadstena getraut; vermutlich eine Zwangsehe auf höchstem Niveau. Nachdem der König neun Jahre später gestorben war, durfte seine Witwe nicht wieder heiraten; eine Verfügung, die Thronfolgestreitigkeiten abwenden sollte. Gustavs Ehe mit Katarina war kinderlos geblieben, während er aus seinen beiden vorherigen Ehen elf Nachkommen hatte; drei seiner Söhne folgten ihm auf den Thron. Katarina erlebte sie alle und wurde deren Beraterin und Vermittlerin. Sie überlebte Gustav Wasa um 61 Jahre und starb im hohen Alter von 85. Nach Torpa kam sie nie wieder zurück, aber über die Gründe hierfür kann man nur spekulieren.

besichtigen, die im 17. Jh. hier eingerichtet und im Barockstil kostbar ausgeschmückt wurde. Die beiden Etagen darüber sind in je vier Räume aufgeteilt, darunter ein großer Saal.

Torpa Stenhus, ✆ 033-281324, Juni bis Mitte Aug. tägl. 11–17 Uhr, Führungen stündl., auf Englisch um 11 Uhr, ab Mai und bis Mitte Sept. nur Sa/So, 60 SEK.

Bei Torpa überquert die Straße die Seeenge hinüber zur Halbinsel Torpanäset mit dem gleichnamigen **Naturreservat.** Markierte Wanderwege führen durch altes Kulturland mit schönem Laubbaumbestand und entlang den Ufern von Torpasjön und Ytre Åsunden; am **Gutshof Hofsnäs** (Café, Mai bis Aug. tägl. 11–19, Sept. bis 16 Uhr) treffen sie zusammen.

Abstecher Richtung Norden: Radtour nach Dalum und Blidsberg

Dieser ca. 40 km lange Ausflug lässt sich ideal mit dem Fahrrad unternehmen. Auch Teilstücke sind möglich; den Radweg Banvallen erreicht man auch in Dalum. Mit dem Auto erreicht man alle Punkte über die RV 46.

Dem asphaltierten Banvallen folgt man in Ulricehamn, z. B. ab **Bryggan** (Fahrradverleih) Richtung Norden bis Timmele, biegt am Ortseingang rechts ab und quert die RV 46 Richtung Kirche. Daneben liegt **Timmele Miniby,** eine Miniaturausgabe des Dorfes, wie es um 1880 aussah (s. Foto S. 189). Tafeln erklären (auch auf Deutsch) die Gebäude und die Veränderungen, die mit der Landreform einhergingen. Das interessante, mit viel Liebe zum Detail gestaltete Minidorf ist immer zugänglich (Eintritt frei, für Führungen und Infos ✆ 30017). In Sichtweite liegt auch das alte Gasthaus, Raststation auf dem jahrhundertealten Reitweg durch das Ätradalen (nur samstags Sommercafé, ✆ 30238); der alte Hohlweg ist nahe der Furt – gleich nördlich der Kirche – noch gut zu erkennen.

Eine wenig befahrene, bald geschotterte Nebenstraße führt auf der östlichen Flussseite durch Wiesen und Felder Richtung Dalum. Auf halber Strecke ist in Nöre, beim Hof Staffans Gården, ein **Abstecher** nach rechts zur **Jordkulan** möglich (Holzschild am Hof): Der Forstweg dorthin steigt bald merklich an, bei einer Gabelung führt ein Wanderpfad zu einer Lichtung. Die kleine Hütte Jordkulan, aus Feldsteinen, Holz und Grassoden gebaut, ist heute eine beliebte Raststelle entlang der hier

Runensteine vor Dalum Kyrkja

kreuzenden Wanderwege. Kaum zu glauben, dass sie wirklich bis 1885 bewohnt war. Auf demselben Weg zurück nach Nöre und dort wieder rechts, geht es weiter Richtung Dalum; man erreicht den Ort direkt an der Kirche. **Dalum Kyrkja** stammt aus dem 12. Jh. und wurde im 13. Jh. erweitert. Das Langhaus mit seinen dicken Mauern und Kreuzgewölben wirkt archaisch, der Turm mit den schmalen Schießscharten trutzig und wehrhaft – tatsächlich wurde sein Vorgängerbau im 15. Jh. bei einem dänischen Angriff zerstört. Auf dem Kirchhof sind Runen- und Liliensteine aus dem 11. Jh. zu finden (die Kirche ist im Sommer tägl. geöffnet).

Vorbei an der Kirche folgt man der Nebenstraße weiter auf der Ostseite des Flusses bis nach Blidsberg und dort nach rechts zum Fluss, wo mit **Basta Kvarn** eine herrliche Raststelle liegt; die Ufer um die alten Gebäude der Wassermühle herum werden im Sommer zum Kaffeegarten (s. Essen & Trinken). Über den Ätran und die RV 46 hinweg geht es durch den Ort zum Radweg Banvallen und auf diesem gemütlich und autofrei nach Ulricehamn zurück.

Wanderung 4: Durch das Ätradalen

Die abwechslungsreiche Wald- und Wiesentour berührt mehrmals die Ufer des Ätran, verläuft auf markierten Wanderpfaden, Forstwegen und einer ehemaligen Bahntrasse, passiert ansehnliche Gehöfte und hübsche Dörfer.

Tourdaten: Dauer 4:15 Std., Länge 19 km, Schwierigkeitsgrad **

Versorgung/Baden: Sommercafés in Humla und Blidsberg, Badeplatz am Start-/Endpunkt.

Anfahrt: Startpunkt (WP 1) ist der ehemalige Bahnhof in Trädet, ca. 20 km nördlich von Ulricehamn an der RV 46. Im Ort biegt man an der Grünanlage links in die Jernvägsgatan ab (Schild Badeplatz) und folgt dieser 300 m zur Bahntrasse (heute Radweg Banvallen).

Wegverlauf: Man geht auf der Jernvägsgatan zurück zur RV 46 und über diese hinweg geradeaus weiter, Richtung Solberga, vorbei am gelben Schulgebäude, dann der Kirche, und überquert einen Nebenbach des Ätran. Hinter dem **Ortsausgangsschild** und einem Gehöft zweigt rechts ein Fahrweg nach Lundby und Blomsholm ab (WP 2), an dem das kleine blaue Wanderschild *Regvägsleden* den Weg weist. Dorthin wendet man sich und ist nun umgeben von üppigem Wiesen- und Kulturland, durch das bald sichtbar der Fluss mäandriert. Ein einzelnes Haus wird passiert, dann kommt das stattliche Gehöft von **Lundby** in Sicht, vor dem der Weg sich gabelt: Wir nehmen den linken, der an den Wirtschaftsgebäuden vorbei- und dann zwischen zwei hübschen Teichen hindurchführt; am linken liegt ein netter Rastplatz. Dann folgt Wald zur Linken, parkartiges Weideland rechts, bis wir bei einer nächsten Gabelung wieder rechts abbiegen und auf die wenigen Häuser von **Blomsholm** zuhalten. Dort (WP 3) verlassen wir den Fahrweg nach rechts über einen Zaun (Übertritt) und folgen nun den orangefarbenen Markierungen durch das Weideland. Spuren gibt es im oft hohen Gras kaum, aber am nahen Waldrand markiert ein Zaungatter die Richtung. Man geht hindurch und muss nun eine sumpfige Passage auf – bei Nässe glitschigen – Holzplanken überwinden; dann hilft nur, die Gräser daneben runterzutreten, das gibt den Füßen auf der "Schmierseife" etwas Halt. Bald wird der Waldweg breiter und trifft auf einen geschotterten Fahrweg, auf dem man sich nach links wendet, bald wieder rechts auf einen nächsten Forstweg. Nadelwald und teils noch niedrige Schonungen begleiten nun die Route, und nach rechts reicht der Blick weit über bewaldete Hügel. Kurz darauf führt der Weg deutlich bergab und ein Pfeil weist nach links (WP 4, 1 Std.), wo ein grasiger Pfad nun parallel zum hörbaren Ätran verläuft. Er hält bald auf erste Häuser zu, durch ein **Tor** betritt man Weideland, geht neben einer Feldsteinmauer entlang und folgt dahinter dem **Pfeil** nach rechts bergab, vorbei an roten Hofgebäuden und durch ein zweites Zauntor (WP 5). Auf dem **Fahrweg** nun nach links führen die Markierungen auf **Humla** zu, bei der nächsten Kreuzung jedoch wieder links vom Ort weg (WP 6).

Zuvor lohnt sich aber ein kurzer **Abstecher** Richtung Ort und Fluss; dazu gehen wir an dieser Kreuzung rechts und bei einer weiteren Gabelung gleich darauf halbrechts; so erreicht man in wenigen Minuten die **alte Brücke von Humla,** im 19. Jh. aus Naturstein gebaut. Ein Kramladen aus derselben Zeit liegt daneben, im Juli als Museum und Café geöffnet (Farfarshandelsbod, Juli Mo–Fr 12–17, Sa/So 10–17 Uhr, ✆ 31143).

Zurück an der Hauptroute und Kreuzung (WP 6, 1:30 Std.) folgen wir nun dem (für Fahrzeuge gesperrten) Fahrweg bergan, bis kurz darauf ein Pfeil nach rechts von ihm weg und in den Wald leitet; **Kvarnbekken** ist hier ausgeschildert. Diesen rauschenden Bach quert man gleich auf einer kleinen Steinbrücke, dann führt der Pfad halbrechts über eine Lichtung, wieder in den Wald und vorbei an den zerfurchten Spuren der Forstfahrzeuge. Man folgt den Markierungen bald um einen Linksbogen, dann durch ein nächstes **Zauntor** nach rechts und über eine Weide bergab, wo man wieder eine **Straße** erreicht – und nun das Kulturland von Humla hinter sich hat. Ein Pfeil weist nach links und an der nur wenige Meter entfernten Gabelung (WP 7) auf den rechten Fahrweg. Auf ihm passiert man bald ein Grundstück mit breiter Feldsteinmauer, dahinter ein weiteres mit den Ruinen eines Wohnhauses. Dieses wird nach links umgangen, bald folgt wieder halblinks eine lichte Schonung, ein sumpfiges Stück ist mit Planken ausgelegt und dann folgt wieder Wald – Pfad und Markierungen leiten zuverlässig durch das kleingliedrige Gebiet. Bei **Haberget** muss das nächste Grundstück umgangen werden (WP 8, 2 Std.), diesmal nach rechts und im U-förmigen Bogen – links, am Zaun wieder links und zur Zufahrt – durch üppiges Wiesenland, dann folgt man der Zufahrt nach rechts.

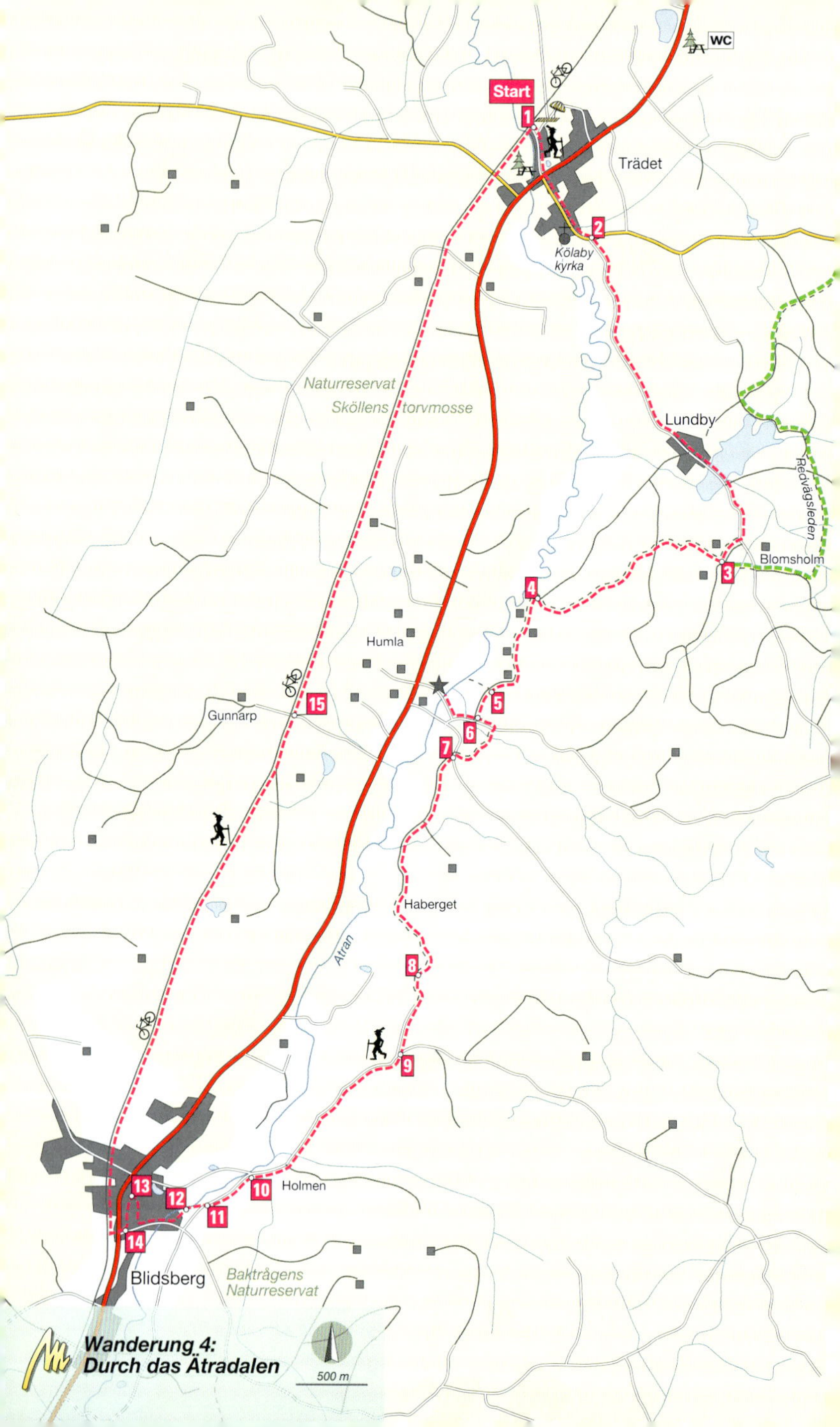

Wanderung 4:
Durch das Ätradalen

Auf der Wanderung bei Trädet am Ätran

In kurzer Folge durchquert man zwei Zaungatter, danach (WP 9) weist ein Pfeil nach rechts, nun hält man auf Hofgebäude unter großen alten Laubbäumen zu. Rechts schweift der Blick weit über das Ätradal, es geht bergab und an neueren Wohnhäusern vorbei; ab hier ist die Straße asphaltiert. Gleich darauf führt sie über die **Ätran-Brücke** (WP 10), während der Wanderweg auf dieser Seite nahe am Ufer bleibt; Felder und Wiesen begleiten ihn nun, voraus ragt schon der Kirchturm von **Blidsberg** auf, halblinks liegt ein Hügelrücken, den der Weg kurz darauf passiert und mit ihm die Begrenzung von **Baktrangens Naturreservat.** Hier weist wieder ein Pfeil nach rechts (WP 11, 2:30 Std.), durch ein Zauntor in die ufernahe Wiese, in der kaum Spuren oder Markierungen zu finden sind (alternativ bleibt man auf dem Schotterweg, wendet sich an der nächsten Kreuzung nach rechts ortseinwärts und geht bis zur Brücke – das Café von Basta kvarn liegt von dort nur einige Meter entfernt rechts am Fluss). So orientiert man sich am Fluss, bis dieser eine scharfe Rechtskurve macht, steigt dann allmählich schräg nach links den Hang hinauf und erreicht nahe einem quer verlaufenden Zaun ein letztes **Zauntor** (WP 12). Durch dieses und nach rechts passiert man die alten Holzgebäude der Wassermühle **Gadda kvarn,** folgt dem Fußweg dann bergab zum Ufer und zu dem dort gelegenen Kaffeegarten von **Basta kvarn** (WP 13, 2:45 Std.), das sich über die Ufer und Inselchen des Ätran erstreckt.

Der Rückweg wird nun einfach. Vom Café spaziert man flussabwärts zur nächsten **Straßenbrücke** (WP 14) (wer vorhin das Wiesenstück umgangen hat, traf hier auf den Fluss!) und auf dieser nach rechts, quert die RV 46 und nimmt schräg gegenüber die Straße zur Kirche. An ihr vorbei erreicht man den **Banvallen,** den asphaltierten Radweg auf der ehemaligen Eisenbahntrasse. Nach rechts bildet er nun den Rückweg nach Trädet; zuerst noch zwischen den Häusern von Blidsberg mit dem alten Bahnhof, dann durch Felder und Wiesen, später Bruchwald und Moor geht es immer geradeaus. Auf halber Strecke passiert man die Silotürme eines Gehöftes bei **Humla** (WP 15, 3:30 Std.), in **Trädet** quert man den Fluss ein letztes Mal und hat gleich darauf den Ausgangspunkt wieder erreicht (WP 1, 4:15 Std.). Ein Fußweg führt zum nahen Badeplatz am Fluss.

Auf einen Blick

Vorwahl Ulricehamn: 0321

• *Information* **Ulricehamns Turistbyrå**, Järnvägstorget, 52330 Ulricehamn, ☎ 530970, 📠 530999, www.ulricehamnsturistbyra.se, Juni bis Aug. Mo–Fr 10–18, Sa/So bis 14 Uhr, Juli bis 16 Uhr, übrige Zeit Mo–Fr 10–17 Uhr. Die TI vermittelt Ferienhütten in der Umgebung, darunter die originelle Lyxkojan bei Marbäck.

• *Verbindungen* **Bus**: Linie 100 nach Göteborg, 204 nach Borås, 207 nach Falköping.

• *Adressen* **Ärztliche Versorgung**: Vårdcentrum, Nygt. 7, ☎ 29000. **Apotheke** Kronan, Storgt. 1, ☎ 450450. **Postcenter**: Boråsvägen 17d, ☎ 41759. Eine gemütliche **Shoppingmeile** im Zentrum ist die Storgatan. Wichtigste Adresse für den Klamottenkauf ist Lager 157 in **Gällstad**, südlich von Ulricehamn nahe Vegby.

Übernachten/Camping

Innerorts gibt es kaum Unterkünfte, die wirklich überzeugen; das moderne Konferenzhotel Bogesund hat werktags gepfefferte Preise, die JH liegt unattraktiv und ist mit 600 SEK fürs DZ ohne Frühstück auch kein Schnäppchen.

Ulricehamns Sporthotell, oberhalb des Ortes im Ski- und Wandergebiet Lassalyckan. Gemütlich-rustikale Zimmer, die einfacheren aber kaum preiswerter als die besseren. DZ 775–895 SEK. Im Restaurant Skihütten-Flair, guter Lunch und Gerichte à la carte (bis 19.30 Uhr). Sanatorievägen 86, ☎ 12524, 📠 16787, www.sporthotelletab.se.

• *Camping* **Skotteksgården Camping & Stugby**, Mai bis Sept., Hütten ganzjährig. Am Seeufer und in Gehabstand zum Zentrum gelegen, die Stellplätze schattenlos, nette Apartments ab 560 SEK/2 Pers., drei Hütten ab 980 SEK/5 Pers., gutes Lunchcafé. Marbäcksvägen, ☎ 13184, www.skottek.cc.

Prångens Camping, ganzjährig, am Seeufer in Gehabstand zum Ort gelegen, verschiedene Hütten, teils mit Bad, ab 340 SEK/2 Pers. ☎ 10001, www.prangenscamping.se.

Lassalyckan Caravan Club, einfacher Stellplatz nahe dem Sporthotel, Sanatorieskogen, ☎ 0706-664162.

In der Umgebung, Richtung Norden **STF Vandrarhem Åräs**, süße Herberge im historischen Ambiente eines Gutshofs, zwischen Dalum und Mullsjö. Jedes Zimmer im alten Wachtmeisterhaus ist im Stil eines früheren Bewohners gestaltet, mit viel Liebe zum Detail. Das benachbarte Mühlengebäude wird für Veranstaltungen genutzt, sonntags als Café. 245 SEK, auch DZ, Reservierung sinnvoll. Åräs Kvarn, Kölingared, Mullsjö, ☎ 0515-91151, www.araskvarn.nu.

Kronogården i Älmestad, Reiterhof mit Islandpferden und kleine B&B-Pension, DZ 700 SEK. Älmestad, ☎ 30085, www.hallstadt-islandshastar.se.

Südlich von Ulricehamn, bei Vegby **Åsundsholm Herrgård**, Golf & Country Club, herrlich gelegener Gutshof mit Aussicht auf den See Yttre Åsunden. Stilvolle B&B-Unterkunft, DZ 940 SEK, nettes Lunchcafé am Golfplatz. ☎ 26670, www.asundsholm.se.

• *Camping* **Vegby Camping**, ganzjährig. Rezeption im ICA-Supermarkt. Schöne Stellplätze auf Grasterrassen am Seeufer, kleiner Pool und Sauna, der Fernradweg nach Ulricehamn führt vorbei. Die hübsche Anlage Sjöparken grenzt an den Platz, mit Mini- und Fußballgolf, Skaterbahn, Café und Grillplätzen, jenseits des Parks liegt der Badeplatz – ein familientaugliches Ferienpaket. Hütten ab 400 SEK/2 Pers., 600 SEK/4 Pers. Storgt. 2, ☎ 72912, 📠 72562, www.vegbycamping.com.

Essen & Trinken

Bryggan Café, Bistro & Bar, beliebter Treffpunkt am Wasser, erweitertes Pub-Menü. Hamnen, ☎ 530170, Mo–Do 10–22, Fr/Sa bis 24 Uhr, So bis 20 Uhr.

Café Torgstallet, kuscheliges Café im alten Handwerkerhof, im Sommer sitzt man vorne am Stora torget oder im Innenhof. Mo–Fr 9–18, Do bis 19 Uhr, Sa bis 15 Uhr, So 11–16 Uhr, ☎ 12340.

Günthers Brödstuga, alteingesessene Bäckerei, in der Günther Koerffer deutsche Brottradition und schwedische Tortenkunst pflegt; Café angeschlossen. Mo–Fr 8–18, Sa bis 14 Uhr, Storgt. 17, ☎ 10224.

Basta Kvarn, Sommercafé in Blidstad neben der Tankstelle, idyllisch am Ufer des Ätran gelegen; obige Wanderung führt hier vorbei. April bis Aug. tägl. 10–21 Uhr, ☎ 29883.

In Timmele Miniby sind Riesen zu bestaunen (s. S. 181)

Aktivitäten

Badeplätze nahe den Campingplätzen, dem Kallbadhus und im Ätran bei Trädet.
Kanuverleih bei Skotteks- und Prångens Camping und bei Resdax Aktivitätscenter (✆ 530170), **Boote** bei Vegby Camping.
Fahrrad- und Inlinerverleih bei Resdax Aktivitätscenter, ✆ 530170.
Der **Radweg** Banvallen führt von Falköping über Ulricehamn bis nach Tranemo, eine Fortsetzung bis Falkenberg ist geplant; Fahrradpakete bietet die TI an. Beliebt sind Touren rund um den Åsunden oder durch das Ätradalen.
Wanderwege von 6 bis 50 km Länge sind ab Ulricehamn beschildert; Karte bei der TI. An der JH Årås Kvarn beginnt der gut markierte Rundweg Vilmarksleden.
Wintersport: Skilanglaufloipen starten am Sporthotell Lassalyckan, ein Abfahrtsgebiet liegt nördlich von Ulricehamn, ab RV 46 beschildert.

Mullsjö (5500 Einw.)

Richtung Vättern erstreckt sich mit dem Hökensås ein fast 100 km langer und 300 m hoher, bewaldeter Geschieberücken. Der hübsch gelegene, aber unspektakuläre Ort Mullsjö am gleichnamigen See bildet das südliche Tor in diese Wildnis und eignet sich als Stützpunkt für Angel-, Reit- und Wanderurlaub ebenso wie für Paddeltouren auf dem Tidan. Bekannt ist die Gegend auch für ihre recht schneesicheren Winter; ein besonderes Mikroklima sorgt oft für Temperaturen, wie sie sonst erst wieder in Dalarna, 500 km weiter nördlich, vorkommen: Bei Mullsjö liegt eines der beliebtesten Skigebiete Südschwedens. Und an Dalarna wird auch mit dem Stråkenloppet Maß genommen: Dieser Langlaufwettbewerb, der älter ist als der berühmte Vasaloppet vom Sälengebirge bis zum Siljansee, wird erst seit 2002 wieder alljährlich ausgetragen und strebt gerade die Teilnehmerzahl von 1000 an (mehr unter www.strakenloppet.se). Benannt ist er nach dem 20 km langen Rinnensee Stråken, der den Hökensås im Südwesten begrenzt. Der schmale Wasserzug ist im Sommer ein idyllisches und einfaches Paddelrevier, mit bewaldeten Ufern, selten mal einer Hofstelle, dafür aber einsamen Camp- und Raststellen. Anspruchvoller ist die Kanustrecke auf dem Tidan, der den See nach Norden verlässt und bis nach

Mariestad am Vänern befahrbar ist: Zahlreiche Umtragungen, teils mit steilen Ein- und Ausstiegen, und dazu einige Stromschnellen machen sie ungeeignet für Anfänger (Infos, Verleih und Transport bei Kyrkekvarn Kanotcenter, s. Aktivitäten).

Ryfors Bruk

Auf dem Gelände eines alten Gutshofes, 4 km westlich des Ortes am Tidan gelegen, führen Spazierwege durch ein kleines Urwaldgebiet und kann man in der alten Eisenhütte einem Kunstschmied bei der Arbeit zusehen (✆ 0709-960542, werktags, keine festen Zeiten). In der Nähe entstand 1888 Schwedens erster Golfplatz, daneben steht die schlossartige **Engelska Villan** von 1886, heute gehobenes Hotel-Restaurant, mit schönem Garten und lustiger Kegelanlage.

Auf einen Blick

Vorwahl Mullsjö: 0392

• *Information* **Turistinformation**, Kommuncentrum, Kyrkvägen 1, 56591 Mullsjö, ✆ 14000, www.friluftsriket.se und www.mullsjo.se, ganzjährig, Mo–Mi 8–17, Do bis 19 Uhr, Fr bis 16 Uhr.

• *Verbindungen* **Zug**: Verbindung nach Jönköping, Nässjö und Falköping. **Bus**: Verbindungen nach Habo, Hjo und Skövde.

• *Adressen* **Ärztliche Hilfe**: Vårdcentralen, Kyrkvägen 1, ✆ 14320. **Apotheke** Kronan, Kyrkvägen 10. **Geschäfte**, **Post** und **Bank** in der Järnvägsgatan. **Shoppingcenter** Femman am Falköpingsvägen. Einen Fabrikverkauf für Pralinen und anderen Süßkram hat Ryfors Konfektyr, Falköpingsvägen 39.

Übernachten/Camping

Hotell Björkhaga, stilvolles Pensionat von 1906, im Gartenhaus neue Saunaanlage, DZ ab 1050 SEK. Bosebygdsvägen 13, ✆ 12050, info@hotellbjorkhaga.se.

Sjörydsvillans Bed & Breakfast, wenig villenartiger Neubau mit Garten an der nördlichen Ausfallstraße. Guter Service – Wasch- und Gästeküche, Radverleih, WiFi, Kaffee/Tee gratis, ordentliches Frühstücksbuffet –, die Zimmer eher schlicht und nicht ganz neu möbliert, Etagenbad; DZ 600 SEK. Falköpingsvägen 24, ✆ 070-7765706, www.sjorydsvillan.se.

• *Camping* **Mullsjö Camping & Stugby**, hübsch gelegener Platz zwischen Kiefernwald und Seeufer, in Gehabstand zum Ort und zu Wanderwegen. Hütten ab 325 SEK/2 Pers., auch FeHas und Villawagen, Sauna, Badestrand. Ganzjährig, Bottnarydsvägen 3, ✆ 12025, ℻ 36060, www.mullsjöcamping.se.

Außerhalb **Sjöhaga Pensionat Bed & Breakfast**, Gästehaus seit 1936, auch die neuen Besitzer führen den persönlichen Stil fort. Im Hauptgebäude Luxusapt., 1500 SEK/5 Pers., im Annex DZ, 700 SEK. Strandvägen 14, Furusjö, ✆ 0392-20010 und 076-0529273, www.sjohagapensionat.se.

Essen & Trinken

Die gastronomische Szene im Ort ist wenig spannend. An der Uferstraße Strandvägen liegen folgende zwei Lokale:

Karls Krog, ✆ 31103, Mo/Di 12–15, Mi/Do bis 21, Fr/Sa bis 1, So bis 18 Uhr. Ob für Lunch, Pizza oder späte Drinks – die etwas spelunkige Gaststätte ist überraschend beliebt.

Landhs Konditori, ✆ 10171, Mo–Fr 7–18, Sa bis 16 Uhr, So 9–16 Uhr. Traditionsbäckerei und schlicht-freundliches Lunchcafé mit kleinem Ufergarten. Eine Spezialität ist der luftig-orangige Appelsinbisquit, mit weißer Schokolade überzogen.

Außerhalb **Engelska Villan**, das Hotelrestaurant serviert Lunch und „Husman" (Hausmannskost), abends gehobene Küche. Mo–Fr 11.30–14.30 Uhr (Lunch), Sa 11–15 Uhr (Brunchbuffet), So 12–16 Uhr, Mo–Sa auch 18–21 Uhr (mit Vorbestellung), Ryfors Bruk, ✆ 13040.

Aktivitäten

Paddeln: Kyrkekvarn Kanotcenter & Islandshestar, Sandhem, ☏ 0515-761005, ca. 10 km nördlich von Mullsjö; Unterkunft auf dem Gelände des Reit- und Kanucenters möglich, diverse Paketangebote, auch Kombinationen von Reit- und Kanutouren.

Fahrradverleih bei Kykekvarn und Sjörydsvillan.

Reiten: Kyrkekvarn Kanotcenter & Islandshestar (s. o.) und Tunarps Säteri, ☏ 0515-761025, Reiterhof mit Großpferden und Ponys, herrlich am Nordende des Stråken gelegen, bietet auch Unterkunftspakete.

Abfahrtski: Mullsjö-Alpin, Knaggebobacken, 8 km Richtung Ulricehamn, ☏ 21095; Saison von Weihnachten bis März (durch Schneekanonen garantiert), Mo–Fr 9–16, Sa/So bis 17 Uhr, Mi/Fr auch 18–21.30 Uhr. Fünf Lifte, sieben Abfahrten von blau bis schwarz, 4 km Pisten und ca. 100 m Höhendifferenz.

Ski-Langlauf: Gespurte Loipen bei Knaggebobacken, ab MSOK-Stugan, Havstenshultvägen (am nördlichen Ortsrand) und am Golfplatz Ryfors.

Golfplatz Ryfors, ☏ 12884, 18-Loch-Platz in schöner, hügeliger Umgebung.

Tidaholm (8000 Einw.)

Zwei Inseln im Flüsschen Tidan bilden die Keimzelle der gemütlichen Kleinstadt; um 1800 entstand hier eine bescheidene Eisenhütte und Schmiede. Schon 50 Jahre später war diese ländliche Industrie nicht mehr konkurrenzfähig und ihr neuer Besitzer, Hans Hendrik von Essen, stellte die Produktion von Tidaholm Bruk (TB) auf Pferdewagen um. Ab 1903 wurde das Automobil Tor I gefertigt, und bis in die 1930er Jahre machte sich TB besonders als LKW-Produzent einen Namen. Das Ende kam 1934 mit dem Verkauf an die Konkurrenz von Scania, die nun die Produktion nach Södertälje verlegte.

Ein anderes Unternehmen von Essens hat hingegen bis heute überlebt: die 1868 gegründete Streichholzfabrik Vulcan. Damals führten Missernten zu einer Hungersnot; Fabrikarbeit oder Emigration hieß für viele Menschen die Entscheidung. Auf der Insel Vulcanön liegen die alten Fabrikanlagen, heute ein spannendes Industriemuseum – die Produktion von Swedish Match ist 1968 an den Stadtrand umgezogen.

Västergötland und Närke
Karten S. 172/173 und S. 228/229

Tidaholm

Besichtigung

Der Västra Drottningvägen führt von der südlichen RV 193 zu Bus- und Parkplatz nahe der TI. Angrenzend liegt der **Gamla torget** mit der Brunnenskulptur Wasserträger: Zwischen der hölzernen Giebelhauszeile Basarlängan und der Ziegelfassade der alten Meierei trifft man sich auch heute zum Einkaufen, Plaudern oder auf einen Kaffee bei Nohrbergs.

Der Vulcan väg führt zur nahen Vulcanön hinüber; das **Museum** ist in die alte Schmiede eingezogen und dokumentiert die Geschichte der Streichholzfabrik, die um 1900 die größte der Welt war und täglich 1,2 Mio. Schachteln produzierte. Empfehlenswert ist die kurze Filmdokumentation (dt. Untertitel), bevor man die Sammlung durchstreift. Ein Raum thematisiert den Brand von 1875, als sich in einem Packraum die Streichhölzer blitzschnell entzündeten und 46 Arbeiterinnen, meist junge Mädchen, umkamen. Das bis 1901 verwendete Phosphor stellte eine dauernde Brandgefahr dar; auch vergiftete es die Arbeiterinnen, die an der gefürchteten Phosphornekrose erkrankten – eine Degeneration des Kiefers mit Zahnausfall und Entstellungen war die Folge. Dennoch hatte die Fabrik großen Zulauf, denn die jungen Frauen erhofften sich hier eine gewisse Unabhängigkeit und Abwechslung vom eintönigen Landleben.

Streichholzschachtel von Vulcan

Um die Jahrhundertwende waren hier etwa 1900 Menschen tätig, die Hälfte davon Frauen. Auch über große Streiks gibt das Museum Aufschluss: Ab 1904 war die Arbeiterbewegung aktiv, im großen Ausstand von 1909 wurden jedoch keine Erfolge errungen – die Betriebsleitung entließ die Anführer und warf Streikende aus den Werkswohnungen.

Für die in alle Welt verkauften Streichhölzer entwarf die fabrikeigene Lithowerkstatt immer neue Etiketten, darunter grafische Meisterwerke, die ebenfalls im Museum ausgestellt sind.

Die **grafische Werkstatt** neben dem Museum hält diese Tradition aufrecht; sie ist in einen der Ziegelbauten eingezogen, die früher Verwaltungs- und Forschungsabteilung beherbergten. Auch das leicht versnobbte Vin Contoret sitzt hier (offen nur nach Absprache). Gegenüber, in den **Lagerhäusern,** stellt das Museum historische Fahrzeuge von TB aus, darunter einen Bus von 1925 und einen Feuerwehrwagen von 1928. Ein exklusiver Küchenladen liegt daneben, und der Neubau des Rydberg Gymnasiums nimmt den übrigen Teil von Vulcanön ein.

Tidaholms Museum, ✆ 606192, Juni bis Aug. tägl. 11–16 Uhr, ab Mitte Feb. und bis Mitte Nov. Di–Fr 12–16, So 10–16 Uhr, 30 SEK. Film mit deutschen Untertiteln, Faltblatt auf Englisch.

Über die südliche Brücke führt der Weg zum Gelände der Fabrikleitung mit noblen weißen Villen. Der Unternehmer selbst allerdings residierte auf Schloss Helliden östlich der Stadt, heute Sitz der Volkshochschule. Das stattliche **Bibliotheksgebäude** wurde 1897 als eine Art Kulturzentrum für die Angestellten errichtet. Überhaupt floss ein Teil des Profits in Kultur und Soziales, etwa ein Sanatorium und die Vulcan Blaskapelle, die noch heute besteht.

Nach links führen Spazierwege am Fluss entlang, vorbei an der Sporthalle und der Statue des Unternehmers, zur zweiten Insel, **Turbinhusön.** Ansehnliche Industriearchitektur auch hier: In der alten Gasstation ist das Lokal Litla Bryggeriet eingezogen, über die Brücke erreicht man das Turbinhus, das ab 1898 Strom aus Wasserkraft für die Metallverarbeitung gewann; heute ein Ort für wechselnde Kunstausstellungen. Die niedrigen Smedstugor daneben – ehemals Wohnungen der Schmiede – werden von einem Café und etwas Kunsthandwerk genutzt.

Tidaholms Konsthall, Turbinhus, ca. Mai bis Mitte Sept., wechselnde Zeiten und Themen. Kaffeestugan, Turbinhusön, ✆ 606215, Mai bis Mitte Aug. Mo 11–17, Di–So bis 21 Uhr, 2. Hälfte Aug. bis 19 Uhr.

Über die zweite Brücke geht es zur anderen Flussseite und nach links wieder zur Innenstadt zurück: Vorbei am alten Waschplatz Klappebryggan, dem Stadshotellet und der Kirche von 1841 erreicht man wieder den Gamla torget.

Auf einen Blick

Vorwahl Tidaholm: 0502

• *Information* **Tidaholms Turistbyrå**, Resecentrum, Västra Drottningvägen 2, 52283 Tidaholm, ✆ 606208, 📠 606380, www.tidaholm.se, Mitte Juni bis Mitte Aug. Mo–Fr 9–17, Sa 10–13, So 12–15 Uhr, übrige Zeit Mo–Fr 9–12 und 13–17 Uhr, Fr bis 15 Uhr.

• *Verbindungen* **Bus**: Linie 302 nach Falköping, 303 nach Skövde, 321 nach Hökensås, 405 nach Hjo.

• *Adressen* **Ärztliche Hilfe**: Vårdcentralen, Västra Drottningvägen, ✆ 18011. **Apotheke** und **Geschäfte** in der Torggatan.

Übernachten/Camping

Tidaholms Stadshotell, gehobenes Traditionshaus mit erstklassigem Restaurant und herrlicher Flussterrasse. DZ ab 950 SEK, ein Schnäppchen sind die Budget-Zimmer mit Etagenbad für 600 SEK. Östra Drottningsvägen 4, ✆ 12390, 📠 10076, www.stadshotellet tidaholm.com.

Hotell Emanuelssons, zentral in ruhiger Wohnstraße gelegen, die renovierten Zimmer in freundlich-schlichtem Stil sind mit 790 SEK/DZ nicht unbedingt günstig, die Familienzimmer ab 690 SEK schon. Trädgårdsgatan 15, ✆ 13377, 📠 13364, www.hotell-emanuelssons.se.

Gruvans & Granatens Övernatningsrum, preiswerte Sommerunterkunft im Wohnheim an der Smedjegatan. Im Gruvan Apt. 450 SEK, im benachbarten Granaten DZ 400 SEK, Etagenbad. Buchung über die TI.

• *Camping* **Hökensås Semesterby**, ganzjährig. 14 km südlich von Tidaholm liegt das Feriendorf am beliebten Wander- und Angelrevier des Naturreservats Hökensås. Die Campingparzellen wirken teils recht gedrängt, die Ferienhäuser liegen großzügiger. FeHa/5 Pers. 930 SEK, Hütte/4 Pers. 510 SEK. Blåhult, ✆ 23053, 📠 23023, www.hokensas.nu.

Tidaholms Camping, einfacher, kleiner Platz beim Sportzentrum Tidavallen, grenzt an den Fluss und ist garantiert frei von Dauercampern. Södra Ringvägen, Juni bis Aug.

Essen & Trinken

Nohrbergs Konditori, Gamla torget, Mo–Fr 8–18, Sa bis 14 Uhr. Café seit 1895 mit hauseigenem Wappen auf dem Porzellan.

Restaurang Finkan, Torggt. 1, ✆ 10020, Mo–Fr 11.30–14 und Mi/Do ab 18 Uhr, Fr ab 16.30, Sa ab 13 Uhr. Preiswerter Lunch und Klassiker der schwedischen Küche.

Lilla Bryggeriet Kök & Bar, Museigt. 3, ✆ 59900, Mi 18–23, Fr 16–1, Sa 18–1 Uhr. Cool-entspanntes Abendlokal im alten Gaswerk, oft Livemusik.

Aktivitäten

Kräftans Dagar, das jährliche Fest um den im Tidan gefangenen Flusskrebs findet Mitte August statt (Fr/Sa).

Angeln und Fliegenfischen in Tidaholm (über die TI) und im Hökensås NR; Angelschein und Zubehör im Feriendorf. Der Angelverein (✆ 23000) setzt regelmäßig Forellen aus eigener Zucht in den vielen Gewässern aus, man kann ganze Seen privat mieten.

Alte Holzvillen in Hjo

Wandern und Skilanglauf im Hökensås NR; ab Feriendorf sind vier Routen markiert (2–19 km).

Badeplatz am Lilla Havssjön, im Hökensås NR, 2 km östlich des Feriendorfs, am Vätternufer bei Baskarp (Sandstrand).

Bisonfarmen & Fjärilsmuseum i Gate, Mobolets Gård, ✆ 0503-21019, Juli bis Mitte Aug. tägl. 10–17 Uhr, 45 SEK, mit Schmetterlingssammlung 60 SEK. Nördlich des Feriendorfs an der Nebenstraße von Daretorp nach Gate (an der RV 195). Die Treckersafaris durch weites Grasland vermitteln fast Prärie-Feeling, wenn da nicht der Blick über den Vättern wäre. 140 Tiere leben hier, Tendenz steigend – und das, obwohl der Hof sie auch als Fleischlieferanten hält.

Hjo

Auf weiter Strecke ist Hjo der einzige Ort am – oder besser: sogar der einzige Zugang zum – Vättern, den man von der RV 195 meist nur über Felder und Baumreihen hinweg erahnen kann. Aber es spricht noch mehr für einen Stopp: Hjo hat sich den Charakter eines idyllischen Kurbades aus dem 19. Jh. erhalten, als hier das Dampfschiff von Motala anlegte und auch die Eisenbahn Reisende herbrachte. Als Vätternhafen ist der Ort jedoch viel älter – 1327 erstmals dokumentiert, 1413 bereits Stadt – und lebte von Handel und Fischfang. Die Kopfsteingassen und Holzhauskarrees rund um Kirche und Torget bilden den alten Stadtkern, die Kurviertel schließen sich jenseits des urig bewaldeten Talzugs des Hjoån an. Wo der Bach in den Vättern mündet, liegt der kleine Hafen, heute von wenigen Fischern, zahlreichen Freizeitskippern und dem Dampfschiff Trafik genutzt. Daneben erstrecken sich der Badestrand mit den kleinen Strandkabinen, das Freibad, im Stadsparken darüber die verspielten alten Holzvillen aus der Frühzeit des Badetourismus und als absichtsvoller Stilbruch der flache Betonbau des Hotel Bellevue von 1972.

Auf einen Blick

Vorwahl Hjo: 0503

• *Information* **Hjo Turistbyrå**, Bangt. 15, 54433 Hjo, ✆ 35255, www.hjo.eu, Mitte Juni bis Mitte Aug. tägl. 10–18 Uhr, übrige Zeit Mo, Di, Do und Fr 10–15 Uhr.

• *Verbindungen* **Bus**: Linie 405 nach Tidaholm, 404 nach Jönköping, 402 nach Skövde.

• *Adressen* **Ärztliche Hilfe**: Hjo Vårdcentral, Karlsborgsvägen, Apotheke in der Bangatan neben der TI.

Übernachten/Camping

STF Vandrarhem Ville Eira, Mai bis Aug. Die Herberge in der alten Kurvilla ist natürlich beliebt, früh reservieren! 200 SEK, DZ 450 SEK. Stadsparken, ✆ 10085.

Tappers Vandrarhem, am Rand des Stadtparks, freundlich-helle Zimmer, etwas schlichte Betten, DZ ab 400 SEK. ✆ 0767-882500, www.boihjo.se.

• *Camping* **Hjo Camping & Stugor**, April bis Okt. Zum Zentrum 1,5 km. Großer Dreisterneplatz mit der üblichen Parzellierung und wenig Schatten, aber schöner Badestelle. Die wenigen Hütten liegen herrlich am Ufer (ganzjährig, 550 SEK/4 Pers.). Karlsborgsvägen, ✆ 31052, ✆ 13664, www.hjocamping.se.

Südlich von Hjo **Hjällö Slott**, B&B und Familienzimmer im Schlösschen von 1760 hoch über dem Vätternufer – fast so kitschig wie bei Inga Lindström, aber doch viel echter. DZ 700–900 SEK. ✆ 21090 oder 0706-426540, www.hjalloslott.se.

Nördlich von Hjo **Breviks Camping & Stellplatz**, 17 km von Hjo nahe der Küste; schöne WoMo-Stellplätze (100 SEK, ohne Service) direkt am Strand, Entsorgung auf dem Campingplatz. Wanderwege und Golfplatz in der Nähe. ✆ 31110, www.breviks camping.se.

Essen & Trinken

Um den Hafen reicht das gastronomische Angebot vom Räucherfisch auf die Hand bei Fäskeboa über üppige Eisbecher bei Moster Elins bis zum Drink und Pub Grub im Norra Piren. Außerdem:

Hamnkrogen, Magasingt. 10, ✆ 10178, Mo–Do 12–22, Fr/Sa bis 1, So bis 21 Uhr. Beliebtes Hafenrestaurant, wie zu erwarten viel Fisch auf der Karte, Hauptgericht ca. 200 SEK.

Restaurang Frestelsen, Stadsparken, ✆ 31545, tägl. 12–21 Uhr. Lunch und schwedische Klassiker in verspieltem Pavillon, gut und preiswert.

Nya Hamnbackens Café & Bageri, Hamngt. 5, ✆ 13800, tägl. 8–19 Uhr. Traditionscafé mit herrlichem Garten am Fluss, im Sommer bis 11 Uhr Frühstücksbuffet.

Aktivitäten

Gullkroksbaden, ✆ 0702-732567, Juni bis Aug. tägl. 10–18 Uhr. Freibad und Strand am Hafen, Eintritt frei. **Vättern-Bäder** an der Strandpromenade nahe Jönköpingsvägen (südliche Ortseinfahrt) und am Campingplatz. Drei Badestellen am Mullsjön.

Schiffsausflüge mit dem Dampfschiff Trafik (Mitte Juni bis 3. Woche Aug. Sa/So) und MS Wadstena (6. bis 31. Juli Di–So); Infos und Buchung über die TI.

Lok-Hjo-Motivet: Sightseeing-Bahn, ab Hafen, tägl. um 12 Uhr, engl. Führung.

Falköping (16.000 Einw.)

Die hübsch gelegene Kleinstadt in der Ebene Falbygden, zwischen Ålle- und Mösseberg, ist nicht unbedingt spektakulär; um den weiten Torget aber findet sich ansprechender Altbau, am Museum ein netter Park. Überhaupt gibt es viel Grün entlang der Wohnstraßen und in Form von Park- und Sportanlagen. Besonders schön, am Hang des Mösseberget, liegt der **Stadparken** mit dem Kurhotel von 1867 und den Kuranlagen von 1908; heute trifft hier moderne "Wellness" auf reinsten Jugendstil. Für Falköping als Kurort sprachen die gute Höhenluft, die noch heute sprudelnde St.-Eriks-Heilquelle und die damals neue Eisenbahnanbindung. Für den Gütertransport auf der Schiene ist die Stadt noch heute ein wichtiger Knotenpunkt. Industrie ist ein weiteres Standbein und vor allem als Holzverarbeitung vertreten: Neben Möbeln werden hier auch drei Viertel aller schwedischen Särge produziert. Ob die Kistenbauer damit an eine jahrtausendealte Tradition anknüpfen wollen, ist nicht gesichert, fest steht aber, dass rings um Falköping die meisten der in Schweden gefundenen **Megalithgräber** liegen. Eine Zeitreise zurück bis in die Steinzeit ist in diesem Gebiet also besonders lohnend, zumal das **Museum** in Falköping der Vorgeschichte eine spannende Ausstellung widmet.

Falbygdens Museum

Wichtigster Teil des Museums ist die Vorzeitabteilung im ersten Stock: Nach dem Rückzug der eiszeitlichen Gletscherkappen beginnt die Besiedlung ab ca. 10.000 v. Chr., als Jäger dem Wild Richtung Norden folgten. Im Gebiet um den Hornborgasjön fanden Archäologen in den 1970er Jahren etwa 40 Wohnplätze aus dieser Zeit. Deren Abfallhaufen erwiesen sich als wahre Fundgruben: Über 10.000 Jahre alte Knochen von Auerochse, Rotwild, Elch, Wildschwein, Biber und Bär, außerdem Fischgräten sowie Pfeilspitzen, Feuerstein- und Quarzitstücke belegen eine intensive Jäger- und Fischerkultur.

Ein besonderer Fund ist der **Almeöhunden,** ein vor 9000 Jahren sorgfältig bestatteter Hund: Das Skelett zeigt klare Unterschiede zum Wolf. Sein Aussehen könnte einem Spitz geähnelt haben, recht klein und kräftig, aber mit stärkeren Reißzähnen als seine heutigen Nachfahren – ein perfekter Jagdbegleiter.

Einen Schwerpunkt der Ausstellung bildet die Bauernsteinzeit, aus der das **Ganggrab von Rössberga** im Längsschnitt zu sehen ist. Mit der Warmzeit vollzog sich der Übergang zu Ackerbau und Viehzucht. Der Bau dieser Großgräber des 4. Jt. v. Chr. war nur als Gemeinschaftsaufgabe möglich; sie wurden an der Grenze zwischen Kulturland und der umliegenden Waldwildnis angelegt, oft in etwas erhöhter Lage. Ein **Siedlungsmodell** der Region von Karleby macht dies deutlich: Die Siedlung, bestehend aus Lehm-Schilfhütten, liegt auf einer flachen Terrasse, erhöht auf dem Kalkplateau weidet das Vieh und liegen in einer Reihe mehrere Gräber.

Västergötlands Geologie

Als vor einer halben Milliarde Jahren – im Kambrium – das skandinavische Grundgebirge in einem Meer versank, begannen sich Sedimentschichten darüber aufzubauen: Sandstein und Alaunschiefer, im darauffolgenden, klimatisch milderen Ordovizium zunehmend Kalklagen aus abgestorbenen Meeresorganismen und später Tonschiefer. Vor 280 Mio. Jahren drang Magma aus Spaltenvulkanen und bedeckte diese Sedimentschichten mit härterem Diabas. Was immer sich in der darauffolgenden Erdgeschichte darüber ablagerte, wurde durch die Eiszeiten wieder abgetragen. Dort, wo der Diabas nachgab, konnte die Erosion auch die darunterliegenden, weicheren Sedimente angreifen. Die heutige Tafelberglandschaft zwischen den Binnenmeeren ist von diesen Prozessen geprägt: Im Gebiet der Tafelberge hielt der Diabas stand und bildet die Deckschicht dieser Plateaus, während die Ebenen meist aus Kalkstein bestehen. Als Überbleibsel der letzten Vereisung lagert vielerorts Moränenmaterial: Sandflächen, Kieshügel und -rücken, Findlinge. Letztere wurden, ähnlich wie auch im norddeutschen Raum, von den Megalithkulturen als Baumaterial ihrer riesigen Steingräber verwendet. Das mineralreiche, fruchtbare Tiefland stellt neben Skåne ein besonders früh besiedeltes Gebiet dar, politisch sozusagen die Wiege Schwedens.

Megalithengrab in Ekornavallen

Für den Bau eines Großgrabes musste zunächst eine weite Grube ausgehoben werden. Deren Wände wurden mit Steinplatten ausgekleidet, wodurch man eine große Kammer mit langem Zugang und teils kleineren Abteilen schuf. Die mächtigen Decksteine darüber waren alles, was schließlich über die Bodenschicht hinausragte; ein flacher, weiter Hügel aus Erde und Gras war entstanden, in den der von einem Türstein verschlossene Gang hineinführte. Bei Rössberga belegen Tierknochen, Steinspitzen und Tonscherben vor dem Eingang, dass hier Opferrituale stattfanden. Ob auch Menschen geopfert wurden, ist nicht geklärt, aber die Moorleiche **Hallonsflikan** gibt Anlass zu dieser Vermutung. Ertrunken oder ertränkt – das lässt sich nach 5000 Jahren wohl nicht mehr klären.

Die Gemeinschaft, die solche Ganggräber errichtete, bestattete alle ihre Mitglieder darin – in Rössberga insgesamt 156 in einem Grab –, wobei man keine Rangunterschiede erkennen kann. Diese Sippengräber waren teils über Jahrhunderte im Gebrauch. Abgelöst wurden sie um 2000 v. Chr. vom Steinkistengrab, vermutlich ein Grabtyp für einzelne Familien. Bei Rössberga liegt ein solches Grab unweit des älteren Typs, im Museum bildet ein Modell das **Steinkistengrab von Fredriksberg** nach, in dem 30 Tote bestattet lagen.

Mit dem Übergang zur Bronzezeit – 1500 bis 500 v. Chr. – kam die Feuerbestattung auf, die Urnen wurden in Einzelgräber gesetzt. Reiche **Opfergaben aus dem Åsle-Moor** sind ausgestellt. Neben bronzenen Beilen, Spangen und Gefäßen ist der Prozessionsstab mit Pferdekopf bemerkenswert. Die Funde belegen eine Phase relativen Wohlstands, die mit einer stärkeren gesellschaftlichen Schichtung einhergeht. Einige Tote erhalten große Steinsetzungen – Domarring und Schiffssetzung – oder riesige Steinhügel – Rösen – als Grabmal. Dies ändert sich zur Eisenzeit wieder, in der eine Verschlechterung des Klimas und der Lebensbedingungen eintritt. Einzelgräber mit schlichten Bautasteine werden teils zu Grabfeldern oder -reihen zusammengefasst. Mit der Einführung der Runenschrift bekommen diese Steine Inschriften und z. T. auch Ornamentschmuck. Aus der Völkerwanderungszeit – 400 bis 600 n. Chr. – blieb der **Goldkragen von Ålleberg** erhalten, eine großartige Goldschmiedearbeit mit reichem Figurenschmuck und einem Gewicht von 650 g, was exakt 144 Solidi, der damaligen römischen Goldmünze, entsprach. Das unermesslich

Karten S. 172/173 und S. 228/229

wertvolle Stück ist im Museum zwar nur als Kopie zu sehen – das Original liegt im Hochsicherheitstrakt des Guldrummet im Historischen Museum von Stockholm –, aber dennoch beeindruckend. Ein kurzer Film zeigt zudem viele Detailaufnahmen.

Mit der Wikingerzeit werden Götterstatuen und -symbole wie der Thorshammer üblich, bis diese dem Christentum weichen müssen; die Ausstellung endet mit einem Exkurs in das mittelalterliche Falbygden.

Im angrenzenden Park liegen das **Ganggrab Kyrkerör** und der mächtige **Ballersten**, in dem ca. 40 runde Schalengruben eingegraben wurden.

St. Olofsgt. 23, ✆ 885050, Di–Fr 11–16, So 13–16 Uhr, Eintritt frei.

Der Museumsbesuch lässt sich gut mit folgender Tour zu den bedeutendsten der insgesamt 270 Megalithgräber von Falbygden verbinden:

Megalith-„KulTour" durch Falbygden

Auf der RV 47 Richtung Jönköping und nach 3 km links erreicht man **Karleby**. Das Gebiet zwischen den Ausläufern des Ålleberget im Südwesten und der Moorsenke Åsle Mosse im Osten ist seit der Steinzeit besiedelt. Opfergaben aus der Bronzezeit (ca. 1000 v. Chr.) wurden im Moor gefunden, und rechts der Straße, wo heute die Höfe von Karleby Långa liegen, konnten Archäologen Wohnplätze aus der 5500 Jahre alten Trichterbecherkultur nachweisen. Ein gutes Dutzend Großsteingräber aus der Vorzeit reiht sich links der Straße entlang einer flachen Anhöhe im üppigen Grasland auf, vier davon sind zugänglich. **Ragnvalds Kulle** ist das größte und bekannteste (beschildert), sein Alter wird auf 4500 Jahre geschätzt, und es war wie viele andere über Jahrhunderte im Gebrauch. Von der Kuppe des Grabhügels überblickt man weitere Gräber, das benachbarte ist durch die Wiese leicht erreichbar.

Zurück zur RV 47 und über diese hinweg geht es Richtung Vartofta und kurz hinter dem Ort rechts Richtung Kinnarp. Nach ca. 2 km, auf halber Strecke nach Vårkumla, liegen links der Straße die **Ganggräber von Vårskäll/Glaskulla** (beschildert), das größere mit beeindruckender 12 x 2,5 m großer Kammer. Die riesigen Decksteine sind bis zu 20 t schwer.

Ein nächster Halt lohnt sich bei der **Kirche in Vårkumla,** an deren Eingang ein **Runenstein** steht, welcher der (unvollständigen) Inschrift zufolge für Gudmund, Ruggas Sohn errichtet wurde. Neben dem Kirchhof bilden 13 Bautasteine einen **Steinkreis.**

Weiter nach Kinnarp und dort auf der RV 46 nach links, passiert man den Abzweig zu Ekehagens Forntidsby, in Åsarp biegt man an der Preem-Tankstelle rechts ab zum **Olsbro-Stenen** (beschildert). Der mächtige, über 2 m hohe Findling steht links an einer Hofzufahrt und beeindruckt durch leuchtend rot ausgemalte Tierornamentik und Runenband, die Inschrift lautet: „Guve errichtete diesen Stein für Olav, seinen Sohn, ein sehr tüchtiger junger Mann. Er wurde in Estland erschlagen. Harvard machte die Steinmetzarbeit."

Wieder auf der RV 46 und auf dieser nach Norden geht es zum Abzweig nach **Ekehagens Forntidsby** zurück und dorthin nach rechts. Das Freilichtmuseum lohnt einen längeren Besuch, besonders während der Steinzeitwoche Mitte Juli. Auf dem Rundgang durch die rekonstruierten Wohnplätze wird prähistorisches Leben von der Jägersteinzeit bis zur Eisenzeit anschaulich gemacht.

✆ 0515-50060, Mittsommer bis Mitte Aug. tägl. 10–18 Uhr, Führungen 12, 14 und 16 Uhr, übrige Zeit nach Anmeldung (ab 5 Pers.) Mo–Fr 10–16 Uhr, 80 SEK.

Kurz vor Falköping zweigt rechts die Straße nach Vartofta ab, an dieser liegen nach 100 m die beiden **Ganggräber von Lutra** (beschildert). Auch wenn vom größeren nur noch wenige Platten mit einem Deckstein aufragen, ist der Blick durch dieses steinerne Tor doch ein stimmungsvolles Motiv.

Vorbei an Falköping setzt sich die Vorzeitreise nach Norden auf der RV 46 bis Torbjörntorp fort, dort geht es links Richtung Broddetorp. Kurz hinter einem Kalksteinbruch liegen rechts die **Gräber von Rössberga** mit einem gut erhaltenen Ganggrab und Steinkistengrab. Eine Tafel informiert (auch auf Deutsch) über damalige Grabzeremonien.

5 km weiter Richtung Broddetorp liegt mit **Ekornavallen** das größte Gräberfeld der Region. Am Parkplatz geben Tafeln einen Überblick über Bestattungsformen aus vier Jahrtausenden, an den besterhaltenen Exemplaren jedes Grabtyps findet man weitere Schilder (teils nur auf Schwedisch). Über das sanft ansteigende Wiesengelände verteilen sich u. a. ein besonders gut erhaltenes Ganggrab, das mächtige Steinhügelgrab auf der Anhöhe, zwei Steinringe und etliche Bautasteine; stark beschädigt ist das Steinkistengrab und für Laien schwer erkennbar die Schiffssetzung.

So viel Kultur verlangt nach einem Ausgleich? Das **Naturum am Hornborgasjön** (s. S. 204) ist von hier nicht mehr weit, wo man von Spazierwegen, dem Aussichtsturm oder der Kaffeeterrasse die Wasser- und Vogelwelt auf sich wirken lassen kann. Wer immer noch nicht genug hat von den Altvorderen, findet in der Ausstellung u. a. auch das **Modell eines Wohnplatzes aus der Jägersteinzeit.**

Abstecher nach Åsle Tå und Kungslena

Von der RV 46 zweigt am Flugplatz die Straße Richtung Åsle ab. Das Dorf selbst wirkt gemütlich-alltäglich. Interessant ist nahe der Kirche aus dem 12. Jh. ein Grabstein mit sowohl Thorshammer wie auch Kreuz.

Eigentliches Besuchsziel ist jedoch das **Freilichtmuseum Åsle Tå,** eine ehemalige Häuslersiedlung am östlichen Dorfrand. Das Besondere: Sie ist original erhalten, kaum etwas wurde hierher versetzt oder rekonstruiert, wie sonst üblich. Entlang einer Bachsenke liegen die Hütten der landlosen Armen, die meist als Hirten und Tagelöhner für die Bauern arbeiteten. Für ihre Dienste durften sie abseits der Höfe kleine Parzellen urbar machen und bewohnen. Die Häuslersiedlung entstand um 1750 und war bis in die 1920er Jahre bewohnt; um 1880 zählte sie 85 Bewohner. Auf dem Rundgang entlang der "Hauptstraße" mit ihren niedrigen, geteerten Holzhäuschen wird der Alltag der Häusler greifbar; in Majes Stuga lebten Mensch und Federvieh in einem Raum, in den Gärtchen wachsen Kräuter und Gemüse, Mühle und Schmiede zeugen von Handwerk, Lagerschuppen und Stall von Landwirtschaft in bescheidenem Stil. Nicht ganz so ärmlich wirkt die rot gestrichene Johanessar Stuga von 1868, deren Bewohner eine Tischlerei betrieb und daneben als Knecht des Pfarrers arbeitete. Genügsamkeit war für die Bewohner von Åsle Tå von klein auf unerlässlich. Eine Ausstellung alter Wagen und Landmaschinen und das Café ergänzen das anschauliche Museum.

☏ 36048, Juni bis Aug. tägl. 10–18 Uhr, Mi bis 21 Uhr, 40 SEK.

Die Nebenstraße führt Richtung Tiarp und Kungslena durch eine herrliche alte Kulturlandschaft, zwischen bewaldeten Tafelbergrücken hindurch. **Kungslena** liegt

Kirche von Kungslena

am Ausläufer des Varvsberget und bietet weite Aussichten. Die Kirche stammt aus dem 13. Jh. Ihre ungewöhnlichen drei Türme sollen an ein Ostertreffen dreier gekrönter Häupter 1257 erinnern: Birger Jarl, dessen Sohn Valdemar und Norwegens König Håkan. Innen wirkt die weiße Steinkirche schlicht und trutzig; das sandsteinerne Taufbecken und die eisenbeschlagene Tür zur Sakristei stammen aus dem Vorgängerbau. Die Tür zeigt das Drachentötermotiv; der Griff stellt den Drachen dar, den ein Ritter aufspießt. Auf Knopfdruck erschallt (auch auf Deutsch) eine unterhaltsame Kirchenbeschreibung.

Mai bis Mitte Sept. Mo–Sa 8–19, So 9–19 Uhr.

Schöne Höfe liegen rings herum, neben der Kirche fällt das große Steinhaus des Kungsgård auf, im 18. Jh. Sitz eines königlichen Regiments. Erbaut wurde es aus Steinen der alten Lena Borg, die sich oberhalb auf dem Varvberget befand. Gegenüber der Kirche beginnt ein schöner Wanderweg dorthin und weiter zum Aussichtpunkt Högeklint (ca. 1 Std.).

Wandern auf dem Pilgrimsleden

Der gut markierte Fernwanderweg führt zu den vielen mittelalterlichen Kirchen und Klöstern der Region Skaraborg. Auch landschaftlich sehr abwechslungsreich ist der 25 km lange **Abschnitt Gudhem – Varnhem** nördlich von Falköping. In **Gudhem** sind die Kirche, die Klosterruine, der Klostergarten und das Museum sehenswert; Zisterzienserinnen betrieben das bedeutende geistliche Zentrum, in dem die Töchter des Hochadels erzogen wurden.

✆ 0515-720011, Museum Mittsommer bis Mitte Aug. tägl. 11–17 Uhr, 10 SEK, die übrige Anlage ist immer zugänglich.

Der Wanderweg führt durch Wald und Wiesen nach Heden, folgt dann der Landstraße Richtung Broddetorp und biegt beim Hornborgaån Richtung Hornborgasjön ab. An ihm entlang erreicht er das Naturum, verlässt dann den See und führt zum Tafelberg Billingen, wo der Weg den 265 m hohen Aussichtpunkt Bjällumanabbe passiert. Am Berghang entlang erreicht der Pilgerweg **Varnhem**, die zweite bedeutende Klosteranlage (s. u.).

Auf einen Blick

Vorwahl Falköping: 0515

• *Information* **Falköpings Turistbyrå**, Trädgårdsgt. 27, 52142 Falköping, ✆ 777050, www.falkoping.nu, Mittsommer bis Mitte Aug. Mo–Fr 9–17, Sa bis 14 Uhr, übrige Zeit Mo–Fr 11–15 Uhr. Vermittelt auch Ferienhäuser.

• *Verbindungen* **Züge** Richtung Göteborg, Stockholm und Jönköping. **Bus**: Linie 203 nach Skara, 300 nach Skövde, 313 nach Varnhem und 900 nach Ulricehamn.

• *Adressen* **Ärztliche Hilfe**: Vårdcentral Mösseberg, Danska vägen 62, ✆ 87000. **Apotheke**: Storgt. 2. **Polizeistation**: Trädgårdsgt. 41. **Einkaufen**: Schwedens größte Käserei **Falbygdens Ost** verkauft nicht nur eigene Produkte, sondern auch französische und italienische Käseklassiker zu günstigen Preisen. Im Restaurant u. a. Käsebuffet. Göteborgsvägen 19, ✆ 776600, Mo–Fr 10–18, Sa bis 14 Uhr, So 11–16 Uhr.

Übernachten/Camping

Kurorten Mösseberg, herrlich gelegenes Spa-Hotel, gehoben-moderner Standard in historischem Flair, DZ 1500 SEK. Mössebergparken, ✆ 85600, www.kurortenmosseberg.se.

STF Vandrarhem Falköping, schöne alte Villa am Mössebergparken, nicht weit zum Bahnhof. 220 SEK, auch DZ. Lidgatan 4, ✆ 17348.

Hotell St. Olof, schönes Anwesen nahe dem Museum. DZ 995 SEK, St. Olofsgatan 23, ✆ 10728, 📠 16233, www.hotellstolof.com.

Åkerströms Vandrarhem (År bed), zentral gelegen, 200 SEK/Pers., auch DZ. Odengata 4, ✆ 0707-252669, www.akerstroms restaurang.com.

• *Camping* **Mössebergs Camping & Stugby**, ganzjährig. Schön gelegener, mittelgroßer Platz auf dem Bergplateau unweit des Naherholungsgebietes (Badesee, Sauna, Wanderwege, Skianlage). Hütten mit Bad/ 4 Pers. 650 SEK. ✆ 17349, www.mossebergs camping.se.

Essen & Trinken

Nouveau Kök & Bistro, Stora torget 3, ✆ 17773, www.nouveau.se, Mo, Di und Do 8.30–22, Mi bis 24, Fr/Sa bis 1 Uhr, WiFi. Modernes, angenehmes Lokal für alle Gelegenheiten. Lunchbuffet (bis 15 Uhr), hausgemachter Kuchen, diverse Abendbuffets und Gerichte à la carte (bis 22 Uhr).

Zwei gute Adressen für Kuchen und Eis in der Fußgängerzone sind **Nya Konditoriet** (✆ 10155) und **Lilla Blå** (✆ 12808), Mo–Fr 9–18 bzw. 19 Uhr, Sa bis 15 Uhr.

Mössebergsgården, ✆ 10986, Mai bis Aug. tägl. 10–22 Uhr. Sommercafé am Kurpark.

Aktivitäten

Mösseberget: Naherholungsgebiet nahe dem Campingplatz. An die Kuranlagen grenzt der kleine Tierpark, mit heimischen Tieren und Spielplatz ein nettes Ziel für Kinder. Ein Aussichtsturm liegt in der Nähe.

Naturreservat Ålleberget: Wanderwege, ein Aussichtscafé und der Segelflugplatz mit kleiner Ausstellung (✆ 37185) machen den Tafelberg zu einem netten Ausflugsziel.

Odenbadet, Götavägen 30, ✆ 886550, Mo–Fr 9–20, Sa/So 10–15 Uhr, 60 SEK. Großes Freizeitbad mit Sport- und Saunaabteilung.

Fahrradverleih beim STF-Vandrarhem.

Skövde

(33.000 Einw.)

Die moderne Stadt ist das Verkehrs- und Handelszentrum der Region Skaraborg. Von ihrer langen Geschichte ist kaum noch etwas zu finden, nur am **Helénsparken** liegen einige rote Blockhäuschen, die den alles zerstörenden Stadtbrand von 1759 überstanden haben. Dafür punktet sie bei Bewohnern und Besuchern mit einem ansehnlichen Freizeitangebot. **Arena Skövde** nennt sich das Sport- und Veranstaltungszentrum der Stadt. Hier findet 2011 die Handball-WM statt. Neben Fitness und Bowling sind besonders das riesige Spaßbad und die Saunaanlage beliebt.

Egnells väg 1, ✆ 498750, Spaßbad Mo–Fr 10–21, Sa/So bis 18 Uhr 100 SEK, nur Sportbecken 55 SEK; Sauna Aqua Vitalis Mo–Fr 12–21, Sa 9–18, So 12–18 Uhr, 170 SEK inkl. Bad.

Von 1964 ist das **Kulturhuset** am Bahnhofsplatz, ein streng gegliederter Ziegelbau mit Zügen von Industriearchitektur. Neben Theater, Kino, Bibliothek und Cafeteria sind hier Ausstellungen zur schwedischen Kunst des 20. Jh. und von zeitgenössischen Werken zu finden.

Trädgårdsgt. 9, ✆ 498560/1, Ausstellungen Mai bis Aug. Di–Sa 12–16 Uhr, Eintritt frei.

Trockenen Fußes durch das Blängmosse

Zum Bummeln und Shoppen eignet sich die City; rings um den **Hertig Johan torg** und in der Commerce Gallerian liegen unzählige Geschäfte.

Naherholung findet auf dem Bergrücken Billingen statt, der Skövde nach Westen begrenzt. Bei **Billingehus** liegen das Wander- und Langlaufrevier, Skihang, Badesee und Freibad, dazu Campingplatz und Hotel.

Abstecher zum Silverfallet

Der Wasserfall – tatsächlich besteht er aus mehreren Fallstufen – am Westrand des Billingen ist besonders im Frühjahr beeindruckend. Im Sommer rieselt zwar nur wenig Wasser hinab, doch ist auch die Umgebung mit alten Kalksteinbrüchen sehenswert.

Die Straße Richtung Lerdala führt steil den Hang des Billingen hinauf, wo die Bebauung dem Wald Platz macht. Nach wenigen Kilometern liegt das Hochmoor **Blängmossen** am Weg: Ein kurzer Spazierweg führt zu einem Aussichtsturm über die baumlose Weite. Im Winter führt eine 8 km lange Loipe durch dieses Gelände und vermittelt Lapplandfeeling.

Bevor die Straße nach Lerdala hinabführt, hält man sich an zwei Gabelungen rechts und dann halblinks Richtung Berg; im diesem Ort führt dann eine Straße nach links und den Hang des Billingen hinab ins Valle-Tal. Ein erster Parkplatz bleibt links liegen, am zweiten, größeren hält man an: Hier beginnt der **Spazierweg zum Silverfallet** (ca. 30 Min.):

Der Weg führt durch aufgeschlossene Kalksteinlagen; Tafeln erklären die Brennöfen, die hier im 19. Jh. standen, erkennbar noch an den halbrunden Hohlformen entlang der Hänge und Abraumhalden: Schichten von Kalkstein- und Alaunschiefer verbrannten in diesen Öfen bei 1000 °C zu Kalk, der vor allem als Dünger Verwendung fand. Die Arbeit war ein winterlicher Nebenerwerb für die Bauern der Region. Wo der Pfad steil hinaufführt, liegen besonders regelmäßige Kalklagen im Hang – sie sehen aus wie gestapelte Platten. Oben auf dem orange markierten Weg nach rechts erreicht man den Bach bei einem Auffangbecken, von wo es nun – teils auf Treppen – entlang der schmalen Wasserfälle bergab geht. Der Bach schneidet in den steilen Hang des Billingen ein und legt regelmäßige Sedimentlagen frei. Bei den Ruinen einer Wassermühle führt ein bequemer Weg nach rechts zur Straße zurück, rechts oberhalb liegt der Parkplatz. Auf der Straße bergab passiert man die Hofanlage Karlsfors und trifft dahinter auf die Straße Lerdala-Timmersdala (siehe auch Wanderung 5).

Auf einen Blick

Vorwahl Skövde: 0500

• *Information* **Turistcentrum Skövde**, Sandtorget, Box 323, 54127 Skövde, ✆ 446688, www.turistcentrum.se, Mo–Fr 9–18, Sa 10–13, So 11–14 Uhr, übrige Zeit Mo–Fr 10–18, Sa bis 13 Uhr.

• *Verbindungen* **Zug**: Skövde liegt an der Bahnlinie Göteborg – Stockholm. Zentrale von Västtrafiken im Reisezentrum am Bahnhof (Rückgabe der Chipkarten möglich). **Bus**: Linie 200 nach Skara, 300 nach Falköping, 303 nach Tidaholm, 400 nach Karlsborg, 402 nach Hjo und 500 nach Mariestad.

• *Adressen* **Ärztliche Hilfe** und **Apotheke**: Vårdcentral Norrmalm, Ekängsvägen 15, ✆ 447150. **Polizei**: Polisstation, Prinsgt. 7–9. **Einkaufen**: Außer in der City (mit über hundert Läden) auch in Norrmalm, dort besonders in Elins Esplanad. Einen **Shopping Guide** gibt es bei der TI.

Übernachten

Hotel Skövde, gemütliches Traditionshotel in der City, DZ ab 900 SEK. Stationsgt. 10, ✆ 410645, www.hotelskovde.com.

Hotell Västerhöjd, kleines Hotel in ruhiger Wohngegend, nah zum Zentrum, DZ 640 SEK. Wennerbergsgatan 9, ✆ 413832, www.hotellvasterhojd.se.

Skövde Vandrarhem, Herberge in schöner alter Villa, zentral und ruhig gelegen. Ab 250 SEK, auch DZ. Kaplansgatan 10, ✆ 481718, www.skovdevandrarhem.se.

Billingens Stugby, Camping & Vandrarhem, große Ferienanlage am Freizeitgebiet von Skövde, im Hochsommer oft recht voll. JH ab 220 SEK/Pers., auch im DZ, Hütten 400 SEK/2 Pers., 800 SEK/6 Pers., die größeren mit Bad. Alphyddevägen, ✆ 471633, www.billingensstugby.se.

Essen & Trinken

Café Princess, Rådhusgt. 9, ✆ 419181, 8–18 Uhr.

Rådhuscafeet, ✆ 437700, 11–20 Uhr.

Parnassen, Trädgårdsgt. 11, ✆ 411912, tägl. ab 12 Uhr, gehobener Stil, gute Weinauswahl

Mummel Mat & Malt, Mo–Sa 11.30–14 und 18–22 Uhr, Sankt Sigfridsgt. 9, ✆ 410001.

Erics Kök, Storgatan 22, ✆ 418330, Lunchrestaurant im Zentrum (im Vasaporten), Mo–Fr 10–18, Sa bis 16 Uhr.

Aktivitäten

Billingens Fritidsområde: Im Sommer Wander- und Radwege, im Winter 2 Skiabfahrten und 9 Loipen, 2,5–16 km, Servicegebäude mit Sauna (Mo–Do 12–20.30, Fr–So 9–20.30 Uhr).

Freibad Billingebadet mit Sauna und bester Aussicht, im Sommer Mo–Fr 10–20, Sa/So bis 19 Uhr, 40 SEK.

Badesee Simsjön, südwestlich bei Herrekvarn gelegen, ab der RV 49 beschildert.

Skara (11.000 Einw.)

Dem heutigen, gemütlichen Städtchen sieht man seine einstige Bedeutung nicht mehr an: Als Bischofssitz stellte Skara im Mittelalter ein geistliches Zentrum dar. Der **Dom,** dessen älteste Teile aus dem 12. Jh. stammen, erinnert an diese Vergangenheit. Seine Krypta stammt aus dem 12. Jh., doch die Kirche darüber wurde mehrmals zerstört und wieder aufgebaut, so dass ihr heutiges Aussehen vor allem die Neogotik der 1890er Jahre widerspiegelt. Der angrenzende Marktplatz, verwinkelte, schmale Gassen und ansprechende Gebäude aus dem 19. Jh geben der Kleinstadt Charme. Die alte **Bibliothek,** heute auch Sitz der TI, verwahrt das kostbare Skara-Missal, ältestes Buch des Landes aus dem frühen 12. Jh., eine reich illustrierte Sammlung von lithurgischen Texten. Vor allem aber im **Västergötlands Museum** wird die Vergangenheit lebendig: Einen Schwerpunkt bildet die anschauliche Ausstellung zu Skara im Mittelalter. Bronzezeitliche Schilde, vor 3000 Jahren vermutlich als Opfergaben in einer flachen Vänernbucht versenkt, werden einfallsreich präsentiert. Ein ganzes Dorf, wie es um 1850 typisch war, ist im angrenzenden „Fornby“ zusammengetragen; das Freilichtmuseum bildet den Rahmen für etliche Sommerveranstaltungen.

Västergötlands Museum, ✆ 26000, Mai bis Aug. tägl. 11–16 Uhr, übrige Zeit Mo geschlossen, Eintritt frei.

Populärstes Besuchsziel der Region ist jedoch **Skara Sommarland,** ein riesiger Vergnügungspark mit allem, was Kinderherzen höher schlagen lässt, Richtung Varnhem abseits der RV 49 gelegen.

✆ 0511-770300, Juni tägl. 10–17 Uhr, Juli bis 1. Woche Aug. bis 19 Uhr, 2. und 3. Woche Aug. bis 18 Uhr, 279 SEK, Kinder bis 1 m Größe frei.

Abstecher nach Varnhem und zum Hornborgasjön

Von Skara ist es nicht weit nach Varnhem, bekannt für seine mächtige Klosterkirche aus dem 12. Jh. Das angrenzende Zisterzienserkloster ist nur noch in Grundmauern erhalten, die aber dennoch einen Eindruck vom Ausmaß der Anlage geben. Der Kirche, die nach der Reformation allmählich verfiel, hätte nach mehreren Bränden sicher ein ähnliches Schicksal gedroht, wenn nicht im 17. Jh. Magnus Gabriel de la Gardie ihre Restaurierung veranlasst hätte. Eine kleine Ausstellung informiert über die Geschichte der Kirche.

April tägl. 11–16 Uhr, Mai bis Aug. 10–18 Uhr, Sept. 11–16 Uhr, 40 SEK.

Zwischen Skara und Varnhem lohnt sich der Umweg um das Ostufer des **Hornborgasjön.** Nach mehreren Grundwassersenkungen zur Bodengewinnung im 19. und 20. Jh. drohte sich der flache See allmählich in eine Sumpf- und Bruchwaldlandschaft zu verwandeln, bis man in den 1980er Jahren mit einer umfangreichen Renaturierung begann: Das wuchernde Schilf wurde eingedämmt, Buschwerk gerodet und man legte kilometerlange Dämme an, um den Wasserspiegel zu erhöhen. Der

Trutzige Klosterkirche von Varnhem

Erfolg lässt sich in der rapide gestiegenen Zahl an Zug- und Brutvögeln am nun wieder offenen See ablesen. Berühmt ist er für seine Kraniche, die in jedem Frühjahr zu Tausenden hier rasten.

Man erreicht das Vogelschutzgebiet am **Hornborga Naturum.** Hier werden typische Vogelarten u. a. in einem interessanten Diorama gezeigt, die Audio-Erklärungen dazu gibt es auch auf Deutsch. Vom Naturum führen Stege und Pfade an die sumpfigen Ufer heran, wo sich vom **Aussichtsturm** und den Unterständen zahlreiche Watvogel- und Entenarten, Schwäne und Gänse beobachten lassen. Auch eine große Lachmöwenkolonie nistet am See. Markierte **Wanderwege** führen zu anderen Uferregionen.

Hornborga Naturum: ✆ 0500-491450, Mitte März bis Mitte Juni tägl. 9–18 Uhr, Mitte Juni bis Sept. 11–18 Uhr, kostenlose vogelkundliche Führungen (schwed./engl.) Juli bis 1. Woche Aug. tägl. 10 Uhr; ca. 30 Min. Cafeteria April bis 1. Woche Aug. tägl. 11–16 Uhr. Das **Trandansen Naturum** an der Straße 184 ist nur zur Kranichsaison, ca. März/April, geöffnet.

Auf einen Blick

Vorwahl Skara: 0511

• *Information* **Skara Turistbyrå**, Biblioteksgt. 3, 53288 Skara, ✆ 32580, 📠 32584, www.skara.se, Mittsommer bis Mitte Aug. Mo–Fr 9–18, Sa 10–13, So 13–16 Uhr, April bis Sept. Mo–Fr 10–17, Sa bis 13 Uhr, übrige Zeit Mo–Fr 10–16 Uhr.

• *Verbindungen* **Bus**: Busbahnhof Vallgatan/Järnvägsgatan. Expressbus nach Mariestad, Linie 200 nach Lidköping und Varnhem, mehrmals tägl.

Parken: Am Skoltorget hinter dem Dom, kostenlos.

• *Adressen* **Ärztliche Hilfe**: Skara Vårdcentral, ✆ 30630, und **Apotheke** Vipan, beide in der Malmgatan 36.

Post im ICA-Supermarkt, Skaraborgsgatan,

Polizeistation: Östra Kungshusgatan 11, ✆ 67500.

Übernachten/Camping

Stadskällaren Hotell & Restaurang, zentral an der Hauptdurchgangsstraße gelegen. Gut bis einfach ausgestattete Zimmer. DZ ab 790 SEK. Skaraborgsgatan 15, ✆ 13410, ℻ 12148, www.hotelliskara.nu.

SVIF Vandrarhem Skara, nette Herberge, nicht weit vom Zentrum in einem kleinen Park. 200 SEK, auch DZ. Sven Hofsgatan, ✆ 12050, www.skaravandrarhem.se.

Außerhalb von Skara **Brunsbo Gästgifveri**, östlich von Skara gelegener, idyllischer Herrenhof, im Haupthaus Hotel, DZ 990 SEK, im Seitenflügel JH ab 220 SEK, auch FeWo. Brunsbo Biskupsgård, ✆ 17710, www.brunsbo.se.

Herrtorps Kvarn, schöne alte Wassermühle an der 184 ca. 5 km südlich von Skara, guter Ausgangspunkt für den Hornborgasjön. Das **Restaurant** ist bei Ausflüglern und Kanuten beliebt. FeWo/4 Pers. ab 700, 6 Pers. ab 950 SEK. Härlunda, ✆ 372173, ℻ 29291, www.herrtorpsqvarn.se.

Klostergården Vandrarhem, im alten Schulhaus neben dem Kloster in Varnhem, freundlich-schlichte Zimmer, schöner Garten, WiFi im Haus. Mehrbettzimmer, je nach Personenzahl 180–300 SEK/Pers. Axevallavägen 10, ✆ 0708-319234, kgvandrarhem.se.

STF Vandrarhem Skara/Eggby, im landschaftlich schönen Valle-Tal, nah zu den Wanderwegen, Zimmer mit gutem Standard, ab 250 SEK, DZ ab 600 SEK. Skaravägen 3, Eggby, ✆ 12165.

Valle Campingstugor, nette Hüttenanlage mit Badesee und Sauna, an der RV 49 Varnhem – Skara gelegen. Hütte/4 Pers. 800 SEK, ✆ 62109, www.vallecamping.com.

Hornborgasjöns Stugby, ganzjährig. Auf der Ostseite des Sees gelegenes, kleines Hüttendorf. FeWo/2 Pers. 600 SEK, FeHa 970 SEK/5 Pers. Bjällum, ✆ 60040, www.midlake.se.

Flämslätt Stifts- & Kursgård, Ferienanlage am Nordufer des Flämsjön. Hotel- und Herbergszimmer, Badestrand. Ab 250 SEK, DZ ab 790 SEK. Vallebygden, Lerdala, ✆ 30440, ℻ 30459, www.flamslatt.com.

• *Camping* **Skara Sommarlands Camping**, Juni bis Mitte Aug. Großer, gut ausgestatteter Campingplatz mit direktem Anschluss an den Vergnügungspark, also nichts für Ruhesuchende. Einfache Hütten Juni/Aug. ab 1200 SEK/4 Pers. In Kombination mit Eintritt ins Sommarland günstiger. Axvall, ✆ 770300, ℻ 64107, www.sommarland.se.

Simmatorps Herrgårdscamping, Juni bis Aug. Kleinerer Platz auf schönem Gutshofgelände, 2 km westlich von Skara abseits der E 20 an einem kleinen See gelegen, die Hütten teils winzig. Hütten/4 Pers. ab 450 SEK. ✆ 12333, ℻ 10969, www.simmatorp.nu.

Essen & Trinken

Kråks Värdshus, Lokal in den Kellergewölben eines alten Gutshauses. Abends unregelmäßige Musikveranstaltungen. Stadsparken, ✆ 21107, Mo–Fr 11–14.30 Uhr.

Mango's, Klostergt. 8, ✆ 21110, tägl. 11–22, Fr/Sa 22–2 Uhr Disco. In den hässlichen Betonbau der alten Disco Olins ist ein Lokal für alle Gelegenheiten eingezogen; in kühl-moderner Umgebung wird Lunch und à la carte, vor allem Mediterranes, serviert, finden Disco und Live-Auftritte statt, draußen sitzt man auf gemütlicher Terrasse. Die Besitzer – zwei Kieler Jungs mit südlicheren Wurzeln – sprechen Deutsch.

Gustavssons Konditori, gemütliches Traditionscafé, Klostergt. 3, ✆ 10570, Mo–Fr 9–18, Sa bis 14 Uhr.

Gutes Eis gibt es in der **Glassbutiken** am Stortorget.

Café på Klostret, hübsches Café im beschaulichen Garten neben der Klosterkirche. Mai bis Aug. tägl. 10–18 Uhr, Varnhem, ✆ 60420.

Aktivitäten

Museumseisenbahn von Skara nach **Lundsbrunn**, ✆ 13636, www.sklj.se, ab Skara Mittsommer bis Aug. So 12, 12.30, 14.45 und 15.15 Uhr, zurück 13.05 und 15.50 Uhr, Juli bis Mitte Aug. auch Di/Do 17 und 19 Uhr, zurück 18.10 und 20 Uhr. Gemütliche Tour mit Dampflok oder Bummelzug zu dem kleinen Kurort, nach einem Spaziergang durch den üppig bewaldeten Kurpark mit dem alten Pavillon geht es auf derselben Strecke zurück (90 SEK hin und zurück, je Tour 30 Min.).

Badeplatz am Flämsjön bei Flämslätt (s. Übernachten und Wanderung 5).

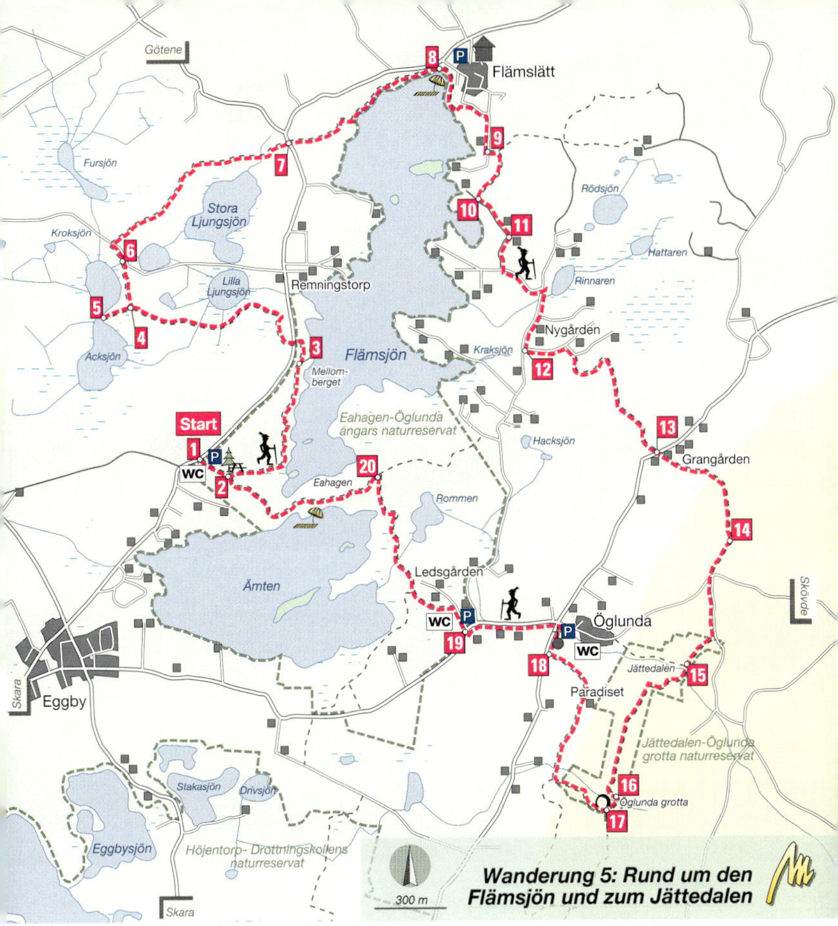

Wanderung 5: Rund um den Flämsjön und zum Jättedalen

Der Valle-Talzug ist von Moränenhügeln, Mischwald und Weideland, Seen und Teichen geprägt. Nach Osten wird diese kleingliedrige Landschaft vom Höhenrücken des Billingen begrenzt, dessen Felshänge in Bachkerben zu spektakulären Klippen und Steilhängen geformt sind. Die Rundwanderung verläuft unproblematisch auf markierten Routen (teils Pfade, teils Wirtschaftswege), allerdings ist an den Steilhängen des Jättedalen – besonders mit kleineren Kindern – Vorsicht geboten. Beim Überqueren von Weiden Rücksicht auf Tiere nehmen: Abstand halten und sich ruhig verhalten.

Tourdaten: Dauer gut 4 Std., Länge 16 km, Schwierigkeitsgrad **

Versorgung/Baden: Sommercafé und Kiosk am Stiftsgård Flämslätt, dort und am Ämten Badeplätze.

Anfahrt: Zwischen Skara und Varnhem zweigt von der RV 49 die Straße nach Eggby ab, auf ihr fährt man durch den Ort und bis zum **Wanderparkplatz** am Eahagen NR/Öglunda Ängar (WP 1).

Wegverlauf: Man folgt den Wanderschildern, vorbei am Klohäuschen, wenige Minuten zu einer hübschen **Raststelle**

(WP 2), wo sich die Route gabelt: Wir gehen hier nach links Richtung Mellomberget, über einen ersten Zaunübertritt hinweg und in das parkartige Gelände, in dem der orangefarben markierte Pfad unweit des Flämsjön entlangführt. Bald folgt ein zweiter Zaun, hier wie bei den späteren gibt es gute Übertritte, meist regelrechte kleine Brückchen. Ein Pfad vom oberhalb gelegenen Parkplatz **Mellomberget** trifft hinzu (WP 3), ein kurzes Stück weiter liegt ein hübscher Rastplatz am Ufer, ein Gedenkstein etwas oberhalb. Hier verlassen wir den See nach links, queren die Straße und folgen dann einer grasigen Spur in den Wald hinein. Bald schwenkt die Route nach links, ein kleiner See liegt zur Rechten. Alter Kiefern- und Birkenwald grenzt an eine Schonung, deren Zaun rechts den Weg begleitet. Nach gut 30 Min. ist ein **Abzweig** erreicht (WP 4): Nach links führt er zum nahen Acksjön, wo am Ufer einer Landzunge ein **Rastplatz** (WP 5) liegt. Knorrige alte Eichen, teils abgestorben, säumen den kurzen Abstecher zu dieser idyllischen Stelle. Zurück am **Abzweig** (WP 4) geht es nach links weiter und in ein Arboretum hinein; zahlreiche Schilder bezeichnen die hier seit 1936 gepflanzten Baumarten. Wir treffen auf eine **Schotterstraße** (WP 6) und folgen ihr nach links, über einen Bach hinweg und zwischen einigen Hofgebäuden hindurch, dahinter nehmen wir den nach rechts abbiegenden Fahrweg. Eine Weile führt er durch Felder, Wiesen und Wald und trifft dann auf die **Straße** (WP 7, 1 Std.), die gequert wird. Jenseits geht es über eine Weide, dann im Wald zum Seeufer hinunter und an ihm entlang, vorbei an einer Parkbank und auf das Gebäude des Flämslätt Stiftsgård zu, einem christlichen Kurshotel, das sich oberhalb einer schönen Bucht erhebt. Vorbei am Zaun eines privaten Badestegs erreicht man den öffentlichen **Badeplatz** (WP 8, 1:15 Std.).

Weiter geht es direkt am Ufer entlang, ein paar Stufen hoch und durch den Park von Flämslätt, dann auf einem Fahrweg ein Stück nach rechts, bis die Wanderroute ihn am **Schild Valle Vandring** (WP 9) wieder nach links verlässt. Die bis hierher orangefarbenen Markierungen werden nun unzuverlässig, dafür kommen gelbe hinzu. Diese führen einen Waldpfad entlang bis zu einem nächsten **Fahrweg** (WP 10) und auf diesem nach links. Bald liegt links ein Wohnhaus oberhalb, gleich darauf geht es halbrechts herum und an einem zweiten vorbei (WP 11), bei einem weiteren trifft man auf eine Gabelung und halblinks nach 2 Std. auf die T-Kreuzung am Ufer des Teiches Rinnaren. Nach rechts passiert man den hübsch gelegenen Hof Nygården und biegt dahinter mit dem Fahrweg und dem gelben **Wegweiser** des Valle Vandring links ab (WP 12). Wir folgen dem Vitsipsvägen, bis die Markierungen ihn nach rechts verlassen und durch üppige Hangwiesen oberhalb eines sanften Tälchens entlangführen. Nach einem Übertritt geht es neben einer Feldsteinmauer entlang und dann im spitzen Winkel rechts herum; der Weg verläuft hier zwischen zwei Mauern auf einem Hügelrücken entlang, der beiderseits von hohlförmigen kleinen Senken begrenzt ist – Toteislöchern, die in dieser alten Moränenlandschaft von der letzten Eiszeit zeugen. Ein weiterer Übertritt folgt, am Zaun entlang erreicht man die Straße (WP 13, 2:30 Std.) und quert sie. Ein überwachsener Wirtschaftsweg führt jenseits neben einem Hofgebäude auf den bewaldeten Hang des Billingen zu und bald kräftig bergauf. Oben trifft man auf einen Forstweg (WP 14) und folgt ihm nach rechts, bis die Wanderroute nach rechts auf einen Pfad wechselt. Dieser führt gleich zu einer markanten Aussichtsstelle oberhalb des **Jättedalen** (WP 15, 3 Std.): Hier schneidet ein Bachtal steil in das Diabasgestein des Berghanges ein und hat mächtige Felsklötze und Klippen herausmodelliert; ei-

Badeplatz beim Flämslätt Stiftsgård

ne herrliche Stelle. Ein steiler Weg führt von hier direkt hinunter nach Öglunda, es lohnt sich aber, noch ein Stück oben weiterzuwandern; nun ist die Route wieder orange markiert. Immer wieder reizvoll ist ein Blick über die Steilfelsen ins Tal, bis beim **Schild Öglunda Grotta** die zweite Talkerbe erreicht ist (WP 16): Die kleine Grotte, durch eine schräg gestellte Felsplatte gebildet, ist nach rechts in einem kurzen, steilen Abstieg zwischen haushohen Felsen zu erreichen; eine lustige Klettereinlage.

Man folgt der Hauptroute noch etwas am oberen Rand um die Talkerbe herum, vorbei am ersten und am **zweiten Wegweiser** (WP 17) rechts Richtung Öglunda Kyrka, nun auf steilem, stufigen Pfad bergab. Durch Wald und über eine Weide erreicht man den Wegweiser zum Parkplatz Jättedalen und geht nach rechts, jetzt eine Weile parallel zum Hang und mit weiter Aussicht, bei klarer Sicht bis zum Kinnekulle. Auf einer Plankenbrücke über den Tornbekken und wieder durch Wald erreicht man nach 3:30 Std. ein Wohnhaus, folgt dessen Grundstücksgrenze zur Zufahrt und dieser Richtung Kirche hinunter bis zur **Straße** (WP 18). Nach rechts, vorbei an der Kirche mit dem angrenzenden Wanderparkplatz, und an der Kreuzung links wandern wir nun auf der Straße weg vom Billingen; hier ist die Route wieder gelb markiert und trifft bald auf einen rechts liegenden Wanderparkplatz von Eahagen/Öglunda Ängar (WP 19). Dieses Naturreservat trennt uns noch vom Ausgangspunkt; eine Hofzufahrt führt hinein, von ihr links ab und vorbei am Klohäuschen geht es gelb/orange markiert auf hohem Plankenweg über eine Weide, dann halblinks auf einer Fahrspur weiter. Bald kommen die Seen Rommen und Ämten in Sicht, dann trifft man an einer T-Kreuzung wieder auf den **Rundweg um den Flämsjön** (WP 20, 4 Std.). Auf ihm nach links, durch Laub- und Mischwald, überquert man nun die von Moränenhügeln geprägte Landenge zwischen Flämsjön und Ämten, wobei Letzterer links unterhalb stellenweise in Sicht kommt. Auf halber Strecke wird der Grenzzaun des Gutes Remningstorp überquert, am Ufer liegt – von hier unsichtbar – eine kleine Badebucht. Das Gelände wird offener und grasiger, kurz darauf durchquert man ein Gatter und hat den Rastplatz vom Hinweg wieder erreicht, nach halblinks in wenigen Minuten auch seinen **Ausgangspunkt** (WP 1, 4:15 Std.).

Am Götakanal

Vom Götaälv zur Vänernküste

Lange bevor Göteborg an der Mündung des Götaälv gegründet wurde, stellte der Fluss schon einen wichtigen Transportweg ins schwedische Hinterland dar.

Lödöse, heute eine unbedeutende Kleinstadt, war im Mittelalter, solange die Westküste von Dänen und Norwegern beherrscht wurde, dank des Götaälv ein wichtiges Handelszentrum. Das **Lödöse-Museum** – an der RV 45 gelegen und gut beschildert – ist dieser Geschichte gewidmet, die mit Ausgrabungsfunden, einem Modell der mittelalterlichen Stadt und einer virtuellen Flussreise beleuchtet wird.
✆ 0520-89700, Di–So 11–16 Uhr, Eintritt frei.

Bei **Lilla Edet** war die Schifffahrt damals zu Ende, die ersten Stromschnellen machten den Fluss unpassierbar, und bei Trollhättan sprang er 32 m über eine Felsstufe hinab, den Trollhättefallen. Mühsam mussten die Schiffe über Land gezogen werden, um die Hindernisse zu überwinden. Zahlreiche Bauern der Region verdingten sich entlang des Götaälv als Transportarbeiter, um Waren umzuladen und auf dem Edsvägen zum Vänern zu karren. Die **erste Schleuse** wurde 1607 eingeweiht und machte den Fluss bis nach Trollhättan schiffbar. Diese älteste Schleuse Schwedens bei **Lilla Edet** erreicht man auf der Straße 167 (Brovägen).

Es dauerte jedoch fast 200 weitere Jahre, bis das Haupthindernis, die Stromschnellen bei Trollhättan, überwunden werden konnte.

Der Götakanal

Die Idee eines Wasserwegs quer durch Südschweden ist alt. Das jahrhundertelange Machtgerangel um die Westküste hatte diesem Traum schon früh Nahrung gegeben. Doch waren die technischen Hindernisse zu seiner Realisierung lange unüberwindlich gewesen.

Nach der ersten Schleuse 1607 bei Lilla Edet erfolgte der nächste große Schritt auf dem Götaälv erst 1800. Auf 10 km wurde bei Trollhättan ein Schleusenkanal in den Felsen gehauen, mit dem die dortigen Stromschnellen umgangen wurden. Jetzt konnten die ersten Schiffe vom Skagerrak zum 44 m hoch gelegenen Vänern fahren. Die Industrialisierung in Europa hatte zu dieser Zeit die Nachfrage nach Eisen bereits kräftig angeheizt, und so wurden auch bis dahin abgelegene Erzvorkommen interessant. Der Wasserweg war gerade für Schwerlasten die ideale Lösung. 1810 begann nach zwei Jahren Planungs- und Vermessungsarbeit unter Federführung der Ingenieure Baltasar von Platen und Thomas Telford dann der Bau des Götakanals. Bis zu 7000 Arbeiter waren gleichzeitig damit beschäftigt, Erdreich auszuheben, Fels zu sprengen und Wände zu befestigen. Insgesamt waren 58.000 Mann an der 32 Jahre währenden Bautätigkeit beteiligt, die meisten davon abgeordnete Soldaten. Von den 190 km, die zwischen Mem auf der Ostseeseite und Sjötorp am Vänern überwunden werden mussten, wurden 87 km gegraben, der Rest der Strecke verteilt sich auf die Seen Boren, Roxen, Vättern und Viken. 37 Schleusen wurden zwischen Ostsee und dem mit 91,8 m höchstgelegenen Bereich des Kanals gebaut, weitere 21 vom Viken wieder hinunter zum Vänern. 1832 wurde der letzte Teilabschnitt in Mem feierlich eröffnet. Das „Blaue Band“ quer durch Südschweden war vollendet, der knapp 400 km lange Seeweg von Göteborg zur Ostsee offen. Schon bald wurde der wichtige Verkehrsweg jedoch für die größer werdenden Schiffe zu schmal. Zweimal, 1844 und 1916, wurden neue Schleusenkanäle neben dem ersten angelegt bzw. mehrfach ausgebaut. Außerdem wurden im Anschluss an den Götakanal wichtige Seitenkanäle gebaut: der Dalslandkanal im Nordosten des Vänern und vom Roxen nach Süden der Kindakanal.

Nur wenige Jahrzehnte lang kam dem Götakanal die erhoffte wirtschaftliche Bedeutung zu, dann lief die Eisenbahn ihm den Rang ab. Um 1900 wurde die Wasserstraße dann für den Tourismus entdeckt. Die Kanaldampfer aus dieser Zeit befahren noch heute allsommerlich die Strecke Göteborg – Stockholm.

Trollhättan

(44.500 Einw.)

Die Gefällestufen im Götaälv lockten schon früh verschiedene Wirtschaftszweige an. Wassergetriebene Sägemühlen gab es in Trollhättan seit dem Mittelalter; ein Wasserrad ersetzte immerhin 6 Pferdestärken. Ab dem 18. Jh. befassten sich Ingenieure wie Christopher Polhem nicht nur mit dem Schleusen- und Kanalbau, sondern auch mit der Energiegewinnung aus Wasserkraft. 1847 wurde eine technische Werkstatt gegründet, die unter dem Namen NOHAB bald führend im Eisenbahnbau wurde, um 1900 begann man mit der Stromgewinnung am Trollhättefallen, von der das markante Industriedenkmal des Olidan-Kraftwerks zeugt.

Bis heute ist Trollhättan von Industrie geprägt, SAAB baut hier Autos, Volvo Aero Flugzeugteile. Neuer ist die Filmbranche: Film i Väst hat sich seit den 1990er Jahren einen international bekannten Namen gemacht, etwa mit „Dancer in the Dark" oder „Dogville", andere Produktionen aus „Trollywood", wie „Lilja 4ever" oder „Zusammen", liefen im deutschen Fernsehen. Auch einen „Walk of Fame" gibt es inzwischen an der Storgatan.

Das **Stadtzentrum** zwischen Drottninggatan und Fluss wirkt geschäftig-urban, stattliche Bauten, eine breite Shoppingmeile, das moderne **Folketshus** mit dem netten Park dahinter und natürlich die **Uferpromenade** mit so manchem „Uteservering" machen den Aufenthalt angenehm. Die eigentlichen Highlights jedoch liegen flussabwärts, rund um Fluss und Kanal.

Kanalgebiet

Ein guter Ausgangspunkt für die Erkundung (ohne Museen ca. 1:30–2 Std.) ist die **Innovatum** Industriområde, wo – neben der TI und Film i Väst – das gleichnamige **Science Center** liegt, ein Technologiemuseum mit zahlreichen Experimentiermöglichkeiten; während der Schulzeit ein Magnet für Klassenausflüge. Die alte NOHAB-Schmiede aus der Zeit des Eisenbahnbaus gehört dazu, neu ist das Planetarium (✆ 488480, Mitte Juni bis 3. Woche Aug. tägl. 9–17 Uhr, übrige Zeit Di–So 11–16 Uhr, 60 SEK). Das angrenzende **SAAB Bilmuseum** stellt Autos von 1946 bis heute aus (✆ 84344, geöffnet wie Innovatum, aber ganzjährig tägl., 60 SEK).

Eine Seilbahn verbindet das Gebiet mit dem **Olidan-Areal** auf der Kanalinsel. Das Kraftwerk von 1910 ist noch in Betrieb und kann besichtigt werden

Mitte Juni bis 3. Woche Aug. tägl. 11.30, 13.30 und 15.30 Uhr, Start am Infocenter Insikten, Vattenfalls historischer Ausstellung, Eintritt frei. Seilbahn Linbana: Juli bis 3. Woche Aug. tägl. 9–17 Uhr, 40 SEK hin und zurück.

Alternativ gelangt man weiter südlich bei den **Schleusen** (Parkplatz am Åkersjövägen) jederzeit über den Kanal. Tafeln informieren über die Baugeschichte, auch das**Kanalmuseum** im alten Lagerhaus illustriert sie, u. a. mit einem Film (auch dt.) und Schiffsmodellen

✆ 289400, Juli bis 3. Woche Aug. tägl. 9–17 Uhr, 20 SEK. **Schleusenführungen** tägl. 11, 13 und 16 Uhr, 20 SEK.

Älvrummet wird das Flusstal genannt, ein Spaltental mit beachtlichen Höhenunterschieden. Ein Spazierweg am Fluss verbindet Schleusen- und Kraftwerksareal. Unterwegs führt die Flottbergs-Brücke zum anderen Ufer, wo Pfade den Aussichtspunkt **Kopparklinten** (77 m) und die Stromschnellen **Trollhättefallen** erschließen (wasserführend Mai, Juni, Sept. Sa 15 Uhr, Juli/Aug. tägl. 15 Uhr; Fallens Dagar am 3. Juliwochenende, großes Volksfest rund um den Wasserfall). Über die Brücke Oskarsbro und nach rechts erreicht man wieder Olidan, oder man geht geradeaus weiter zur Strömskarlsbro und kommt über diese in die Innenstadt, von wo es dann am Trafikkanalen zum Innovatum zurückgeht.

Auf einen Blick

Vorwahl Trollhättan: 0520

• *Information* **Turistbyrå**, Innovatum, Åkersjövägen 10, 46129 Trollhättan, ✆ 13509, www.visittrollhattanvanersborg.se, Juli/ Aug. tägl. 10–18 Uhr, übrige Zeit Mo–Fr 10–16 Uhr. Die TI bietet die Sommarkort für Familien an (z. B. 2 Erw. und alle eigenen Kinder 250 SEK/ 2 Tage), die Eintritt in alle oben genannten

Museen sowie das Jagdmuseum Hunneberg (s. u.) bietet.

• *Verbindungen* **Bus**: Linie 600/610 Göteborg – Vänersborg, von dort Linie 650 zum Vorort Vargön. Nahverkehr zwischen Trollhättan und Vänersborg mit allen 60er-Linien. Stadtbus 21 zum Innovatum. **Zug**: nach Göteborg, Oslo und Stockholm.

Parken: Im Zentrum ab der 2. Std. gebührenpfl., bei Innovatum Industriområde frei.

• *Adressen* **Ärztliche Hilfe**: Vårdcentralen Källstorp, Strömsviksvägen 16, dort Akuten NÄL rund um die Uhr, ✆ 1177. **Apotheke** Svanen, Kungsgt. 32. **Post** im ICA-Supermarkt, Kungsgt. 30. **Polizei**: Klintvägen 2, ✆ 11414.

Übernachten/Camping/Essen & Trinken (siehe Karte S. 213)

• *Übernachten* **Albert Kök Hotell (3)**, alte Holzvilla mit herrlicher Aussicht auf Fluss und Stadt, Gourmetrestaurant. DZ ab 1200 SEK. Kvarnliden, ✆ 12990, ✆ 13311, www.alberthotell.se.

Hotell Bele (5), zentral und ruhig an der Einkaufsstraße, hübsche Zimmer, Clou ist der Lift von 1938. Nachmittagskaffee mit Gebäck in der gemütlichen Stube ist inkl., ebenso Parkplatz und WiFi. DZ ab 800 SEK. Kungsgt. 37, ✆ 12530, www.hotellbele.se.

Hotell Trollhättan (8), zentrales Mittelklassehotel, WiFi und Sauna inkl., kein eigener Parkplatz (in der Nähe für 100 SEK/Tag). DZ ab 800 SEK. Polhemsgatan 6, ✆ 12565, ✆ 15471, www.hoteltrollhattan.se.

STF Vandrerhem Gula Villan (4), gemütliche JH mit 2- bis 6-Bett-Zimmern im Zentrum. Die namensgebende gelbe Holzvilla stammt aus dem Jahr 1900, die nahe Stenvillan gehört dazu. Ab 225 SEK. Tingvallavägen 12, ✆ 12960, ✆ 38850.

• *Camping* **Trollhättans Camping Hjulkvarnelund (1)**, im Folkets Park, nah zu City und Fluss, Wanderwege. Hütten/4 Pers. ab 350 SEK., Juni bis Aug., Kungsportsvägen 7, ✆ 30613, ✆ 32961.

• *Essen & Trinken* **Villa Stranna (9)**, preiswerter Lunch im tollen Ambiente des alten Gerichtssaals, Mo–Fr 11–14.30 Uhr, auf der Terrasse: Mai bis Aug. Mi–Fr ab 17 Uhr, Sa ab 13 Uhr bis spät. Karl Johans torg 1, ✆ 411139.

A&O Mat & Bubel (8), gemütlicher Lounge-Stil, mediterrane Küche, Gerichte um 200 SEK, auch Lunch; Mo–Fr 11–14.45 und Mi–Sa ab 18 Uhr. Polhemsgt. 6, ✆ 14588.

Butlers Pub, Kök och Restaurang (6), beliebtes Lokal, im Pub Do–Sa Livemusik. Tägl. 17 Uhr bis spät. Spannmålsgatan 11, ✆ 481880.

Strandgatan (7), Bistro im ehemaligen Arbetarforeningens Hus von 1867, mit Terrasse am Kanal. Bekannt für gute Kanelbullar. So–Fr 10–21.30, Sa bis 17 Uhr. Strandgatan 34, ✆ 83717.

Café Gillet (2), süßes Café am Park des Folkets Hus, große Kuchenauswahl, kleine Lunchgerichte, Gartenterrasse, im OG ein lustiges „Kinderzimmer“. Mo–Do 10–20, Fr bis 18, Sa bis 16 Uhr, Storgatan 22, ✆ 424440.

Slusscafeéet (10), Sommercafé bei den Schleusen, Mai bis Aug. tägl. 10.30–21 Uhr. Övre Slussarna, ✆ 411345.

Aktivitäten

Bootstouren mit der MS Elvkungen auf dem Trollhättekanal: Rederi Strömkarlen, Strandgatan, ✆ 32100. Juli bis Mitte Aug., tägl. 12 Uhr ab oberer Schleuse.

Fahrradverleih bei der TI, JH Gula Villan und beim Innovatum. Auch per SMS: Re-Cycla, ✆ 72550, z. B. vor TI und Hbf.

Baden: Schöner Badeplatz am Öresjö, westlich der Stadt. Zentrales, großzügiges Freibad beim Sportcenter Älvhögsborg; Storgatan 1–3, ✆ 484830, Juni bis Aug. Mo–Fr 9–19.30, Sa/So 10–17.30 Uhr, 40 SEK. Angrenzend Indoor-Spaßbad, Sept. bis Mitte Mai, Kernzeiten ca. 11–15.30 Uhr.

Vänersborg (22.000 Einw.)

Bei Vänersborg erreicht der Trollhättekanal den Vänern, nachdem er bei Brinkebergskulle eine letzte, 6 m hohe Schleusenstufe überwunden hat. Auch der Götaälv mündet in das Binnenmeer – zwischen Fluss und Kanal liegt auf einer Halbinsel die überschaubare, gemütliche Innenstadt. Vom Gamla Hamnkanalen bis zum Wasserturm erstreckt sich entlang der Drottnings- und Kungsgatan die "Kulturachse". Hier liegen um Torget und Plantaget die ältesten Gebäude der Stadt, zum Wasser hin die Residenz, heute Verwaltungssitz, die Kirche von 1784 und das herrschaftliche Museumsgebäude, rings herum schöne alte Holzhäuser. Richtung Bahnhof führen Einkaufsstraßen, Richtung Vänern ruhige Wohnstraßen, am Ufer erstreckt sich rings um die Halbinsel der Skräckleparken, ein herrliches Naherholungsgebiet mit

Spazierwegen, Spielplatz und Sommercafé, kleinen Badebuchten zwischen glatten Schärenbuckeln und jenseits davon Wasser, so weit das Auge reicht.

Vänersborgs Museum: Gebäude wie Ausstellung sind seit 1885 praktisch unverändert, ein interessanter Streifzug durch vergangene Ausstellungskonzeptionen ist somit garantiert. Zu sehen sind u. a. Sammlungen von allerhand exotischen "Mitbringseln", wie sie zu Kolonialzeiten üblich waren, von ägyptischen Altertümern über ostindisches Porzellan bis zu ausgestopften Tieren Afrikas.

Plantaget, ✆ 60062, Di, Do, Sa und So 12–16 Uhr, Juni bis Aug. auch Mi, Eintritt frei.

Hunneberg und Halleberg

Nicht weit entfernt von Vänersborg erheben sich östlich des Götaälven die beiden Bergplateaus Hunneberg und Halleberg etwa 100 m aus dem sonst ebenen Tiefland. Die Hochflächen sind von Mooren durchsetzt und mit Mischwald bewachsen, bestes Terrain für Elche. Von Vargön aus führen Zufahrtsstraßen zu beiden Plateaus hinauf. Auf dem Hunneberg lohnt sich ein Halt am Jagdmuseum Älgens Berg, entweder um sich über Elche und den Naturraum des Tafelbergs zu informieren (✆ 722350, Juni bis Aug. tägl. 10–18 Uhr, übrige Zeit Di–So 11–16 Uhr, Dez./Jan. nur Di–Fr) oder um den Hunneberg auf den hier beginnenden Wanderwegen zu erkunden, z. B. auf dem etwa einstündigen, markierten Rundweg um den See Eldmörjan. Außerdem gibt es einen Forstweg, der den gesamten Hunneberg umrundet und immer wieder Möglichkeiten zu kurzen Abstechern bietet.

Auf dem Halleberg folgt man der Straße bis zum Ende beim Naturreservat Hallesnipen und von dort zu Fuß der Beschilderung zum Prediktstolen, einer spektakulären, senkrecht abfallenden Aussichtskanzel über dem Vänern (hin und zurück 1 Std.).

Auf einen Blick

Vorwahl Vänersborg: 0521

• *Information* **Vänersborgs Turistbyrå**, Resecentrum, Järnvägsbacken 1c, 46234 Vänersborg, ✆ 13509, www.visittrollhattanvanersborg.se, im Sommer Mo–Fr 9–18, Sa/So 10–16 Uhr, übrige Zeit Mo–Fr 8–17 Uhr.

• *Verbindungen* **Bus**: s. Trollhättan.

Parken: Im Zentrum teils mit Parkscheibe, max. 4 Std.

Übernachten/Camping/Essen & Trinken

• *Übernachten* **Hotell 46:an**, im unauffälligen Wohnhaus nahe dem Skräcklepark verbergen sich nette kleine Apartments mit Küchenzeile und Sitzecke, jedes ist anders, aber alle bieten viel fürs Geld, sogar Frühstück, das aufs „Zimmer" gebracht wird. Vorne Vänernufer, hinten Stadtzentrum – ein idealer Stützpunkt. DZ 750 SEK. Kyrkogt. 46, ✆ 711561, www.hotell46.com.

Hunnebergs Vandrarhem, ganzjährig. Herrlich gelegener alter Gutshof mit angeschlossenem Zeltgelände in Vargön. Ab 200 SEK. Berggårdsvägen 9, ✆ 220340, ✆ 223070, www.hunnebergsgard.se.

• *Camping* **Ursands Camping**, Mai bis Mitte Sept. Weitläufiger, bewaldeter Platz an schöner Badebucht 3 km nördlich von Vänersborg. Zeltwiese am Wasser, die Hütten weit ab und teils winzig; ab 360 SEK/2 Pers. ✆ 18666, www.ursandscamping.se.

WoMo-Stellplatz an der Marina, nahe Vattenspalatset. Mit 150 SEK/Tag inkl. Dusche und 40 SEK für Strom fast schon Campingplatzpreise, aber zentral.

• *Essen & Trinken* **Väner Kök & Bar**, gemütliches und vielseitiges Lokal, nicht überteuert. Gerichte à la carte um 180 SEK, es gibt aber auch typische Pub Grub und mittags Lunch. Mo–Do 11–22 Uhr, Fr bis spät, Sa 15 Uhr bis spät, So 15–22 Uhr. Hamngt. 17, ✆ 12270,

Skräcklestugan, Sommercafé in unschlagbarer Gunstlage am Vänernufer. Juni bis Aug. tägl. 10–20 Uhr, Skräckleparken, ✆ 67110.

Aktivitäten

Die besten **Badestellen** liegen direkt in der Stadt, im Skräckleparken. Etwas außerhalb: Nordkroken bei Vargön.

Vattenpalatset: Spaßbad mit allen Schikanen, Mitte Juni bis Mitte Aug. tägl. 10–16.30 Uhr, dann 3 Wochen geschl., übrige Zeit Mo 14–19, Di 6.30–19, Mi 10–21, Do 6.30–19.30, Fr 10–19.30, Sa/So bis 16.30 Uhr. 65 SEK (Sa/So 75 SEK). Vänerparken, ✆ 67550.

Lidköping (25.000 Einw.)

Die Hafenstadt an der Vänernbucht Kinneviken und der Mündung des Lidån erhielt schon im 15. Jh. Stadtrechte. Im 17. Jh. ließ der Graf von Läckö, Magnus Gabriel de la Gardie, einen neuen Stadtteil am anderen Bachufer errichten. Sein ehemaliges Jagdschloss wurde auf den **Nya Stadens torg** versetzt, wo das rote Gebäude mit dem markanten Turm als Rathaus fungierte. Heute nutzen es das Turistbüro und ein Café. Auch das gegenüberliegende Grevhuset blieb aus der Gründungszeit der "Neustadt" erhalten. Auf dem weiten Platz dazwischen findet der Wochenmarkt statt (Mi 8–18, Sa bis 15 Uhr), ringsherum liegen die gemütlichen Einkaufsstraßen der kleinen City, landeinwärts grenzt der hübsche **Stadtpark** an. Auch die Ufer des Lidån sind begrünt. Über die Torgbron erreicht man die Altstadt, in der allerdings ein Stadtbrand 1849 viel zerstörte. Nur wenige ältere Gebäude sind um den **Limtorget** herum erhalten geblieben, heute haben Kunsthandwerker und ein gemütliches Café hier ihren Sitz.

Richtung Vänernufer erstreckt sich der Industriehafen mit dem eigentlichen Besuchermagneten der Stadt, dem **Rörstrand-Center.** Vom Nya torget ist das vielbe-

Im gräflichen Jagdschloss residiert nun das Turistbüro von Lidköping

suchte Gelände dieser Porzellanfabrik durch die Fußgängerzone Torggatan schnell erreicht. Seit das Unternehmen seine Produktion 2005 ins kostengünstige Ausland verlegt hat, blieb hier nur noch die Design-Abteilung übrig. Dafür lässt sich Keramik-Design in der Formakademin nun auch studieren. In bescheidenem Maß produziert wird hingegen noch bei **Lidköpings Porslinsfabriken.** Ehemalige Rörstrand-Mitarbeiter fertigen in Handarbeit Schmuckfliesen und Porzellanfiguren, darunter Sparschweine für Lidköpings Sparebanken, im Showroom kann man zusehen (im Sommer Mo–Fr 10–16 Uhr, ✆ 596650). Das **Rörstrand Museum** zeichnet mit seiner umfangreichen Sammlung die fast 300-jährige Geschichte der hiesigen Porzellanindustrie nach. Im **Fabrikverkauf Iittala Outlet** sind Produkte von Rörstrand, Iittala, Höganäs, BodaNova und anderen Marken günstig zu haben. Treffend formuliert der Outlet-Prospekt das Motto skandinavischer Gebrauchskunst als "mission to create lasting design against throwawayism". Das Museumscafé, Restaurants, Kunsthandwerksläden und Galerien beleben das alte Fabrikgelände zusätzlich.

Fabriksgatan 2–4, ✆ 25080, Museum und Outlet Mo–Fr 10–18, Sa 10–16, So ab 12 Uhr.

Westlich der Strandgatan gehört die Küste wieder den Erholungsuchenden; hier reihen sich Marina, Folkepark, Freibad, Strand und Campingplatz aneinander. Hier liegt, in Ufernähe und aussichtsreicher Lage, auch das **Vänernmuseum,** Schwedens größtem Binnenmeer gewidmet: Seine Entstehung und seine Bedeutung für die Menschen, die an seinen Ufern lebten, werden variationsreich in Szene gesetzt. Das Aquarium beherbergt zahlreiche Vänern-Bewohner und wurde jüngst erweitert. Auch das Paleo Geology Center gehört zum Museum und präsentiert erdgeschichtliche Erkenntnisse über die Vänernregion. Unter den ausgestellten Gesteinsbrocken sind z. B. ein Meteorit und verschiedene Fossilien zu bewundern.

Framnäsvägen 2, ✆ 770065, Di, Mi und Fr 10–17, Do bis 19 Uhr, Sa/So 12–17 Uhr, Juni bis Aug. auch Mo 10–17 Uhr, Eintritt frei.

Abstecher nach Kållandsö

Lidköping ist von einer abwechslungsreichen Kultur- und Naturlandschaft umgeben. Ein beliebtes Ausflugsziel ist die Halbinsel im Westen der Bucht Kinneviken mit dem vorgelagerten Archipel. Deren Hauptattraktion, **Schloss Läckö,** liegt erhaben auf einem Landzipfel von Kållandsö, umgeben von schöner Parkanlage, Badebucht und Gästehafen. Ehemals Sitz der Bischöfe in Skara, ging das Schloss 1652 an den Grafen Magnus Gabriel de la Gardie über, der dem barocken Bauwerk seine heutigen Dimensionen gab. Der Schlossherr, unter Karl X. Gustav zum Reichskanzler aufgestiegen und nach dessen Tod als Regent für den fünfjährigen Thronfolger Karl XI. eingesetzt, pflegte Schwedens damaliges Großmacht-Image weniger auf militärischem als auf kulturellem Parkett, und Läckö wurde für ein Jahrzehnt ein gesellschaftliches Zentrum des Reiches. Als Karl XI. das Zepter 1672 übernahm, wendete sich das Blatt für den Grafen bald. Verlorene Schlachten gegen die vordringenden Dänen wurden seiner mangelnden militärischen Vorsorge angelastet, Misswirtschaft und Verschwendungssucht wurden ihm vorgeworfen. 1682 hatte er sein Amt wie das Schloss verloren und starb wenige Jahre später vollkommen verarmt. Auf der Wanderung durch die 248 Räume des Schlosses, in denen allsommerlich verschiedene Ausstellungen dessen Geschichte lebendig werden lassen, wird auch ein Hauch vom Größenwahn seines Erbauers spürbar. Und vielleicht spaziert einem der Hausherr in Rüschenhemd, mit Perücke und Federhut sogar über den Weg, denn mehr als 300 Jahre nach seinem Ableben wurde er vom Touristenbüro wieder zum Leben erweckt.

✆ 484660, 2. Woche Juni bis 4. Woche Aug. tägl. 10–18 Uhr, 80 SEK inkl. Führung (11.30, 13.30 und 15.30 Uhr, auch auf Englisch). Sommerkonzerte finden im Schlosshof statt, in den Gewölben befinden sich ein Restaurant und Pub, zum Ufer hin liegt das Café Stallet (✆ 10505, Mai bis Mitte Sept. tägl. 11–16 Uhr, Juni bis Mitte Aug. bis 18 Uhr.)

Nicht weit von Schloss Läckö liegt der beschauliche Hafenort **Spiken**, bekannt für seine Fischräuchereien. An den Holzpiers machen die kleinen Kutter fest, die Renke, Barsch und Zander aus dem fischreichen Gewässer anlanden. Außerdem machen hier Freizeitangler und Ausflügler ihr Boot für eine Schärentour klar, zwischen den kleinen Fischerbuden bummeln Touristen, und auch das erste Restaurant am Platze hat natürlich Fisch und nochmal Fisch auf der Karte. Man vergisst leicht, dass man nicht am Meer, sondern an Schwedens größtem Binnensee steht. Doch auch wenn die Fischverkäufer alles tun, um ihre Ware direkt vor Ort an den hungrigen Sommergast zu bringen – die Fischerei hat hier ein zweites, weniger saisonabhängiges Standbein: Ein Teil der Fänge geht zur Fischauktion nach Göteborg. Als wichtigster Binnenhafen für Fischerei stirbt Spiken denn auch nicht gänzlich aus, wenn die Sommergäste im August wieder abziehen. Besonders von Mitte Oktober bis in den Dezember herrscht noch einmal Hochsaison, wenn auch ohne Besucherscharen. Dann nämlich ist der Siklöjefisket eröffnet, der Fang der Saiblinge wegen ihres Rogens, der als leuchtend orangefarbener Kaviar bekannt ist.

Ebenfalls lohnend ist ein Abstecher von Lidköping nach Westen zum **Naturreservat Hindens Rev.** Unterwegs liegt bei Skalunda der besonders mächtige, prähistorische Grabhügel **Skalunda Hög** unweit der romanischen Kirche. Die 7 m hohe Grabstätte wurde bisher nicht archäologisch untersucht, sodass keine genaue Datierung möglich ist. Vorbei am Badeplatz **Svalnäs,** einem herrlichen Sandstrand zwischen Felsklippen und Kiefernwald, und einigen Feriengrundstücken erreicht man einen unbeschilderten, grasigen Parkplatz. Auf schlechter werdender Schotterpiste geht es von hier am besten zu Fuß weiter. Nach einer Viertelstunde erreicht man das Naturreservat auf der 5 km langen und hier nur noch wenige Meter breiten Landzunge im Vänern. **Hindens Rev** ist ein Überbleibsel aus der letzten Eiszeit, als vor etwa 10.000 Jahren eine längere Kälteperiode den Rückzug der Gletscher aufhielt. Wie hier bei Hindens Rev entstanden im Laufe von 800 Jahren vielerorts in Südschweden markante Endmoränen, die sog. südschwedische Eisrandzone. Zwischen Kiefern und Birkenbewuchs führt ein Pfad bis zur knapp 3 km entfernten Spitze der Landzunge hinaus, immer entlang der kiesigen, teils schilfbestandenen Ufer.

Abstecher zum Kinnekulle

Nach Osten begrenzt der felsige Hügelrücken Kinnekulle die Bucht von Lidköping. Er ist für seine abwechslungsreiche Natur bekannt und erhielt von Carl von Linné den Beinamen „blühender Berg". Ein verzweigtes Wegenetz überzieht ihn, sodass man sich zu Fuß, per Fahrrad oder Auto selbst ein Bild von dieser Vielfalt machen kann. **Husaby** bildet dabei einen günstigen Einstieg, das Örtchen besitzt eine romanische Kirche aus dem frühen 12. Jh. An der Straße Richtung Kinne-Kleva sind die sehenswerten **Felsritzungen** (Hällristningar) von Flyhov ausgeschildert: Die Figuren – Menschen, Tiere, Fußabdrücke, Schiffe und Beile – ähneln den berühmten Funden bei Tanum. Bei Österplana führen Wanderwege durch die Heidelandschaft des Kalk-

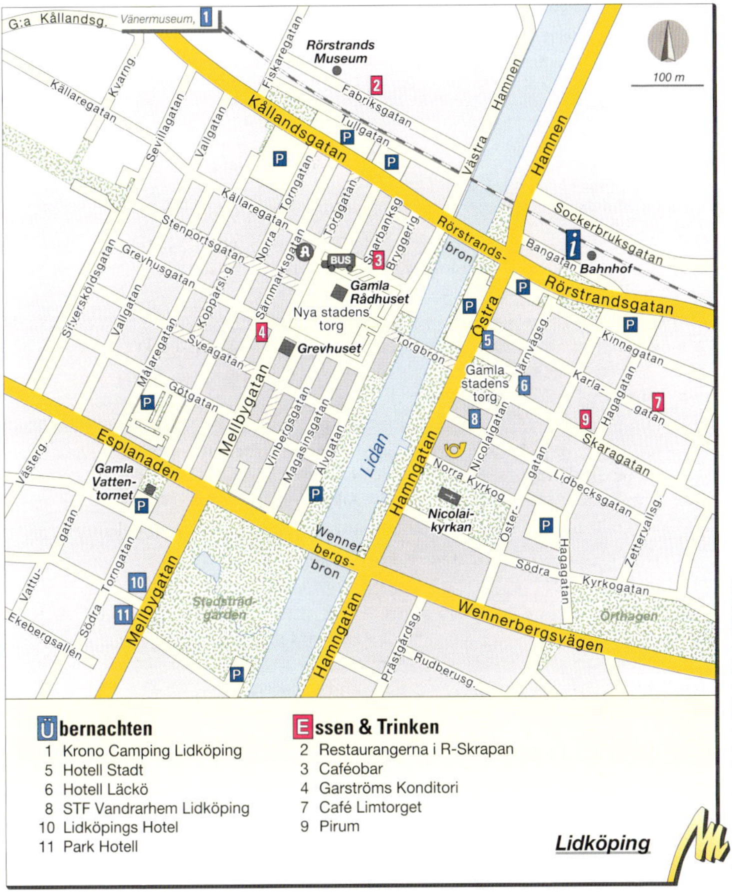

steinplateaus. Durch Wald geht es vor Medelplana rechts ab zum **Kinnekullegården,** wo ein kurzer Spazierweg auf den höchsten Punkt des Bergrückens führt. Ein altertümlicher Aussichtsturm bietet schöne Fernblicke, wenn er denn geöffnet hat (bei gutem Wetter 11–18 Uhr), andernfalls muss man sich auf die Aussicht unterwegs bei einer kleinen Bank beschränken. In Hällekis lohnt das alte Arbeiterwohnviertel **Falkängen** einen Halt. Die Bewohner waren im nahe gelegenen Kalksteinbruch und in der Zementfabrik beschäftigt. In die ehemaligen Mehrfamilienhäuser sind heute Kunst und Handwerk, Café und die Jugendherberge eingezogen.

Hantverksbyn, Mai bis Aug. tägl. 10–18 Uhr.

Auf der küstennahen Straße erreicht man durch üppigen Laubwald, von Pferdeweiden unterbrochen, **Hellekis Säteri,** einen alten Gutshof mit herrlichen Gartenanlagen, Pflanzenzucht und Gartencafé in der alten Orangerie.

✆ 544011, Mitte April bis Mitte Sept. tägl. 11–19 Uhr.

Auch das benachbarte Anwesen **Råbäck** mit dem Herrenhaus aus dem 17. Jh. ist sehenswert. Der Park zieht sich den Hang hinunter, am Ufer liegt bei einem kleinen Hafen ein alter Steinmetzbetrieb, den heute ein Heimatverein bewahrt.

Das angrenzende Naturreservat **Munkängarna** wird ebenfalls von zahlreichen Wanderrouten erschlossen. Über Medelplana und Västerplana, hübsche Weiler mit alten Kirchlein, kann man die Runde bei Husaby schließen.

Auf einen Blick

Vorwahl Lidköping: 0510

• *Information* **Läckö-Kinnekulle Turistbyrå**, Nya Stadens torg, 53131 Lidköping, ✆ 20020, 📠 27191, www.lackokinnekulle.se, Juni bis Aug. Mo–Fr 10–18, Sa bis 13 Uhr, Juli Sa bis 18 Uhr und So 12–15 Uhr, übrige Zeit Mo–Fr 10–16, Sa bis 13 Uhr.

• *Verbindungen* **Bus**: Expressbus Göteborg – Stockholm via Vänersborg – Lidköping – Mariestad, Buslinie 106 nach Götene, 132 nach Spiken, 133 nach Läckö, 200 nach Skara und Skövde. Busbahnhof am Nya Stadens torg. **Zug**: Nach Mariestad über Kinnekulle, mehrmals tägl.

Parken: Am Bahnhof mehrere Parkplätze, außerdem an der Kållandsgatan gegenüber der Porzellanfabrik Rörstrand.

• *Adressen* **Ärztliche Hilfe**: Sjukhus, Mellbygatan, ✆ 85000, **Apotheke** am Nya Stadens torg. **Post** im ICA-Supermarkt, Skaragatan, **Banken** und **Geschäfte** rings um den Nya Stadens torg, **Polizeirevier** Mellbygt. 5.

Übernachten/Camping (siehe Karte S. 219)

Hotell Stadt (5), zentral gelegenes Traditionshotel, beliebtes Restaurant Torgkrogen und großes Tanzlokal im Haus. DZ ab 995 SEK. Gamla Stadens torg 1, ✆ 22085, www.stadtlidkoping.se.

Hotell Läckö (6), familiäres Mittelklassehotel. DZ 950 SEK. Gamla Stadens torg 5, ✆ 23000, 📠 62191, www.hotellacko.se.

Park Hotell (11), kleines Hotel in hübscher Stadtvilla. DZ 895 SEK. Mellbygatan 24, ✆ 24390, 📠 61150, www.parkhotell.org.

Lidköpings Hotel (10), die schlicht-moderne Unterkunft südlich der City bietet viel fürs Geld: Gästeküche, Sauna, Parkplatz und WiFi. DZ 595 SEK, FeWo 990 SEK/4 Pers. Mellbygt. 21, ✆ 770880, 📠 770860, www.lidkopingshotel.se.

STF Vandrarhem Lidköping (8), ganzjährig. Zentrales Stadthaus beim alten Marktplatz. Ab 190 SEK. Gamla Stadens torg 4, ✆ 66430, 📠 2330, www.lidkopingsvandrarhem.com.

Außerhalb **Läckö Strandgård**, Pensionat an der Ostküste von Kållandsö, ab 245 SEK. ✆ 10047, www.lackostrand.se.

Läcköstugan, schönes Hofgelände mit Kunstcafé (Mitte Juli bis Mitte Aug. tägl. 13–18 Uhr) und Hütten ab 400 SEK/2 Pers., ab 600 SEK/4 Pers., unweit des Schlosses. ✆ 17777, www.lackostugan.se.

Pensionat Karlslund, nette, kleinere Familienpension. DZ ab 700 SEK. Gössäter bei Hällekis, ✆ 0501-42055, www.forshem.se.

STF Vandrarhem Hällekis/Falkängen, ganzjährig. Man wohnt zu zweit bis fünft in den ehemaligen kleinen Arbeiterwohnungen, jede mit eigener Küche und Bad. 240 SEK, DZ 480 SEK. Falkängsvägen, ✆ 540653, 📠 540085.

• *Camping* **Krono Camping Lidköping (1)**, ganzjährig. Riesiger Fünfsterneplatz, zwischen Badestrand und Hauptstraße gelegen; einige Stellplätze sind entsprechend laut. Die strandnahen Stellplätze haben WiFi, Sat-TV, Warm(!)wasser- und Kanalanschluss – für satte 400 SEK. FeHa/4 Pers. 1000 SEK, Hütten/4 Pers. 800 SEK. ✆ 26804, 📠 21135, www.kronocamping.com.

Filsbäck Camping, ganzjährig, 4 km östlich von Lidköping am Badestrand gelegen, die meisten Stellplätze wassernah. Die wenig befahrene Bahnlinie Lidköping – Mariestad trennt das Gelände von der Hauptstraße. Hütten ab 350 SEK/4 Pers. und 300 SEK/2 Pers. ✆ 546027, 📠 546376, www.filsbackscamping.se.

Außerhalb **Läckö-Camping**, Mitte Mai bis Mitte Sept., beim Schloss an schöner Schärenbucht gelegener kleinerer Platz zwischen Wald und Klippen. Auch Quick Stop. ✆ 484668.

Kinnekulle Camping, Mitte April bis Mitte Sept. 4 km von Hällekis an schöner Badebucht, der Wanderweg Kinnekulleleden führt hier vorbei. Hütten ab 350 SEK/2 Pers. und ab 450 SEK/4 Pers., ✆/📠 544102, www.kinnekullecamping.se.

Essen & Trinken (siehe Karte S. 219)

Pirum Restaurang & Vinbar (9), Skaragt. 7, ✆ 61520, Mo–Sa 17–23 Uhr. Im White Guide gelobtes, anspruchsvolles Fischrestaurant.

Restaurangerna i R-Skrapan (2), zwei Restaurants und die Skybar sind in das alte Fabriksilo beim Rörstrand-Center eingezogen: **Strand Matsalar** ist ein beliebtes Lunchlokal im Erdgeschoss (Mo–Fr 11.30–14 Uhr), in der 6. Etage (Lift beim Hintereingang) bietet das **Restaurang Rymd** modern-gehobene schwedische Küche (Mo–Sa ab 18 Uhr), in der **Skybar** wird zu Bier und Wein das "Kvällens Special" serviert (Mo–Do und Sa ab 18 Uhr), freitags ab 17 Uhr ein preiswertes After-Work-Barbuffé (65 SEK) – coole Location mit toller Aussicht. Rörstrand Center, Fabriksgt. 4, ✆ 22500.

Caféobar (3), Gerichte für jede Gelegenheit, von der Hauptmahlzeit bis zum Smörgås oder Paj, auch Lunch. Mo–Do 11–15 und 18–22, Fr 11–24, Sa 12–24 Uhr. Nya Stadens torg 4, ✆ 27027.

Café Limtorget (7), gemütliche Kaffeestube im ältesten Teil Lidköpings. Mo–Fr 11–18, Sa 10–15 Uhr. Limtorget 1, ✆ 25145.

Garströms Konditori (4), Zuckerbäckerei seit 1857, herrlich nostalgisch eingerichtet, große Kuchenauswahl. Mo–Do 8.30–20, Fr bis 19 Uhr, Sa bis 18 Uhr und So 10–17 Uhr. Mellbygatan 2, ✆ 20283.

Außerhalb **Sjöboden**, Vänernfisch, interessant zubereitet, steht auf der Karte des besten Lokals in Spiken. Juni bis Mitte Aug. tägl. 12–22 Uhr. ✆ 10408

Folgende **Fischräuchereien** in Spiken haben Sommerlokale mit Fisch, Snacks, teils auch Kaffee und Eis: Spikens Brygga (✆ 10499), Spikens Fisk & Rökeri (✆ 10621) und Ullis Fisk Delikatesser (✆ 10625).

Forshems Gästgivaregård, Mai bis Aug. Mi–Sa 12–20, So 12–18 Uhr, Juli auch Mo/Di 12–20 Uhr. Das historische Gasthaus von 1629 ist weit über Hällekis hinaus bekannt. Gute, regionale Küche. Forshem/Kinnekulle, ✆ 0501-42055.

Hjulets Kaffestuga, gemütliches kleines Ausflugscafé und Restaurant am Kinnekulle, hausgemachte Kuchen und Waffeln. Kinne-Kleva, Juni bis Aug. Di–So 11–18 Uhr. ✆ 0733-146964.

Falkängens Hantverkscenter, Gartencafé in der alten Arbeitersiedlung, inmitten der Kunsthandwerkerläden. Mai bis Aug. tägl. 10–18 Uhr. Hällekis, ✆ 540025.

Aktivitäten/Veranstaltungen

Fahrradverleih bei Ewalds i Gamla Stan, Skaragt. 2, ✆ 20480, bei Krono Camping und Filsbäck Camping.

Freibad Framnäsbadet, beheiztes Freibad neben Krono Camping, Juni bis Aug., Mo–Fr 8–19, Sa/So 9–18 Uhr, ✆ 770504. **Badeplätze** bei Krono Camping und beiderseits der Stadt an der Kinneviken. **Äventyrslandet**, 2010 eröffnete bei Götene (Kinnekulle-Region) dieser Freizeitpark mit Mittelalterflair – man versucht auf der Welle des Arn-Magnusson-Hypes mitzuschwimmen. Der Romanheld von Jan Guillou hat es nicht nur in Schweden zu großer Bekanntheit gebracht.

Ausflugsfahrten mit der M/S Magnus Gabriel von Läckö Slott und Spiken Fiskehamn durch den Ekens Schärengarten, Juni bis Aug. 3-mal tägl. Auf der unbesiedelten Außenschäre Blankesundsholm kann man die Fahrt unterbrechen und mit einem späteren Boot zurückfahren. Läckö Båttrafik, ✆ 0705-376385 und 2630.

Boots- und Kanuverleih bei den Campingplätzen, beim Kajak & Fritidcenter am Schloss Läckö, ✆ 0708-249813. Für Touren durch den reizvollen Schärengarten sind Läckö, Hörviken und Ullersund geeignete Ausgangspunkte.

Fahrradverleih bei der JH in Hällekis und bei den Campingplätzen.

• *Veranstaltungen* **Lidköpings Kultur & Porslinfestival** findet seit 1980 alljährlich an einem Wochenende Mitte August (Do–So) zwischen Rörstrand und Stadsträdgården statt: Konzerte, Theater, Töpfermeisterschaft und Workshops.

Kultur im Stadtpark: Musik und Theater auf der Freilichtbühne, Juni und Juli, immer donnerstags.

Kultur am Limtorget: Musik und Kleinkunst in historischer Kulisse, Mitte Juni bis Mitte Aug. Mi ab 18 Uhr.

Mariestad

(15.500 Einw.)

Superlative hat das Städtchen an der Tidån-Mündung vielleicht nicht zu bieten, aber nette Fleckchen durchaus. Herzog Karl, ein Sohn Gustav Vasas, ließ den nach seiner Frau benannten Ort um 1580 als Handelsstützpunkt errichten. Er stiftete während des damaligen Religionsstreits auch den lutherischen Dom als Konkurrenz zum Bistum Skara. Mit der Etablierung der schwedischen Staatskirche verlor Mariestad zwar seine Bedeutung als Bischofssitz, der Superintendent wurde versetzt, doch die Kirche wird bis heute Dom genannt.

Hafennahe Industrie und das riesige Elektrolux-Werk sind heute die wirtschaftlichen Säulen der Stadt.

Besichtigung

Beiderseits der Flussmündung erstreckt sich der **Gästehafen** (Parkplatz und WoMo-Stellplatz), am Pier liegen Kiosk und Restaurants, jenseits der Hafenstraße der **Garvaregård** (Gerberhof) aus dem 18. Jh., ein rotes Holzhauskarree mit Sommercafé und der Jugendherberge. Die Fußgängerbrücke verbindet Altstadtseite und die neue Marina gegenüber. Ein kurzes Stück flussaufwärts liegt auf dem Inselchen Marieholm die alte Residenz, in der heute neben der Bezirksverwaltung auch die städtischen Museen zu finden sind: Das **Vadsbo Museum** (auf der Insel Marieholm, ✆ 755830, Mitte Juni bis Aug. Di–So 13–16, Mi bis 19 Uhr, Sept. bis Mitte Juni Sa/So 13–15 Uhr, 20 SEK) ist der Stadt- und Regionalgeschichte gewidmet, die Themenausstellungen wechseln, auch Kunst wird gezeigt. Das **Industriemuseum** (nebenan, gleiche Telefonnummer und Öffnungszeiten) zeichnet die Wirtschaftsentwicklung nach, von der Ziegel- und Glasherstellung bis zu Schwedens ältester Papiermaschine von 1872. Der Schwerpunkt richtet sich auf das bekannteste Pro-

Sommerliche Idylle vor unechtem Dom in Mariestad

dukt der Stadt: die **Unica-Box.** Aus kunststoffähnlicher Pappe wurden in der ersten Hälfte des 20. Jh. Koffer und Kisten hergestellt (und werden es in Alstermo noch immer); mit ihren genieteten Kanten wurde die Unica-Box offensichtlich auch Vorbild für spätere IKEA-Produkte. Im Museumscafé (☏ 63214, gleiche Öffnungszeiten wie Museen) sitzt man im Sommer herrlich am Flussufer.

Die Kungsgatan führt in die City hinein, nach links durch die Fußgängerzone erreicht man das Stadshus, hinter dem an der Kyrkogatan die Domkirche und der Altstadtkern von **Gamla Stan** liegen, mit Häusern aus dem 18. und 19 Jh. Zum Vänern hin grenzt die Grünanlage **Folkets Park** an Gamla Stan. Spazierwege, Brückchen und Aussichtsplätze, ein verschnörkeltes Kulturhaus und das Café Holmen machen sie zum beliebten Treffpunkt.

Abstecher nach Torsö und Brommö

15 km nördlich von Mariestad erreicht man über eine weithin sichtbare Brücke die ländlich-beschauliche Vänerninsel Torsö, ab dem Straßenende bei Brommösund verkehrt ein Fährboot zur autofreien Nachbarinsel Brommö (Mitte Juni bis Aug. tägl. 2- bis 5-mal, 20 SEK). Um den Anleger verteilen sich die Häuser der wenigen Bewohner, von dort führen Wander- und Radwege zu einsamen Badestellen, übernachten kann man nur im Windschutz oder im eigenen Zelt.

Auf einen Blick

Vorwahl Mariestad: 0501

• *Information* **Mariestads Turistbyrå**, Kyrkogatan 2, 54286 Mariestad, ☏ 755850, www.turism.mariestad.se, Mo–Fr 8–16.30 Uhr, Juli bis Mitte Aug. auch Sa 10–16, So 12–16 Uhr.

• *Verbindungen* **Bus**: Expressbusse u. a. nach Lidköping und Skara. Linie 504 nach Töreboda/Götakanal, 502 nach Sjötorp, 511 nach Torsö. Nach Karlsborg über Skövde mit Linie 839. Busterminal am Bahnhof, Nygatan. **Zug**: nach Lidköping über Källakis (Kinnekulle). **Parken**: Am Hamnplan und Bantorget kostenlos.

• *Adressen* **Ärztliche Hilfe**: Sjukhuset i Mariestad, Lockerudsvägen 12, ☏ 62500, dort auch **Apotheke**. **Polizeistation**: Öxvägen 1, ☏ 11414. **Geschäfte** und **Banken** rings um die Achse Österlånggatan/Kungsgatan.

Übernachten/Camping

Stadshotellet, zentral gelegenes, nettes Mittelklassehotel. DZ ab 850 SEK. Nya torget, ☏ 13800, www.stadtshotelletmariestad.com.

Hotell Vänerport, hübsches altes Pensionat nahe der TI am Hafen. DZ ab 1050 SEK. Hamngatan 32, ☏ 77111, ☏ 77121, www.vanerport.se.

Aqva Hotell, auf der Rückseite des Bahnhofs gelegen. DZ ab 950 SEK. Viktoriagatan 15, ☏ 19515, ☏ 19518, www.aqva.se.

STF Vandrarhem Mariestad, Juni bis Aug., übrige Zeit mit Vorbuchung. Gemütlich-altertümliche Herberge in einem dreiflügeligen, hölzernen Hofgebäude aus dem 17. Jh. Im Garten wird im Sommer Kaffee serviert. 230 SEK, auch DZ. Hamngt. 20, ☏ 10448, vandrarhemmariestad@hotmail.com.

• *Camping* **Ekuddens Camping**, Mai bis Mitte Sept. Auf einer Landzunge 2 km westlich der Stadt. Ordentlicher, strandnaher Platz, Spazierweg ins Zentrum. WiFi kostenlos, auch Quick Stop. Hütten ab 350 SEK/2 Pers., FeHa 550 SEK/6 Pers. ☏ 10637, ☏ 18601, www.ekuddenscamping.se.

Torsö Camping, Mitte Juni bis Mitte Aug. Ca. 15 km von Mariestad entfernt (Brücke) auf der landschaftlich hübschen Vänerninsel Torsö. Recht einfacher (Sport-)Wiesenplatz an geschützter Bucht. ☏ 21302, www.torso.nu. Ein an der Brücke nach Torsö ausgeschilderter Campingplatz (Sundsörn) war 2010 derart überlaufen, dass ein Rangieren auf dem steilen Gelände kaum noch möglich war – mit größeren WoMos vermeiden!

Sommerlicher Treffpunkt auf Torsö: Hamnkrogen i Laxhall

Essen & Trinken

Restaurang Continental, preiswerte Lunchgerichte, die Menükarte reicht von schwedischen bis zu asiatischen Gerichten. Mo–Fr 11–15 Uhr, Mo und Mi–Fr auch 18–23 Uhr, Sa 12–23, So bis 21 Uhr. Viktoriagatan 15, ✆ 77920.

Hamnrestaurangen, gute Hausmannskost neben Allerweltsgerichten, unschlagbare Hafenlage. Juni bis Mitte Aug. Mo–Fr 14–21, Sa/So 18–21 Uhr. Gästhamnen, ✆ 77216.

Restaurant Sill & Dynamit, neue Adresse am Hafenpier, moderner (Koch-)Stil, Mo–Fr ab 18, Sa/So ab 13 Uhr, ✆ 14180.

Björnes Restaurang & Nachtclub, gute regionale Küche, Nordic Grill, Mo–Fr 11–15, Fr 16–22, Sa 18–22 Uhr. Kungsgatan 5, ✆ 18050.

Café Holmen, Mai bis Aug. Mo–Sa 11–15, So 12–15 Uhr. Beliebtes Lunchlokal und Café direkt am Vänernufer, unweit der Altstadt. Gute Hausmannskost. Karlsholme Folkeparken, ✆ 10278.

Café Mumma, gemütliches Café in der City. Mo, Di und Do 9–19, Mi bis 23, Fr bis 1 Uhr, Sa 9–15 und 18–1 Uhr. Österlånggatan 23, ✆ 12380.

Café Bäcken, Ausflugscafé unweit des Campingplatzes, serviert kleine Gerichte, hausgemachte Kuchen und Waffeln. Im Sommer tägl. 10–20 Uhr. Ekuddenvägen 27, ✆ 17510.

Hamnkrogen i Laxhall, am Bootssteg des Brommösund treffen sich die Freizeitskipper, ob zu Kaffee, Eis, Lachsbaguette, Fischsuppe oder einfach einem Bier zum Sonnenuntergang vor malerischer Kulisse. Juni bis Aug. tägl. 12–22 Uhr, übrige Zeit nur Sa/So. Torsö, ✆ 22120.

Aktivitäten

Fahrradverleih in Mariestad bei der TI, der JH, bei Cykelbutiken, Leksbergsvägen 108, ✆ 77340, und bei Torsö Camping.

Kanuverleih in Mariestad beim Café Becken und bei Torsö Camping.

Beheiztes Freibad Ekuddenbadet, mit Wasserrutsche und Sauna (inkl.), neben dem Campingplatz. Juni bis Aug. Mo–Fr 11–19, Sa/So bis 18 Uhr, 35 SEK.

Badeplätze bei Ekuddens Camping und bei Snapen Friluftsgård, 4 km nördlich der Stadt, auf ufernahem Radweg erreichbar – sehr flache Sandbucht, ideal mit kleinen Kindern.

Vänertouren nach Läckö mit Vänern Nabben, Juni bis Mitte Aug. tägl. 9 Uhr (250 SEK). In Läckö ca. 5 Std. Aufenthalt oder in dieser Zeit für 100 SEK extra Inselhüpfen nach Lurö und Djurö. Zurück ab Läckö 16.30 Uhr, an Mariestad 18.10 Uhr.

Sjötorp (600 Einw.)

Von Mariestad ist es nicht weit zum Götakanal, der zwischen Sjötorp und Karlsborg die beiden Binnenmeere Vänern und Vättern verbindet.

Sjötorp an der Vänernküste ist ein vielbesuchter Kanalort. Um die Schleusen und das kleine Hafenbecken bummeln im Sommer zahlreiche Ausflügler, besichtigen die Boote, das alte Trockendock der Werft, die rekonstruierte Schaluppe *Oskar II* sowie die Verwaltungsbauten mit dem Kanalmuseum und besteigen die Ausflugsdampfer, die von hier nach Töreboda verkehren. Besonders interessant wird es, wenn die alten Kanalschiffe Wilhelm Tham, Juno oder Diana, auf ihrer Fahrt von Göteborg oder Stockholm hier durchkommen.

Bei Sjötorp beginnt der mit 20 Schleusen gespickte Aufstieg vom knapp 44 m hohen Vänern zum 92 m hoch gelegenen See Viken bei Tåtorp. Die Kanaletappe wird fast durchgehend von Treidelwegen begleitet, die inzwischen als ideale Fahrradstrecke entdeckt, gut beschildert und mit Rastplätzen bestückt worden sind. Mit einer Zwischenübernachtung (z. B. JH Tåtorp) lässt sich die Radtour auch mit einer Schiffsfahrt zurück kombinieren.

Radtour entlang dem Götakanal

Egal, mit welchem Gefährt man dem Götakanal folgt, die knapp 35 km lange, beschauliche Strecke führt zumeist durch Wald- und Wiesenland, vorbei an Äckern und einzelnen Gehöften. Bei jeder Schleuse treffen Freizeitskipper und Radler zusammen, denn das bunte Treiben auf dem Wasser lockt auch die Landratten immer wieder zu einer Pause. Bei **Lyrestad** kann man diese auch mit einem Besuch im alten

Ideal für Radfahrer: alter Treidelweg am Götakanal

Lagerhaus Hamnmagasinet verbinden, heute liebevoll eingerichtetes Heimatmuseum mit Kaffeeverkauf und gelegentlichem Kulturprogramm (✆ 50429, Juli bis 1. Woche Aug. tägl. 13–17 Uhr). Bei den Schleusen von **Norrkvarn** hat ein EU-Projekt die alten Werkshäuser und die Wassermühle wiederbelebt; u. a. ist ein Kanalmodell zu sehen, eine Miniausgabe des Abschnittes zwischen Vänern und Vättern. Bei **Hajstorp** verlocken baumbestandene Ufer mit Picknicktischen zu einer nächsten Rast. Im Lagerhaus hat sich Kunsthandwerk etabliert, das alte Schleusenwärterhäuschen wird als urige Herberge vermietet. Kurz hinter Hajstorp passiert man die vorerst letzten Schleusen, dann erreicht man **Töreboda,** den einzigen größeren Ort der Strecke mit Gästebrücke, Cafeterien, Geschäften und einem recht ausgedehnten Industriegelände zwischen Eisenbahnlinie und Kanal. Die Radstrecke wechselt an der Kungsgatan das Ufer und umgeht dieses Gebiet, um bei Rotkilen wieder auf die rechte Seite zurückzukehren. Eine ganze Weile geht es nun auf einsamer, ebener Strecke den Wasserweg entlang, bis bei **Vassbacken** wieder ein kleiner Hafen erreicht ist, umgeben vom Campinggelände mit Café und Picknickplatz. Ein Holzhäuschen am Parkplatz war ehemals die Poststation und kann heute besichtigt werden (Infos im Café). Nun ist es nicht mehr weit bis **Tåtorp,** wo der Götakanal mit einer letzten Schleuse das Seeniveau des Viken erreicht und auch die Treidelwege enden. An schilfbestandenen Ufern oder im Garten der JH lässt sich gut rasten.

Auf einen Blick

Vorwahl Sjötorp: 0501

• *Information* **Sjötorps Turistbyrå**, Slussvägen 110, Kanalmuseet, 54066 Sjötorp, ✆ 51434, www.upplevgotakanal.com, Juni bis Aug. tägl. 10–18 Uhr.

• *Verbindungen* **Bus**: von Mariestad Linie 502 oder Svebus 3- bis 4-mal tägl. nach Sjötorp.

• *Adressen* **Postservice** in Lyrestad im ICA-Laden Frejs Livs und in Sjötorp bei ICA.

Übernachten/Camping

Sjötorps Pensionat, kleines Gästehaus mit Aussicht auf den Kanal, beliebtes Ausflugslokal im Haus. DZ ab 995 SEK. ✆ 51480. Dieselben Besitzer betreiben auch den Radverleih und folgende Unterkunft:

Sjötorps Vandrarhem, hinter dem Laden Handlar'n i Sjötorp (kein Schild) bietet die neue Unterkunft freundlich-helle Zimmer und Gästeküche, aber nicht, wie sonst in JHs üblich, Einzelbettmiete. DZ ab 500 SEK, mit Bad und Frühst. 950 SEK. ✆ 511333. Bootsverleih an Hausgäste. www.cykelsemester.se.

Kaffeestugan Sjötorp, Juni bis Aug. Hütten/4 Pers. 500 SEK. ✆ 51444.

Außerhalb **Åsgårdens Wärdshus**, traditionsreiches, gemütliches Gästehaus 100 m abseits des Götakanals. DZ ab 680 SEK, Etagenbad. Lyrestad, Järnvägsgt. 2, ✆ 50106, www.asgarden.se.

Pensionat Prästgården, DZ ab 600 SEK, auch diverse Hütten ab 640 SEK/4 Pers. Töreboda, Nygatan 2, ✆ 0506-12500, www.prastgarden.nu.

Slussvaktarstugan, kleine JH in altem Schleusenwärterhäuschen, Juni bis Aug., nur mit tel. Vorbuchung. 300 SEK, auch Campinghütten 600 SEK/4 Pers. Hajstorp, ✆ 0506-13050.

STF Vandrarhem Tåtorp, Mitte Mai bis Mitte Aug., Sept. mit Vorbuchung. Die JH in der schönen Kanalvilla hat Charme, aber auch schon fast Hotelpreise. 300 SEK, DZ 700 SEK. ✆ 0506-53086, www.tatorp.se.

• *Camping* **Töreboda Camping & Bad**, kleinerer, neuer Platz am Kanal, beheiztes Freibad inkl., Hütten ab 600 SEK/4 Pers., ✆ 0506-10101, www.torebodacamping.se.

Wassbackens Café, **Camping & Vandrarhem**, Mai bis Sept. Akzeptabler Platz in schöner Lage am Kanalufer, Töreboda. JH 220 SEK, Hütten 600 SEK/4 Pers. ✆/℡ 0506-52056, www.wassbacken.com.

Campingmobile können an vielen Gästehäfen entlang des Kanals stehen und die dortigen Anlagen benutzen (175 SEK inkl. Elektrizität).

Essen & Trinken

An fast jeder Schleuse und an den zahlreichen Gästebrücken findet man Sommercafés oder zumindest Kioske mit Eis- und Getränkeverkauf. Außerdem:

Restaurang Kajutan, Ausflugslokal mit schönem Garten an der Kanalbrücke. Juni bis Aug. tägl. 12–20 Uhr. Sjötorp, ✆ 51590.

Außerhalb **Esters Gårdscafé**, Sommercafé nahe der Brücke in Lyrestad, Juli/Aug. Di–So 11–18 Uhr, v. Platens väg 1, ✆ 50110.

Nya Kanalstugan, nettes Restaurant in Töreboda Gästehafen, beliebt sind Lunch und Grillbuffet, Juli bis Mitte Aug. tägl. 12–22 Uhr, Mai/Juni Mo–Sa 12–14, Sa auch 17–22 Uhr. ✆ 0506-16500.

Pensionat & Restaurang Prästgården, im Pfarrhaus von 1830 und dem großen Garten dahinter wird Dagens Rätt, Kaffee und à la carte serviert. Mitte Mai bis Aug. tägl. 12–21 Uhr. Töreboda, Nygatan 2, ✆ 0506-16630.

Aktivitäten

Kanalmuseum Sjötorp, ✆ 51434, Anfang Juni tägl. 11–15 Uhr, Mitte Juni bis Ende Aug. tägl. 10–18 Uhr. Der Bau des Götakanals und die Bedeutung der Kanalwerft in Sjötorp werden dokumentiert.

Kanalfahrten zwischen Sjötorp (Mi/Sa) und Töreboda (Di/Do) mit dem Ausflugsschiff Bellevue, Mitte Mai bis Aug. tägl. 10.30 Uhr in eine Richtung, 15.45 Uhr Busanschluss zurück. Mariestads Skärgårdstrafik, Sjötorp, ✆ 51470, Vorbuchung erforderlich, 420 SEK. Zwischen Sjötorp, Töreboda und Karlsborg befährt die Ceres den Kanal in beide Richtungen abwechselnd, Mitte Juni bis Mitte Aug.: Viken rederi, ✆ 0506-12950. Zwischen Karlsborg und Töreboda verkehrt auch die Sandön, Di–So: Spångbergs Rederi, ✆ 0583-50100. Bei allen Touren Vorbestellung ratsam, Fahrradtransport, Busanschluss, Saison ca. Juni bis Aug.

Fahrradverleih in Sjötorp beim Upplevelsecenter (300 Räder), ✆ 51133, in Törebodabei Glassbryggan, ✆ 0506-12500, in Tåtorp bei der JH, in Wassbacken am Campingplatz.

Kanuverleih in Wassbacken am Campingplatz, in Tåtorp und Hajstorp bei den JHs und in Töreboda bei Glassbryggan, ✆ 0506-12500.

Freibad in Töreboda (s. Camping), Juli/Aug. tägl. 9–20 Uhr, 20 SEK.

Bei Tåtorp mündet der Göta-Kanal in den Viken

Vom Vättern zum Hjälmaren

Karlsborg

Die Siedlung erstreckt sich über eine Landenge am Vättern, während auf der angrenzenden Halbinsel die Namensgeberin thront, eine ausladende Festungsanlage aus dem 19. Jh. Erbaut wurde sie als Schutz des hier mündenden Götakanals und als Rückzugsort für Regierung und Krone in Kriegszeiten, doch wurde sie weder für den einen noch für den anderen Zweck jemals benutzt. Heute ist das Gelände rings um den **Fästningstorget** frei zugänglich, ein Teil der Gebäude wird als Museum verwendet.

Karlsborg Museum, ✆ 0505-85470, Mittsommer bis Juli tägl. 10–18 Uhr, Juni bis 16 Uhr, Aug. bis 17 Uhr, übrige Zeit Mo–Fr 10–15 Uhr.

Bei Karlsborg erreicht der **Götakanal** die Vätternküste, ab Tåtorp allerdings weitgehend auf natürlichen Seen und mit nur einem kurzen Abschnitt als künstliche Wasserstraße.

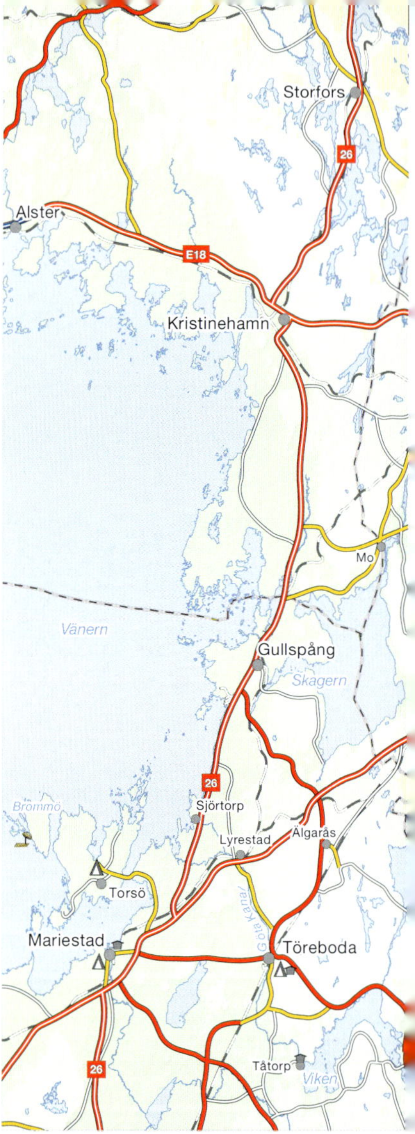

Abstecher nach Forsvik

Nur bei Forsvik liegt noch eine Schleuse neben den Stromschnellen. Das Flüsschen zwischen Viken und Bottensjön wurde schon im Mittelalter zum Antrieb von Wassermühlen benutzt. Die historischen Industriegebäude einer Eisengießerei und einer Sägemühle neben dem Fluss sind heute als **Museum** zu besichtigen. In der angrenzenden Werft wurde der Raddampfer Erik Nordevall nachgebaut, der ab 1836 die Kanalstrecke befuhr, bis er 20 Jahre später im Vättern sank. Der Stapellauf ist für 2011 geplant, dann soll der Nachbau wie einst das Original über Vättern und Kanal Richtung Stockholm dampfen.

Forsviks Bruk, ✆ 0505-41352, Juni bis Aug. tägl. 9–17 Uhr.

Auf einen Blick

Vorwahl Karlsborg: 0505

• *Information* **Karlsborgs Turistbyrå**, Storgt. 65, 54632 Karlsborg, ✆ 17350, ℻ 17349, www.karlsborgsturism.se, Mitte Juni bis

Mitte Aug. Mo–Fr 10–18, Sa/So 11–17 Uhr, übrige Zeit Mo–Fr 9–12, 13–16 Uhr.

- *Verbindungen* **Bus**: Mariestad – Skövde – Karlsborg mit Buslinie 1, 400.
- *Adressen* In Karlsborg **ärztliche Hilfe** bei Vårdcentralen, Björkstigen 2, ✆ 18300. **Apotheke** in der Kungsgatan. Dort und in der Store gatan **Geschäfte**.

Übernachten/Camping/Essen & Trinken

- *Übernachten* **Kanalhotellet**, Traditionshaus von 1894, direkt am Kanal, gutes Restaurant, nur abends. DZ ab 850 SEK. Storgatan 94, Karlsborg, ✆ 12130, 📠 12761, www.kanalhotellet.se.

STF Vandrarhem Gula Villan, Juni bis Aug., übrige Zeit mit Vorbuchung. Herberge in schön gelegener alter Villa direkt am Gästehafen. Ab 210 SEK, DZ 460 SEK. Ankarvägen 2, ✆/📠 44600, www.karlsborgsvandrarhem.se.

STF Vandrarhem Forsvik, Juni bis Aug. Mitten im historischen Industriemilieu gelegen. 200 SEK/Pers., auch DZ. Bruksvägen 11, ✆ 18840, 📠 41440.

Idas Brygga, direkt am Kanal in Karlsborg. Lokal Mo–Do 11.30–23, Fr/Sa 12–24, So 12–22 Uhr. Zwei Hotels angeschlossen (✆ 13122): Skepparehus, hier DZ 1390 SEK, und Strandgård, hier DZ ab 675 SEK. Skepparegatan 9, ✆ 13111, www.idasbrygga.se.

• *Camping* **Karlsborg Camping**, Mai bis Sept. Schön gelegener Platz an einer Bucht des Bottensjön direkt nördlich des Kanals. Die vielbefahrene Straße 49 ist leider in Hörweite. Hütten ab 400 SEK/4 Pers. ✆ 12022, 📠 44916, www.karlsborgscamping.se.

Strömsnäs Naturcamping Forsvik, für Zeltcamper ein schöner Platz am Ufer des Viken, Mai bis Mitte Sept. (Mai/Sept. nur an Wochenenden), ✆ 41190, www.stromsnascamping.se.

• *Essen & Trinken* Restaurants im **Kanalhotellet** und im Hotel **Idas Brygga** s. o.

Nymans Café, Bäckerei, Lunchrestaurant und Kunsthandwerk in schöner Umgebung, Mo–Fr 8–18, Sa 10–15 Uhr, Strandvägen 39, ✆ 44850.

Forsviks Café, das gemütliche Café ist in das alte Lotsenhaus neben der Schleuse eingezogen, ✆ 41444, Juni bis Aug. tägl. 11–21 Uhr.

Aktivitäten

Fahrradverleih bei Cykel & Sport, Karlsborg, Strandvägen 59, ✆ 10137, und am Campingplatz Karlsborg.

Kanu- und Bootsverleih in Karlsborg am Campingplatz. Paddeln im Bottensjön und via einige Meter Götakanal (Achtung: starker Motorbootverkehr) im Vättern.

Wanderung 6: Durch den Tiveden-Nationalpark

Schwedens südlichste Wildmark, wie der zwischen Vättern und Unden gelegene Tiveden-Nationalpark genannt wird, sollte man unbedingt zu Fuß erleben. Die wild zerklüftete Felsenlandschaft widerstand den menschlichen Kultivierungsversuchen weitgehend und ist von ursprünglichem Kiefernwald, durchsetzt mit Teichen und kleinen Moorflächen, geprägt. Markierte Wanderwege durchziehen das unübersichtliche, kleingliedrige Gelände, in dem man sich sonst hoffnungslos verlaufen könnte.

Tourdaten: Dauer gut 4:45 Std., Länge 16 km, Schwierigkeitsgrad **

Baden: Badeplatz bei Vitsand.

Übernachten: *Stenkällegården Camping*, ganzjährig. Der Platz an der südlichen Zufahrt zum Tiveden-Nationalpark erstreckt sich auf großen Hangterrassen über dem kleinen Badesee. Schöne Waldumgebung, Restaurant, Sauna im oberen Servicehaus (am Ufer wäre idealer). Der Bergslagsleden führt vorbei, im Winter kleine Skianlage und Loipen. Hütten/2 Pers. 325 SEK, FeWo/4 Pers. ab 550 SEK, FeHa/6 Pers. ab 995 SEK. ✆ 0505-60015, 📠 60085, www.stenkallegarden.nu.

Camping Tiveden, großzügiger, baumbestandener Wiesenplatz am herrlich klaren See Unden. Erreichbar von Norden: E 20 bis Finnerödja, hier Richtung Süden/Tived (18 km), oder von Karlsborg: RV 49 bis Granvik (8 km), hier Richtung Norden/Tived, nach 10 km rechts, Richtung Sannerud (12 km), kurz dahinter liegt der Campingplatz. Urige Sauna, mit 500 SEK/3 Std. aber eher was für Gruppen. Rad-, Reit- und Kanutouren, Badeplatz und Angeln. Hütten ab 200 SEK/2 Pers., mit Bad 700 SEK/6 Pers. Baggekärr, 69597 Tived, ✆ 0584-474083, 📠 474044, www.campingtiveden.com

Anfahrt: Von der Straße 49 zweigt die Hauptzufahrt zum Park nördlich von Granvik ab und erreicht, vorbei am Campingplatz Stenkällagården, den zentralen Parkplatz mit Infocenter und Parkaufsicht (WP 1).

Wegverlauf: An der Hütte der Parkaufsicht folgt man dem Wegweiser Richtung Stenkälla; auf der orange markierten Route geht es gleich kräftig bergauf und ein erster Seeblick eröffnet sich. Den Abzweig zur Östgötaviken lassen wir links liegen (WP 2) und durchqueren nun ein abwechslungsreiches Gelände aus kleinen Tälchen, großen Felsbrocken und Moorflecken dazwi-

schen, bis ein Schild nach links einen **Aussichtspunkt** verspricht (WP 3); ein kurzer, netter Aufstieg über Treppen und durch eine kleine Felsscharte führt hinauf, die Ausblicke halten sich aber in Grenzen. Geradeaus ist nach weiteren 200 m und insgesamt 30 Min. die **Stenkälla** erreicht; der kleine Quellteich liegt unter mächtigen, bedrohlich geneigten Felstrümmern, unter denen auch der Wanderweg hindurchführt – unheimlich. Eigentlich sollte der Platz statt Steinquelle eher Trollquelle heißen. Ein kurzes Stück weiter gabelt sich der Weg (WP 4): Rechts ist Vitsand (1,5 km), unser Etappenziel, zwar schon ausgewiesen, wir gehen aber dennoch dem Schild P/I nach, um den hübschen **Umweg zum Seeufer** nicht zu verpassen. Durch lichten Kiefernwald und nun etwas ebener, bald auf Planken über ein Moorstück erreichen wir die nächste Gabelung (WP 5) und wenden uns nun wirklich nach rechts Richtung Vitsand (2,1 km). Die Route führt bald dicht am felsigen Ufer des **Stora Trehörningen** entlang, dem größten See des Parks, dann zu einer glatt geschliffenen Felskuppe hoch; ein wunderschöner Aussichtspunkt (WP 6). Weiter durch Fels und Wald treffen wir auf einen Schilderbaum (WP 7, 1 Std.); es geht geradeaus. Auch am nächsten Wegekreuz (WP 8) ist **Vitsand** geradeaus beschildert, nun kommt bald das weite Halbrund der beliebten Badebucht in Sicht und am Sandstrand (WP 9) entlang geht es vorbei am Zugang zum Parkplatz bis zum Bachufer. Über ein Brückchen (WP 10) und dann nach rechts folgen wir dem Rundweg um den Tårnekullen bis **Vitsandsgrottorna:** In dem von üppigen Moospolstern bedeckten Felsenhang sind zwischen den Riesenbrocken kleine Höhlen entstanden. Hier wenden wir uns nach rechts und queren den Bach noch einmal, folgen dann dem Schild zum Stigmanpasset (WP 11, 1:30 Std.) und queren gleich die **Straße** nach Vitsand. Nun wird das Wandern etwas bequemer, das anfängliche Felsenhüpfen ist auf den oft flachen, nur sanft gerundeten Granitlagen nicht nötig. Nach einer Weile liegen mächtige Findlinge am Weg, eiszeitliche Relikte. Ein Teich liegt links der Route, dann erreicht man wieder eine Gabelung (WP 12, 1:45 Std.): Es geht geradeaus weiter Richtung **Stigman-Pass,** vorbei an einer hübschen Bucht voller Seerosen, einem nächsten Teich und dann eine Weile durch lichten Wald. Auf einer Kuppe erreichen wir den Pass (WP 13), gleich dahinter einen Schilderbaum (WP 14, 2:15 Std.), an dem es Richtung Sörämten (3,7 km) geht – gleich über die **Straße,** dann wieder in die Waldwildnis hinein. Etwas später liegt der hübsche Teich Filebolången am Weg (WP 15, 2:30 Std.), ein Steilfelsen wird auf Treppen überwunden, dann ist wieder eine Gabelung erreicht (WP 16, 3 Std.), an der es geradeaus Richtung Stora Trollkyrka geht. Der Stora Gäddsjön kommt kurz in Sicht, das Terrain wird wieder schroffer, steile

Unterwegs im Tiveden Nationalpark

Abbrüche, kleine Klüfte und große Felsblöcke liegen entlang der Route, die sich nach knapp 3:30 Std. dem **Trollkyrkesjön** annähert: Eine schmale, felsige Bucht wird umgangen (WP 17), es geht auf einen steilen Rücken hoch und dann weiter am felsigen Ufer entlang, immer wieder mit herrlichen Aussichten über den See. Bei der nächsten Gabelung (WP 18) treffen wir auf den vielbegangenen Trollkyrka-Rundweg und folgen ihm weiter geradeaus zum ersten Namensgeber, der **Stora Trollkyrka.** Die Felskuppe ist vom Hauptweg nach links beschildert (WP 19), der kurze Aufstieg nicht ganz ohne: Er ist ziemlich steil und bei Nässe nicht zu empfehlen. Die Aussicht von oben hält sich wegen der Bäume eher in Grenzen, auch der Seeblick war von unterwegs schon besser. Weiter geht es Richtung Lilla Trollkyrka, gleich am nächsten Schilderbaum ist dieser nach rechts ausgewiesen. Eine kleine Scharte bergab und entlang einer Feuchtsenke, dann vor einer felsigen Klamm bergauf (WP 20) – der alte Weg führte hindurch –, erreicht man den Abzweig zur **Lilla Trollkyrka** (WP 21, 4 Std.). Der kurze Anstieg ist einfach und die Aussicht grandios; man sieht von hier über unendliche Wald- und Felsengebiete bis zum riesigen See Unden. Weiter geht es nun Richtung P/I, gleich ins steile Tal Tvillingebergets fot hinunter und jenseits am Hang des Trollkyrkoberget mit fast überhängenden Felsen entlang, dann wieder steil zu seiner Kuppe hoch; das Gelände bleibt auf dem letzten Stück der Wanderung wild und zerklüftet. Mal hilft eine Treppe beim Aufstieg zu einer Anhöhe mit Steinmann (WP 22, 4:30 Std.), dann erreicht man die Kuppe des **Oxaberget** mit einem riesigen Felsblock darauf (WP 23), kurz danach führt wieder eine Treppe bergab und auf die Straße zu. Über sie hinweg erreicht man den Parkplatz am Infocenter wieder und hat hier die Runde nach 4:45 Std. geschlossen (WP 1).

Askersund (3900 Einw.)

Am schmalen Nordende des Vättern hat sich in geschützter Lage im 16. Jh. ein Handelsplatz entwickelt. Am **Hafenpier** des heutigen Städtchens ist diese Vergangenheit noch greifbar. Das Lagerhaus Hantverksboden mit kleinen Läden dominiert die seewärtige Häuserfront, ein altes Segelschiff hat davor festgemacht und in seinem Bauch wird mehr oder weniger maritimer Schnickschnack zum Verkauf angeboten. Das alte Wärdshus an der Brücke ist nicht erst seit gestern *der* Treffpunkt für Bewohner und Besucher, die ein paar Schritte landeinwärts auf dem kopfsteingepflasterten **Markt** zum Handel zusammenkamen. Der alljährliche historische Markt Ende April knüpft ebenso an diese Tradition an wie der samstägliche Gemüsemarkt und etliche sommerliche Freiluftveranstaltungen. Hübsche alte Holzbebauung säumt die Innenstadtgassen. Der Strandvägen führt am Vätternufer entlang, vor dem die Badeinsel **Borgmästareholmen** liegt. Kurz dahinter passiert man das alte **Bahnhofsgebäude;** hier ist ein gemütliches Café eingezogen. Über die Bucht hinweg reicht der Blick bis zum Stjärnsund Slott. Ein Stück weiter liegt oberhalb **Askersunds Hembygdsgård** mit verschiedenen, hierher versetzten Gebäuden und kleinem Haustierzoo inmitten des weitläufigen Hagaparken

Mitte Juni bis Mitte Aug. Mo–Fr 12–15 Uhr, Eintritt frei.

In der Umgebung

Beiderseits des Vättern liegen südlich von Askersund etliche Ausflugsziele:

Von der RV 50 ist **Stjärnsund** ausgeschildert, ein klassizistisches Schloss aus dem frühen 19. Jh. Umgeben von einem weitläufigen Park, Hofgebäuden und Café thront es auf einer Landzunge über dem See – ein schmaler Sund trennt hier die geschützte Bucht Alsen, an der auch Askersund liegt, vom Vättern ab. Bekannt ist es nicht nur wegen seines streng symmetrischen Äußeren – geschaffen von dem bekannten Architekten Carl Fredrik Sundsvall –, sondern auch für sein überladen-reiches Interieur, das dazu in krassem Gegensatz steht. Verursacher dieser Umgestaltung war Mitte des 19. Jh. der sog. Sängerprinz Carl, ein Enkel des Königs Carl XIV Gustav.

✆ 10004, Mitte Mai bis Aug. tägl., Führungen stündl. um 11, 12, 14, 15 und 16 Uhr, 60 SEK. Stjärnsunds Slottscafé, ✆ 12688, Mitte Mai bis Aug. Mo–Sa 11–18, So bis 17 Uhr.

Auf hoher Brücke führt die RV 50 über den Store Hamarssundet hinweg. Auf der Landzunge südlich von Hammar liegt **Bastedalens Herrgård & Kinapark.** In einem alten Steinbruch ist ein klassisch-chinesischer Garten mit Pavillons, kleinen Brücken und Buddhastatue entstanden: exotisch (Hammar, ✆ 770273, Mai bis Sept. tägl. 10–17, Juli bis 18 Uhr, 70 SEK). Unweit davon liegt **Harge Uddar**, ein kleines Naturreservat mit Wanderwegen über Uferschären.

Auf der RV 49 Richtung Süden führt bei Aspa Bruk ein Fahrweg zum **Naturreservat Fagertjärn,** bekannt für seine roten Seerosen. Die ungewöhnliche Farbvariante der sonst weißblühenden Wasserpflanze kommt nur an wenigen Stellen in Schweden vor und wurde auf dem kleinen, abgelegenen Waldsee vor 150 Jahren entdeckt. Man kann den Fagertjärn auf einem einstündigen Spaziergang umrunden und dabei nach den Blüten Ausschau halten – Fernglas und Teleobjektiv sind von Nutzen. Am Kiosk beim Parkplatz kann man die jeweils aktuellen Höchstzahlen der gesichteten roten Seerosen nachlesen.

Der historische Herrenhof **Aspa Bruk** (✆ 50210), heute ein teures Luxushotel mit Gourmettempel und schöner Parkanlage, grenzt fast an die riesige Papierfabrik auf der Halbinsel bei Olshammar. Dort liegt auch **Olshammargården**, ein Gutshof von 1820, wo Werner von Heidenstam aufwuchs. Dem späteren Dichter der Nationalromantik und Literaturnobelpreisträger von 1917 ist ein Raum in dem heutigen Gasthaus gewidmet.

Olshammargården, ✆ 50430, Mai bis Mitte Sept. Mo–Fr 9–19, Sa/So 12–19 Uhr, übrige Zeit Mo–Fr 9–17 Uhr.

Etwas weiter südlich lohnt sich ein Halt bei Igelbäcken. Ein 3 km langer Naturstig erschließt hier die felsige Halbinsel **Utnäset,** passiert dabei schöne Badeplätze und Aussichtsstellen über Schären und Inselchen.

Auf einen Blick

Vorwahl Askersund: 0583

• *Information* **Askersunds Turistbyrån**, Torget, 69630 Askersund, ✆ 81088, www.askersund.se, Mittsommer bis Mitte Aug. tägl. 10–19 Uhr, übrige Zeit Mo–Fr 10–12.30 und 13–16 Uhr.

• *Verbindungen* **Bus**: Linie 708 und 840 nach Örebro, Expressbus (Skövdebuss) verbindet Askersund mit Karlsborg und Skövde bzw. Örebro und Stockholm, 3-mal pro Woche.

Parken: Kostenfrei und zentral am Markt, Hafen und an der Landskyrkan jenseits der Sundsbron.

• *Adressen* **Ärztliche Hilfe**: Vårdcentralen, Torebergsvägen, ✆ 85710, **Apotheke** am Markt, ✆ 10034. **Polizeistation** in der Väderkvarnsgatan, ✆ 82300, **Banken** und **Geschäfte** rund um den Torget und entlang der Sundsbrogatan. **Post** im ICA-Markt.

Übernachten/Camping/Essen & Trinken

• *Übernachten* **Hotell Best Western Norra Vättern**, Konferenzhotel zwischen Ufer und RV 50. Ein neuer Spa-Bereich (tägl. bis 22 Uhr, für Besucher 120 SEK) und zwei Restaurants mit Blick auf Ort und Wasser sind die Pluspunkte, die Nähe zur Hauptstraße ist der Nachteil. DZ ab 895 SEK. Södra Infarten, ✆ 12010, www.norravattern.se.

Café Garvaregården, gemütliche Pension im hübschen Altbau, ruhig und zentral. Unten nettes Café mit idyllischem Hofgarten. DZ ab 750 SEK, auch Apt. Sundsgatan, ✆ 10445, www.cafegarvaregarden.com.

STF Vandrarhem Hargebaden, Ende April bis Sept. Ländliche, gemütliche Herberge unweit der Badebucht südlich von Hammar. 220 SEK. Hargebadsvägen 98, ✆ 770556.

• *Camping* **City Camping**, WoMo-Stellplätze nahe der Stadtbrücke, zentral und mit Wasserblick, 140 SEK.

Husabergsudde Camping, Mitte April bis Mitte Sept. 1,5 km südlich von Askersund abseits der RV 50 auf einer kleinen Halbinsel im Alsen. Hütten/4 Pers. ab 400 SEK. ✆ 711435, ✆ 711409, www.husabergsudde.se.

Hargebadens Camping, Mai bis Aug. Beliebter, kinderfreundlicher Platz an weitläufigem Badestrand mit „Spaßbad", oft recht voll. Hütten/4 Pers. ab 350 SEK. Hammar, ✆ 770123, www.hargefritid.se.

Talluddens Sommargård, Mittsommer bis Aug. Das weitläufige Feriengelände der Kumla Missionskirche liegt auf einer Halbinsel im Tisaren. Campingplatz und JH. 125 SEK, auch DZ. Hütte/2 Pers. 300 SEK. Åsbro, ✆ 0582-50016, www.talludden.info.

• *Essen & Trinken* Ein Renner ist das Sommarbuffé im Hotel Norra Vättern (s. o.), tägl. 18–21.30 Uhr, 149 SEK, Reservierung ratsam, ✆ 12010.

Värdshuset Sundsgården, beliebtes altes Gasthaus an der Stadtbrücke mit Terrasse am Wasser, innen schmücken Galionsfiguren die Bar. Restaurant, Café und Kneipe in einem. Mitte Juni bis Aug. tägl. 11–22, Bar bis 2 Uhr, übrige Zeit zu Lunch und Kaffee geöffnet, Mo–Fr 11–16 Uhr. Sundsbrogatan, ✆ 10088.

Café Tutingen, süßes altes Café am Markt, verlockende Kuchenvielfalt. Mo–Sa 9–18, So 11–18 Uhr. Storgatan, ✆ 14139.

Café Garvaregården, s. Übernachten, gemütliches Café mit romantischem Hofgarten. Mitte Juni bis Mitte Aug. Mo–Fr 10–18, Sa bis 17 Uhr, So 11–17 Uhr, übrige Zeit nur Sa/So.

Aktivitäten

M/S Wettervik fährt nach Stjärnsund und durch die Schären nach Hamarsund, Juli bis Mitte Aug. Mo–Fr 13 und 15 Uhr, 120 SEK, ✆ 0709-770263.

Badeplätze auf Borgmestareholmen und am Hagavägen, außerhalb bei den Campingplätzen, **Freibad** bei Hargebaden.

Kanuverleih am Hafen, bei Talluddens Sommargård und Husabergsudde Camping. Dort und am Hafen auch Fahrradverleih.

Hafenunterhaltung: im Sommer mittwochs Musikveranstaltungen.

Örebro (98.300 Einw.)

Die flache, fruchtbare Region zwischen dem Hjälmaren im Westen und dem Höhenrücken Kilsbergen im Osten war schon früh besiedelt. Bei Örebro befand sich eine wichtige Furt über den Svartån und später die erste Steinbrücke. Im 13. Jh. wurde dieser Übergang mit einer Festungsanlage gesichert, und eine dauerhafte Siedlung entstand. Herzog Karl, ein Sohn Gustav Vasas, ließ die mittelalterliche Burg im 16. Jh. zu dem herrschaftlichen Renaissanceschloss mit seinen vier wuchtigen Ecktürmen ausbauen, das noch heute Örebros zentrales Wahrzeichen und Besuchermagnet ist.

Besichtigung

Das **Schloss** war königliche Residenz, Schauplatz mehrerer Reichstage sowie der Wahl des napoleonischen Generals Jean Baptiste Bernadotte zum schwedischen Thronfolger. Auf dramatisierten Führungen zeigen verschiedene historische Personen den Besuchern „ihr" Schloss (auf Englisch Mitte Juni bis Mitte Aug. tägl. 14 Uhr, konventionelle Führungen auch auf Englisch tägl. 13 und 16 Uhr, in der übrigen Zeit nur Sa/So 13 Uhr, ✆ 212121, 50 SEK). Im trutzigen Nordwestturm ist der Schlossgeschichte eine anschauliche Ausstellung gewidmet (Mo–Fr 11–17, Sa/So bis 16 Uhr).

Västergötland und Närke
Karten S. 172/173 und S. 228/229

Trutzige Schönheit: das Schloss von Örebro

Historische Häuserzeile in Wadköping

Das **Flüsschen Svartån** windet sich malerisch durch die Innenstadt und bietet sich für einen Spaziergang nach Wadköping an, Örebros ältestem Viertel. Unterwegs passiert man am Hamnplan den Anleger der Hjälmaren-Ausflugsschiffe, dem **Stadsparken** mit seinen üppigen Gartenanlagen sollte man einen Besuch abstatten, und mit Kindern wird man einige Zeit für den großen Spielplatz oder einen Abstecher mit dem Fährboot Wictoria nach **Barnens Ö** (s. Aktivitäten) einplanen müssen.

Wadköping ist kein gewachsenes Stadtviertel. Alle Gebäude standen ursprünglich an anderen Orten in der heutigen City und wurden in den 1960er Jahren hierher versetzt, um Neubauten Platz zu machen. Entlang der Bertil Waldéns gata, benannt nach dem Denkmalschutzbeamten und Initiatoren der Umsetzungsaktion, hat sich die kleine Holzhausstadt formiert. Zur Flussseite hin liegen die niedrigen, rotgestrichenen Handwerkerhöfe des 18. Jh., in denen sich mit Anwachsen der Stadt immer mehr Arbeiterfamilien zusammendrängten. Gegenüber prägen die zweistöckigen Bürgerhäuser aus dem 19. Jh. das Straßenbild. Diese sind noch heute in Privatbesitz und bewohnt, sodass man nicht das Gefühl hat, durch ein Museum zu spazieren.
Viele Häuser sind geöffnet Mai bis Aug. tägl. 11–17 Uhr, übrige Zeit 11–16 Uhr.

Bei einem Bummel durch die Einkaufsstraßen der modernen City fällt im Norden ein weiteres Wahrzeichen der Stadt ins Auge, der markante **Wasserturm Svampen,** der „Pilz". Der 1956 errichtete, fast 60 m hohe Turm mit dem ausladenden „Hut" wurde zu einem der bedeutendsten schwedischen Bauwerke des 20. Jh. erkoren.
Dalbygatan 4, ✆ 6113735, tägl. 10–18 Uhr, Aussichtsplattform, Café.

Etwas außerhalb der City liegt **Karlslund Herrgård,** ein abwechslungsreiches Naherholungsgebiet der Städter. Auf dem weitläufigen Gutshof sind u. a. das kleine Stataremuseum in der Mejeriet, die Orangerie und das Herrenhaus mit dem Englischen Garten dahinter sehenswert, Spazierwege führen durch die Parks und am Ufer des Svartån entlang. Flussaufwärts ist in das frühere Kraftwerk **Tekniska Kvarnen** ein Landwirtschafts-, Technik- und Experimentiermuseum eingezogen.
Tekniska Kvarnen, , ✆ 212158, tägl. 11–16 Uhr, Okt. bis April Mo geschl., 50 SEK. Anfahrt mit Buslinien 7 oder 8 bis Karlslund.

Abstecher in die Umgebung

Im Westen von Örebro liegen rund um Ånnaboda abwechslungsreiche Naturreservate: Am Nordende des Sees **Tysslingen** bei Rånnesta lassen sich von Beobachtungstürmen aus Schwäne beobachten, die hier zu Tausenden rasten. Um den lang gestreckten See ist die 25 km lange Fahrradroute Tysslingeleden ausgeschildert. **Latorps Ängar** bei Latorpsbruk ist ein geschütztes Wiesengebiet mit seltenen Orchideenarten. Bei **Garphyttan** liegt der gleichnamige kleine Nationalpark, ein Gebiet mit altem Kulturland und Laubwald, bekannt für seinen Blumenreichtum im Frühsommer. Spazierwege und der Fernwanderweg Bergslagsleden führen hindurch. Der bewaldete Höhenzug **Kilsbergen** schließt sich nördlich an, bei **Ånnaboda** beginnen Wanderwege durch das Naturreservat, auch Wintersport ist hier möglich.

Knapp 40 km nördlich von Örebro liegt das Bergbaustädtchen **Nora,** ein lohnendes Ziel für einen Tagesausflug. Die intakte Holzbebauung aus dem 18./19. Jh. und kopfsteingepflasterte Gassen prägen die malerische Kleinstadt am Ufer des Norasjön.

Am Südufer des hier noch schmalen Hjälmaren liegt **Ekeby Dreve**, ein beliebter Aussichtsplatz, landeinwärts das Naturreservat **Ekeby Ekhage** mit schönem alten Kulturland. **Hjälmarbaden** ist ein Bade- und Picknickplatz. Die für Autos gesperrte Brücke, eine beliebte Angelstelle, verbindet das Ufer mit Äsön, der schilfumwucherten, länglichen Insel, die den Hemfjärden fast vom Hjälmaren abriegelt. Der Radweg Hemfjärden runt quert sie (ab Örebro markiert, ca. 40 km lang).

Vom Hafenörtchen Hampetorp pendelt die Fähre zur Insel **Vinön** und bietet sich für eine lohnende kleine Hjälmaren-Kreuzfahrt an (1–2 Abfahrten/Std.). Die ganzjährig bewohnte, landwirtschaftlich genutzte Insel lässt sich auf einem Spazierweg entlang der bewaldeten Ostküste erkunden (Einstieg ca. 100 m vom Fähranleger entfernt, markiert). An der Hauptstraße, die den Fähranleger mit der Gästebrücke und dem Badestrand verbindet, liegen ein Sommercafé und Värdshuset, Laden und Fahrradverleih.

Wieder auf dem Festland und der RV 52 nach Westen, lohnt sich hinter Asker ein Abstecher nach rechts zum Kanal und Naturreservat Kvismaren, einem schilfbestandenen flachen Vogelsee mit Beobachtungstürmen und Wegen. Bei **Kvarntorp** erhebt sich ein weithin sichtbarer, über 100 m hoher Schlackeberg, entstanden beim Ölschieferabbau in den 1940er Jahren. Europas mit 427 Stufen längste Holztreppe führt hinauf – alternativ eine steile Fahrpiste. Von oben ist die Aussicht umwerfend;

Engelbrekt Engelbrektsson

Auf der Halbinsel Göksholmen liegt das gleichnamige Schlösschen (Privatbesitz), im Mittelalter Sitz des mächtigen Adelsgeschlechtes Natt och Dag. Weiter draußen, auf der Landzunge Engelbrektsholmen, erinnert ein Gedenkstein daran, dass der schwedische Nationalheld *Engelbrekt Engelbrektsson* 1436 auf dem Weg von Örebro nach Stockholm hier anlegte und von dem damaligen Schlossherren, Måns Bengtsson Natt och Dag, ermordet wurde. Der Bergwerksmeister aus Dalarna hatte wenige Jahre zuvor einen erfolgreichen Aufstand gegen die dänische Krone und deren adelige Vasallen angeführt und war auf dem ersten schwedischen Reichstag 1435 in Arboga zum schwedischen Reichsvorsteher gewählt worden. Sein gewaltsamer Tod führte bald darauf zur Wiederherstellung der alten dänischen Oberhoheit über Schweden, die erst Gustav Vasa knapp ein Jahrhundert später endgültig abschaffen sollte.

Kunst auf dem Schlackeberg von Kvarntorp

aber auch im Nahbereich bietet die Abraumhalde Kvarntorpshögen Überraschendes: **Konst på Hög** heißt das Projekt, das vor einigen Jahren Kultur in die alte Industriebrache zog. Zahlreiche Skulpturen umgeben den Gipfel, darunter ein Zitat auf den Schriftzug über Hollywood. Anfahrt über Kvarntorp Industrieområde.

Auf einen Blick

Vorwahl Örebro: 019

• *Information* **Turistbyrån Örebro**, (Örebrokompaniet), Medborgarhuset, Olof Palmes torg 3, 70135 Örebro, ☏ 212121, ✆ 106070, www.orebrotown.com, Mo–Fr 10–18, Sa/So 10–16 Uhr.

• *Verbindungen* Busterminal und Hauptbahnhof an der Östra Bangatan.

Bus: Linie 504 nach Karlstad, 708 und 841 nach Askersund, Linie 324 nach Arboga, 302 nach Nora, nach Garphyttan die 522/523, alle mehrmals tägl. **Zug**: 2-stündl. nach Stockholm.

Parken: In der Innenstadt teure Kurzparkplätze, bei Wadköping mit Parkscheibe max. 4 Std. kostenlos, am Trädgården/Stadtpark und Regionssjukhus vor Stora Holmen („Barnens Ö") ebenfalls umsonst.

• *Adressen* **Ärztliche Hilfe**, ☏ 6021056, und **Apotheke**: Universitätssjukhuset, Alnängsgatan; zahlreiche Apotheken in der City. **Polizeistation**: Järnvägsgatan/Storgatan, ☏ 11414. **Post** u. a. in ICA-Supermärkten, die **Einkaufsstraßen** Storgatan, Drottning- und Köpmangatan bieten alles, was man sich denken kann, ein weiteres riesiges **Shoppingcenter** gibt es in Marieberg, 10 km südlich der Stadt an der E 20 Richtung Göteborg.

Übernachten/Camping

Örebro hat eine recht große Auswahl an empfehlenswerten Hotels, z. T. mit niedrigen Sommerpreisen.

Elite Stora Hotellet (7), unter den Nobelhotels der Stadt das erschwinglichste, direkt gegenüber vom Schloss in herrschaftlichem Altbau. DZ ab 900 SEK. Drottninggatan 1, ☏ 156900, ✆ 156950, www.elite.se.

First Hotel Örebro (1), zentrale Lage. DZ ab 1075 SEK. Storgatan 24, ☏ 6117300, ✆ 103905, www.hotellorebro.se.

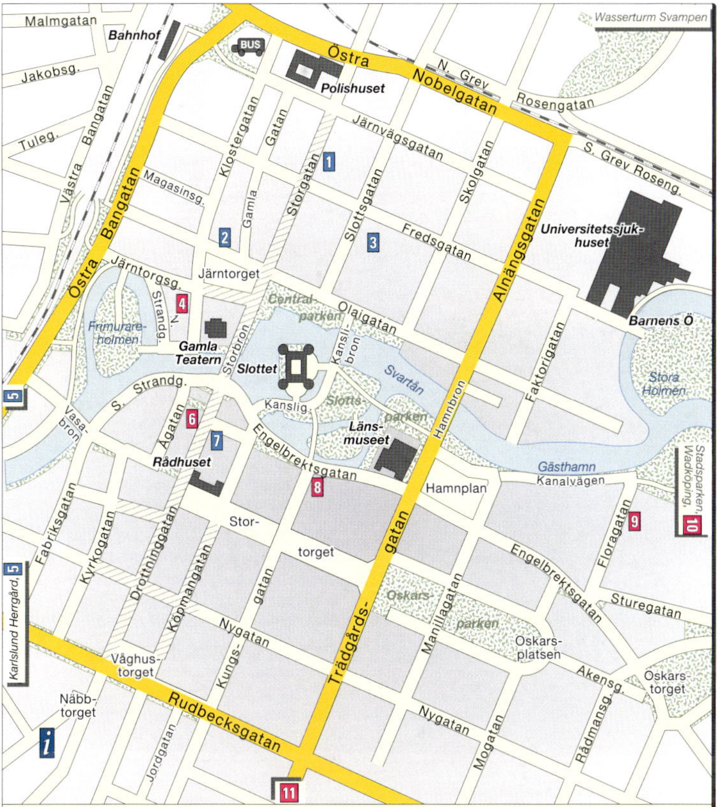

Ü bernachten
1 First Hotel Örebro
2 Hotell Göta
3 STF Örebro/Livin'
5 Gustavsvik Camping & Stugby
7 Elite Stora Hotellet

E ssen & Trinken
4 Jac's Bar & Bistro
6 Ågatan 3 Bar & Matsal
8 Hälls Konditori Stallbacken
9 Stadsträdgårdens Café
10 Wadköping Café
11 Restaurang Gustavsvik

120 m

Örebro

Västergötland und Närke
Karten S. 172/173 und S. 228/229

Hotell Göta (2), gemütliches, komfortables Hotel gegenüber vom Schloss. DZ ab 795 SEK. Olaigatan 11, ✆ 6115363, ℻ 183156, www.hotellgota.nu.

STF Örebro/Livin' (3), ganzjährig. Große Herberge in Laufweite zur City, ruhig gelegen, für eine JH recht komfortabel. Ab 250 SEK, DZ ab 640 SEK. Auch Hotel, DZ ab 950 SEK. Järnvägsgatan 22, ✆ 310240, ℻ 310256.

• *Camping* **Gustavsvik Camping & Stugby (5)**, Mai bis Okt., Hütten ganzjährig. Riesiger Platz mit allem Komfort, 1,5 km südlich der Stadt. Eine Ferienanlage für sich, vor allem durch das angrenzende Spaßbad und Freizeitcenter (Eintritt ins Spaßbad für Gäste günstiger). Hütten/4 Pers. ab 550 SEK. ✆ 196950, ℻ 196961, www.gustavsvik.se.

Kilsbergen Camping Ånnaboda, ganzjährig. Nördlich von Garphyttan an einem Skigebiet am Rande des Kilsbergen gelegen, im Sommer eher ruhiger Platz. Wander- und Bademöglichkeiten in der Nähe. Hütte/4 Pers. 450 SEK, Hütte/2 Pers. 280 SEK, ✆ 295500, www.annabodacamping.se.

Essen & Trinken (siehe Karte S. 239)

Ågatan 3 Bar & Matsal (6), gemütliches, feines Restaurant, der Küche gelingen stilistische Verbindungen von schwedischer und mediterraner Tradition. Mo–Sa ab 18 Uhr. Ågatan 3, ✆ 104019.

Restaurang Gustavsvik (11), Mo–Fr 11–15 Uhr. Bekanntes, vielbesuchtes Lunchbuffet mit großer Auswahl, direkt am Eingang zum Schwimmbad Gustavsviksbadet, ✆ 196930.

Stadsträdgårdens Café (9), eine Oase im Stadtgarten. Im lichten Gewächshaus wird Hausgebackenes von süß bis herzhaft angeboten, auf dem beliebten Lunchbuffet (Mo–Fr bis 14 Uhr, im Sommer auch Sa/So) finden sich viele vegetarische Gerichte aus eigener Ernte. Tägl. 11–16 Uhr, ab 18 Uhr BBQ, Floragatan 1, ✆ 139835.

Hälls Konditori Stallbacken (8), für guten Kuchen bekannt, im Sommer nett zum Draußensitzen auf dem alten Hofplatz. Die Zweigstelle in der Olaigatan serviert im Sommer im Centralparken am Schlossgraben. Mo–Fr 9–20, Sa/So 10–20 Uhr. Engelbrektsgatan 12, ✆ 6110766.

Wadköping Café (10), im gemütlichen Ambiente der historischen Altstadt Wadköping werden Lunch, Snacks und Kuchen serviert. Tägl. 10–17 Uhr. Bertil Waldéns gata, ✆ 307370.

Jac's Bar & Bistro (4), beliebte Kneipe und Bar. Di–Sa ab 17 Uhr, Di–Do bis 22 Uhr. Teaterplan, ✆ 6898999.

Café Svanen, Ausflugscafé in einem alten Hofgebäude, ca. 15 km westlich von Örebro. Blick auf den Schwanensee Tysslingen und den bewaldeten Kilsbergen. März bis Aug. tägl. 9–18 Uhr, übrige Zeit Sa/So 11–16 Uhr. Rånnesta, Frösvidalsvägen, ✆ 283238.

Konst på Hög: Diese Kirche ist nicht regendicht

Aktivitäten

Gustavsviksbadet, ✆ 196900, Juli tägl. 9–19 Uhr, übrige Zeit Mo–Fr 9–21, Sa/So bis 19 Uhr. Großes Spaßbad mit dem üblichen Programm von der Wasserrutsche bis zum Whirlpool und Strömungskanal in „tropischer Atmosphäre", 130 SEK.

Barnens Ö, Stora Holmen, Juni bis Aug. tägl. 10–16 Uhr, Einzelkarten vor Ort. Die Insel der Kinder lockt mit einem witzigen Verkehrsübungsplatz inkl. Ampeln und Tankstelle; Spielplatz und kleiner Zoo ergänzen das Programm. Das Fährboot Wictoria pendelt ab Stadtpark zur Insel, oder man nimmt die Brücke am Regionssjukhus.

Örebro Länsmuseum, Engelbrektsgatan 3, ✆ 6028700, Mai bis Sept. tägl. 11–17 Uhr, 50 SEK; übrige Zeit Di 9–18, Mi 12–21, Do 9–18, Fr–So 12–16 Uhr. Ausstellungen zu Kunst und Kultur des Bezirks.

Bootstouren: Vom Hamnplan starten die M/S Gustav Lagerbjelke und M/S Tor u. a. zu Touren über den Hjälmaren und durch den Hjälmare Kanal bis zum Mälaren, Charterbus zurück. Juli bis Aug., wechselnder Fahrplan, ✆ 019-107191.

Angeln im Svartån ist fast überall im Stadtgebiet von Örebro erlaubt und beliebt, denn alljährlich werden in dem ohnehin fischreichen Gewässer auch noch mehrere Tonnen Lachsforellen ausgesetzt. Nähere Infos bei der TI.

Fahrradverleih bei der Ti ganzjährig, bei Gustavsvik Camping und bei der JH.

Ländliche Idylle: Linnés Råshult bei Älmhult

Blekinge und Småland

Entlang Schwedens südlichster Schärenküste liegen Hafen- und Badeorte. Im Hinterland wechseln Laubwald und Äcker sich ab, im Osten befindet sich die sonnenverwöhnte Urlaubsinsel Öland. Landeinwärts wird die Landschaft karger, felsiger. Småland mit seinen unzähligen Seen, weiten Nadelwäldern, vereinzelten Mooren und den allgegenwärtigen falunroten Sommerhäuschen entspricht wohl am besten dem Schwedenbild der meisten Besucher.

Von der Küste Blekinges bis Kalmar

Die schmale Provinz Blekinge erstreckt sich über eine Breite von gerade mal 30 km entlang der Südküste; die hier von sandig zu felsig wechselt. Allerdings nur allmählich, denn auch Blekinge ist geologisch noch von den eiszeitlichen Ablagerungen geprägt, die Skåne so fruchtbar machen. Und so trägt die sonnenverwöhnte Provinz auch zu Recht den Beinamen „Garten Schwedens". Anders als in der Nachbarprovinz unterbrechen zahlreiche Laubwälder das Ackerland. Die Ostküste bis Kalmar gehört schon zu Småland, die Grenze bemerkt man heute nicht mehr, doch bis 1658 stieß hier dänischer an schwedischen Machtbereich, was in der dänischen Festung von Kristianopel und dem Wasaschloss in Kalmar noch greifbar ist. Die Militärstadt Karlskrona verdankt ihre Existenz ebenfalls diesem Konflikt, wurde sie doch gleich nach der schwedischen Eroberung Blekinges als Grenzbastion angelegt.

Karlshamn

(19.000 Einw.)

Blekinge war gerade erst schwedisch geworden, als der neue Herrscher Karl X. Gustav 1658 bei einer Stippvisite in dem kleinen Fischerort Bodekull an der Mündung des Mieån dessen Eignung für einen Hafen entdeckte. Karl hatte vor allem

militärische Pläne mit dem Ort, doch als der König schon zwei Jahre später starb, verlegte sein Nachfolger Karl XI. seinen Flottenhafen ins heutige Karlskrona. Für Karlshamn blieb der zivilere Teil der Schifffahrt. Eisen aus Småland wurde bald zu einem der wichtigsten Exportgüter, das über Karlshamn nach Europa verschifft wurde. Bekannter wurde das Städtchen allerdings als Auswanderhafen, über den im

19. Jh. ein Großteil der 1,5 Mio. Emigranten Schweden in Richtung Amerika verließ. Ihnen ist das Denkmal im kleinen **Hamnparken** gewidmet, das ein Auswandererpaar aus Vilhelm Mobergs Roman *Utvandrarna* darstellt: Während *Karl Oskar* aufs Meer hinaus und in die Zukunft schaut, wirft *Kristina* einen letzten Blick zurück auf ihre småländische Heimat.

Emigrantendenkmal in Karlshamn

Im ältesten Viertel der Stadt sind im **Kulturkvarter,** auf dem Gelände zweier alter Kaufmannshöfe, verschiedene Ausstellungen untergebracht, darunter die Kunstsammlung, das Stadtmuseum, ein Druckerei- und Punschmuseum, ein Kaufmannshaus, alte Werkstätten und Kunsthandwerke.
Drottninggatan 83, ✆ 14868, Mittsommer bis Mitte Aug. Di–So 13–17 Uhr, Stadtmuseum in der übrigen Zeit Mo–Fr 13–16 Uhr, 20 SEK.

In der Umgebung

Alles zum Thema Lachs erfährt man in **Laxens Hus,** dieses Museum liegt an den Stromschnellen des berühmten Lachsflusses Mörrumsån, westlich der Stadt.
Kungsforsen Mörrum, ✆ 50123, April bis Sept. tägl. 8–17 Uhr, Okt. bis 16 Uhr.

Richtung Osten lassen sich folgende Ausflugsziele verbinden:

Bei Åryd lockt der Wildpark **Eriksberg** zu einem ersten Abstecher Richtung Küste. Inmitten eines ursprünglichen Mischwaldgebietes leben Damwild, Mufflonschafe, Wisente und Wildschweine, die man besonders gegen Abend gut zu Gesicht bekommt. Verschiedene Rastplätze sind angelegt worden, an denen man aus dem Auto oder Bus steigen und auch die Schärenküste oder den Seerosenteich Färsksjön bewundern kann.
✆ 0454-564300, Mitte Juni bis Aug. tägl. 12–19 Uhr, 110 SEK.

Ein kurzes Stück weiter liegt bei Bräkne-Hoby der **Hoby Kulle Herrgård,** eines der größten Güter der Region und noch in Betrieb. Ein Antiquitätengeschäft, ein Hofladen und ein Café in der Orangerie finden sich hier, vor allem aber ist das Hofgelände selbst, zu dem ein Englischer Park und Kräutergarten gehören, einen Besuch wert.
✆ 0457-81433, Juli bis Mitte Aug. Sa/So 11–17 Uhr.

Schon kurz vor Bräkne-Hoby führt eine Nebenstraße Richtung Küste nach Järnavik und über Saxemara nach Ronneby; die landschaftlich schönere Alternative zur E 22. Ein Ausflug zum **Naturreservat Tjärö,** einem von Järnavik erreichbaren Inselchen, lässt sich in den Umweg einbauen. **Tjärö** ist eine landschaftlich reizvolle Schäreninsel mit Spazierwegen, Badebuchten und Aussichtspunkten über die Inselwelt. Tjärö Turiststation, ✆ 60063, bietet von April bis Oktober Kost und Logis (JH 250 SEK, DZ 790 SEK), verleiht Boote und unterhält die Fähre (Abfahrten ab Järnavik zur vollen Stunde, ab Tjärö 15 Min. früher: Mai/Sep. 10–18 Uhr alle 2 Std., Juni und ab Mitte Aug. bis 20 Uhr, Juli bis Mitte Aug. stündl. 10–20 Uhr).

Auf einen Blick

Vorwahl Karlshamn: 0454

• *Information* **Karlshamns Turistbyrå**, Pirgatan 1, 37481 Karlshamn, ✆ 81203, 📠 81225, www.karlshamn.se/turism, Mo–Fr 10–17 Uhr, Mitte Juni bis Mitte Aug. Mo–Fr 9–19, Sa 10–18, So 12–18 Uhr.

• *Verbindungen* **Bus**: Linie 350 nach Sölvesborg (nur Mo–Fr), 370/240 via Tingsryd nach Växjö. **Zug**: Verbindungen mit Karlskrona, Kristianstad und Malmö.

Parken: Entlang der Ågatan, am Bahnhof und Östra Kajen.

• *Adressen* **Ärztliche Hilfe**: Brunngården Vårdcentral, Erik Dahlsbergsvägen 30c, ✆ 732700 (Mo–Fr), ✆ 731000 (Sa/So). **Apotheke**: Kronans Droghandel, Kungsgatan 42, Mo–Fr 9.30–18, Sa bis 14 Uhr, ✆ 0771-612612.

Übernachten/Camping

Bode Hotell, schlichtes, ordentliches Frühstückshotel mitten in der City. DZ ab 525 SEK. S. Fogdelyckegatan 28, ✆ 31500, www.hotellbode.se.

Hamnensvandrarhem/City-Hostel, zentral gelegen. DZ 400 SEK. Rådhusgatan 14a, ✆ 13720, www.hamnensvandrarhem.se.

STF Vandrarhem Karlshamn, ganzjährig. Nah zum Bahnhof, zentral und ruhig gelegen, große, moderne Herberge. 250 SEK. Surbrunnsvägen 1c, ✆/📠 14040.

Gula Huset, STF Vandrarhem Järnavik, ganzjährig. Bei Bräkne-Hoby Richtung Küste. Schön renovierte alte Villa direkt am Bootshafen und einem kleinen Naturreservat, ideal für Bootstouren in die Schären. 250 SEK. ✆ 82200, 📠 82201, www.gula-huset.com.

STF Vandrarhem Tjärö, Mai bis Dez., mit dem Boot ab Järnavik, das Wohnen auf der Insel ist idyllisch, aber recht teuer, ab 300 SEK, DZ ab 690 SEK. ✆ 0454-60063.

• *Camping* **Kolleviks Camping**, Mai bis Sept. Schöner Platz zwischen Bootshafen und Badebucht, Bootsverleih. Sehr kleine Campinghütten 400 SEK/4 Pers., außerdem ein Feriendorf ab 520 SEK/4 Pers., im Juli nur wochenweise, Kolleviksvägen, ✆ 19280, 📠 16280.

Långasjönäs Camping, Mai bis Okt. Im Naturreservat am Långasjön, schönes Naherholungsgebiet mit Wanderwegen und Badestellen. Einfache Hütten ab 300 SEK/4 Pers., größere Hütten ab 435 SEK, im Juli nur wochenweise (2250–3150 SEK), Vermietung über TI in Karlshamn (s. o). ✆ 320691, 📠 329489, www.langasjonascamping.com.

Järnaviks Camping, Mai bis Mitte Sept. Bei Bräkne-Hoby Richtung Küste. Schön gelegen, an kleiner Badebucht beim Naturreservat. Hütten ab 400 SEK/4 Pers. ✆ 82166, www.jarnavikscamping.se.

Essen & Trinken

Restaurant Spiken, serviert raffinierte Menüs, aber auch schwedische Hausmannskost. Mo–Fr 11.30–14.30 Uhr. Drottninggatan 75, ✆ 15678.

Villa Utsikten, ein paar Schritte vom Auswandererdenkmal entfernt hat man hier wirklich eine herrliche Aussicht auf das Meer. Die alte Holzvilla mit ihrem baumbestandenen Garten ist im Sommer ein beliebtes Ziel zum Kaffeetrinken, auch für die Schüler des benachbarten Schulzentrums. Di–So 11–19 Uhr. Utsiktsvägen 6, ✆ 10325.

Kungsforsen, hier in Mörrum wird auf traditionelle Weise Lachs und Hering geräuchert, durch den Gastraum ziehen wunderbare Gerüche, die allerdings besser zu Laxsmörgåsar oder Bratfisch passen als zu Kaffee und Kuchen. Di–Do 9–17, Fr bis 23, Sa bis 20, So bis16 Uhr, Juni bis Sept. tägl. 9–23 Uhr. Bygatan 6, Mörrum, ✆ 54133.

Guö Värdshus, traditionsreiches, gutes Gasthaus auf der Strecke nach Eriksberg, weiter Blick über die Guöviken. Mo–Sa 12–21, So 13–16 Uhr, Mitte Dez. bis Mitte Jan. geschlossen, Åryd-Trensum, ✆ 0454-60300.

Aktivitäten

Schiffstouren in die Schären ab Skepsbron Östra Kajen: Tärnö, Joggesö und Tjärö, Juni bis Aug. 1- bis 2-mal tägl.

Bootsverleih bei der JH auf Tjärö, bei Kolleviks Camping und Långasjönäs Camping.

Altes Badehaus im Brunnsparken von Ronneby

Ronneby (12.000 Einw.)

Um Ronneby macht Blekinge seinem Beinamen „Garten Schwedens" alle Ehre. Bei der Anfahrt in die City wirkt das Städtchen noch nicht besonders paradiesisch, man muss erst bis zum **Brunnsparken** vordringen: an der TI über die Brücke und sofort links den Brunnsvägen entlang. In der weitläufigen Parkanlage von 1870 verteilen sich die schönen, im Schweizerhausstil errichteten Holzgebäude des ehemaligen Kurbades, in das man zum „Brunnentrinken" und Flanieren, zum Pflegen der Gesundheit wie der gesellschaftlichen Kontakte kam. Die Wandelhalle Brunnshallarna bildete damals wie heute den Mittelpunkt des Kurparks, ein erstes Hotel stand schon im 18. Jh. auf der links angrenzenden Höhe. Leider brannte das Haus 1959 ab und wurde durch den heutigen, modernen Hotelkomplex ersetzt. Zur anderen Seite liegt hinter einigen Badehäusern, die jetzt als Büros genutzt werden, das ehemalige Wiener Café, das hier seit 1889 die Kaffeehauskultur pflegte. Nach einem Brand 2006 wurde es originalgetreu wieder aufgebaut und läuft seit Sommer 2008 als Kaivopuisto Restaurant und Café. Parkeinwärts führen die Spazierwege durch den Rosengarten zum Parkteich, in dem malerisch ein Wasserfall über die Felsen plätschert, und zu der bewaldeten Anhöhe hinauf, wo auf einer Lichtung der japanische Garten liegt. Er wurde ebenso wie ein benachbarter Duftgarten 1987 angelegt. Ein Naturum und ein großes Freibad ergänzen das Freizeitprogramm im Brunnsparken.

Naturum: ✆ 16815, Juni bis Aug. tägl. 10–18 Uhr, Mai/Sept. Mo–Fr 12–17, Sa/So 10–15 Uhr, Okt./Nov. Sa/So 10–15 Uhr.

Im Zentrum der Industriestadt ist das zwischen Kulturzentrum und Norrebro gelegene „Künstlerviertel" **Bergslagen** einen Besuch wert. Schöne alte Bebauung liegt an der Möllebacksgatan, darunter Mor Olivagården. In diesem über 200 Jahre alten Wohnhaus wird Kunsthandwerk geboten, der Garten grenzt an den rauschenden Rönnebyån; ein romantisches Eckchen.

In der Umgebung

Richtung Karlskrona lohnt sich kurz vor Listerby ein kurzer Abstecher von der E 22 nach links Richtung Tving zum nahe gelegenen **Björketorpstenen,** einem bedeutenden Runenstein aus dem 8. Jh. In dem licht bewaldeten Gelände, flankiert von zwei unbeschrifteten „Wächtern", markierte der mit einem Bannspruch beschriebene Stein vermutlich einen heiligen Ort. Die urnordischen Runen drohen jedem mit Untergang, der sich unbefugt hierher wagt.

Weiter Richtung Tving und dann auf der Straße 122, erreicht man in Eringsboda den **Blomstergården,** eine Mischung aus Gartenanlage und Freizeitpark – beliebtes Ausflugsziel für Familien. Ein smaländischer Bauer schuf die beeindruckende Parkanlage im Verlauf von über 50 Jahren. Ihm ist eine kleine Ausstellung gewidmet.
✆ 72088, Mitte Mai bis Mitte Aug. tägl. 10–16 Uhr, 75 SEK, Restaurant ab Mai 10–15 Uhr.

Zurück auf der E 22 zweigt wenige Kilometer nach Listerby eine Straße Richtung Hasslö rechts ab und führt zum großen eisenzeitlichen Gräberfeld **Hjortahammar** mit Schiffssetzungen, Bautasteinen und Grabhügeln, auf einer Landzunge nahe der landschaftlich reizvollen Schäre Almö gelegen. Auch das kleine **Naturreservat Tromtö** mit seinem Küsten-Laubwald und einem Herrenhof lohnt einen Abstecher (beim Gräberfeld nach links).

Auf einen Blick

Vorwahl Ronneby: 0457

• *Information* **Turistbyrå Ronneby**, Västra Torggatan 1, 37230 Ronneby, ✆ 617570, 📠 61 7575, www.ronneby.se/turist, Juni bis Aug. Mo–Fr 10–18, Sa 10–14, So nur im Juli 11–15 Uhr, übrige Zeit Mo–Fr 10–17 Uhr.

• *Verbindungen* **Bus**: Linie 250 von Ronneby nach Bräkne-Hoby, mehrmals tägl. **Zug**: Verbindungen nach Karlskrona und Kristianstad, Hässleholm.

Übernachten/Camping

Villa Vesta, Pension in schöner Kaufmannsvilla aus dem 19. Jh., am Ronnebyån unweit des Brunnsparken gelegen. DZ ab 795 SEK. Nedre Brunnsvägen 25, ✆ 66136, 📠 42443, www.villavesta.se.

Grand Hotell, zentral gelegenes Stadthotel mit moderaten Sommerpreisen. DZ ab 750 SEK. Järnvägsgatan 11, ✆ 26880, 📠 26884, www.grandronneby.se.

STF Vandrarhem Ronneby, Jan. bis Mitte Dez. In einer alten Holzvilla am Rand des Kurparks gelegene, stilvolle Herberge. 220 SEK. Övre Brunnsvägen 54, ✆/📠 26300.

• *Camping* **Ronneby Havscamping, Bökenäs**, Mai bis Aug. Kleinere Ferienanlage bei Listerby an der Schärenküste des Kuggebodafjärden, Surfmöglichkeiten. Fahrrad- und Kanu-/Bootsverleih. Hütten Vor-/Hauptsaison ab 400/500 SEK/4 Pers., kleine Wohnungen ab 790 SEK/4 Pers. Ronneby, ✆/📠 30150, www.ronnebyhavscamping.se.

Essen & Trinken

Ronneby Café & Matsal, Mo–Do 10–22, Fr–Sa 10–1 Uhr, leckeres Essen in einer alten Kirche. Prinsgatan 17, ✆ 17200.

Bergslagskrogen, das ziegelsteinerne Lagerhaus eines Emaillierwerkes ist inzwischen Kulturzentrum mit Ausstellungen und gemütlichem Lokal; guter Stützpunkt beim Bummel durch das Viertel Bergslagen. Mo–Fr 11.30–14.30 Uhr, Ronneby, ✆ 15150.

Wasser ist in Karlskrona das wesentliche Element

Karlskrona (32.500 Einw.)

In Karlskrona, der Hauptstadt von Blekinge, ist die schwedische Großmachtzeit besonders lebendig geblieben. Auf dem riesigen Stortorget wurde dem Stadtgründer Karl XI. ein Denkmal gesetzt. Der König hatte 1660 das im Dreißigjährigen Krieg aufgestiegene Reich übernommen und konsolidiert. Neben dem heutigen Finnland und den gerade erst Dänemark abgerungenen südschwedischen Provinzen besaß es beträchtliche Gebiete in Pommern und Nordwestdeutschland. 1680 ließ Karl auf den geschützt liegenden Inseln des südöstlichen Schärengartens eine Militärstadt anlegen, die in ihrem Kern bis heute erhalten ist. Nach der damaligen Ausdehnung des Königreiches lag die Neugründung ausgesprochen zentral und sollte den Ostseeraum weitgehend kontrollieren. Auch wenn Schwedens Machtfülle schon im frühen 18. Jh. wieder zu schrumpfen begann und das Land in den Napoleonischen Kriegen ein Jahrhundert später seine gesamten Ostgebiete verlor, blieb die Marinebasis weiterhin wichtig, nun eher als Grenzbastion. Der Flottenstützpunkt Karlskrona wurde im 20. Jh. vor allem berühmt-berüchtigt für seine wirklichen oder vermeintlichen „Feindkontakte“ mit sowjetischen U-Booten, die mehrfach im Schärengarten gesichtet worden waren. Das Ende des Kalten Krieges änderte auch Karlskronas Bedeutung, und so mutierten einst streng vor der Öffentlichkeit verborgene Militärgebiete 1998 zum von der UNESCO geadelten Weltkulturerbe. Abgebaute Arbeitsplätze im Militärbereich sollen nun durch Stellen in anderen technischen Bereichen ausgeglichen werden, darunter dem Hoffnungsträger Informations- und Kommunikationstechnik. Außerdem sollen die guten Verbindungen ins Baltikum zivil, d. h. für den Handel, genutzt werden.

Die wunderschön auf mehreren Schäreninseln gelegene Innenstadt mit den 300 Jahre alten Militäranlagen erschließt sich am besten auf einem ausgedehnten Spaziergang.

Stadtspaziergang

Vor dem Hauptbahnhof stimmt der weite Platz Kungsplan mit dem angrenzenden Hogalands Park schon auf die Dimensionen der Stadt ein. Die Norra Kungsgatan führt entlang dieser Grünanlage zur City mit dem **Stortorget,** an dem die barocke Fredrikskyrkan aus der Gründungszeit erhalten geblieben ist. Das **Rathaus** wurde 1790 nach einem großen Brand errichtet, der auch die angrenzende **Trefaldighetskyrka** stark zerstörte. Die Kirche wurde dann nicht im ursprünglichen Barockstil wiederaufgebaut, sondern teils in schlichterer Neoklassik, was ihre pantheonähnliche Erscheinung noch hervorhebt. Die breite Kyrkogatan führt nach links Richtung Stummholmen hinunter, vorbei an dem langen Kasernengebäude Sparre. Jenseits der Brücke liegt das **Marinmuseum** mit seiner großen Freifläche, dem alten Barkassenschuppen und dem Museumshafen. Ein moderner Neubau beherbergt eine Sammlung von Schiffsmodellen und Ausrüstungsgegenständen, die bereits 1752 begründet wurde (✆ 359300, Juni bis Aug. tägl. 10–18 Uhr, Mai/Sept. bis 16 Uhr, übrige Zeit Di–So 10–16 Uhr, Mai bis Sept. 85 SEK, sonst Eintritt frei). Auf dem Rundgang über Stummholmen passiert man an einer hübschen Badebucht ein Lazarett, ein Gefängnis, Magazine und die Båtsmanskaserne von 1847.

Zurück zur Kyrkogatan und dann links erreicht man **Kungsbron,** früher der meerwärtige Haupteingang in die Stadt. Dort hat man eine großartige Aussicht. Die angrenzende Bastion Aurora, Teil der alten Befestigungsanlagen und heute unregelmäßig für Kulturveranstaltungen geöffnet, markiert die Grenze zwischen ziviler und militärischer Bebauung. Landwärts hinter der Bastion führt eine Stichstraße zur **Admiralitetskyrkan Ulrica Pia,** einer großen Holzkirche von 1685, die eigentlich später einer Steinkirche weichen sollte, doch dieses Provisorium erwies sich als heute zum originellen Campinggelände umfunktioniert, auf dem noch der Ruinenhügel der alten Kirche liegt. Kristianopel wurde mit der endgültigen Eroberung Blekinges durch den Schwedenkönig Karl X. Gustav 1658 als Grenzfestung überflüssig und zwei Jahrzehnte später geschleift.

Sehenswert ist außerdem die weiß getünchte **Dorfkirche** von 1624 mit ihrem dänisch inspirierten Treppengiebel. Am Hafen liegt um das hellblaue Holzhäuschen Hemslöid der schöne **Garten** von Marianne Vikström mit unzähligen Rosenarten.

Auf einen Blick

Vorwahl Kristianopel: 0455

Verbindungen **Bus**: Von Karlskrona mit Linie 120/121, Mo–Fr 1-mal tägl.

Parken: am Hafen.

Camping **Kristianopels Camping**, ✆ 366 130, Mai bis Sept. Auf dem Gelände der alten Festung gelegen, zwischen Hafen und Strand. Wer es abends ruhiger möchte, entfernt sich weiter vom Pålsgården, was auf dem großen Gelände kein Problem ist. Hütten/4 Pers. ab 400 SEK, JH 180 SEK. www.kristianopel.nu.

Essen & Trinken **Värdshuset Pålsgården**, ✆ 366130, Mitte Juni bis Mitte Aug. tägl. 12–1 Uhr. Ausflugslokal zwischen Gästehafen und Campingplatz, oft Livemusik bis 24 Uhr, hat im Sommer großen Zulauf.

Café Sött och Salt, ✆ 366014, Mittsommer bis Aug. tägl. 9–20 Uhr, bis Mitte Sept. Sa/So 10–17 Uhr. Kuchen, Pies, Sandwiches, Lachs in verschiedenen Zubereitungsarten, dazu ein unverstellter Blick über den Hafen.

Kristianopels Gästgiveri, ✆ 366030, ℻ 366007, Ostern bis Mai und Sept. Sa/So 12–19 Uhr, Juni bis Aug. tägl. 12–21 Uhr. Schönes, historisches Gasthaus aus dem 18. Jh. Auch DZ ab 600 SEK. www.kristianopelsgastgiveri.se.

Kalmar (35.000 Einw.)

Der Name Kalmar klingt nach vergangener Größe; der Ort wurde bekannt durch die 1397 hier geschlossene Union der drei nordischen Länder Schweden, Dänemark und Norwegen. Dass dieser Schachzug der dänischen Regentin Margarethe nur ein vorübergehendes Atemholen in der Machtkonkurrenz der skandinavischen Nachbarstaaten war, beweist die Befestigungsanlage, auf der sich heute das **Kalmar Slott** erhebt. Die mächtigen Grundmauern und Wehrtürme gehen auf das 12. Jh. zurück, die Region Blekinge blieb jahrhundertelang umkämpftes Grenzland. Kalmars mittelalterlicher Stadtkern unterhalb der Burg wurde im Krieg von 1611–13 weitgehend zerstört und die Siedlung daraufhin auf die leichter zu verteidigende Insel Kvarnholmen verlegt. Als die Region im Frieden von Roskilde 1658 endgültig schwedisch wurde, brachen auch für die Kalmarer ruhigere Zeiten an.

Sehenswertes in Kalmar

Das **Schloss,** das wie ins Meer hinausgebaut erscheint, stellt auch heute noch das Wahrzeichen der Stadt und die meistbesuchte Sehenswürdigkeit dar. Die alte Festung erhielt ihr heutiges Aussehen, als sie im 16. Jh. unter den Vasa-Herrschern zum Renaissanceschloss umgebaut wurde. Ein Teil der Räume enthält noch die ursprüngliche Einrichtung, ein anderer Teil beherbergt heute Ausstellungen zur Stadtgeschichte.
✆ 451490, Juli bis Mitte Aug. tägl. 10–18 Uhr, 2. Hälfte Aug. bis 17 Uhr, Mai, Juni und Sept. tägl. 10–16 Uhr, April Sa/So 11–15.30 Uhr, übrige Zeit nur jedes zweite Wochenende, 80 SEK, Juli bis Sept. 85 SEK.

Eine klassisch-englische Parkanlage grenzt an das Schloss und verbindet es mit der Stadt.

Ein Teil der Grünanlagen wird im Sommer zur mittelalterlichen Siedlung **Salvestaden** umgestaltet, in der sich dann mehr oder weniger authentisches historisches Alltagsleben abspielt (Juli bis Mitte Aug. tägl. 10–17 Uhr, 2010 war man noch nicht sicher, ob diese Veranstaltung fortgesetzt wird). Jenseits des Slottsvägen liegen die wenigen wirklich erhaltenen Gassen des ältesten Bezirkes Gamla Stan, und an der Kungsgatan/Store Dammgatan versteckt sich hinter hohen Holzzäunen das herrschaftliche Anwesen **Krusenstiernska Gården** aus dem 18. Jh., im Sommer ein schönes Ziel für eine ruhige Kaffeepause.

Garten: Mai/Sept. Mo–Fr 11–17 Uhr, Juni bis 18 Uhr, Mai und Juni auch Sa/So 12–17 Uhr, Juli/Aug. Mo–Fr 11–18 Uhr, Juli So und Aug. Sa 12–17 Uhr. Café: wie Garten, nur im Sept. 1 Std. kürzer. Museum: Juni bis Aug. Mo–Fr wie Garten, 25 SEK, Führungen Mo–Fr 13, 14 und 15 Uhr.

Kalmar Konstmuseum liegt zwischen Gamla Stan und Stadsparken, allein das Gebäude ist einen Besuch wert. Schwedische Kunst des 19. und 20. Jh. steht im Mittelpunkt, ein Archiv befasst sich mit der Entwicklung des schwedischen Designs.

✆ 426282, Di–So 11–17, Mi bis 19 Uhr, 50 SEK.

Vasa-Schloss, Wahrzeichen Kalmars

Um den Slottsfjärden und den Kopfbahnhof erreicht man Ölandskajen mit dem **Yachthafen;** modernere Bauten begrenzen ihn, die einstige Industriebrache hat sich zur beliebten Flaniermeile gemausert. Jenseits beginnt auf **Kvarnholmen** Kalmars City. Schachbrettartig erstrecken sich die Straßenzüge um den Stortorget, der von den barocken Prunkbauten der Domkirche und des Rathauses dominiert wird. Richtung Lilla torget sind etliche Häuser aus dem 17. Jh. erhalten geblieben, ebenso wie das Stadttor zur Skeppsbrogatan und Teile der alten Befestigungsanlagen.

Seewärts auf Kvarnholmen liegt das **Museumsviertel Kattrumpan:** In einer alten Bürgervilla ist die Sammlung des **Sjöfartsmuseum** untergebracht, unzählige Artefakte aus der Geschichte der Seefahrt, darunter Schiffsmodelle, Buddelschiffe und auf alten „Ölschinken" verewigte Schiffe. Außerdem scheint alles, was an Bord nicht niet- und nagelfest war, hier gelandet zu sein: eine echte Fundgrube.

Södra Långgatan 81, ✆ 15875, Mitte Juni bis Mitte Sept. tägl. 11–16 Uhr, übrige Zeit nur So 12–16 Uhr.

Die alten Holzhäuser der Hafenarbeiter und Seeleute, inzwischen originalgetreu renoviert, geben den umliegenden Gassen ein malerisches Gepräge.

Das **Kalmar Länsmuseet,** gleich um die Ecke gelegen, befasst sich u. a. ebenfalls mit einem maritimen Thema, dem 1676 in einer Seeschlacht vor Öland gesunkenen Kriegsschiff Kronan, mit gut 50 m Länge dem größten der schwedischen Marine.

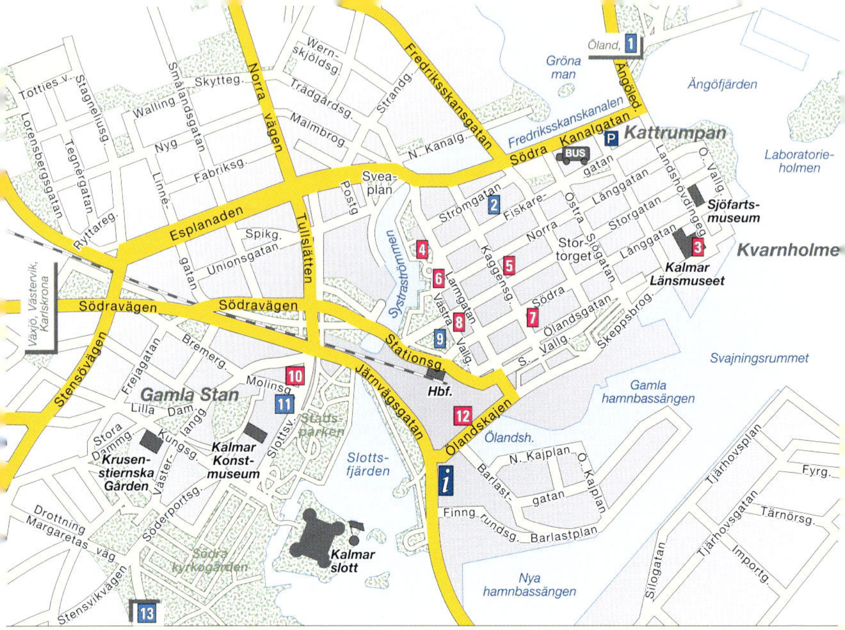

Übernachten
1 Vandrarhem Svanen & Kalmar Lågprishotell
2 Kalmarsund Hotel
9 Frimurare Hotellet
11 Slottshotellet Romantik Hotel
13 Stensö Camping

Essen & Trinken
3 Sahlins Kafé
4 Teatervallen
5 Kullzenska Caféet
6 Krögers Pub+Restaurant
7 Källaren Kronan
8 Jimmys Pub
9 Helen & Jörgens Restaurant
10 Restaurang Byttan
12 Zegel

Seit das Wrack 1980 geortet werden konnte, hat man zahlreiche Stücke geborgen und stellt sie nun hier aus, ergänzt durch Modelle und einen informativen Film über die historischen Hintergründe.
Skeppsbrogatan 51, ✆ 451300, Mo–Fr 10–16, Sa/So 11–16 Uhr.

Abstecher nach Norden

Ein lohnender Tagesausflug nach Norden führt bis **Mönsterås.** Nördlich von Rockneby sollte man die E 22 Richtung Küste verlassen und auf Nebenstraßen den alten Handelsplatz **Pataholm** ansteuern. Rings um den kopfsteingepflasterten Markt liegt eine Handvoll pittoresker Holzhäuser, darunter die Handelshöfe, in denen heute das Heimatmuseum untergebracht ist (Hullgrenska Gården/Harberska Gården, Mittsommer bis Mitte Aug. Sa/So 14–17 Uhr, Sommercafé Förlig Wind ✆ 070-4323286). Am schilfbewachsenen Ufer des Bootshafens legten im 17. Jh. Fischer- und Handelsschiffe an und wurden Boote gebaut. Heute ist der winzige Ort eine malerische Idylle.

Nördlich von Pataholm empfiehlt es sich, bei Strömsrum nach rechts Richtung **Timmernabben** abzubiegen. Vorbei an einem herrlich gelegenen Gutshof führt die schmale Straße zwischen bemoosten Felssteinmauern und auf einer romantischen Eichenallee zu dem beschaulichen Küstenort. Der lange Badestrand, ein ufernaher Campingplatz, Gästehafen, Töpferwerkstatt und Strandcafé Kvarnen sind auf Sommergäste eingestellt. Über die Bucht blickt man zur Halbinsel Lövö hinüber, dem nächsten lohnenden Ziel des Ausflugs, erreichbar über **Mönsterås.** Das Städtchen ist nur mäßig interessant, und so kann man gleich Richtung Lövö und Oknö abbiegen. Durch Wald und Kulturland erreicht man das **Naturreservat Lövö,** wo beschilderte Spazierwege bis zur Landspitze hinausführen. Zurück am Nynäsvägen kann man noch einen Abstecher zur nördlichen **Halbinsel Oknö** unternehmen. Vorbei an Nynäs Sommerservering führt die Straße an herrlichen Bade- und Picknickplätzen entlang und erreicht ein kleines Feriengebiet mit Campingplatz, idyllisch im Kiefernwald gelegen.

Auf einen Blick

Vorwahl Kalmar: 0480

• *Information* **Kalmar Turistbyrå**, Ölandskajen 9, 39120 Kalmar, ✆ 417700, 📠 417720, www.kalmar.com, Mittsommer bis Mitte Aug. Mo–Fr 9–21, Sa/So 10–17 Uhr, Juni und 2. Hälfte Aug. Mo–Fr 9–19, Sa/So 10–16 Uhr, übrige Zeit Mo–Fr 10–17 Uhr, Mai/Sept. auch Sa 10–13 Uhr.

• *Verbindungen* **Bus**: nach Öland, s. dort. Linie 160/161 nach Västervik, Linie 500 und Expressbus 834 u. a über Karlskrona nach Malmö. **Zug**: mehrmals tägl. nach Jönköping, Växjö, Karlskrona, Malmö, Göteborg und Stockholm. **Flugzeug**: Verbindungen mit Stockholm.

Parken: Zentrale Parkplätze nahe der TI (begrenzt) und an der Södra Kanalgatan, beim Busbahnhof (Ausschilderung Länsmuseum folgen), alle kostenpflichtig.

• *Adressen* **Ärztliche Hilfe**: Länssjukhus, Ståthållargatan, ✆ 81000, dort auch **Apotheke**, Mo–Fr 8.30–20, Sa 9–18, So 11–16 Uhr. **Polizeirevier**: Galggatan 4 , ✆ 11414.

Übernachten/Camping

Slottshotellet Romantik Hotel (11) hält, was der Name verspricht, sowohl was die Lage angeht, direkt am Park mit Blick auf Schloss und Meer, als auch bezüglich der Räume; alles ist gemütlich-altmodisch gehalten. DZ ab 1390 SEK. Slottsvägen 7, ✆ 88260, 📠 88266, www.slottshotellet.se.

Kalmarsund Hotel (2), gehobenes, stilvolles Hotel in Kvarnholmen (jetzt Best Western), von der Dachterrasse ist die Aussicht fantastisch. DZ ab 1200 SEK. Fiskaregatan 5, ✆ 480380, 📠 411337, www.kalmarsundhotel.se.

Frimurare Hotellet (9), zentral gelegenes, kleineres Stadthotel in schönem Altbau. DZ ab 1095 SEK. Larmtorget 2, ✆ 15230, 📠 85887, www.frimurarehotellet.gs2.com.

Kalmar Lågprishotell & Vandrarhem Svanen (1), ganzjährig. Große, ordentlich-schlichte Unterkunft, mit Sauna, 1 km nördlich vom Zentrum auf Ängö. Ab 195 SEK/Pers., DZ im Vandrarhem ab 470 SEK, im Hotel ab 780 SEK. Rappegatan 1, ✆ 12928/25560, www.hotellsvanen.se.

• *Camping* **Stensö Camping (13)**, April bis Sept. 2 km südlich der Innenstadt auf Kalmars „Badeinsel" gelegen, schöner Spazierweg durch den Schlosspark zur City, verschiedene Strände in Reichweite, Kanu- und Fahrradverleih. Hütten/4 Pers. 450–550 SEK. Stensövägen, ✆ 88803, www.stensocamping.se.

Essen & Trinken

Kalmar verfügt über ein breites und interessantes gastronomisches Angebot, allerdings hält sich nicht jeder „Neueinsteiger" während der winterlichen „Durststrecke" auf dem Markt.

Källaren Kronan (7), stilvoller Keller-Krog in den restaurierten Katakomben des Sahlstenska Huset, einem der ältesten Häuser auf Kvarnholmen, schwedische und internationale Küche. Di–Fr 18–23, Sa 12–23, So 10–17 Uhr. Ölandsgatan 7, ✆ 411400.

Zegel (12), kühl-modernes Ambiente, ambitionierte Küche. Mo–Fr 10–15 Uhr, im Sommer 14–20 und Sa/So 10–17 Uhr. Gästhamnen (neben TI), ✆ 497683.

Helen & Jörgens Restaurant (9), serviert ausgezeichnete, französisch inspirierte

Blekinge und Småland
Karten S. 242/243 und S. 284/285

Gerichte. Olof Palmes gata (gleiches Haus wie Frimurare Hotellet), Mo–Fr 11.30–14 und 18–22, Sa 17–23 Uhr.

Krögers Pub & Restaurant (6), Lärmtorget 7, gediegene, alteingesessene Esskneipe. Tägl. 16–2 Uhr, ✆ 26550.

Restaurang Byttan (10), Slottsvägen 1, ✆ 16360, Mo–Fr 11.30–14, Sa/So 12–15, Fr/Sa 18–22 Uhr. Am Stadtpark gelegenes, großes Lokal, gut zum Draußensitzen.

Kullzenska Caféet (5), Konditorei in der Fußgängerzone, nicht nur wegen ihrer Kuchenauswahl beliebt, sondern auch wegen der nostalgisch-plüschigen Kaffeestuben-Atmosphäre. Mo–Fr 10–18.30, Sa 10–16, So 12–16.30 Uhr. Kaggensgatan 26, ✆ 28882.

Sahlins Kafé (3), geöffnet wie das Museum. Kaffee und Kuchen in musealem Ambiente. Kalmar Läns Museum, Skeppsbrogatan 51, ✆ 451360.

Jimmys Pub (8), beliebter Irish Pub zwischen Bahnhof und Altstadt. Di–Sa bis 2 Uhr. Larmgatan 6, ✆ 411344.

Teatervallen (4), Disco auf den Wallanlagen, häufig Live-Auftritte. Tägl. 22–2 Uhr. Olof Palmes gatan, ✆ 23337.

Aktivitäten

Badeplätze auf Stensö, bei Timmernabben und auf Oknö.

Einen **Boots-/Kanuverleih** gibt es bei Stensö Camping.

Öland

Die fast 140 km lange, schmale Insel vor Schwedens Südostküste hat alles, was ein Ferienparadies braucht: viel Sonne, wenig Regen, lange Strände, malerische Dörfer zwischen Wiesen, Wald- und Heideland, alte Windmühlen, prähistorische Stätten und eine reiche Vogelwelt. Kein Wunder also, dass Öland ein Besuchermagnet ist und der Tourismus die wichtigste Einnahmequelle darstellt. Die über 6 km lange Ölandsbron verbindet Kalmar mit der Insel. Jenseits liegt das riesige Infocenter Träffpunkt Öland, an dem wohl jeder Erstbesucher anhalten wird, bevor er sich entscheidet, in welche Himmelsrichtung es gehen soll.

In den Süden von Öland

Südlich der Ortschaft **Färjestaden** wird das Inselinnere von der Karstlandschaft Stora Alvaret beherrscht. Der hier zutage tretende Kalkstein ist, wenn überhaupt, von einer äußerst dünnen Bodenschicht bedeckt und bietet nur genügsamen Pflanzen einen Lebensraum. Für Landwirtschaft war dieses Gebiet von 40 km Länge und bis zu 10 km Breite immer ungeeignet, höchstens ein paar Schafe beweideten es. Nach Westen fällt das Kalkplateau einige Dutzend Meter zur fruchtbareren Küstenebene ab. Bauerndörfer finden sich hier, daneben zahlreiche Zeugnisse früherer Besiedlungen. Entlang der Küsten, besonders aber um die Südspitze herum bevölkern unzählige Zugvögel die Wiesen, Schilfsäume und Uferzonen. Für Ornithologen ist Öland im Frühjahr und Spätsommer einer der wichtigsten Beobachtungsplätze Skandinaviens.

Bei Eriksöre liegt nahe der Küste der bedeutende Runenstein **Karlevistenen** aus dem 10. Jh. Seine Inschrift weist ihn als Gedenkstein für einen dänischen Häuptling namens Sibbe, Foldas Sohn, aus. Der Text ist im Stil der Skaldendichtung gehalten, verschnörkelt-verschlüsselt und kunstvoll.

2 km weiter südlich liegt das **Naturreservat Beijershamn,** zu Fuß entlang der Küste auf dem Mörbylångaleden (am Runenstein vorbei, dann links, rote Pfeile), per Rad oder Auto auf einem Umweg über Store Frö zu erreichen. Vor 150 Jahren wurde

Die Ölandsbron verbindet die Insel mit dem Festland

hier eine Hafenmole 2 km weit in den Kalmarssund hinausgebaut, die sich jedoch bald als „in den Sand gesetzt" erwies: Schlick und Sand lagerten sich am Pier ab und schufen ein ideales Biotop für Wasservögel, die man auf Spazierwegen auf der Mole, durch Schilfgraswiesen und Küstenwald beobachten kann. Über 250 Vogelarten sind hier gezählt worden, ziemlich sicher bekommt man Kiebitz, Bekassine, Brandente und Graugans zu sehen.

Lilla Frö ist eines der typischen alten Reihendörfer Ölands. An der Straße steht Hof an Hof, durch die Einfahrtstore sieht man in die umbauten Innenhöfe, die oft mit Kalksteinplatten gepflastert sind.

Radtour von Resmo durch die Stora Alvaret

Für die Entdeckung der Insel empfiehlt sich folgende Radtour (Länge 35 km): **Resmo** ist mit seiner gut erhaltenen, mittelalterlichen Kirche und dem alten Pfarrhof ein sehenswertes Örtchen. Auf der Hauptstraße geht es zum südlichen Dorfrand und dort nach links Richtung Stenåsa in die **Stora Alvaret** hinein. Ebenmäßig aufgeschichtete Kalksteinmauern begleiten die Strecke, Überbleibsel der Weidewirtschaft. Im Frühsommer sind die weiten, wasserarmen Karstgebiete mit bunten Wiesenblumen übersät, darunter zahlreiche Orchideenarten. Schon von weitem fällt ein Rastplatz auf der linken Straßenseite auf, der einen Stopp lohnt. Nicht weit entfernt erstreckt sich der seichte See **Möckelmossen,** eine der wenigen Wasserflächen auf der ansonsten wasserdurchlässigen Steppe. Seine Grenzen ändern sich je nach Niederschlagsmenge, und seine Uferzonen gehen in feuchtes Sumpfland über. Haubentaucher und Goldregenpfeifer nisten in diesem Gebiet, auch Möwen zeigen sich über der Wasserfläche.

Weiter Richtung Osten geht die Kalksteinsteppe allmählich in Wald- und Weideland über, und bei Stenåsa erreicht man die Ostküstenstraße, auf der es nach rechts Richtung Süden geht. Einzelne Höfe und kleine Straßendörfer reihen sich bis **Alby**

Die typisch öländischen Bockwindmühlen werden nach dem Wind ausgerichtet

aneinander, wo eine Fahrstraße wieder nach Westen zurückführt. Mit dem Rad geht es aber noch ein Stück weiter geradeaus, vorbei an Windmühlen und durch das Dörfchen Hulterstad. Bei **Skärlöv** übersieht man leicht den Abzweig Richtung Küste zum idyllischen kleinen **Fiskehamn:** Nach dem Ortseingangsschild folgt links eine Mühle, dann ein erstes Gehöft mit weiß getünchten Mauern, vor dem der Schotterweg links abzweigt. Eine gute Möglichkeit für eine Pause.

Kurz hinter Skärlöv führt ein Abzweig mit der Beschilderung **„Ölandsleden"** und dem Fahrradsymbol nach rechts, passiert noch ein paar Häuser, quert ein meist trockenes Bachbett und führt zu dem ehemaligen Bahnhofsgebäude der 1910 gebauten Strecke über Stora Alvaret. Hier führt der Fernwander- und Radweg **Mörbylångaleden** (rostrote Markierung) wieder in die Kalksteinsteppe hinein. Der alte Damm der in den 1960er Jahren eingestellten Bahnlinie bildet nun die Route, die kaum merklich ansteigt. Bald hat man eine weite Rundsicht über die Ebene. Das Feuchtgebiet Lillmossen wird passiert, dann zeigen sich die ersten Busch- und Baumgruppen. Bei **Penåsa Ödeby,** nahe eines schmalen Wasserlaufs, lagen einst Hofstellen, heute trifft man hier auf einen Rastplatz bei einer hübschen Lichtung und kurz darauf auf den Fahrweg, der nach **Kastlösa** führt. Vorbei am alten Schulhaus von 1922 und einer Gartenwirtschaft erreicht man dort die Hauptstraße. Richtung Norden wendet man sich nach rechts und fährt nun hoch oberhalb der Westküste. Bei Bårby weist ein Schild auf die prähistorische **Bårbyborg** hin, die gleich neben der Straße liegt. Flache Wälle im Grasland sind alles, was man zunächst von der Anlage sieht. Richtung Küste jedoch weist sie eine Besonderheit auf, denn dorthin begrenzt der Steilabfall der Kalksteinplateaus die Fluchtburg und macht sie von dieser Seite her schwer zugänglich. So wurde die ca. 500 n. Chr. genial errichtete Anlage auch im Mittelalter noch gegen Piratenüberfälle genutzt. Nur wenig weiter lohnt das Gräberfeld von Mysinge mit seinen bronzezeitlichen Grabhügeln und Ganggräbern einen letzten Halt, bevor bei Resmo die Runde geschlossen ist.

Zur Südspitze

Südlich von Kastlösa liegt bei **Gettlinge** eines der größten Grabfelder der Insel, von der Zeitenwende bis zur Wikingerzeit in Gebrauch, 2 km lang und mit mehr als 200 Gräbern. Im nördlichen Teil sind eindrucksvolle Schiffssetzungen zu bewundern.

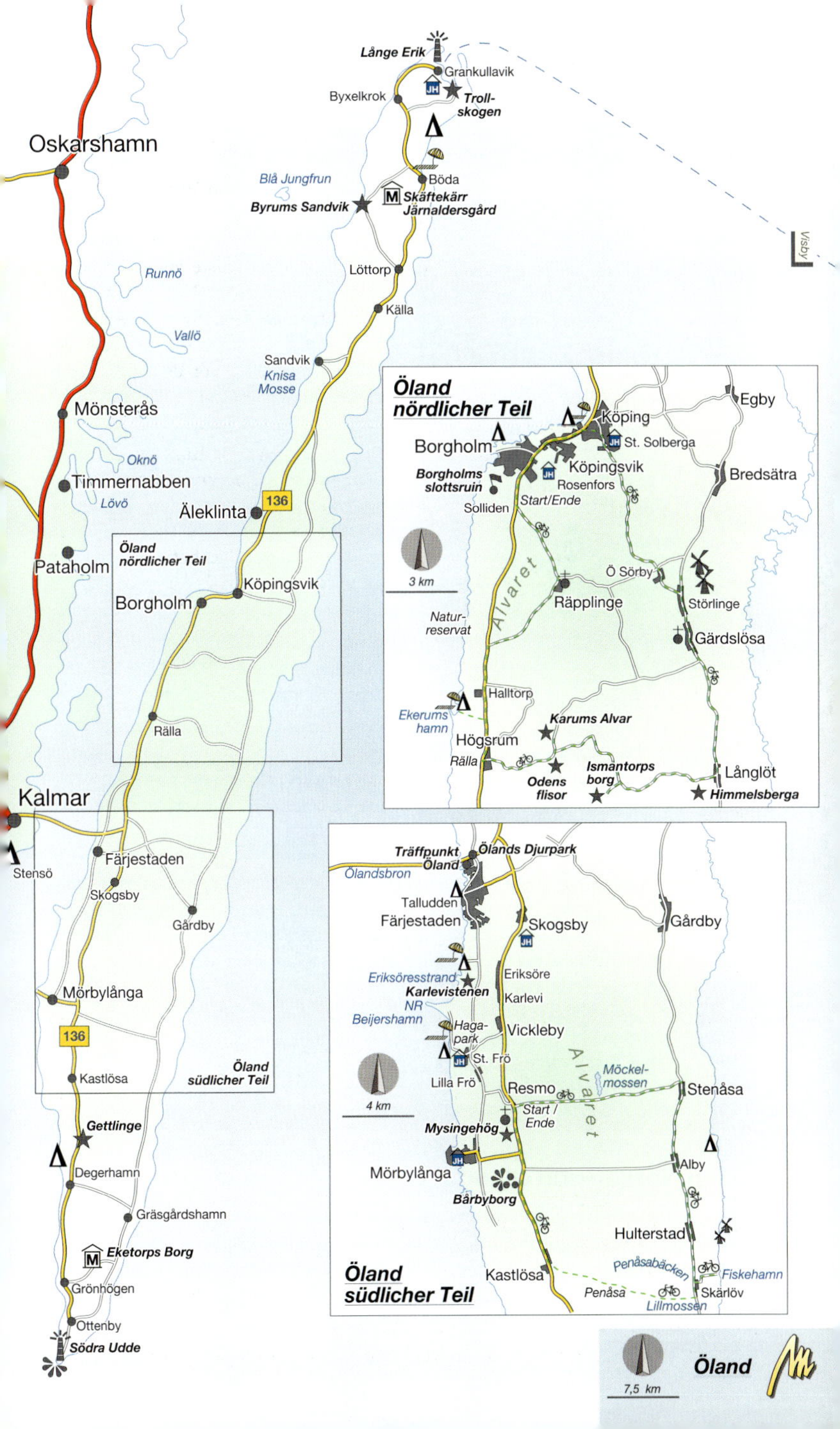

Långe Erik
Grankullavik
Byxelkrok
Troll-skogen
Oskarshamn
Blå Jungfrun
Böda
Byrums Sandvik
Skäftekärr Järnaldersgård
Visby
Runnö
Löttorp
Källa
Vallö
Sandvik
Knisa Mosse
Mönsterås
Oknö
Timmernabben
Lövö
136
Äleklinta
Pataholm
Öland nördlicher Teil
Köpingsvik
Borgholm
Rälla
Kalmar
Stensö
Färjestaden
Skogsby
Gårdby
Mörbylånga
136
Kastlösa
Öland südlicher Teil
Gettlinge
Degerhamn
Gräsgårdshamn
Eketorps Borg
Grönhögen
Ottenby
Södra Udde
Öland nördlicher Teil
Borgholm
Köping
Egby
St. Solberga
Borgholms slottsruin
Köpingsvik
Rosenfors
Bredsätra
Solliden
Start/Ende
3 km
Alvaret
Ö Sörby
Räpplinge
Störlinge
Natur-reservat
Gärdslösa
Halltorp
Ekerums hamn
Karums Alvar
Högsrum
Rälla
Ismantorps borg
Långlöt
Odens flisor
Himmelsberga
Träffpunkt Öland
Ölands Djurpark
Ölandsbron
Talludden
Färjestaden
Skogsby
Gårdby
Eriksöresstrand
Eriksöre
Karlevistenen
Karlevi
NR
Beijershamn
Haga-park
Vickleby
St. Frö
Alvaret
Möckel-mossen
4 km
Lilla Frö
Resmo
Stenåsa
Start / Ende
Mysingehög
Mörbylånga
Alby
Bårbyborg
Hulterstad
Penåsabäcken
Fiskehamn
Öland südlicher Teil
Kastlösa
Penåsa
Skärlöv
Lillmossen
7,5 km
Öland

Bei Grönhögen führt noch einmal ein Fahrweg zur Ostküste hinüber und wird von zahlreichen Ausflüglern frequentiert, denn an ihr liegt eines der Highlights der öländischen Vorgeschichte, **Eketorps Borg.** Die Fluchtburg aus der Völkerwanderungszeit (ca. 400 n. Chr.) wurde bis weit ins Mittelalter mehrmals erweitert, umgebaut und genutzt. So blieb sie größtenteils erhalten und wurde nach umfangreichen Grabungen so authentisch wie möglich wieder aufgebaut. Das beeindruckende Areal inmitten der hohen, grauen Trockensteinmauern ist ganzjährig zugänglich, doch die rekonstruierten Gebäude sind nur im Sommer geöffnet, wenn darin gelebt und gearbeitet wird wie in alten Zeiten.

✆ 0485-662000, Ende Juni bis Mitte Aug. tägl. 10–18 Uhr, 100 SEK, ab Mai und bis Anfang Sept. tägl. 11–17 Uhr, 75 SEK.

Vogelzugdenkmal am Ottenby Naturum an der Südspitze Ölands

Ein Stück weiter nördlich zweigt bei Gammalsby eine kurze Stichstraße zur Ostküste ab und endet bei **Gräsgårds Hamn,** einem malerischen, aber nicht musealen Hafen, denn die Fischerboote, die hier dümpeln, sind noch in Betrieb.

Bei Ottenby geht ein Stichweg zum Leuchtturm Långe Jan an der Südspitze **Södra Udde** ab. Schon auf dem Weg dorthin beginnen bei Kyrkhamn die aussichtsreichen Beobachtungsplätze für den Vogelzug. So hat sich hier denn auch eine ornithologische Station niedergelassen, die im angeschlossenen Fanggarten Vögel beringt. Das **Ottenby Naturum** neben dem Leuchtturm informiert Besucher über den Vogelzug, der alljährlich Zehntausende von Vögeln nach Öland bringt. Davor steht eine bronzene Wildgans mit zwei kleinen Holzschuhen neben sich, die garantiert Nils Holgersson gehören. Die Aussicht vom Långe Jan (gleiche Zeiten wie Naturum) kostet zwar 30 SEK, ist aber absolut lohnend.

Naturum: April Di–So 11–16 Uhr, Mai/Juni und Mitte Aug. bis Anfang Sept. tägl. bis 17 Uhr, Juli bis Mitte Aug. tägl. 10–18 Uhr, Anfang Sept. bis Ende Okt. Mi–So 11–16 Uhr, Eintritt frei.

In den Norden von Öland

Nördlich der Sundbrücke bedecken landeinwärts große Laubwaldgebiete das Inselinnere, unterbrochen von Äckern und Wiesen und kurz vor Borgholm begrenzt von einem Karstgebiet. Nördlich von Ölands Hauptort tritt immer wieder Kalk- und Sandstein zutage, werden die Küsten nach Westen sandiger, nach Osten felsiger und stark zergliedert. Erst an der Bödabukten prägt wieder Wald das nördlichste Inselende.

Rundfahrt zwischen Sundbrücke und Borgholm

Die Inselmitte mit ihrer abwechslungsreichen Landschaft und etlichen Kulturdenkmälern ist ein ideales Terrain für **Radtouren.** Folgende Tour führt zu einigen der interessantesten Punkte dieser Gegend (Länge 50 km):

Von der Jugendherberge **Rosenfors,** am Ortsrand von Borgholm gelegen, geht es ein kurzes Stück entlang der Hauptstraße Richtung Süden (Radweg), vorbei am **Naturreservat Borgholms Slottsruin,** das zum Besichtigungsprogramm des Städtchens fest dazugehört (s. u.). Weithin sichtbar erhebt sich diese mächtige Ruine. An der nächsten Gabelung halb links geht es Richtung Räpplinge in das Karstgebiet **Alvaret** hinein. Die offene, baumlose Kalksteppe ist zwar wesentlich kleiner als ihr „großer Bruder" weiter südlich, aber dennoch ist ihr typischer Landschaftscharakter deutlich vom benachbarten Wald- und Wiesenland zu unterscheiden. In **Räpplinge** geht es vorbei an der Dorfkirche, deren Kirchhof von typisch öländischen Kalksteinmauern umgrenzt ist, wieder halb rechts Richtung Hauptstraße (Beschilderung: Färjestaden). Auf dieser fährt man noch ein kurzes Stück nach Süden, dann rechts ab zur Küste bei Ekerum (Camping) und dem **Naturreservat Halltorps Hage.** Das schöne Laubwaldgebiet ist für seine uralten Eichen und den großen Bestand an Hainbuchen bekannt und von Spazierwegen durchzogen. Auf der Hauptstraße, zu der es auf demselben Weg zurück und dabei nun bergauf geht, wendet man sich nach rechts und kurz darauf bei Rälla wieder links Richtung Gärdslösa. Auf ruhigeren Nebenstraßen geht es ins Inselinnere, wo sich bald das eisenzeitliche Grab **Odens Flisor** neben der Route befindet: Flache, hohe Kalksteinplatten ragen in einer Hofwiese auf. An der sofort folgenden Gabelung nach links, Richtung Gärdslösa, erreicht man das **Gräberfeld Karums Alvar,** ein weitläufiges Gelände mit zahlreichen prähistorischen Gräbern, darunter der großen Schiffssetzung Noahs Ark. Zurück an der Gabelung geht es nun nach rechts durch schönes Wald- und Heidegebiet Richtung Långlöt, bis nach rechts die **Ismanstorp Borg** ausgeschildert ist. Ein ab dem Parkplatz holperiger Stichweg führt zu dieser idyllisch gelegenen Fluchtburg aus dem 5. Jh., die mit ihrem Ring aus dicken, bis zu 4 m hohen Trockenmauern, den Toren und den Grundmauern zahlreicher Gebäude recht beeindruckend wirkt.

In Richtung Långlöt lässt man nun den Wald allmählich hinter sich und trifft inmitten von Wiesen und Feldern auf das Freilichtmuseum **Himmelsberga,** bestehend aus drei typisch öländischen Gehöften aus dem 18. und 19. Jh., einem schönen Bauerngarten, Landhandel, Mühle, Kunstgalerie und Café (✆ 561022, Mitte Mai bis Aug. tägl. 10–17.30 Uhr, Sept. Sa/So 11–17 Uhr, 60 SEK). Gleich nach Himmelsberga trifft man bei Långlöt auf die Ostküstenstraße und wendet sich nach links. Kulturland breitet sich bis zur flachen Küste hin aus, Höfe und einzelne Windmühlen säumen die ruhige Straße bis Gärdslösa, wo eine gut erhaltene mittelalterliche Kirche zu einem Halt verlockt. Innen ist sie teils mit Kalkmalereien ausgeschmückt. Ein Stück weiter trifft man bei **Störlinge** auf eine Reihe der öländischen Bockwindmühlen, sieben an der Zahl. Direkt vor den Mühlen biegt man nach links wieder landeinwärts. Durch Äcker und Wiesen fährt man Richtung Köping, bald wieder durch einzelne Waldstücke und kleine Weiler. Bei **Solberga** hat sich ein Bauernhof auf Ausflügler eingerichtet, bietet seine Produkte zum Verkauf an, unterhält ein Vandrarhem (s. u.), Café und Restaurant (Mitte Juni bis Mitte Aug. tägl. 12–21 Uhr, dann bis Ende Sept. Sa/So 11–17 Uhr). Kurz darauf hält man sich an einer Gabelung links, erreicht die Hauptstraße nahe **Köpingsvik,** und nach links auf dem Radweg geht es, vorbei an zahlreichen Stichstraßen zu der weiten, beliebten und belebten Badebucht, zum Ausgangspunkt bei Borgholm zurück.

Von Borgholm zur Nordspitze

Das Städtchen **Borgholm** ist im Sommer eine trubelige Touristenhochburg, man flaniert entlang der Hafenmole, bummelt durch die kleine, rechteckig angelegte City mit ihren Geschäften und Lokalen oder macht einen Ausflug durch das Slottsruin Naturreservat nach Solliden, wo im Sommer die schwedische Königsfamilie residiert. **Borgholms Slott** ist eine beeindruckende Ruine, schön im Schlosspark am Sund gelegen. Restauriert wurden die Grundmauern eines mittelalterlichen Wehrturmes und eines großen Renaissanceschlosses, das im Krieg von Kalmar 1611–13 zerstört und nie vollständig wiederaufgebaut wurde, ein kleines Museum widmet sich der Geschichte (Mai bis Aug. tägl. 10–18 Uhr, April/Sept. tägl. 10–16 Uhr, ✆ 12333, 50 SEK). **Solliden,** das Sommerschloss der schwedischen Königsfamilie, liegt in der Nähe in einem herrlichem Park, der besichtigt werden kann (Mitte Mai bis Mitte Sept. tägl. 11–18 Uhr, 70 SEK). Das Schloss selbst ist nicht zugänglich.

Richtung Norden wechseln sich Karst- und Weideland ab, bei Alböke lohnt sich ein Umweg zur Küste und zu dem hübschen Fischerdörfchen **Äleklinta.** Man kann der Nebenstrecke bis **Knisa Mosse** folgen, einem küstennahen Sumpfgebiet um einen flachen See, der zahlreiche Zugvögel zum Rasten und Nisten anlockt Ein einstündiger Spazierweg erschließt das Gebiet. Bei Sandvik fällt die riesige Holländerwindmühle auf, in der heute ein Lokal residiert. In **Källa** ist die alte Wehrkirche aus dem 12. Jh. nicht zu übersehen, von der jedoch nur noch die Außenmauern erhalten sind. Bei **Byrums Sandvik** sind von der Brandung interessante Kalkfelsen aus dem Küstensaum modelliert, die sog. **Raukar.**

Zwischen Byrum und Böda liegt **Skäftekärr Järnaldersgård** im schönen Waldgebiet. Die eisenzeitliche Siedlung wurde zum Freilichtmuseum ausgebaut – Eketorps Gegenstück im Norden, nur leider nicht mehr belebt.

Durch Nadelwälder erreicht man die Badeorte Böda im Osten und Byxelkrok im Westen, bevor die Insel mit der **Grankullavik** endet. Zwei schmale Landzungen umschließen die Bucht nach Norden. Auf der westlichen erhebt sich der Leuchtturm Långe Erik, auf der östlichen sind im **Trollskogen** schöne, alte Kiefern zu entdecken, teils vom Wind merkwürdig verformt.

Ab Byxelkrok verkehrt im Sommer das Fährboot zur Insel **Blå Jungfrun,** die man auf markierten Wanderwegen erkunden kann. Die kleine Granitinsel erhebt sich fast 90 m hoch aus dem nördlichen Kalmarsund. Nachdem sie zuvor als Steinbruch genutzt wurde, steht sie seit 1925 unter Naturschutz und fasziniert durch ihre landschaftliche Vielfalt. Auf weniger als 1 km^2 finden sich Höhlen und schmale Kerben im rosafarbenen Granit, kahle Felshänge wechseln mit lauschigem Mischwald und blumenreichem Buschland ab, zahlreiche Vogelarten finden sich zur Brutsaison ein, und nahe der Südspitze ist ein prähistorisches Labyrinth zu sehen.

Abfahrt Fährboot Mittsommer bis Mitte Aug. Mo–Do 10 Uhr, Fr–So 9.45 Uhr, Rückfahrt ca. 16 Uhr. Reservierung notwendig! ✆ 8124005 (7.30–11 und 17–19 Uhr). Trinkwasser mitnehmen.

Auf einen Blick

Vorwahl Öland: 0485

• *Information* **Ölands Turist**, Träffpunkt Öland, Brofastet, 38621 Färjestaden, ✆ 5606-00, 560605, www.olandsturist.se.

Mo–Fr: Okt. bis April 9–17 Uhr, Mai/Juni bis 18 Uhr, Juli bis Mitte Aug. bis 19 Uhr, 2. Hälfte Aug. bis Sept. bis 17 Uhr.

Sa: Mai/Juni 9–17 Uhr, Sommer bis 18 Uhr, 2. Hälfte Aug. bis 16 Uhr, Sept. bis 15 Uhr.

So: Mai bis Aug. 9–15 Uhr, Juli bis 17 Uhr.

Mehr als ein Auskunftsschalter: Hier ist eine sehenswerte Ausstellung zur Geschichte Ölands angeschlossen und es gibt ein Café, um in Ruhe zu planen.

Dependance in **Borgholm** an der Busstation, Sandgatan 25, ✆ wie oben, Zeiten im Prinzip 1 Std. kürzer als im Träffpunkt, zudem 12–13 Uhr Mittagspause, So nur im Juli geöffnet.

• *Verbindungen* **Bus**: Von der TI Träffpunkt Öland direkt vor der Brücke auf dem Festland verkehrt von Mitte Juni bis Ende Aug. der Pendelbus 408 für Radfahrer (Cykel-bussen) über die Brücke nach Jutnabben, 20 SEK inkl. Fahrrad, ca. 1-mal stündl. Radfahren und Wandern über die 6 km lange Brücke ist in der Hauptreisezeit verboten, da zu gefährlich.

Ganzjährig verkehren die Busse 101–106 von Kalmar nach Öland und dort zu verschiedenen Zielorten, von Mörbylånga im Süden bis Byxelkrok im Norden (mehrmals tägl.). Im äußersten Süden verkehren im Sommer die Linien 112–115 (2- bis 3-mal tägl.).

Der Direktbus Silverlinjen verbindet Stockholm mit Nordöland (bis Böda), 1- bis 2-mal tägl., ✆ 0485-26111, www.silverlinjen.se.

Fähre: Von Byxelkrok auch Verbindung mit Ölandslinjen nach Oskarshamn, Mitte Juni bis Mitte Aug. 2-mal tägl., ✆ 0706-214260, www.olandsfarjan.se. Eine zweite Fähre fährt Fr–Mo von Grankullavik ganz im Norden nach Visby (Gotland) und zurück.

• *Adressen* **Banken** in Borgholm, Färjestaden und Mörbylånga, **Einkaufsmöglichkeiten** in den meisten Orten und bei den Campingplätzen, alles Übrige in Kalmar.

Radler in der Kalksteppe Karums Alvar

Blekinge und Småland
Karten S. 242/243 und S. 284/285

Übernachten/Camping

Im Süden **Hotell & Restaurang Skansen**, schön und zentral gelegenes Traditionshotel. Im Restaurant gute schwedische Küche, inkl. öländischer Spezialitäten. DZ ab 1150 SEK. Skansenparken, Färjestaden, ✆ 30530, 34804, www.hotelskansen.com.

Bo Pensionat, 8 km südlich von Färjestaden, großes Pensionat auf schönem Gartengrundstück, gut ausgestattete Zimmer. DZ 1280 SEK. Vickleby, ✆ 36001, www.bopensionat.se.

Eksgården, 15 km östlich von Färjestaden, malerisches altes Hofgelände aus dem 18. Jh., geschmackvoll renoviert. Das angeschlossene Värdshus gehört zu den besten auf Öland. DZ ab 735 SEK. Gårdby, ✆ 33001, www.eksgarden.nu.

Gammalsbygårdens Gästgiveri, 4 km nördlich von Eketorp nahe der Ostküste gelegene Pension mit persönlichem Stil (April bis Mitte Okt.). Schöner Garten, geschmackvolle Zimmer, urig-gemütliches Restaurant im alten Stallgebäude (Di–So 12–15 und ab 19 Uhr, abends mit Vorbestellung). Ab 800 SEK. ✆ 663051, www.gammalsbygarden.se.

Mörby Vandrarhem & Lågprishotell, Mai bis Aug. Große Herberge mit schlichten, ordentlichen Zimmern. DZ 500 SEK, im Hoteltrakt ab 700 SEK inkl. Frühstück, beheizter Pool. Bruksgatan 6, Mörbylånga, ✆ 49393, www.morbyhotell.se.

Strandnära Sandbergens Vandarhem, ganzjährig. Freundliche Herberge in älterem Holzhaus, schöne Sonnenterrasse. Nicht weit zum Surf- und Badestrand Haga Park. Ab 175 SEK. DZ 430 SEK. Mörbylånga, ✆ 36600, www.strandnara.com.

STF Vandrarhem Ölands Skogsby, Mitte April bis Sept., übrige Zeit nach Vorbestellung. Zentral gelegene Herberge in gemütlichem, altem Gasthof. Ab 220 SEK, DZ 440 SEK. ✆ 38395, ✆ 38324.

• *Camping* **Talluddens Camping**, April bis Okt. Nicht besonders ruhiger, aber dennoch netter, familienfreundlicher Platz mit großem Bad und Sauna nebenan, Strand und dem kleinen Hafenpier vor der Haustür. Hütten (März bis Nov.) ab 400 SEK oder 800 SEK/4 Pers. Färjestaden, ✆ 31122, http://talludden.nu.

Eriksöre Camping & Stugor, Mitte April bis Sept. Weitläufiger, kinderfreundlicher, strandnaher Platz südlich von Färjestaden. FeHa/4 Pers. ab 420 SEK, im Juli nur per Woche ab 5000 SEK/Woche. Färjestaden, ✆ 39450, www.eriksore.com.

Haga Park Camping & Stugor, Mitte April bis Okt. Nahe Beijershamn gelegener, naturschöner, großer Platz direkt am Strand, gutes Surfrevier, Brettverleih. Sauna. FeHa bis 6 Pers. ab 690 SEK. Färjestaden, ✆ 36030, www.hagaparkcamping.se.

Stenåsabadet Camping, Mitte Mai bis Mitte Sept. Bei Stenåsa an der Ostküste, auf licht bewaldetem Gelände an flachem Sandstrand, schön gelegene Hütten und ruhiger als alles, was man sonst auf Öland findet. Hütten ab 400 SEK/4 Pers. ✆ 44078, www.stenasa.com.

Im Norden **Halltorps Gästgiveri**, alter Gutshof, 9 km südl. von Borgholm nahe dem Naturreservat Halltorps Hage, stilvoll eingerichtete Zimmer, ausgezeichnetes Restaurant. DZ ab 1400 SEK. Borgholm, ✆ 85000, ✆ 85001, www.halltorpsgastgiveri.se.

Hotell Borgholm, zentral in Borgholm gelegenes, alteingesessenes Stadthotel, bekannt für sein gutes Restaurant. DZ ab 1295 SEK. Trädgårdsgatan 15, ✆ 77060, ✆ 12466, www.hotellborgholm.com.

Böda Hotell & Restaurang, das freundlich-schlichte Familienhotel ist für seine gute öländische Küche und hausgemachten Kuchen bekannt, im Sommer wird auch im Garten serviert. DZ 900 SEK. Stationsvägen, Löttorp, ✆ 22027, ✆ 22360, www.bodahotell.se.

STF Vandrarhem Borgholm/Rosenfors, Mitte Mai bis Sept. Reservierung vor Saisonbeginn nötig. Zu Recht beliebte Unterkunft in einem stilvollen Herrenhaus inmitten eines Rosengartens, zwischen Zentrum und Solliden. Ab 205 SEK, DZ ab 490 SEK. Södra vägen 7, ✆ 10756, www.rosenforsherrgard.se.

STF Vandrarhem Solberga Gård, April bis Okt. Schönes altes Hofgebäude, Garten und Café/Restaurant. Ab 270–300 SEK. Köpingsvik, ✆ 72060, stefan@solbergagard.se.

Kackelstugan, 12 km südl. von Borgholm in ländlicher Umgebung, preiswert wohnen im öländischen Bauernhofmilieu. Das Hofcafé und Restaurant ist bei Ausflüglern beliebt. DZ ab 500 SEK. Västra Sörby, Borgholm, ✆ 560236, ✆ 56035, www.kackelstugan.com.

Pensionat Grankullavik, Mai bis Sept. An wunderschöner Badebucht gelegen. Im angeschlossenen Strandcafé wird Hausgebackenes serviert. DZ 500 SEK. Im Sommer auch Hütten, pro Woche ab 2500 SEK/2 Pers., ab 3000 SEK/4 Pers. Byxelkrok, ✆ 24040, www.pensionatgrankullavik.se.

• *Camping* **Ekerums Camping**, Mitte April bis Anfang Okt. Auf halber Strecke zwischen Sundbrücke und Borgholm, nahe beim Naturreservat Halltorps Hage. Großer, gut ausgestatteter, familienfreundlicher Platz, teils unter Bäumen, strandnah. Hütten/4 Pers. ab 350 SEK. ✆ 564700, ✆ 564701, www.ekerum.nu.

Kapelluddens Familiecamping, April bis Sept., dem Zentrum von Borgholm nächstgelegener Platz, strandnah. Weitere sechs Plätze reihen sich nördlich entlang der Köpingsvik aneinander. Hütten ab 600 SEK für bis zu 6 Pers. ✆ 560770, ✆ 560778, www.kapelludden.se.

Kronocamping Böda Sand, Mitte April bis Mitte Sept. Am kilometerlangen Sandstrand der Bödabukten gelegen, kinderfreundlich, beliebt. 3 weitere Plätze entlang der Bucht. Hütten/4 Pers. ab 425 SEK, Hütten/2 Pers. ab 275 SEK. Byxelkrog, ✆ 22200, ✆ 22376, www.bodasand.se.

Essen & Trinken

Siehe auch unter Übernachten. Außerdem:

Im Süden **Kaj 4 Krog & Coffee House**, direkt am Hafenpier, mit Blick auf die Sundbrücke. Guter Fisch, Salatbuffet, nachmittags frische Waffeln. Juni bis Aug. tägl. 11–21 Uhr, Mai/Sept. Sa/So 12–19 Uhr. Färjestadens Hamn, ✆ 31037.

Restaurang Kvarnkrogen i Grönhögen, abwechslungsreiche Karte, regionale Küche. Mai bis Aug. tägl. 12–21 Uhr. Degerham, ✆ 661140.

Galleri Blå Porten, nettes Kunstcafé, gut für eine Pause auf der Tour durch die Stora Alvaret. Mai bis Sept. tägl. ab 11 Uhr. Alby, ✆ 45154.

Im Norden **Robinson Crusoe**, Terrassenrestaurant am Hafen von Borgholm, variationsreiche, nicht ganz billige Gerichte, 12–18 Uhr, Juni bis Mitte Aug. tägl. bis 22 Uhr, Bar länger. Hamngatan, ✆ 77758.

Restaurang Slottshöjden, Ausflugslokal am Südrand von Borgholm beim Parkplatz an der Ruine. Große Auswahl an Gerichten, auch schwedische Hausmannskost, Eis und Kuchen. Mai bis Aug. tägl. 11–20 Uhr. Borgholms Slottsruin, ✆ 12277.

Kaffetorpet, am Schlosspark bei Solliden, herrliches Gartengelände inmitten alter Hofgebäude, Kaffee, hausgemachter Kuchen und Snacks. Mitte Mai bis Mitte Sept. tägl. 11–18 Uhr. Solliden, ✆ 15335.

Guntorps Herrgård, bekannt für sein Smörgåsbord. Mo–Fr 7–22, Sa/So 8–22 Uhr, Gunntorpsgatan, Borgholm, ✆ 13000.

Sandviks Kvarn, zwischen Borgholm und Byxelkrog gelegenes Ausflugslokal in einer großen Holländer-Windmühle, bekannt für seine öländischen Kartoffelgerichte Lufsa und Kroppkakor. April bis Okt. tägl. 12–20 Uhr, im Sommer 10–24 Uhr, ✆ 26172.

Källa Glassgård, Ausflugslokal in Källa, im Ambiente des schönen alten Hofes von 1752, große Auswahl an Eisbechern. Mai bis Mittsommer Sa/So 12–17 Uhr, bis Mitte Aug. tägl. 11–19 Uhr, 2. Hälfte Aug. Sa/So 12–16 Uhr, ✆ 27137.

Böda Hamns Rökeri, die Fischräucherei am Hafen serviert den Fang frisch zubereitet oder geräuchert. Juli bis Mitte Aug. Mo–Fr 9–20, Sa/So bis 18 Uhr, ✆ 22325.

Auf den Karstgebieten Ölands finden nur die genügsamen Schafe Nahrung

Aktivitäten

Ölands Djurpark, Färjestaden, ✆ 39222, Mai/Sept. nur Tierpark tägl. 11–16 Uhr (120 SEK), Juni bis Aug. 10–18 Uhr (300 SEK). Eine Mischung aus Zoo und Vergnügungspark, wie Kinder sie lieben: echte Tiger, unechte Saurier, Spaßbad, Karussells und ein Geisterhaus.

Fahrradverleih bei Ekerums Camping, Böda Sand Camping; Bengts Cykelservice in Mörbylånga, Köpmannagatan, ✆ 40470; Färjestadens Cykelaffär, Storgatan 67, ✆ 30074; sowie in fast jedem Ort.

Bootsverleih bei Grankullaviks Minilivs, in Talludden Tretboote.

Am Åsnen

Durch das Glasreich zum Vättern

Das seengesprenkelte, waldreiche Kerngebiet der Provinz Småland ist heute eine ideale Urlaubsregion für alle, die Ruhe, Entspannung und Natur suchen. Die falunroten Sommerhäuschen gehören ebenso unverzichtbar zu dieser Idylle wie das Boot am nächstgelegenen Seeufer. Hier sagen sich Elch und Hase gute Nacht.

In der Vergangenheit gehörte das Innere Smålands zu Schwedens ärmsten Regionen. Der steinige Untergrund aus uraltem Gneis und Granit machte die Landwirtschaft immer zu einem mühsamen Broterwerb, die nährstoffarmen Seen boten keine reichen Fischbestände. Quarzhaltiger Sand und Holz waren jedoch im Überfluss vorhanden und bildeten die Grundlage eines Industriezweiges, für den das Gebiet zwischen Kalmar und Växjö schließlich berühmt geworden ist, die Glasherstellung. Schon im 16. Jh. wurden die ersten Glasbläser aus Italien angeworben, die älteste noch heute betriebene Hütte ist die 1742 gegründete Kosta Glasbruk. Abnehmer der kostbaren Glasgefäße war vor allem der königliche Hof, doch wurden auch einfachere Produkte hergestellt, darunter Fensterglas. Der eigentliche Boom der Glasherstellung setzte erst gegen Ende des 19. Jh. ein, zu spät für zahlreiche arme Småländer, die zu dieser Zeit bereits in großer Zahl ihr Glück in der Emigration nach Amerika suchten.

Växjö (56.000 Einw.)

Um die Provinzhauptstadt **Växjö** herum liegt deshalb nicht nur das Glasriket, in dem heute zwei Dutzend Glashütten ihr Kunsthandwerk ausstellen und verkaufen, sondern auch das Utvandrarland mit Zeugnissen des früheren ärmlichen Landlebens und der Entvölkerung. Der Traum von Amerika zog ab 1850 mehr als 2 Mio. Schweden, vor allem aus Småland, über den großen Teich. Ihnen ist das **Utvandrarnas Hus** gewidmet. Der Mobergsrummet erinnert an den Chronisten der Auswanderungsbewegung und Autor des weltberühmt gewordenen Romanzyklus „Utvandrarna", Vilhelm Moberg, der aus Moshult bei Emmaboda stammte; im angeschlossenen Archiv kann Ahnenforschung betrieben werden.

Vilhelm Mobergs gata 4, ✆ 20120, Öffnungszeiten wie Smålands Museum (s. u.), 40 SEK.

Smålands Museum/Sveriges Glasmuseum beherbergt eine beeindruckende Glassammlung und zeichnet die Geschichte der Glasverarbeitung nach.

Södra Järnvägsgatan 2, ✆ 704200, Di–Fr 10–17, Sa/So 11–17 Uhr, im Sommer auch Mo, 40 SEK.

Neben den Museen ist in Växjo vor allem die **Domkyrkan** aus dem 12. Jh. sehenswert. Mit seinem spitzen, kupferbedeckten Doppelturm ist der Dom ein Blickfang der Stadt. Im Inneren wird ein Runenstein aus dem 11. Jh. aufbewahrt. Nach umfangreichen Restaurierungen Mitte des 20. Jh. wurde der Kirchenraum mit moderner, typisch småländischer Kunst aus Holz, Glas, Granit und Eisen bestückt, darunter ist ein außergewöhnlicher Altaraufsatz aus Glas, geschaffen von Bertil Vallien.

Tägl. 9–18 Uhr, im Sommer bis 19.30 Uhr.

Die Stadt grenzt im Norden an den großen Helgasjön mit schönen Ausflugszielen. Auf einer Halbinsel in Norden der Stadt liegt die **Burgruine Kronoberg** aus dem 14. Jh. (Juni bis Aug. tägl. 11–18 Uhr, 20 SEK). Eine Rundfahrt auf dem **Dampfer Thor** von 1887 lässt sich mit der Besichtigung verbinden (Juli bis Mitte Aug. Mi 17 Uhr, Sa/So 13 und 16 Uhr, 150 SEK/2:30 Std., Reservierung unter ✆ 070-5104370 oder bei der TI). Auch das alte **Kurbad Evedal,** im 18. Jh. um eine Heilquelle entstanden und heute Naherholungsgebiet der Städter mit schönem Badestrand, liegt in der Nähe. Von Evedal führt ein markierter Wanderweg in einer knappen Stunde durch schöne Waldgebiete zur Burgruine Kronoberg.

Abstecher ins Glasreich

Die meisten Glashütten liegen zwischen Nybro und Växjö an den Straßen 25, 28 und 31 und sind gut beschildert: Eine überall erhältliche Broschüre listet sie auf und erläutert ihre Besonderheiten im Programm, im Design und in der Verarbeitung der hergestellten Gläser, sodass sich auch mehrere Besuche lohnen. Man kann den Glasbläsern zusehen, die Produkte in Ausstellungsräumen besichtigen und im Werksverkauf günstig, teils auch als zweite Wahl, erstehen (der Glasriket Pass bietet weitere Rabatte, lohnt sich aber nur, wenn man größere Einkäufe plant). Zu den ehemals 14 größeren Betrieben haben sich in den 1980er Jahren zwei kleinere gesellt, die ebenfalls in der Broschüre aufgeführt sind. Sie verstehen sich eher als Künstlerzentrum oder als Experimentierwerkstatt des Glases, zeigen besondere, selbst entwickelte Techniken und stellen – teils aus Altglas – faszinierende Produkte her.

Die Hütten sind unterschiedlich geöffnet, im Prinzip Mo–Fr 10–17, Sa 10–16, So 12–16 Uhr, einige nur im Sommer.

Bei Kosta gibt es nicht nur Glas zu bewundern, sondern auch Elche in **Grönåsens Älgpark.** Fußwege erschließen den bewaldeten Elchpark, am Seeufer oder vom Aussichtsturm lassen sich die Tiere gut beobachten. Wer gar kein Safariglück hat, trifft zumindest das Elchpaar Karl-Gustav und Silvia in seinem Gehege.

✆ 0478-50770, Ostern bis Okt. tägl. 10–18 Uhr, 50 SEK.

Zwischen Rävemåla und Linneryd liegt an der Straße 122 **Korrö Handverksby,** ein altes, restauriertes Handwerkerdorf. Der Wanderweg durch das Auswandererland führt hier vorbei, ein Naturreservat ist auf markierten Spazierwegen zu erkunden, der Ronnebyån ist ein beschauliches Paddelrevier.

✆ 34249, Juni bis Aug. tägl. 9–20 Uhr, Mai 9–17 Uhr, www.korro.se.

An der Straße 120 erreicht man **Långasjö und Klasatorpet,** zwischen Rävemåla und Emmaboda gelegen. Ein Gedenkstein erinnert im Ort an die Auswanderer, auf dem Gelände des alten Hofes wurden Szenen für die Verfilmung von Vilhelm Mobergs Auswandererromanen gedreht.

Abstecher zum Åsnen

Südlich von Växjö erstreckt sich der weitläufige, von Buchten und Halbinseln zergliederte See Åsnen, umgeben von sumpfigen Wiesen und Nadelwäldern. An seinem Nordzipfel liegt an der Straße 23 der Gutshof **Huseby Bruk** mit einem sehenswerten Herrenhaus, heute als Museum eingerichtet, und einer weitläufigen Parkanlage mit Naturum, in dem die Entstehung der Landschaft um den See während der Eiszeiten erläutert wird. Doch nicht Natur und Landwirtschaft machten den Hof wohlhabend, sondern Eisen, das hier als Sumpferz schon seit dem 17. Jh. gewonnen und verhüttet wurde. Die Hochöfen und Verarbeitungsanlagen, die man heute besichtigen kann, stammen aus dem frühen 19. Jh. und dienten schon damals zur Herstellung von Maschinenteilen, Öfen und den ersten Fahrrädern. Die Hofarbeiterunterkünfte aus den 1930er Jahren beherbergen das Statarmuseum, in dem die damaligen Lebens- und Arbeitsbedingungen der Tagelöhner gezeigt werden.

Huseby Slott, Järnbruksmuseum, Naturum und Statarmuseum, Café-Restaurant, ✆ 0470-752097, Mitte Juni bis Aug. tägl. 11–17 Uhr, ab 2. Woche April und bis Sept. Sa/So 11–17 Uhr.

Südlich von Huseby lohnt sich die Strecke über Grimslövby und am Westufer des **Skatelövsfjorden** entlang nach Torne.

Radtour quer durch den Åsnen

Ab **Torne** lässt sich der Åsnen auf folgender, ca. 60 km langen Radtour erfahren (z. T. rotes Radsymbol „Banvalleden"): Man folgt der Straße über den Seearm hinweg. Bei dem Weiler Vrankunge geht es nach rechts, Richtung Urshult, durch einsames Waldgebiet. Bei Vevik lohnt ein Abstecher zum **Naturreservat Bjurkärr,** dessen verwunschener Buchen- und Kiefernwald von zwei Spazierwegen erschlossen wird. Über eine Brücke geht es auf die Insel Sirkön, durch das Dörfchen Hunshult, das fast nur aus roten Holzhäusern besteht, und über eine zweite Brücke erreicht man beim Kärrasand Camping eine idyllische Badestelle. Ein kurzer Wanderweg führt ab hier zur 50 m höher gelegenen Aussichtskuppe **Lunnabacken** mit dem Museumshof Gamla Urshult (Mitte Juni bis Mitte Aug. tägl. 12.30–16.30 Uhr) und dem Hofcafé Kurrebo inmitten eines weitläufigen Obst- und Blumengartens (Mai bis Aug. 11–18 Uhr, ✆ 0477-21141).

Richtung Urshult liegt bei Klasamåla **Åsnens Rökeri** am Weg, eine gute Adresse für Fisch. Aal, Barsch, Hecht und Zander werden teils frisch, teils geräuchert im Hofladen und Lokal angeboten; es gibt aber auch Kaffee und Kuchen.

✆ 0477-20190, im Sommer tägl. 9–18 Uhr, Mai/Sept. nur Mi–Sa.

In **Urshult** trifft man auf die Straße 120. Auf ihr nach rechts, vorbei an der Kirche und bald darauf wieder rechts geht es nun nach Hackekvarn. Auf Brücken überquert man die Arme des Havbäkesfjorden, dessen Strömung früher von einer Mühle genutzt wurde. Ihre Mauern und das Stauwehr sind noch rechts der Straße erkennbar (Privatgelände). Weiter durch Misch- und Nadelwald geht es zu den Häusern von Älmehult und dem angrenzenden Lönsbygd, wo man auf den Schotterweg Richtung **Ålshult** abbiegt. Dort fährt man über eine Brücke und auf die Straße rechts Richtung Getnö, auf der gleich eine Kanustation und ein alter Bahnhof der einstigen Strecke Karlshamn-Vislanda erreicht sind (Infotafel). Bald dahinter taucht der See wieder auf, mal links, mal rechts der Straße. Bei Toftåsa verlässt man diese nach halblinks und folgt nun dem alten Bahndamm. Immer in Ufernähe führt er durch Wald- und Moorgebiet und dann als breiter, schilfgesäumter Steinwall quer durch den seichten See. Jenseits geht es auf schmaler Landzunge und über Brücken zur Bahnstation von **Ulvö.** Wieder in Ufernähe führt der Banvalleden nach **Hulevik,** einst Zentrum der Holzverarbeitung, heute ruhige Feriensiedlung. Bootshafen und liebevoll angelegter Badeplatz laden zum Rasten ein. Dann folgt die letzte Etappe, noch einmal auf dem ufernahen Bahndamm, bevor dieser bei Torne wieder auf die Straße trifft.

Auf einen Blick

Vorwahl Växjö: 0470

• *Information* **Växjö Turistbyrå**, Stortorget, Kronobergsgatan 7, 35103 Växjö, ✆ 733280, www.turism.vaxjo.se, Juni bis Aug. Mo–Fr 9.30–18, Sa 10–14 Uhr, Juli auch So 10–14 Uhr, übrige Zeit Mo–Fr 9.30–16.30 Uhr.

Emmaboda Rese & Turistbyrå, Stationshuset, Järnvägsgatan, ✆ 0471-249047, Mo–Fr 6.45–17 Uhr.

• *Information in der Åsnen-Region* **Smålands Check-in**, Södra vägen 12, 36013 Urshult, ✆ 0477-20875, ℻ 48080, www.smaland-check-in.se, Juli bis Aug. Mo–Fr 10–16.30 Uhr.

• *Verbindungen* Busterminal am Bahnhof, Norra Järnvägsgatan.

Bus: Linie 123 nach Älmhult, 141/142 nach Jönköping, 240 nach Tingsryd und Ronneby, 218 nach Kosta (dort Verbindung nach Kalmar), 270 nach Värnamo über Alvesta 144, 320 nach Västervik, alle mehrmals tägl. Überlandbusse nach Stockholm und Malmö.

Zug: Verbindungen nach Kalmar und Göteborg, via Alvesta nach Malmö und Stockholm.

Flugzeug: **Smaland Airport Växjö**, ✆ 758500, Verbindungen nach Stockholm.

Parken: Umsonst und relativ zentral bei der Folkeuniversitet am Lineborgsplan, erreichbar von Norden auf der Linnégatan, nördlich der Norra Esplanaden. Gebührenpflichtige Plätze überall in der City, am Bahnhof und dem Utvandrarmuseum.

• *Adressen* **Ärztezentrum** Vårdcentralen Väster, ✆ 589500, Norra Esplanaden 35. **Krankenhaus** Centrallasarettet, ✆ 588000, Södra Järnvägsgatan 1, direkt hinter dem Bahnhof. **Apotheke** im Centrallasarett, Mo–Fr 8.30–19 Uhr, Sa/So 12–17 Uhr. **Polizei**, ✆ 74 3000, Sandgärdsgatan.

Übernachten/Camping

In Växjö **Växjö Konserthus & Elite Park Hotel**, nordisches Design in den Zimmern, das Konserthus inkludiert und die Konsthall gleich nebenan; die richtige Adresse für Kulturfreunde. DZ 1050 SEK. Västra Esplanaden 10–12, ✆ 702250, www.vaxjokonserthus.se.

Växjö Stadshotellet, komfortables, altes Hotel mitten im Zentrum. DZ ab 850 SEK. Kungsgatan 6, ✆ 13400, ℻ 44837, www.elite.se.

Toftastrands Hotell & Konditori, inmitten eines schönen Gartens am Toftasjön, 5 km östlich vom Zentrum gelegenes, familiäres Hotel. Unwiderstehlich ist der morgendliche Duft nach dem hausgebackenen Brot. DZ ab 995 SEK. Lenhovdavägen 72, ✆ 65290, ℻ 61402, www.villavik.se.

Hotell Esplanad, bewährtes, freundlich-schlichtes Frühstückshotel in zentraler Lage. DZ ab 600 SEK. Norra Esplanaden 21A, ✆ 22580, ℻ 26226, www.hotellesplanad.com.

Solvikens Pensionat, 10 km südlich von Växjö, wunderschönes, altes Pensionat. Eingerichtet wie vor hundert Jahren, strahlen die Räume eine romantisch-nostalgische Atmosphäre aus. DZ ab 750 SEK. Torsjövägen, Ingelstad, ✆ 38280, ✆ 30003, www.solvikens.nu.

STF Vandrarhem Växjö/Evedal, ganzjährig. Zum Zentrum ca. 6 km, im Sommer direkte Busverbindung, übrige Zeit Stadtbus 5 bis Evedalsvägen, dann 2 km Fußweg. Die JH ist stilvoll im ehemaligen Hotel des alten Kurortes untergebracht. Ab 250 SEK, DZ 600 SEK. Evedals Brunn, ✆ 63070, ✆ 63216, www.vaxjovandrarhem.nu.

STF Vandrarhem Korrö, bei Korrö Handverksby, Linneryd, April bis Mitte Dez., stilvolle alte Herberge, ab 250 SEK, DZ ab 680 SEK. ✆ 34249, ✆ 34556, www.korro.se.

• *Camping* **Evedals Camping**, ganzjährig. Am Helgasjön gelegener, großer Platz, gleich neben der JH und dem Badestrand. Hütten ab 800 SEK/4 Pers., ab 650 SEK/2 Pers. Evedalsvägen, Växjö, ✆ 63034, ✆ 63122, www.evedalscamping.com.

Im Glasriket **Hotel Amigo**, neueres, zentrales Hotel in Emmaboda, Järnvägsgatan 16, Dependance im ehemaligen Hotell Linden, DZ ab 570 SEK. ✆ 0471-12550, ✆ 33050, www.hotell-amigo.se.

STF Vandrarhem Orrefors, gemütliche Herberge mit 15 Hütten (2- bis 6-Bett-Zimmer) und schönem Garten. April bis Okt., ab 210 SEK, DZ ab 420 SEK. Riveberg, ✆ 0481-30846, www.orreforsstugby.se.

Bergdala Härbärge/Vandrarhem, wohnen in der ehemaligen Werksunterkunft, gleich neben der Glashütte von 1889 (Besichtigung, Verkauf, Café). Ab 200 SEK, DZ 400 SEK. Hovmantorp, ✆ 0478-18030, www.bergdala.com.

Moshults Vandrarhem, Juni bis Aug., übrige Zeit nach tel. Vorbestellung. Herrlich gelegenes, gemütlich eingerichtetes Gutshaus. Ab 160 SEK, DZ 320 SEK. Emmaboda, ✆ 0471-45012, www.moshultsvandrarhem.com.

• *Camping* **Götaskratts Camping**, ganzjährig. Mischwaldgelände direkt am See Rottnen. Hütten/4 Pers. 500 SEK. Hovmantorp, ✆ 0478-40807, ✆ 50065.

Orrefors Camping Sjöbo, Mai bis Sept., abseits der Straße 31 auf einer schönen Halbinsel im Orranäsasjön. Hütten 410 SEK/4 Pers., ✆/✆ 0481-30414, www.orrefors-camping.se.

Kosta Bad & Camping, ganzjährig, ordentlich ausgestatteter Wiesenplatz, zentral im Glasreich gelegen. Hütten ab 600 SEK/4 Pers., 400 SEK ohne WC. Kosta Glasbruk, Glasriket, ✆ 0478-50517, ✆ 50065, www.glasriketkosta.se.

In der Åsnen-Region **Urshults Hotell**, gemütliches älteres Hotel, einfacher Standard. DZ 600 SEK. Restaurant. Smedjevegen 5, ✆ 0477-20001, www.urshultshotell.se.

Kurrebo Café & Bed & Breakfast, auf der Aussichtskuppe Lunnabacken gelegen (s. Radtour). Gemütliche Unterkunft im 1. Stock des alten Wohnhauses, nebenan sehenswerte Gartenanlagen. Café Juni bis Aug. tägl., Mai/Sept. nur Sa/So. DZ 590 SEK. ✆ 21141, www.kurrebo.se.

• *Camping* **Kärrasand Camping**, April bis Mitte Sept. Unterhalb von Lunnabacken (s. Radtour) gelegener Wiesenplatz am See, etliche Dauercamper. Hütten 400 SEK/2 Pers., ab 800 SEK/4 Pers. ✆ 0477-21112, www.karrasand.nu.

Mjölknabbens Naturcamping, April bis Okt. 14 km nördl. von Urshult auf der Insel Sirkön gelegen (s. Radtour). Schöner, terrassierter Platz mit Seeblick. Hütten/4 Pers. 400 SEK. ✆ 0477-24018, www.mjolknabben.com.

Urshult Camping, Rävabacken, Mai bis Sept. 1 km nördlich von Urshult am Ufer des Åsnen, baumbestandener Platz. Hütten/4 Pers. ab 350 SEK. ✆ 0477-20243, ✆ 48046, www.urshult-camping.dk.

Getnö Gård Naturcamping, Mai bis Sept. Nördlich von Urshult am Åsnen gelegen, an der Gabelung der Straßen 120/126 beschildert. Gut ausgestatteter, weitläufiger Wiesenplatz. Beliebter Kanustützpunkt. Ryd, ✆ 0477-24011, www.getnogard.se.

Essen & Trinken

Palladium Bar, preiswerte italienisch-schwedische Küche. Mo 11.30–19 Uhr, Di/Mi bis 21, Do bis 22, Fr bis 21 Uhr, Sa 11–19, So 12–19 Uhr, im Sommer Mo–Fr 11.30–22 Uhr, Sa/So wie übrige Zeit. Storgatan 12, ✆ 47075.

PM och vänner, hier trifft man sich, ob zum mittäglichen Lunch, nach Geschäftsschluss oder abends auf ein Stor Stark. Gute Küche, breite Auswahl an Gerichten. Mo/Di 11.30–23 Uhr, Mi/Do bis 24, Fr/Sa bis 1 Uhr. Storgatan 24, ✆ 700444.

Broqvists Konditori, die älteste Konditorei am Platze, von 1876. Große Auswahl, leckere Kuchen. Mo–Fr 8–19, Sa 8–17, So 9–17 Uhr. Kronobergsgatan 14/Stortorget. ✆ 12020.

Hyttsill heißt ein typisches Essen, das im Sommer fast täglich in mehreren Glashütten angeboten wird. Ein rustikales Buffet, in dessen Zentrum der traditionelle, im Schmelzofen gebackene Hering steht, wird in einer Werkshalle aufgebaut, man sitzt an langen Holztafeln und wird nebenbei mit schwedischer Folklore akustisch berieselt. Sicherlich eine Touristenveranstaltung, aber nicht ohne nostalgischen Charme. Das Programm der Hyttsill-Abende ist dem Prospekt Glasriket zu entnehmen, Infos und Reservierung bei folgenden Glashütten: Bergdala, ✆ 0478-31650, Kosta, ✆ 0478-34529, Målerås, ✆ 0481-31401, und Orrefors, ✆ 0481-34189.

Aktivitäten

Fahrradverleih bei Evedals Camping und JH, Korrö Hantverksby Moshults Vandrarhem, Orrefors Camping und in Växjö bei Smålands Cykel, Västra Esplanaden 15, ✆ 47548.
Kanuverleih bei Evedals Camping, Korrö Hantverksby und Orrefors Camping.

Ljungby (15.000 Einw.)

Das Städtchen im Lagan-Tal ist ein alter Verkehrsknotenpunkt und heute von Industrie und Neubauten geprägt; für Reisende eher eine Durchgangsstation zu den schönen Seengebieten von Möckeln und Bolmen. Innerorts ist **Gamla torget** einen Besuch wert. In dem schönen Häuserensemble mit dem alten Tinghus und Gasthof, beide aus dem frühen 19. Jh., sind heute das städtische Museum, Kunsthandwerk und die TI untergebracht.

Museum ✆ 0372-83402, Juni bis Aug. Sa–Do 12–16 Uhr, übrige Zeit Mo–Do 12–16 Uhr, 20 SEK.

Abstecher zum Möckeln

Große und kleine Seen prägen auch weiterhin die waldreiche Landschaft. Bei **Älmhult,** das seine Bekanntheit daraus herleitet, Stammsitz des bekannten Möbelhauses von **I**ngvar **K**amprad aus **E**lmtaryd **A**gunnaryd zu sein, erstreckt sich der Möckeln

Am Möckeln

Linnés Råshult

weit zerfranst nach Norden; ein weiteres schönes Kanurevier. Auf dem Landweg empfiehlt sich ein Abstecher zur aussichtsreichen Anhöhe **Taxåsklint,** auf einer in den See ragenden Halbinsel, und zum **Naturreservat Höö,** wo sich üppige, blumenreiche Uferwiesen und Laubwälder finden. Bei Diö am Ostufer liegt das Geburtshaus des großen Naturforschers Carl von Linné. In **Linnés Råshult** ist heute alles wieder wie im 18. Jh. angelegt, der Hof, der Kräutergarten und die Handwerksgeräte, auch ein schönes Gartencafé gehört zur Anlage.
✆ 0476-21318, Mai bis Ende Aug. tägl. 11–18 Uhr, Sept. Sa/So.

Abstecher zum Bolmen

Westlich von Ljungby erreicht man den größten See Smålands. Beim Bootshafen von Bolmstad legt im Sommer der Ausflugsdampfer Kavaljeren an, auf dem ab Odensjö kleine Kreuzfahrten über den See veranstaltet werden. Richtung Süden ist bei Annerstad die vorhistorische Festung Piksborg ausgeschildert, idyllisch an einer Bucht gelegen. Auf der Strecke nach **Odensjö** liegt das Naturreservat Hästhult, ein ursprüngliches Kiefernwaldgebiet. Der hübsche Hafenort selbst hat ein Freilichtmuseum, ein steinzeitliches Gräberfeld und einen Badeplatz zu bieten. Kurz vor Södra Unnaryd liegt das **Gräberfeld Bredjarör** am Ufer des Unnen. Zahlreiche eisenzeitliche Steinsetzungen sind um einen Steinhügel gruppiert.

Bevor man am Bolmenufer weiterfährt, empfiehlt sich ein Abstecher nach **Södra Unnaryd:** Das malerische Alebo Pensionat erinnert mit dem kleinen Pavillon des „Gesundbrunnens" an Södra Unnaryds Vergangenheit als Kurbad. Das Heimatmuseum zeigt gut erhaltene Wandteppiche, Geräte zur Filzherstellung und Wohnhäuser aus dem 19. Jh. (im Sommer So 14–18 Uhr, sonst nach Anmeldung unter ✆ 0371-60251). Wenige Kilometer nördlich lohnt sich ein Spaziergang durch den Buchenwald von **Ödegärdet,** am Ufer des Kroksjön gelegen. Zahlreiche Steinwälle, flache Stufen und Rinnen im Boden zeugen von Acker- und Gartenbau, der vermutlich von der Bronzezeit bis ins Mittelalter auf diesem Gelände betrieben wurde. Heute wirkt der Wald ursprünglich und verwunschen. Etwas weiter nördlich liegt in idyllischer Umgebung die wassergetriebene Sägemühle **Brunnsbacka** aus dem 18. Jh. an einem Zufluss des Kroksjön.

Zurück Richtung Bredjarör geht es nun nach Sunnaryd. Ein Abzweig führt zu der naturschönen Halbinsel Tiraholm (Fischrestaurant), von wo man einen weiten Blick über die Inselwelt des Bolmen hat. Weiter auf der nun ufernahen Straße erreicht man den Anleger in **Sunnaryd,** von wo eine Seilfähre zur Insel Bolmsö verkehrt (tägl. 6–23 Uhr alle 30 Min.); eine nette und kostenlose „Kreuzfahrt" über den See. Drüben bildet der Kirchort **Bolmsö** das Inselzentrum mit Restaurant, Camping- und Badeplatz. Am Fornminnevägen weist ein Schild auf das Gräberfeld **Spökebakken** hin, ein idyllisch bewaldetes Gelände mit Grabhügeln und Bautasteinen aus der frühen Wikingerzeit. Weitere Gräberfelder liegen nahe der Nordküste, erreichbar auf der Nebenstraße nach Håringe. Die Hauptstraße durchquert die bewaldete Insel und führt über einen Damm zum Festland bei Tannåker zurück.

Auf einen Blick

Vorwahl Ljungby: 0372

• *Information* **Turistbyrå Ljungby**, Stora torget 6, 34183 Ljungby, ✆ 789220, ℻ 789119, www.ljungby.se, im Sommer Mo–Fr 9–18, Sa/So 10–14 Uhr, sonst Mo–Fr 9.30–13 und 14–16.30 Uhr.

Dependance in **Laganland** an der E 4, ✆ 30880, Juni bis Sept. tägl. 9–18 Uhr, April, Mai, Okt. tägl. 10–17 Uhr, übrige Zeit Mo–Fr 10–16 Uhr.

Älmhults Turistinformation, Kommunhuset, Stortorget 1, 34323 Älmhult, ✆ 0476-55152, ℻ 55200, www.almhult.se, Mitte Juni bis Mitte Aug. Mo–Fr 10–18 Uhr, übrige Zeit Mo–Fr 10–12 und 13–16 Uhr.

• *Verbindungen* **Bus**: Linie 148 Älmhult – Ljungby, 146 Ljungby – Bolmen, 147 nach Bolmsö. 275 Bolmsö – Värnamo, 273 Ljungby – Värnamo. **Züge** verkehren über den Knotenpunkt Alvesta zwischen Växjö, Älmhult und Värnamo, dort auch Anschluss an weitere Fernlinien.

• *Adressen* In Ljungby **ärztliche Hilfe** Vårdcentralen, Kungshögen, ✆ 585580. **Apotheke** Kronan in der Eskilsgatan 5, das Zentrum liegt rund um den Storatorget, dort **Geschäfte** und **Banken**

In Älmhult **ärztliche Hilfe** Vårdcentralen, Kungsgatan 14, ✆ 0476-672300, dort auch **Apotheke**. **Geschäfte** und **Banken** auf der Esplanaden und um den Stortorget.

Blekinge und Småland
Karten S. 242/243 und S. 284/285

Übernachten/Camping

Hotell Linnéa, zentral gelegenes, familiäres Hotel in Ljungby. DZ ab 595 SEK. Märta Ljungbergsvägen 12, ✆ 13020, ℻ 13062, www.hotell-linnea.com.

STF Vandrarhem Södra Ljunga, schöne Herberge im alten Pfarrhof aus dem 19. Jh., ruhig auf dem Lande, gut 10 km südlich von Ljungby. Ab 225 SEK, auch im DZ. ✆/℻ 16011.

In der Möckeln-Region **Möckelnsnäs Herrgård**, auf der landschaftlich reizvollen Landzunge im Möckeln, nicht weit von Linnés Råshult. Komfortable Unterkunft in romantischem Herrenhof-Ambiente, vom Restaurant aus herrlicher Blick auf den See. DZ ab 1200 SEK. ✆ 0476-53200, ℻ 0476-53201, www.mockelsnasherrgard.se.

Hotel Haga Park, moderne, freundlich-helle Einrichtung, schöne Parklage unweit des Zentrums von Älmhult, reichhaltiges Frühstücksbuffet, Selbstversorgerküche. DZ ab 700 SEK. Älmhult, Östra Esplanaden 10, ✆ 0476-53900, ℻ 71035, www.hagapark.com.

Pensionat Björkelund, hübsches Gästehaus mit „Charakter", am Möckelnufer nahe Linnés Råshult gelegen. DZ 550 SEK. Stenbrohult, Diö, ✆ 0476-21111.

STF Vandrarhem & Camping Älmhult, Mai bis Aug., 2 km nördlich von Älmhult an der Südspitze des Möckeln gelegen, Bus 148. Idealer Ausgangspunkt für Kanutouren. Kleinere, angenehme Herberge in roten Holzhäusern auf Waldgrundstück, großer, gut ausgestatteter Campingplatz und schöner Badestrand angrenzend. 215 SEK, DZ 370 SEK, Hütten/4 Pers. ab 400 SEK. Sjöstugan, ✆ 0476-71600, www.sjostugan.com.

In der Bolmen-Region **Toftaholm Herrgård**, zwischen Värnamo und Ljungby am Vidöstern gelegenes „Romantikhotel", ein alter, schöner Herrenhof. Das stilvolle Ambiente hat seinen Preis: DZ ab 1770 SEK. Lagan, ☎ 0370-44055, 📠 44045, www.toftaholm.se.

Alebo Pensionat, typisches altes Kurhotel mit beliebtem Restaurant in reizvoller Lage am See Unnen. DZ ab 965 SEK. Södra vägen 66, Unnaryd, ☎ 0371-60018, www.alebo.se.

• *Camping* **Lökna Camping och Stugby**, Mitte April bis Mitte Aug. Südlich von Unnaryd am Bolmen gelegener schöner Campingplatz unter Bäumen mit unverstelltem Seeblick. Große FeHa/4 Pers. ab 650 SEK. Lidhult, ☎ 035-92026, www.loknacamping.com.

Bolmsö Camping, Mai bis Sept. Auf der Insel im Bolmen, direkt neben dem Anleger der Seilfähre, erstreckt sich der idyllische, bewaldete Platz bis zum Badestrand, Kanus und Ruderboote, Hütten/4 Pers. 500 SEK, DZ ab 800 SEK. ☎/📠 0372-91102, www.bolmso camping.se.

Sjön Bolmen Camping, Ljungby, Camping Juni bis Aug., Hütten ganzjährig. Weitläufiger, teils baumbestandener Platz direkt am Bolmen, im Sommer werden auch deutsche Gasflaschen gewechselt, Camping nur pro Woche. FeHa/4 Pers. ab 700 SEK. Mjälen, ☎ 0372-92051, 📠 92351, www.camping.se/g27.

Essen & Trinken

Stationskrogen, typischer, gemütlicher Krog in Ljungby, Restaurant und Kneipe unter einem Dach. Mo–Do 17–22, Fr /Sa bis 23 Uhr, im Pub bis 2 Uhr, So 13–18 Uhr. Stationsgatan 6, ☎ 74949.

In der Möckeln-Region In Älmhult ist die Auswahl recht begrenzt, zur Not bleibt ja noch das IKEA-Restaurant (Mo–Fr 10–19, Sa/So bis 17 Uhr).

Café & Gatukök Carl von, andernorts wird die „Gunstlage" am Marktplatz zwar von eleganteren Lokalen als diesem Imbisscafé genutzt, aber im Sommer sitzt man schön draußen. Stortorget, ☎ 0476-71928.

In der Bolmen-Region **Tiraholms Fisk**, Restaurang & Gårdsbutik, auf der gleichnamigen kleinen Landzunge im Bolmen gelegen. Aal, Hecht und Zander aus dem Bolmen werden frisch und geräuchert fantasievoll zubereitet. Restaurant: Mitte Mai bis Mittsommer und Sept. So 12–18 Uhr, Juli bis Mitte Aug. tägl. 12–20 Uhr, 2. Hälfte Aug. bis 18 Uhr, Laden im Sommer tägl. 10–18 Uhr, sonst nur Do–So. ☎ 0371-64019.

Värdshuset Hägern, Mitte Juni bis Mitte Aug. Di–So 12–21 Uhr. Auf dem Gelände des Campingplatzes, aber kein typisches Campinglokal. Im alten Jagdhaus werden Wildgerichte und Zander aus dem Bolmen serviert. Bolmsö, ☎ 0372-91055.

Aktivitäten

Bootsausflüge im Sommer auf den Bolmen mit M/S Kavaljeren ab Odensjö Brygga. Infos unter ☎ 0371-21150 (inkl. Essen und Führung 500 SEK).

Elchparks gibt es gleich zwei in der Kommune Ljungby:

Im Süden bei Hamneda (4 km neben der E 4) liegt der **Elinge Älgpark**, ☎ 070-3700822, 40 SEK, tägl. 9–19 Uhr. Freigehege, Aussichtsturm, Ausstellung. Füttern erlaubt.

Im Norden (nach 10 km an der E 4) befindet sich der **Laganland Älgpark**, ☎ 0372-30880, Juni bis Sept. tägl. 9–18 Uhr, April, Mai und Okt. tägl. 10–17 Uhr, übrige Zeit Mo–Fr 10–16 Uhr, 50 SEK. Großes Freigehege, Fütterung um 10 Uhr, Aussichtstürme. Der Park ist Teil des Touristenzentrums Laganland mit TI, Motel, Ausstellungen und Souvenirshop – etwas trubelig.

Fahrradverleih bei den Campingplätzen Bolmsö und Sjön Bolmen.

Boots-/Kanuverleih bei den Campingplätzen Bolmsö, Sjön Bolmen und Lökna, bei der JH Älmhult.

Badestellen bei den o. g. Campingplätzen und an den Seen des Gebietes.

Värnamo

(18.500 Einw.)

Die Stadt am Lagan hat eine lange Geschichte als Handelsplatz und Standort von Kleinindustrie. Die Reichsstraße 1, "Riksettan", führte seit dem Mittelalter am Lagan entlang, parallel zur heutigen E 4. Quer dazu lag hier eine Furt im Fluss – an der Kreuzung entstand die Siedlung. Typisch småländischer Erfindungsreichtum war jedoch außerdem notwendig, um dem kargen Naturraum aus Wald, Fels und Moor einen Lebensunterhalt abzugewinnen. So blühte hier wie vielerorts die Holzverarbeitung auf, besonders die Möbelproduktion, die heute unter dem Label Möbelriket vermarktet wird. Auch Eisenverarbeitung wurde schon ab dem 18. Jh. betrieben, besonders im benachbarten Gnossjö, wo gleich zwei Museen den „Gnossjöandan" oder Geist von Gnossjö illustrieren, wie die Kunst des Überlebens hier genannt wird.

Im Zentrum ist Värnamo heute eine lebendige Einkaufsstadt. Vom Bahnhof führt die **Fußgängerzone** Storgatsbacken Richtung Fluss, vorbei am Centralplan mit dem Shoppingcenter Flanaden. Jenseits des Lagan liegt das Zentrum mit der Kirche von 1874 und dem **Stadshus** (TI), an den Södra Kyrkogården schließt sich **Apladalen** an: ein großer Park mit Freilichtmuseum, in dem allsommerlich alte småländische Handwerke und vergangener Alltag zum Leben erweckt werden. Die traditionellen, hausgemachten Zimtschnecken werden in der angeschlossenen Kaffestuga angeboten (Hembygdspark, ✆ 16940, Mai bis Aug. tägl. 10–19 Uhr). Der Lagan mäandriert durch das Apladalen Richtung Vidöstern; Fußwege machen ausgedehnte Wanderungen bis zum Seeufer möglich.

Nicht weit entfernt vom Hembygdspark liegt das **Bruno Mathsson Center.** In lichtdurchflutetem Ambiente kommen die in kühlem nordischen Stil gehaltenen Möbel des Design-Professors ausgezeichnet zur Geltung – eine echte Alternative zu IKEA. Die TI Värnamo bietet geführte Touren durch das "Möbelriket" an, insbesondere zu den bekanntesten Produktionsstätten vor Ort: dem Bruno Mathsson Center (Tånnögatan 17) und Källemo Möbeldesign AB (Växjövägen 30).

In der Umgebung

Die Region zwischen Jönköping und Värnamo war ein Zentrum der Metallverarbeitung. Historische Industrieanlagen sind an mehreren Stellen zu besichtigen, am nächsten dran in **Åminne Bruk,** 7 km südlich von Värnamo Die Hütte von 1826 hat einen funktionsfähigen Schmelzofen, in den Hallen wird die Eisenverarbeitung anschaulich erläutert und werden Konzerte veranstaltet.

✆ 28466, Juni bis Aug. Mi–So 14–18 Uhr.

Reste einer älteren Hütte, ein kleines NR und Herrenhaus liegen westlich davon bei Gamla Åminne. In **Gnosjö** an der RV 151, nordwestlich des Store Mosse NP, sind gleich zwei alte Handwerksbetriebe heute zu anschaulichen Museen umfunktioniert: In **Töllstorps Industrimuseum** wird Draht gezogen und Eisen gewalzt wie im 19. Jh. In **Hylténs Industrimuseum** werden Gießerei und Werkstätten von 1874 im Sommer noch mit der Fallenergie des Wassers betrieben, das aus dem Staubecken über die Mühlräder geschickt wird.

Töllstorps Industrimuseum: ✆ 99106, Juni bis Aug. tägl. 13–15 Uhr, 40 SEK.

Hylténs Industrimuseum: ✆ 91700, Mittsommer bis Mitte Aug. tägl. 13–16 Uhr, übrige Zeit Mo–Fr 13–16 Uhr, 40 SEK.

Geschichte ganz anderer Art bietet der Freizeitpark **High Chaparral** am Südrand von Store Mosse, besonders mit Kindern ein Ausflugsziel: Hier tobt im Sommer vor der Kulisse von Buffalo City, Indian Island oder Old Mexico der Wilde Westen in Form von Kutschenüberfall und Indianertanz – muss man mögen. Angeschlossen sind Unterkünfte und Camping.

✆ 82700, Mitte Mai bis Aug. tägl. 10–18 Uhr, ab Mittsommer bis 19 Uhr, 180 SEK, Kinder bis 1 m frei.

Abstecher zum Store Mosse NP

Zwischen Värnamo und Hillerstorp durchquert die Straße 151 das **Naturschutzgebiet Store Mosse,** eines der letzten größeren Moorgebiete Südschwedens und mit etwa 100 ha das größte außerhalb Lapplands. Nur ein Teil des Gebietes ist für Besucher zugänglich, doch reicht das Wegenetz aus, um sich einen ganzen Tag hier aufzuhalten. Ein **Naturum** informiert über Wege und Entstehung der Landschaft (✆ 0370-23792, Juni bis Aug. tägl. 11–17 Uhr, übrige Zeit So 11–17 Uhr, April, Mai und Sept. auch Sa). Auf dem Rundweg um den teils verlandeten Moorsee Kävsjön erschließen sich typische Landschaftsformen: Am südlichen Parkplatz liegen die Rocknarar, heute bewaldete Flugsanddünen. Entlang der Südufer des Kävsjön erstreckt sich Stora Gyngflyet, ein „schwimmendes Moor", dessen Pflanzendecke auf einer seichten Wasserfläche aufliegt. Kraniche und zahlreiche Watvogelarten lassen sich hier während der Brutsaison beobachten, besonders gut vom Aussichtsturm am nördlichen Parkplatz. Vorbei am nett angelegten Lehrpfad für Kinder (schwedischer und deutscher Text) führt der markierte Weg nun abwechselnd durch Wald und Moorgebiete zu den Moränenhügeln bei Svanö, auf denen früher Landwirtschaft betrieben wurde und wo auf einer alten Hofstelle heute eine Rasthütte steht (Übernachtung möglich, ab 110 SEK, über die TI Värnamo). Auf der anderen Seeseite führt der Pfad zum Ausgangspunkt zurück (15 km, 3–4 Std.).

Nach Süden erschließen weitere Wege das Moor und führen zur Moräne Lövö, die wie eine Insel aus dem Feuchtgebiet aufragt.

Abstecher nach Nydala

Auf der RV 127 Richtung Sävsjö erreicht man Nydala am Nordende des Rusken. Auch wenn vom einstigen Zisterzienserkloster nur ein Teil der Kirche und einige Grundmauern erhalten blieben, hat die Anlage doch einen romantischen Charme. Dazu trägt auch bei, dass sie weniger Besucher anzieht als ihre berühmteren Schwestern Alvastra oder Varnhem. Die **Klosterkirche** wurde im 17. Jh. zu ihrer heutigen Form umgebaut. Innen gibt ein Modell ihr ursprüngliches Aussehen wieder, das auch ein Audioguide erklärt.

Mitte April bis Sept. tägl. 9–18 Uhr, Audioguide auch auf Deutsch.

Gegründet 1143, wurde Nova Vallis, wie es damals hieß, bald zum geistlichen Zentrum Smålands. Die Zisterzienser bauten die Anlage nach den Ordensvorschriften als viereckige Anlage aus, mit der Kirche im Norden, wie man auf dem Plan vor der Kirche erkennen kann. Vom umfangreichen Wirtschaftsleben im Kloster mit Werkstätten, Landwirtschaft und Fischteichen ist nur der rekonstruierte **Klostergarten** zu sehen, den Friedhof umgeben die dicken Grundmauern der einstigen Gebäude. Die schlichte Bauernkirche diente nach der Aufhebung des Klosters durch Gustav Vasa für die nun protestantischen Gottesdienste, 1790 bauten die weltlichen Besitzer des alten Klostergutes das nahegelegene heutige Herrenhaus.

Auf der Nebenstraße am Ostufer des Sees entlang erreicht man das nahegelegene **NR Gåeryd,** ein hübsches Laubwaldgebiet, und gleich daneben den Badeplatz bei Skärvälla.

Auf einen Blick

Vorwahl Värnamo 0370

• *Information* **Värnamo Turism**, Storgatan 50, 33131 Värnamo, ✆ 18899, www.visitvarnamo.com, Mitte Juni bis Mitte Aug.

Mo–Fr 9–18, Sa 10–14 Uhr. Übrige Zeit Mo–Fr 9–16 Uhr.

• *Verbindungen* **Bus**: Linie 275 Bolmsö – Värnamo, 273 Ljungby – Värnamo. Von Värnamo mit Linie 202 nach Bredaryd – Gislaved, 270 nach Växjö, 133/136 nach Jönköping. **Züge** verkehren über den Knotenpunkt Alvesta zwischen Växjö, Älmhult und Värnamo, dort auch Anschluss an weitere Fernlinien.

Parken: rings um das Stadshus (TI) und in Bahnhofsnähe zahlreiche Parkmöglichkeiten.

• *Adressen* **Ärztliche Hilfe** und **Apotheke** beim Sjukhus, ✆ 69700, Doktorsgatan. **Geschäfte**, **Banken** und Polizei um die Storgatan.

Übernachten/Camping

Design Hotel (Scandic), teils von verschiedenen schwedischen Möbeldesignern gestaltetes, großes Hotel, jede „Suite" hat ihren eigenen Stil. DZ ab 990 SEK. Storgatsbacken 20, ✆ 656600, 📠 0370-656609, www.scandichotels.com.

Herrestad Bed & Breakfast und **Hotel**, 10 km von Värnamo, gut ausgestattete Herberge auf einem alten Gutshof am Herrestadsjön, am Südrand des Store Mosse, Sauna. DZ in JH 550 SEK, im Hotel 895 SEK. ✆ 28300, www.herrestadvandrarhem.se.

Folkhögskolan Värnamo, große, moderne JH, gut ausgestattet. DZ 425 SEK. Västhorjavägen 9, ✆ 379050, www.varnamo.fhsk.se/vandrarhem.

• *Camping* **Värnamo Camping Prostsjön**, Mai bis Sept. Waldgelände zwischen dem Badesee und dem Lagan, nur 1 km zum Zentrum und doch naturnah. Hütten/4 Pers. ab 360 SEK. Prostsjövägen, ✆ 16660, 📠 47150, www.camping.se/f10.

Touristcamp Långö-Tornteholm, diverse Ferienhäuser rund um den Rusken, östlich von Värnamo, unterschiedliche Preise. Auch Bed & Breakfast, DZ ab 670 SEK. Fahrräder, Kanus. ✆/📠 0382-32026, www.smalandreisen.de.

Essen & Trinken

Chaplin, Växjövägen, hier gibt es „die beste Pizza Europas", das sagen sie sogar selbst! Mo–Do 11.30–22, Fr bis 23, Sa 12–23, So bis 22 Uhr, ✆ 10610.

Gästgivargården, gemütliches Lokal im Zentrum mit großem Außenbereich, Växjövägen 1, Mo–Fr 11.30–14 Uhr, im Sommer Mo–Sa 18–23 Uhr, ✆ 301565.

Café Snipen, modern gestyltes Café in Bahnhofsnähe, neben den üblichen Kaffees gibt es auch Tagesgerichte und kleine Speisen. Storgatsbacken 6, Mo–Fr 8.30–18, Sa 9–15 Uhr, ✆ 19020.

Bredaryds Wärdshus, berühmte, ausgesprochen skurrile Lokalität mit verschiedenen Gasträumen, eine Mischung aus schwedischem Ausflugslokal und dem, was man sich in Schweden unter einer deutschen Kneipe vorstellt. Unglaublich große Auswahl an Biersorten, teils aus eigener Brauerei, und gute, etwas rustikale Küche. Bredaryd, Lundvägen 16, Mo–Fr 11.30–14 Uhr und Mo–Sa 17–22 Uhr, ✆ 80320.

Aktivitäten

Boots-/Kanuverleih bei der JH Herrestad und beim Camping Prostsjön, dort auch **Fahrräder**.

Badestellen bei den o. g. Campingplätzen, der JH und an den Seen des Gebietes.

Jönköping

(84.500 Einw.)

Die geschäftige Bezirkshauptstadt, inmitten bewaldeter Hügellandschaft am Südzipfel des Vättern gelegen, hat eine lange Tradition als Handelszentrum; wichtige Fernstraßen kreuzten sich hier, und schon seit dem 13. Jh. wurden im Ort Märkte abgehalten. Doch aus Jönköpings früher Geschichte sind keine Spuren im Stadtbild erhalten; mehrmals war der Ort in die dänisch-schwedischen Machtkämpfe verwickelt und brannte bis auf die Grundmauern nieder. Die Industrialisierung setzte in dieser Region im 17. Jh. ein, als die Großmachtambitionen der schwedischen Krone die Nachfrage nach Waffen und Munition anheizten. Das Eisenerz kam aus dem nahen **Taberg,** die Schwerindustrie etablierte sich besonders im angrenzenden **Huskvarna,** das noch heute für seine Maschinen, technischen Instrumente und Haushaltsgeräte bekannt ist. In Huskvarnas ältestem Stadtteil **Smedbyn** und dem angrenzenden Fabriksmuseum wird diese Industriegeschichte lebendig.

Husqvarna Fabriksmuseum, Hakarpsvägen 1, ✆ 146162, Mai bis Sept. Mo–Fr 10–17, Sa/So 12–16 Uhr, übrige Zeit Mo–Fr 10–15, Sa/So 12–16 Uhr.

Jönköping wurde vor allem durch ein anderes Produkt bekannt, das 1848 hier erfundene Streichholz. Auf dem ehemaligen Werksgelände der Fabrik, die bis 1971 die weltweit exportierten Sicherheitszündhölzer produzierte, wird heute nicht nur diese Erfolgsstory dokumentiert, sondern im historischen Milieu Musik und Theater, Kunst und altes Handwerk geboten.

Tändsticksmuseet, Tändsticksgränd 27, ✆ 105543, Juni bis Aug. Mo–Fr 10–17, Sa/So bis 15 Uhr, übrige Zeit Di–So 11–15 Uhr.

Noch in Betrieb ist eine andere holzverarbeitende Industrie, die Papiermühle **Munksjö,** an der Einfallstraße am gleichnamigen Stadtsee gelegen. Auch hier wird die Geschichte dieses Produktionszweigs in einem angeschlossenen Museum illustriert.

Banarpsgatan 41, ✆ 303300, Eingang vom Munkeplan, Eintritt frei, 2010 war das Museum leider geschlossen, der Fortbestand ist nicht ganz sicher.

Doch trotz aller Industrie hat Jönköping viele grüne Oasen, darunter den Stadtsparken auf **Skänkeberg.** Ein Spaziergang über die aussichtsreichen Parkhügel lässt sich mit der Besichtigung der ältesten Häuser von Jönköping verbinden, die hier oben zu einem kleinen Freilichtmuseum zusammengestellt wurden. Ein Holzkirchlein ist mit schönen Wand- und Deckenmalereien ausgeschmückt. Am nahen Dunkehallaåen führt ein idyllischer Spazierweg zu den Resten alter Wasserkraftanlagen, bei Rosenlund liegen schöne Badeplätze und die hohen Sandufer **Rosenlundsbankarna** am Vätternufer. Am Nordrand von Huskvarna erhebt sich der felsige **Huskvarnabergen** fast 200 m über den Wasserspiegel des Vättern.

Abstecher zum Dumme Mosse

Ein stadtnahes, lohnendes Wandergebiet ist Dumme Mosse, dessen Kerngebiet eines der wenigen verbliebenen Hochmoore Südschwedens bildet und das Brutgebiet zahlreicher Vogelarten darstellt, darunter Kranich, Sterntaucher und Birkhuhn. Durch angrenzendes Kiefernwald- und Sumpfland führt ein angelegter Wanderweg in das Naturschutzgebiet (10 km, Parken am Axamosjön oder südlich des Flugplatzes).

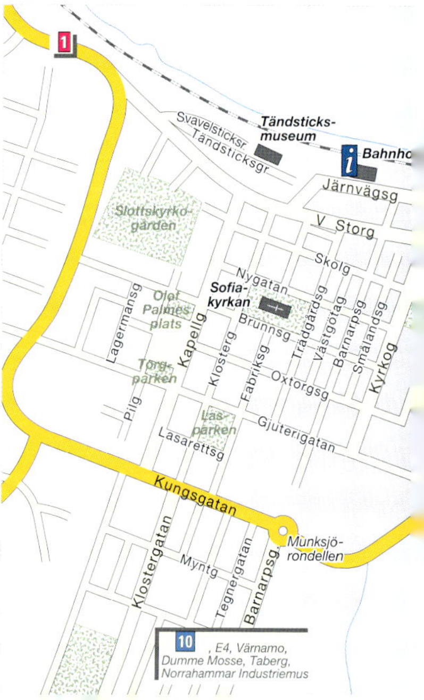

Auf einen Blick

Vorwahl Jönköping: 036

• *Information* **Turistbyrå Jönköping**, Resecentrum (Reisecenter im Bahnhof), 55189 Jönköping, ✆ 105050, www.destinationjonkoping.se, Mo–Fr 9.30–18, Sa 9.30–14 Uhr, im Sommer 1 Std. länger.

• *Verbindungen* **Bus**: Buslinie 325 Jönköping – Västervik über Eksjö, 2- bis 3-mal tägl. Nach Gränna mit Linie 101 ca. stündl. Diverse Busverbindungen nach Süden und Westen. Busterminal beim Hauptbahnhof.

Die innerstädtische Buslinie 1 *(röda linie)* verbindet Jönköping mit Huskvarna.

Zug: Verbindungen nach Malmö, Göteborg und Stockholm mehrmals tägl., Regionalzüge nach Motala über Nässjö-Tranås mehrmals tägl.

Flug: Flüge von Jönköping Airport nach Stockholm.

Parken: Zahlreiche zentrale Parkplätze, gebührenpflichtig, z. B. am Bahnhof/Tändsticksmuseet und an der Strandpromenade. In Huskvarna beim Fabrikmuseum.

• *Adressen* **Apotheke** in der Fußgängerzone Östre Storgatan/Smedjegatan. **Krankenhaus** Länssjukhusett Ryhov, ✆ 321000.

Übernachten/Camping

Elite Stora Hotellet (3), Hotellplan, erstes Haus am Platze, im Sommer erschwinglich. DZ ab 950 SEK. ✆ 100000, ℻ 2155025, www.elite.se.

Grand Hotell Classic (9), angenehmes Traditionshotel mitten in der City. DZ ab 790 SEK. Hovrättstorget, ✆ 719600, ℻ 719605, www.grandhotel-jonkoping.se.

STF Vandrarhem Norrahammar (10), ganzjährig. Im Vorort von Jönköping gelegener, schöner Gutshof, Busverbindung ins Zentrum von Jönköping. 250 SEK, DZ 480 SEK. Spånhults herrgård, Spånhultsvägen 19, ✆ 61075, ℻ 61078.

STF Vandrarhem Huskvarna (5), ganzjährig. Zentrale JH mit schlicht-modernem Ambiente.

Nah zu den Stadtbussen und zum Seeufer. Ab 190 SEK/Pers., DZ 480 SEK. Rosendala Turistgård, Odengatan 10, ✆ 148870, ✆ 148840.

• *Camping* **Villa Björkhagen & Rosenlunds Camping (4)**, ganzjährig. 3 km vom Zentrum entfernt Richtung Huskvarna, Ferienanlage direkt am Seeufer und Spaßbad (für Gäste Eintritt frei.) FeHa/6 Pers. ab 950 SEK, Hütten/4 Pers. ab 795 SEK, DZ ab 1295 SEK. ✆ 122863, ✆ 126687, www.villabjorkhagen.se.

Essen & Trinken (siehe Karte S. 278/279)

Piren (2) ist im Sommer *die* Adresse zum Essen, Trinken und Flanieren. Unter den Lokalen, die das Hafenpier säumen, ist viel Maritimes: Restaurantschiffe, Fischräucherei und **Pirens Fiskekrog**, im Sommer tägl. 10–2 Uhr, sonst 12–20 Uhr, ✆ 150096.

Restaurang Hemma (6), schwedische Küche. Mo–Fr 11.30–14 und 18–23 Uhr, Sa nur 18–23 Uhr. Juli geschlossen! Smedjegatan 38, ✆ 100115.

Rydberg Restaurant (7), gute Esskneipe im Ostteil der City, tägl. 11.30–1 Uhr. Östra Storgatan 39, ✆ 190302.

Fjällstugans Kafé (1), oberhalb des Stadtparks gelegenes Ausflugslokal mit weitem Blick über die Stadt und den Vättern. Mai bis Aug. tägl. 14–21 Uhr, sonst 12–15 Uhr. Valhallavägen, ✆ 711875.

Galleri Smedbyn (8), angenehmes Café in der gleichnamigen Galerie in Huskvarnas historischem Stadtteil, tägl. 10–18 Uhr. Huskvarna, ✆ 143570.

Aktivitäten

Jönköpings Länsmuseum, Dag Hammarskjöld Plats 2, ✆ 301800, 40 SEK. Interessante Sammlung zur Geschichte der Stadt, zu Kunst und Handwerk der Region (im Jahr 2011 leider wegen Renovierung geschlossen).

Norrahammar Industriemuseum, Hammarvägen, ✆ 316621, Mitte Mai bis Mitte Sept. Sa/So 13–17 Uhr, Juni bis Aug. auch Do/Fr 13–17 Uhr, 30 SEK. Dokumentiert werden die Eisengewinnung am Taberg seit der Wikingerzeit sowie die Entwicklung der Eisenindustrie und des Ortes. Ideal zu kombinieren mit einem Besuch der alten Erzgruben am Taberg, südlich von Norrahammar (Tabergsgruvan), und einer Fahrt zur Gipfelkuppe des 340 m hohen Aussichtsberges.

Ausflugsfahrten auf dem Vättern mit MS Skärgården ab Jönköpings Hamn, Mai bis Sept. Mi–So 19–22 Uhr, verschiedene Abendfahrten, teils mit Buffet und Unterhaltungsprogramm. Buchung Rederi AB Kind, ✆ 141-233370, oder über die TI.

Rosenlundsbadet, Elmiavägen 4, ✆ 107034, Mo–Fr 8–20, Mo erst ab 12 Uhr, Sa/So 10–17 Uhr. Riesiges Spaßbad mit allem, was dazugehört, ein Magnet für Familien.

Fahrradverleih bei der JH Huskvarna.

Gränna (2600 Einw.)

Das hübsch unter den Steilufern des Vättern gelegene Städtchen mit seiner 350 Jahre alten Holzbebauung ist ein beliebtes Ausflugsziel. Überall im Ort werden die rot-weiß gestreiften Zuckerstangen *Polkagrisar* angeboten, die 1859 von der Witwe Amalia Erikson „erfunden" wurden. Wie sie auf den merkwürdigen Namen („Polkaschwein") kam, blieb ihr Geheimnis, aber die Bonbon-Rezeptur wird heute in so mancher Polkagriskokeri nachgekocht. Witwe Erikson steht derweil in Bronze vor ihrer einstigen Wirkungsstätte, und in einer Bonbonkocherei wirbt passenderweise ein Zahnarzt für seine Dienste.

Eigentlich ist der Besucherandrang wegen ein paar klebriger Lollies nicht nachzuvollziehen. An der Brahegatan reiht sich ein Geschäft und Lokal ans andere, Familien drängen sich auf den schmalen Bürgersteigen und in die Läden, gleich daneben tobt der Durchgangsverkehr. Mittendrin trifft man vielleicht etwas unerwartet auf das **Polarcentrum,** einen Museumskomplex mit Bibliothek und Touristeninformation, in dem das ehemalige **Andréemuseum** sich neu präsentiert. Dass der hohe Norden hier thematisiert wird, liegt an einem Sohn der Stadt namens Salomon August Andrée, der 1897 die abenteuerliche Idee in die Tat umsetzte, den Nordpol mit einem Heißluftballon von Svalbard aus anzusteuern. Die Expedition scheiterte, die drei Teilnehmer mussten notlanden, irrten mehrere Monate im arktischen Eis herum und kamen schließlich um. Das Museum zeigt die erst 1930 gefundenen Ausrüstungsgegenstände und Tagebücher der Verunglückten und stellt die tragische Forschungsreise in einen Zusammenhang zur Geschichte der Polarforschung.

Polarcentrum im Gränna Museum, Kulturgården, Brahegatan 38–40, ✆ 103890, 10–16 Uhr, im Sommer bis 18 Uhr, 50 SEK.

Abstecher nach Visingsö

Zu den Ausflugszielen der Umgebung zählt die Insel Visingsö, bekannt für ihr mildes Klima. Die günstige Lage machte die Insel attraktiv für bäuerliche Siedler und adelige Gutsherren. Ab dem 16. Jh. war sie im Besitz der Grafenfamilie Brahe, die ein herrschaftliches Schloss errichtete – seit einem Brand im 18. Jh. eine beeindruckende Ruine unweit des heutigen Anlegers. Auch die nahe gelegene, barocke Brahekyrka mit ihrem malerischen Kirchhof ist sehenswert. Eine weitere Burgruine liegt an der Südspitze der 14 km langen (und 3 km breiten) Insel: Näs Slott stammt aus dem 12. Jh. Durch Getreidefelder und Eichenwälder lässt sie sich per Fahrrad, auf einer der beliebten Kutschfahrten mit dem „remmalag“ oder zu Fuß auf ruhigen Wegen erreichen.

Auf einen Blick

Vorwahl Gränna: 0390

• *Information* **Gränna Turistbyrå**, Kulturgård, 56322 Gränna, ✆ 41010, ℻ 10275, www.grm.se/turistinfo, Mitte Mai bis Mitte Aug. tägl. 10–18 Uhr, übrige Zeit 10–16 Uhr.

Visingö Tourist, im Hafen, ✆/℻ 40193, Mitte Mai bis Mitte Aug. tägl. 10–19 Uhr.

• *Verbindungen* **Bus/Fähre**: Linie 122/123 nach Jönköping, 671 über Ödeshög nach Motala. Auto- und Personenfähren Gränna – Visingsö ca. halbstündl. (Nov. bis April ca. stündl.), hin/zurück 50 SEK, Auto 165 SEK. Auf der Insel verkehrt die Buslinie 126.

Parken: Am besten zwischen Zentrum und Hafen (kostenpflichtig).

• *Adressen* **Ärztliche Hilfe**: Vårdcentralen Hävdevägen 31, ✆ 036-324900, dort auch **Apotheke** Kronan.

Übernachten/Camping

Ribbagården Gästgivferi, traditionsreicher und romantischer alter Gasthof, relativ ruhig gelegen. Gemütliches Restaurant. DZ ab 890 SEK. Ribbagårdsgränd, ✆ 10820, ℻ 10821, www.ribbagarden.se.

Hotell Västanå Slott, Mai bis Sept. Nobles Landschlösschen mit Golfplatz, wenige Kilometer südlich von Gränna, Aussicht auf den Vättern. DZ ab 1490 SEK. ✆ 10700, ℻ 41875, www.vastanaslott.se.

Hotell Grännagården, Mittelklassehotel in günstiger Lage zwischen Ort und Hafen. DZ 850 SEK, 3-Bett-Zimmer 990 SEK. Hamnvägen 2, ✆ 10091, www.grannagarden.com.

STF Vandrarhem Visingsö, Juni bis Aug. Nette, kleinere Herberge, 2 km oberhalb des Fähranlegers. 240 SEK, DZ ab 500 SEK. Tunnerstad, ✆ 40191, www.visingso-vandrarhem.se.

Standterrassens Vandrarhem, an Grännastrandens Familiecamping (s. u.) angrenzende kleine JH, ab 230 SEK. ✆ 41840, www.strandterrassen.se.

• *Camping* **Grännastrandens Familiecamping**, Mai bis Sept. Beliebter, meist recht voller Platz zwischen Ort und Fähranleger, mit Zugang zur kinderfreundlichen Badelagune. Hütten ab 500 SEK/4 Pers. ✆ 10706, ℻ 41260, www.grannacamping.se.

Getingaryds Familiecamping, Mai bis Sept. 9 km nördlich von Gränna am Vätternufer gelegen, ländlich-ruhige Umgebung. Begrenzte Bademöglichkeit am Kiesufer mit kleinem Anleger. Hütten/4 Pers. ab 350 SEK. ✆ 21015, www.camping.se/f02.

Essen & Trinken

Hamnkrogen Mat & Bar, im Sommer günstiges Dagens bis 17 Uhr, viel Fisch, im Juli tägl. ab 18 Uhr beliebtes und preisgünstiges „Räk- och Laxbuffet". Juni bis Aug. tägl. 12–22 Uhr, Mai/Sept. Mo–Fr 18–21, Sa 12–22, So bis 18 Uhr, Okt. bis Dez. und April Sa 12–22, So bis 18 Uhr. Gränna Hamn, ✆ 10038.

Pir Kro, breite Auswahl, schöne Lage, mit Veranda am Wasser. Mai bis Sept. tägl. 12–22 Uhr. Gränna Hamn, ✆ 41550.

Amalias Krog, Lunch, à la carte, im Sommer sitzt man schön im Garten. Sommer tägl. 11–22 Uhr, übrige Zeit 11–19 Uhr, Mi, Fr und Sa bis 24 Uhr. Torget, ✆ 10017.

Café Hallska Gården, in den Gebäuden rings um den idyllischen Innenhof haben sich nicht nur das gemütliche Café, sondern auch Kunsthandwerker niedergelassen. Im Sommer tägl. 10–18 Uhr. Brahegatan/Hahngränd.

Fiket, das Lunchcafé ist im Stil der 50er Jahre eingerichtet und serviert leckere Kuchen und Smörgåsar, auch auf der Terrasse mit Vätternblick. Mo–Fr 7–18, Sa 8.30–15, So 11–16 Uhr, im Sommer bis 19 Uhr. Brahegatan 43, ✆ 10057.

Gyllene Uttern, unsäglich kitschiges „Burg"-Hotel aus den 1930er Jahren und eigentlich eine furchtbare Touristenfalle, die man auch wegen der nahen Autobahn links liegen lassen könnte, wenn da nicht die fantastische Aussicht wäre. Im Restaurant zahlt man das Ritterflair mit, auf der Terrasse der Cafeteria ist der Blick auf den Vättern ebenso schön. Im Sommer tägl. 12–21 Uhr, außerhalb des Sommers nur Fr–So, Restaurant 12–20 Uhr, So nur bis 18 Uhr. ✆ 10800.

Rund um den Anleger auf **Visingsö** ist in der Saison alles auf die Tagesgäste eingestellt, vom Kiosk bis zum Wärdshus.

Aktivitäten

Spazierwege von Gränna zum idyllischen Nachbardorf Röttle by, dort auf dem **Röttlestigen** am steil einschneidenden Flüsschen entlang zu Mühlen und Staubecken aus der Zeit, als Per Brahe hier um 1680 wasserbetriebene Werkstätten bauen ließ. Die Rasmuskvarn wird als Ausstellungsraum genutzt (Juli bis 1. Woche Aug. Di, Sa und So 13–16 Uhr). Das südlich angrenzende Västanå Naturreservat ist von Rundwegen durchzogen (2,5–7,5 km). Ausdauernde können unterwegs auf den beschilderten „John Bauerleden" abbiegen und bis zum See Bunn wandern oder ganz bis Jönköping (50 km).

Fahrradverleih auf Visingsö am Hafen.

Kanuverleih Ottorina, ✆ 54016, am Südarm des wunderschön verwinkelten Sees Bunn.

Vom Hochland zur Ostsee

Fast unmerklich steigt das wald- und seenreiche Gelände vom tiefen Binnenmeer Vättern zum gut 300 m hohen småländischen Höglandet an, um sich dann zur Ostsee wieder zu senken. Die Region im Norden Smålands prägt mit unendlichen Wäldern, Seen und roten Holzhäuschen unser Bild von Schweden. Menschenmengen trifft man unterwegs nur an wenigen Orten. Hier und da ermöglichen flache Felskuppen eine weite Sicht über die sanft gewellte, dünn besiedelte Landschaft. Die höchste Erhebung ist mit 377 m der beliebte Aussichtspunkt Tomtabacken südlich von Malmbäck.

Eksjö (10.000 Einw.)

In der Altstadt von Eksjö scheint die Zeit stehengeblieben zu sein. Im Norden des Stora torget ist in **Gamla Stan** eine geschlossene Holzhausbebauung erhalten geblieben, die nach einem alles vernichtenden Stadtbrand 1568 errichtet wurde. Rings um die Norra Storgatan spaziert man durch die schmalen Gassen, vorbei an roten, weißen und pastellfarbenen Holzhäuschen, teils in Blockbauweise errichtet, mit

Ganz aus Holz: Innenhof in Eksjö

verzierten Ballustraden, niedrigen Gängen und Toren, die in die Hinterhöfe einstiger Handwerksbetriebe oder in verwunschene Gärten führen. Ungewöhnlich großzügig wirkt das Anwesen **Aschanska Gården,** Wohn- und Arbeitsstätte einer begüterten Gerberfamilie und seit 1984 ein Teil des Museums (Norra Storgatan 18, Juli bis Aug. tägl. 13 und 16 Uhr Führungen, 50 SEK). Am Ufer des idyllischen Flüsschens Eksjöån liegt das Hauptgebäude des **Eksjö Museum,** das in passendem Ambiente der 600-jährigen Geschichte des Städtchens gewidmet ist (Österlånggatan, ✆ 36160, Juli bis Aug. Mo–Fr 11–18, Sa/So 11–15 Uhr, übrige Zeit Di–Fr 13–17, Sa/So 11–15 Uhr, Mitte Mai bis Mitte Sept. 40 SEK, sonst Eintritt frei). Auch eine sehenswerte Ausstellung über den Karrikaturisten Albert Engström findet sich hier, gleich daneben das Turistbyrå und ein süßes Vandrarhem, alles umgeben von einem romantischen Blumengarten.

Südlich des **Stora torget** ändert sich der Baustil. Schon der weite Platz selbst, flankiert vom herrschaftlichen Stadshotell und der Stadtkirche, kündigt Neoklassik an, die sich in breiten, geraden Straßen und schlichten bis strengen Fassaden nach Süden fortsetzt. Dieser Teil der Stadt brannte 1856 noch einmal und wurde daraufhin im vorherrschenden Architekturstil der Zeit wieder aufgebaut.

Abstecher zur Skurugata

Von Eksjö lohnt sich ein Abstecher nach Norden zu der eiszeitlichen **Felsenschlucht Skurugata,** die 800 m lang und bis zu 60 m tief in die Hügelkuppe des Skuruhatt einschneidet. Eine einstündige Rundwanderung auf markierter Route führt hindurch und zu der 320 m hohen Aussichtskuppe. In der schmalen, verwunschenen Schlucht geht es über Stock und Stein, die senkrechten Wände rücken bis auf wenige Meter zusammen; mit den passenden Schuhen ein spannender Ausflug (ab dem Stadtzentrum beschildert).

Abstecher nach Aneby

20 km nördlich von Eksjö liegt nahe der RV 32 der Wasserfall Stalpet. Treppchen erschließen die kleine Schlucht, in die sich der Bach hinunterstürzt, oben liegt ein idyllisches Café mit kleiner Kunstausstellung, ein hübsches Ausflugsziel (Café Stalpet, Aneby, Mai bis Aug. tägl. 11–20 Uhr).

Abstecher nach Nässjö und Lövhult

Nässjö ist zwar das Zentrum der Region Höglandet, als Urlaubsort aber wenig geeignet. So lebt die Stadt denn auch mehr von verarbeitender Industrie und Transport. Der Bedeutung als Eisenbahnknotenpunkt widmet sich immerhin das nette

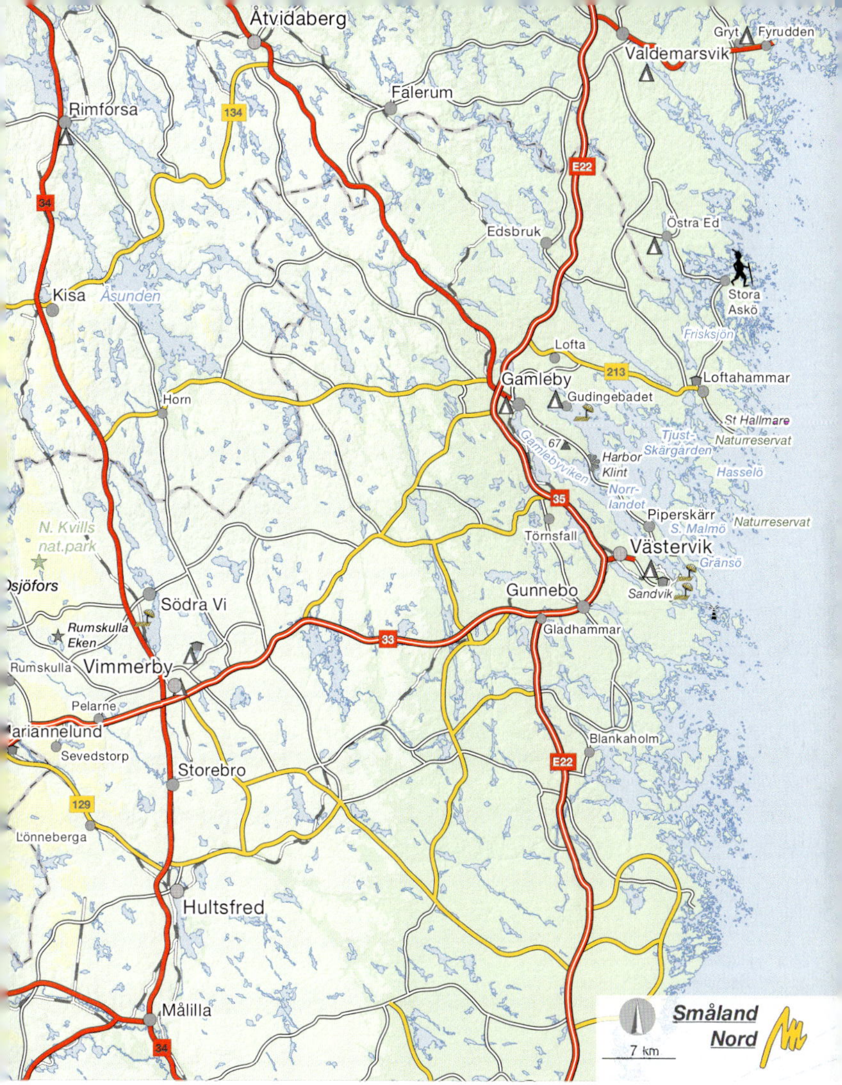

Järnvägsmuseum. Nostalgisches wird im alten Schuppen nahe dem Bahnhof ausgestellt, ein paar ältere Waggons und eine Dampflok stehen davor.

Juni bis Aug. Di–So 11–15 Uhr, 40 SEK. Brogatan, ✆ 0380-72207, www.lokstallet.se.

Wer die Stadt nicht nur zum Umsteigen oder Einkaufen nutzen will, wird vielleicht dem schönen Stadtpark am Ingsbergsjön einen Besuch abstatten. Ansonsten ist das **NR Lövhult** östlich von Nässjö ein hübsches Ziel. Die typische Wald- und Wiesenlandschaft ist ein beliebtes Freizeit- und Wandergebiet, im Winter auf Skiern. Der Höglandsleden von Eksjö nach Nässjö führt durch das Gebiet; nach Eksjö sind es von hier 24 km (ca. 6 Std.), nach Nässjö 7 km (ca. 2 Std.). Ein im Aufbau befindliches

Eksjö: alte Holzbebauung

Eisenzeitdorf liegt in der Nähe (bislang noch keine festen Öffnungszeiten, ✆ 070-7166213, www.jernalderbyn.se).

Südlich von Nässjö, auf der Straße nach Bodafors erreichbar, liegt bei Torranäs das eisenzeitliche Gräberfeld **Torsa Stenar** mit mehreren Domarringen – kreisförmigen Steinsetzungen – und einem Treudd, einem ungewöhnlichen "Dreizack"-Grab.

Auf einen Blick

Vorwahl Eksjö: 0381

• *Information* **Eksjö Turistbyrå**, Norra Storgatan 29, 57580 Eksjö, ✆ 36170, ✆ 36179, www.visiteksjo.se, Mitte Juni bis Mitte Aug. tgl 8–20 Uhr, übrige Zeit Mo–Fr 10–18, Sa 10–14 Uhr.

• *Verbindungen* **Bus**: Buslinie 857 und 325 nach Jönköping bzw. Västervik. **Zug**: Verbindung nach Nässjö – dort Anschluss an zahlreiche Linien.

Parken: rings um die Altstadt teils mit Parkscheibe.

• *Adressen* **Ärztliche Hilfe**: Höglandssjukhuset, Västanagatan 9, **Apotheke** Tigern, Norra Storgatan 25. **Banken** und **Geschäfte** in der Södra Storgatan.

Übernachten/Camping

Hotel Ullinge, herrliche Lage direkt am See, Kanu, Windsurfing u. a. DZ ab 1290 SEK. ✆ 81060, ✆ 81050, www.ullinge.se.

Hotel Vaxblekaregården, süßes, kleines Hotel im typischen Altstadthaus. DZ ab 995 SEK. Arendt Byggmästaresgatan 8, ✆ 14040, ✆ 14047, www.vaxblekaregarden.com.

Eksjö Stadshotell, gediegenes, älteres Hotel. Gutes Restaurant im Hause, besonders schön sitzt man im Pub. DZ ab 890 SEK. Stora torget, ✆ 13020, ✆ 12750, www.eksjostadshotell.se.

STF Vandrarhem Eksjö, ganzjährig. Im alten Ortsteil, romantisch-idyllische Unterkunft mit Museumsflair. 210 SEK, DZ 490 SEK. Österlånggatan 31, ✆ 36170, ✆ 36179.

• *Camping* **Eksjö Camping**, ganzjährig. Östlich der Innenstadt am See Hunsnäsen gelegen, Badeplatz angrenzend, Sauna. Hütten/4 Pers. ab 450 SEK, Gästezimmer 300 SEK/2 Pers., 400 SEK/4 Pers., ✆ 39500, ✆ 14096, www.eksjocamping.se.

Außerhalb **Ralingsås Fritidsgården**, 3 km nördlich von Aneby (beschildert ab Stalpet), hoch über dem Seeufer gelegene christliche Tagungsstätte mit JH und Campingplatz, offen für jeden. Wenn nicht gerade ein Seminar Hunderte herzieht, ist die Anlage ein idyllisch-ruhiger Geheimtipp, besonders für lärmgeplagte Camper. Kanuverleih, Boots- und Badesteg am Ufer, nur für Schwimmer – es wird gleich tief. JH ab 165 SEK, ✆ 0380-40295 und 0763-411438, www.ralingsasgarden.se.

Lövhults Camping & Vandrarhem, ganzjährig, im Naherholungsgebiet bei Nässjö gelegener Platz, einfach und ruhig. Im Sommer ein Geheimtipp für alle, die keinen Trubel brauchen. Ein Badesee fehlt zwar, aber im Friluftsgård gibt es eine Sauna (Di/Do 17–21, Fr 15–18, So 8–13 Uhr). JH ab 170 SEK, ✆ 0380-518203, www.lovhult.nu.

Essen & Trinken

Salt'n Pepper, günstige internationale Küche. Mo–Fr 11–14.30, Mi–Sa 18–21, Sa 12–15 Uhr. Södra Storgatan 10, ✆ 15959.

Abborravikens Värdshus, etwas außerhalb am Abborravikenrondellen, dem Kreuzungspunkt der Straßen 32 und 33 gelegen. Servicestation mit (recht teurem) Motel und ordentlichem Restaurant, gute Hausmannskost. Auch DZ ab 720 SEK. Tägl. 6.30–23 Uhr. Kråkebergsvägen 1, ✆ 13010.

Lennarts Konditori, gemütliches Café am Marktplatz. Mo–Fr 8–18, Sa/So 11–16 Uhr, Stora torget, ✆ 611390.

Vetlanda (12.700 Einw.)

Das Städtchen am Emån nutzte seit jeher die Wasserkraft für Kleinindustrie. Noch heute arbeitet die Wassermühle Mela Kvarn südlich der Stadt. Im Norden liegt am **Kvarndammen** zwar keine Mühle mehr, dafür aber in schöner Parkumgebung der alte Gasthof, heute die JH. Der Folkets Park schließt sich an, oder man spaziert am Fluss entlang, vorbei am Hembygdsgård zum **Stortorget.** Nicht weit ist es von dem ansprechenden Platz zum **Apoteksparken,** wo im alten Tinghus das **städtische Museum** untergebracht ist. Neben regionaler Kunst und Vorgeschichte widmet es dem ersten und einzigen Goldrausch Schwedens eine Ausstellung, denn dieser fand in der Kommune Vetlanda statt (s. Abstecher).

✆ 97352, Di 10–16, Mi–So 12–16 Uhr, Eintritt frei.

Abstecher nach Ädelfors und Kleva Gruva

Ädelfors **Guldrike** heißt die alte Goldgrube etwas östlich der Stadt, in der ab 1738 das Edelmetall geschürft wurde. Das Museum zeigt eine Mineraliensammlung und die Arbeitsbedingungen der früheren Grubenarbeiter, während man heute am Fluss Gold waschen kann – angeblich wird immer mal wieder ein Körnchen gefunden.

Gruvmuseum, ✆ 460000, Mittsommer bis Mitte Aug. tägl. 13–17 Uhr, 300 SEK.

Auch die **Kleva Gruva,** nördlich von Holsbybrunn gelegen, förderte Gold, allerdings nur in geringen Mengen. Wichtiger waren Kupfer und später Nickel, das hier bis 1919 abgebaut wurde. Heute kann man die Grube besichtigen, ein Teil ist sogar rollstuhlgerecht.

Holsbybrunn, ✆ 54033, Mittsommer bis Aug. tägl. 11–16 Uhr, Juli bis 18 Uhr, 80 SEK.

Nördlich von Vetlanda ist bei Skede der **Hällaryds Kanal** einen Halt wert. Der 1,5 km lange Kanal wurde Ende des 19. Jh. von Hand gegraben und liefert bis heute Wasserkraft für eine Turbine.

Abstecher nach Bodafors und Sävsjö

Bei Bodafors, westlich der Stadt, bildet ebenfalls Wasser die Hauptattraktion. Ein altes Mühlengebäude am Fluss beherbergt das **Ekomuseum,** in dem die Geschichte der Möbelherstellung beleuchtet wird: Hier entstanden 1886 die

Blekinge und Småland
Karten S. 242/243 und S. 284/285

Romantische Burgruine Eksjöhovgård

bekannten „Pinnstolar", die typischen Stühle mit den Stäbchenlehnen – ein Klassiker. Ein 4 km langer Spazierweg führt durch das Flusstal.

Emåns Ekomuseum, Bodafors, Dammgt. 15, ✆ 0380-370376.

Bei Sävsjö liegt nahe der RV 127 die **Burgruine Eksjöhovgård** im gleichnamigen See; vom Ufer führt eine Brücke zu dem flachen Holm hinüber. Die romantische Ruine des 1685 errichteten Adelssitzes ist immer zugänglich. Der kleine See ist von Wald und Wiesen umgeben, durch die ein Spazierweg führt (3,7 km); Badeplatz, Vogelbeobachtungsturm und Angelbrücke machen ihn zum beliebten Freizeitrevier von Sävsjö. Mit Campingplatz am See und Vandrarhem beim nahen Värdshus eignet sich dieses auch für eine Reiseunterbrechung. **Sävsjö** selbst wirkt kleinstädtisch-gemütlich; um den Stora torget finden sich hübsche Holzhäuser und nette Cafés. Sävsjös Vergangenheit als Luftkurort beweist das alte Sanatorium im Ljunga Park, heute das erste Hotel am Platze.

Zurück Richtung Vetlanda liegt der Vallsjö am Weg. Ein Abstecher nach links führt zum Badeplatz **Vallsjöbaden,** mit Sommercafé und Bootsverleih ein schönes Ausflugsziel (✆ 0382-61290, Juni bis Mitte Aug. tägl. 11–21.30 Uhr, Mi Tanzabende bis 23 Uhr). Etwas weiter auf der RV 127 liegt die romanische Kirche **Vallsjö Gamla Kyrka** aus dem 12. Jh. am Seeufer.

Sturmschäden in Småland

In den letzten Jahren haben mehrmals schwere Stürme Teile der Waldbestände in Småland zerstört, so auch in der Gemeinde Vetlanda. Daher ist der Fernwanderweg Höglandsleden z. Zt. nicht zuverlässig zu benutzen; leider ist auch der Urwald von Trollbo Portar davon betroffen.

Auf einen Blick

Vorwahl Vetlanda: 0383

• *Information* **Vetlanda Turistbyrå**, Lasarettgt. 1b, 57432 Vetlanda, ✆ 97414, 📠 97041, www.vetlanda.se, Mitte Juni bis Mitte Aug. Mo–Fr 10–18, Sa bis 14 Uhr, übrige Zeit Mo–Fr 10–17 Uhr.

• *Verbindungen* **Bus**: Vom Vetlanda Resecentrum fährt die Linie 301 ca. halbstündl. nach Eksjö, wo es weitere Anschlüsse gibt, Linie 342 nach Sävsjö. **Zug**: Verbindung nach Nässjö und Eksjö.

• *Adressen* **Ärztliche Hilfe** im Vetlanda Vårdcentrum, Norrvägen 2b, ✆ 732010, **Apotheke** Lejonet in der Storgatan 5, hier auch mehrere **Banken**. **Polizei**: Missionsgatan 2.

Übernachten/Camping

KvarnDammens Vandrarhem, schöner alter Gasthof nahe dem Mühlenteich, Fußweg zur City. Ab 160 SEK, auch DZ und B&B. Brogt. 3, ✆ 19921, www.kvarndammens.se.

• *Camping* **Östanå Camping**, Mai bis Sept. baumbestandener Wiesenplatz am See Grumlan, 3 km südwestlich der Stadt, Badestrand, Golfplatz und Restaurant angrenzend. Hütten ab 500 SEK/4 Pers. ✆ 17177, info@ostanacamping.se.

Außerhalb **Wallby Säteri**, herrlicher alter Landsitz bei Skirö, DZ ab 875 SEK, im Sommer auch Restaurant. ✆ 462160, 📠 462161, www.wallby.se.

Sävsjö Camping & Vandrarhem, Eksjöhovgården, Mai bis Sept. Herrlich gelegener, wenig überlaufener Platz am See, Hütten 450 SEK/4 Pers. JH ganzjährig, auf der anderen Straßenseite beim Värdshus, 185 SEK. ✆ 0382-10040, www.savsjocamping.se.

Vänhems Café & Vandrarhem, Unterkunft im schönen gelben Holzhaus ca. 15 km südlich von Vetlanda, mit gemütlichem Garten und Teich; hier im Sommercafé zu sitzen oder Lunch zu sich zu nehmen, ist ein Erlebnis (Mai 11–19 Uhr, Juni bis Aug. 10–20 Uhr). Auch der japanische Garten ist sehenswert. DZ 420 SEK, ✆ 20411, 📠 20343, www.vanhem.se.

Blekinge und Småland
Karten S. 242/243 und S. 284/285

Essen & Trinken

In der Stadt dominieren Pizzerien und Asienküchen die Szene; schwedischer isst man außerhalb im Östanå Wärdshus beim Campingplatz und in Wallby Säteri (s. Übernachten).

Konditori Cecil, beliebte Bäckerei mit Café in der City. Mo–Fr 8–18, Sa bis 14 Uhr. Delfingt. 2, ✆ 10345.

Außerhalb **Eksjöhovsgårds Värdshus**, wunderschönes altes Gasthaus bei Sävsjö, serviert zu moderaten Preisen schwedische Klassiker von Lachsfilet über Backkartoffel mit Räkröra bis zur deftigen Wurst Isterband, aber auch – passend zur Lage nahe der Burgruine – einen Ruinburgare. Tägl. 11–14 und 18–21 Uhr, im Sommer durchgehend und Fr/Sa Grillbuffet. ✆ 0382-575060.

Aktivitäten

Kanuverleih beim Campingplatz und bei Hasses Kanoter in Alseda, ✆ 070-6251707. Verleih und **geführte Touren** bei Emventure in Emhult, zwischen Adelfors und Kvillsfors, ✆ 464022, www.emventure.se.

Fahrradverleih bei Connys Cykel & Motor, Brogårdsgatan, ✆ 10983, und bei Emventure.

Badeplätze u. a. bei den Campingplätzen, bei Skirö am Övrasjön, bei Sävsjö am Vallsjö und bei Bodafors am Storesjön.

Vetlanda Badhus, kleines Hallenbad mit Sauna, Norra Esplanaden 16, ✆ 10387.

Sävsjö Äventyrsbadet, Hägnevägen, ✆ 0382-15300. Neues Spaßbad mit Sauna nahe Eksjögården, Juli bis Mitte Aug. tägl. 11–16.30 Uhr, übrige Zeit Di–Do 14–20, Fr 10–21 Uhr, Sa/So bis 15.30 Uhr, 65 SEK.

Wandern im NR Illharjen: Verwunschenes bewaldetes Flusstal am Südrand von Vetlanda.

Vimmerby

(8000 Einw.)

Vimmerby ist vor allem für eines bekannt: **Astrid Lindgrens Värld.** Der große Freizeitpark mit allem, was Kinder und Erwachsene aus den Büchern der weltberühmten Autorin kennen, liegt etwas außerhalb. Die kleine Handelsstadt selbst kann zwar auf eine lange Siedlungsgeschichte zurückblicken, hat aber außer einigen über die Innenstadt verteilten alten Bürgerhäusern wenig davon bewahrt. Und so vermarktet sie eben ihre berühmteste „Tochter" Astrid Lindgren, die auf dem Hof Näs nördlich der Stadt aufwuchs. Der Stora torget verwandelt sich im Sommer in ein Kinderparadies mit Pippis Seeräuberschiff, Eisbuden, Waffelbäckerei und Freilufttheater.

Ausflüge in die Umgebung

Westlich von Vimmerby sind zwei Schauplätze der Lindgren-Geschichten zu besichtigen: In Sevedstorp, bei Pelarne links der RV 33 gelegen, wurde „Bullerby" verfilmt (dort Cafe, Ende Juni bis Mitte Aug. tägl. 11–18 Uhr). Das „Katthult" der Michel-Verfilmung (im schwedischen Original Emil, aber der Name war im Deutschen schon besetzt) liegt in Gibberyd, kurz vor Mariannelund rechts ab. Auch Lönneberga liegt in der Region, lieferte aber nur den Namen für Michels Wohnort.

Nordwestlich von Vimmerby befindet sich ein anderes lohnendes Ausflugsziel: der **Norra Kvills Nationalpark,** ein urtümlicher Nadelwald, von Wanderwegen durchzogen. Dick bemooste Felsblöcke und umgestürzte Bäume prägen das Unterholz, zwei stille Waldseen und die Aussichtskuppe Idhöjden sind auf kurzen Wanderungen zu erreichen (Markierungen nicht auf allen Strecken vorhanden, Infoblatt am Parkplatz vorrätig). In der Nähe lag das **Freilichtmuseum Osjöfors** mit einer alten Papiermühle am Fluss Stangån. Es wurde im August 2005 durch Brandstiftung zerstört, ein Besuch der schönen Umgebung lohnt sich noch immer.

Neben der Rumskulla Eken wirkt jeder zierlich

Bei Södra Kvill, südlich des Nationalparks, ist die **Rumskulla Eken** (auch Kvilleken genannt) ein weiteres Besichtigungsziel. Die etwa 900 Jahre alte, gedrungene Eiche hat einen Durchmesser von über 4 m. Der Ausflug lässt sich im angrenzenden, gemütlichen Hofcafé Kvill beschließen (✆ 0496-43031, je nach Wetter und Bedarf, Kernzeiten tägl. 11–19 Uhr, ein selbstgeschaffener „Wikingerhof“ Kulthult anbei).

Auf einen Blick

Vorwahl Vimmerby: 0492

• *Information* **Vimmerby Turistbyrå**, Rådhuset 1, 59837 Vimmerby, ✆ 31010, 📠 13065, www.vimmerbyturistbyra.se, Juni Mo–Fr 9–18, Sa 9–14 Uhr, Juli bis Mitte Aug. tägl. 9–20 Uhr, 2. Hälfte Aug. sowie Juni, Sept./Okt. Mo–Fr 9–17 Uhr, Sept. auch Sa 10–14 Uhr, Nov. bis März Mo–Fr 10–16 Uhr, April bis Mitte Mai Mo–Fr 9–17 Uhr, 2. Hälfte Mai bis 18 Uhr und Sa 9–14 Uhr.

• *Verbindungen* **Bus/Zug**: Buslinie 857 nach Jönköping, Zugverbindung nach Nässjö oder Linköping – dort Anschluss an zahlreiche Linien. Bahnhof und Busterminal Järnvägsgatan, südlich der City.

Parken: überall in der Stadt kostenlos.

• *Adressen* **Ärztliche Hilfe**: Sjukhus, Drottninggatan, ✆ 17600, **Apotheke** Norrtullsgatan. **Polizeistation**: Kungsgatan, ✆ 11414. **Banken** und zahlreiche **Geschäfte** um die Storgatan.

Übernachten/Camping

Stadshotellet, zentrales, gutes Stadthotel am Stora torget 9. DZ ab 1295 SEK. Sevedegatan 39, Vimmerby, ✆ 12100, 📠 14643, www.vimmerbystadshotell.se.

Hotell Ronja, Motel am Südrand der City, DZ ab 1100 SEK. Stora Mässhallsgatan 16, Vimmerby, ✆ 16700, 📠 15722, www.hotellronja.se.

STF Vandrarhem Vimmerby, Juni bis Aug. Gemütliche Herberge in alter Holzvilla, 4 km östlich der Stadt an der RV 33 und am See Borstinge gelegen. 240 SEK/Pers., DZ ab 460 SEK. Hörestadhult, ✆ 10275, 📠 31231.

Kullagårdens Vandrarhem & Konferens, April bis Aug. Familienfreundliche, schlicht-moderne Unterkunft zwischen Vimmerby und Eksjö. DZ ab 380 SEK. Kullagatan, Mariannelund, ✆ 0496-10105, www.kullagarden.com.

Mossebo Gästhem, schöner alter Gutshof mit herrlichem Garten, zwischen Vimmerby und Mariannelund. Beliebtes Restaurant und Café (Mittsommer bis 1. Woche Aug. tägl. 12–21 Uhr). Familienzimmer bis 4 Pers. 800 SEK. Pelarne, ✆ 91016.

• *Camping* **Astrid Lindgrens Värld Stugby & Camping**, Mitte Mai bis Aug. Direkt am Freizeitpark gelegener Platz. Hütten/4 Pers. ab 750 SEK, mit Bad ab 1200 SEK. ✆ 79800, www.alv.se.

Nossenbadens Camping, Mitte Mai bis Aug. Ruhiger, baumbestandener Campingplatz am Badesee, teils abschüssiges Gelände, schwimmende Sauna. 3 km östlich von Vimmerby abseits der RV 33, ✆ 31410, www.nossen.nu.

Movänta Camping, ganzjährig, auf der Strecke nach Skurugata nördlich von Hult am Forsjön, gut ausgestatteter Platz. Hütten ab 270 SEK/2 Pers. und ab 345 SEK/4 Pers. Hult, ✆ 0381-30028, 📠 30166, www.movantacamping.se.

Essen & Trinken

Stadshotellets Restaurang, ✆ 12100, Mo–Fr 11–14 und 18–22 Uhr, Mai bis Aug. auch Sa/So 18–22 Uhr. Stilvolles, nettes Restaurant aus dem 19. Jh., internationale Küche, Dagens und Gerichte à la carte, schöne Terrasse zum Torget. Pub Kruse Källare Mi, Fr und Sa bis 2 Uhr.

Brygghuset Restaurang & Pub, englische Einrichtung, schwedische Küche und jede Menge Bier – auch aus der angeschlossenen Brauerei. Mo–Do 11.30–23, Fr bis 24 Uhr, Sa 14–24 Uhr, ✆ 75380.

Restaurang Sweet Chili, Badhusgatan 3, thai-schwedische Küche, Mo 11–15, Di–Fr 11–21, Sa 12–22.30, So 12–20 Uhr, ✆ 31489.

Kröngården, 6 km nördlich von Vimmerby am Ufer des Krön gelegen, Sommercafé, kinderfreundlicher Badeplatz. Juni bis Mitte Aug. So–Do 12–21, Fr–Sa bis 22 Uhr. ✆ 60002.

Blekinge und Småland
Karten S. 242/243 und S. 284/285

Aktivitäten

Astrid Lindgrens Värld, Lundgatan, ✆ 79800, Mitte Mai bis Aug. tägl. 10–18 Uhr, Sept. Sa/So 10–17 Uhr, 130 SEK, Kinder 80 SEK.

Astrid Lindgrens Näs, Prästgårdsgatan 24, ✆ 769400, Juni bis Aug. tägl. 10–18 Uhr, übrige Zeit Mi–Sa 11–15 Uhr; das Geburtshaus der Schriftstellerin ist erst seit ihrem 100. Geburtstag im Jahr 2007 für die Öffentlichkeit zugänglich.

Nils Holgerssons Värld, ehemals Lilla Landet, Schweden in Miniatur, wie es im 19 Jh. aus Nils Holgerssons Vogelperspektive ausgesehen haben könnte. Die Umrisse Schwedens sind nachgebildet, typische Landschaftsformen und bekannte Bauwerke eingefügt; eine interessante „Reise" für Groß und Klein, auch viele Mitmachangebote. Södra Vi, ✆ 79400, Juni bis Mitte Aug. tägl. 10–18 Uhr, bis Sept. Sa/So 10–17 Uhr, 125 SEK, Kinder 90 SEK, Familien 350 SEK.

Bruzaholms bruk, ✆ 0381-20203, Mittsommer bis Mitte Aug. tägl. 13–17 Uhr. Werksanlage, die bis ins 17. Jh. zurückreicht. Aus einer Hammerschmiede entstand ein Industriezentrum zur Eisenverarbeitung, das im 19. Jh. seine Blütezeit erlebte und für seine Spezialpumpe (Wäduren) bekannt wurde. Zum Werksgelände gehören auch das alte Gutshaus und das **Bruksmuseum** (Kungens Kurva, Juli bis Mitte Aug. tägl. 13–17 Uhr, 30 SEK). Auch Café-Restaurant und JH (165 SEK/Pers.).

Västervik (21.000 Einw.)

Wer sich der Stadt von Süden nähert, sollte bei **Blankaholm** einen ersten Abstecher von der E 22 machen. Der kleine Hafenort liegt schon inmitten der großartigen Schärenlandschaft, die sich nach Norden hin bis Stockholm erstreckt. Västervik, am Ausgang der über 20 km langen, schmalen **Gamlebyviken** gelegen, ist ein Zentrum der „Blauen Küste", die sich von hier zu Wasser und zu Lande ausgezeichnet erkunden lässt.

Västerviks Zentrum liegt rings um den Fiskehamn. Die vorgelagerten Inselchen Strömsholmen und Slottsholmen riegeln die Bucht hier fast zu einem Binnensee ab, und nur die von einer Klappbrücke überspannte „Meerenge" zwischen ihnen lässt Fischer- und Ausflugsboote zur inneren Bucht passieren. Kein Wunder, dass diese strategisch günstige Lage schon früh für eine Festungsanlage genutzt wurde. Die Ruine des 1360 erbauten **Stegeholms Slott** zeugt noch davon. Die Burg schützte den seinerzeit 20 km nördlich im Ende der Gamlebyviken gelegenen Handelsplatz Västervik gegen hansische und dänische Übergriffe, 1433 mussten die Bewohner in den „Schutz" der Festung umsiedeln. Die Maßnahme erwies sich jedoch als untauglich, denn die neue Ortschaft war in den folgenden 250 Jahren Ziel von vier verheerenden dänischen Angriffen. Der letzte zerstörte 1677 auch die Festung so stark, dass sie nicht wieder aufgebaut wurde. Von den Gebäuden der Stadt überstand einzig die St. Gertruds Kyrka aus dem Jahr der Stadtgründung die Brände halbwegs, wurde mehrfach wieder instand gesetzt und ist bis heute erhalten. Nachdem die Herrschaft Schwedens in dieser Region gefestigt war, entwickelte sich Västervik zu einem bedeutenden Hafenort mit Fischerei und Werftindustrie. Heute haben sich verschiedene Branchen im Stadtgebiet angesiedelt, neben der Fischverarbeitung und der Nahrungsmittelproduktion sind auch Elektro- und Kunststoffindustrie ansässig. Für die Region Tjustbygden spielt der Ort zudem eine wichtige Rolle als Verwaltungs-, Bildungs- und Handelszentrum.

Stadtspaziergang

Das Turistbyrå auf Strömsholmen ist ein guter Startpunkt für einen Ortsbummel. Untergebracht ist es im sehenswerten alten **Badehaus** von 1910. Vorbei am Restaurantschiff Simson (✆ 15477) und dem Pier des Ausflugsdampfers geht es um den

Fiskehamn herum. Der **Fiskatorget** und der angrenzende Grönsakstorget sind im Sommer ein beliebter Treffpunkt für Besucher und Bewohner. Marktstände bieten Grünzeug, Blumen, Fisch und Schnickschnack an, Bänke laden zu einer Pause ein, Lokale breiten sich aus den angrenzenden Gebäuden bis auf die Gehwege aus. Auf der oberhalb der Hamngatan verlaufenden Rådhusgatan geht es rechts in den ältesten Ortsteil **Gamla Norr.** Schöne Holzfassaden, oft mit dem Giebel zur Straße, säumen den Weg. Zum Ufer hin liegen an der Hamngatan ein paar ehemalige Speicherhäuser, die Loftbodarna aus dem 18. Jh. Hier wurde einst Salz gelagert, einer der wichtigsten Konservierungsstoffe für Fisch. Rings um die nahe gelegene **St. Gertruds Kyrka** stammt ein Teil der Bebauung noch aus derselben Zeit, so der dreiflügelige, falunrote Aspagården rechts des weiß getünchten Gotteshauses aus dem 17. Jh. In den alten Hof sind Kunsthandwerker eingezogen. In der Kirche erinnert kaum etwas an die Zeit ihrer Entstehung. Lediglich der Barockaltar stammt aus dem späten 17. Jh. Auf der anderen Seite der Kirche, zur Hospitalsgatan, liegt das recht vornehm wirkende **Cederflychtska huset.** Man mag kaum glauben, dass dies das Armenhaus der Stadt war, und so schrieb denn auch ein Zeitgenosse, dass in Västervik die Armen besser als die Reichen wohnten. Entlang der Östra Kyrkogatan oder der Vestra Kyrkogatan erreicht man an der Storgatan wieder die City und links den **Stora torget,** flankiert vom Rathaus aus dem Jahr 1792 und dem beeindruckenden alten Kaufhaus Enanderska Fastigheten von 1907, seinerzeit ein supermodernes Einkaufsparadies. Weiter auf der Storgatan und dann die zweite rechts, und man steuert – nun auf der Brunnsgatan – ein weiteres historisches Ensemble an. Links am **Båtmansgränd** in der Båtmansgatan sind mehrere niedrige Holzhäuser von 1750 erhalten, die als Unterkünfte für die einfachen Dienstgrade der Tjust Båtsmanskompanie dienten. Zurück auf der Brunnsgatan erreicht man wieder den Fiskehamn. Gleich hinter der Ecke Storgatan liegt der **Wimmerströmska Gården** aus dem 18. Jh., seit einigen Jahren ein Museum. Der erste Stock präsentiert den großbürgerlichen Wohnstil des 19. Jh.

Hochgeklappt: Brücke in Västervik

✆ 30945, Mittsommer bis 3. Woche Aug. Di–Fr 13–16 Uhr).

Zurück an der TI und weiter über die Holme, vorbei an der Burgruine, die im Sommer für Musikveranstaltungen genutzt wird, erreicht man **Norrlandet** mit weiteren Bootshäfen und dem **Västervik Museum.** Verschiedene typische Gebäude der Region sind hier versammelt, in einem davon ist ein Café eingezogen. Der Leuchtturm Unos Torn bietet einen weiten Rundblick über die Schären, und eine Ausstellung informiert über Västerviks Geschichte als Seefahrts- und Hafenstadt

Mo–Fr 11–16, So 13–16 Uhr, Juni bis Aug. auch Sa 13–16 Uhr, ✆ 21177, 40 SEK.

Abstecher nach Gränsö und Gamleby

Ein beliebtes Ausflugsziel ist Gränsö. Durch einen schmalen Kanal ist die Insel von Norrlandet getrennt. Der Herrenhof **Gränsö Slott** beherbergt ein Sommerlokal, nebenan lohnt die Kerzenzieherei einen Besuch (Ljusstöperi von Geijer, ✆ 18003, Mo–Fr 10–16, Sa/So bis 15 Uhr), gleich dahinter erreicht man einen Badeplatz bei der Schäre Ekholmen, die ein Wanderpfad umrundet.

Reit- und Wanderwege überziehen Gränsö bis zur Südspitze, doch sind bis dahin zahlreiche Sommerhäuschen zu passieren – Natureinsamkeit ist an der Küste nicht zu erwarten. Erst hinter der schönen Badebucht Sandvik wird es ruhiger, und rings um die Landspitze führen die roten Markierungen nur selten an Feriengrundstücken vorbei (Wanderprospekt in der TI).

Gamleby liegt am Ende des langen gleichnamigen Meeresarms und war einst die Hauptsiedlung der Region. Heute liegt die beschauliche kleine Altstadt nahe dem Hafen, beide sind durch einen Park verbunden – eine hübsche Puppenstube. Auch der Aussichtsberg dahinter, zu dem ein Skulpturenweg hinaufführt, ist einen Abstecher wert (beschildert ab Parkplatz Folkeparken).

Auf einen Blick

Vorwahl Västervik: 0490

• *Information* **Västerviks Turistbyrå**, Strömsholmen, 59330 Västervik, ✆ 254040, 📠 254045, www.vastervik.com, Mittsommer bis Mitte Aug. Mo–Fr 9–19, Sa/So 10–17 Uhr, 2. Hälfte Aug. Mo–Fr 10–18, Sa/So 10–15 Uhr, Sept. bis Mai Mo–Fr 9–17 Uhr, nur Mai auch Sa 10–14 Uhr, Juni Mo–Fr 10–18, Sa/So bis 15 Uhr.

Im Sommer **Dependance in Loftahammar**, Bjursundsvägen, ✆ 0493-68165.

• *Verbindungen* Bahnhof und Busterminal Järnvägsgatan. **Bus**: Linie 310/320 nach Växjö, 857 nach Jönköping, Linie 835 nach Kalmar/Öland bzw. Norrköping/Stockholm, mehrmals tägl. **Zug**: Verbindung nach Linköping, mehrmals tägl.

Parken: Parkplatz an der TI und am Norra Strandvägen (beide mit Gebühr).

• *Adressen* **Ärztliche Hilfe**: Västerviks Sjukhus, Östra Kyrkogatan, ✆ 86000, dort auch **Apotheke** Lejonet, ✆ 0771-450450, Mo–Fr 9–20, Sa bis 14 Uhr, So 10–14 Uhr. **Polizeistation**: Brenaviksvägen 35, ✆ 11414. **Banken** und **Geschäfte** entlang der Achse Storgatan/Bredgatan.

Übernachten/Camping

Västerviks Stadshotell, Best Western, großes Nobelhotel, nur im Sommer erschwinglich. DZ ab 1230 SEK. Storgatan 3, ✆ 82000, www.stadshotellet.nu.

Centralhotellet, gediegenes älteres Hotel in der City. DZ ab 1280 SEK. Brunnsgatan 23, ✆ 89550, 📠 89551, www.centralhotellet.com.

Park Hotell, zentral gelegenes, kleines Hotel in nettem Altbau. DZ ab 800 SEK. Norra Järnvägsgatan 8, ✆ 10806, www.hotellpark.se.

Hotell Fängelset, wohnen im (frisch renovierten) Gefängnis von 1871, DZ ab 530 SEK, Norra Bangatan 2, ✆ 076-1368966, www.hotellfangelset.se.

Resanderum, 1,5 km zum Zentrum, an der Straße Richtung Lysingebadet. Einfache, preiswerte Unterkunft mit Selbstversorgerküche. DZ ab 420 SEK. Lucernavägen 2, ✆ 12970, 📠 21560, www.resanderum.se.

Västervik Lysingebadet, ganzjährig. Für alle, denen es in Schweden zu einsam ist: große Ferienanlage mit Campingplatz (fast 1000 Plätze) und fast 200 Hütten, Apartments und Hotel/JH „Skärgården“, auf einer Landzunge mit angrenzendem Schärenbadegebiet; ein Dorf für sich. Hütten ab 195 SEK/ 2 Pers., ab 310 SEK/4 Pers., Wohnungen ab 660 SEK/4 Pers. (Hütten und Wohnungen im Sommer doppelt so teuer!) DZ ganzjährig 605 SEK, JH ab 135 SEK. ✆ 254850, ℻ 88945, www.lysingsbadet.se.

Blankaholms Gästgiveri, 25 km südlich von Västervik an schöner Schärenküste gelegener Gasthof. DZ 850 SEK. Nedre torget 5, ✆/℻ 70187, www.blankaholmsgastgiveri.se.

STF Vandrarhem Loftahammar, ganzjährig, Okt. bis April mit Vorbuchung, Buslinie 24. Schön gelegene Herberge am Nordzipfel des Tjust-Skärgården, ideal für Erkundungen im Schärengebiet, nah zum Hafen von Loftahammar, im Sommer ein quirliges Seglerzentrum. Ab 230 SEK, auch DZ für 460 SEK. Trillin, Trillinvägen 3, ✆ 0493-61110, ℻ 61929.

• *Camping* **Kustcamp Gamleby Hammarsbadet**, Mai bis Mitte Sept. Gut ausgestatteter Platz an einer geschützten Bucht, terrassiertes, teils baumbestandenes Gelände, kinderfreundliche Badelagune. FeHa ab 815 SEK/ 5 Pers., Hütten ab 450 SEK/4 Pers., DZ ab 450 SEK. Gamleby, ✆ 0493-10221, ℻ 12686, www.camping.se/h2.

Gudingebadet, Mai bis Aug. 15 km nördlich von Gamleby Richtung Loftahammar an einer ruhigen Strandbucht gelegen, umgeben von Schärenbuckeln. Einfache Ausstattung. Hütten 425 SEK/4 Pers. Gamleby, ✆ 0493-67028, www.gudingebadet.se.

Am Hafen von Västervik

Essen & Trinken

Der gastronomische Hotspot Västerviks liegt um den Fiskatorget, wo auch die ersten beiden der folgenden Lokale zu finden sind.

Tre Rum & Kök, Restaurant, Bar und Bistro in herrlicher Lage oberhalb des Hafens, mit großer Terrasse. Vielfältige Auswahl an Gerichten. Im Sommer tägl. 11.30–22 Uhr, übrige Zeit 14–18 Uhr geschlossen, im Bistro Mo–Sa länger. Grönsakstorget 6, ✆ 12006.

Briggen, beliebt als Restaurant und Pub, rustikal-gemütlich, auf der Karte Internationales und Irisches, zahlreiche Biersorten. Im Sommer tägl. 11–22 Uhr, sonst ab 17 Uhr. Torggatan 2, ✆ 34200.

Restaurant Saltmagasinet, ausgezeichnete Küche in rustikalem Gebäude mit Ökobäckerei nebenan. Im Sommer Mo–Sa 11.30–15 und 18–23 Uhr. Kulbacken, ✆ 18935.

Aktivitäten

Bootstouren in die Schären ab Västervik Fiskehamn mit M/S Tjust nach Hasselö, Mitte Juni bis Aug. tägl. 10 Uhr und weitere 1–3 Fahrten bis 16.45 Uhr, pro Strecke 1 Std., hin/zurück 160 SEK (✆ 070-3671230). Hasselö, die größte Insel in diesem Schärengebiet, ist dauerhaft bewohnt und mit Sladö verbunden, einem kleinen Naturreservat mit Wander- und Radwegen. Im Sommer JH (200 SEK) Fahrradverleih, Café (für alle Infos ✆ 91130). **Taxiboot**: Solidö Skärgårdstaxi, ✆ 91019.

Kanuverleih (Seekajaks) bei Fishingcamp in Lysingebadet, bei Westerviks Kanoklubb, Store Gertrudsväg 60, ✆ 12073, bei den Campingplätzen und der JH.

Nur Kletterer wählen den direkten Weg: am Simonsberget (s. S. 336)

Östergötland und Sörmland

Schwedens „Blaue Küste“ ist zwischen Västervik und Stockholm immer wieder lohnend. Schäreninseln, so weit das Auge reicht, tief ins Land greifende Buchten, Hafenstädtchen und Badeorte ziehen Besucher an, die auf dem Wasser- und Landweg das Küstenrevier erkunden. Landeinwärts liegt dünn besiedeltes, bewaldetes „Hochland“, die Bergwerksindustrie hat hier Spuren hinterlassen. Am landschaftlich reizvollen Ostufer des Vättern lohnt auf dem Weg nach Norden so manches Kulturdenkmal einen Stopp, besonders geschichtsträchtig ist die Region um Vadstena. Im Kanalort Motala übernimmt das „Blaue Band“ des Götakanals die Regie bis zur Küste bei Söderköping, und vom Fischerort Trosa, einst als Ende der Welt bezeichnet, geht es zum Mälaren mit Schloss Gripsholm.

Südliches Östergötland

Schärenküsten und weitarmige Binnenseen – wem es an der Ostsee zu voll wird, der findet landeinwärts problemlos einsamere Ecken, besonders am Sommen, dem mit 300 km Uferlinie und mindestens ebenso vielen Inseln größten See Östergötlands.

Valdemarsvik (3000 Einw.)

Am Ende des langen, schmalen Fjords Valdemarsviken dominieren alte Fabrikanlagen den gleichnamigen Ort: Lundbergs Garveri, 1873 gegründet, war für ein knappes Jahrhundert *das* wirtschaftliche Standbein von Valdemarsvik und die größte Gerberei und Lederfabrik Schwedens. Heute werden in den stattlichen Gebäuden

Möbel und Druckerzeugnisse produziert, sind Banken und Büros hier eingezogen. Viken, wie der Ort kurz genannt wird, zieht sich ufernah um die geschützte, bei Seglern beliebte Bucht, hinter der bewaldete Hänge ansteigen – eine idyllische Lage. Doch das industrielle Erbe trübt die Idylle; die Abwässer der Gerberei, die bis 1960 ungeklärt in den Fjord liefen, haben sich zu hochgiftigen Sedimenten verdichtet – ungefährlich für Badende, aber nicht für die Meeresfauna. Und so wird nach Jahren der Voruntersuchung momentan ein riesiges Sanierungsprojekt aufgelegt, in dem bis 2014 die bis zu 2 m dicken, mit Chrom und Quecksilber kontaminierten Schichten abgetragen werden sollen.

In der Umgebung

Bei Gusum, nahe der E 22 nördlich der Stadt, liegt **Gusums Bruksmuseum** auf dem Gelände der Metallfabrik Nordic Brass. Besonders Produkte aus Messing wurden in Gusums Bruk seit den 1660er Jahren hergestellt und sind heute hier zu sehen, darunter auch Reißverschlüsse – eine schwedische Erfindung –, außerdem ein Modell der Industrieanlagen.

✆ 21135, Mo–Fr 10–17 Uhr, Mai bis Sept. auch Sa 11–15 Uhr, im Juli auch So 12–16 Uhr, 20 SEK.

Ein Abstecher nach **Gryt** führt in herrliche **Schärengebiete:** 20 km westlich erreicht man auf der RV 212 das Küstenörtchen und kurz dahinter den Hafen Fyrudden, beliebtes Ausflugsziel im Sommer. Ferienhäuser erstrecken sich weitflächig über die nördlichen Halbinseln, nach Süden gehört die Küste aber den Wanderern; der Östgötaleden führt an einsamen Uferstreifen entlang und passiert auch den herrlich gelegenen Campingplatz auf Ekudden. An der Hafenpier von Fyrudden treffen Yachties und Landratten beim Lunch in Idas Brygga zusammen, davor legen die Fährboote von Skärgårdslinjen an, mit denen man verschiedene Außenschären erreicht: Häradskär liegt besonders einsam und ist für seinen Leuchtturm und die Lotsenstation bekannt, Harstena für sein malerisches Fischerdorf (s. Aktivitäten).

Auf einen Blick

Vorwahl Valdemarsvik: 0123

• *Information* **Valdemarsviks Turistbyrå**, Storgatan 16, 61530 Valdemarsvik, ✆ 12200, ✆ 12471, www.hsc.se, Juli Mo–Fr 8–20, Sa/So 9–19 Uhr, übrige Zeit Mo–Fr 9–19 Uhr, Mitte Juni bis Mitte Aug. u. a. auch Sa/So 9–17 Uhr.

• *Verbindungen* **Bus**: Linie 464 nach Gryt und Fyrudden, Linie 46 oder 459 nach Norrköping über Söderköping.

• *Adressen* **Ärztliche Hilfe**: Vårdcentralen Vammarhöjden, Brogt. 4c, ✆ 010-1059290, **Apotheke** im Sjöhuset, Storgatan 17, ✆ 0771-760760. **Polizeistation**: Idrottsvägen 2, ✆ 11414.

Übernachten/Camping

Bed & Breakfast, etwas schlichte Zimmer im gelben Eckhaus nahe der Hafenbucht, DZ 630 SEK, das Eck-Apartment hat mehr Charme, 780 SEK. Järnvägsgt. 1, ✆ 12426, www.bedobreakfast.se.

Gryts Varv, nobles Konferenzhotel in toller Schärenlage, 7 km südlich von Gryt an der Hummelvik, maritim gestaltet, Marina davor, Gourmetrestaurant. DZ 1390 SEK, in der Skepparstugan 790 SEK. ✆ 12806, ✆ 45140, www.grytsvarv.se.

Gryts Skärgårdspensionat, schönes altes Gästehaus zwischen Gryt und Fyrudden, im Sommer auch Restaurant, beliebt ist das Grillbuffet am Freitag. DZ ab 695 SEK, Sept. bis Mai nur mit Vorbuchung, Rågeterdalsvägen 5, ✆ 40700, www.grytspensionat.se.

• *Camping* **Valdemarsvik Camping & Stugor**,

am südlichen Ortsrand bei Grännäs gelegen; auch in dieser Bucht drohen bis 2014 Sanierungsarbeiten – am besten vor Ort die Lage peilen. Mitte April bis Mitte Okt., Campinghütte ab 350 SEK, Ferienhaus 510–990 SEK, je nach Saison; Kanus, Boote, Bad. ✆ 51444, www.campa.se.

KustCamp Ekön, herrlich gelegener, recht großer Platz südlich von Gryt, wenig Schatten. Es gibt ein Saunafloß (100 SEK/Std., reservieren!), einen Kanu- und Radverleih, ein recht ordentliches Restaurant mit Bier vom Fass und schöner Aussichtsterrasse und ab 2011 auch ein neues Servicegebäude. Die Hütten sind im Juli ziemlich teuer: ab 575 SEK/4 Pers., mit Bad ab 950 SEK, ab Mitte Aug. viel günstiger. ✆ 40283, www.campa.se.

Yxningens Camping, Mai bis Mitte Sept. Nahe Gusum und nicht so voll wie an der Küste, schöne Lage an einem Arm des klaren Binnensees Yxningen – allerdings ist er tief und das Wasser recht kalt. Hütten 480 SEK/4 Pers. Gusum, ✆ 20258, www.yxningenscamping.com.

Lilla Kalvö Gård & Camping, kleiner Stellplatz südlich von Östra Ed, nahe dem Wandergebiet bei Torrö, Skeppsgården/Östra Ed, ✆ 0493-41139.

Essen & Trinken

Um die Hafenbucht liegen etliche Lokale, allerdings dominiert Pizza statt Fisch. Angenehmerweise macht hier nicht alles schon Mitte August dicht, wie so oft draußen in den Schärenorten.

Café & Restaurang Lilla Blå, nettes kleines Café und Lunchrestaurant am Hafen mit guter Küche. Mo–Fr 7–18, Sa 8–18, So 10–17 Uhr, Storgt. 8, ✆ 10301.

Ida på Udden, beliebtes Sommerlokal in Fyrudden, eine gute Adresse für Fisch, tägl. 12–21 Uhr, ✆ 40210.

Aktivitäten

Schärentouren mit Skärgårdslinje 3 (grün): Das Boot *Marie* (12 Pers.) fährt von Fyrudden nach Harstena, über Häradskär Mo–Fr 10.15 Uhr, über Fångö um 12.30 Uhr, Sa/So über Häradskär um 11 Uhr. Das Boot *Fyrskär* (44 Pers.) befährt dieselbe Route Mo, Di und Fr um 10.15 Uhr, Mi auch 12.40 und 14.35 Uhr, Do 10.15 Uhr nach Häradskär und Fångö, Sa 10.15 Uhr etwas andere Route nach Harstena. Rückfahrt von Harstena bei allen Touren jeweils 2 Std. später. Pro Strecke 200 SEK, als Rundtour 300 SEK. Reservierung erforderlich: Boot *Marie*: ✆ 070-7966162, Victor Andersson. Boot *Fyrskär*: ✆ 0707966161, Roine Andersson. Weitere Möglichkeiten, auch Verbindungen über Tyrislöt und Arkösund bis nach Nävekvarn. unter www.skargards linjen.se.

Kanuverleih bei den Campingplätzen und Gryts Varv.

Fahrradverleih bei Eköns Camping und der TI.

Wanderung 7: Schärenwanderung auf Torrö

Südlich von Valdemarsvik führt der Östgötaleden vom bewaldeten Hinterland bis zu den kahlen Außenschären. Naturreservate schützen kleingliedrige Küstenzonen, alte und neue Seezeichen erzählen von Segelrouten, die bis ins Mittelalter zurückreichen.

Tourdaten: Dauer 4:30 Std., Länge 16 km, Schwierigkeitsgrad **

Versorgung: Keine Einkehrmöglichkeiten.

Anfahrt: Von Valdemarsvik auf der E 22 nach Süden bis zum Abzweig nach Östra Ed (ca. 20 km), in Östra Ed den Schildern nach Åsvikelandet folgen (ca. 6 km), bis zum letzten Parkplatz fahren: WP 1

Wegverlauf: Vom Parkplatz (WP 1) geht es auf dem Fahrweg weiter, vorbei an der **Schranke** und einem ebenfalls gesperrten Abzweig nach rechts: Von dort kommen wir später zurück. Bald zweigt auch nach links ein Weg ab (Markens Udde). Die Fahrspur führt nun für fast eine halbe Stunde durch lichten Kiefernwald mit Heide und hellem Moos, bis das Wasser zum ersten Mal zu beiden Seiten in Sicht kommt. Ein **Schild** weist zurück (Örvarp 1,5 km); diese Stelle (WP 2, 30 Min.) sollte man sich merken, denn hier zweigt unbeschildert eine Wanderroute nach rechts ab, die wir auf dem Rückweg nehmen. Doch zuerst folgt man dem Fahrweg noch geradeaus weiter, gleich vorbei an einem Schild "Västra Stäcket 50 m", das zu einer hübschen Stelle rechts an der Bucht weist, etwas später liegen auch links schöne Aussichtstellen. Nach knapp 1 Std. erreicht man die **Brücke** nach Torrö hinüber (WP 3), von der sich ein unverstellter

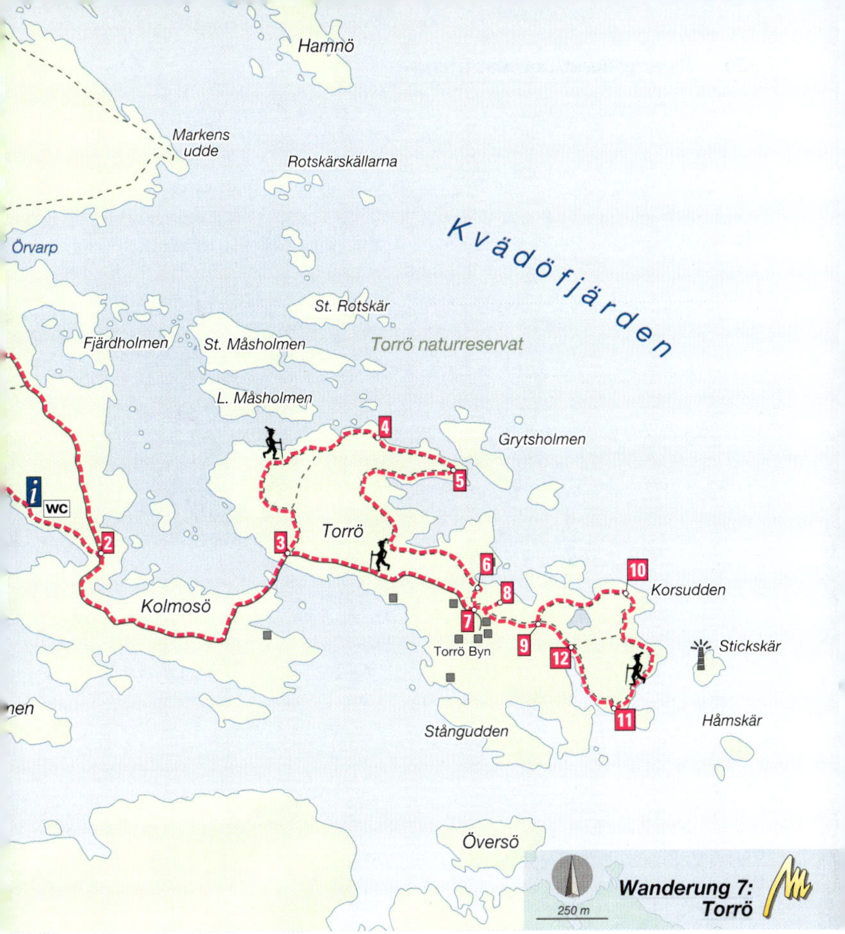

Blick über Buchten und Schären in alle Richtungen auftut. Auch die Häuser von Torrö Byn sind zu sehen. Jenseits wenden wir uns gleich beim Schild **Ålgårdsudden** (1,4 km) nach links. Orangefarbene Markierungen begleiten den Pfad, zuerst wieder durch bewaldete Felsenlandschaft, dann aber zunehmend mit Meerblick, bis man an der Uferlinie steht; glatt geschliffene Felsplatten, teils marmoriert und gebändert, laufen in eine flache Lagune aus, die von den vorgelagerten Holmen und Schären fast vom offenen Meer abgeriegelt wird; eine fantastische Stelle (WP 4, 1:15 Std.). Nun geht es eine Weile immer am Ufer längs, um eine kleine Bucht, über eine felsige Nase, dann am steileren Ufer eines schmalen Sunds entlang. Gegenüber liegt das längliche Inselchen Grytsholmen. Um eine nächste Landzunge (WP 5, 1:30 Std.) wandert man in einen weiten Buchtenfächer hinein, dessen Ausläufer nun umlaufen werden, wie schon zuvor mal direkt am Wasser, dann über kleine

Felsbuckel hinweg. Das ganze Gebiet ist von malerischer Kleingliedrigkeit und gewährt immer wieder neue Ausblicke – es könnte ewig so weitergehen. Eine kurze Sumpfpassage ist mit Planken überbrückt, und vorbei an idyllisch gelegenen Ferienhäuschen bei Norra Hamnen (WP 6) erreichen wir den Rand der kleinen Siedlung **Torrö Byn** bei einem Parkplatz (WP 7, 2 Std.). Hier endet die Fahrstraße vom Hinweg, später werden wir ihr nach rechts zurück folgen. Aber vorher geht es nach links – der Schilderbaum weist unsere Ziele Korsudden und Lotsstugan aus –, durch Mischwald und verwildertes Kulturland. Gleich weist ein Schild auf **"Havutsikten"** hin, der 100 m lange Abstecher auf die Klippe zur Linken wird wirklich mit fantastischer Aussicht belohnt (WP 8). Wieder unten, führt der Pfad zwischen Felsrücken durch eine Minischlucht und trifft auf eine Gabelung (WP 9, 2:15 Std.): Wir gehen links Richtung Korsudden weiter, gleich steil bergauf, dann zwischen Meeresküste und einem kleinen Teich hindurch, und erreichen die Landzunge **Korsudden** (WP 10). Das namensgebende, hoch aufragende Holzkreuz war schon im 13. Jh. ein wichtiges Seezeichen auf der Schiffsroute von Blekinge bis ins Baltikum, bekannt als König Valdemars Segelweg, nach dem dänischen König, der ihn 1219 auf Eroberungs- und Erkundungszügen anlegen ließ. Ohne Karten waren die Seeleute bis ins 17. Jh. einzig auf Landmarken und Lotsen angewiesen, um sich in den verwirrenden Schärengebieten zurechtzufinden. Das heutige Kreuz ist eine exakte Kopie und wurde 1994 errichtet. Nach rechts um die Landzunge wandert man nun auf ein neueres Seezeichen zu, den Leuchtturm auf Torrö Stickkär, dann erreicht man in der nächsten Bucht Lotsbryggan (WP 11, 2:30 Std.). Die Ansätze zweier Steinbrücken sind noch erkennbar, eine verband einst den kleinen Holm mit der Insel; Anleger und Stützpunkt der Lotsen vom 16. bis ins 19. Jh. Entlang einer schmalen Lagune geht es zurück ins Inselinnere, vorbei an einem alten Begräbnisplatz für Seefahrer. Man passiert einen unbeschilderten Abzweig (WP 12), trifft wenig später auf den Abzweig nach Korsudden, wo diese Runde sich schließt (WP 9, 2:45 Std.). Durch die Minischlucht geht es wieder zum Parkplatz bei **Torrö Byn** (WP 7) und nun auf der Fahrspur weiter. Nach 3 Std. steht man erneut auf der **Brücke** (WP 3), nach 3:15 Std. am Wegweiser Västra Stäcket. Hier ist etwas Sucherei erforderlich, um die Fortsetzung zu finden: Nur ein paar Meter weiter weist ein Schild auf der Fahrstraße zum Parkplatz und nach Örvarp (WP 2). Hier zweigt unbeschildert, aber markiert, unsere Wanderroute nach links ab; orangefarbene Baumringe sollten ausreichend vorhanden sein, bald auch ein Trampelpfad. Er führt in Sichtweite der Bucht Trollholmsfjärden zu einer malerischen **Raststelle** am Ufer, dann etwas landeinwärts über bewaldete Schärenbuckel, biegt schließlich auf blankem Felsuntergrund nach rechts, um eine schilfige Bucht zu umgehen (3:30 Std.) – Achtung; die Markierungen waren hier 2010 etwas dürftig. Kurze Zeit später wird das Gelände steiler, es geht einen Abhang hinunter und zu einem **Fahrweg** (WP 13, 4 Std.). Auf diesem ist nach rechts schon unser Parkplatz ausgewiesen, dorthin folgen wir der Straße nun, der abzweigende Wanderweg wird ignoriert, es geht vorbei an Kuhweiden, dann etwas bergan. Durch die Schranke (WP 14) und dann links ist der Ausgangspunkt nach 4:30 Std. wieder erreicht (WP 1).

Holzhäuser in Åtvidaberg: Verksgatan

Åtvidaberg (7000 Einw.)

Reiche Kupfervorkommen in der Umgebung wurden seit dem späten Mittelalter ausgebeutet, der Ort entwickelte sich als typisch schwedische Werkssiedlung rund um die Industrieanlagen, die ab 1783 auf dem Adelsgut der Barone von Adelsvärd etabliert wurden. Schwedens zweitgrößte Kupferschmiede, später feinmechanische Industrie und schließlich die hier entwickelte und produzierte Facit-Rechenmaschine machten Åtvidaberg bekannt. Der Siegeszug der elektronischen Medien bedeutete 1973 das Aus für Facit. Das zweite Standbein, die 1924 gegründete Fahrzeug-Zulieferfabrik ÅSSA, produzierte bis 1987; seitdem ist der Industriestandort Åtvidaberg Geschichte. Beides – das Gut und die Industrie – sind heute baulich noch greifbar, daneben liegt die eher gesichtslose kleine City.

Besichtigung

Vom Bahnhof führt die Järnvägsgatan zwischen Industriegebiet und City zum Kreisel am **Bruksmuseum** – es liegt etwas versteckt in den Fabrikgebäuden von ÅSSA. Die Ausstellung gibt einen Überblick über die Industriegeschichte. Ergänzen lässt sich dieser im benachbarten **ÅSSA-Museum,** das die Geschichte der frühen Autoproduktion beleuchtet (Bryggaregatan 2, ✆ 13700, Juni bis Aug. Mo 9–12, Mi/Sa 11–14 Uhr, 20 SEK).

Auf der Bryggaregatan erreicht man um den **Gamla torget** den kleinen Altstadtkern mit verschiedenen stattlichen Ziegelbauten wie der Kraftstation von 1905, heute Sitz eines Gesundheitszentrums. Daneben liegt die Kupferhütte von 1850. Entlang der **Verksgatan** sind kleine Holzhäuser der Werkssiedlung erhalten und werden liebevoll gepflegt – eine begehrte Wohnlage. Dahinter liegen auch gleich

Östergötland und Sörmland
Karten S. 298/299 und S. 328/329

die eintönigen Wohnsilos der späteren Arbeiterschaft. Auf der Bruksgatan nach rechts geht es zum **Hotel Stallet,** das tatsächlich in einer ehemaligen Stallung der Bruksbarone residiert. An dem stattlichen Gebäude von 1850 biegt man nach links ab, dann gleich rechts in die Ågatan und durchquert Wohnquartiere der höheren Angestellten von 1900. Vor dem Kanal geht es links auf den Adelsnäsvägen, vorbei an Schulzentrum und Sportanlagen, auf das Ufer des Bysjön zu. Ein Abstecher nach links auf dem Bygdevägen führt zum **Hembygdsgården** auf einer kleinen Anhöhe: Die neun alten Holzgebäude spiegeln die Lebensbedingungen im ländlichen Bruksmiljö des 18./19. Jh. wider (die Anlage ist von außen jederzeit kostenlos zugänglich, Besichtigung der Häuser von innen nur über ✆ 50061, da das Museum von einem Verein betreut wird).

Der Adelsnäsvägen endet nahe dem schön gelegenen **Badeplatz,** ein Fußweg nach links führt durch Grünanlagen um den See herum, vorbei am kleinen Pavillon **Templet** von 1809, zum **Schlosspark** Adelsnäs; ein lohnender Abstecher: Der Park mit seinem schönen alten Baumbestand und der – nicht mehr genutzten – **Orangerie** umgibt das 1920 erbaute, private Schloss.

Nahe dem Badeplatz steht am Ufer der kleine Turm der **Solkanone;** die Kanone von 1853, skurrile Hauptsehenswürdigkeit von Åtvidaberg, wird im Sommer täglich um 13 Uhr gezündet, bei Sonnenschein mithilfe von gebündeltem Licht.

Vom Badeplatz nach rechts führt der Kammarbovägen zur nahen **Villan,** einem braunen Fachwerkschlösschen von 1889, einst nobler Wohnsitz der Konzernleitung, heute Hotel. Daneben liegen an der Mündung des Kanals das beliebte Lokal Sjökrogen und das Musikboot, mit dem im Sommer Touren auf dem See veranstaltet werden. Am Kanal entlang erreicht man durch den kleinen Musikparken mit dem Pavillon von 1869 die **Gamla Kyrka** von 1500, seinerzeit eine der größten des Landes. Als im 19. Jh. die benachbarte Stora Kyrkan gebaut worden war, wurde sie – dem Zeitgeschmack entsprechend – in eine romantische Ruine verwandelt, hundert Jahre später jedoch renoviert und in ihren heutigen Zustand versetzt. Vorbei an der neuen Kirche erreicht man jenseits der Stenhusgatan die City um den Stortorget und dahinter den Bahnhof.

In der Umgebung

Zahlreiche Grubenareale liegen in der Umgebung und werden unter dem Titel „Ekomuseum Bruksbygd" touristisch beworben – allerdings ohne dass man vor Ort viel Infrastruktur erwarten kann; es ist eher eine Entdeckungstour auf eigene Faust erforderlich (www.brukskultur.atvidaberg.se, Broschüre in der TI). Besonders lohnend ist ein Abstecher nach **Falerum,** ca. 10 km südöstlich von Åtvidaberg, den man auch als Wanderung auf dem Östgötaleden machen kann (Start am Südende der Bruksgatan, zurück in 15 Min. per Zug: Kustpilen mehrmals tägl.). Die Wasserkraft des Storån begründete Falerums Bedeutung als Werksort, und so liegen auch heute etliche Kulturdenkmäler entlang der Ufer.

Im 18. Jh. befanden sich hier zwei Wassermühlen, Gerberei und Sägemühle, im 19. Jh. kamen Erzhämmer, Papiermühle, Garnspinnerei, Schmiede und Ziegelei hinzu. Vom oberen zum unteren Industriegebiet folgt man dem Fluss vorbei an den Zeugnissen dieser Vergangenheit. Besonders interessant ist Wiaholms Garveri, die alte Gerberei, die heute als Museum dieses Handwerk am Originalschauplatz zeigt (Övre Industriområdet, Anmeldung über die TI). Oberhalb des Ortes liegt der 138 m hohe Aussichtsfelsen **Seboklint,** zu dem beschilderte Wanderwege führen.

Auf einen Blick

Vorwahl Åtvidaberg: 0120

• *Information* **Åtvidabergs Turistbyrå**, Eksågsvägen 2, 59723 Åtvidaberg, ✆ 12098, turism@atvidaberg.se, Mai bis Okt. Mo–Fr 9.30–17, Sa 10–14 Uhr.

• *Verbindungen* **Bus**: Linie 30/530 nach Linköping. **Zug**: Verbindung nach Linköping und Västervik.

Übernachten/Camping/Essen & Trinken/Aktivitäten

Åtvidabergs Hotell, älteres, preiswertes Stadthotel, DZ 570 SEK. Stenhusgt. 7, ✆ 10090, 12572, www.klintsfastigheter.se.

Falerum Gästhem, freundlich-schlichte B&B-Pension, DZ 400 SEK, auch Apt., ab 500 SEK/2 Pers. Cafeteria Marinettes im selben Gebäude. Kronvägen 11, ✆ 20060, www.falgast.se.

• *Camping* **Åtvidabergs Camping**, ganzjährig. Kommunaler Platz, oberhalb von Bysjöns Badplats gelegen, schlicht und selten voll. Ordentliche Hütten 400 SEK/4 Pers., Buchung über die TI oder ✆ 14296. www.atvidabergscamping.com.

• *Essen & Trinken* **Kvarterskrogen**, preiswertes Lunchrestaurant mit guter Hausmannskost in Åtvidabergs Hotell, tägl. 11–15 Uhr.

Konditori Sandelius, alteingesessenes Café am Stortorget, Mo–Fr 7.30–18, Sa 8–15, So 9–15 Uhr, ✆ 10700.

• *Aktivitäten* Rundfahrt mit dem **Ausflugsboot Vågspelet**, ✆ 35421, Mitte Juni bis Mitte Aug. tägl. 11.30 Uhr ab Anleger beim Sjökrogen.

Kisa (3800 Einw.)

2012 könnte in Kisa eine 400-Jahr-Feier stattfinden; eine Raststation aus Gustav Adolfs Zeiten bildet sozusagen die Keimzelle des Städtchens. Bekannter ist Kisa als Ausgangsort der ersten Auswandererbewegung nach Amerika ab 1845, organisiert vom örtlichen Apotheker C. G. Sundius.

Besichtigung

Im Haus des Apothekers ist heute im Obergeschoss das kleine **Emigrantmuseum** eingerichtet. Vor allem Fotos und Schriftdokumente geben Auskunft über das Schicksal der frühen Emigranten (Storgt. 10, ✆ 12505, geöffnet wie Café Columbia, Eintritt frei). Das gemütlich-verwinkelte Café Columbia im Erdgeschoss dehnt sich im Sommer in den kleinen Park dahinter aus, der an das Flussufer grenzt. Hier lag das alte Handelsquartier Vråken, von dem noch der **Kullagården** aus dem 17. Jh. erhalten ist. Über die Brücke erreicht man das **Wärdshus,** vermutlich 1612 erbaut, urkundlich belegt seit 1634, als ein Reisender die zugigen Kammern beklagte. Auch wenn das heutige Gebäude weitgehend von 1882 stammt, sind die trutzigen Grundmauern und das Kellergewölbe, in dem das Restaurant liegt, doch deutlich älter. Flussabgewandt schließt sich ein kleiner Platz an, mit dem **Tinghus** aus dem 17. Jh. und der ehemaligen Remise, heute Teil des Hotels. Auf der Storgatan nach links geht es zum schön gelegenen **Hembygdsgård** am Ufer des Kisasjön – das Freilichtmuseum besteht aus Gebäuden des Gutshofes Hovby (Enebygatan, ✆ 10085, Mo–Fr 8–16 Uhr, im Sommer auch Sa/So, 30 SEK). Vom Wärdshus nach rechts über den Kreisel erreicht man die City.

Abstecher zum Sommen

Die folgende, knapp 60 km lange Runde auf wenig befahrenen Landstraßen ist auch als Fahrradtour geeignet:

Östergötland und Sörmland
Karten S. 298/299 und S. 328/329

In der Holzkirche von Tidesrum

An der RV 134 Richtung Tidersrum und Österbymo liegt die eiszeitliche Klamm **Humlehögsravinen,** ca. 9 km südwestlich von Kisa (kurz nach dem Abzweig links nach Vimantorp weist ein unscheinbares Schild nach rechts; parken nahe dem Abzweig möglich). Nach 200 m durch bewaldetes Gelände sieht man die schmale Bachschlucht unterhalb, verwunschen und von üppig bemoosten Felsen umgeben. Der Östgötaleden führt nach rechts an ihr entlang, ab und zu kann man zum Bach absteigen, bei einem Brückchen endet sie.

In Tidersrum steht eine **Holzkirche** aus dem 13. Jh.; aus Blockbohlen erbaut und außen verschindelt, wirkt sie recht archaisch. Innen sind die Wandmalereien, das Altarbild und die Madonnenfigur sehenswert.

✆ 19410, Mitte Mai bis Mitte Aug. tägl. 9–18 Uhr, Audioguide.

Nach Norden Richtung Ulrika erreicht man die kleine Siedlung Svalsjö um eine Straßenkreuzung. **Affären Svalsjö** ist ein alter Landhandel von 1895 und beherbergt heute **Pers mekaniska Kabinett** mit einer Sammlung beweglicher Holzobjekte: technisches Spielzeug mit hohem Anschaulichkeitswert.

✆ 51023, Juli/Aug. Di–So 12–17 Uhr, ab Mitte Mai und bis Sept. nur Fr–So, Ausstellung 25 SEK.

Nach rechts erreicht man auf einer Sackgasse, vorbei am Ören, den **Sommen.** Der Östgötaleden führt an ihm entlang und eignet sich für einen Spaziergang. Vom verzweigten Wassersystem des Sommen ist von hier aus nur der östliche Ausläufer zu überblicken; etwa 25 km erstreckt sich der größte Binnensees der Provinz nach Westen, fast 30 km in Nord-Süd-Richtung. Zurück in Svalsjö geht es links nach **Malexander,** das sich selbstbewusst die Riviera des Sommen nennt – etwas übertrieben zwar, aber es ist ein beschaulicher Flecken. Vorbei an der Kirche und den umliegenden alten Hofgebäuden führen Wege zum Wasser. Eine kleine Brücke dient dem Dampfer Boxholm und den Paddlern als Anleger, am Ufer liegen Badeplatz und Boothafen, darüber Ferienhäuser und Campingwiese, entlang der Durchgangsstraße die Sommercafés. Etwas oberhalb liegt die **Pelargrottan,** ein Überhang aus mächtigen Felsplatten (beschildert nahe HönsaLottas Restaurant).

Zurück bis Svalsjö und weiter Richtung Pinnarp geht es dicht am Ufer des Örlången entlang. Bei Örneström sind **Gletschermühlen** beschildert. Vorbei am Ferienzentrum bei Pinnarp erreicht man die RV 134 wieder und auf ihr nach links Kisa.

Auf einen Blick

Vorwahl Kisa: 0494

• *Information* **Kinda Turistbyrå**, Stora torget 5, 59040 Kisa, ✆ 19410, www.kinda.se, Mitte Juni bis Mitte Aug. Mo–Fr 9.30–18, Sa 10–13 Uhr, übrige Zeit Mo–Fr 10–16 Uhr.

• *Verbindungen* **Bus**: Linie 540 nach Linköping. **Zug**: nach Kalmar über Vimmerby, nach Linköping.

• *Adressen* **Ärztliche Hilfe**: Vårdcentralen, Danboms vägen 2, ✆ 75950, **Apotheke** am Stora torget. **Polizei** am Stora torget, ✆ 11414.

• *Einkaufen* **Kunsthandwerker** in Kisa: Keramik bei Inger Södergren, Grönedegatan 10; Kunst, Keramik und Café in Hjorslunds Ateljéer von Anneli und Bertil Jansson, Storgatan 40; Goldschmiedekunst bei Veronica Gullbrandsson, Grönedegatan 2.

Übernachten/Camping

Kisa Wärdshus, das Hotel zwischen grünem Flussufer, Kopfsteinplatz und Blumengarten atmet Geschichte, ob in den sorgfältig renovierten Zimmern des Haupthauses oder in der Remise. DZ/Halbpension 1100 SEK; das Abendessen wird im urigen Kellerrestaurant serviert. Tinghustorget 1, ✆ 12222, www.kisawardshus.se.

Föllingen Hotell, ländliche Unterkunft in schöner Lage nahe dem Golfplatz und Campingplatz bei Pinnarp, DZ ab 550 SEK. ✆ 465020, www.follingenhotell.se.

Öknehults Vandrarhem, 11 km Richtung Ulrika, große Unterkunft, auch von Gruppen genutzt, abgeschieden am Badesee gelegen. April bis Sept., ab 200 SEK. ✆ 52016, ✆ 52000.

STF Vandrarhem Björkfors, ca. 20 km östlich von Kisa liegt das alte Schulhaus zwischen Björken und Åsunden; Kanu- und Fahrradverleih, Badeplatz Valö in der Nähe. 225 SEK, auch im DZ. Gamla Landsvägen 13, ✆ 60047.

• *Camping* **Pinnarp Camping**, ca. 7 km auf der RV 134 nach Westen, dann noch 1 km Richtung Malexander. Netter, überschaubarer Platz zwischen Strand und Wald, schöne Caféterrasse, Hütten ab 325 SEK/2 Pers., auch JH-Zimmer. ✆ 43088, ✆ 43067, www.pinnarp.com.

Bei Rimforsa liegen weitere angenehme Unterkünfte: **STF Vandrarhem Kalvudden**, 2 km östlich von Rimforsa am Seeufer, 250 SEK, auch im DZ, Mitte Mai bis Mitte Sept. ✆ 20137.

Liljeholms Folkhögskola, preiswerte Herberge auf schönem Herrenhof am See, 1 km südlich von Rimforsa, RV 34. Ab 190 SEK, auch DZ und Apt. ✆ 79700, www.liljeholmen.nu.

• *Camping* **Rimforsa Camping**, Mai bis Sept. Einfacher Kommunalplatz in schöner Seelage, ruhig und ortsnah, wenig Schatten, Kanuverleih. ✆ 20440, www.rimforsacamping.se.

Bei Malexander ist empfehlenswert: **Gjestgifveri Sommarhagen**, wunderschön in hügeliger Wiesenlandschaft gelegener alter Pfarrhof. Man wohnt in den geschmackvoll eingerichteten kleinen Holzgebäuden, das Restaurant im Haupthaus serviert erstklassige Regionalküche mit mediterranem Einschlag. Sauna mit Badetonne (1100 SEK/Tag, reservieren), Angel- und Reitmöglichkeit. DZ 1050 SEK. 1 km vor dem Ort rechts, ✆ 0142-30037, www.hotelsommarhagen.se.

Fem Rum och Kök/Malexander Café, Sommercafé mit schönem Garten und Gästezimmern an der Durchgangsstraße, DZ 600 SEK. Kyrkvägen 1, ✆ 0142-30040, www.femrumochkok.se.

Camping, Hütten und JH-Zimmer bei HönsaLottas Restaurant, s. u., ab 400 SEK/2 Pers.

Östergötland und Sörmland
Karten S. 298/299 und S. 328/329

Essen & Trinken

Wärdshuset, s. o. (Kisa Wärdshus), bietet für 95 SEK ein üppiges Lunchbuffet, Mo–Fr 12–15 Uhr. Abends ist das Lokal nur im Sommer geöffnet, ansonsten den Hotelgästen vorbehalten.

Restaurang Röda Huset, Storgt. 25, ✆ 12920, Mo–Do 11–22, Fr bis 23 Uhr, Sa 12–23, So 12–22 Uhr. Vielseitiges Lokal in alter Holzvilla, Lunch, Pizza und Fleischgerichte, abends beliebter Pub.

Café Columbia, Storgt. 10, ✆ 12505, Mo–Fr 9.30–19, Sa 10–16, So 11–17 Uhr. Gemütliches Café im alten Apothekerhaus, auch Lunch.

Hargs Gård, ✆ 12488, Sommercafé mit Hofladen; bekannt sind die hausgemachten Marmeladen. Nördlich der Stadt an der Straße nach Ulrika, Juli bis Mitte Aug. tägl. 11–16 Uhr.

Bagarboden Rimforsa, Kalmarvägen 27, ✆ 20101, Mo–Fr 9–18, Sa bis 14 Uhr, Bäckerei und Lunchcafé.

Bei Malexander **HönsaLottas Restaurant**, Ausflugslokal mit Fast Food und Klassikern, Eis und Kuchen. Juli bis Mitte Aug. tägl. 12–21 Uhr. Prästgårdsvägen 3, ✆ 0142-30068, www.malexanderturism.se.

Gjestgifveri Sommarhagen (s. o.) bietet Lunch von guter Qualität, Mo–Fr 12–15 Uhr, 90 SEK, abends ist es deutlich teuerer, aber durchaus den Preis wert; ganzjährig tägl. bis 21 Uhr.

Aktivitäten

Tageswanderung auf dem Östgötaleden: Einstiege an der RV 134, am südwestlichen Ortsrand und beim Naturreservat Föllingsö. Etappe 6 führt nach Pinnarp, im Sommer zieht man sich auf der Seilfähre über den See (ansonsten Umweg über die Straßenbrücke) und erreicht den Campingplatz (ca. 8 km). Weiter auf Etappe 2 bis Misterfall (ca. 2 km) und dann zurück auf Etappe 3 nach Kisa (13 km).

Felsspalte bei Trollegater

Höhlenerkundung bei Trollegater : Von Rimforsa Richtung Ulrika, nach 8 km beschildert. Ein Gebiet mit Sprüngen im Grundgestein, vermutlich während der nacheiszeitlichen Landhebung entstanden. Versteckte, enge Eingänge führen in die Unterwelt – nichts für ängstliche Naturen. Wer sich alleine nicht traut, nimmt an der geführten Tour teil (Juli bis Mitte Aug. Mi/So 16 Uhr, ca. 2 Std., 90 SEK; Anmeldung nicht nötig, einfach da sein. Übrige Zeit: Info über die TI). Taschenlampe und robuste Kleidung ratsam.

Wintersport: Tolvmannabacken, südlich von Kisa, ist Östergötlands größtes Alpin-Skigebiet mit 4 Liften, die längste Piste ist 1200 m lang bei 140 m Höhendifferenz. Klingt nicht allzu beeindruckend, aber mit Wintercampingplatz, Skiverleih, Loipen, Restaurant und Zubringerbus ist dies doch ein ernstzunehmendes Wintersportzentrum. ✆ 10020. Loipen werden auch bei Rimforsa und Björkfors gespurt, der nördliche Åsunden wird als Eislaufrevier präpariert, ✆ 013-141136.

Kanu- und Fahrradverleih bei der JH Björkfors, bei AktivFritid Kinda, ✆ 070-5600433 (bei Hotel Föllingen/Camping Pinnarp), und bei HönsaLottas Restaurant in Malexander. Faltblatt über die umfangreichen Kanureviere bei der TI; der Kindakanal ist eine beschauliche Strecke.

Reiten bei Öknahults Vandrarhem.

Badeplätze bei den Campingplätzen, in Svalsjö und Björkfors; in Malexander gibt es zwei, einen nahe Bootshafen und einen westlich davon bei Balnäs.

Tranås

(14.000 Einw.)

Die überschaubare Kleinstadt am Svartån ist vom Handel geprägt – **Schwedens längstes Kaufhaus** nennt sich die Storgatan zu Recht: Vom Brunnsparken über den Torget bis zur Parkgatan reiht sich entlang des baumbestandenen breiten **Boulevards** ein Geschäft ans andere; soviel Urbanität würde man hier nicht erwarten. Der Torget, auf dem freitags ein Markt stattfindet, zieht sich bis zum idyllischen Flussufer hinunter, jenseits liegt das Stadshus, von ausgedehnten Parkanlagen umgeben. Nicht weit entfernt vom **Sommen** entfernt, hat Tranås einen hohen Freizeitwert.

Abstecher nach Torpön und Boxholm

Torpö-Slingan nennt sich der Ausflug, der über die Sommeninsel Torpön und entlang der westlichen Seeufer führt.

Auf der RV 131 geht es nach Süden, kurz hinter Hestra lohnt sich ein Abstecher nach links Richtung **Torpa.** Die Kirche im Dorfzentrum stammt aus dem 13. Jh., das Pfarrhaus von 1730, am Sommenufer liegt der Anleger des Dampfschiffes. Zurück auf der Hauptstraße, zweigt kurz danach bei Ramfall die Straße nach Torpön links ab und erreicht die Insel über eine kurze Brücke. Ein schöner Badeplatz liegt rechts am Ufer, Wanderwege starten von hier über die Insel. Bald verlässt die Straße das Ufer, dann weist ein Schild den **Aussichtsberg Bårshult** nach rechts aus; eine lohnende Kurzwanderung (7 km). Am Nordende der Insel erreicht man **Torpöns Färjeläge,** ein schönes Etappenziel. Das **Naturum** liegt herrlich auf den Schärenbuckeln und beherbergt eine anschauliche Ausstellung zum Sommen, dazu ein kleines Aquarium (✆ 070-2974722, Juni bis Aug. tägl. 9–19 Uhr, Mai und 1. Hälfte Sept. Sa/So 10–17 Uhr, Eintritt frei). Sommercafé, Camping und Badeplatz liegen in der Nähe, die **Seilfähre Viktoria** pendelt im Halbstundentakt über die Seeenge (✆ 042041, Mai/Sept. bis 18 Uhr, Juni bis Mitte Aug. bis 22 Uhr, 50 SEK mit PKW).

Jenseits führt die Straße durch einsame Waldgebiete nach Norden. Das Dörfchen **Blåvik** liegt in einer Sommenbucht mit Bootshafen und Badeplatz, die Kirche thront erhöht darüber. Ateljé Tita stellt Gold- und Silberschmiedearbeiten von faszinierend schlichtem Stil aus (Juni bis Aug. Mo–Fr 11–18, Sa/So bis 16 Uhr).

Am Ortseingang von **Boxholm** nach links erreicht man den hübsch gelegenen Bade- und Campingplatz am Fluss, auf dem Malexandervägen nach rechts die **Kirche,** hoch auf einer Felskuppe gelegen. Der dunkle, schmale Ziegelbau von 1897 scheint auf den ersten Blick nicht sonderlich bemerkenswert, aber die "Ziegel" sind bei näherem Hinsehen ungewöhnlich strukturiert: Es sind Schlackesteine, ein Abfallprodukt der hiesigen Eisenhütte.

Vorbei am Bahnhof und über die Bahnlinie erreicht man die RV 32, dahinter liegt das wenig aufregende Zentrum: Im Kommunhus (Schild TI) gibt es neben Ortsprospekten auch ein Modell der Stadt zu sehen, und eine gute Adresse zum Käsekauf ist **Boxholms Ost** (s. Adressen). Interessanter ist das Industriegebiet von Boxholm, nach links am Flussufer zu erreichen. Zwischen alten Fabrikgebäuden des Måntängverket, einem 1881 stillgelegten Eisenwalzwerk, ist in der Sägemühle von 1777 das interessante **Bruksmuseum** untergebracht. Es vermittelt spannende Einblicke in die Geschichte eines typischen Hüttenortes: Mit der Gründung der Eisenhütte um 1750 entwickelte sich das Gemeinwesen wie ein Staat im Staate, beherrscht von den Brukspatronen. Werkssiedlung und Straßen wurden von ihnen angelegt, Justiz und Gesundheitswesen lagen in ihren Händen, selbst die Kirche wurde vom Werksbesitzer gestiftet – als Zeichen der Zugehörigkeit aus Schlackesteinen gebaut. Erst Ende des 19. Jh. änderten sich die Verhältnisse, die Hütte wurde in eine AG umgewandelt; um konkurrenzfähig zu bleiben, musste expandiert werden, und die Altbesitzer wurden ausbezahlt. Das Walzwerk wurde eins der modernsten und produziert noch heute in Boxholm, wenn auch seit 1980 an anderem Standort.

Im Museum illustriert ein Wandgemälde die Entwicklungsgeschichte des Ortes, zahlreiche Modelle zeigen die Arbeit in der Hütte, Werkzeuge und Maschinen sind zu besichtigen. Spannend ist die Vorführung der Nagelmaschine, an der vor allem Kinder arbeiteten – bis 1850 zwischen 12 und 15 Stunden täglich. Auch die Zulieferindustrien der Forstwirtschaft und Köhlerei werden beleuchtet, außerdem die Land- und Viehwirtschaft. Auf dem Außengelände sind ein mächtiger Dampfhammer und ein Lancashire-Ofen zu besichtigen, an einer Walze stehen lebensgroße eiserne "Arbeiter". Auf zahlreichen Tafeln wird all dies erläutert, oft auch auf Deutsch.
Masugnsvägen, ✆ 0142-51901, Juni bis Aug. Di–So 10–15 Uhr, April bis Sept. auf Voranmeldung, auch für Einzelbesucher! 20 SEK, mit Führung 30 SEK.

Im Bruksmuseum vom Boxholm werden alte Techniken demonstriert

Auf der RV 32 geht es Richtung Süden zurück zum Sommen, den man beim gleichnamigen Ort erreicht. Seine Attraktivität leidet stark unter der am Ufer verlaufenden Bahnlinie, nur die Halbinsel mit den Bootshäfen, dem Badestrand und dem Campingplatz schneidet sie ab.

Gut 2 km südlich von Sommen liegt das kleine **NR Hovaledens Urskog** am Weg, ein "Urwald" aus bis zu 250 Jahren alten Nadelbäumen in felsigem Terrain, fast ein "Tiveden" im Kleinen. Kurz dahinter zweigt bei Tenbäcken die alte RV 32 ab, von der man das Museumsdorf **Gamlebyn Hultet** erreicht (Abzweig nach Hultet bei der Bushaltestelle). Die alten Hofgebäude sind mit allem eingerichtet, was zum Leben und Arbeiten anno dazumal gehörte; auf der zweistündigen Führung werden sie erklärt.
Gamlebyn Hultet, Juni bis Aug. Di, Do und Sa 14 Uhr, 40 SEK, nur im Rahmen von Führungen zugänglich.

An der Sjöviken trifft die alte RV 32 kurz an den Sommen, bei Röhälla ein zweites Mal; ein schöner Badeplatz liegt an der **Skoboviken.** Nach links führt eine Sackgasse bis zur Landzunge **Romanäs,** wo Spazierwege durch das Naturreservat führen. Das einstige Sanatorium von 1905 steht heute leer. Ab Röhälla weiter auf der alten RV 32 erreicht man kurz darauf wieder Tranås.

Auf einen Blick

Vorwahl Tranås: 0140

• *Information* **Tranås Turistbyrå**, Stationsplan 1, 57333 Tranås, ✆ 68790, 📠 53411, www.tranas.se, Mitte Juni bis Mitte Aug. Mo–Fr 10–18, Sa bis 13 Uhr, übrige Zeit Mo–Fr 10–17 Uhr.

• *Verbindungen* **Bus**: Die 40er-Busse in der Stadt sind kostenlos. **Zug**: Verbindung nach Boxholm, Linköping, Norrköping und Nässjö.

• *Adressen* **Ärztliche Hilfe**: Vårdcentrum, Spolgatan, **Apotheke** Örnen, Storgt. 90.

• *Einkaufen* Zwei gute Adressen für Käsefreunde sind **Boxholms Ost**, gut sortierter Käseverkauf der Molkerei in Boxholm (Mo–Do 9.30–13, Fr bis 18 Uhr, Älvkullevägen 7, ✆ 0142-293330), und **Brostorps Gård**, wo der Käse auf traditionelle Weise produziert wird. Berühmt ist der Käsekuchen (RV 131 von Tranås nach Süden, kurz vor Hestra rechts ab. Juni bis Aug. Fr/Sa 11–17 Uhr, ✆ 43054).

Übernachten/Camping

Mittelpreisige Unterkünfte fehlen in der Kommune, entweder weicht man auf Camping und Hütten aus oder nach Malexander. Als zu voll erlebten wir den Campingplatz bei Torpön Färjeläge (s. o.) – eine solche Lage zieht einfach jeden Schwedenurlauber an.

Best Western Hotel Tranås Statt, komfortables Traditionshotel am Torget, neues Spa, nicht billig, aber seinen Preis wert. DZ ab 1195 SEK, Fr–So 845 SEK. Storgt. 22, ✆ 56600, www.tranasstatt.se.

STF Vandrarhem Solvikens, große Herberge in schöner Seelage bei Torpa, 220 SEK, auch im DZ, Achtung: nur Barzahlung! ✆ 40100, www.solviken.nu.

• *Camping* **Hätte Camping**, mittelgroßer Platz am Sommenufer oberhalb der Badebucht, Kanuverleih. Hütten ab 400 SEK/2 Pers., mit Bad ab 620 SEK. Badvägen, ✆ 17482, www.hattecamping.se.

Sommens Camping, gut ausgestatteter Platz mit WiFi (kostenlos), neuen Sanitäranlagen, schönem Spielplatz und Badestrand; der Wermutstropfen ist die Bahnlinie dahinter. Nah am Wasser geht's noch, und ganz vorne darf man zelten – in absoluter Traumlage. Kanuverleih, Quick Stop. Mai bis Sept. Lugnalandet, ✆ 30007, www.sommenscamping.se.

Timmerö Camping, schöner, selten voller Wiesenplatz am Fluss in Boxholm, einfache Ausstattung, Mitte Juni bis 3. Woche Aug., ✆ 0142-89500.

Essen & Trinken

StrandBaren, Restaurant und Pub, ideal zwischen Torget und Fluss gelegen, mit schöner Terrasse. Die Grillbuffets im Sommer sind sehr beliebt (Mi, Fr und Sa 18–21 Uhr), Mo–Do 17–23, Fr bis 1 Uhr, Sa 13–1 Uhr. Cityhuset, ✆ 10011.

Restaurang Sjökrogen, Strandlokal am Badeplatz Hätte (nahe Camping), hat alles von Pommes und Eis bis Lunch und Fisch, Juni bis Aug. tägl. bis 21 Uhr. Hättebaden, ✆ 12482.

Auf der Storgatan liegen etliche nette Lokale, in denen man sich vom Einkaufen erholt, z. B.:

Skafferiet, süßes Puppenstuben-Café im winzigen Holzhaus, Mo–Fr 10–18, Sa/So bis 16 Uhr, Storgt. 47, ✆ 19567.

Wienerbageri, alteingesessene Konditorei gegenüber vom Brunnsparken, Mo–Fr 7.30–18, Sa bis 14 Uhr, Storgt. 15, ✆ 12465.

Siesta, Mat & Deli, Antipasti, Pasta und Feinkost, alles uritalienisch, auch der Lunch. Mo–Sa 10.30–21 Uhr, Torget, ✆ 12228.

Das Restaurant im **Hotel Statt** am Torget hat guten Lunch, 75 SEK, auch Sa.

Außerhalb von Tranås Sommercafé in Torpö Färjeläge, im Zentrum von Boxholm das übliche Kleinstadtangebot – Café, Pizzerien und Imbiss.

Aktivitäten

Fahrten auf dem Sommen mit dem **Dampfer Boxholm II** ab Hättebaden/Tranås, Torpön Färjeläge oder Malexander, zu verschiedenen Zielen, Juli/Aug. Mi–So jeweils 1–2 Touren, je nach Tour 150–350 SEK. Reservierung erforderlich, über die TI oder ✆ 68790.

Kanuverleih bei Sommen Camping und Petruskajak in Hättebaden (auch Segeljollen und Motorboote), ✆ 070-2271171.

Wandern im Naturreservat Illern, 5–10 km lange Rundwege, teils zum See Illern (Zugang ab Örsbäcken, 3 km südl. der Stadt, ab Östra vägen beschildert).

Badeplätze bei den Campingplätzen und in Tranås am Trollsjön (Zufahrt über Grännavägen).

Am Götakanal vom Vättern zur Ostsee

Borenshult und Berg sind die populärsten Schleusentreppen des Götakanals zwischen Vättern und Ostsee. Dazwischen verläuft Schwedens „Blaues Band“ durch die lang gestreckten Seen Boren und Roxen, bevor eine letzte Kanaletappe zur Ostsee führt.

Vadstena (5600 Einw.)

Die alten **Klosteranlagen** samt der Kirche bilden heute eines der wichtigsten Besucherziele Vadstenas. In den Nonnenkonvent, zu dem auch der Bjölbopalast (Kungapalatset) gehört, sind das Klosterhotel und ein Museum eingezogen, das Mönchskloster, im Laufe der Zeit mehrfach umgebaut und modernisiert, beherbergt ein gediegenes Restaurant, ein romantischer Park mit Kräutergarten umgibt die an das Vätternufer grenzenden Gebäude. Die 1430 geweihte Klosterkirche aus bläulichem Granit steht in ihrer äußeren Form noch so da, wie sie nach den Angaben der Heiligen Birgitta errichtet wurde. Innen hat sie zwar einige bauliche Veränderungen erfahren, wirkt aber in ihrer schlichten Strenge und mit dem hohen Mittelschiff noch immer ausgesprochen beeindruckend. Von der einst sicher reicheren Ausstattung sind der Reliquienschrein, Skulpturen der Heiligen Birgitta und Madonnenfiguren sowie verschiedene Altäre aus dem 15. und frühen 16. Jh. erhalten. Heute gehört die alte Klosterkirche zur protestantischen Gemeinde Vadstena, das neue Kloster und die katholische Kirche liegen unweit davon an der Strandpromenade.

Klosterkyrkan: Juli tägl. 9–20 Uhr, Juni/Aug. bis 19 Uhr, Mai und 1. Hälfte Sept. 10–17 Uhr, übrige Zeit 11–15.30 Uhr. **Klostermuseum**: Juli tägl. 10.30–17 Uhr, Aug. bis 16 Uhr, Juni tägl. 11–16 Uhr, Mai und Sept. bis Mitte Okt. nur Sa/So 11–16 Uhr, 60 SEK.

Durch die schmalen Innenstadtgassen und vorbei am Rådhustorget mit Rats- und Kaufmannshäusern aus dem 15. und 16. Jh. erreicht man das zweite bekannte Bauwerk Vadstenas, das **Vasa-Schloss** von 1545. Zunächst als Verteidigungsanlage errichtet, wurde es unter Gustav Vasas Sohn Johan III. zur Residenz ausgebaut und diente bis ins 18. Jh. diesem Zweck. Anschließend verfiel es zunehmend und wurde erst in den letzten Jahren in den Ursprungszustand zurückversetzt. Nun ist die mächtige Anlage mit den typischen Rundtürmen, den intakten Burgwällen, mit Wassergraben, Zugbrücke und dem zentralen Renaissanceschloss ein Publikumsmagnet geworden. Rings um den Burggraben, in dem im Sommer Freizeitboote ankern, sind in die alten Speicher und Getreidesilos Läden, Cafés und Büros eingezogen.

Schloss ✆ 621600, Juli 11–18 Uhr, Juni/Aug. bis 16 Uhr, ab Mitte Mai und bis Mitte Sept. 12–15 Uhr, 1. Hälfte Mai und 2. Hälfte Sept. nur mit Führung Sa/So 14 Uhr, übrige Zeit nur Sa 14 Uhr mit Führung, 90 SEK.

Kloster Vadstena

Das fruchtbare Kulturland um den Tåkern bildete das Kerngebiet der reichen Adelsfamilie der Folkunger aus Bjälbo, die unter Birger Jarl Finnland christianisierte, Stockholm gründete und drei Generationen lang die schwedischen Könige stellte. Valdemar Birgersson war der erste Folkunger auf dem Thron, 1251 im Dom zu Linköping gekrönt. Ein Bruder Birger Jarls ließ 1260 die Pfalz in Vadstena errichten und machte sie zu seinem Stammsitz. Birgitta Birgersdotter, weitläufig mit dem Herrschergeschlecht verwandt, wurde hier um 1335 Hofdame des jungen Königs Magnus Eriksson. In Visionen erfuhr sie den christlichen Auftrag, an dieser Stelle ein Kloster sowohl für Nonnen als auch für Mönche zu gründen. 1346 vermachte das Königspaar ihr den Bjälbopalast in Vadstena zu diesem Zweck. 1349 reiste sie nach Rom, um das päpstliche Einverständnis für die Klostergründung und die Ordensregeln einzuholen. Dieses Unterfangen sollte sich jedoch mehr als ein Jahrzehnt hinziehen. Birgitta unternahm Pilgerreisen bis nach Jerusalem, übersetzte ihre zunächst in Latein verfassten Offenbarungen ins Schwedische und schuf damit eines der ersten Literaturzeugnisse in der Landessprache. Sie erlebte die Gründung des Klosters Vadstena 1384 nicht mehr, sondern starb 1373 in Rom, doch ihre detaillierten Angaben bezüglich des Aussehens der Kirche und der Ordenstracht wurden umgesetzt. Die Begründerin des Birgittinenordens, deren sterbliche Überreste ins Kloster nach Vadstena überführt worden waren, wurde 1391 heiliggesprochen.

Vadstena stieg zum wichtigsten Nonnenkonvent des Nordens und einem bedeutenden Wallfahrtsort auf, der weit über die skandinavischen Grenzen hinaus wirkte. Sein Einfluss auch in gesellschaftlicher Hinsicht – zu den Nonnen zählten Frauen aus den bedeutendsten schwedischen Adelsfamilien – zeigt sich auch an der Tatsache, dass Vadstena nach der Reformation und dem Beginn der Säkularisierung 1527 durch Gustav Vasa noch fast 80 Jahre weiterbestand. Das Birgittinenkloster wurde erst 1595 als letztes im Lande geschlossen, zwei Jahre, nachdem die Nationalsynode in Uppsala den lutherischen Glauben zum einzigen des Reiches erklärt hatte. Mittlerweile gibt es ein Nachfolgekloster in Vadstena, das 1989 sogar päpstlichen Besuch erhielt, und man kann heute wieder Nonnen in der Tracht der Birgittinerinnen – grau, mit weißen, gekreuzten Bändern auf dem schwarzen Kopfschleier – in der Stadt begegnen.

Abstecher zum Tåkern und Omberg

Der **Omberg** ist von einem Netz an Fahr- und Wanderwegen überzogen, auf denen man die abwechslungsreiche Natur mit Felsklippen, Wald, Kalksteppen und blumenreichem Wiesenland erschließen kann. **Stocklycke** ist hierfür der beste Einstieg; im alten Naturum gibt die informative Ausstellung eine Übersicht über das Gebiet (✆ 0144-33245, Mai bis Sept. tägl. 9.30–17 Uhr). Beschilderte Wanderrouten beginnen hier, und im Gartencafé der Jugendherberge kann man sich nach der Rückkehr stärken. Der einspurige Fahrweg entlang der hohen Felsküste ist ebenfalls lohnend. Unterwegs führen kurze Abstecher durch den urwaldartigen Tannenwald Granurskog und zu den Steilfelsen **Västra Vägga,** bevor man bei **Borghamn** den Hügelrücken hinter sich lässt. Der kleine Hafenort gedenkt mit der hübschen Brunnenskulptur Borgsten auf dem zentralen Platz seiner wirtschaftlichen

Bei Romantikern beliebt: Die Klosterruine von Alvastra

Stützpfeiler, dem Kalksteinbruch und der Fischerei. Über den Omberg geht es auf einer anderen Nebenstrecke zurück Richtung Stocklycke. Unterwegs lohnt sich beim Parkplatz Hjässatorget ein kurzer Aufstieg zum Aussichtspunkt **Hjässan.**

Die Zahl mittelalterlicher Kirchen in der ländlich-ruhigen **Tåkern-Ebene** zwischen Ödeshög und Vadstena ist beachtlich. Die schlichte **Heda Kyrka** weist geschnitzte Figuren aus dem 12. und 13. Jh. auf, darunter eine berühmte Madonnenfigur. Die romanische Kirche von **Väversunda** beeindruckt durch ihre reichen Kalkmalereien aus verschiedenen Jahrhunderten und der mit schmiedeeiserner Ornamentik verzierten Tür. Eine ähnliche Arbeit findet sich auch in der Kirche von **Rogslösa,** im Gotteshaus von **Hov** gibt es zahlreiche Runensteine und schön ausgemalte Gewölbe, und auch in der **Herrestad Kyrka** sind Kalkmalereien, besonders Ornamente und Blumenranken zu bewundern. Weitere Kirchen aus dem 12. bis 13. Jh. finden sich in Kumla, Bjälbo, Svanshals, Örberga und Nässja, wo gleich neben dem Gotteshaus eine große Schiffssetzung liegt. Und am südlichen Fuß des Omberg sollte man der malerisch unter alten Bäumen gelegenen Ruine des 1143 gegründeten Zisterzienserklosters **Alvastra** einen Besuch abstatten. (Die Kirchen sind etwa von 9 bis 17 Uhr zugänglich.)

Zwischen Alvastra und Väderstad ist bei der Kirche von Rök der **Runenstein Rökstenen** einen Besuch wert. Der mächtige Findling trägt eine lange, teils rätselhafte Inschrift und wurde um 800 von einem Wikingerhäuptling namens Varin zum Gedenken an seinen gestorbenen Sohn Vämod verfasst. Sie spielt auf verschiedene Helden und Götter an, vermutlich, um die Häuptlingssippe von ihnen abzuleiten. In einer kleinen, immer zugänglichen Ausstellung werden der Entstehungshintergrund erläutert (auch auf Deutsch und Englisch) und die Inschrift im Original, in lateinischer Transkription und schwedischer Übersetzung aufgeführt.

Der flache, von breiten Vegetationsgürteln umgebene See **Tåkern** ist ein **Vogelparadies,** das man von folgenden Beobachtungstürmen aus einsehen kann: Glänäs im

Süden, Hov im Osten und Svälinge im Norden, alle drei von den Hauptstraßen beschildert. Der See steht seit 1975 unter Naturschutz. Nachdem er zuvor zu verlanden drohte, wird der Wasserstand mittlerweile reguliert, und seine Größe hat sich damit auf etwa 25 km^2 eingependelt. Sein Nährstoffreichtum lockt alljährlich etwa 90 Vogelarten zur Brut an, und fast 250 Arten machen hier auf dem Durchzug im Frühjahr und Herbst Rast. Besonders groß sind die Bestände der Lachmöwe, von Blässhuhn und Höckerschwan sowie verschiedener Enten- und Gänsearten.

Auf einen Blick

Vorwahl Vadstena: 0143

• *Information* **Vadstena Turistbyrå**, Rödtornet, Storgatan, 59280 Vadstena, ✆ 31570, www.vadstena.com, Juni bis Aug. tägl. 10–18 Uhr, Mai/Sept. Mo–Sa 10–14 Uhr, übrige Zeit (außer Januar) Mo–Fr 10–14 Uhr.

• *Verbindungen* **Bus**: Linie 612 mehrmals tägl. nach Motala bzw. Ödeshög, in Ödeshög Anschluss nach Gränna mit Linie 671. Bushalteplatz an der Järnvägsgatan hinter dem Schloss.

Parken: Am Schloss und beim Kloster kostenlos mit Parkscheibe.

• *Adressen* **Ärztliche Hilfe**: Vårdcentralen, Jungfruvägen 5, ✆ 010-1059830, **Apotheke** Örnen am Rådhustorget 7, ✆ 0771-450450. **Postamt**, **Banken** und **Geschäfte** in der Storgatan.

Übernachten/Camping

Vadstena Klosterhotel, wohnen im historischen Ambiente. Mehrere schöne Dependancen gehören zum Haus, das Frühstück wird in der Halle des Bjölbopalatset aus dem 13. Jh. serviert. DZ 1650 SEK., in der Dependance ab 1450 SEK, mit Bad auf dem Flur 890 SEK. Klosterområdet, ✆ 31530, ✆ 13648, www.klosterhotel.se.

Starby Hotell Konferenz & Spa, Hotel auf einem Gutshof unweit des Schlosses. Hier soll schon Gustav Vasa Logis genommen haben. DZ ab 1195 SEK.Odeshogsvagen 1, ✆ 75100, ✆ 75170, www.starbyhotell.se.

Pensionat Solgården, Mai bis Sept. Schöne, alte Villa mit originell eingerichteten Zimmern, teils etwas überladen-kitschig, verschiedener Standard. DZ ab 790 SEK, Etagenbad. Strågatan 3, ✆/✆ 14350, www.pensionatsolgarden.se.

27:ans Nattlogi, gemütliche, kleinere Unterkunft in schönem Altbau an der Fußgängerzone. DZ ab 750 SEK, Etagenbad. Storgatan 27, ✆ 13447, ✆ 46143.

STF Vandrarhem Vadstena, Mitte Juni bis Aug., übrige Zeit mit Vorbuchung. Schlicht-moderne Herberge nah der Durchgangsstraße. Ab 240 SEK, DZ ab 480 SEK. Skänningegatan 20, ✆ 76560, www.sevadstena.com.

STF Vandrarhem Borghamn, ganzjährig. Unterkunft am kleinen Hafen von Borghamn, guter Ausgangspunkt für den Omberg. Im Sommer hat das Hamncafé geöffnet. 225 SEK/Pers., DZ ab 490 SEK. Borghamnsvägen 1, ✆ 20368, ✆ 20378, www.borghamnsvandrarhem.nu.

STF Vandrarhem Omberg/Stocklycke, idyllisch gelegene, gemütliche Herberge auf dem Omberg, idealer Ausgangspunkt für Wanderungen. Im Sommer auch Restaurant-Café (Mai bis Mitte Sept. tägl. 11–19 Uhr). 240 SEK/Pers., DZ ab 490 SEK. 59993 Ödeshög, ✆ 0144-33044, www.stfstocklyckevandrarhem.se.

• *Camping* **Vätterviksbadets Camping & Stugby**, Mai bis Mitte Sept. Gut ausgestatteter Platz 3 km nördlich von Vadstena, zwischen Hauptstraße Nr. 50 und Vätternufer gelegen. Etliche straßennahe Stellplätze. Bade- und Surfstrand, große Wasserrutsche, Boots- und Fahrradverleih. Hütten/4 Pers. ab 600–1000 SEK, DZ 350 SEK. ✆ 12730, www.vadstenacamping.se.

Essen & Trinken

Restaurang Munkklostret, Gourmetrestaurant im altertümlichen Ambiente des Klosters. Wen die À-la-carte-Preise schrecken, der sei auf das ebenfalls überdurchschnittlich gute Dagens verwiesen. Mo–Sa 12–14 und 18–21 Uhr. Klosterområde, ✆ 13000.

Restaurang Vadstena Valven, Lokal in altem Kaufmannshaus, wirbt etwas übertrieben mit „mittelalterlichem Flair". Umfangreiche Karte, gehobene Preise. Mo–Fr 11.30–14, Sa/So 12–15 Uhr, tägl. außer Fr (dann ab16 Uhr) 18–22 Uhr (So nur bis 21 Uhr). Storgatan 18, ✆ 12340.

Rådhuskällaren, urig-gemütlich, bodenständige Küche, im Sommer viel Platz zum Draußensitzen auf dem Marktplatz. Im Sommer tägl. 12–23 Uhr, übrige Zeit nur Sa ab 22 Uhr. Rådhustorget, ✆ 12170.

Restaurang Wasa, Pub und Restaurant, mittags preiswertes Dagens. Im Sommer tägl. 11–23 Uhr, übrige Zeit Mo–Fr 11–14 und Sa/So 12–16 Uhr. Rådhustorget 2, ✆ 31220.

Restaurang på Hörnet, beliebt als abendlicher Treffpunkt, Pub und À-la-carte-Restaurant. Im Sommer Mo–Sa 12–1, So 17.30–1 Uhr, übrige Zeit Mi–Sa 17.30–23 Uhr. Skänningegatan 1, ✆ 13170.

Gamla Konditoriet, alteingesessenes Café in der Fußgängerzone. Mo–Fr 9–18, Sa bis 16 Uhr, So 9–16 Uhr. Storgatan 18, ✆ 10035.

Motala

(30.000 Einw.)

Wasser, wohin man sich auch wendet. Von der geschützten Motalaviken bis zur sichelförmingen Sandbucht von Varamo erstreckt sich das Stadtgebiet entlang der Vätternküste. Es wird landeinwärts geteilt durch den breiten Motalastrom und das Kanalbett gleich daneben, nach Osten begrenzt das Ufer des Boren den Ort. Die Nähe zum Wasser trägt viel zu Motalas Attraktivität bei.

Das Städtchen verdankt seine Existenz dem Götakanal, dessen erster Spatenstich hier in Motala im Jahr 1810 erfolgte. Der Erbauer, Baltasar von Platen, wählte die geschützte Vätternbucht als Verwaltungszentrum der Kanalgesellschaft aus, initiierte die technischen Werkstätten Motala Verkstad und entwarf auch den Grundriss der Innenstadt, deren bogenförmige Straßen die Uferlinie der Bucht nachzeichnen.

Kanalspaziergang und-radtour

Die kleine City grenzt mit der Vätternpromenade an das schöne Ufer der Motalaviken. Von dort sind es nur wenige Meter zum Kanal und der Turistinformation. Ein paar Schritte am Kanal entlang führen zur Mündung von Fluss und Götakanal, wo die Gästebrücke mit Cafés und die Museen in den alten Hafenanlagen Besucher anziehen. Zurück am Turistbyrå im ehemaligen **Kanalkontor** geht es nun über die Kanalbrücke. Die anschließende Strömbron von 1787 mit ihren neun Rundbögen ist sehenswert. Zwischen den Wasserläufen folgt man dem Verkstadvägen, unter der Straßen- und Eisenbahnbrücke hindurch, dann dem Treidelweg am Kanal entlang. Bald kommt auch der Fluss wieder in Sicht, der sich hier zum See **Hårstorpssjön** weitet. Ein winziges Inselchen ragt darin auf und markiert den Platz, an dem ehemals ein Hof lag. Als man 1921 den Fluss für ein Kraftwerk staute, wurden die dortigen Gebäude versetzt. Am Charlottenborgsvägen lohnt sich ein Abstecher über den Motalaström zum **Charlottenborg Slott,** Herrensitz von 1652 und heute ein Museum. Außer dem schönen Gebäude selbst kann man eine Sammlung mit Schnitzkunst, etliche Puppenstuben, ein Schulzimmer und eine umfangreiche Vogelsammlung besichtigen (Di–Fr und So 13–16 Uhr, im Sommer auch Sa, im Jan. nur So, ✆ 233591, 40 SEK).

Weiter geht es auf dem Treidelweg bis zu einer Dreh-Fußgängerbrücke über den Kanal. Beiderseits liegt nun das alte Industriegelände von **Motala Verkstad** mit den mächtigen Werkshallen aus vergangenen Tagen. Hier wurde alles hergestellt, was zum Betrieb des Kanals und der Schiffe erforderlich war, vom Werkzeug bis zum Schleusentor. Dampfmaschinen und später Motorfahrzeuge wurden ebenso konstruiert wie ganze Brücken. Produkte von Motala Verkstad waren über die Grenzen Schwedens hinaus bekannt.

Motala verdankt seine Existenz dem Göta-Kanal

Über die Brücke erreicht man weitere Wohn- und Arbeitsstätten aus der Kanalbauzeit. In einem davon befindet sich das informative **Götakanal Museum** (✆ 210923 auch Café, Mai bis Aug. tägl. 11–17 Uhr, Mai nur Sa/So, Juli ab 10 Uhr, 20 SEK). Das **Trockendock** liegt nicht weit davon, 1815 gebaut und genial ausgetüftelt, denn es lässt sich sowohl von selbst füllen wie auch leeren, Letzteres mittels eines unterirdischen Kanalsystems, mit dem das Wasser zum tiefer gelegenen Fluss transportiert wird. Zurück über die Brücke folgt man der Svartagatan und dann links wieder dem Verkstadvägen. Wer sich bisher über die Parallelität der beiden Wasserläufe gewundert hat, findet bald rechts den Grund dafür heraus. Eine mächtige Fallstufe im Motalaström macht jede Schifffahrt unmöglich und wird stattdessen von einem Kraftwerk genutzt. Ein letztes Stück bis **Borenshult** geht es nun auf dem Verkstadvägen oder dem Treidelweg. Zahlreiche Besucher versammeln sich im Sommer dort rings um die fünf Schleusenkammern, die den Kanal mit dem 15 m niedrigeren Boren verbinden und die pro Saison von etwa 5000 Passagier- und Privatbooten passiert werden. Zurück in die Stadt und zum Stora torget (zentraler Bushalteplatz) verkehrt Bus 322 ab Verkstadvägen 133. Auf dem Hinweg kann man sich dort oder an der Haltestelle Svartagatan über die Abfahrtszeiten informieren. Wer Badezeug dabeihat, kann ab Stora torget die Linie 301 nehmen und gleich bis Folkets Park weiterfahren. Dort beginnt **Varamobaden,** die lang gestreckte Sandbucht am Vättern, die an schönen Sommertagen von Badegästen und Surfern nur so wimmelt.

Östergötland und Sörmland
Karten S. 298/299 und S. 328/329

Abstecher nach Medevi Brunn

20 km nördlich von Motala liegt ein „Badeort“ ganz anderer Art. **Medevi Brunn** ist Schwedens ältestes Kurbad, 1678 um eine heilkräftige Quelle gegründet und zwei Jahrhunderte hindurch Treffpunkt der Adeligen und Reichen. Ein Ausflug hierher ist wie eine Reise in die Vergangenheit, wenn an Sommernachmittagen das Brunnsorkester in den Pavillons im Park aufspielt, das Publikum im verschnörkelten Ambiente des Schweitzeriet bei Kaffee und Kuchen sitzt, unter den Arkaden zur eingefassten

Quelle spaziert, um sich den Gesundbrunnen dort in Becher füllen zu lassen, und sich abends zum Grötlunken versammelt, der Promenade mit Musikbegleitung. Die herrschaftlichen Villen der einstigen Stammgäste flankieren den Promenadenweg, die niedrigeren Herbergen der Dienstboten und Bauern liegen dahinter. Was nicht mehr in Privatbesitz ist, gehört zum Hotel (✆ 91100), ebenso wie das traditionsreiche Wärdshus (✆ 91560) und der alte Speisesaal Brunnssalongen, die alte Apotheke und die Brunnskyrka. Nach Medevi kam man nicht nur der Gesundheit wegen – das leicht kohlensäurehaltige Wasser sollte gegen Krämpfe des Körpers wie der Seele helfen –, sondern auch zu gesellschaftlichen Zwecken. Hier traf man seinesgleichen, knüpfte und festigte Kontakte und widmete sich der Kultur. Dafür, dass die bessere Gesellschaft unter sich blieb, sorgte nicht nur die Einteilung im Badehaus nach erster bis vierter Klasse, sondern anfangs auch die Vorschrift, nach der die niederen Stände nur zu bestimmten Zeiten am Brunnen zugelassen waren: Bauern um 5 Uhr morgens, Arme aus dem nahe gelegenen Lazarett nachts um 3 Uhr.

Medevi Brunn, ✆ 91100, Mittsommer bis Mitte Aug. Führungen tägl. 16 Uhr, Konzerte Di–So 15–16 und 19.30–20.15 Uhr, Marschkonsert tägl. 20.45 Uhr.

Auf einen Blick

Vorwahl Motala: 0141

• *Information* **Motala Turistbyrå**, Hamnen, 59186 Motala, ✆ 225254, www.motala.se, Juni bis Mitte Aug. tägl. 10–18 Uhr, übrige Zeit Mo–Fr 10–18, Sa 10–13 Uhr.

Dependance in Borensberg am Kanalhafen, ✆ 225874, Juni bis Mitte Aug. tägl. 10–16 Uhr.

Badetrubel in Varamobaden

• *Verbindungen* **Bus**: Linie 520/620 nach Borensberg, Vreta Kloster/Berg und Linköping, Linie 612 nach Vadstena, 629 nach Askersund über Medevi Brunn, alle mehrmals tägl. Expressbusse 52 und 53 nach Linköping, Mo–Fr mehrmals tägl., 855 nach Stockholm über Norrköping, Fr/So. Busterminal an der Sjögatan. **Zug**: Motala liegt auf der Zugstrecke Mjölby – Hallsberg, dort weitere Anschlüsse. Bahnhof an der Platensgatan.

Parken: Parkplätze am Kanalhafen, Folkets Hus und Skolgatan, Ecke Vätterpromenade.

• *Adressen* **Ärztliche Hilfe**: Vårdcentral, Mariebergsgatan 2, ✆ 010-1059850, **Apotheke** Kronan Kungsgatan 4. **Bank** in der Bispmotalagatan, um den Stora torget liegen die Haupteinkaufsstraßen.

Übernachten/Camping

Stadshotellet Best Western Motala Statt, gediegenes Stadthotel im Zentrum. DZ ab 1195 SEK. Stora torget, Motala, ✆ 216400, ✆ 214605, www.motalastadshotell.com.

Park Hotell, einfacheres, preiswertes Hotel in zentraler Lage. Der Name täuscht etwas, denn die Hauptstraßen sind nicht weit. Ab 595 SEK. Platensgatan 27, ✆ 53500, www.park-hotel.se.

STF Vandrarhem Motala/Varamon, Mitte April bis Sept., übrige Zeit mit Vorbuchung. Direkt am langen Sandstrand gelegen. Ab 220 SEK, DZ ab 490 SEK. Varamobaden, Skogsborgsgatan 1, ✆ 57436.

STF Vandrarhem Motala verkstad/Göta kanal, in der neu renovierten Werftarbeiterunterkunft wohnt man nun zu viert in kleinen Apartments mit eigener Küche. Ab 225 SEK, auch ein DZ 450 SEK. Motala Verkstad, Varvsgatan, ✆ 210923.

Brunnshotell, Medevi Brunn, Unterkunft in den alten Kuranlagen, die Zimmer sind über verschiedene der historischen Gebäude verteilt DZ ab 595 SEK. ✆ 91100, www.medevibrunn.se. Hier angeschlossen:

STF Vandrarhem Medevi Brunn, Juni bis Aug., 200 SEK, DZ 490 SEK.

STF Vandrarhem Borensberg /Glasbruket, April bis Dez., gemütliche Holzvilla am Götakanal. 245 SEK, DZ ab 490 SEK. Gamla Glasbruket, Borensberg, Kanalvägen 17 ✆ 0855-926594, www.glasbruket.eu.

• *Camping* **Z-Parkens Camping**, Mai bis Mitte Sept. Für den Platz spricht die Nähe zur herrlichen Strandbucht Varamobaden und dass er der einzige in der Umgebung ist, dagegen die oft drangvolle Enge auf der sportplatzähnlichen Wiese. Hütten/2 Pers. ab 350 SEK. Månvägen Varamon, Motala, ✆ 211142, ℻ 217251.

Strandbadets Camping, Ende Mai bis 1. Woche Sept. Am Ufer des Boren südlich der Kanalmündung, Bade- und Surfstrand angrenzend. Hütten/4 Pers. ab 450 SEK. Borensberg, ✆/℻ 40385, www.strandbadets camping.se.

Essen & Trinken

Restaurang Sjöbris, beliebtes Lokal mit schöner Außenterrasse zur Uferpromenade, Lunch und à la carte, auch Kuchen und Snacks. Mo–Fr 8.30–17, Sa 10–15 Uhr. Folkets Hus, ✆ 48054.

Café Slussar, an den Schleusen in **Borenshult**. Serviert Waffeln, Eis und Smörgåsar. Mitte Juni bis Aug. tägl. 9–21 Uhr. ✆ 233566.

Mat & Cafe 59:an, hier essen mittags die Arbeitskräfte aus dem angrenzenden Gewerbegebiet, bekannt gute Hausmannskost. Mo–Fr 8–16 Uhr (Lunch 11–13.30 Uhr), Sa/So 13–16 Uhr. Nedre Kaptensgatan 7, ✆ 54601.

Vättershall Strandservering, nett unter Bäumen gelegenes, einfaches Strandlokal, bietet kleine Gerichte, Kaffee und Kuchen. Juni bis Aug. tägl. 12–23 Uhr. Varamon Flygsandvägen 8, ✆ 58469.

Glassrestaurant Två Små Hus am Gästehafen hat gutes Eis, ✆ 235677.

Medevi Wärdshus, traditionelle schwedische Küche, auf hohem Niveau zubereitet, auch kleine Gerichte. Mittsommer bis Mitte Aug. tägl. 12–15 und 16.30–21 Uhr, Frühstück Mo–Fr 7.30–9.30 und Sa/So 8–10 Uhr. Medevi Brunn, ✆ 91100.

Aktivitäten

Bootstouren: Motala – Borensberg – Motala mit M/F Kung Sverker, Mitte Mai bis Mitte Sept. tägl. 10.30 Uhr, Motala Kanaltrafik, ✆ 070-6260249. Vätternrundfahrt mit demselben Schiff nur Juli bis Mitte Aug. So 16–19 Uhr, 220 SEK. Start direkt bei der TI.

Kanuverleih bei den JH Motala/Varamon und Borensberg

Fahrradverleih bei Strandbadets Camping und der JH Borensberg.

Motala Motormuseum, Hamnen, ✆ 58888, ganzjährig 8–20 Uhr, So ab 10 Uhr, 70 SEK. Alle möglichen alten Vehikel werden hier ausgestellt, dazu eine Werkstatt, eine Tankstelle und ein Café im Stil der 50er Jahre.

Sveriges Rundfunkmuseum i Motala, Radiovägen, ✆ 52202, 40 SEK, Mitte Mai bis Mitte Aug. tägl. 10–16 Uhr, 1. Hälfte Mai und bis Mitte Sept. nur Sa/So. Ausstellung zur Geschichte des Radiosenders Motala, 1927 installiert. Wer schwindelfrei ist, kann eine geführte Klettertour auf den 120 m hohen Sendemast der Station machen, Anmeldung und Infos bei der TI.

Linköping **(97.500 Einw.)**

Östergötlands Hauptstadt am Südrand des Roxen ist ein Industriezentrum, Handels- und Verkehrsknotenpunkt. In der City ist außer der Domkirche von 1498 und dem mehrfach umgebauten Schloss, heute Sitz der Bezirksregierung, wenig Altes erhalten, vieles musste Neubauten weichen. Doch sind die historischen Spuren nicht einfach ausgelöscht worden, sondern verpflanzt:

In **Gamla Linköping** findet man eine Kleinstadt wie aus dem 19. Jh., bestehend aus fast 100 hierher versetzten Gebäuden, die einen kleinen Marktplatz und kopfsteingepflasterte Gassen säumen. Etliche der Häuser sind zugänglich, enthalten kleine Läden, Postamt und Apotheke, in anderen wird traditionelles Handwerk vorgeführt, ein Schulmuseum zeigt Klassenzimmer aus verschiedenen Jahrzehnten sowie die Lehrerwohnung, im Garten von Dahlgreens Café wird zum sonntäglichen Konzert aufgespielt und die Freilichtbühne Sjöbergska (✆ 130601) gibt im Sommer Schauspiele für Kinder und Erwachsene.

Anfahrt von der E 4, Abfahrt 111, liegt westlich der Stadt, kurz nach Universität und Valla-Rondellen. ✆ 121110, Kernzeit ganzjährig tägl. 10–17 Uhr, außerhalb des Sommers nur Sa/So 11–16 Uhr, einzelne Shops oder Museen können leicht abweichen.

Abstecher zum Kindakanal

In Linköping erreicht der Kindakanal den Roxen. Bis nach Horn am Südende des Åsunden führt der 80 km lange Wasserweg, allerdings mussten nur 6 km davon künstlich angelegt werden. Die **Tannefors Slussar,** idyllisch gelegene Schleusen mit Sommercafé am Südrand der Stadt, lassen sich ab Zentrum (Nykvarn Sluss) auf beschaulichen Spazierwegen (6 km) am Fluss entlang erreichen.

Weiter südlich sind die Schleusen von Hamra und Hovetorp ein lohnendes Ausflugsziel, auch von Land aus. Von der ruhigen **Hamra**-Schleuse führt ein 600 m langer Spaziergang zur belebteren Schleusentreppe bei **Hovetorp,** insgesamt sechs Schleusenkammern mit fast 25 m Höhendifferenz sind hier zu überwinden, ein Bootshafen und der schon von Hamra beschilderte Kaffeekiosk – mit Selbstbedienung – liegen bei Hovetorp.

Bis Rimforsa verkehrt das **Kanalschiff MS Kind,** eine beschauliche Fahrt, denn auf dem Kindakanal herrscht weit weniger Betrieb als auf dem berühmteren Götakanal. Der Ort selbst ist ohne Besonderheiten, aber der Campingplatz liegt schön am Seeufer mit herrlichem Badeplatz und Kanuverleih (s. Aktivitäten und Kisa).

Abstecher nach Berg (350 Einw.)

In Berg überwindet der Götakanal mit den sieben Kammern der um 1815 gebauten Karl Johans slussar fast 19 Höhenmeter. Auch wer mit dem Ausflugsdampfer hier durchkommt, hat genug Zeit, dem Trubel rings um den Kanal für eine Weile zu entkommen. Nur ein paar Gehminuten entfernt liegt die Kirche von **Vreta,** zu der im 12. Jh. das erste Nonnenkloster Schwedens gehörte. Die Grundmauern des Zisterzienserklosters inmitten eines romantischen Gartens sind noch vorhanden und lohnen wie die restaurierte Kirche einen Besuch. Im Kircheninneren wird ein Modell der ehemaligen Anlage ausgestellt.

✆ 63658, Mo–Fr 7.30–15.30 Uhr, Juli bis Mitte Aug. bis 17.30 Uhr, Mitte Mai bis Aug. auch Sa/So10–18 Uhr.

Auf einen Blick

Vorwahl Linköping: 013

• *Information* **Linköpings Turistbyrå**, Storgatan 15, 58223 Linköping, ✆ 1900070, www.linkoping.se, ganzjährig Mo–Fr 9–13.30 und 14.30–18 Uhr, Sa/So 11–15 Uhr.

• *Verbindungen* Busterminal am Hbf., Järnvägsgatan. **Bus**: Linie 520/620 nach Motala, 522 nach Berg/Vreta Kloster, alle stündl. Bis mehrmals tägl. Expressbusse nach Stockholm und Malmö via Jönköping. Diverse Stadtbusse nach Östra Vallen (Gamla Linköping) ab Hbf.

Zug: Verbindung nach Västervik, Kalmar, Stockholm und Malmö.

Parken: In der City von Linköping kostenpflichtig, bei Gamla Linköping frei (Parkscheibe), in Berg nahe der Schleusen und am Vreta Kloster große Parkplätze, in Berg kostenpfl., am Kloster kostenlos.

• *Adressen* **Ärztliche Hilfe**: Universitetssjukhuset, Lasarettsgatan, ✆ 222000, dort

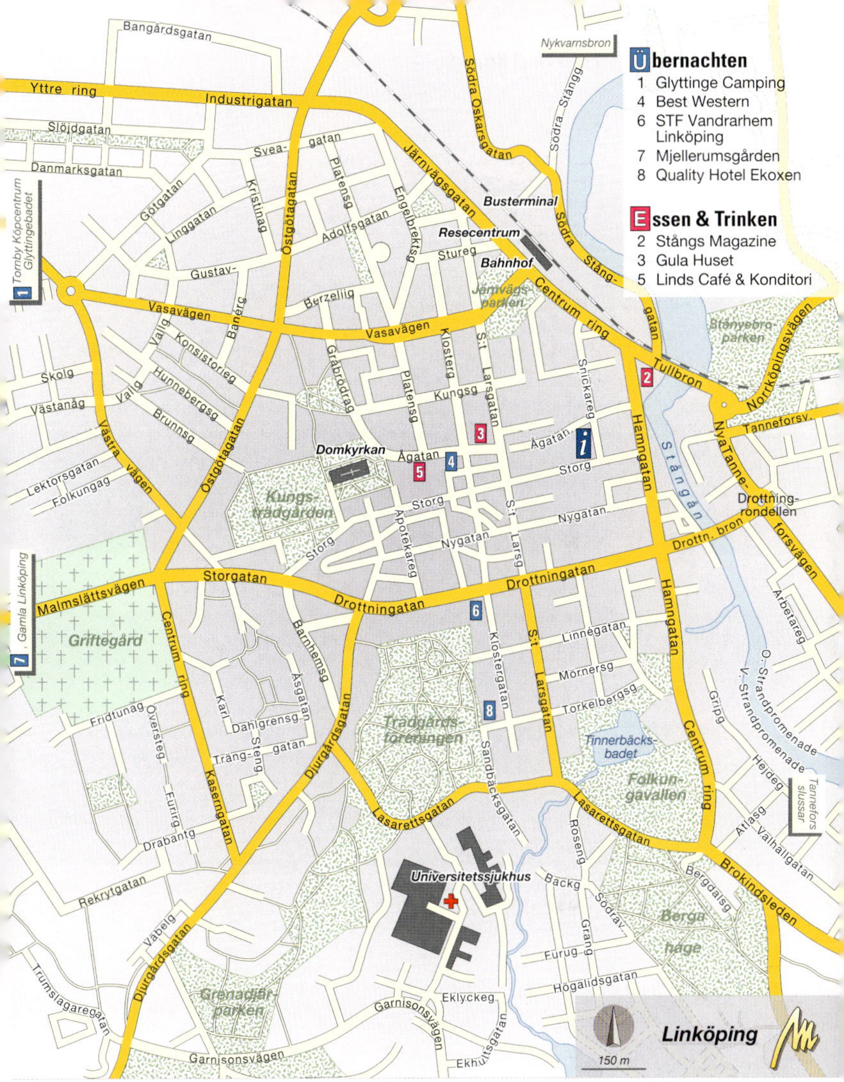

auch **Apotheke**, Mo–Fr 8.30–21 Uhr, Sa/So 10–20 Uhr. **Banken** und **Geschäfte** in der Nygatan. **Polizeistation**: Garnisonsvägen, ✆ 246800. Riesiges **Einkaufszentrum** Tornby Köpcentrum an der E 6 im Norden der Stadt. **Apotheke** Svalan in Ljungsbro, Evastigen 9.

Übernachten/Camping

In Linköping liegen etliche Hotels an lauten Hauptverkehrsstraßen. Die folgenden Unterkünfte stellen die ruhigeren Ausnahmen dar.

Quality Hotel Ekoxen (8), riesig, modern, komfortabel und in schöner Parklage in der City, die Brasseri Britto ist berühmt für gute Küche. Ab 845 SEK. Klostergatan 68, ✆ 252600, ℻ 121903, www.ekoxen.se.

Gamla Linköping ist ein Städtchen wie aus dem 19. Jahrhundert

Good Evening Hotel, jetzt **Best Western (4)**, helle, renovierte Zimmer, ruhige Innenstadtlage. DZ ab 895 SEK. Hantverkaregatan 1, ✆ 129000, www.hotellinkoping.se.

STF Vandrarhem Linköping (6), ganzjährig. Hotelstandard in den Zimmern, alle mit Küchenzeile und freundlich-moderner Einrichtung. Ab 305 SEK/Pers., auch DZ 610 SEK. Klostergatan 52A, ✆ 359000, ✆ 359080, www.lvh.se.

Mjellerumsgården (7), ganzjährig, Bus 211. Unweit von Gamla Linköping im Naherholungsgebiet Östra Valla, gemütlich-ländlich, passend zum Freilichtmuseum. Sommer-Café. Vandrarhem DZ 400 SEK. Stratomtavägen, Valla Fritidsområde, ✆ 122730, ✆ 127230, www.mjellerumsgarden.se.

Idingstad Säteri, stilvolles altes Gutshaus am Südufer des Roxen, ca. 12 km nordöstlich von Linköping. DZ 1050 SEK im Hotel und 750 SEK Bed & Breakfast. ✆ 396454, www.idingstad.se.

STF Vandrarhem Bergs slussar, Mai bis Mitte Sept. Im alten Hafenlagerhaus direkt an den Schleusen von Berg ist man mitten im Geschehen. Ab 325 SEK, DZ ab 650 SEK. ✆ 60330.

Ljungsbro Hostels, Mai bis Aug., übrige Zeit mit Vorbuchung. Gut ausgestattete Unterkunft, Freizeitzentrum mit Schwimmbad nebenan, ca. 3 km nach Berg. DZ ab 480 SEK. Hanorpsvägen, ✆ 206825, ✆ 206895, ljungsbrofritidscenter@medley.se.

• *Camping* **Glyttinge Camping (1)**, ganzjährig, Bus 201. 3 km nordwestlich von Linköping, an der Bahnlinie, Schwimmbad in der Nähe; der Platz ist gut ausgestattet, aber die Lage nur mäßig attraktiv. Hütten ab 295 SEK/2 Pers., ab 395 SEK/4 Pers. Berggårdsvägen 6, ✆ 174928, ✆ 175923, www.nordiccamping.se.

Sandviks Camping, Mitte Mai bis Mitte Sept. Am Nordufer des Roxen, Badestrand. Hütten ab 495 SEK/4 Pers. Stjärnorp/Vreta Kloster, ✆/✆ 61470.

Essen & Trinken

Stångs Magazine (2), am Anleger der Kindakanalschiffe, mediterrane und moderne schwedische Küche, serviert im rustikalen Ambiente des alten Lagerhauses. Di–Fr 11.30–14 und 18–23 Uhr, Sa 18–23 Uhr. Hamngatan, Linköping, ✆ 312100.

Gula Huset (3), gemütliches Lokal für mittags wie abends, schwedische Hausmannskost, Vegetarisches und internationale Gerichte stehen auf der Karte. Tägl. 11.30–22 Uhr, im Pub länger. Ågatan/Klostergatan, ✆ 138838.

Linds Café & Konditori (5), gute Auswahl an Gebäck, Smörgåsar und kleine Lunchgerichte. Mo–Fr 8–19, Sa 9–18, So 11–17 Uhr. Stora torget, ✆ 100065.

Kanalkrogen, beliebtes Ausflugslokal direkt an den Schleusen. Mai bis Ende Aug. tägl. 12–22 Uhr. Berg, ✆ 60076.

Fröken Jenny's Café & Restaurang, neben der Schleusenbrücke, Terrasse. Kuchen, Eis, Gerichte à la carte. Mai bis Aug. tägl. 9–22 Uhr. Berg, ✆ 60855.

Kornettsgårdens Café, zwischen Flistad und Klockrike, nordwestlich von Linköping gelegen. Alter Landhandel mit origineller Einrichtung (es gibt sogar ein kleines Museum) und Café. Juni bis Mitte Aug. Di–So 10–16 Uhr. Flistad, ✆ 392226.

Aktivitäten

Bootstouren auf dem Götakanal von Berg nach Borensberg und zurück mit **M/S Wasa** Lejon, Mai bis Sept. tägl. 10–17.30 Uhr, Royal Stockholm Cruise Line, ✆ 011-127801. Fahrten von Linköping nach Rimforsa auf dem Kindakanal, Juli bis Aug. Di, Do, Sa 10 Uhr Schiff ab Linköping, Mi, Fr 10.45 Uhr ab Rimforsa, zurück jeweils per Bus/Zug, Rederi AB Kind, ✆ 0141-233370.

Fahrradverleih bei Berg Vandrarhem.

Söderköping (7000 Einw.)

Man mag kaum glauben, was die Stadtchronik behauptet: Hansekoggen auf dem winzigen Flüsschen mit dem großspurigen Namen Storån („großer Bach")? Die sich noch heute vollziehende Landhebung Skandinaviens wird für die Schrumpfung des einst schiffbaren Wasserlaufs verantwortlich gemacht. Zwar ersetzte später der Götakanal seine Funktion, doch für den alten Handelsort kam diese Entwicklung zu spät; längst hatte der nördliche Nachbar Norrköping ihm den Rang abgelaufen. Söderköping wird nun wieder von „Seeleuten" und anderen Besuchern angesteuert, doch kommen diese heute zum Vergnügen.

Das „Blaue Band" des Götakanals ist im Sommer Söderköpings Hauptstraße. An der Schleuse unterhalb der Steilfelsen des Ramunderberges treffen sich Segler und Spaziergänger, locken Cafés und Kneipen zum Einkehren. Wer von der Landseite anreist, passiert auf dem Weg von der E 22 zum Kanalhafen die Altstadt mit ihren hübschen Holzhäusern aus dem 19. Jh. sowie den gemütlichen Rådhustorget und sollte von dort entlang der idyllisch bewachsenen Flussufer auch der **Laurenti kyrka** einen Besuch abstatten (Mai bis Mitte Sept. tägl. 9–18 Uhr, übrige Zeit bis 15 Uhr). Vor dem gotischen Ziegelbau ragt der markante Glockenturm auf, ein mit Holzschindeln bedecktes Gerüst aus dem 16. Jh. Daneben steht ein Runenstein aus dem 11. Jh., der ehemals in die Kirchenwand eingemauert war. Flussabwärts liegt **Söderköpings Brunn,** heute ein nostalgisches Hotel in schöner Parkanlage, im 18. Jh. ein beliebtes Kurbad, nachdem man auf eine heilkräftige Quelle gestoßen war. Zum Kanal sind es nur ein paar Schritte, und wer mehr Auslauf braucht, sollte von der Schleuse zum 90 m höher gelegenen Aussichtspunkt steigen.

Abstecher an die Küste

Nur wenige Kilometer östlich mündet der Kanal bei Mem in den Meeresarm Slätbaken, mit dem er die Ostsee erreicht. Bei **Stegeborg** liegt an der schmalsten Stelle des Fjords strategisch günstig die alte Festung gleichen Namens, zum Schutz der Stadt im 13. Jh. errichtet, später unter Gustav Vasa weiter ausgebaut, heute eine malerische Ruine mit beindruckendem Wehrturm und romantischem Kräutergarten.

✆ 42001, Juli bis Mitte Aug. tägl. 8–21 Uhr, Mai/Juni und 2. Hälfte Aug. Fr/Sa 12–21, So–Do bis 20 Uhr, Sept. Fr 15–20, Sa/So 12–20 Uhr, 30 SEK, Audioguide 50 SEK.

Richtung Meer beginnen kurz vor **Sankt Anna** die Sackgassen. Durch den weit verstreuten Schärenort erreicht man über Landengen und Brücken das Inselreich, das sich hier wie kaum irgendwo sonst aus unzähligen Eilanden und Felsbuckeln zusammensetzt. Nebenstraßen führen an zahlreichen Stellen an die verwinkelten

Küsten heran, und ab **Tyrislöt** starten die Ausflugsboote in die faszinierende Welt aus Wasser und Fels, die sich bis nach Arkösund und Gryt erstreckt.

Auf einen Blick

Vorwahl Söderköping: 0121

• *Information* **Söderköpings Turistbyrå, Stinsen**, Margaretagatan 19, am Resecentrum, 61480 Söderköping, ✆ 18160, www.soderkoping.se, Sept. bis Mai Mo–Fr 10–17 Uhr, Juni auch Sa bis 15 Uhr, Juli Mo–Fr 10–19, Sa/So bis 15 Uhr, Aug. Mo–Fr 10–18, Sa bis 15 Uhr.

Dependance Sankt Anna Turiststuga, Gränsö, Norra Finnö, ✆ 51488, www.sanktanna.com, Juni bis Aug. tägl. 10–17 Uhr.

• *Verbindungen* **Bus**: Busstation (Resecentrum) an der Margaretagatan/E 22 neben der TI. Linie 450 u. a. nach Norrköping bzw. Valdemarsvik, stündl. bis mehrmals tägl., 452/455 nach Sankt Anna, mehrmals tägl., weiter bis Tyrislöt 2-mal tägl. Mehrmals tägl. pendeln **Autofähren** (kostenlos) bei Stegeborg über den Slätbaken, bei Kvarsebo über die Bråviken.

Parken: Großer, kostenloser Parkplatz an der Margaretagatan/E 22 bei der TI.

• *Adressen* **Ärztliche Hilfe**: Vårdcentralen, Östra Rydsvägen, ✆ 010-1059150, **Apotheke** Hagatorget 1, dort auch **Bank**.

Übernachten/Camping

Hotel Söderköpings Brunn, erstes Hotel am Platze, traditionsreich und komfortabel. Das Restaurant bietet recht hochpreisige À-la-carte-Angebote. DZ ab 1650 SEK. Skönbergsgatan 35, ✆ 10900, 📠 13641, www.soderkopingsbrunn.se.

Hotel Laurenti, zentral gelegenes Familienhotel. DZ ab 1350 SEK. Östra Rydsvägen, ✆ 15640, www.hotellaurenti.se.

Slussens Rumsuthyrning, Gästehaus in einer alten Kanalvilla an der Schleuse. DZ ab 500 SEK, Etagenbad. Slussgränd, ✆ 15546, www.slussenrum.com.

Mangelgården, STF Vandrarhem Söderköping, Juni bis Aug., April/Mai und Sept./Okt. mit Vorbuchung. Gemütliches Holzhaus zwischen Grünanlagen, nicht weit zum Ort und Kanal. 250 SEK/Pers., DZ ab 500 SEK. Skönbergsgatan 48, ✆ 10213.

Kanalmagasinet i Mem, Mai bis Sept. Das Holzgebäude an der Mündung des Götakanals wurde 1832 zur Einweihung der Wasserstraße als Festlokal gebaut und ist heute eine gemütliche Herberge mit Café in ruhiger Lage. Auf dem Radweg am Kanal sind es 6 km nach Söderköping, per Auto ist ein Umweg über Tåby nötig. Ab 150 SEK. Hamnmagasinet, Söderköping, ✆ 20745, 📠 340305, www.kanalmagasinetmem.com.

Stegeborgs Trädgårdhotell, am Fähranleger und nah der Burgruine Stegeborg gelegenes, kleineres Hotel. DZ ab 980 SEK. ✆ 42001, 📠 42006, www.stegeborg.se.

STF Vandrarhem Sankt Anna, Juni bis Aug. Am alten Fähranleger am Lagnösund, nette Holzvilla. 250 SEK/Pers., DZ 500 SEK. Gamla Färjeläget, ✆ 51312, www.stannagarden.com.

• *Camping* **Korskullen Camping**, auf dem Parkgelände neben der JH Mangelgården, aber dicht an der E 22 und nicht unbedingt ruhig. Mai bis Mitte Sept., Hütten/2 Pers. ab 380 SEK, FeHa/4 Pers. ab 900 SEK. Skönbergagatan 50, Söderköping, ✆ 21621, www.camping.se/e17.

Stegeborgsgården Camping & Vandrarhem, ganzjährig. Am Nordufer der Bucht Slätbaken beim Fähranleger. Badeplatz und Naturreservat angrenzend, Burgruine Stegeborg nicht weit. DZ ab 500 SEK, Hütten/6 Pers. 735 SEK, Vikbolandet, ✆ 0125-51062, 📠 51084, www.stegeborgsgarden.nu.

Tyrislött Camping, Mai bis Sept. Seine spektakuläre Lage auf einer Schärenhalbinsel von Norra Finnö macht den weitläufigen Platz entsprechend beliebt. Idealer Ausgangspunkt für Schärenausflüge per Boot, kleines Museum, Restaurant und herrliche Badestellen. Hütten/4 Pers. ab 500 SEK. Sankt Anna, ✆ 52021, www.camping.se/e23.

Källbuktens Camping, Mai bis Mitte Sept. Herrlich gelegen, besonders schön die Stellplätze am Meer. WiFi im Café. Campinghütten/2 Pers. ab 375 SEK, neue im Bau. Sankt Anna, beschildert Richtung Tyrislöt/Sanden, ✆ 51068, www.camping.se/e2.

Weitere schön gelegene Campingplätze im Schärengebiet von Sankt Anna: **Kalvholms Camping** und **Mons Camping & Stugby.**

Essen & Trinken

Göta Källare, beliebtes Lokal an der Flaniermeile am Götakanal, im Restaurant internationale Küche. Im Sommer Mo–Fr 11–22, Sa 13–22 Uhr, Pub Di–Sa 17–1 Uhr. Übrige Zeit Do–Sa 14–23 Uhr. Bergsvägen 3, Söderköping, ✆ 10313.

Café Lilla Kanalmagasin, gemütlich-uriges Café im alten Hafenlagerhaus am Kanal. Nur im Sommer geöffnet, Kanalhamnen, ✆ 13570.

Café Lustgården, im Innenhof des alten Handelshofes haben sich rings um den kleinen Pavillon Café und Kunsthandwerk etabliert.10–17 Uhr, im Sommer tägl., sonst nur Sa/So. Forsemanska Gården, ✆ 070-3613734.

Smultronstället, Kanalgatan, hier direkt an der Kanalschleuse gibt es das beste *Eis*, der Andrang ist bei Sommerwetter riesig. ✆ 21611.

Außerhalb von Söderköping **Restaurants** bei den Campingplätzen Stegeborg, Tyrislöt und Mon, **Cafés** bei der Servicestation Tyrislöt, den JH in Mem und Sankt Anna, beim Fähranleger in Stegeborg.

Aktivitäten

Bootsausflüge: Söderköping – Arkösund – Söderköping mit M/S Vimman, Mitte Mai bis Mitte Sept. tägl. 10–17.30 Uhr, Reservierung nötig, Royal Stockholm Cruise Line, ✆ 011-127801. Söderköping – Harstena Juli Sa 8.30–18 Uhr, Söderköping – Stegeborg Mi 9.30–14.30 Uhr, M/F Lindön, Söderköpings Brunn, ✆ 10900.

Preiswerter sind die Touren ab den Küstenhäfen: Linjetrafiken verkehrt im Juli auf drei Routen ab Tyrislöt in den Schären (z. B. ab Campingplatz Tyrislöt um 11 Uhr, von Harstena zurück um 15 Uhr, tägl. Mitte Juni bis Mitte Aug.); Infos und Reservierung über die TI. Auf der bewohnten Schäreninsel Harstena Restaurant, Kiosk und Bäckerei, außerdem einige Hütten (über TI Valdemarsvik, ✆ 0123-12200). Von Gryt startet auch das Postboot in die Schären, Juli Mo–Fr 10.30 Uhr, übrige Zeit Mo, Mi und Fr, Anmeldung notwendig, ✆ 0708-392236.

St. Anna Skärgård Museum, Tyrislöt, ✆ 520 29, Ende Juni bis Mitte Aug. tägl. 12–17 Uhr.

Bootsverleih bei den Schärencampingplätzen und der JH Sankt Anna, in Tyrislöt auch bei der Servicestation: Sankt Anna Skärgårds Kajakuthyrning, ✆ 52027.

Fahrradverleih in Söderköping beim Campingplatz Korskullen, Slussens Rumuthyrning und JH St. Anna.

Badeplatz bei Källbuktens Camping

Der Mortalaström war in Norrköping Jahrhunderte lang der Quell aller Industrie

Von Norrköping durch Sörmland

Die Provinz Södermanland – oder kürzer Sörmland – grenzt mit der Region Mälardalen schon an Stockholm; der Großraum um die Hauptstadt ist bevölkerungsreicher als jede andere Region Schwedens. Aber wir wären nicht in Schweden, wenn es nicht auch hier reichlich Natur mit Wald und Wasser, beschauliche Dörfer und abgelegene Höfe gäbe.

Norrköping (83.500 Einw.)

„Sveriges Manchester" wird die Stadt an der inneren Bråviken gern genannt, denn neben Papierherstellung und Metallverarbeitung gab es in Norrköping seit dem 17. Jh. Werkstätten, die Wollstoffe produzierten, später in zunehmendem Maße auch Baumwolle verarbeiteten. Manufakturen, Mühlen und Spinnereien bezogen ihre Energie aus dem Gefälle des wasserreichen Motalaström. Um 1850 kamen 80 % der schwedischen Textilprodukte aus Norrköping, was den Vergleich mit Manchester nahelegte. In den 1970er Jahren stellte die letzte Weberei ihren Betrieb ein; im Vergleich zu den Billiglohnländern waren die schwedischen Betriebe nicht mehr profitabel. Andere Nutzungsmöglichkeiten für das mitten im Stadtzentrum gelegene Industriegebiet wurden gesucht, glücklicherweise kam die andernorts grassierende Abrisshysterie, der etwa in Stockholm ganze Stadtteile zum Opfer fielen, hier nicht zum Ausbruch. Stattdessen wurden die vorhandenen Gebäude umfangreich renoviert und mit neuem Leben gefüllt, sodass **„Gamla Industrilandskapet"** entstand, heute Norrköpings wichtigstes Besucherziel. Ein Teil gehört heute zum **Campus Norrköping,** einer Dependance der Universität Linköping mit etwa 5000 Studierenden. Ein Forschungsschwerpunkt hier ist der (Mikro-)Elektroniksektor, ein weiterer die Umwelttechnologie, aber auch Pädagogik lässt sich auf dem Campus Norrköping studieren. Andere Fabrikbauten beherbergen zeitgemäße Unternehmen, etwa der Telekommunikation, und Kultureinrichtungen wie **Museen,** Kongress- und Konzerthallen. Und wer in der Vorweihnachtszeit durch die Anlagen spaziert, wird wahrscheinlich besonders von Schwedens größten Adventskerzen beeindruckt sein, den illuminierten Schornsteinen des Dampfkraftwerkes „Värmekyrka". Flussaufwärts liegen weitere Industriebauten beiderseits des Flusses; ein Faltblatt der TI informiert über ihre alte und neue Funktion.

Besichtigung

Ausgehend von der neben dem Konzert- und Kongresszentrum Louis de Geer gelegenen TI erreicht man, vorbei an der Värmekyrka und der Staustufe im Motalaström, gleich das winzige Inselchen **Laxholmen** mit etlichen beeindruckenden ehemaligen Fabrikgebäuden aus dem 19. Jh. In einem befindet sich **Holmens Museum**. Es ist der Geschichte der Papiermühle Holmens Bruk gewidmet, die von Louis de Geer 1609 gegründet wurde und bis 1986 hier produzierte. Die Papierherstellung wird während der Öffnungszeiten von ehemaligen Mitarbeitern vorgeführt.

✆ 128992, Di/Do 9–12.30 Uhr, Eintritt frei.

Auf der Landspitze von Laxholmen ragt wie ein hoher Schiffsbug **Strykjärnet,** das „Bügeleisen", auf. In diesem Gebäude befindet sich heute das **Arbetets Museum** mit wechselnden Ausstellungen zum Thema Arbeit und Arbeiter, teils unterhaltsam, teils zum Nachdenken anregend und originell zusammengestellt. Einige Themen waren in den letzten Jahren z. B. Musik der Arbeit, die Geschichte der Maschinenbedienerin Alva, die 35 Jahre im Strykjärnet tätig war, oder der schwedische Wohlfahrtsstaat (Folkhemmet) in den 1950er Jahren.

✆ 189800, ganzjährig tägl. 11–17 Uhr, Di bis 20 Uhr, Eintritt frei. Café Strykjärnet und Aussichtsrestaurant im Haus.

Egal, wie man die Insel verlässt, das nächste Museum ist nicht weit:

Gleich links über die Holmbro hinweg, gewissermaßen vom Arbetetsmuseum nur durch einen Flussarm getrennt, liegt Norrköpings **Stadsmuseum**. In mehreren Industriebauten werden verschiedene Handwerke anschaulich präsentiert, teils in eingerichteten Werkstätten. Der Textilindustrie ist ein anderer Teil gewidmet, die Maschinensäle sind noch original eingerichtet und können teils auch in Aktion besichtigt werden (Dienstag und Freitag 11 und 14 Uhr, Änderungen möglich!).

✆ 152620, Juni bis Aug. Di–Fr 10–16 Uhr, übrige Zeit bis 17, Do bis 20 Uhr, Sa/So 11–16 Uhr, Eintritt frei, Café mit lauschiger Flussterrasse.

Wählt man die kleine Brücke zurück zum rechten Flussufer, trifft man gleich hinter der Bergsbron auf das **Visualizern-Zentrum C.** Hier kann man, weiterhin in historischer Industrielandschaft, u. a. extreme Reisen durchführen: in die Weiten des Universums oder hinein in die kleinsten Teile des Körpers.

✆ 156300, Kungsgatan 54, Di–So 11–18, Do/Fr bis 21 Uhr, 60 SEK.

Zentrale Achse der Stadt ist die Drottninggatan. Sie beginnt am Bahnhof und führt sogleich durch den Carl Johans Park. Kurz bevor es über den Fluss geht, liegt rechts **Kaktusplantering.** Anfang Juni werden hier 25.000 Kakteen ausgepflanzt und zu jährlich wechselnden „Bildern" zusammengestellt. Gleich hinter der Brücke beginnt die **Fußgängerzone** und zur Rechten befindet sich das Rathaus. Bevor der Fußgängerbereich an der Södra Promenaden endet, lohnt links die große, modern

ausgestattete **Stadsbibliotek** einen Besuch, ein lebendiges Informationszentrum, das überaus rege frequentiert wird.

Södra Promenaden 105, ✆ 152665, Mo–Do 8–20, Fr bis 18 Uhr, Sa/So 11–16 Uhr. Café im Altbau Villa Swartz.

Jenseits des Grünzuges am Kristinaplatsen liegt das **Konstmuseet,** dessen Schwerpunkte auf der schwedischen Malerei ab 1850 und der Moderne liegen; die Sammlung schwedischer Kunst des 20. Jh. gilt als eine der besten des Landes.

✆ 152600, Juni bis Aug. Di–So 12–16, Mi bis 20 Uhr, übrige Zeit Di–So 11–16, Mi bis 20 Uhr, Skulpturengarten und Café, Eintritt frei.

Wer vom städtischen Trubel genug hat, könnte den großen Park Himmelstalund aufsuchen. Doch auch hier gibt es Kultur: das **Hällristningsmuseet.** Es handelt vom

Leben in der Bronzezeit und erklärt den Entstehungshintergrund von Felsritzungen. Im Museum ist auch ein Lageplan erhältlich, mit dessen Hilfe man im angrenzenden Park zur Entdeckung der Hällristningar schreiten kann.

Himmelstalundallén 2, ✆ 165545, Mitte Juni bis Aug. tägl. 10.30–16 Uhr.

Ebenfalls mit mehr frischer Luft ist ein Besuch im **Färgaregården** verbunden. Dieses Freilichtmuseum zeigt das Leben in einem alten Färberhof im frühen 19. Jh. Im Kräutergarten wachsen Pflanzen, mit denen früher die Stoffe gefärbt wurden.

Värdshusgatan 8, ✆ 107641, Juli bis Mitte Aug. 10–19 Uhr, Gartencafé.

In der Umgebung

Nach Osten hin grenzt Norrköping an die riesige Bråviken, eine tief einschneidende Ostseebucht. Allerdings wird der städtische Uferbereich intensiv industriell genutzt, sodass man besser im Süden auf die Halbinsel **Vikbolandet** ausweicht. Von der Straße 209 zweigen Sackgassen zur Küste ab, an der es keine durchgehende Straßenverbindung gibt. In Häradshammar liegt seit 2007 das kleine **Zarah Leander Museum**. Brigitte Petersson, Sekretärin, Freundin und Wegbegleiterin der Sängerin, hat hier alles aus ihrer gemeinsamen Zeit von 1966 bis 1981 zusammengetragen.

✆ 0125-50745, Sa 11–14 Uhr, im Sommer auch Mi 17–20 Uhr, 40 SEK.

Ganz außen auf der Halbinsel, eine Autostunde von Norrköping entfernt, liegt mit **Arkösund** ein lohnendes Ausflugziel in den Schären. Das malerische Küstenörtchen ist bei Seglern äußerst beliebt, und im Sommer herrscht in den Gästehäfen, Cafés, an den Badeklippen und Stränden reger Betrieb.

Knapp 20 km auf der RV 55 nach Norden kommt man bei Simonstorps Kyrka zum Brandkårmuseet. Es rühmt sich, das größte Feuerwehrmuseum des Landes zu sein, und die Auswahl alter Fahrzeuge ist in der Tat beachtlich: ein Muss für Fans mobiler Technik.

✆ 151709, Mitte Mai bis Mitte Sept. Di–So 10–16 Uhr, 50 SEK.

Besuchermagnet der Region ist **Kolmårdens Djurpark**, bei Krokek am Nordufer der Bråviken gelegen. Das riesige, waldreiche Areal teilt sich in den eigentlichen Zoo und einen Safaripark. In den großzügigen Gehegen und möglichst nah an ihren natürlichen Lebensbedingungen werden einheimische und exotische Tiere gehalten und erforscht. In einem Bauernhof für Kinder, „Barnens Lantgård", können die Tiere herumgetragen und gestreichelt werden. Ab 2011 wird man alles von einer Seilbahn aus erleben können.

✆ 249000, Mai, Juni und Aug. tägl. 10–17 Uhr, Juli tägl. 10–18 Uhr, Sept. Sa/So 10–17 Uhr; Zoo 250 SEK und Park 310 SEK, nur Park 160 SEK im eigenen Auto, mit Bus plus 40 SEK. Von Okt. bis April Wochenendpakete für Familien (ca. 4000 SEK inkl. Übernachtung).

Vor dem eigentlichen Tierpark liegt das **Tropicarium**, in dem u. a. Haie, Krokodile und Riesenschlangen in üppig grüner Umgebung wohnen: Einmal pro Stunde regnet es in dieser Tropenwelt. Wer bei seinen bisherigen Tauchgängen noch keinen Hai getroffen hat, kann im Haifischbecken abtauchen (tägl. 10 und 13 Uhr), allerdings ist das Streicheln z. B. des 2,5 m langen Sandtigerhais verboten. Mit 2000 SEK ein teurer Spaß, Familienangehörige zahlen für das Mitzittern den normalen Eintrittspreis.

✆ 395250, ganzjährig tägl. ab 10 Uhr, immer bis 16 Uhr, im Sommer z. T. bis 19.30 Uhr, 100 SEK.

Auf einen Blick

Vorwahl Norrköping: 011

• *Information* **Turistbyra Norrköping**, Källvindsgatan 1, 60181 Norrköping, ✆ 155000, 📠 155076, www.upplev.norrkoping.se, Mittsommer bis 1. Woche Aug. Mo–Fr 10–18, Sa bis 14 Uhr, So 12–16 Uhr, übrige Zeit Mo–Do 10–17, Fr bis 15 Uhr, Mai/Aug. auch Sa 10–14 Uhr.

• *Verbindungen* **Bus**: Linie 46 und 459 nach Valdemarsvik und Söderköping, Linie 440 nach Arkösund, alle mehrmals tägl. **Zug**: Norrköping liegt auf der Strecke Stockholm – Malmö, damit auch Verbindung nach Nyköping und Linköping. **Parken**: Kostenpflichtig in der Innenstadt,

• *Adressen* **Ärztliche Hilfe**: Lasarettet i Norrköping, Gamla Övägen 25, ✆ 010-1030000, **Apotheke** Hjorten, Handverkaregatan 24, ✆ 0771-450450. **Polizeistation**: Stockholmsvägen 4–6, ✆ 11414. **Post**, **Banken** und zahlreiche **Geschäfte** in der Fußgängerzone Drottningsgatan.

Übernachten/Camping

In Norrköping **Elite Grand Hotel (6)**, elegantes Stadthotel. DZ ab 1100 SEK. Tyska torget 2, ✆ 364100, 📠 364101, www.elite.se.

Södra Hotellet (12), zentrales Mittelklassehotel, Nähe Zentralbad, DZ ab 725 SEK. S. Promenaden 142, ✆ 253500, 📠 124696, www.sodrahotellet.se.

Hotell Kneippen (4), gemütliches Mittelklassehotel im Pensionatsstil, in Laufweite zur City. Kneippgatan 7, DZ ab 690 SEK, ✆ 133060, 📠 167773, www.kneippen.se.

Hotel Centric (7), zentrale, schöne Lage am Motalaström, geschmackvolle, geräumige Zimmer. DZ ab 650 SEK. Gamla Rådhusgatan 18–20, ✆ 129030, 📠 180728, www.centric hotel.se.

Hotell Hörnan (11), preiswert, zentral, in schönem Jahrhundertwende-Bau. DZ ab 595 SEK. Hörngatan 1, ✆ 165890, www.hotell hornan.com.

Västra Station Bed & Breakfast (10), kinderfreundliche Unterkunft, DZ ab 595 SEK. Odensgatan 29, ✆ 0763-686099, www.vastra station.com.

Turistgården (1), STF Vandrarhem Norrköping, ganzjährig. Ordentliche Herberge mit einfachem Hotelstandard in Laufweite zum Bahnhof. 250 SEK, DZ ab 520 SEK. Ingelstagatan 31, ✆ 101160, 📠 186863, www.turist garden.se.

Above Vandrarhem (2), JH am Bahnhof, Norra Promenaden 94, ✆ 101828, 175 SEK, DZ 425 SEK. www.above-vandrarhem.se.

Außerhalb **Fredgagården**, gemütliches Hotel an der Bråviken unweit des Kolmården Tierparks, mit Spa. DZ ab 895 SEK. Getå, ✆ 62036, 📠 62114, www.fredgagarden.se.

Getå Hotell, Mittelklassehotel an der Bråviken, mit Sauna und Bootsverleih, DZ ab 595 SEK, im Sommer ab 795 SEK. Getå, ✆ 62050, 📠 62058, www.getahotell.se.

STF Vandrarhem Abborreberg, April bis

Ü bernachten

1 Turistgården
2 Above Vandrarhem
3 Himmelstalunds Camping
4 Hotell Kneippen
6 Elite Grand Hotel
7 Hotel Centric
10 Västra Station Bed & Breakfast
11 Hotell Hörnan
12 Södra Hotellet

E ssen & Trinken

5 Restaurant Carl Johan
8 Källaren Bacchus
9 Bistro Louis de Geer

200 m

Norrköping

Okt. Idyllisch gelegene JH an der Bråviken, 5 km nördlich von Norrköping. 245 SEK, DZ ab 650 SEK. Lindö, ✆ 319344, ✆ 317930, www.abborreberg.se.

• *Camping* **Himmelstalunds Camping (3)**, April bis Mitte Okt. Stadtnaher Wiesenplatz am Fluss, gegenüber dem Naherholungsgebiet Himmelstalund. Hütten ab 350 SEK/2 Pers. und ab 450 SEK/4 Pers. Campingvägen, ✆ 171190, ✆ 170987, www.norrkopingscamping.com.

First Camp Kolmården, Mai bis Aug. Unweit des Tierparks an der Sandviken gelegener, kinderfreundlicher Platz. Hütten/4 Pers. ab 695 SEK. ✆ 398250, ✆ 397081.

Mårängens Camping, ganzjährig. Einfach ausgestatteter Wiesenplatz am Badesee Mårn. Skärblacka, ✆ 59141.

Arkösunds Camping, Mai bis Aug. Strandnaher Platz an der Lindöviken, am Nordrand von Arkösund. Nordanskogsvägen, ✆ 0125-20341.

Essen & Trinken

In den Museen (s. o.) finden sich fast überall nette Lunchcafés, außerdem:

Bistro Louis de Geer (9), auf dem kleinen Uferstreifen am Louis de Geer Kongresszentrum wird im Sommer preiswerter Lunch angeboten, beliebte Adresse bei den Angestellten

Östergötland und Sörmland
Karten S. 298/299 und S. 328/329

Gamla Industrilandskapet in Norrköping

der umliegenden Büros. Mo–Sa 11–14 Uhr. Dalsgatan 15, Norrköping, ✆ 155060.

Källaren Bacchus (8), uriger Pub und Restaurant in Kellergewölben aus dem 18. Jh.; Hausmannskost und internationale Küche, im Sommer wird auch draußen serviert. Mo–Fr 11.30–13.30 und 17–22.30 Uhr, Sa 12.30–22.30, So bis 18 Uhr. Gamla torget 4, ✆ 100740.

Restaurant Carl Johan (5), fantastische Aussicht über den Motala Ström, in der Nähe des Bahnhofs, ✆ 181849, Mo–Fr 11.30–23, Sa/So 12–22 Uhr.

Außerhalb **Värdshuset Lövstad slott,** gehobene Küche, herrschaftliches Ambiente. Das Schlösschen, das bis 1926 bewohnt war, liegt in einem herrlichen Garten unweit des Lövstadsjön (E 4), ca. 10 km südwestlich von Norrköping. Im Sommer Café in der Schmiede, tgl. 11–21 Uhr, ✆ 335067. Schlossführungen mehrmals tägl.

Nävekvarn (900 Einw.)

Der kleine Ort am Nordufer der Bråviken bildet das Zentrum der Tunabergshalvön. Um den Bootshafen liegen Camping, Badebucht, Folkets Park und Bouleplatz, dahinter Strandlokal und Eisbude. Was wie eine nette Sommerfrische wirkt, ist aber eigentlich ein Standort der Schwerindustrie – ab 1623 wurden in Näfveqvarns Bruk aus den reichen Erzfunden der Halbinsel Kanonen gegossen, später Kochherde und Kaminöfen. Erst 2010 machte die Fabrik endgültig zu. Wie eigentlich alles in der kleinen Siedlung liegt auch das Werksgelände an der Hauptstraße Richtung Hafen. Von landeinwärts trifft man als Erstes auf den **Svalbergsgården** mit dem Bruksmuseum, wo Produkte der Eisenhütte im Handwerkerhof aus dem 18. Jh. gezeigt werden (Juli bis 1. Woche Aug. tägl. 12–17 Uhr, ✆ 50868). Etwas weiter liegt die **Gula Kvarn,** ein hohes, hölzernes Lagerhaus mit Kunsthandwerk und Café (Mitte Juni bis Aug. Di–So 11–18 Uhr). Am Ufer stellt das **Museet Aktersnurran** im Bootshaus Außenbordmotoren aus (Juli bis Mitte Aug. tägl. 11–18 Uhr).

Landeinwärts liegt in Tunaberg das alte Grubengelände **Koppartorp Gruvbyn och Hembygdsgård,** die kleinen Werksarbeiterhütten und das Kontorgebäude der 1919 aufgegebenen Kupfergruben bilden den Kern des Museums. Im 18. Jh. boomte der seit dem Mittelalter hier betriebene Erzabbau, nachdem man die Schächte mittels Wassermühlen entwässern konnte. Die Eingänge zu den Grubenschächten rings herum sind zwar immer zu besichtigen, noch lohnender ist aber eine Führung (telefonisch anmelden). Besonders beeindruckend ist die Storgruvan von 1776 mit ihren steilen Hängen und dem tief unten liegenden Wasserauge. Gleich daneben liegt der Göransschacht; ein Erdrutsch hinterließ hier 1818 die Stora Dagsöppning, eine tiefe Senke.

✆ 52345, www.tunaberg.se, Juli bis 1. Woche Aug. 13–18 Uhr, mit Café.

Die hölzerne **Kirche** von 1620 mit ihren Wandmalereien lohnt ebenfalls einen Besuch.

Juni bis Aug. Mo–Fr 7–16, Sa/So 12–18 Uhr.

Tunaberg ist Ausgangspunkt der folgenden Wanderung:

Wanderung 8: Der Sörmlandsleden bei Tunaberg

Bei Uttervik liegt ein abwechslungsreiches, einsames Küstenstück mit Aussichtspunkten und Badebuchten. Landeinwärts erheben sich aus dem waldreichen Gelände um den alten Bergwerksort Tunaberg markante Felsrücken. Beide Ziele lassen sich in der folgenden Tageswanderung auf dem Sörmlandsleden verbinden.

Tourdaten: Dauer 7 Std., Länge 25 km, Differenz 570 Höhenmeter, Schwierigkeitsgrad ***

Versorgung: Keine Einkehrmöglichkeiten; unbedingt Proviant und reichlich Wasser mitnehmen!

Anfahrt: Von Nyköping Richtung Oxelösund und nach rechts der Beschilderung Richtung Tunaberg/Koppartorp folgen. Dort Parkmöglichkeiten nahe der Kirche und dem Hembygdsgård: Die Wanderung beginnt an der Kirche (WP 1). Buslinien 533 und 562.

Wegverlauf: Von der Kirche geht es zwischen den Holzhäusern des Heimatmuseums hindurch (WC, Sommercafé) zu einem Platz mit der **Bushaltestelle Tunaberg Kyrka,** wo Tafeln über das Wandergebiet informieren. Unsere Route verläuft ab Uttervik auf den durchgängig orange markierten Etappen 38 bis 41 des Sörmlandsleden, zuvor ein Stück auf unmarkierten, aber eindeutigen Wegen.

Die Infotafeln im Rücken, geht es über die Hauptstraße hinweg und auf einer Schotterstraße (Schild: „Pastors Ekspedition") aus der ländlichen Siedlung hinaus, vorbei am Friedhof, durch Felder und Weiden und an einem roten Holzschuppen um eine Linkskurve. Wir überqueren eine kleine Brücke, an der wir den Sörmlandsleden treffen – er biegt hier rechts ab, wir bleiben jedoch auf dem Fahrweg, passieren einzelne Wohnhäuser zwischen Weideland, über das wir links den Simonsberget aufragen sehen. Wo die Straße wieder nach links biegt (WP 2, 20 Min.), folgen wir geradeaus einer steinigen Spur leicht bergauf. Sie erreicht einen **Schotterplatz** und schwenkt rechts nun in den Wald hinein, wird bald erdiger und führt in ein Wasserschutzgebiet. Nach einer Weile geht sie zwischen zwei **Ferienhäusern** hindurch; das linke ist von einem schönen Garten umgeben. Bald folgt noch ein Haus, dann trifft man bei einer **Kreuzung** wieder auf Asphalt (WP 3, 40 Min.); quert den Segelhultsvägen und folgt der Straße geradeaus, die bald mit einer von rechts kommenden zusammenführt – von dort trifft auch der Sörmlandsleden hinzu, und ab jetzt kann man sich durchgängig an dessen orangefarbenen Markierungen (bemalte Holzpflöcke, Baumringe und Punkte auf Felsen) orientieren. Beim **Ortseingangsschild** nach **Uttervik** biegt die Wanderroute links (WP 4, 1 Std.) auf einen Schotterweg, von diesem gleich wieder rechts ab ins Gelände. Ein Gehöft wird durch Wiesen umgangen, dann folgt Wald und der Untergrund wird felsiger, ein ständiges Auf und Ab kennzeichnet den Wanderweg auf weiten Strecken. Über ein Feld taucht kurz eine schilfige Bucht auf. Nachdem man eine Fahrspur gequert (WP 5) und einen kurzen Steilanstieg zum **Gullängsberget** bewältigt hat, bietet sich nach 1:30 Std. erstmals ein fantastischer Blick auf die riesige, von Inseln gesprenkelte Bråviken und das offene Meer. Weiter auf dem Felsrücken, erreichen wir eine erste Grabröse, eine Tafel informiert, dass sie wegen ihrer exponierten Lage als Seezeichen diente. Beim nun folgenden Abstieg folgen weitere Rösen (WP 6, 1:45 Std.) und kurz darauf zwei Schiffssetzungen, alle aus der Bronzezeit. Kurz darauf ist die **Västra Koviken** bei einem Badeplatz erreicht, man biegt auf dem breiten Weg nach links und trifft gleich am zweiten Strand und dem Parkplatz (WP 7, 2 Std.) auf Infotafeln über die eben gesehenen prähistorischen Gräber. Auch der Etappenpunkt 38/39 des Sörmlandsleden ist hier erreicht.

Die Route folgt nun dem Privatweg parallel zur Küste, vorbei an einigen Häusern und einem Anleger, wechselt dort auf einen Waldpfad und verläuft dann wieder auf und ab durch felsiges Terrain, bald mit herrlichen Aussichten über Meer und Inseln. Eine kleine Bucht wird passiert, dann ein hübscher Rastplatz, nach 2:30 Std. steigt man zwischen Felsklippen etwas ab, bald darauf trifft man auf den Abzweig (WP 8) zu einem **Windschutz** mit Feuerstelle rechts am Ufer. Wieder auf dem Hauptweg, schwenkt dieser wenig später links herum und führt in die **Östra Koviken** hinein; es geht ein Stück durch das Gestrüpp eines abgeholzten Waldstückes. Nach 3 Std. übersteigen wir einen Zaun und betreten das Kulturland der Höfe, lassen diese links liegen und umlaufen das Buchtende. Jenseits bringt uns ein zweiter Übertritt wieder in den Wald, Planken führen zu einem Wirtschaftsweg, auf dem wir nach rechts biegen, um ihn kurz darauf bei einem Bootssteg wieder nach links zu verlassen. Nun geht es wieder aufwärts entlang der felsigen Küste und kurz nach einem markanten **Steinmann** erneut mit Meerblick. Voraus kommt eine schilfige Bucht mit Anleger in Sicht, die wir bei einem Fahrweg erreichen (WP 9, 3:30 Std.). Wir halten auf den Bootsschuppen zu, der umgangen wird, dann verlässt der Wanderweg nach halblinks die Küste endgültig. Wir queren kurz darauf einen Bach, treffen auf einen Fahrweg und folgen ihm ein paar Meter nach links, bevor es wieder ins Gelände geht. Am nächsten Fahrweg laufen wir ein kurzes Stück nach rechts entlang einer schönen Wiesensenke, dann führt unsere Route wieder links ab und durch Wald und Felsgelände. Ein weiteres Mal queren wir einen Fahrweg, um gleich darauf zum **Etappenpunkt 39/40** des Sörmlandsleden zu kommen (WP 10, 4 Std.). Eine Weile wandert man nun oberhalb einer

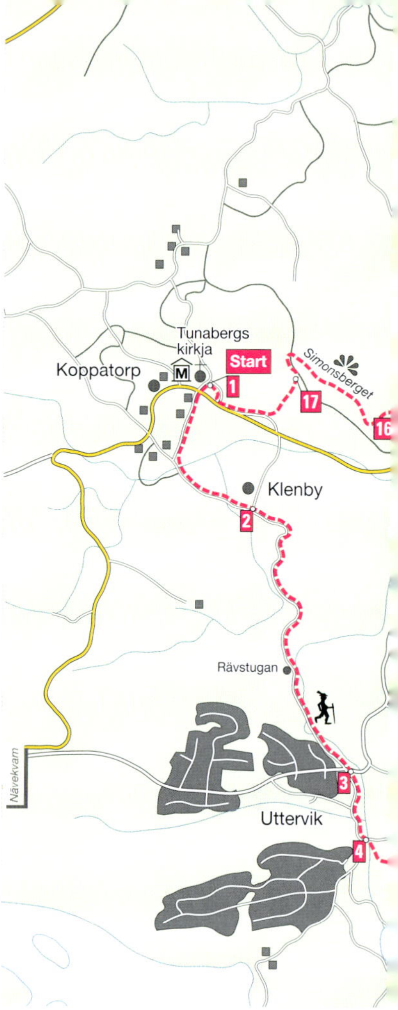

weiten Moorsenke dahin, allerdings mit begrenzten Ausblicken; ein Steinmann, dann eine Grabröse, ab und zu eine kleine Lichtung unterbrechen den hier etwas eintönigen Wald. Die Route folgt kurz einer Stromleitung, trifft dann auf eine **T-Kreuzung** und folgt dem Fahrweg geradeaus in offenes Wiesengelände. Nach einem Gabelung verlassen wir ihn wieder nach links (WP 11, 4:45 Std.) und kommen in ein urtümliches Waldstück mit beeindruckend mächtigen Nadelbäumen, dann durch eine Wiese und

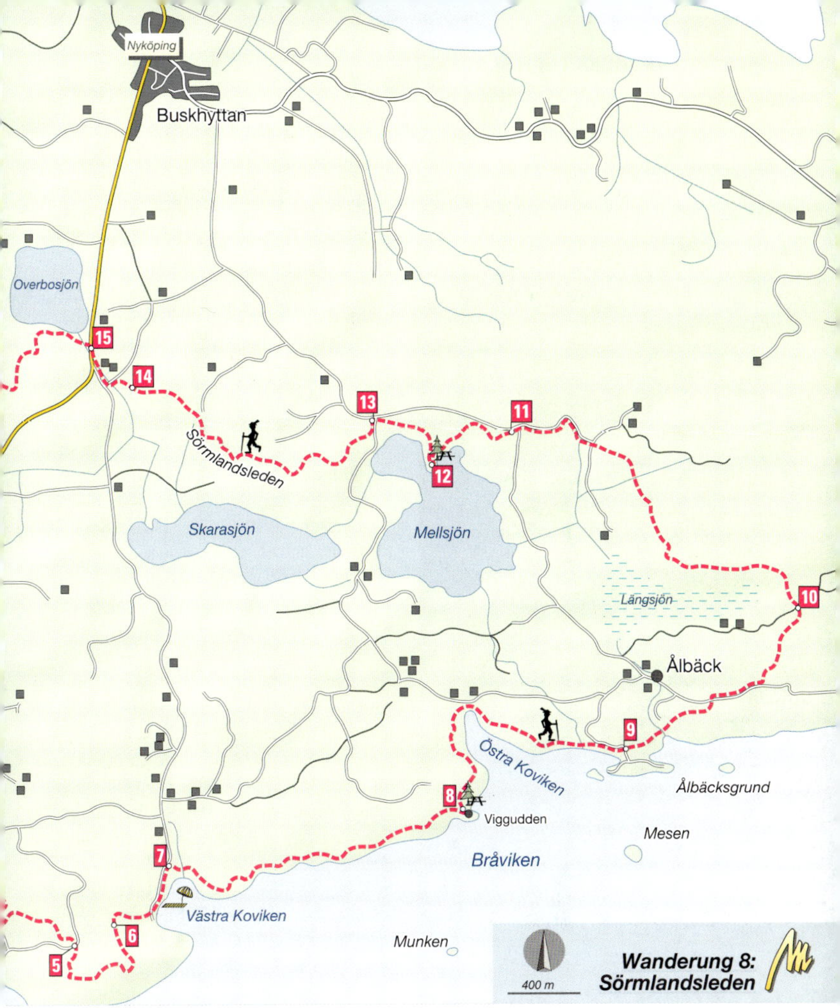

zum schilfigen Ufer des **Mellsjön,** an dem ein schöner Plankensteg an Felsen entlangführt. Der Pfad gabelt sich, links liegt gleich der nächste Windschutz auf einer kleinen Landzunge am See (WP 12, 5 Std.). Zurück an der Gabelung, wenden wir uns nach links und treffen kurz darauf die Straße am **Etappenpunkt 40/41** (WP 13), jenseits führt uns ein kurzer Aufstieg zu einer herrlichen Aussichtsstelle auf den Mellsjön und über Waldgelände bis zur Ostsee, dann verläuft die Route wieder auf und ab durch felsiges Terrain, bis sie nach gut 5:30 Std. an eine weite Senke mit Wiesen und Feldern trifft. Wir wandern am Rand dieses grasigen Meeres entlang, aus dem sich kleine, bewaldete Schärenbuckel erheben, überwinden eine Felsnase und müssen wenig später das **Kulturland** durchqueren (WP 14, 5:45 Std.): Ein Schild erklärt, dass der Eigentümer dies erlaubt, man aber möglichst wenig zertreten und daher in einer Spur gehen soll.

Am Sörmlandsleden: Felsen an Wiesen und Wasser

Jenseits geht es auf der Schotterstraße nach links zur nahen T-Kreuzung, dort rechts bis zur Hauptstraße, die man nach rechts quert und bei der **Bushaltestelle** Ytterbovägen (WP 15, 6 Std.) gleich wieder nach links verlässt. Auf breiter Grasspur läuft man zwischen Waldrand und Weidezaun bergan, nach rechts mit Blick auf den Överbosjön. Auf der Kuppe biegt die Route nach links in den Wald, erreicht bald wieder eine Weide, die – wieder mit Erlaubnis des Grundeigners – gequert wird; um Rücksicht auf Weidetiere wird gebeten. Jenseits biegen wir links auf den Schotterweg und treffen gleich auf einen Wegweiser (WP 16, 6:15 Std.): Rechts führt die schwierigere Route über den **Simonsberget,** geradeaus die einfache an seinem Fuß entlang. Beide haben ihren Reiz; unten blickt man auf senkrecht aufragende Felswände, oben bis zur Ostsee. Wir beschreiben die **Gipfelroute:** Erwartungsgemäß steigt sie gleich kräftig an, erreicht bald den kuppigen Felsrücken und führt an etlichen lohnenden Aussichtsstellen vorbei; eine liegt jenseits einer schmalen Felsspalte, dann wieder steht eine Rastbank nahe der Abbruchkante – atemberaubend. Steil ist auch der Abstieg, Stufen helfen aber dabei. Unten trifft man nach 6:45 Std. auf eine Gabelung, biegt nach links und kann nun die Steilhänge aus neuer Perspektive bewundern. Bei einem **Rastplatz** (WP 17), wo Kletterer oft ihr Basislager aufschlagen, trifft die untere Route dazu. Hier biegen wir rechts ab, halten zwischen Feldern auf ein nobles Landhaus zu, wenden uns auf dessen Zufahrt halbrechts, wandern zur nahen Hauptstraße und auf die Kirche von Tunaberg zu, wo sich die Runde nach 7 Std. schließt.

Varianten: Eine schöne **Kurzwanderung** ab Tunaberg/Koppartorp ist die **Simonsbergs Rundslingan,** die aus den beiden Varianten über und um den Berg besteht. Die Strecke nach **Kärrgruvan**

führt durch das Erzabbaugebiet, dort ist ein kurzer Rundweg beschildert (Etappe 37:2 und Kärrgruvorna Rundslinga, 10 km), zurück lässt sich die Strecke auf Fahrwegen abkürzen. Vom Badeplatz Västra Kovik lohnen sich der Aufstieg zum Gullängsberget und zurück oder die Etappe zur Nachbarbucht ebenfalls als Kurztouren.

Auf einen Blick

Vorwahl Nävekvarn: 0155

• *Information* **TI in Nävekvarn**, ✆ 076-8220075, www.navekvarn.se, von Mitte Juni bis Aug. im Museum Aktersnurran (Außenbordermuseum, 40 SEK) am Hafen, tägl. außer Fr 11–18 Uhr, übrige Zeit im Magasinet Gula Kvarn, Sa/So 11–16 Uhr. Dort im alten Werksgebäude im Zentrum auch Café und Kunsthandwerk.

• *Verbindungen* **Bus**: Linie 561 zwischen Nyköping und Nävekvarn mehrmals tägl.

Übernachten/Camping/Essen & Trinken

• *Übernachten* **Nävekvarns Vandrarhem**, man wohnt in den kleinen, ehemaligen Grubenarbeiterwohnungen. Ab 170 SEK. Biblioteksvägen 1, ✆ 53644.

Vibäcks Semesterhem, Buchung über XIF Metall Nyköping, ✆ 292850, Juni bis Aug. Kleine Feriensiedlung mit Hütten, Badestrand und Bootshafen an der Bucht Marsviken. Anfahrt von der 53 Nyköping – Oxelösund Richtung Buskhyttan, dort Richtung Hummelvik. Hütte/4 Pers. ab 300 SEK. ✆ 51022, www.viback.se.

• *Camping* **Bråvikens Camping**, Mai bis Sept. An der Bucht von Nävekvarn gelegen. Hütten/4 Pers. ab 500 SEK. Nävekvarn, ✆ 50430, www.bravikenscamping.se.

Am Anleger der Bråvikenfähre bei **Kvarsebo** einfache **Campmöglichkeit** am idyllischen Fjordufer hinter dem Café.

• *Essen & Trinken* **Hamnkrogen i Nävekvarn**, Café, Kiosk, Pub. So–Do 11–21, Fr/Sa bis 22 Uhr. Gästhamn, ✆ 50430.

Café Gula Kvarn, Näverkvarn, Mitte Juni bis Aug. Mi–So 11–18, Di bis 21 Uhr, Mai und 1. Hälfte Juni Sa/So 11–17 Uhr.

Aktivitäten

Kanu- und Fahrradverleih bei Vibäcks Semesterhem (siehe Übernachten), ✆ 51022. Wer sich ein Kajak leihen will, wendet sich am besten an Nävekvarn Kajak, ✆ 0730-942470.

Nyköping (28.000 Einw.)

Weitläufige Industriehäfen, in der City Beton- und Glaskästen, dazwischen ein Netz breiter Verkehrsadern – Nyköping ist nicht unbedingt eine Ferienidylle, eher der Ort für das Alltägliche. Dass Nyköping eine der ältesten Städte Schwedens ist, sieht man nur noch in der Schlossruine **Nyköpingshus,** die auf das 13. Jh. zurückgeht. Dorthin zieht es Besucher allsommerlich zu dem historischen Spektakel Nyköpings Gästabud, das an den Machtkampf zwischen den Söhnen Magnus Ladulås' um die Thronfolge erinnert: Birger, der Älteste, lud seine beiden Brüder Erik und Valdemar 1317 zu einem Gastmahl nach Nyköpingshus ein, ließ sie hier gefangen nehmen und zu Tode hungern. Das Mittelalterfestival erfasst im Juli den gesamten Schlossbezirk, wenn dort Marktfrauen ihre Waren feilbieten, Reiter auf den Burgwällen patrouillieren, Bauernlümmel auf dem Anger ihre Kräfte messen und der Ausrufer, von Kindern umringt, die königlichen Befehle verliest, bevor gegen Abend die Theatervorstellungen im Inneren der imposanten Ruine fortgesetzt werden. Leider fand das Festival 2010 nicht statt und eine Fortsetzung war nicht gesichert.

Östergötland und Sörmland
Karten S. 298/299 und S. 328/329

Nyköping

Ganzjährig ist Nyköpingshus Sitz des **Sörmlands Museum,** in dem Ausstellungen zu Kultur und Geschichte der alten Residenz sowie die Kunsthalle untergebracht sind. Im Schlosspark lohnt sich auch ein Blick in die Tovastugan, heute Teil des gemütlichen Museumscafés, die für ein Bauernhaus des 17. Jh. ungewöhnlich reiche Wandmalereien aufweist.

☏ 245702, Juni bis Aug. tägl. 11–17 Uhr, übrige Zeit nur So 11–17 Uhr. War 2010 geschlossen; hoffentlich war die Renovierung erfolgreich.

Der Nyköpingsån, an dessen Ufern auch der Schlosspark liegt, verbindet die City mit dem Hafen. Flussaufwärts wird das Wasser an einer beeindruckenden Felskante gestaut und speist dort seit einem Jahrhundert das Kraftwerk. Meerwärts liegt der Gästehafen, wo der Ostkai mit alten Lagerhäusern und Hafenkontor sich in eine beliebte Flaniermeile verwandelt hat.

Abstecher zum Stendörren NR

Richtung Norden lohnt sich die Strecke auf der RV 219 entlang der Küste. Bei Studsvik liegt das **Naturreservat Stendörren.** Man sollte sich nicht über den regen Autoverkehr auf der schmalen, 6 km langen Zufahrt wundern, denn hierher kommen an schönen Sommertagen an die 3000 Besucher. Dennoch kann man sich unbesorgt in die Schlange einreihen, denn draußen in dem herrlichen Schärengebiet verläuft sich die Menschenmenge doch halbwegs. Es empfiehlt sich, zunächst bis zum letzten Parkplatz vorzufahren und von dort zum Naturum und der Bootsbrücke zu spazieren. Ein geschützter Ankerplatz zwischen Halbinseln und Schärenbuckeln tut sich hier auf, vom Meer durch eine schmale Einfahrt erreichbar, die „Steintür“, die dem Gebiet seinen Namen gibt. Der Naturhafen war schon im Mittelalter bekannt und wird in einem Segelhandbuch von 1270 erstmals erwähnt. Heute ist er ein Magnet für die Freizeitkapitäne. Yachten ankern hinter der

Felsnase, Kanuten erkunden jede Schärenklippe, und das Fährboot von Nyköping legt in einer schmalen Bucht an (s. Nyköping). An Land lohnt sich der markierte Weg über die Schafweide zum diesseitigen „Türpfosten" hinauf, dann ein Stück durch lichten Nadelwald zum Aussichtsturm und wieder zum Parkplatz hinunter. Ein anderer Weg führt von dort am Fähranleger vorbei, über Hängebrücken und Schären zur Badeinsel Stora Krokholmen. Weitere Buchten, Landzungen und Eilande lassen sich vom vorderen Parkplatz erkunden, wo ebenfalls Brückchen die Schärenwelt für Landratten erschließen. Wer wundert sich da noch über den sommerlichen Andrang in Stendörren.

Naturum: ✆ 0155-263180, Juni bis Aug. tägl. 10–18 Uhr, Mai/Sept. Mo–Fr 12–16, Sa/So 10–18 Uhr, kleine Ausstellung zur Schärennatur, Kiosk.

Nicht weit entfernt ist die nächste Sehenswürdigkeit ausgeschildert, der **Gutshof Nynäs.** Das Herrenhaus stammt aus dem 17. Jh. und weist noch zahlreiche Stilelemente dieser Zeit auf, darunter die beeindruckende Säulenhalle im Eingang. Das Mobiliar repräsentiert vor allem das 18. Jh. und wurde seitdem nicht wesentlich verändert. Heute sind die Gebäude, darunter auch Marstall und Orangerie, als Museum zugänglich. Durch das angrenzende Naturreservat führen Spazierwege und die Fernwanderroute Sörmlandsleden.

Nynäs Slott, ✆ 0155-261505, Mittsommer bis Mitte Aug. tägl. 10–18 Uhr, ab Mai und bis Sept. nur Sa/So 10–17 Uhr.

Auf einen Blick

Vorwahl Nyköping: 0155

• *Information* **Turism Nyköping**, Rådhuset, Stora torget, 61183 Nyköping, ✆ 248200, www.visitnykoping.se, Juni bis Mitte Aug. Mo–Fr 8–18, Sa 10–16, So 12–16 Uhr, übrige Zeit Mo–Fr 9–12 und 13–17 Uhr.

• *Verbindungen* **Bus**: Linie 554 nach Trosa via Studsvik/Nynäs, Linie 561/562 nach Tunaberg und Nävekvarn, beide mehrmals tägl., Linie 715 nach Oxelösund und Skavsta, nur Flughafen Skavsta auch Linie 515, bis 2-mal stündl. Busbahnhof Västra Kvarngatan/Järnvägsgatan, südlich vom Bahnhof. **Zug**: Verbindungen nach Norrköping, Linköping, Södertälje und Stockholm, mehrmals tägl. **Parken**: Kostenpflichtig in der City, Parkgutscheine für Touristen bei der TI. Am Hafen kostenlos.

• *Adressen* **Ärztliche Hilfe** und **Apotheke** im Länslasarett, Länsmansvägen, ✆ 245000. **Polizeistation**: Folkungavägen, ✆ 11414. Västra Storgatan ist *die* **Einkaufsstraße**, dort auch **Banken**.

Übernachten/Camping

Clarion Collection Hotel Kompaniet, große Nobelherberge in schöner Lage am Fluss mit Blick auf den Schlosspark. DZ ab 1090 SEK. Folkungavägen 1, ✆ 288020, ℻ 281673, www.choicehotels.no.

Hotell Forty Towers, ehemals Wiktoria, zentral und ruhig gelegenes Mittelklassehotel. DZ ab 895 SEK. Fruängsgatan 21, ✆ 217580, ℻ 214447, www.hotelfortytowers.com.

Hotell Lanterna, zentral gelegenes Familienhotel in Hafennähe, DZ ab 990 SEK, Östraya Längdgatan 8, ✆ 455030, www.hotellanterna.se.

Railway Vandrarhem, wie der Name schon sagt direkt am Bahnhof, also 5 Min. vom Zentrum, 175 SEK, DZ 395 SEK, Södra Bangårdsgatan, ✆ 282920, www.railway.nu.

Nyköpings Vandrarhem, ganzjährig. Schönes, altes Holzhaus neben der Schlossruine, 175 SEK. Brunnsgatan 2, ✆ 211810, www.svif.se.

• *Camping* **Strandstuvikens Camping**, Mai bis Ende Sept. Zwischen Nyköping und Oxelösund, Abzweig von der 53 bei Arnö. Gut ausgestatteter, baumbestandener Platz an flacher, sandiger Bade- und Surfbucht, kleines Naturreservat auf den angrenzenden Landzungen. Hütten ab 500 SEK/4 Pers. ✆/℻ 97810, www.strandstuviken.se.

Im Naturreservat Stendörren

Essen & Trinken

Skeppsbron 11, im alten Hamnkontor an der Flaniermeile, nostalgisch-maritimes Flair, schöne Außenterrasse zum Pier, internationale und schwedische Küche. Juni bis Aug. Mo–Fr 11.30–14 und ab 17 Uhr, Sa/So ab 12 Uhr. Skeppsbron 11, ✆ 212103, Mi, Fr und Sa auch Nachtclub.

Rökeriet, Fisch in allen Varianten, teils aus der eigenen Räucherei, serviert im urigen Lagerhausambiente. In der *Butik* auch zum Mitnehmen. Juni bis Aug. Mo–Fr 16–23, Sa 12–23, So 13–20 Uhr. Skepsbron, ✆ 213838.

Restaurang Seaside, direkt am Gästehafen mit schöner Aussicht auf die Bucht, auf der Karte viel Fisch, auch Dagens Rätt. Mo–Fr 11–14 Uhr. Vattensportens Hus, ✆ 217766.

Hellmanska Gården, gemütliches Café und Lokal für tagsüber, Frühstücks- und Lunchbuffet, hausgemachter Kuchen, lauschiger Hofgarten. Mo–Fr 9–18, Sa 9–17, So 11–16 Uhr. Västra Trädgårdsgatan 24, ✆ 210525.

Kumlins Konditori, die alteingesessene Kaffeestube hat sich etwas zum neumodischen Bistro gewandelt, wo nach wie vor leckere Kuchen serviert werden, aber auch kleine Snacks. Mo–Fr 8.30–18, Sa 9–15 Uhr. Slottgatan 25, ✆ 210075.

Aktivitäten

Kanuverleih z. B. in Nyköpings Gästehafen, ✆ 217230.

Fahrradverleih bei der TI, im Gästehafen und Railway Vandrarhem.

Oxelösund

(11.000 Einw.)

Nur ein paar Kilometer sind es bis zum Hafen- und Industriestädtchen Oxelösund. Hat man sich durch die riesigen Hafenanlagen mit dem weithin sichtbaren Stahlwerk nicht abschrecken lassen, so gibt es hier ein paar reizvolle Ecken anzusteuern.

Schon vor Einfahrt in den Ort liegt der Gutshof **Stjärnholm** am Wege. Die Gebäude dienen heute als Unterkunft und kirchliche Tagungsstätte, der herrliche Park ist bestückt mit den Skulpturen verschiedener Künstler und immer zugänglich.

Gamla Oxelösund, jenseits von Zentrum und Industrieanlagen auf dem äußersten Landzipfel gelegen, besteht aus einer Handvoll hübscher alter Häuser, ehemals

Wohnstätten von Lotsen und Fischern. Das Domizil des „Mästarlotsen", 1870 im Schweizerhausstil erbaut, wird heute für Versammlungen genutzt, das kleinere Anwesen Grantorpet aus den 1850er Jahren ist Sitz des Skärgårdsmuseet, zu dessen Bestand außer dem Lotsenhof auch einige alte Boote gehören (✆ 36531, Juni bis Aug. Di–So 12–16 Uhr). Gleich daneben befindet sich Bygdegården, ein gemütliches Café mit viel Platz zum Draußensitzen (✆ 30422, 11–18 Uhr, länger bei schönem Wetter und/oder wenn Flagge gehisst), unterhalb liegt der älteste Hafen von Oxelösund, und darüber hinweg fällt der Blick auf Inseln und Meer.

Ein anderer Abstecher führt nach **Femöre,** nur durch einen schmalen Kanal vom Stadtgebiet getrennt. Der große Gästehafen und die schärengesäumte Badebucht Stenviksbadet sind die Ziele vieler Besucher, weiter draußen liegt der **Fiskehamn** mit Bootswerft, Fischräucherei und -lokal, an dessen Pier das markante, stählerne Kunstwerk Ståltheden aufragt. Dahinter lohnen sich Streifzüge über felsige Kuppen und Landzungen, etwa nach Femörehuvud, wo in die alte Leuchtturmwärterstube eine kleine Galerie eingezogen ist, rund um Femöre oder auch weiter nach Jogersö auf dem Sörmlandsleden.

Auf einen Blick

Vorwahl Oxelösund: 0155

• *Information* **Turist Information** in der Bibliothek, Järntorget 7–9, ✆ 38350, www.visitoxelosund.se, ganzjährig Mo–Do 9–19, Fr bis 18 Uhr, Sa 10–14, So 12–15 Uhr.

• *Übernachten* **Stjärnholms Slott**, kurz vor Oxelösund abseits der 53 gelegener alter Gutshof, der heute als Tagungsstätte und Unterkunft dient. Im öffentlich zugänglichen Park sind Skulpturen verschiedener Künstler aufgestellt, die weiter ergänzt werden. Preise richten sich danach, wo man sich bettet, im Schloss ist es natürlich am teuersten: DZ 400–1300 SEK, ✆ 222700, 📠 223002, www.stjaernholm.se.

• *Camping* **Jogersö Camping**, ganzjährig. 3 km von Oxelösunds Zentrum entfernt, strandnah auf hübscher Schäreninsel (Brücke). Hütten ab 475 SEK/4 Pers. Oxelösund, ✆ 30466, www.camping.se/d16.

• *Essen & Trinken* **Café Bygdegården**, altes Lotsenhaus auf einem Schärenbuckel am Hafen von Gamla Oxelösund, serviert werden gute Hausmannskost und Selbstgebackenes. Mai bis Sept. tägl. 11–18 Uhr. ✆ 30422.

Sailor, nettes Fischrestaurant in der dazu passenden Umgebung des Fischereihafens. Strömming in etlichen Variationen gehören zum Programm. Juni bis Mitte Aug. tägl. 11.30–22 Uhr. Fiskehamn, ✆ 31792.

Restaurang Dahlins, nicht unbedingt idyllische Lage in Oxelösunds gesichtsloser „City", dafür ist aber das Preis-Leistungs-Verhältnis in Ordnung. Große Auswahl, sogar beim Dagens, auch Hausmannskost und Fisch. Mo–Do 11–22, Fr bis 1 Uhr, Sa 12–1, So 12–22 Uhr. Järntorget 4, ✆ 32240.

• *Aktivitäten* **M/S Fiskeskär**, ✆ 31792 (wie Sailor, s. o.), verkehrt ab Oxelösund, Läget zu den vorgelagerten Schäreninseln Beten und Äspkär, Juli bis Mitte Aug. tgl 10 und 15.30 Uhr.

Kanuverleih bei Jogersö Camping (s. o.) und Kajak & Fritid, Fiskehamnsvägen 4, ✆ 070-6449776, ab Mitte Mai.

Trosa (4600 Einw.)

„Världens ände", das Ende der Welt, wird Trosa auch genannt, seit Carl von Linné dem kleinen Handels- und Fischerort in den Schären diese Bezeichnung gab. Dafür ist hier im Sommer allerdings einiges los.

Der Ort beiderseits des idyllischen Flüsschens Trosaån hat sich viel altertümlichen Charme erhalten. Am Torget fällt die rote, turmbewehrte Ratsstube von 1725 ins Auge, heute Sitz der TI. Richtung Fluss säumen Gemüsekarren, Stände mit Blumen und Buden mit Räucherfisch die Straße, entlang der Västra- und Östra Långgatan

In Trosa

und der Flusspromenaden schlendert man an niedrigen Holzhäusern vorbei, von denen so manches als Café eingerichtet ist. Motorboote haben ihre Liegeplätze an den gemauerten Ufern, und die Szenerie hat etwas Holländisches. Flussabwärts kommt man zum Hafen, flankiert von Restaurants und den Hamnbodarna, ehemaligen Lagerschuppen mit einer Ansammlung maritimer Läden und Verkaufsstände. Das jenseitige Pier mit seinen Werkshallen und Firmenschildern verrät aber, dass Trosa nicht nur eine sommerliche Touristenattraktion ist, sondern auch ein Ort zum Arbeiten und Leben. Rings um den alten Ortskern hat die lokale Bauindustrie nicht schlecht zu tun, denn die Einwohnerzahl in Trosa wächst. Der Ort kann sich zum Großraum Stockholm-Mälardalen rechnen, gerade nah genug zum Pendeln, aber weit genug entfernt von städtischer Hektik. Von wegen „Världens ände"!

Auf einen Blick

Vorwahl Trosa: 0156

• *Information* **Trosa Turism**, Rådhuset, Torget, ✆ 52222, ✆ 52223, www.trosa.com, Juni bis Aug. Mo–Fr 9–19, Sa/So 10–15 Uhr, übrige Zeit Di, Mi, Fr 9–12 und 13–17 Uhr, Mai auch Sa 10–15 Uhr.

• *Verbindungen* **Bus/Zug**: Zahlreiche Buslinien pendeln nach Vagnhärad, dort erreicht man die Zugverbindung Nyköping – Stockholm. Linie 551 auch nach Gnesta, 554 nach Nyköping via Studsvik und 702 und 802 nach Södertälje fahren mehrmals tägl. Busbahnhof im Zentrum und am Hafen.

Parken: Am Hafen kostenlos, in der City bei den Supermärkten, teils mit Parkscheibe.

• *Adressen* **Ärztliche Hilfe**: Vårdcentralen, Tomtaklintgatan 2, ✆ 53500, dort auch **Apotheke** Kronan. **Haupteinkaufsstraße** ist die Östra Långgatan.

Übernachten/Camping

Bomans Hotel & Restaurang, liebevoll restaurierte, ältere Holzgebäude am Hafen, darunter das Hamnmagasinet. Der schöne Garten wird vom Restaurant und für sommerliche Musikveranstaltungen genutzt. DZ ab 1600 SEK. Östra Hamnplan, ✆ 52500, www.bomans.se.

Trosa Stugby, ganzjährig, kleine Hüttenanlage am örtlichen Sportplatz, preiswert und zentral. 500 SEK/4 Pers. Skärlagsvallens Idrottsplats, ✆ 12788, www.trosaif.com.

Vandrarhemmet Snipan, ganzjährig. Nette Herberge, zentral am Westhafen. DZ ab 400 SEK. Västra Långgatan 1, ✆ 12142, ✆ 350216, www.vandrarhemmetsnipan.com.

Vega, nur drei stilvolle DZ in einem sehr schönen Haus aus dem 18. Jh., Restaurant. DZ 1595 SEK, auch Wochenendangebote. Östra Långgatan 9, ✆ 13110, www.vega-trosa.se.

Vandrarhemmet Nynäs, die alte Brennerei (Bränneriet) des Gutshofes von 1801 ist zum Vandrerhem umgestaltet worden. 250 SEK. ✆ 0155-261558.

STF Vandrarhem Sävö, Mai bis Sept. Südlich von Trosa auf einer kleinen Schäreninsel, Anfahrt ab der 219 nach Källvik. Vom Anleger dort kann man sich abholen lassen, Überfahrt 75 SEK. Die Insel ist ein Naturreservat, man wohnt in Ferienhausatmosphäre. Ab 200 SEK, auch DZ. ✆/✆ 40346, www.savovandrarhem.se.

• *Camping* **Trosa Havsbads Camping**, Mitte April bis Sept. Auf der Insel Öbolandet (Brücke), 3 km vom Zentrum entfernt. Schöne Lage in den Schären, Bade- und Surfstrand angrenzend. Hütten ab 350 SEK/2 Pers., ab 450 SEK/4 Pers. Havsuddsvägen, ✆ 12494, ✆ 12495, www.trosahavsbad.se.

Sandviks Camping, Mai bis Sept., schöner Platz im Nynäs Naturreservat. Hütten/4 Pers. 200–500 SEK, www.nynasslott.se/camping.

Horns Skärgårdscamping, ganzjährig. Zwischen Stendörren und Nyköping (10 km) abseits der 219 an der Küste, kleiner Platz, nicht für Zelte geeignet. Hütten 400 SEK/2 Pers., 600 SEK/4 Pers., ✆/✆ 0155-225048, www.hornsbatvarv.se.

Essen & Trinken

Restaurang Fyren, große Auswahl, viel Fisch auf der Karte, mittlere Preise, etwas trubelig mit Pub auf dem Achterdeck. Juni bis Aug. tägl. 11–24 Uhr, Mai nur Sa/So. Östra Hamnplan, ✆ 12200.

Restaurang Fina Fisken, gute Fischgerichte, angenehme Atmosphäre, lauschiger Garten. Juni bis Aug. Di–Sa 18–24, So 12–21 Uhr. Hamnen, ✆ 13847.

Antonskrog, gemütliches Lunchcafé. Die kleine Bühne im Garten wird freitags abends für Musikveranstaltungen genutzt. Mo–Fr ab 11 Uhr, Sa ab 12 Uhr. Västra Långgatan 14, ✆ 12749.

Hannas Café, kleines, idyllisch am Fluss gelegenes Café. Mo–Fr 9.30–18, Sa/So bis 16 Uhr. Östra Ågatan, ✆ 19120.

Hamnbodarna, das kulinarische Angebot in der maritimen Ladenzeile wird von einem Eiscafé, einer Bäckerei und einer Fischbude abgedeckt. Mitte Juni bis Mitte Aug. tägl. 10–18 Uhr, ab Mai tägl. 11–16 Uhr, Hamnen, ✆ 31010.

Aktivitäten

Garvaregården, Västra Långgatan 40, ✆ 122 20, Sept. bis April 8–17 Uhr, Mai bis Aug. nur bis 16 Uhr. Alter Handwerkerhof aus dem 18. Jh. mit Ausstellung, Gartencafé (nur Sommer) und nostalgischem Laden. Hübsche Oase abseits des Trubels

Kanu-/Boots- und Fahrradverleih bei den Campingplätzen Trosa und Nynäs Slott, Bootsverleih beim Campingplatz Horn und der JH Sävö. Seetaugliche Kajaks und geführte Touren auch bei Trosa Kajak, Västra Långgatan 1a, ✆ 0733-721818.

Mariefred

(3800 Einw.)

Tucholsky hatte Recht. Mariefred wäre wohl ein stilles, kleines Städtchen wie so viele, gäbe es nicht Schloss Gripsholm. Das ziegelrote, behäbige Vasa-Schloss auf der Landzunge im Mälaren ist eines der meistbesuchten Reiseziele Schwedens, und das nicht erst, seit Kurt Tucholsky es 1931 zum Schauplatz seines gleichnamigen Romans machte.

Ein Kloster bildete den Grundstein für Ort und Schloss. Pax Mariae, schwedisch Mariefred, ging 1527 wie alle Kirchengüter in den Besitz der Krone über. Gustav Vasa ließ ein Jahrzehnt später auf den Grundmauern einer älteren Festung eine Residenz errichten, gebaut teils mit den Steinen der Klosteranlage, von der heute keine nennenswerten Spuren mehr zu finden sind.

Gripsholm

Über die Zugbrücke und durch den äußeren Burghof gelangt man in den eigentlichen Schlossbereich aus der Vasazeit. Auf drei Stockwerken wandert man durch die Geschichte des Schlosses und seiner Bewohner. Unten wurden der Astraksaal und die angrenzenden Räume nach vorherigen Umbauten 1890 wieder in einen möglichst ursprünglichen Stil zurückverwandelt. Die Gemälde in diesen Räumen – Teil der etwa 4000 Porträts umfassenden staatlichen Sammlung – stellen bedeutende Personen aus der Vasazeit bis um 1700 dar. Im zweiten Stock gelangt man in den Reichssaal, den größten Raum des Schlosses. Die Einrichtung dieser Hauptetage stammt weitgehend aus dem späten 18. Jh., der Zeit Gustavs III. Die angrenzenden Gemächer wurden als Wohnungen für die Schwester Gustavs, den König selbst und die Königin verwendet. Besonders auffallend ist der Runde Salon, den das Königspaar für besonders bedeutende Empfänge benutzte. Durch die Zimmerflucht setzt sich die Gemäldesammlung mit Werken aus dem 16. bis 18. Jh. fort und endet in der Westfälischen Galerie, benannt nach den Porträts der Unterhändler des Westfälischen Friedens, mit dem der Dreißigjährige Krieg 1648 in Münster beendet wurde.

Im dritten Geschoss, das im 18. Jh. ausgebaut wurde, befindet sich eine Hauptattraktion des Schlosses, das Theater Gustavs III. Man betritt das im Südturm untergebrachte Theater durch ein schmuckloses Vestibül und ist umso beeindruckter von der klassizistischen Pracht des kreisrunden Raumes. Auch ein Blick hinter die

Der Inbegriff des Vasa-Schlosses: Gripsholm

Kulissen und auf die im Nebenraum bewahrten Bühnenbilder ist möglich. Durch verschiedene Gästezimmer kann man der Porträtsammlung nun durch das 19. Jh. folgen, bevor es wieder hinunter ins erste Geschoss geht.

✆ 10194, Mitte Mai bis Mitte Sept. tägl. 10–16 Uhr, Führungen auf Englisch tägl. 13 Uhr, 1. Hälfte Mai und bis Mitte Nov. Sa/So 12–15 Uhr, 80 SEK, mit Führung 20 SEK mehr.

Stadtspaziergang

Das hübsche Städtchen im „Schatten" von Schloss Gripsholm bekommt seinen Teil vom Besucherstrom ab. Durch den Schlosspark wandelt man am nostalgischen Bahnhof vorbei, an dem einzig der Museumszug hält. Rings um den Rådhustorget, an der Storgatan und an der Uferpromenade liegen Souvenirlädchen, Cafés, Restaurants und so manches ansprechende Gebäude aus dem 18. Jh., darunter auch der **Callanderska Gården,** in dem sich das Heimatmuseum befindet (✆ 2131992, Mittsommer bis Mitte Aug. Di–So 13–16 Uhr, im Juni Sa/So 13–16 Uhr, 20 SEK). Auf der Landspitze davor fällt ein hölzerner Pavillon auf. Das historische Wartehäuschen markiert den Anleger Ångbåtsbrygga des seit 1830 verkehrenden Liniendampfers, mit dem noch heute zahlreiche Besucher von Stockholm hierher kommen. Weiter auf dem Strandvägen erreicht man an der Kyrkogåtsgatan den Friedhof, auf dem sich unter einer alten Eiche die schlichte Grabstätte von Kurt Tucholsky befindet.

Abstecher nach Strängnäs (12.300 Einw.)

Das hübsche Städtchen am schmalen Strängnäsfjärden eignet sich für einen Bummel entlang der **Västerviken** mit dem belebten Gästehafen, durch die gut erhaltene Altstadt und reizvolle Einkaufsstraßen. Viele kleine Geschäfte und die Abwesenheit der üblichen Ladenketten machen Lust aufs Stöbern, an netten Cafés besteht kein Mangel; in der Trädgårds- und Storgatan drängen sich die Lokale besonders dicht, und im **Grassagården** sitzt man zugleich im ältesten Bürgerhof der Stadt aus dem 17. Jh. Die **Gyllenhjemsgatan** gilt zu Recht als besonders schön. Der **Dom** mit seinem reich geschmückten Inneren verweist auf die Bedeutung der Stadt im Mittelalter, als Strängnäs Bischofssitz und ein geistliches Zentrum Sörmlands war. Besonders wertvoll ist der Flügelaltar von 1490 mit seinem kunstvoll geschnitzten Bildwerk, eine belgische Arbeit. Besonders auffallend ist das Reiterstandbild im Chorraum. Es zeigt den 1611 gestorbenen König Karl IX in goldener Rüstung. Wand- und Deckenmalereien stammen aus dem 14. und 15. Jh., prächtige Grabtafeln verweisen auf wichtige Persönlichkeiten, die hier begraben liegen.

Dom Juni bis Aug. tägl. 10–18 Uhr, übrige Zeit bis 16 Uhr.

Abstecher zu den Marvikarna

Schmale Rinnenseen, von Klippen und Wald gesäumt, erstrecken sich von Åkers Styckebruk nach Vagnhärad und bilden eine herrliche Paddelstrecke (s. u.). Doch auch an Land lohnt sich ein Ausflug in das einsame Gebiet. Von der RV 223 biegt man rechts ab Richtung Skottvång. Auf einer Landenge liegt das **Naturreservat Marvikarna** mit beschilderten Wanderwegen und beliebten Bade- und Picknickstellen. Oft trifft man auf Kanuten, die hier umtragen oder durch die Kanalröhre hindurch den See wechseln. Weiter auf der einsamen Nebenstraße erreicht man **Skottvångs Gruvbyn.** Vom 16. Jh. bis 1920 wurde hier Eisenerz gefördert, das man auf Schlitten, später Schienen nach Åkers Styckebruk transportierte, wo es verhüttet und zu Kanonen gegossen wurde. Bis in 300 m Tiefe reichten die Stollen und Schächte, gefördert und entwässert wurde bis ins 19. Jh. mit Pferdegaipeln, erst danach setzte man Dampfkraft ein. Das alte Maschinenhaus beherbergt heute ein Lokal (✆ 0158-2590, www.skottvangsgrufva.se, Fr/Sa 18–22, So 12–17 Uhr). Von den Stollen sind noch verschiedene Eingänge im Gelände zu finden, die Gruben selbst sind jedoch wassergefüllt. Über Tage sind die Unterkünfte der Grubenarbeiter aus dem 18. Jh. erhalten, Schmiede, Maschinenhaus, alte Loren und Abraumhalden. Die Etappen 15 und 15:2 des Sörmlandsleden lassen sich zu einer abwechslungsreichen Rundwanderung verbinden (9 km, markiert).

Mitglieder des Östra Sörmlands Gruvforeningen betreuen die Anlage von Juni bis Aug., www.osgf.se, ✆ 070-5636176. Köhlerwoche Mitte Juli, Grubentag letzter Sa im Aug. Originelle, einfache Unterkunft Skumbo, Sauna angrenzend, ✆ 070-5351851, 100 SEK/Pers.

Bei Laxne erreicht man wieder die RV 223. Vom Wasser aus erlebt man die Region auf dem 40 km langen, beschilderten Kanuwanderweg:

Kanuwandern auf den Marvikarna

Bei **Åkers Styckebruk** setzt man auf der Westseite des Visnaren ein, paddelt knapp 2 km bis zur Südostbucht des weiten, insellosen Sees und kommt dort zur ersten Umtragestelle (40 m). Hier beginnt die herrliche Strecke auf den schmalen, von bewaldeten Felsufern begrenzten „Wildmarkseen" Marvikarna, die aus drei Abschnitten bestehen (insges. 8 km, zwei Umtragestellen à 50 und 20 m, mit Camps. Unterwegs Vogelschutzgebiete, zeitweilig ist dort Anlegen verboten). Motorboote sind hier nicht zugelassen, die Straßen weit entfernt, Kanuten haben diese Etappe ganz für sich. Auf der zweiten Landenge liegt das Naturreservat Marvikarna (s. o.). Bei **Laxne** (Geschäft, Post) muss eine 300 m lange Passage getragen werden, um den 12 km langen, breiteren Klämmingen zu erreichen. Die Landschaft ändert sich allmählich, Wiesen, Äcker und Laubbäume lösen streckenweise den Nadelwald ab, die Uferzone ist meist felsig-steinig. Bei Klövet passiert man eine Straßenbrücke, dahinter hält man sich näher am nordöstlichen Ufer (links), passiert Landzungen und Buchten. Bei **Kattnäs** (Kiosk, Camp, Badestelle) verbindet der kurze, befahrbare Näskanalen den Klämmingen mit dem Frösjön, auf dem es nun 4 km weiter, um eine längliche Insel herum bis nach **Gnesta** geht (Geschäft, Bahnstation). Hier beginnt der Seeabfluss Sigtunaån, der auf 2,5 km zwar nur 1 m Höhe verliert, bei niedrigem Wasserstand aber dennoch nicht zu empfehlen ist; eine 900 m lange Umtragestrecke ist beschildert. Der folgende, lang gestreckte See Sillen gabelt sich voraus in zwei Arme; man hält sich links auf dem längeren, nordöstlichen. Die Ufer sind teils bewaldet, ab und zu gibt es einzelne Höfe und Wiesen, dazwischen immer wieder felsige Ufer. 12 km sind es bis zum Seeabfluss, dem Trosaån, auf dem man bis **Vagnhärad** (Geschäft, Camp, Bus nach Gnesta und Trosa) noch 3 km ungehindert paddeln kann. Die Aussetzstelle liegt 500 m nach einer Brücke. Flussabwärts bis Trosa führt die Strecke nun durch dichter besiedeltes Gebiet und ist zudem mit etlichen Hindernissen gespickt, sodass man häufig umtragen müsste. Sie wird deshalb nicht weiter zum Paddeln empfohlen.

Auf einen Blick

Vorwahl Mariefred: 0159

• *Information* **Turistbyrå Mariefred**, Rådhuset, 64730 Mariefred, ✆ 2961999, ✆ 2971995, www.strangnas.se/turism, Juni bis Aug. Mo–Fr 10–18, Sa 11–16 Uhr, im Juli auch So, ab Mitte Mai Sa 11–15 Uhr, bis Mitte Sept. Mo–Sa 10–15 Uhr.

• *Verbindungen* **Schiff**: Ohne eigenes Fahrzeug erreicht man Mariefred am einfachsten mit dem Ausflugsdampfer ab Stockholm, s. Aktivitäten. **Bus/Zug**: Busse fahren nach Läggesta, dort Zuganschluss nach Stockholm und Örebro (2-stündl.) oder Linie 543 nach Gnesta, bis 2-mal tägl., dort Busanschluss nach Trosa und Nyköping, mehrmals tägl.

Parken: Großer, kostenloser Parkplatz vor dem Schloss und am Hafen.

• *Adressen* **Ärztliche Hilfe**: Vårdcentralen, Solvändan, ✆ 29013. Dort auch **Apotheke** Kronan, Mo–Fr. Medikamente auch im ICA-Supermarkt.

Übernachten/Camping

Gripsholms Wärdshus, Nobelhotel mit langer Tradition und jedem Komfort, individuell eingerichteten Zimmern und ausgezeichnetem Restaurant. DZ 2290 SEK. Kyrkogatan 1, ✆ 34750, ℻ 34777, www.gripsholms-vardshus.se.

Hotell Gripsholmsviken, schöne Lage in Schloss- und Seenähe, DZ ab 670 SEK. Gripsholm, ✆ 36700, ℻ 36701.

Skäggesta Vandrarhem, gemütliche Unterkunft, von parkartigem Garten umgeben, oft von Gruppen genutzt. Ab 150 SEK/Pers., auch DZ. 64060 Åkers Styckebruk, ✆/℻ 31680, www.skaggestavandrarhem.com.

Vandrarhem Djurgårdesporten, preiswerte Unterkunft in Mariefred, 200 SEK. Djurgårdsgatan 2, ✆ 12415.

• *Camping* **Mariefreds Camping**, Mai bis 2. Woche Sept., teils baumbestandener Wiesenplatz, angrenzend kleiner Badestrand mit fantastischer Aussicht auf Schloss Gripsholm. Fußweg nach Mariefred, ca. 2 km. Hütten 375 SEK/2 Pers., 750 SEK/4 Pers., auch Gästezimmer. ✆ 13530, ℻ 241005.

In Strängnäs **Hotell Laurentius**, stilvoll und persönlich geführt, Blick über den Strängnäsfjorden, Sauna, Garten, WiFi. DZ ab 1095 SEK, Östra Strandvägen 12, Strängnäs, ✆ 0152-10444, ℻ 10443, www.hotellaurentius.se.

STF Vandrarhem Strängnäs, Malmgården, im Vorort Malmby gelegene, gemütliche Herberge. 260 SEK, auch im DZ. Bus 301 und 305 nach Strängnäs. ✆ 0152-25255.

WoMo-Stellplatz im Gästehafen von Strängnäs.

Essen & Trinken

Gripsholms Slottpaviljong, ✆ 10023, freundlich-familiäres Selbstbedienungsrestaurant im Park.

Taxinge Slottscafé, Näsby 52, Nykvarn, ✆ 70114, das Landgut am Südrand der Gripsholmsviken ist berühmt für seinen herrlichen Park, noch mehr aber für die Kuchenauswahl im Schlosscafé: über 50 Sorten, alle hausgemacht. Seit 25 Jahren etabliert, ist das „Kakslottet" (Kuchenschloss) ein beliebtes Ausflugsziel der Stockholmer – an Sommerwochenenden ist die Schlange vorm Buffet endlos. Mai bis Aug. tägl. 11–18 Uhr, Sept. bis 16 Uhr, übrige Zeit Fr–So 11–16 Uhr.

Aktivitäten

Grafikens Hus, Gripsholms Kungsladugård, ✆ 23160, Juni bis Mitte Okt. tägl. 11–17 Uhr, übrige Zeit Do–So 11–17 Uhr. In die königlichen Stallungen von einst ist das Grafikzentrum eingezogen, mit Werkstätten, wechselnden Ausstellungen und Café.

Der **Dampfer Mariefred** verkehrt zwischen Stockholm (Klara Mälarstrand – Nähe Stadshusbron –, ab 10 Uhr) und Mariefred (zurück 16.30 Uhr), 2. Woche Juni bis Mitte Aug. Di–So, 2 Wochen vorher und nachher nur Sa/So Als Tagestour hin und zurück nur ab Stockholm möglich (10 Std. 250 SEK), Ångfartyget Mariefred, ✆ 08-6698850. Ein **Museumszug** (Östra Södermanlands Järnväg) pendelt zwischen Mariefred und Läggesta (Mittsommer bis 3. Woche Aug. mehrmals tägl., Mai bis Sept. nur Sa/So unregelmäßig – hoffentlich klären sich die finanziellen Probleme, die der Verein 2010 hatte), dort Anschluss an die Züge nach Stockholm, Museijärnvägen, ✆ 21006.

Kanu-, Boots- und Fahrradverleih beim Campingplatz. Kanuverleih bei Kanotkungen, ✆ 21635. Die Kanuzentrale liegt zwischen Läggesta Bahnhof und Åkers Styckebruk.

Malmköping (2000 Einw.)

Der Ort entwickelte sich ab 1774 als Stützpunkt des Sörmlandsregiments und als Handelsplatz. Seit 1921 ist das Militär abgezogen, geblieben ist eine gemütliche Kleinstadt mit Museumsstraßenbahn und schöner Holzbebauung aus dem 19. Jh: An der Durchgangsstraße liegt das **Heimatmuseum** mit verschiedenen typischen Holzhäuschen, gegenüber die Kirche mit dem riesigen Exerzierplatz **Malmahed** dahinter, gesäumt von alten Lagerhäusern. Heute finden hier verschiedene Märkte statt. Der angrenzende **Gustav Adolfs torg** bildet das Zentrum, mit dem Tinghus, der alten Offiziersmesse – heute das Stadshus – und an der Ecke Storgatan dem früheren Verlagshaus von Malmköpings Tidning. Von der Kungsgatan geht es zu zwei Museen: Museum Malmahed ist der Militärgeschichte gewidmet. Ein Muss ist das **Straßenbahnmuseum:** Über 40 Wagen aus ganz Schweden, der älteste von 1903, sind in der Halle untergebracht. Besser noch: Die historischen Gefährte befahren vom alten Bahnhof aus ein landschaftlich reizvolles Teilstück der 1967 stillgelegten Eisenbahnstrecke nach Sparreholm. Vorbei am Campingplatz (Haltestelle) geht es zwischen zwei Seen hindurch bis zur Wendeschleife an der RV 55 nördlich der Stadt. Betrieben wird das Museum von einem rührigen Verein, der allsommerlich ein Camp für junge Straßenbahnfans organisiert: Hier lernen die Jugendlichen, selbst die Bahnen zu fahren, und als Besucher bekommt man dann vielleicht von einer zwölfjährigen Schaffnerin seine Fahrkarte gelocht.

Museum Malmahed: Badhusgatan, ✆ 21925, Juli bis Mitte Aug. Mi–So 12–16 Uhr. **Straßenbahnmuseum**: Museispårvägen & Sveriges Lokaltrafikmuseum, Järnvägsgatan 4, ✆ 20430, www.muma.se, Mitte Mai bis Aug. Sa 11–17, So bis 16 Uhr, Juli bis Mitte Aug. tägl. 10–17 Uhr, 80 SEK.

Richtung Camping- und Badeplatz liegt das Hotel **Plevnagården** im früheren Militärhospital von 1886: Schaufensterpuppen in Uniform und Schwesterntracht in der holzvertäfelten Eingangshalle erinnern daran. Die verspielte Gartenvilla dahinter bewohnte einst Greta Garbo, die kleinen Katen daneben sind ehemalige Hofstellen für Soldaten.

Der angrenzende **Plevnahöjden** ist Malmköpings Naherholungsgebiet, auch der Sörmlandsleden führt vorbei und im Winter wird hier Ski gelaufen; am nahen **Hosjön** liegt die herrliche Badebucht unterhalb des Campingplatzes.

In der Umgebung

Auf der RV 53 nach Norden erreicht man am Abzweig nach Hälleforsnes den **Märchenpark Sagostigen**, ein nettes Ziel mit kleineren Kindern. Entlang hübscher Spazierwege reihen sich die Themenhäuschen zu verschiedenen Märchen auf, darunter viele, die auch deutschsprachige Kinder kennen. Spielplatz, Karussells und Haustierzoo ergänzen den Park.

✆ 44033, www.sagostigen.se, Mitte Mai bis 3. Woche Aug. tägl. 10–16 Uhr, Juli bis 1. Woche Aug. 9–17 Uhr, 70 SEK, Kinder 50 SEK.

„Bruket" – Fabrik – wird **Hälleforsnäs** noch heute oft genannt, denn die kleine Siedlung entstand ab 1659 um eine Eisengießerei herum, die bis 1997 produzierte. Heute haben sich in der alten Industriearchitektur Kunst und Handwerk angesiedelt, ein **Gießereimuseum** informiert über die Geschichte, der alte Kohlenbunker fungiert als Theater, und auch moderne Outletcenter nutzen das weitläufige Gelände.

Gjuterimuseum, ✆ 40350, Di–Fr 11–18, Sa/So bis 16 Uhr, 20 SEK.

Nach Süden Richtung Flen liegt kurz vor Mellösa die **Turebergsgrotta,** eine 15 m lange Verwerfungsspalte mit zwei Eingängen – vom Parkplatz an der Transformatorstation beschildert. Das Städtchen Flen ist Eisenbahnknotenpunkt und Versorgungszentrum, von hier erreicht man auf der RV 57 **Skebokvarn** am nördlichen Ausläufer des verzweigten und inselreichen **Båvern.** Das Ziegelgebäude der Gamla Meieri beherbergt Kanuzentrale und Sommercafé (www.canoe.nu, ✆ 31110, Mo–Do 10–18, Fr bis 19 Uhr, Sa 9–15, So 12–18 Uhr), ein schmaler Kanal verbindet den Anleger mit dem größten See Sörmlands, auf dem man wochenlang paddeln könnte, ohne je dasselbe Ufer, dieselbe Bucht oder Insel zweimal zu besuchen. Auch **Sparreholm** liegt am Båvern. Die Siedlung erstreckt sich um eine Bucht, auf einer Landzunge liegt malerisch das gleichnamige Schloss, umgeben von altem Eichenwald. Durch das Naturreservat führen Spazierwege zu schönen Rastplätzen. Das Nostalgiemuseum mit seinen Tante-Emma-Läden, alten Spielsachen und dem Café im Stil der 1950er Jahre ist einen Halt wert (40 SEK, Landsvägsgt. 11, ✆ 30932).

Etwas südlich des Ortes liegt **Jaktstuguskogen,** Schwedens ältestes Naturreservat von 1919, ein verwunschenes Waldstück um einen kleinen See und die gleichnamige Jagdhütte herum; errichtet wurde sie im altnordischen Blockhausstil. Parkplatz an der RV 53, ca. 700 m südlich der Kreuzung mit der RV 57, beschildert.

Auf einen Blick

Vorwahl Malmköping: 0157

• *Information* **Malmköpings Turistbyrå**, 64260 Malmköping, im Rathaus Stora torget, ✆ 19444, www.flen.se, Mitte Juni bis Aug. Mo–Fr 10–18, Sa bis 14 Uhr, So 11–14 Uhr. Ganzjährig: **Hälleforsnäs Turistbyrå**, ✆ 19588, im Gießereimuseum, s. o.

• *Verbindungen* **Bus**: Linie 701 nach Eskilstuna und Nyköping, 337 nach Strängnäs, 415 nach Hälleforsnäs und Flen. **Zug**: Diverse Verbindungen von Flen.

• *Adressen* **Ärztliche Hilfe** und **Apotheke**: Vårdcentralen, Siegrothsvägen 14, ✆ 18444.

Übernachten/Camping

Hotell Plevnagården, stilvoll-elegante Unterkunft im alten Militärhospital (s. o.) und in den kleinen Gartenhäuschen, empfehlenswertes Restaurant im Wintergarten; der Lunch ist ein echtes Schnäppchen (75 SEK). DZ ab 1200 SEK, Förrådsgatan, ✆ 21660, 20698, www.plevnagarden.se.

Klovstenstugor, Klovstensvägen, am Hang über dem Hosjön gelegen, ab 200 SEK/Pers. Wohnen im Blockhaus mit Küchenbenutzung. ✆ 20991 oder 0702-943997 (mobil).

Mellösa Vandrarhem, 5 km nördlich von Flen, eigentlich keine JH, sondern FeWos, hell und neu eingerichtet, Sauna im Haus.

Alte Bahn mit jungem „Personal": im Straßenbahnmuseum von Malmköping

Am Munktellstorget liegt auch das stattliche alte Verwaltungsgebäude, 1898 im Jugendstil errichtet, heute das **Hotel Bolinder Munktell**.

Auf der Verkstadsgatan erreicht man das nahe, ebenfalls in einem alten Werksgebäude untergebrachte **Konstmuseum** mit einer Sammlung, die Werke von 1700 bis heute umfasst.

✆ 7101369, Mo–Fr 11–16, Do bis 20 Uhr, Sa/So 12–16 Uhr, Eintritt frei.

Zurück am Munktellstorget geht es nun am Flussufer entlang durch den Stadsparken, nahe der Nybron vorbei an der mächtigen Kloster Kyrka, dann auf der Strandgatan nach **Gamla Staden:** Der älteste Siedlungskern liegt entlang der schmalen Köpmangatan, die parallel zum Fluss führt. Wo sie die Rådhusbron quert, liegt das hübsche Holzhauskarree **Tingsgården** mit Café und Restaurant. Bei der Eisenbahnbrücke endet Gamla Staden; ein paar Meter weiter liegt das beliebte Café Sylvia. Über die Kyrkbron geht es zur City zurück, gleich rechts liegt die **Fors Kyrka** aus dem 12. Jh., die älteste Kirche der Stadt. Die Straßen im Zentrum, dem ehemaligen Freistadtgebiet, sind schachbrettartig angelegt. Auf der Nygatan erreicht man das Stadshus, rechts grenzt der weite Platz **Fristadstorget** an. Die Fußgängerzone Kungsgatan mit nüchternen Zweckbauten erstreckt sich zu beiden Seiten. Schöne alte Häuser liegen an der **Nygatan,** angefangen mit dem burgartigen Eckhaus von 1889 an der Drottninggatan, ehemals Firmensitz des ASSA-Schmiedewerkes, heute Teil der Universität. Niedrigere Wohnhäuser säumen den Weg bis zur Ecke Bruksgatan; teils stammen sie noch aus der Freistadtzeit. An der Tullgatan liegt das große Werksgebäude der Autozulieferfirma Johansson AB von 1911, heute eine Schule. Nach rechts ist das Turistbüro wieder erreicht.

Torshälla (7600 Einw.)

Nördlich grenzt eine Kleinstadtidylle an Eskilstuna; rund um das Rathaus von Torshälla liegen schmale Kopfsteingassen und alte Holzhäuser. Besonders schön ist der **Bergströmska Gården,** ein vierflügeliger Handwerkerhof aus dem 18. Jh., heute Heimatmuseum (✆ 355076). Die **Kirche** stammt aus dem 12. Jh. und weist Deckenmalerei von 1550 auf. Ein interessantes Detail: Der bärtige Abraham trägt, um besser in seiner Bibel lesen zu können, die älteste in Schweden nachweisbare Brille (tägl. 9–17 Uhr).

Über den Fluss, in dem die Skulptur Thors Bockar von Allan Ebeling an die vorchristliche Vergangenheit der Siedlung erinnert, geht es zum **Ebelingmuseum.** Dort wird das Werk der vielseitigen Künstler Allan Ebeling und seiner Tochter Marianne gezeigt: Skulpturen und Keramik, Malerei, Grafik und Fotos (Eskilstunavägen 5, ✆ 7107305, Mi–So 12–16 Uhr, Eintritt frei). Das Café Amaranth sowie eine Glaskunst- und Keramikwerkstatt findet man in der Nähe, auf dem angrenzenden Holmberget das gleichnamige Restaurant mit wunderbarer Aussicht (✆ 355074).

Abstecher nach Sundbyholm

Das Schloss Sundbyholm, 1820 in seiner heutigen Form aus einem Vorgängerbau entstanden, ist heute ein nobles Hotel, das man auch einfach auf einen Kaffee im Schlossrestaurant besuchen kann. Der Blick fällt auf den großen Gästehafen davor, mit vielbesuchten Sommerlokalen und angrenzendem Campingplatz: Fest in Dauercamperhand, erinnert der mehr an ein enges Parzellengebiet. Die eigentliche Attraktion von Sundbyholm liegt etwas abseits der Küste in einem schönen Laubwald versteckt: Die **Sigurdsristningar** sind gut beschildert. Auf blankem Felshang wurde ein beeindruckendes Bildwerk mit umlaufendem Runenband gefunden, über 4 m breit und 2 m hoch. Ungewöhnlich ist, dass die Arbeit auf anstehendem Fels und nicht auf einem Bautastein angebracht wurde. Das Bild zeigt Motive aus der Sigurdsage: Ein Baum ist in der Bildmitte zu sehen, zwei Vögel sitzen darauf und ein Pferd ist angebunden. Links daneben ist Sigurd, der Drachentöter, abgebildet. Nachdem er den Drachen Fafnir getötet hat, um an den von diesem bewachten Goldschatz zu kommen, sitzt er hier am Feuer und röstet das Herz des Drachen. Als er es probiert, kann er die Sprache der Vögel im Baum neben sich verstehen, die ihm vom geplanten Verrat seines Ziehvaters Regin berichten: Regin der Schmied will das Gold des Drachen für sich allein haben. Sigurd tötet Regin daraufhin – im Bild ganz links liegt er geköpft, seine Werkzeuge neben sich. Das Schriftband ist einer Schlange nachgebildet – und steht damit für den von Sigurd getöteten Drachen. So zeigt auch die kleine Figur, die von unten ein Schwert in das Runenband stößt, genau dieses Motiv. Interessant ist auch die Position des Bildes an einem Übergang über den damals wesentlich breiteren Fluss Ramsundsån – der Inschrift nach ließ Sigrid Ormstochter es zum Andenken an ihren toten Gemahl Holmger anfertigen, dessen Seele sie damit eine Brücke ins Jenseits bauen wollte. Verschiedene Namen, die in der Inschrift verwendet werden, weisen den Verstorbenen und seine Witwe als Mitglieder einer bedeutenden Sippe der Wikingerzeit aus, die im 11. Jh. gelebt haben.

Im Juli findet an dieser geschichtsträchtigen Stelle ein Wikingermarkt statt, der an die Entstehungszeit der Felsritzung erinnert.

Abstecher zum Hjälmarekanal und nach Arboga

Auf der RV 230 nach Süden erreicht man die Hauptstraße 56 nahe der hohen Brücke über den Hjälmaresund. Ein Abstecher dorthin führt bei der Stora Sundby Glashytta auch am Museumssymbol vorbei, das auf das **Sundby Slottet** hinweist: Inmitten peinlichst gepflegter Rasenflächen erhebt sich vor der weiten Kulisse des Hjälmaren eine mittelalterliche Ritterburg, die so echt wirkt wie Disneyworld. Hinein kommt man nicht, denn das skurrile Bauwerk, 1830 aus einem Vasaschloss in sein heutiges Erscheinungsbild verwandelt, ist in Privatbesitz.

Zurück nach Norden zweigt wenig später die Nebenstraße nach Arboga links ab. Bei Sjölunda lohnt sich ein Abstecher zum Seeufer bei **Herfallet,** wo jenseits des Campinggeländes schöne Badestellen

Die MS Tor auf dem Hjälmarekanal

und ein Naturreservat auf einer Landzunge zu einer Pause einladen. Von Sjölunda geht es dann Richtung Säterbo und jenseits des Gamla Kanalen auf schmalem Waldweg nach **Hjälmare Docka** mit Schleusen, Trockendock und Café im Lagerhaus. Der Hjälmarekanal mündet hier in einen kleinen See, an dessen Ufer ein Treidelweg zum größeren Kvarnsjön führt (15 Min.), wo die Wassermühle Hällby Kvarn heute ein Ausflugslokal beherbergt. Über den Seeabfluss hinweg erreicht man einen Badeplatz. Zurück bei Hjälmare Docka geht es auf dem Fahrweg nach Norden zur E 3, dort nach rechts, und kurz darauf ist Arboga erreicht.

Arboga, im Mittelalter eine politisch bedeutende Stadt und Schauplatz des ersten schwedischen Reichstages, wirkt heute gemütlich-verschlafen. Die Altstadt erstreckt sich beiderseits des Flusses und hat zahlreiche romantische Winkel bewahrt. Entlang der Västerlånggatan und der gegenüberliegenden Storgatan stört kaum ein Neubau die liebevoll restaurierten Holzfassaden. Hofgärten ziehen sich bis ans Flussufer, nahe der **Trefaldighets Kyrka** bummelt man auf lauschiger Promenade. Die im 13. Jh. erbaute ehemalige Klosterkirche weist innen schöne Kalkmalereien auf und lohnt einen Besuch (tägl. 10–18 Uhr).

Auf der E 20 geht es nach Osten zurück. Der Arbogaån mündet bei **Kungsör;** zusammen mit dem Kanalstück verbindet der Wasserweg den Hjälmaren mit dem Mälaren. Kungsör entwickelte sich um die Flussmündung herum; auf **Kungsudden** liegt der alte Königshof aus Gustav Vasas Zeiten: Ein Bummel zwischen den alten Holzgebäuden von Kungsörstorp lässt sich im Sommer mit dem Besuch der Ausstellung zur Ortsgeschichte und der Caféterrasse am Mälaren verbinden (Mittsommer bis Mitte Aug. Mi–So 10–16 Uhr, www.kungsorstorp.se, ✆ 0227-13060; Kaffe Kungsgården, ✆ 10221). Bei Kungsudden beginnen beschilderte Radrouten (14–33 km) und der 24 km lange Wanderweg Kungsörsleden, der nach Norden immer am Mälarufer entlangführt.

Auf einen Blick

Vorwahl Eskilstuna: 016

• *Information* **Eskilstuna Turistbyrå**, Rothoffsvilla, Tullgt. 4, 63186 Eskilstuna, ✆ 7107000, ✆ 149500, www.eskilstuna.se, Mo–Fr 10–18, Sa bis 14 Uhr, Mai bis Aug. auch So 10–14 Uhr. Bietet auch WoMo-Stellplätze, 50 SEK/Tag.

• *Verbindungen* Bahnhof an der Västermarksgatan, Ecke Kyrkogatan auch Busterminal. Die Stadtbusse halten am Bahnhof und Fristadtorget. **Bus**: Linie 225 nach Sundby, 714 nach Katrineholm, 801 nach Malmköping und Nyköping, 820 nach Strängnäs und 821 nach Mariefred. Stadtbus Nr. 2 nach Torshälla, Nr. 19 nach Tuna Park/Parken Zoo. **Zug**: Verbindungen nach Södertälje, Flen und Örebro, dort diverse Anschlüsse.

• *Adressen* **Ärztliche Hilfe** und **Apotheke**: Sjukhuset, Lasarettsgatan, ✆ 103000. **Polizei**: Nygt. 4, ✆ 11414. **Einkaufen**: in der City um die Kungsgatan, nahe Parken Zoo liegt das Einkaufszentrum Tuna Park.

Übernachten/Camping

Hotel Bolinder Munktell (1), noble Herberge im alten Verwaltungsgebäude der Maschinenfabrik, gehört zur Clarion Collection, d. h. die Preise sind inkl. Nachmittagskaffee und -kuchen sowie Abendbuffet. DZ ab 1095 SEK. Munktellstorget, ✆ 167800, www.choicehotels.se.

Beim Sportzentrum Vilsta, südlich der Stadt, findet man folgende Unterkünfte, zwischen Skihang und Flussbad gelegen, erreichbar mit Buslinie 12 bis Vasavägen. WiFi gegen Gebühr, Sauna (für Hotelgäste frei), Cafeteria im Sportzentrum:

Vilsta Sporthotell & STF Vandrarhem (6),

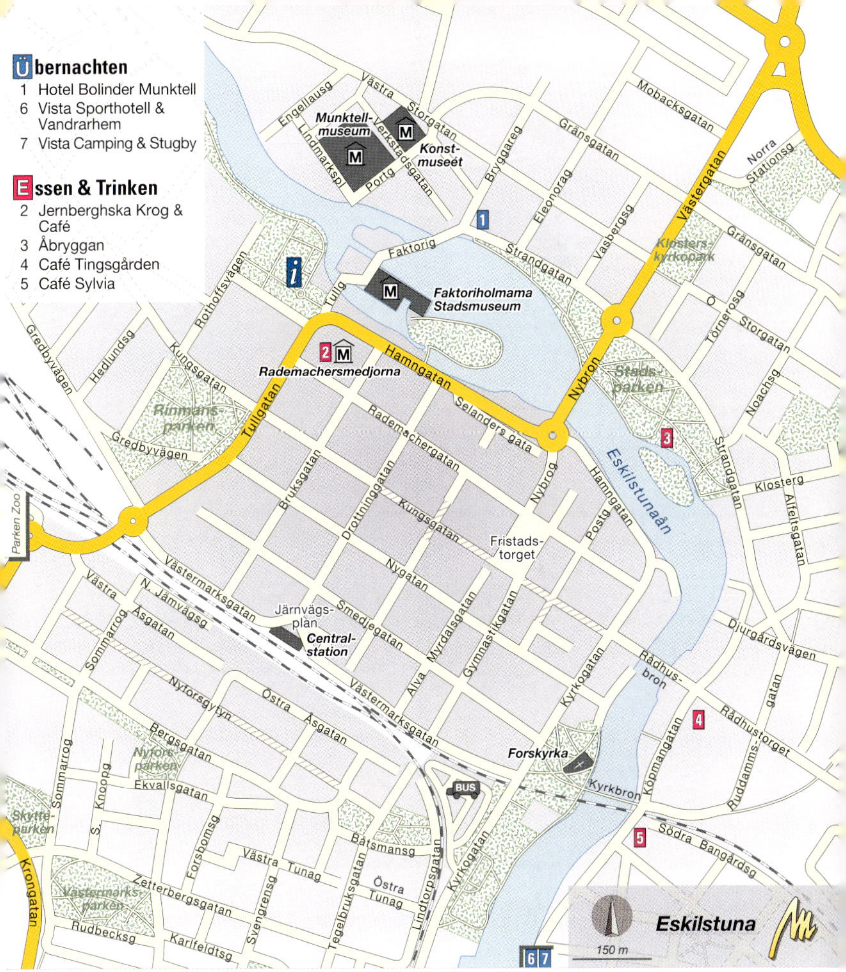

hell-schnörkellose Zimmer, DZ 890 SEK, in JH ab 210 SEK, DZ ab 520 SEK. Vasavägen, ✆ 513080, www.vilstasporthotell.se.

• *Camping* **Vilsta Camping & Stugby (7)**, mittelgroßer Platz zwischen Fluss und Hotel, neue, gut ausgestattete Hütten 795 SEK/4 Pers., ✆ 136227, www.vilstacamping.se.

Außerhalb/Arboga **Stadshotellet**, Nygatan 39, Nettes Mittelklassehotel, zentral in Arboga gelegen. DZ ab 900 SEK, ✆ *0589-*12980, 📠 12981, www.arbogastadshotell.se.

• *Camping* **Herrfallets Fritids & Konferensanläggning**, ganzjährig. Südlich von Arboga am Seeufer, gut ausgestatteter Campingplatz auf landschaftlich schöner Halbinsel. Hütten 380 SEK/2 Pers., FeHa/6 Pers. ab 720 SEK. ✆ *0589-*40110, 📠 40133, www.herrfallet.se.

Essen & Trinken

Beliebte Essmeile ist die **Nybrogatan**; zwischen Fristadstorget und Brücke reiht sich ein Lokal ans andere – HåPe, Grappa, Perongen, Centro, Nybron Matsal. Zwischen Lunch und After Work sitzt man im Sommer draußen vor der Kulisse der trutzigen Kloster Kyrka, abends wird zur Bar gewechselt: Hier ist immer irgendwo was los.

Plausch unter Nachbarn vor dem Café Sylvia in Eskilstuna

Åbryggan (3), die logische Verlängerung der Nybrogatan: Auf der anderen Flussseite liegt das Lokal mit der riesigen Flussterrasse im Stadsparken, hier tankt man in der Arbeits- oder Einkaufspause Urlaubsfeeling für zwischendurch. ✆ 484848, Juni bis Aug. Di–Do ab 15 Uhr, Fr–So ab 11.30 Uhr bis spät.

Jernberghska Krog & Café (2), im Ambiente des alten Schmiedebezirks, die gute Küche wird alljährlich im White Guide gelobt. Karte prüfen unter www.jernberghska.se. Rademachergt. 48, ✆ 146505, Di–Fr 17–23, Sa 12–23, So 12–18 Uhr, Mai bis Aug. Di–Fr ab 11 Uhr.

Café Sylvia (5), tagsüber Lunchlokal und Café, abends Ess- und Musikkneipe, angesagt, aber trotzdem bodenständig; auch die Nachbarn treffen sich hier. Eskilsgt. 1a, ✆ 133768, So/Mo 11–17 Uhr, Di–Do bis 22 Uhr, Fr/Sa bis 1 Uhr.

Café Tingsgården (4), urig-gemütlich, mit gescheuerten Tischen und niedrigen Decken, Rådhustorget 2, ✆ 142070, Mo–Fr 10–18, Sa bis 17 Uhr, So 11–17 Uhr.

Außerhalb und in Arboga **Kafé Smeden**, Store Sundby, ✆ 016-130700, Mi–So 11–17 Uhr. Gemütliches kleines Lunchcafé nahe der Sundbrücke bei Alberga.

Ågården, Kapellgatan 8, ✆ *0589*-10246, Mo/Fr 11–13.30 Uhr, Fr auch 18–23 Uhr. Gehobenes Restaurant in Arboga mit guter Küche, im Pub isst man preiswerter und deftiger.

Engelbrekts Café, Strandvägen, ✆ *0589*-19371, Mo–Fr 8–16 Uhr. Innen eher schlichte Cafeteria, draußen sitzt man direkt an der Flusspromenade von Arboga unter Bäumen.

Café Stadsgården, Stora torget, ✆ *0589*-19790, Mo–Fr 9–20, Sa 10–16, So 10–18 Uhr. Nettes Ambiente, kleine Gerichte und Kuchen. Auch **Konditori Saga** am Stora torget verkauft guten Kuchen.

Aktivitäten/Veranstaltungen

Parken Zoo, der Freizeit- und Tierpark ist für seine Großkatzen bekannt, darunter auch weiße Tiger, die hier gezüchtet werden. Ein Spaßbad und Campingplatz machen die Anlage zum beliebten Familienziel. Fläckstavägen, ✆ 100100, Mai bis Mitte Sept. Zoo tägl. 10–17 Uhr, Funpark nur Sa/So, Mittsommer bis Mitte Aug. Zoo tägl. 10–18 Uhr, Funpark 12–18 Uhr, Zoo 190 SEK, inkl. Funpark 295 SEK. **Freibad** Mitte Juni bis Mitte Aug. Sa–Mi 10–19 Uhr, Do/Fr bis 20 Uhr, 40 SEK.

Schärentouren mit M/S Havsörnen und Sunnanvind, 2. Woche Juni bis Mitte Aug. Di, Do und Sa ab Torshälla (10.45 Uhr) und Sundbyholm (11.20 Uhr), Fr nur ab Sundbyholm. Mehrere Inseln auf dem Weg nach Västerås eignen sich als Zwischenstopp. Rückfahrt von Västerås 15.40 Uhr, 195 SEK. Weitere Touren bietet Rederi Mälarstaden, ✆ 070-7369160.

Kanalfahrten mit der MS Thor und MS Lagerbjelke von Kungsör nach Notholmen, Juli bis Mitte Aug. Do/Fr ca. 11 Uhr, Rückfahrt per Bus, 295 SEK, ✆ 019-107191, www.arbogarederi.se. Einige Touren starten ab Torshälla.

Kanuverleih bei Eskilstuna Sporthuset, Ruddamsgt. 11, ✆ 137170, und Mestute, Fristadstorget 3, ✆ 130206.

Fahrradverleih bei City Cykel, Kyrkogt. 6, ✆ 132112.

Sport- und Freizeitbad Vattenpalatset, Mo 12–20, Di–Fr 9–19, Sa/So bis 17 Uhr, Sporthalle z. T. früher. Schöne Anlage, verschiedene Saunabereiche: Familien, Damen, Herren. Hamngatan 15, ✆ 100130, www.vattenpalatset.se, 65 SEK.

Badeplätze bei Vilsta Sportcentrum und Sjulsta Friluftsområde, außerhalb in Mälarbaden und Sundbyholm.

• *Veranstaltungen* **Åfesten**, Volksfest an den beiden ersten Augustwochenenden, mit Karussells und Kleinkunst.

Mittelaltertage: In der 2. Augustwoche wird Arbogas Vergangenheit wiederbelebt. Musik und Theater, Markt und Festumzug, Ruder- und Ritterwettkämpfe werden geboten.

Katrineholm (32.000 Einw.)

Eine Siedlung entstand hier erst ab 1862 mit der Bahnlinie. Zentral in Sörmland gelegen, ist der Ort heute ein Verkehrsknotenpunkt für Straße und Schiene. Zahlreiche Bewohner pendeln zur Arbeit bis nach Stockholm, das per Zug kaum eine Stunde entfernt liegt. Touristen landen eher auf der Durchreise in Katrineholm, sei es als Interrailer zwischen Göteborg und Stockholm oder per Auto auf dem Weg zu den Attraktionen zwischen Hjälmaren und Ostseeküste.

Sehenswertes gibt es nur begrenzt in der City. Der **Stortorget** liegt am Bahnhof und wird von der ansehnlichen alten Wartehalle Magasinet begrenzt. Zur City hin reihen sich Geschäfte an der Fußgängerzone **Köpmangatan** auf, die zum Rathaus, der alten Kaufmannsvilla **Gröne Kulle,** führt. Ein schöner Barockgarten umgibt sie, der Stadsparken schließt sich jenseits der Djulögatan an. An dieser Straße liegt auch das **Kulturhuset Ängeln,** mit Bibliothek, Kunsthalle und Café eine beliebte und vielbenutzte Einrichtung.

Kulturhuset Ängeln, ✆ 57630, Mai bis Aug. Mo–Fr 10–18, Sa 11–14 Uhr, übrige Zeit Mo–Do 9–19, Fr bis 18 Uhr, Sa 11–14, So 13–16 Uhr.

Weiter auf der Djulögatan erreicht man das originelle **VVS Museum.** Der Name steht für „Värme-Ventilation-Sanitet“, die Ausstellung zur Sanitärgeschichte ist nicht nur für Klempner interessant.

Gjuterigt. 2, ✆ 14980, www.vvs-museum.se, Mo–Do 11–16 Uhr.

Vom Stortorget unter dem Gleisbett hindurch erreicht man den kleinen **Järnsvägsparken,** an den das Hotell Statt und das beliebte Café Sultan grenzen. An der Storgatan erhebt sich der weithin sichtbare **Gamla Vattentornet** von 1907, ein 42 m hoher, stattlicher Ziegelturm.

Am südlichen Stadtrand liegt um den Gutshof **Stora Djulö** ein attraktives Freizeitgebiet. Im Herrenhaus gibt es ein Lunchrestaurant und Café mit Terrasse zum Seeufer, in den Stallungen ein Heimatmuseum mit Werkstatt und Laden, alten Landmaschinen und Kutschen (Museum ✆ 33894, Lokale ✆ 53457, www.storadjulo.se). Strandbad, Spiel- und Sportanlagen, Spazierwege und Kanuverleih, Campingplatz und Jugendherberge machen Djulö zum echten Ferienzentrum, kein Wunder, dass hier auch schon Nils Holgerson mit seinen Gänsen landete.

Abstecher zum Hjälmaren

Die folgende Rundtour führt zum Südufer des Hjälmaren. Auf der RV 52 nach Westen erreicht man **Vingåker,** wo Säfstaholm einen Halt lohnt. Das Schloss liegt inmitten schöner Gartenanlagen und wird im Sommer vom Café und für Kunstausstellungen genutzt (Mai bis Mitte Sept., tägl. 11–16 Uhr, ✆ 0151-19186, www.safstaholm.se). Ansonsten ist der Ort für seine riesigen Fabriksbutiken bekannt, Outlets für Kleidung verschiedener Marken sowie Glas und Porzellan (Videngrensvägen, beschildert).

Bei **Läppe** führt die Straße 214 dicht am Seeufer entlang und bietet schöne Ausblicke, bei **Forsby** liegt ein Kalksteinbruch am Wege, von dem eine alte Seilbahn über den See bis zur Kalkmühle im 42 km entfernten Köping führt. Dann zweigt die hübsche Nebenstrecke nach **Fiskeboda** ab, wo sich auf der malerischen Landzunge ein Ferienhof und Campingplatz um die geschützte Hafenbucht scharen.

Zurück auf der Straße 214, erreicht man bald abseits des Hjälmaren das Landgut und **Freilichtmuseum Julita Gård,** das beliebteste Ausflugsziel weit und breit. Das riesige Gut, ehemals Kloster, dann Adelssitz, zeigt unverfälscht die fast autarken Lebens- und Wirtschaftsverhältnisse eines solchen Großgrundbesitzes. Herrenhaus, Kapelle, Gewächshäuser, Obst- und Kräutergärten, Meierei, Tischlerwerkstatt und Ziegelbrennofen, Büros und die Gutsküche sind zu besichtigen. Anschließend spaziert man durch die Park- und Gartenanlagen, die sich bis zum Ufer des Öljaren erstrecken, oder kehrt in einem der Lokale ein.

✆ 0150-487500, Juni bis Aug. tägl. 11–17 Uhr, ab Mitte Mai bis 16 Uhr, Anfang Mai und Sept. Sa/So 11–16 Uhr; Ende Juni bis Mitte Aug. 80 SEK, sonst Eintritt frei.

Von Julita erreicht man auf ruhigen Nebenstraßen wieder Katrineholm.

Auf einen Blick

Vorwahl Katrineholm: 0150

• *Information* **KFV Marknadsföring AB**, Stortorget 2, 64130 Katrineholm, ✆ 444140, 📠 50655, www.kfvmarnadsforing.se, Juni bis 1. Woche Sept. Mo–Fr 10–18, Sa bis 14 Uhr, übrige Zeit Mo–Fr 10–16 Uhr.

• *Verbindungen* **Bus**: Linie 405 nach Julita, 411 nach Vingåker, 465 nach Nyköping, 679 nach Malmköping, 714 nach Eskilstuna. **Zug**: Verbindungen nach Göteborg, Stockholm und Oslo.

• *Adressen* **Ärztliche Hilfe**: Vårdcentralen Nävertorp, Kerstinbodagt. 37, ✆ 488600, **Apotheke** Svanen zentral: Hantverkaregt. 1. **Polizei**: Djulögt. 26.

Übernachten/Camping

Hotell Gillet, kleineres, familiäres Traditionshotel, bietet viel fürs Geld. Kaffee, Parkplatz und WiFi frei, Leihräder. DZ ab 850 SEK. Tinghusgt. 10, ✆ 13340, 📠 13345, www.hotellgillet.se.

STF Vandrarhem Katrineholm, Mitte Jan. bis Mitte Okt., auf dem Gelände des Gutshofes Stora Djulö wohnt man gemütlich in den historischen roten Holzhäusern. Ab 250 SEK, auch im DZ, Reservierung nötig, ✆ 10225.

Olssons Vandrarhem, 4-Bett-Zimmer nahe dem Sportzentrum, 600 SEK. Västgötagatan 31, ✆ 0730-757590, www.olssons-vandrarhem.se.

• *Camping* **Djulöbadets Camping & Stugby**, schön gelegener Platz, Hütten/4 Pers. 400 SEK. ✆ 57242, www.djulocamping.se.

Außerhalb **STF Vandrarhem Vingåker/Kjesäter**, etwas außerhalb in der Volkshochschule, ab 230 SEK, DZ ab 500 SEK, ✆ 0151-518600.

STF Vandrarhem Julita, auf dem Gelände des Gutsmuseums wohnt man im Herrenhaus oder in der kleinen JH (250 SEK, DZ 580 SEK), Museumseintritt inkl., Reservierung nötig, ✆ 0150-487550, 📠 487551.

Fiskeboda, ganzjährig. Weitläufiges, bewaldetes Gutsgelände, auf dem sich die Wohngebäude verteilen. Hütten/4 Pers. ab 700 SEK. Markierte Wanderwege über die Landzunge. ✆ 08-50843900, www.stbd.se.

Hjälmargården, ganzjährig. Christliche Hütten- und Hotelanlage, familienfreundlich, neben Läppebadet. Schöne Cafeteria mit Panoramaglasfront zum Hjälmaren, Mo–Sa 10–21, So bis 18 Uhr, DZ 440 SEK, JH 180 SEK, FeHa 750 SEK, auch Camping.

• *Camping* **Läppebadets Camping**, April bis Sept. Hübsches Mischwald- und Wiesengelände und herrlicher Badestrand, nördlich von Vingåker am Hjälmaren. Hütten ab 400 SEK/2 Pers., ✆ 0151-60151, www.lappecamping.se.

Fiskeboda Camping, April bis Sept. Kleiner, strandnaher Platz, ✆ 0150-92060, 📠 92300.

Essen & Trinken

Dufweholms Herrgård, Gourmetrestaurant auf dem romantischen Gutshof zwischen englischem Garten und Seeufer. Herrgårdsvägen 16, Mo–Fr 11.30–20, Sa 12–20, So 12–18 Uhr, auch DZ ab 2290 SEK, ✆ 75400, ✆ 75409, www.duweholm.se.

Köks Terrassen Restaurang & Bar, beliebtes Lokal für alle Gelegenheiten, mit schönem Blick über den Stortorget, ✆ 15083.

StadsParken, Gartenlokal in herrlicher Lage im Stadtpark, beliebt für Lunch und Grillgerichte. Tegnérsvägen 25, ✆ 10549, tägl. 11–23 Uhr.

Sultans Konditori, wirkt von außen eher schlicht, aber das große Angebot an Kuchen und Torten lockt immer viele Gäste an. Storgt. 27, ✆ 10062, Mo–Sa 7–19, So 9–19 Uhr.

Hembagarns Konditori, nettes Café in der Fußgängerzone, auch die Pies und Smörgåsar sind in Ordnung. Köpmangt. 22, ✆ 14703, Mo–Fr 7–18, Sa bis 16 Uhr.

Außerhalb **Fiskeboda Restaurang**, ✆ 0150-92277, Juni bis Mitte Aug. tägl., übrige Zeit nur Sa/So. Gute Fischgerichte, Lunch, Sonnenterrasse mit Seeblick.

Aktivitäten

Duveholmshallen, großes Sportzentrum mit Schwimmbad, Di–Fr 8.30–20 Uhr, Sa/So bis 15 Uhr, im Juli 3 Wochen geschlossen, ✆ 57005.

Badeplätze bei Djulö und Läppebadet.

Kanuverleih bei Djulö Camping.

Finspång (14.000 Einw.)

Einsame Waldgebiete erstrecken sich zwischen Katrineholm und Finspång, einst ergiebige Reviere des Erzbergbaus. Das Eisen wurde ab 1580 in Finspång zu Waffen geschmiedet, unter Führung niederländischer Unternehmer. Der bekannteste wurde **Louis de Geer,** der 1641 die Hütte kaufte und ausbaute. Der Dreißigjährige Krieg heizte damals den Bedarf an Kanonen und Waffen in nie da gewesener Weise an, Schweden wurde zum Hauptlieferanten und Finspång zur Wiege der Industrialisierung. Auf die Kanonenherstellung aus Eisen hatte de Geer das Monopol – er war der Erste, der die Waffen nicht mehr aus der teureren Bronze gießen ließ –, und so konnte er zum mächtigen Brukspatron aufsteigen, der einen Lebensstil pflegte wie andernorts der Hochadel. Sein um 1660 erbautes Barockschloss bildet noch heute das repräsentative Zentrum des Industriebezirks; hier residiert nun die Firmenleitung von Siemens. Umgeben vom weitläufigen Schlosspark bildet es die Grenze zur schlicht-modernen City.

Besichtigung

Das **Schloss** selbst, auf einem Holm im schmalen Skutbosjön gelegen, ist nur von außen zu besichtigen. Die Kapelle im Nordflügel ist bei Gottesdiensten zugänglich. Im Park liegt die **Orangerie,** an der vorbei man über Brückchen den **Auroratempel** von 1791 erreicht; auf der Straßenbrücke zur Innenstadt zurück kommt man zur **Bruksgatan,** an der die Wohnhäuser der Schmiedemeister liegen, erbaut um 1760. Das Värdshus von 1818 war zugleich Gerichtsstätte und Gefängnis, daneben wohnte im Bruksgården der Verwalter der Fabrik, ein Haus weiter der firmeneigene Prediger. Im Bruksmuseum gleich nebenan ist Schmiedekunst ausgestellt (Bruksgatan 25, ✆ 10644, nur im Sommer geöffnet). Werkstätten aus dem 18. und 19. Jh. schließen sich an.

In der Umgebung

Eine Rundfahrt durch die Kommune führt zu zahlreichen Sehenswürdigkeiten, nicht nur solchen aus dem Bergbau.

Östergötland und Sörmland
Karten S. 298/299 und S. 328/329

Etwas südlich der Stadt – beschildert ab RV 52 – liegt **Risinge Gamla Kyrka,** die besonders wegen ihrer Kalkmalereien berühmt ist. Erbaut um 1150, wurde sie um 1450 mit reichem biblischen Bilderschmuck ausgestattet (Mittsommer bis Mitte Aug. So–Fr 13–17 Uhr). Daneben liegt der Risinge Hembygdsgård, ein typisches ländliches Heimatmuseum (✆ 99113, www.hembygd.se/ostergotland/risinge, Juli bis 1. Woche Aug. tägl. 13–17 Uhr).

Östlich der Stadt zweigt von der RV 52 die Straße nach **Rejmyre** ab. Die kleine Siedlung liegt inmitten einsamer Wälder und ist besonders für ihre Glashütte bekannt, die hier seit 1810 produziert. Vor dem Eingang liegt ein mächtiger Glasblock, ein Museum zeigt die schönsten Stücke, man kann beim Glasblasen zuschauen, und der Laden bietet günstig zweite Wahl an. Weitere Kunsthandwerker haben sich auf dem schönen alten Fabrikgelände angesiedelt, Wirtshaus und JH daneben.
✆ 011-87184, Laden Mo–Fr 9–17, Sa/So bis 16 Uhr, Juni bis Aug. werktags 1 Std. länger, Museum jeweils 1 Std. kürzer. Produktion Mo–Do bis 16 Uhr, Fr bis 14 Uhr, Mai bis Aug. auch Sa 10–15 Uhr, im Juli sogar So 11–15 Uhr.

Noch ein Stück nach Norden erreicht man nahe dem See Tisnaren die alte Hammerschmiede Häfla (beschildert). 1682 gegründet, produzierte sie bald die erstaunliche Menge von 90 t Schmiedeeisen jährlich – der große Erz- und Holzreichtum der Region machte es möglich. Alte Hochöfen, Schmiede, Sägemühle und die Werkssiedlung sind heute in **Häfla Övre Bruk** zu besichtigen (✆ 0122-85100, Mitte Juni bis Mitte Aug. tägl. 10–17 Uhr, Eintritt frei). Nicht weit von diesem Industriedenkmal liegt auch die alte Mühle Hävla Kvarn am Bach, die noch heute Mehl produziert.

Auf einsamer, schöner Strecke geht es am Regnaren entlang, dann über Regna nach Süden bis Igelfors, dort rechts Richtung Ljusfallshammar. Bei Grytgöl ist der 10 km lange **Gruvleden** beschildert (ab Folkets Hus), ein abwechslungsreicher und beliebter Wanderweg durch altes Bergwerksgelände. In Ljusfallshammar lohnt das **Lantbruksmuseum** einen Besuch. Das große Hofgelände (ab RV 51 beschildert) liegt nahe dem Hofsjön und ist ein beliebtes Ausflugsziel. Das frühere Leben und Arbeiten auf einem Bauernhof wird in vielen Facetten beleuchtet.
✆ 0730-895977, Mitte Mai bis Mitte Sept. tägl. 10–16 Uhr, 40 SEK.

Bei Hällestad biegt man von der RV 51 Richtung Süden ab und erreicht nach 7 km **Gruvstugan** mit einem weiteren historischen Bergbaugelände. Die Hütte selbst, die eine Sammlung historischer Karten und Modelle zum Bergbau enthält, ist nur nach Absprache offen (Holmen Skog, ✆ 013-158797, auch Führungen), aber die beiden Kulturwanderwege sind immer zugänglich. Eine kurze Runde (gelb markiert) führt um die wassergefüllte Öffnung der Storgruvan herum, die bereits im 16. Jh. Erz für die Schmiede in Finspång lieferte. Ein 4 km langer, einfacher Rundweg führt durch verschiedene Grubenfelder (rot markiert), unterwegs informieren Tafeln über die 700-jährige Geschichte des Erzabbaus.

Zurück auf der RV 51, ist nach rechts bald wieder Finspång erreicht.

Auf einen Blick

Vorwahl Finspång: 0122

• *Information* **Finspångs Turistbyrå**, Grosvadsvägen 5 (Arena Grosvad), 61241 Finspång, ✆ 85100, www.finspang.se, Juni bis Aug. Mo–Fr 10–16, Sa/So 11–15 Uhr.

• *Verbindungen* **Bus**: Linie 40 nach Norrköping, 58 nach Linköping, 414 nach Ljusfallshammar, 416 nach Rejmyre und Hävla, 417 nach Regna.

• *Adressen* **Ärztliche Hilfe** und **Apotheke**: Närsjukvård, Lasarett, Lasarettsvägen, ✆ 010-1059260 und -1042600. **Polizei** am Finnvedsvägen 3, dort auch Busbahnhof. **Post** am Norrköpingsvägen.

Übernachten/Camping

Hotel De Geer, zentrales, älteres Stadthotel mit Sauna, DZ ab 1300 SEK, Vallonvägen 8, ✆ 13150, www.hoteldegeer.nu.

Alléhotellet, jüngst renoviert, aber im Stil dennoch recht plüschig, DZ ab 780 SEK, WiFi extra. Stora Allén 15–17, ✆ 16111, www.allehotellet.se.

Risinge Stugby, Finspångs Golfklubb, ansprechende kleine FeHas am Golfplatz, ganzjährig, ab 550 SEK/4 Pers. ✆ 13940, ✆ 18888, www.finspangsgk.se. Gutes Restaurant auf dem Gelände, s. u.

Schön wohnt man in Lotorp, ca. 5 km nördlich der Stadt:

Lotorps Stugby & Turistcenter, Anlage mit netten runden Hütten, ab 450 SEK/4 Pers., ab 600 SEK/6 Pers. Nebenbei Abenteuerbad Arena Grosvald und Kanucenter, ✆ 0706-265199, www.lotorpsstugby.se.

Lotorps Vandrarhem, in typisch schwedischem Landhaus, 220 SEK, DZ 500 SEK. Torgvägen 1, ✆ 71070, www.lotorpsvandrarhem.com.

Außerhalb **STF Vandrarhem Regna**, gemütliche Herberge im Norden der Kommune, schöne Lage, Sommercafé und Fahrradverleih. Mitte April bis Mitte Okt., 225 SEK, DZ 480 SEK. Regnagården 47, ✆ 0151-70127.

Rejmyre Vandrarhem, schlicht-moderne Herberge, 175 SEK, auch DZ. Glasbruksvägen 43, ✆ 011-87526, www.rejmyrevandrarhem.se.

• *Camping* Der Campingplatz in Finspång, nahe Arena Grosvad, war 2010 eng, voll und sehr schlicht, besser weicht man nach Norden aus:

Småängens Camping, 20 km von Finspång, westlich von Hällestad, schön am See gelegen, mittelgroßer Platz, Boote und Kanus. Hütten/4 Pers. 330–590 SEK, Mitte April bis Sept., ✆ 0141-62048, ✆ 60364, www.smaangen.se.

Essen & Trinken

Golfkrog, ordentlicher Lunch, meist Hausmannskost. Viberga Gård, ✆ 10833, tägl. 11–20 Uhr.

Restaurang Kristallen, vielseitiges Lokal, Café und beliebte Bar. Bergslagsvägen 9, Restaurant Mo–Fr 11–15, Fr–Sa 18–2 Uhr, Café Mo–Fr 10–18, Sa bis 15 Uhr, Bar Fr/Sa 22–2 Uhr, ✆ 15515.

Café Klippestorpsgården, schönes Hofcafé mit Garten, hat nicht nur Kuchen, sondern abends auch Gegrilltes. Norrköpingsvägen 47, ✆ 10105, Mo–Fr 9–20, Sa/So 10–20 Uhr.

Café Det Lilla Annorlunda, Café im alten Industriegelände der Glashütte in Rejmyre. Di–Fr 10–16.30, Sa 11–16 Uhr, Mai bis Sept. auch So. Glasbruksvägen 42, ✆ 011-87384.

Aktivitäten

Sport- und Freizeitbad Arena Grosvad, großzügige Anlage mit allen Schikanen, geschmackvolle Saunaabteilung, ab 70 SEK, inkl. Sauna plus 20 SEK. Im selben Gebäude Fitness, Bowling und Sportbar. Mo–Fr 10–18, Sa/So 9–17 Uhr, Bowling und Sportbar bis 23 Uhr, Fr/Sa bis 1 Uhr. Grosvadsvägen, ✆ 655100.

Badestellen nahe Arena Grosvad und am Naherholungsgebiet Mäseln, westlich der Stadt.

Kanuverleih in Lotorp, ✆ 0708-284550, www.finspangskanotcenter.net, Rejmyre, ✆ 011-87526, www.rejmyrekanotbas.se, und bei Småängens Camping. Die relativ schmalen, langen Seen der Region sind beschauliche Paddelgewässer.

Fahrradverleih bei der JH Regna, in Lotorp beim Kiosk, ✆ 29200, und bei Leffe's Cykel, Jonas Wenströms väg 2, ✆ 14955. Ein Faltblatt mit 5 markierten Radtouren ist bei der TI erhältlich.

Östergötland und Sörmland
Karten S. 298/299 und S. 328/329

Weite Aussicht vom Stadshuset über Stockholms Altstadt

Stockholm

Das geliebte Kind hat bekanntermaßen viele Namen, und Stockholm wird von Besuchern, Tourismusindustrie und vielen seiner Einwohner gleichermaßen vergöttert. Das „Venedig des Nordens", die „Königin des Mälaren", die Stadt Bellmans und Strindbergs oder einfach hip und trendig – jeder, der nach Stockholm kommt, hat wohl ein bestimmtes Bild dieser Stadt im Gepäck, und sie wird allen Vorstellungen auf ihre Weise gerecht. Eine Stadt mit alten Ahnen, ist Stockholm heute eine moderne Metropole nordeuropäischen Zuschnitts: Im Stadtbereich leben bald 830.000 Menschen, was abgeklärten Einwohnern deutscher Ballungsräume eher gemütlich denn eindrucksvoll erscheinen mag, aber macht man sich klar, dass in ganz Schweden gerade mal knapp 9,4 Mio. Menschen wohnen, wird die Verhältnismäßigkeit schnell deutlich. Die Stadt ist längst über ihre einstigen bescheidenen Grenzen hinausgewachsen, lange schon ist in der dicht besiedelten Innenstadt nicht mehr ausreichend Platz, und wer hier oder in einem der angesagten Stadtviertel wohnen möchte, muss bereit sein, exorbitant viel Geld aufzuwenden – vorausgesetzt, man hat überhaupt eine Residenz ergattert, denn Wohnungen hier sind so begehrt, wie sie rar sind. Ein großer Teil der Stockholmer lebt heute in einem der vielen Vororte oder ist auf die im sog. „Millionenprogramm" 1965–1975 entstandenen Satellitenstädte wie Kista, Tensta oder Rinkeby angewiesen. Letztere sind inzwischen keine reinen Wohnghettos mehr, sondern es vollzieht sich auch hier allmählich ein Imagewandel. So ist beispielsweise Kista attraktiver Standort für IT-Unternehmen geworden und hat den Beinamen „Kista Valley" erhalten. Ein hohes Verkehrsaufkommen sowie neue Wohn- und Handelskonzepte bedingen die zahlreichen stattfindenden oder geplanten Bau- und Umbauarbeiten in der Stadt.

Stockholm: Eine Stadt entsteht

Stockholm umfasste zunächst nur Stadsholmen, die Insel also, auf der das heutige Gamla Stan liegt. Der Name der Stadt, der sich aus *stock* (Baumstamm, Balken) und *holme* (kleine Insel) herleitet, liefert bis heute weiten Raum für Spekulationen. Einer Legende zufolge ließ die Bevölkerung von Sigtuna, nach Birka im 10. Jh. wichtigstes Handelszentrum des Reiches, nach der Plünderung ihrer Stadt einen ausgehöhlten und mit einem Schatz gefüllten Stamm den Strom hinuntertreiben, um sich dort niederzulassen, wo er an Land gespült würde. Historiker warten mit einer Vielzahl anderer möglicher Interpretationen auf. So könnten die Baumstämme schlicht Pfähle gewesen sein, die man zu Zwecken der Befestigung, Grenzmarkierung oder Verteidigung auf oder um Stadsholmen aufstellte. Oder sie könnten aufgeschichtet eine Sperre im Stockholmsund dargestellt haben, die diesen einzigen Wasserweg von der Ostsee in den See Mälaren kontrollierbar machte.

Einig ist man sich hingegen darüber, dass als Gründer der Stadt Birger Jarl gilt. Schon vor dem 13. Jh. war durch Landhebung der heutige Norrström die einzige Zufahrt von der Ostsee in den Mälaren geworden, und der mächtige Jarl wollte „ein Schloss vor den See setzen". Die strategisch günstige Position Stadsholmens erlaubte einerseits eine relativ leichte Verteidigung, andererseits konnte sie Ausgangspunkt für Expansionsbewegungen nach Osten und für Handelsbeziehungen nach Europa sein. Ein Handelsvertrag, den Birger Jarl schon Mitte des 13. Jh. mit Lübeck und der Hanse schloss, begründete eine langwährende vitale Partnerschaft und lässt vermuten, dass der Jarl eine Wirtschaftspolitik mit Stockholm als Mittelpunkt zu schaffen begann. Fortan ging die Entwicklung des Ortes rasch vonstatten. Mit der Burg, die Birger Jarl etwa dort errichten ließ, wo nun das Schloss steht, entstand auf Stadsholmen eine befestigte Stadt. Das exakte Gründungsdatum ist nicht bekannt, doch im Jahre 1252 unterschrieb Birger Jarl zwei in „Stockholm" datierte Dokumente.

Die günstigen Siedlungs- und Lebensbedingungen lockten viele Menschen in die Stadt, sodass sie bereits gegen Ende des Jahrhunderts als größte im Reich galt. Mitte des 15. Jh. hatte sie wohl bereits über 1000 Haushalte und zwischen 5000 und 6000 Einwohner; dabei mag sie einen modernen Betrachter eher an ein Fischerdorf erinnert haben als an das ökonomische, administrative und militärische Zentrum, das sie war. Ende des 17. Jh. war die Einwohnerzahl auf ein Vielfaches angestiegen, und es gab nun keinen Zweifel mehr daran, dass Stockholm Hauptstadt war. Im Folgenden gestaltete sich die Entwicklung jedoch nicht immer konsistent, und so lässt die heutige Stadt nur selten erahnen, dass sie z. B. etwa gegen Ende des 18. und Anfang des 19. Jh. zu den schmutzigsten Städten in Europa zählte und ihren Bewohnern, im krassem Gegensatz zu heute, ein ausgesprochen unbekömmliches Lebensumfeld darbot. Die Infrastruktur wurde aber während der Industrialisierung deutlich verbessert, und der Lebensstandard ist heute im Allgemeinen recht hoch. Nicht nur in Schweden hat Stockholm als Hauptstadt eine besondere Position inne, sondern auch europaweit. 1998 war es Kulturhauptstadt, heute betont Stockholm seine wirtschaftlichen, geographischen, ökologischen und kulturellen Vorzüge und lässt sich vielleicht auch mit einigem Recht als „Hauptstadt Skandinaviens" zelebrieren.

Übernachten

- 5 Art Hotel
- 6 Hotell August Strindberg
- 8 City Backpackers Hostel
- 9 Queen's Hotel
- 13 Story Hotel
- 15 Hotell Örnsköld
- 18 Berns
- 19 Grand Hôtel
- 21 Lydmar Hotel
- 22 Wasahamnen
- 23 Lord Nelson Hotel
- 24 Af Chapman & Skeppshomen
- 26 Best Hostel Old Town/Skeppsbron
- 28 Hotel Skeppsholmen
- 29 Castanea Vandrarhem
- 32 Rygerfjord Hotel & Hostel
- 33 Den Röda Båten
- 35 Hotell Anno 1647
- 36 Hotel Rival
- 38 Ersta konferens och hotell

Essen & Trinken

- 1 Saturnus
- 2 Grill
- 3 Tegnérs Gömställe
- 4 Vapiano
- 7 Lisa Elmqvists fiskhandel
- 10 Iisapåtorget
- 11 East
- 12 Marion's Gastro Diner
- 17 Teatergrillen
- 18 Berns
- 19 Cadierbaren
- 20 Operakällaren
- 30 Vapiano
- 31 Den Gyldene Freden
- 34 Gondolen
- 37 Hermans

C Cafés
14 Sturekatten
16 Konditori Vete-Katten
25 Chokladkoppen
27 Grillska Huset
Karlaplan
Kommendörsgatan
Linnégatan
Karlavägen
Narvavägen
Banérgatan
Oxenstiernsg.
Östermalms Saluhall
Östermalmstorg
Nybrogatan
Sibyllegatan
Jungfrugatan
Storgatan
Artillerigatan
Skeppargatan
Grevgatan
Styrmansgatan
Historiska museet
Ulrikagatan
Riddargatan
Kaptensgatan
Grev Magnigatan
Torstenssonsg.
Banérg.
Dram. teatern
Nybroplan
Strandvägen
Nobelparken
Nybroviken
Arsenalsgatan
Nybrokajen
Stallgatan
Blaseiholmsg
S. Blasish. hamnen
Ladugårdslandsviken
Djurgårdsbron
Junibacken
Galärvarsvägen
Djurgårdsvägen
Nordiska-museet
Vasa-museet
Nationalmuseum
ström
Skeppsholmsbron
Slupskjulsvägen
Skeppsholmen
Folkmusikhuset
Svensksundsvägen
Långa Raden
Amiralsvägen
Östra Brobänken
Kastellholmskajen
Hazeliusporten
Wasahamnen
Liljevalchs konsthall
Falkenbergsg.
Gröna Lunds Tivoli
Skeppsbron
Strömmen
Katarinahissen
Klevgränd
Katarinavägen
Stadsgårdsleden
Fjällgatan
Karte Stockholm-Übersicht siehe hintere Umschlagklappe
150 m
Stockholm Zentrum

Stockholm ist vielseitig: sehr modern, historisch reich, cool, gelassen, ständig in Bewegung, sich seiner selbst sehr bewusst. Und nicht zuletzt ist es eine Stadt, die ihren Einwohnern eine sehr hohe Lebensqualität bietet, was vor wenigen Jahren eine internationale Umweltvergleichsstudie von Reader's Digest bestätigte, in der Stockholm eine Liste von 72 Städten ungeschlagen anführte. Doch damit nicht genug: 2010 wurde Stockholm von der Europakommission zu Europas erster Umwelthauptstadt ernannt, eine Auszeichnung, die an Städte verliehen wird, welche sich stark in der Umweltarbeit engagieren und auf eine nachhaltige Städteentwicklung setzen. Dass Stockholm nicht nur seinen Bewohnern ein lebens- und liebenswerter Ort ist, sondern auch Besucher herzlich aufnimmt, zeigt sich nicht zuletzt daran, dass der Tourismus in Schweden nach der großen Wirtschaftskrise der vergangenen Jahre mehr Einnahmen erzielt hat als die Exportschlager Stahl, Eisen und PKW zusammen, und Stockholm ist die Stadt im Land, die mit Abstand die meisten Besucher anzieht. Sie werden verstehen, warum.

Information

Vorwahl Stockholm: 08

Stockholm Tourist Centre, Sverigehuset (Untergeschoss), Hamngatan 27, Eingang Kungsträdgården, 10327 Stockholm, ✆ 50828 508, ℻ 50828509, Mo–Fr 9–19, Sa 10–17, So 10–16 Uhr. T T-Centralen (Ausgang Sergels torg) oder T Kungsträdgården.

Eine weitere, allerdings kleinere TI befindet sich im Hbf. (*Centralen*).

Informationen speziell für Menschen mit Behinderung gibt es unter ✆ 55064130 (Handikapp Turism, Sonja Lindh).

• *Internet* Die Touristik-Homepage der Stadt ist www.stockholmtown.com. Sehr ausführliche und gut gegliederte Informationen findet man auch auf www.visit-stockholm.com (beide auch auf Deutsch). Die deutschsprachige Homepage des Touristikinformationscenters Visit Sweden ist www.visitsweden.com/schweden/Regionen-und-Stadte/Stockholm/. Informationen und Rezensionen zu Events, Aktivitäten und Orten sowohl für Permanent- als auch Temporärstockholmer gibt es auf www.alltomstockholm.se (jedoch nur auf Schwedisch). Wer mit einem schmalen Budget reist, für den ist www.gratisistockholm.se eine Goldgrube an Informationen (leider ebenfalls nur auf Schwedisch, aber viele Rubriken lassen sich auch ohne tiefere Kenntnisse der Sprache recht gut verstehen).

• *Stadtmagazin* Eine der ersten Handlungen sollte es sein, sich das kostenlose schwedisch- und englischsprachige Stadtmagazin „What's On" zu beschaffen (liegt u. a. in der TI aus), das monatlich Angaben zu aktuellen Veranstaltungen, aber auch allgemeine Informationen bereithält; auch als Download erhältlich unter http://beta.stockholmtown.com/; dort finden sich auch weitere kostenfreie Informationsprospekte.

• *Stadtplan* Vielerorts liegen kostenlose Stadtpläne aus. Einen Stadtplan, der neben einer Legende auch noch eingezeichnete Buslinien enthält, ersteht man für wenig Geld in der TI.

Die **beste Reisezeit** für Stockholm ist Mai bis Sept., da das kulturelle Angebot sowie Ausflugsmöglichkeiten in dieser Zeit am sichersten bestehen; an Mittsommer, Weihnachten und zum Jahreswechsel ist vielerorts geschlossen, und auch zu anderen Feiertagen können die Öffnungszeiten z. T. stark eingeschränkt sein.

Auf einen Blick

• *Ärztliche/Medizinische Hilfe* 24-Stunden-Apotheke Apotek C. W. Scheele, Klarabergsgatan 64 (Nähe Hbf.), T Hötorget oder T T-Centralen, ✆ 4548130. Auf Södermalm hat die Apoteket Enhörningen tägl. bis 22 Uhr geöffnet, Krukmakargatan 13, ✆ 0771-450450, T Mariatorget.

Notaufnahme: Cityakuten, Apelbergsgatan 48, T Hötorget, ✆ 4122960. Mo–Fr 8–17 Uhr. Außerhalb dieser Zeiten unter der landesweiten und immer zugänglichen Nummer 1177 medizinischen Rat einholen oder den Notruf 112 wählen.

Zahnärztliche Behandlung: Folktandvården Stockholms län (eine Art Zahnpflegezentrale), ✆ 020-6875500. Sonst bietet u. a. Cityakuten (s. o.) zahnärztlichen Notdienst.

Krankenhaus: Karolinska sjukhuset, Solna, Karolinska vägen, T S:t Eriksplan, dann Bus 3, 77 oder 507; ✆ 51770000.

Notruf: ✆ 112.

• *Diplomatische Vertretungen* **Deutsche Botschaft**, Artillerigatan 64, T Karlaplan oder Stadion, 11445 Stockholm, ✆ 6701500, ℻ 6701572, www.stockholm.diplo.de.

Österreichische Botschaft, Kommendörsgatan 35/V, T Karlaplan, 11458 Stockholm, ✆ 08-6651770, ℻ 6626928, www.bmeia.gv.at/botschaft/stockholm.html.

Schweizer Botschaft, Vallhallavägen 64, T Tekniska högskolan, 10041 Stockholm, ✆ 08-6767900, ℻ 211504, www.eda.admin.ch/stockholm.

• *Fahrradverleih* z. B. bei Servicedepån, Scheelegatan 15, T Rådhuset, ✆ 6510066.

Djurgårsbrons Sjöcafé, Galärvarvsvägen 2 (gleich hinter der Djurgårdsbron), z. B. Straßenbahn 7 oder Buslinie 44 Richtung Skansen alt, alternativ Buslinie 69 Richtung Blockhusudden, ✆ 6605757; Verleih ca. Ostern bis Sept., auch Inliner.

Stockholm City Bikes: Anderen europäischen Großstädten nacheifernd, bietet die Stadt selbst nun von April bis Okt. einen günstigen Fahrradverleih an – an flächendeckend in der Stadt verteilten Leihstationen kann man zwischen 6 und 22 Uhr (Abgabe bis 1 Uhr möglich) für jeweils. 3 Std. (verlängerbar!) ein Fahrrad leihen; Rückgabe erfolgt an jeder beliebigen Station. Dreitageskarte 125 SEK, Saisonkarte 250 SEK (200 SEK über die Homepage; englischsprachige Homepage www.citybikes.se/en/Home/), ✆ 077-4442424. Kauf der erforderlichen Karten über die Homepage, die TI Sverigehuset oder folgende Verkaufsstellen des Stockholmer Verkehrsverbunds SL: T-Centralen (untere Halle), Sergels torg, Fridhemsplan, Slussen, Gullmarsplan und Tekniska Högskolan.

• *Fundsachen* bei der Polizei, Bergsgatan 39, T Rådhuset, ✆ 4010788, Mo–Fr 10–15, Do bis 19 Uhr; für in den Nahverkehrsmitteln Verlorengegangenes bei SL Hittegodsavdelning, Klara Östra Kyrkogata 6, T T-Centralen, ✆ 6001000, Mo–Fr 12–19, Sa 12–16 Uhr; für in den SJ-Zügen, im Hbf. oder in den den Hbf. anfahrenden Bussen Verlorenes bei Bagport Sweden AB, unteres Geschoss im Hbf. Centralen, ✆ 50125590 (für SJ, Mo–Fr 12–16 Uhr) oder 12207080 (für Hbf., Di–Fr 12–16 Uhr); eine Suche ist auch auf www.upphittat.se möglich (allerdings nur auf Schwedisch).

• *Geldwechsel* bei Banken, an Bankautomaten oder bei Wechselinstituten wie Forex (z. B. Centralstationen, tägl. 7–21 Uhr), Exchange oder X-Change.

• *Öffentliche Toiletten* Halten Sie nach Möglichkeit immer ein 5-Kronen-Stück bereit, da viele WCs – auch in Kaufhäusern – nur über ein Münzschloss zugänglich sind.

• *Polizei* Die Wache Kungsholmsgatan 37 ist rund um die Uhr geöffnet. ✆ 4010100, T Rådhuset.

• *Post* Blaue Briefkästen sind nur für den lokalen Postverkehr bestimmt, in die gelben wandert nationale und internationale Post. Briefmarken bekommt man außer in Touristenläden z. B. an Kiosks, Tankstellen und in Supermärkten. Briefe und Pakete schicken bzw. abholen kann man nicht nur in den Postcentern, die zunehmend wegrationalisiert werden, sondern auch bei zahlreichen sog. „Postombud": Servicestellen für Postdienste, die z. B. in den meisten größeren Supermärkten verortet sind. Allg. Servicenummer der Post: ✆ 020-232221.

• *Taxi* z. B. Taxi Kurir (✆ 300000), Taxi Stockholm (✆ 150000) und Taxi 020 (aus Schweden ✆ 020-202020, dann kostenlos, aus dem Ausland die Stockholmer Nummer 850400). Für den Transfer von und zu den Flughäfen auch Flygtaxi (✆ 12092000 oder Buchung online unter www.flygtaxi.se) oder Airport Cab (✆ 252525 oder Buchung online unter www.airportcab.se); bei Ankunft nach 23 Uhr vorher vom Unternehmen bestätigen lassen, dass ein Taxi bereitgestellt werden kann.

An- und Abreise

Züge kommen am Hauptbahnhof *Centralstationen* (kurz „Centralen") an (Haupteingang Vasagatan). Mit dem **Bus** von Deutschland z. B. Deutsche Touring/Eurolines, Ankunft Busbahnhof Cityterminalen auf dem Klarabergsviadukten (dem Hbf. angeschlossen).

Reisende mit dem **Flugzeug** bedienen sich wahrscheinlich einer der folgenden Verbindungen:

Stockholm Karte S. 364/365 u. hinterer Umschlag

Internationaler Flughafen Arlanda (✆ 7976 000); weiter in die Innenstadt mit dem Zug *Arlanda Express* (✆ 58889000) zum Hbf., mehrmals ständl., Dauer 20 Min., Einzelfahrt/Hin- u. Rückfahrt 240/460 SEK, Sommerangebot einfache Fahrt zwei Erwachsene mit bis zu vier Kindern bis 17 Jahre 280 SEK (gilt nach dem Sommer weiterhin am Wochenende), max. vier Kinder bis 17 Jahre fahren gratis in Begleitung eines Erwachsenen im Besitz einer normalpreisigen Fahrkarte, Rentner und Studierende reisen verbilligt, viele Tickets online unter www.arlandaexpress.com buchbar; von Arlanda verkehrt auch der Shuttlebus *Flygbuss* (✆ 6001000), zu Cityterminalen, mehrmals ständl., Fahrzeit ca. 1 Std., Einzelfahrt/Hin- u. Rückfahrt 119/219 SEK (bei Buchung im Internet 99/198 SEK), reduzierte Preise für Rentner, Jugendliche und Kinder. Flughäfen *Skavsta* und – für Flugverbindungen aus anderen Ländern als Deutschland – manchmal auch *Bromma* sind Zielflughäfen für viele Billigflieger; Verbindung zum Cityterminalen gewährleisten auch hier die *Flygbussar* in ca. 80 Min. für 119/219 SEK (99/198 SEK) von Skavsta und in nur 20 Min. für 79/150 SEK von Bromma. Auch hier reisen einige Kinder gratis mit Erwachsenen im Besitz von normalpreisigen Fahrkarten, Rentner sowie Kinder und Jugendliche fahren zu reduzierten Preisen. NB: Bei allen Fahrkarten kann das „Jugendalter" recht hoch liegen, sodass man sich auch mit 25 Jahren noch für ein Jugendticket qualifizieren kann – es lohnt sich also nachzufragen! Die vielerorts angebotenen SMS-Tickets funktionieren nicht auf ausländischen Handys. Die Taxi-Unternehmen bieten den Transfer von und zu den Flughäfen meist zu Festpreisen an (z. B. Arlanda ca. 500 SEK, Skavsta ca. 1300 SEK); Taxis (s. o.) sind vorab buchbar, dabei bitte gleich den Preis festlegen.

Mit dem **Auto** gelangt man über die E 4 oder E 18 nach Stockholm. Parkplätze in Stockholms Innenstadt sind rar und häufig teuer, man muss u. U. mit bis zu 70 SEK/Std. rechnen. Stockholm verfügt über zahlreiche, wenn zu Stoßzeiten auch hochpreisige Parkhäuser, z. B. Gallerian/Einfahrt Regeringsgatan oder Herkulesgatan (ausgezeichnet mit einem EU-Preis für gutes Parken), Hötorget, Odenplan, Kaufhaus NK, Kaufhaus Åhléns und Norra Latin/Einfahrt Olof Palmes gata. Einige Hotels bieten ihren Gästen hoteleigene Garagen an. Die verkehrstechnisch klügste Entscheidung ist es, das Auto vor der Stadt abzustellen und eine der vielen Park-and-ride-Möglichkeiten zu nutzen, z. B. Parkhaus Brommaplan, Einfahrt Klädesvägen, T Brommaplan (236 Plätze). Das öffentliche Verkehrsnetz Stockholms ist ausgesprochen gut ausgebaut und wird auch am Wochenende und an Feiertagen sehr regelmäßig bedient.

Die im Innenstadtbereich erhobene **Citymaut** „Trängselskatt" betrifft nur in Schweden registrierte Fahrzeuge. Bei Mietwagenfirmen ist die Maut i. d. R. im Preis enthalten.

Nahverkehr

• *Verkehrsmittel* Der Stockholmer Verkehrsverbund *Storstockholms Lokaltrafik* (SL) verfügt über ein sehr gut ausgebautes und ausgesprochen weitreichendes Netz, sodass auch Tagesausflüge zu sehr reizvollen Zielen ins weitere Umland problemlos mit den öffentlichen Verkehrsmitteln realisierbar sind. Informationen zu Strecken und Zeiten erhält man auf www.sl.se (konkrete Verbindungsanfragen im Fenster *Reseplanerare*: *Åka nu* = jetzt fahren, *senare* = später), unter ✆ 6001000 oder in einem der zahlreichen SL-Center, z. B. T T-Centralen (untere Halle), Mo–Sa 6.30–23.15, So 7–23.15 Uhr, Sergels torg, Mo–Fr 7–18.30, Sa/So 10–17 Uhr, oder Slussen, Saltsjöbanan, Mo–Fr 7–18.30, Sa 10–17 Uhr.

Die 1950 eingeweihte **U-Bahn**, *tunnelbana* oder *t-bana*, hat ein sehr regelmäßig bedientes Netz, auch in die Vororte. Mit ihren vielen künstlerisch ausgestalteten Bahnhöfen gilt sie außerdem als die längste Kunstausstellung der Welt; regelmäßig werden

Die im Text mit T angegebenen **U-Bahn-Haltestellen** beziehen sich auf den nächsten Bahnhof; manchmal schließen sich noch ein Fußweg und/oder weitere Verkehrsmittel an. Dort, wo kein U-Bahnhof in der Nähe liegt, wird eine andere Verkehrsverbindung genannt.

Die Nummer 7 ist die einzige Straßenbahnlinie Stockholms

„Kunstfahrten" angeboten, für die nur ein gültiger Fahrausweis benötigt wird – nähere Informationen in den SL-Centern. Eine gute Alternative zur U-Bahn sind die blauen **Busse** 1, 2, 3 und 4, die weite Teile der Stadt befahren. **Tvärbanan** (wörtl. „die Querbahn") ermöglicht eine Fahrt auf Schienen quer durch die Stadt jenseits des U-Bahnnetzes. Die **Museumsstraßenbahn** Djurgårdslinjen 7 sowie die **Djurgårdsfähre** von Slussen aus akzeptieren die SL-Zeitkarten. Das nähere Umland erreicht man gut mit den SL-Pendelzügen (*pendeltåg)* oder den SJ-Zügen.

• *Fahrkarten* In den SL-Centern, in den Filialen der Kioskkette Pressbyrå oder an den noch eher sporadisch aufgestellten **Fahrkartenautomaten** (Anweisungen auch auf Englisch; **passend zahlen**, da kein Rückgeld) kann man vorab Fahrausweise erwerben; dies ist im Vergleich zum Kauf an den Schaltern erst bei Reiseantritt die günstigere Alternative. Die Verkaufsstellen für Fahrkarten sind durch das blauweiße SL-Logo gekennzeichnet. (Achtung: Busfahrkarten können nicht mehr im Bus gekauft, sondern *müssen* vorab erworben werden!) Alle SL-Fahrkarten sind unpersönlich, d. h. übertragbar auf andere Personen, die zu gleichen Bedingungen reisen würden.

Bei Fahrtantritt gelöste Fahrkarten (*Kontantkupong*), vor Reiseantritt erworbene Tickets (*Förköpskupong*) oder Mehrfahrtenkarten auf Rabattstreifen (*Förköpsremsa*) gelten 1 Std. lang für die Fahrt in einer oder zwei Zonen sowie 2 Std. für alle drei Zonen; muss man auf seiner Fahrt umsteigen, so gilt, dass man vor Ablauf der gültigen Fahrtzeit in das letzte Transportmittel gestiegen sein muss, mit dem man dann die Fahrt bis zum Zielort fortsetzen darf, selbst wenn die gültige Fahrtzeit dabei überschritten werden sollte. Die gesamte Stockholmer Kommune – und damit alle U-Bahn-, Tvärbana-, Nockebybana- und Lidingöbana-Strecken sowie ein großer Teil der Haltestellen des Pendeltåg-, Roslagsbana- und Saltsjöbana-Netzes – liegt innerhalb der Zone A (Übersichtskarten gibt es an allen Stationen). Eine Einzelfahrkarte setzt sich aus der benötigten Anzahl Kupons für die zu bereisenden Zonen zusammen: Für eine Zone löst man zwei Kupons, für jede weitere Zone einen zusätzlichen. Eine Fahrt innerhalb einer Zone kostet mind. 30 SEK.

Fährt man häufiger, empfehlen sich die o. g. **Rabattstreifen** mit 16 Streifen (*kuponger*, 180 SEK); auch hier stempeln Sie für eine Zone zwei Streifen und für jede weitere Zone einen zusätzlichen Streifen.

Wer während seines Aufenthalts in Stockholm viel und/oder weitere Strecken mit den öffentlichen Verkehrsmitteln unterwegs ist, hat eine breite und leicht verwirrende Palette an **Zeitkarten** zur Auswahl: Die *1-dygnskort* (100 SEK) gilt für 24 Std., die *3-dygnskort* (200 SEK) für 72 Std., die *7-dagarskort* (260 SEK) gilt 7 Tage lang und das

Karte S. 364/365 u. hinterer Umschlag

30-dagarsbiljett (690 SEK) 30 Tage lang. Die zwei letztgenannten Karten können vorab erworben werden und gelten von 0 Uhr des gewählten ersten Gültigkeitstages bis 4.30 Uhr nach dem letzten Gültigkeitstag, die *24-timmarskort* und *72-timmarskort* gelten sofort ab Kauf für die gewählte Anzahl Stunden. Alle Zeitkarten gelten im gesamten SL-Streckennetz (Achtung: Bålsta und Gnesta liegen außerhalb, Zusatzkarten können aber gelöst werden) und werden sowohl auf der Djurgårdenfähre von Waxholmsbolaget (Strecke zwischen Slussen und Gröna Lund/ Allmänna Gränd) als auch in der Museumsstraßenbahn nach Djurgården akzeptiert. Zeitkarten können nunmehr auch auf immer wieder neu aufladbare elektronische Karten, sog. *SL Access-kort*, geladen werden, und auch für die Rabattstreifen ist dies in absehbarer Zukunft gedacht; diese Accesskort sind an Automaten (z. B. in allen U-Bahnhöfen) selbst aufladbar; in den Verkehrsmitteln registriert man seine Fahrt an den vorhandenen Kartenlesern, indem man die Karte einfach über den Sensor hält.

Rentner ab 65 Jahre sowie Kinder und Jugendliche bis 20 Jahre fahren zu reduzierten Preisen; Kinder unter 7 Jahren fahren in Begleitung eines Fahrkarteninhabers immer kostenlos, am Wochenende (Fr 12 Uhr bis So 24 Uhr) sowie an Feiertagen (bitte genaue Anfangs- und Schlusszeiten erfragen) fahren auch bis zu sechs Kinder im Alter von 7–11 Jahren in Begleitung eines Erwachsenen umsonst – aber Achtung: Dies gilt nicht für die Stockholm- und Stockholm-à-la-Carte-Karten (s. u.)! SMS-Fahrkarten funktionieren nur auf Handys schwedischer Mobilfunkanbieter.

• *Ermäßigungen* **Stockholmkarte**: Eine besonders komfortable Möglichkeit, die vielen Sehenswürdigkeiten Stockholms zu entdecken, stellt die Stockholmkarte (*Stockholmskortet*) dar, mit der man eine Vielzahl von Angeboten kostenlos nutzen kann: Eintritt und Zugang zu etwa 80 Museen und Attraktionen (auch Skansen, Junibacken und das Königliche Schloss), ausgewählte Sightseeingtouren mit Fahrrad (im Sommer), Bus und Boot, SkyView, Führungen durch das Opernhaus, den Skogskyrkogården und die Filmstaden-Filmstudios, Fahrten mit den öffentlichen Nahverkehrsmitteln des SL und weitere Bonusangebote wie kostenfreies Parken. Man kann sie für eine Dauer von 24 Std. (395/195 SEK für Erwachsene/ Kinder 7–17 Jahre), 48 Std. (525/225 SEK), 72 Std. (625/245 SEK) oder 120 Std. (895/285 SEK) erstehen; der Kauf einer Kinderkarte ist an den einer Erwachsenenkarte gebunden (Kinder unter 7 Jahren gratis, max. drei Kinder auf eine Erwachsenenkarte); allerdings haben Kinder und Jugendliche bis 18 Jahre i. d. R. ohnehin freien Eintritt in Museen. Detaillierte Informationen auf www.stockholmtown.com; das Magazin „What's On" (s. o.) gibt zudem eine Übersicht über die aktuellen Eintrittspreise vieler Museen und hilft Ihnen zu entscheiden, ob sich der Kauf der Stockholmkarte für Sie lohnt. Gültig ist sie ab Erstnutzung. Erhältlich online über http://stockholmtown.jetshop.se/, sonst in den Stockholmer TIs, den SL-Fahrgastcentern, zentral gelegenen *Pressbyrå*-Kiosken und vielen Hotels und Jugendherbergen.

Eine namentlich ähnliche Karte, die mit der Stockholmkarte auch einige inhaltliche Übereinstimmungen aufweist, ist die **Stockholm-à-la-Carte-Card,** die vom Tourismus-Dienstleister Destination Stockholm ohne Zusatzkosten als Teil seiner online gebuchten Hotelpakete herausgegeben wird. Auch diese Karte beinhaltet freie SL-Fahrten und den kostenlosen Eintritt zu über 60 Museen, Sehenswürdigkeiten und Attraktionen, darüber hinaus verschiedene kostenfreie Ausflugsfahrten mit dem Schiff. Sie ist für die gesamte Dauer Ihres Hotelaufenthaltes gültig und umfasst gratis auch Kinder bis einschl. 12 Jahre sowie gegen einen Aufschlag von 21 € Kinder bis einschl. 17 Jahre. Außerdem wirbt Destination Stockholm mit günstigen Zahlungsbedingungen sowie flexiblen Umbuchungsmöglichkeiten. Deutschsprachige Version der Homepage ist www.stockholm.at.

Stadtrundfahrten und -führungen

Stockholm hält eine Vielzahl an unterschiedlichen Sightseeingtouren bereit – an dieser Stelle kann daher nur eine Auswahl aufgeführt werden, die aber jeden etwas für sich finden lassen sollte.

Für eine umfangreichere und detaillierte Übersicht des überbordenden Angebots sei neben den Touristik-Homepages (s. o.) auf die Homepage des Hauptanbieters Strömma (✆ 12004000, www.stromma.se) verwiesen. Er sammelt die meisten Touren unter seinem Dach, sodass einem sowohl das rote Logo von City Sightseeing als auch das rot-gelbe von Stockholm Sightseeing oder das gelb-blaue der Open Top Tours begegnen können. Man hat die Qual der Wahl zwischen Touren durch die Straßen und Gassen oder auf den zahlreichen Wasserwegen. Oder man wählt einfach nicht und gönnt sich beides, angebotene Kombinationstickets halten dies auch preislich übersichtlich.

Tickets können Sie entweder vorab über die Homepage buchen oder an den Terminals vor Ort kaufen, für die Hop-on/Hop-off-Touren auch direkt an Bord. In der Regel tägl. mehrfache Abfahrten, im Sommer gehen die großen Touren üblicherweise stündlich zu den Geschäftszeiten. Bei Drucklegung hatte Strömma viele seiner Abfahrtszeiten jedoch noch nicht oder nicht definitiv festgelegt, daher wird ein Blick vorab auf die Homepage oder eine Anfrage bei der TI empfohlen.

Stockholm Panorama: Tour in modernen Panoramabussen mit mehrsprachiger Führung (Kopfhörer) zu Sehenswürdigkeiten in allen Stadtteilen. Ganzjährig. Dauer 1 Std. 15 Min., 250/125 SEK (Erwachsene/Kinder 6–11 Jahre; jüngere Kinder fahren umsonst). Ab Gustav Adolfs torg.

Stockholm in a nutshell (zu Wasser und zu Land): Eine Kombi-Tour, bei der es nach der Panorama-Tour im Bus per Boot um die Insel Djurgården und zum Grand Hôtel geht. Mehrsprachige Führung über Kopfhörer. Ab Gustav Adolfs torg, danach wird i. d. R. Strömkajen angelaufen. Dauer etwa 2:30 Std.; 360/180 SEK. Eine erweiterte Variante verbindet die Panorama-Tour mit der Bootsfahrt unter den Brücken von Stockholm (s. u.) in 3:30 Std. für 420/210 SEK.

Unter den Brücken von Stockholm: Viele Facetten der Stadt werden auf dieser besonders umfassenden Fahrt unter 15 Brücken und durch zwei Schleusen hindurch gezeigt; man sieht sowohl die historische Altstadt als auch die moderne Hammarby Sjöstad und das grüne Djurgården. Für gute Sicht frühzeitig kommen und Fensterplatz sichern. Mehrsprachige Führung über Kopfhörer, Dauer knapp 2 Std., 190/95 SEK. In der Regel ab Strömkajen.

Im Winter muss man auch nicht darauf verzichten, die Stadt auf allen ihren Wegen zu erkunden. Das **Winter-Kombiticket** führt Sie in unter 3 Std. im Panoramabus (mehrsprachige Führung über Kopfhörer) zu Stockholms wichtigsten Sehenswürdigkeiten und im Eisbrecher (Führung auf Schwedisch und Englisch) zu den Fjäderholmarna-Inseln in den inneren Schären. 370/185 SEK. In der Regel ab Strömkajen.

Sie mögen den Morgen und wollen die frühen Stunden des Tages sinnvoll nutzen? **Good Morning Stockholm** ist eine auf Englisch und Schwedisch geleitete Tour, die Sie von Gamla Stan über Hammarby Sjöstad und zu der kleinen Inselgruppe Fjäderholmarna führt. Am Fahrtziel angekommen, geht es auf eine geführte Rundtour mit Möglichkeit zum Kaffeetrinken. Entscheidet man sich bei gutem Wetter, den Tag dort zu verbringen und z. B. als Badetag zu nutzen, kann das Ticket für die Rückfahrt mit einem späteren Boot benutzt werden. Juni bis Mitte Aug. tägl. 8.30 Uhr ab Strömkajen. Dauer 2:30 Std., 190/95 SEK.

Mittagspause vor der Stadtbibliothek

Hop-on/Hop-off-Sightseeing ermöglicht Ihnen ein individuelleres Vorgehen und kommt in unterschiedlichen Ausführungen daher: Stadtrundfahrten in **offenen Doppeldeckerbussen** (bei schlechtem Wetter mit Dach) nach dem Hop-on/Hop-off-Prinzip, bei dem man auf drei festgelegten Routen an jeder beliebigen Station aus- und wieder zusteigen

Karte S. 364/365 u. hinterer Umschlag

kann: Die blaue Route deckt den nördlichen Teil der Innenstadt mit dem Vasamuseum, dem Tivoli Gröna Lund und dem Stadtteil Östermalm ab, die gelbe den südlichen Teil inkl. Stadshuset, Königlichem Schloss und dem Casino Cosmopol; die grüne Route führt durch den Stadtteil Norrmalm zum Hagapark und beinhaltet die Bootstour „Königliches Haga" auf dem Brunnsviken, wo man sich über das Kronprinzessinnenpaar und königliche Ahnen informieren lassen und die Gelegenheit dazu nutzen kann, an den Anlegestellen auszusteigen und die Besucherattraktionen vor Ort zu erkunden oder sich mit einem Bad im See zu erfrischen (die Bootstour ist über Strömma auch separat buchbar). Man löst eine 24 Std. lang gültige Fahrkarte („Travel Pass") in entsprechender Farbe (220/50 SEK); mit dem Kombi Travel Pass (260/50 SEK), der auch als Drei-Tage-Ticket erhältlich ist, hat man Zugang zu der gelben und blauen Tour und kann an den Haltestellen Gustav Adolfs torg/Königliche Oper, Centralen und bei den Sightseeingbooten am Strömkajen (hier dann Übergang zu den Bootstouren) die Linie wechseln. Der Supreme Travel Pass (350/50 SEK, 24 Std. gültig) verbindet das Kombi-Angebot mit Sightseeing auf dem Boot (s. u.) und weiteren Vergünstigungen (u. a. freier Eintritt ins Tivoli Gröna Lund). Auf allen Touren Führung in acht Sprachen über Kopfhörer, Fahrkarten kauft man im Bus an der jeweiligen Haltestelle oder online. Abfahrt z. B. ab Strömbron.

Hop-on/Hop-off per Boot, z. B. ab Nybroplan, funktioniert nach dem gleichen System. Haltepunkte sind Nybroplan, Vasamuseum, Skeppsholmen, Gröna Lund, Cruise Berth/Viking Line, Fotografiska/Stadsgårdshamnen, Gamla Stan (Altstadt) und Königliches Schloss. 180/90 SEK, Ticket 24 Std. gültig.

Zu Fuß durch Gamla Stan: tägl. ca. Anfang Juli bis ca. Ende Aug. ab Gustav Adolfs torg. Englische Führung, manchmal auf Deutsch möglich. Dauer ca. 1 Std. 15 Min.; 150 SEK.

Wenn Ihnen die Menschenmengen bei großen Sightseeing-Touren wenig verlockend erscheinen, ist **individuelles Sightseeing** eine Alternative für Sie. Die TI vermittelt autorisierte Stockholm-, Schären- oder Naturguides und auch Taxiguides. Letztere sind auch direkt über die Taxiunternehmen buchbar (ab 800 SEK).

Ein ganz besonders schöner Teil von Stockholm ist wenig urban, aber durch seine Natur besonders attraktiv: die Inselwelt der Schären. Will man einen Eindruck von ihr in einem zeitlich übersichtlichen Rahmen bekommen, ist die „**Kleine Schärentour**" auf Schiffsoldtimern von 1906 bzw. 1931 eine ebenso charmante wie komfortable Möglichkeit. Anfang April bis Ende Okt., Dauer 2:30–3 Std., 300/150 SEK, ab Strandvägen Kajplats 16; auf dieser Minikreuzfahrt kann man es sich gut gehen lassen und auf den Touren mit Abfahrt 10.30 und 13.30 Uhr ein vorab gebuchtes leichtes Mittagessen zu sich nehmen.

Weniger beschaulich geht es auf den **Schnellbooten** (bis 50 km/h) zu, die ihre Passagiere auf dieser rasanten Tour durch den Stadtbereich (hier wird langsamer gefahren) und in die inneren Schären führt. Ca. 3. Woche Juni bis ca. Ende Aug., tägl. 11.15, 13.15 und 15.15 Uhr ab Strömkajen, weiterer Zustiegsort Königliches Schloss (nicht bei Online-Buchungen); Dauer 1 Std. 45 Min., 290/145 SEK, für Kinder unter 6 Jahren wird diese Tour nicht empfohlen.

Die besonderen Geschmäcker bedienen folgende Touren anderer Anbieter:

Lisbeth Salander und Mikael Blomkvist, die Protagonisten aus **Stieg Larssons Millennium-Trilogie**, haben in die Herzen und Köpfe von Lesern und Kinogängern weltweit gefunden. Folgen Sie den beiden Romanhelden an 20 Schauplätze in Stockholm. Dabei können Sie entweder an einer der beliebten und preisgekrönten Touren des Stadtmuseums (Stockholms Stadsmuseum, Ryssgården, T Slussen, ✆ 50831600) teilnehmen (Anfang Juni bis Ende Sept. Sa 11 Uhr und Mi 18 Uhr; einige wenige Termine finden nicht statt, um sicherzugehen, vorab erfragen; bitte im Voraus buchen, da begrenzte Teilnehmerzahl; 120 SEK), oder Sie erwerben im Stadsmuseum oder im Sverigehuset einen bearbeiteten Stadtplan (40 SEK, auch auf Deutsch) und machen sich auf eigene Faust auf den Weg.

Das Stadsmuseum bietet weitere interessante Spezialführungen an, die jedoch von einer Saison zur nächsten variieren können; bei Interesse auf www.stadsmuseum.stockholm.se nachlesbar.

Der Blick über **Stockholms Dächer** ist vielfach poetisch beschrieben worden. Warum ihn nicht selbst hautnah auf einer Dachwanderung auf dem alten Reichstagsgebäude auf Riddarholmen erleben und dabei mehr über die Geschichte Schwedens und seiner Hauptstadt erfahren? Eine weitere Dachtour findet im Dunkeln statt (dann ist die Strecke natürlich beleuchtet) und lässt Ihnen mit unheimlichen Geschichten über

Verbrecher, Gespenster und andere aufregende Dinge die Haare zu Berge stehen. Der Veranstalter Upplev Mer (✆ 223005, www.upplevmer.se) stellt hohe Sicherheitsanforderungen an sich selbst und an die Teilnehmer (für Letztere gilt z. B.: mind. 1,50 m Körpergröße, nicht mehr als 120 kg Körpergewicht, keine Herz-Kreislauf-Erkrankungen, Teilnehmer unter 18 Jahren nur in Begleitung eines Sorgeberechtigten). April bis Okt., Dauer ca. 1:30 Std., 420 SEK. Treffpunkt Birger-Jarl-Statue auf dem Birger Jarls torg. Buchung nur online, max. 10 Teilnehmer. Achtung, es kann nicht ab-, sondern nur umgebucht werden. Die Homepage hält neben Informationen auch Bildmaterial bereit, sodass man sich einen guten Eindruck über die Touren verschaffen kann.

Einen noch erhabeneren Blick nicht nur auf Stockholms Dächer, sondern auf die gesamte Stadt mitsamt ihrer Umgebung genießen Sie von einem **Heißluftballon** aus. In Stockholm, einer der wenigen Städte, in denen Heißluftballon geflogen werden darf, gehören die bunten Ballons am Horizont zum gewohnten Anblick. Derzeit ein günstiger Anbieter (ab 1590 SEK/Pers. bei Buchung für mind. 2 Pers.) ist Ballongflyg i Stockholm AB, ✆ 920202, www.ballong.se (Homepage auch auf Englisch und – allerdings etwas besonderem – Deutsch). Muss vorab gebucht werden, Details bei Buchung u./o. über die Homepage.

Nicht ganz billig, aber garantiert romantisch erlebt man mit einem lieben Menschen und dem gebotenem Prunk des 19. Jh. die Insel **Djurgården mit Pferd und Wagen**. Der Anbieter von Erlebnisgeschenken Upplevelsepresent.se bietet Ihnen und einer weiteren Person für 2495 SEK eine 1:30 Std. lange Tour mit eigenem Kutscher und vorbereitetem Picknick (ganzjährig). Eigentlich zu buchen als Geschenkgutschein, aber warum sollte man sich dieses Geschenk nicht selbst machen? Buchung Mo–Fr 10–18, Sa 11–16 Uhr, Tullhus 1, Skeppsbron, ✆ 6601610 oder online (www.upplevelsepresent.se, nur auf Schwedisch).

Von der Västerbron hat man einen weiten Blick Richtung Innenstadt

Stockholm verfügt über eine Vielzahl an **Aussichtspunkten**. Auf Södermalm schaut man z. B. hübsch und kostenlos vom Spazierweg Monteliusvägen, der Straße Fjällgatan oder der Fußgängerbrücke Katarina gångbro (gegen ein kleines Entgelt auch vom dazugehörigen Aufzug aus) Richtung Altstadt und Djurgården. Will man gleichzeitig verschnaufen und eine kleine Leckerei zu sich nehmen, kann man auch das von den touristischen Hauptrouten leicht abseits gelegene Café Fåfängan auf Södermalm erklimmen (Klockstapelsbacken 3, ✆ 6429900, www.fafangan.se, variierende Öffnungszeiten). Ebenfalls gratis ist der Blick von der Hauptverkehrsbrücke Västerbron zwischen Södermalm und Kungsholmen Richtung Innenstadt, der den rechten, romantischen Eindruck in rosig gefärbten frühen Morgenstunden vermittelt. Mit einem Eintrittspreis, dafür aber auch mit besonders hohen Aussichtsplattformen und Rundumblick verbunden, sind die Aussichtspunkte im Stadshuset und Kaknästornet (s. u.) sowie die Fahrt mit der SkyView-Gondel auf den Globen.

Stockholm Karte S. 364/365 u. hinterer Umschlag

Der Stortorget in Gamla Stan am Abend

Nachtleben

Stockholm ist voller traditioneller Vergnügungslokale und immer wieder neuer Drop-ins; wer die jeweiligen Neuzugänge erkunden will (und des Schwedischen zumindest rudimentär mächtig ist), kann sich auf www.alltomstockholm.se eingehender informieren.

> Das Einlass-Mindestalter liegt meistens bei 20–25 Jahren. Eine Liste mit Bars, Clubs etc. und deren Beschreibung finden Sie u. a. in „What's On".

In den eher exklusiven Bars und Nachtclubs um den Stureplan auf Östermalm (T Östermalmstorg) findet sich vor allem ein jüngeres, hippes und wohlhabendes Publikum – oder alles, was eben dazu gehören möchte; ein Job in der Medien- oder Modebranche und ein guter Draht zum Türsteher schaden hier auch nicht; Nachtclubs wie Spy Bar und Sturecompagniet sind in aller Munde und sogar landesweit aus Klatsch- und Tratschpresse bekannt, die gerne von königlichen oder anderweitig prominenten Gästen berichtet. Der *„svampen"* genannte Betonpilz auf dem Stureplan ist ein beliebter Treffpunkt, bevor man zu gemeinsamen Aktivitäten auf Östermalm aufbricht. Die Klientel mittleren Alters zieht es mehr ins Nachtleben an und um den Kungsträdgården (T Kungsträdgården). Weniger edel und altersspezifisch, aber entspannt und aufregend gemischt geht es auf Södermalm in den Lokalen um den Puckel auf der Götgatan, am Medborgarplatsen und im SoFo-Viertel (T Slussen oder T Medborgarplatsen) oder auch auf dem vorderen Teil von Hornsgatan (T Slussen oder T Mariatorget) zu. Will man im Nachtclub seiner Wahl im häufig angeschlossenen Restaurant essen, ist es auch hier dringlich empfohlen, einen Tisch zu reservieren!

Wer sich vor allem eine große Auswahl (!) an Bier und Whisky wünscht, ist im wenig prätentiösen Pub/Restaurant **Akkurat** gut aufgehoben. Hornsgatan 18, T Slussen, ✆ 6440015/-18, www.akkurat.se. Mo 11–24 Uhr, Di–Fr bis 1 Uhr, Sa 15–1, So 18–1 Uhr. Fern der Heimat und ohne deutsche Biere und Schmankerln geht es nicht? Dann ist das Akkurat an den „Deutschen Donnerstagen" ab 17 Uhr Ihr Platz.

Allmänna Galleriet 925 war lange ein wohl gepflegter Geheimtipp, weil gewollt schwer zu finden. Der Außenwand dieser Adresse in einem Wohnviertel auf Kungsholmen ist nicht der geringste Hinweis auf den Nachtclub zu entnehmen; trotzdem einfach die Tür öffnen und ins erste Obergeschoss gehen. Lebhaftes Lokal und Restaurant mit britischem „shabby Chic" und cooler Bar. Kronobergsgatan 37, T Fridhemsplan, ✆ 41068 100, www.ag925.se. Di 18–23, Mi/Do 18–1, Fr 17–1, Sa 19–1 Uhr (im Sommer vermutlich geschlossen, daher rechtzeitig überprüfen).

Das genaue Gegenteil von „shabby" ist das prachtvoll-stylische **Metró** am unteren Ende der Götgatan. Der große ehemalige Kinosaal mit seinen hohen Decken und angemessen rotem Samt verheißt eine schöne loungige Nacht zu passender 80er- und 90er-Jahre-Musik. Mit Restaurant. Götgatan 93, T Skanstull, ✆ 4420330, www.metrosthlm.se. Mo–Do 17–1, Fr 17–02 Uhr, (Sa noch o. A.).

Loungen auf etwas andere Art, nämlich auf der Holzterrasse unter freiem Himmel, z. B. auf Diwanen oder großen, mit Baldachinen behängten Betten, kann man im **Nox**, wo Interieur (80er Jahre/dunkel) und Publikum wenig plüschig sind. Grev Turegatan 30, T Östermalmstorg, ✆ 54582400. Di 17–24, Mi/Do 17–1, Fr 16–1, Sa 18–1 Uhr.

Lilla Baren at Riche, Birger Jarlsgatan 4, T Östermalmstorg, ✆ 54503560, www.riche.se/riche-lillabaren. Glitzernder Hotspot der Stockholmer Partyszene und Teil des Restaurants Riche. Trotz der vorwiegend aus Oberschicht und Medienbranche stammenden Kundschaft entspannte Atmosphäre. Garantierte Feierstimmung, regelmäßig gute Gratiskonzerte. Mo 17–24 Uhr, Di–Sa bis 2 Uhr.

Eine der beliebtesten Stadtteilkneipen Stockholms ist das **Storstad**, wo sich extravertiertes Vasastan-Publikum zum After Work trifft, zu Abend isst, an der Bar einen Wein trinkt oder einfach an den Tischen auf dem Bürgersteig schnackt. Immer in, aber nicht abgehoben, sodass man sich hier auch als völliger „Normalo" sofort wohlfühlt. Odengatan 41, T Rådmansgatan, ✆ 6733800, www.storstad.se. Mo–Do 16–1, Fr 16–3, Sa 18–3 Uhr.

Ein junger Södermalm-Klassiker ist das **Marie Laveau**, Bar/Nachtclub cum Restaurant; mehrere Bars. Ob sein eigenes Epithet, der „schwitzigste Dancefloor" der Stadt zu sein, verheißungsvoll klingt, muss man selbst entscheiden. Hornsgatan 66, T Mariatorget, ✆ 6688500, www.marielaveau.se. Mo/Di 17–1 Uhr, Mi–Sa bis 3 Uhr.

Absolut Ice Bar Stockholm, im Nordic Sea Hotel, Vasaplan 4, ✆ 50563520, www.nordicseahotel.se. Der mit konstant –5 °C garantiert coolste Ort der Stadt! Im Eintrittspreis dieser aus Eis gebauten Bar (inkl. der Gläser) sind warme Kleidung und ein Glas Vodka enthalten. Die Aufenthaltszeit ist auf Grund der geringen Größe und des großen Andrangs auf 40 Min. begrenzt. Buchung zwingend, mit Glück kann man aber auch an Ort und Stelle eine Drop-in-Anmeldung erhaschen. Preise: online gebucht 170 SEK, telefonisch oder persönlich 180 SEK, beim Drop-in 195 SEK, Eintritt mit alkoholfreiem Getränk 140 SEK. Juni bis ca. Mitte Sept. So–Mi 11.15–24, Do–Sa 11.15–1 Uhr (Drop-in ab 21.45 Uhr), übrige Zeit So–Do 15.30–23, Fr/Sa 15–1 Uhr (Drop-in ab 21.45 Uhr).

Hard Rock Café, Sveavägen 75, T Råd mangatan oder T Odenplan, ✆ 54549400, stockholm@hardrock.se. Mo–Do 11.30–24, Fr 11.30–1, Sa 12–1, So 12–24 Uhr. Für Platzgarantie bitte etwa eine Woche im Voraus buchen.

Eine Institution sind in Stockholm die verschiedenen Lokale von **Wallmans Nöjen**, in denen das Personal nicht nur Getränke und Speisen, sondern auch Showeinlagen serviert. Bestellung eines der hochpreisigen Menüs Voraussetzung (Preise abhängig von der Sicht auf die Bühne). Das Restaurant öffnet um 18.30 Uhr, die Shows enden 22–22.30 Uhr, im Anschluss daran Nachtclub. Um angemessene Kleidung wird gebeten. So früh wie möglich reservieren bzw. für den Nachtclub-Betrieb früh erscheinen! Buchung für Wallmans Salonger, Schlagerbaren und Golden Hits unter ✆ 50556000 Mo 10–18, Di—Fr 9–18, Sa 11–15 Uhr oder online unter www.wallmans.se. Details zu den jeweiligen Shows und Daten dort erhältlich.

Wallmans Salonger, Teatergatan 3, T Kungsträdgården. Früher anrüchig, heute ein Klassiker guter Unterhaltung. Show mit Glitzer und Glamour und Musical-Einschlag. **Schlagerbaren**, Kungsgatan 29, T Hötorget. Schlager und 80er, manchmal Show mit Drag-Zügen. **Golden Hits**, Kungsgatan 29, T Hötorget. Der rechte Platz für alle 70er-, 80er- und 90er-Nostalgiker.

Eine weitere Institution in Stockholm ist das **Nalen**, bereits 1888 als Austragungsort für Veranstaltungen verschiedenster Art errichtet. Von Mitte der 1930er bis in die späten 1960er Jahre war es *der* Vergnügungspalast Stockholms und weit über die Stadt hinaus bekannt. Nach gut 30 Jahren seelsorgerischer Aktivitäten an dieser Adresse wurde es gegen Ende der 1990er Jahre wieder für den Musikbetrieb hergerichtet und ist heute u. a. Lokal für verschiedene Konzerte. Mit Bar (Kellergewölbe, inspiriert vom

Karte S. 364/365 u. hinterer Umschlag

Süden der USA) und Restaurant (klassisches, entspanntes Ambiente). Tischreservierungen online oder telefonisch. Regeringsgatan 74, T Hötorget oder Östermalmstorg, ✆ 50529200, www.nalen.se. Bar Di–Do 17–24 Uhr, Fr/Sa bis 1 Uhr, Restaurant Mo–Fr 11.30–23 Uhr (Lunch 11.30–15 Uhr), Sa 17–23 Uhr.

Seit 1977 bietet der Jazzklub **Fasching** Musik in Form von Konzerten und Nachtklubs. Rustikales Milieu mit Restaurant. Der Jazzbegriff wird sehr weit interpretiert und man swingt ebenfalls zu Soul oder Afrobeats. Eintrittskarten für die Konzerte telefonisch, über www.tickster.com oder bei Kulturdirekt im Kulturhuset. Kungsgatan 63, T T-Centralen, ✆ 53482960 (14–16 Uhr), www.fasching.se. Fr/Sa 0–4 Uhr.

Kleiner, aber dafür nicht minder jazzig, ist das alteingesessene, bodenständige **Stampen** in Gamla Stan. Hier finden Sie zwei Bars, zwei Bühnen, gemischtes Publikum und viel Livemusik von „folkig" bis „bluesig". Das Haus hat seine Ahnen im 17. Jh., der Jazzclub seine im Jahr 1968. Stora Nygatan 5, T Gamla Stan, ✆ 205793, www.stampen.se. Mo–Do 17–1, Fr/Sa 20–2 Uhr. Verschiedene Veranstaltungen, nicht wenige gratis.

Mosebacke Etablissement auf dem Mosebacke torg bestand als Unterhaltungslokal seit dem späten 18. Jh. und umfasste bis zu seiner Schließung im Oktober 2010 ein Restaurant, einen abwechslungsreichen Show- und Konzertbetrieb und verschiedene Nachtklubs mit allem von Reggae bis zum neuesten Trend aus New York. Im Frühjahr 2011 soll es nach Renovierungsarbeiten wieder eröffnet und dann unter der Regie des **Södra Teatern** im gleichen Geiste weitergeführt werden. Mosebacke torg 3, T Slussen. Das Södra Teatern, gleich nebenan gelegen, bietet als Teil des Riksteatern ästhetischen Ausdrucksformen verschiedenster Couleur und aus aller Welt Bühne, Forum und Publikum. Angeschlossen ist ein Restaurant cum Bar, welches Kunden passend mit dem Motto lockt: „Dance global, eat local – Stockholms beste Aussicht draußen und drinnen". Mosebacke torg 1–3, T Slussen, ✆ 53199490 (Buchung Mo–Fr 12–18, Sa 12–16 Uhr sowie zu Veranstaltungszeiten), www.sodrateatern.com.

Konzerthäuser/Theaterbühnen

Große Veranstaltungshäuser sind z. B.:

Konserthuset, Hötorget 8, T Hötorget, ✆ 102110, www.konserthuset.se. Klassische Musik, Hausorchester sind die Königlichen Stockholmer Philharmoniker.

Nybrokajen 11/Rikskonserter, Nybrokajen 11, T Kungsträdgården, ✆ 4071700, www.nybrokajen11.rikskonserter.se. Der Fokus liegt auf klassischer und zeitgenössischer Musik, Jazz und Volksmusik.

Man muss nicht unbedingt ins Dramaten gehen, um es zu genießen…

Stallet, Stallgatan 7, T Kungsträdgården, ✆ 4071700, www.stallet.se. Schwerpunkt der Veranstaltungen, Konzerte und Kurse ist Volks- und Weltmusik.

Circus, Djurgårdsslätten, ✆ 6601020, www.circus.se. Bus 44 Richtung Skansen oder Bus 69 Richtung Blockhusudden. Eine Institution in Stockholm: Musicals und mehr.

Operan, Jakobs torg 4, T Kungsträdgården, ✆ 248240, www.operan.se. Die königliche Oper in Stockholm.

Berwaldhallen, Dag Hammarskjölds väg 3, ✆ 7841800, www.sverigesradio.se/berwaldhallen/, Bus 69K Richtung Kaknästornet bis Berwaldhallen. Heimstatt des Radiosymphonieorchesters und des Radiochors.

Dramaten, Nybroplan, T Kungsträdgården oder T Östermalmstorg, ✆ 6670680, www.dramaten.se. Das Königliche Dramatische Theater Stockholms hat mehrere Bühnen unterschiedlicher Größe und Ausrichtung.

Stockholms Stadsteater, Sergels torg im Kulturhuset, T T-Centralen, ✆ 50620200, www.stadsteatern.stockholm.se. Darstellende Kunst verschiedener Art auf mehreren Bühnen.

Folkoperan, Hornsgatan 72, T Mariatorget oder Zinkensdamm, ✆ 6160700 oder 6160750 (Buchung), www.folkoperan.se. Eine kleine, experimentierfreudige Oper mit großen Visionen.

Dockteatern Tittut, Lundagatan 33, T Zinkensdamm, ✆ 7207599, www.dockteatern-tittut.com. (Nicht nur) für Kinder ab 2 Jahre: Wenn auch auf Schwedisch, so berührt die Bildkraft des bezaubernden „Puppentheaters Guckguck" und seiner Figuren den Zuschauer doch tief.

Aktuelle Veranstaltungsinformationen erhalten Sie z. B. in der Tagespresse, in „What's On" (s. o.) oder in „DN på stan", der schwedischsprachigen Wochenendbeilage der Tageszeitung Dagens Nyheter (DN), die vielerorts aber auch so ausliegt. **Kartenbestellung** bei der Ticket-Hotline Ticnet.se, ✆ 077-1707070, oder online via www.ticnet.se (vorbestellte Tickets können in der TI/Sverigehuset abgeholt werden). Einige Veranstaltungen werden über www.tickster.com angeboten. Direkt in der TI im Sverigehuset können Tickets für die meisten großen und viele kleine Bühnen bestellt und abgeholt werden. Seit 2009 besteht der Verbund Kulturdirekt, der als Dachorganisation unabhängige Kultur an die Öffentlichkeit vermittelt; Kontakt online über http://kulturdirekt.se, telefonisch unter ✆ 076-0262070 (zu den Öffnungszeiten des Schalters) oder über den Informationsschalter im Erdgeschoss des Kulturhuset (Di–Fr 11–18, Sa/So 11–16 Uhr). Alternativ Buchung über die Veranstalter selbst.

Kinos

In Stockholm gibt es viele Multiplex-Kinos mit allem Komfort und praktisch allen Filmen (für alle diese „Filmstädte" gilt: www.sf.se) sowie kleinere (Programm-)Kinos. In Schweden werden ausländische Filme im Original mit Untertiteln gezeigt. Eine Auswahl:

Filmstaden Sergel, Hötorget, T Hötorget, ✆ 7896060.

Filmstaden Söder, Medborgarplatsen, T Medborgarplatsen, ✆ 7896060.

Zita, Birger Jarlsgatan 37, ✆ 54527255, www.zita.se; ältestes noch betriebenes Kino der Stadt.

Sture, Birger Jarlsgatan 41, ✆ 6788548, www.biosture.se. Besonderheit ist das Baby-Kino: Jeden zweiten Freitag um 11 Uhr können Eltern ihre Kleinkinder mit in die Vorstellung nehmen, der Ton ist dann gedämpfter und das Licht ein wenig heller. Wichtig: Tickets zwei Wochen im Voraus bestellen und spätestens am Montag vor der Vorstellung abholen. Für das Zita wie das Sture gilt: T Östermalmstorg oder T Hötorget (dann durch den Fußgängertunnel).

Cosmonova, Naturhistoriska Riksmuseet, Frescativägen 40, T Universitetet, ✆ 51955130, www.nrm.se. Di 10–20, Mi–Fr 10–19, Sa/So 11–19 Uhr (sowie an ausgewählten Montagen 10–19 Uhr). Das Kino im Naturhistorischen Museum zeigt Dokumentarfilme hautnah im größten Filmformat der Welt, IMAX. Mindestalter 5 Jahre.

Karte S. 364/365 u. hinterer Umschlag

Als die Hauptstadt Schwedens ist Stockholm natürliches Zuhause für eine große Auswahl an beliebten **Festivals**: Es gibt Alternatives wie das bunt gemischte Kulturfestival im August (www.kulturfestivalen.stockholm.se) oder das schwul-lesbische Pride-Festival im Juli/August (www.stockholmpride.org), „Hochkultur" im Juni beim wohletablierten Jazz-Festival, auf dem man u. a. auch modern Souliges serviert bekommt (www.stockholmjazz.com), oder im November auf Stockholms Internationalem Filmfestival (www.stockholmfilmfestival.se), oder eher Frivoles wie das noch junge Burlesque-Festival Ende Oktober (www.stockholmburlesquefestival.com).

Freiluft-Aktivitäten

Stockholm besteht zu je einem Drittel aus Stadt, Grünfläche und Wasser, und überall findet man eine schier unendliche Vielzahl an Angeboten und Möglichkeiten der aktiven Freizeitgestaltung vor.

Angeln: Im See Mälaren und in den Schären darf man (mit einer gewöhnlichen Handangelausrüstung und max. 10 Haken) ohne Angelschein (*fiskekort*) angeln. Angelverbot herrscht auf der Helgeandsbron Juli bis Dez. und auf der Strömgatan/Ecke Strömbron Nov. bis Mai.

Bootsverleih: Stockholm erkundet man selbstverständlich hervorragend auf seinen natürlichen Wasserwegen. Djurgårsbrons Sjöcafé (s. Fahrradverleih) hat mit Kajaks, Kanus, Tretbooten und Ruderbooten (ab 65 SEK/Std. bzw. 300 SEK/Tag) eine große Auswahl. Kleiner ist das Angebot mit nur 10 Kajaks im Café Kajak an Kungsholmens Ufer, doch ist dieses nur wenige Meter östlich von Rålambshovsparkens Badeplatz im Grünen wesentlich idyllischer gelegen, und das kleine Café im gemütlich altmodischen Haus lädt ebenfalls zum Verweilen ein. Sommer tägl. 11–19 oder 20 Uhr (bei Regen ggf. geschlossen), in der Vor- u. Nachsaison bei schönem Wetter ebenfalls geöffnet; 150 SEK/2 Std.

Schwimmen: Die Stadt ist bekannt dafür, dass man in weiten Teilen ihrer Gewässer

Jugendstil draußen wie drinnen: das Centralbadet

schwimmen kann. Seit Sommer 2007 hat auch Riddarfjärden grünes Licht als Badegewässer. An manchen Stellen wird zwar aus verschiedenen Gründen vom Wasserspaß abgeraten, aber u. a. diese citynahen Freiluftbäder sind gut geeignet: **Långholmens Klippbad** oder **Långholmens Strandbad** (T Hornstull), **Smedsuddsbadet** im Rålambshovsparken auf Kungsholmen (T Thorildsplan) oder das bei Familien und in der Gay-Community beliebte **Brunnsviksbadet** in Frescati (T Universitetet).

Sollte das Wetter nicht mitspielen, gibt es das Sport- und Abenteuerschwimmbad **Eriksdalsbadet**, Hammarby Slussväg 20, T Skanstull, ✆ 50840258, www.eriksdalsbadet.se (nur auf Schwed.). Hallenbad: Mo–Do 9–20 Uhr, Fr bis 19 Uhr, Sa/So 9–17 Uhr; Freibad: Mo–Do 6.30–20, Fr bis 19 Uhr, Sa/So 9–18 Uhr. Ein ganz besonderes Schwimmbad mit Verwöhnfaktor ist das **Centralbadet**, Drottninggatan 88 (über den Innenhof), T Hötorget, ✆ 4521300 bzw. 4521313 (Buchung von Spa- und Wellness-Anwendungen), www.centralbadet.se (nur auf Schwed.). Das 1904 vom Jugendstilarchitekten Wilhelm Klemming geschaffene Schwimmbad war zu seiner Zeit einzigartig und bietet auch heute noch neben Kurbehandlungen durch seine Architektur ein außergewöhnliches Ambiente. Mo–Fr 6–21, Sa 8–21, So 8–18 Uhr, letzter Einlass immer 1 Std. vor Schließung.

Auf den ersten Blick vielleicht nicht ganz so beeindruckend, aber ähnlich traditionsreich ist **Liljeholmsbadet**, eine kleine schwimmende Schwimmhalle vor Södermalms Ufer, wie sie in der Zeit ihrer Entstehung um 1930 durchaus üblich waren. 30° C im Wasser; Sauna und Sonnenterrasse. Mo 7–19 Uhr (nur Damen), Di/Mi bis 16 Uhr, Do bis 17 Uhr, Fr bis 19 Uhr (nur Herren), Sa 8–14 Uhr; im Sommer ggf. eingeschränkte Öffnungszeiten oder ganz geschlossen.

Übernachten (Karten S. 364/365 und Umschlagklappe hinten)

Stockholm bietet ein breites Spektrum an Unterkünften, aber vor allem, wenn man Ansprüche an Standard und Ästhetik stellt, ist es ein recht teures Pflaster. Allerdings sind inzwischen auch in der Hauptstadt etliche Hotels im Sommer und/oder am Wochenende billiger. Es empfiehlt sich, rechtzeitig vor der Reise die Unterkunftsfrage zu klären. Oftmals bieten frühzeitig gebuchte Paketangebote und/oder online gebuchte Angebote die günstigsten Preise. Natürlich unterhalten viele international bekannte Ketten auch in Stockholm Hotels und bieten den für sie bekannten Standard und oftmals günstige Paketangebote. Sie finden an dieser Stelle keine Berücksichtigung, damit die genuine Palette Stockholms besser präsentiert werden kann; Interessierten sei daher der Blick auf die eingangs genannten Homepages bzw. auf die Internetseiten dieser Ketten empfohlen. Buchungen oder Buchungsanfragen kann man nahezu immer leicht direkt auf den Homepages der Hotels vornehmen; viele Hotels nennen dort mittlerweile auch nur bei konkreten Buchungsanfragen den jeweils aktuellen Preis. Internetzugänge sind i. d. R. ein gegebener Standard im IT-Königreich Schweden und werden meistens gratis für die Hotelgäste angeboten. Das Klassifizierungssystem durch 1–5 Sterne erfolgte bislang nach einem in vielen skandinavischen Ländern anerkannten Standard, seit 2010 gilt ein europäischer, der aber erst seit 2011 verpflichtend ist. Daher kann in dieser Ausgabe bei der Angabe der Sterne entweder das alte schwedische oder das neue europäische System zu Grunde liegen. Die angegebenen Preise sind i. d. R. die niedrigstmöglichen, daher darf man teilweise auch deutlich höhere Preise erwarten, doch da der Markt stark umkämpft, sehr transparent und immer in Bewegung ist, lohnt sich immer eine konkrete Buchungsanfrage, und mit etwas Glück kann man stattdessen sogar noch günstigere Konditionen erlangen. Als Alternative lohnt sich auch ein Vergleich mit den privateren Zimmern in den Jugendherbergen (s. u.).

• *Hotels* Die folgenden Hotels sind von teuer bis preiswert sortiert.

Lydmar Hotel (21), da das Lydmar weder über Spa noch Fitnessstudio verfügt, hat es keine Klassifizierung nach Sternen erhalten (doch gibt es ein Abkommen mit einem nahe gelegenen externen Studio), ist aber als Deluxe-Hotel nach der World Hotels-Klassifizierung kategorisiert. Ansonsten verortet sich dieses zentral, aber nicht laut beim

Nationalmuseum gelegene Boutiquehotel nach eigener Aussage ungefähr auf einem 5-Sterne-Niveau. Es ist hip, ohne zu jung zu sein. Gediegenes und doch modernes Design in den gemütlich und individuell gestalteten Räumen. DZ/Frühst. ab ca. 2800 SEK. Södra Blasieholmshamnen 2, T Kungsträdgården, ✆ 223160, 📠 223170, www.lydmar.com.

***** **Grand Hôtel (19)**, Tradition und Luxus prägen dieses Haus, das seit 1874 im Herzen der Hauptstadt dem Königlichen Schloss gegenüber thront. Doch ist man hier bei allem Prunk den Wünschen und Bedürfnissen moderner Zeit gegenüber natürlich offen, genießen Sie z. B. das Spa. Bei Buchung mind. 30 Tage im Voraus Frühbucherrabatt. Restaurants, Bar und Café sind ebenso renommiert wie das Hotel. DZ/Frühst. ab 2090 SEK. Södra Blasieholmshamnen 8, T Kungsträdgården, ✆ 6793500, 📠 6118686, www.grandhotel.se.

**** **Hotel Skeppsholmen (28)**, Designhotel und Ruhepol mitten in einer der grünen Lungen der Großstadt. Auf der kleinen Insel Skeppsholmen gleich neben dem Modernen Museum und mit Blick auf das Wasser befindet sich hinter den historischen Mauern, die ab Ende des 17. Jh. die Königlich-Schwedische Marineinfanterie beherbergten, das Werk des renommierten und innovativen Designer-Trios Claesson Koivisto Rune. Das von ihnen gewählte „Nebel"-Thema spiegelt sich in der stillen, frischen Farbskala des Interieurs. Modern und jung in selbstbewusst leisen Tönen, das spricht alle Gäste an, nicht zuletzt auch die Familie des Kronprinzessinnengemahls Daniel Westling, die hier während der Hochzeitsfeierlichkeiten im Juni 2010 residierte. Das Café-Restaurant verbindet ebenfalls traditionell Schwedisches mit modernen Einflüssen. Speisen, Service und Design sind erstklassig und insgesamt herrscht ein modern-entspanntes Ambiente. DZ/Frühst. ab 1795 SEK. Gröna gången 1, T Kungsträdgården, ✆ 4072300 oder 4072350 (Buchungen), www.hotelskeppsholmen.se (in Teilen auf Dt.).

**** **Berns (18)**, ähnlich traditionsreich und luxusorientiert wie das Grand Hôtel, aber von ganz anderem Charakter, lädt das Berns in seinen Gebäuden von 1863 zu Erlebnissen modernerer Art ein: Bistro, Restaurant, Bars, Nachtclub und „die beste Konzertbühne der Stadt", wie man dort betont. Gediegen moderne Zimmer, einige individuell gestaltet. Die weibliche Geistergestalt, die dort ebenso zu Gast sein soll, stammt vermutlich eher aus den Zeiten von Strindbergs Rotem Salon, der sich gleichfalls unter dem Dach des Berns befindet. DZ ab ca. 1650 SEK inkl. Frühstück und Dessertbuffé. Näckströmsgatan 8 (Gastronomie und Unterhaltung: Berzelii Park), T Norrmalmstorg, ✆ 56632200 oder 56632250 (Buchungen), www.berns.se/hotel.

**** **Hotel Rival (36)**, ein Kind des ABBA-Mitglieds Benny Andersson. Zentral aber recht ruhig am Mariatorget auf Södermalm in einem ehemaligen Kinogebäude aus den 1930er Jahren gelegen, ist dieses mit vorsichtiger Hand renovierte und 2003 eröffnete Boutiquehotel mit Café, Bar und Bistro Szene-Hotspot und nicht zuletzt auch Veranstaltungsort sowohl für eingeladene Künstler als auch für die Aufführungen eigener Werke aus dem Hause Ulvaeus-Andersson. DZ/Frühst. ab 1595 SEK. Mariatorget 3, T Mariatorget, ✆ 54578900, 📠 54578924, www.rival.se.

Story Hotel (13), noch nicht alt (daher auch noch keine Bewertung durch Sterne), aber schon extrem angesagt, nicht zuletzt das Restaurant und die Bar (DJ Do–Sa), wo sich auch Stockholmer Prominenz gerne mal ein schönes Stündchen gönnt. Citynah

Typische Bebauung in den Gassen von Gamla Stan

auf Östermalm, aber recht ruhig gelegen, atmet dieses Boutiquehotel einen Stil, der sich vielleicht „artsy rough boho-chic" nennen lässt. Eine Vielzahl an Zimmervarianten bietet immer das Passende. DZ ab 1590 SEK. Kinder bis 7 Jahre gratis. Riddargatan 6, T Östermalmstorg, ✆ 54503940, ✆ 54503949, www.storyhotels.com.

**** **Hotel J Nacka Strand**, nicht sehr citynah, aber sehr idyllisch gelegen. Dieses Design-Hotel, nach einer historischen Bootsklasse des America's Cup benannt, ist einem Sommerhaus im amerikanischen Newport nachempfunden und bietet seinen Gästen in ruhiger Lage gemütlichen Komfort sowie einen fantastischen Ausblick auf die Hafeneinfahrt von Stockholm. (Nahverkehrsanbindung: Nacka-Schnellbus von der unteren Ebene des Slussen-Terminals Richtung Jarlaberg bis Nacka Strand; alternativ Schiffsverkehr mit Walxholm-Bolaget, Strömma Kanalbolaget oder Fjäderholmslinjen; Schiffe ab Nybrokajen oder Slussen.) DZ/Frühst. ab 1545 SEK. Ellensviksvägen 1, Nacka Strand, ✆ 6013000, für Gruppen ✆ 6013005, www.hotelj.com (auch auf Dt.).

*** **Långholmen hotell och vandrarhem (61)**, für Gäste mit Sinn für Makabres. Im ehemaligen Staatsgefängnis sind Hotel und Jugendherberge in ruhiger Lage und in Strandnähe auf der grünen Insel Långholmen untergebracht. Die besondere Architektur ist unverkennbar in der hellen, modernen Anlage bewahrt worden: Man wohnt in – allerdings sehr komfortablen – Zellen. DZ ab 1535 SEK. Långholmsmuren 20, T Hornstull, ✆ 7208500, ✆ 7208575, www.langholmen.com (auch auf Dt.).

*** **Hotell Örnsköld (15)**, das kleine, gemütliche, charmant altmodische Hotel in Familienbesitz liegt sehr zentral gleich hinter dem Dramatiska teatern und hat Schauspielern und anderen Personen des öffentlichen Lebens Herberge geboten. Persönliche Atmosphäre. DZ/Frühst. ab 1495 SEK (fensterlose Einzelkabinen schon ab 450 SEK). Nybrogatan 6, T Östermalmstorg, ✆ 6670285, ✆ 6676991, www.hotelornskold.se (auch auf Dt.).

*** **Lord Nelson Hotel (23)**, das kleinste Kind in einer maritimen und anspruchsvollen Hotel-Familie mitten im Treiben von Gamla Stan ist auch das charmanteste. In diesem sehr schmalen und hohen Haus aus dem 17. Jh. sind die Etagen nach Schiffsdecks benannt. DZ/Frühst. ab 1490 SEK. Västerlånggatan 22, T Gamla Stan, ✆ 50640120, ✆ 50640130, www.lordnelsonhotel.se.

**** **Hotel Birger Jarl (43)**, zentral hinter der Birger Jarlsgatan gelegen. In diesem Hotel mit gehobenem Anspruch begegnen sich schwedische Tradition und Moderne, und das Spektrum typisch nordischer Farben schafft entspannte Harmonie. Einzelne von schwedischen Designern entworfene Zimmer sind in den unterschiedlichsten Stilen und Themen gehalten, und auch die Standardzimmer strahlen skandinavische Formenreinheit und Ruhe aus. DZ/Frühst. ab 1390 SEK. Tulegatan 8, T Rådmansgatan, ✆ 6741800, ✆ 6737366, www.birgerjarl.se.

*** **Columbus Hotell (68)**, ein Kleinod in zentraler und ruhiger Lage auf Södermalm gleich bei der Katarina-Kirche und an der Schwelle zu SoFo. 1780 erbaut, diente das Gebäude u. a. als Brauerei, Kaserne für die Stadtwache und provisorisches Krankenhaus. Dass diese Vergangenheit mehr als überwunden ist, zeigte 2005 die Auszeichnung „Bäst i stan" von Allt om Stockholm. Die gemütlich renovierten Zimmer sind mit viel Holz und ruhigen Farben im an die gustavianische Zeit erinnernden schwedischen Bauernstil gehalten. Großer Innenhof. DZ/Frühst. ab 1295 SEK. Tjärhovsgatan 11, T Medborgarplatsen, ✆ 50311200, ✆ 50311201, www.columbushotell.se (auch auf Dt.).

*** **Hotell Anno 1647 (35)**, das traditionsreiche Hotel liegt in einer historischen Gasse auf Södermalm nahe dem Verkehrsknotenpunkt Slussen und überblickt Gamla Stan und den Stockholmsund. Gebäude von 1647 bzw. aus der Mitte des 18. Jh. Bezaubernder, typisch Stockholmer Innenhof und behagliche Zimmer mit gehoben ländlichem Ambiente. DZ/Frühst. ab 2390 SEK, DZ Economy (WC und Dusche auf dem Flur) ab 1290 SEK. Mariagränd 3, T Slussen, ✆ 4421680, ✆ 4421647, www.anno1647.se.

**** **Hotell Hellsten (48)**, geschmackvolles, gemütliches Hotel in Citynähe mit spannendem Innendesign, das das Personal selbst als bunt und „ethnisch" bezeichnet, das sich aber eigentlich einer genauen Beschreibung entzieht. Warme Farben und mutige Details prägen die Innenausstattung in dem großbürgerlichen Haus von 1898. Musik und Kunst spielen eine wichtige Rolle, jeden Donnerstag für alle offene Jazzabende. DZ/Frühst. ab 1290 SEK. Luntmakargatan 68, T Rådmansgatan, ✆ 6618600, ✆ 6618601, www.hellsten.se.

*** **Zinkensdamm hotell och vandrarhem (70)**, ruhig und recht zentral in direkter Nähe

Karte S. 364/365 u. hinterer Umschlag

des Wassers, des Grünbereichs Tantolunden und des lebendigen Treibens auf Södermalm gelegen. Im schwedischen Holzhausstil um einen Innenhof erbaut, ist das Hotel außen wie innen von warmer Gemütlichkeit geprägt. Im gleichen Gebäude, aber in einem anderen Flügel, befindet sich auch die JH (s. u.). DZ ab 1250 SEK. Zinkens väg 20, T Zinkensdamm, ✆ 6168110, ✆ 6168120, www.hotellzinkensdamm.com.

Den Röda Båten (33), zwei ältere Hotelschiffe kleineren Formats stadtnah vor dem Nordufer Södermalm, eins davon ein ehemaliges Dampfschiff der Götakanalflotte. Man sollte unbedingt seefest sein! Sehr urige Ausstattung. DZ-Kajüten unterschiedlichen Standards, aber alle mit WC und Dusche, ab 1200 SEK inkl. Frühstück. Achtung: Aus Sicherheitsgründen keine Kinder unter 10 Jahren! Auch JH-Unterkunft (s. u.). Söder Mälarstrand, Kajplats 6, T Slussen, ✆ 6444385 (keine telefon. Buchung!), www.theredboat.com (auch auf Dt.).

*** **Acapulco Hotell (75)**, eine günstige Alternative besonders für Familien und Kleingruppen (bis 5 Pers.): zentral, aber ruhig in einem Wohnviertel auf Södermalm gelegenes Apartment-Hotel mit Selbstversorgerküche und Hotel-Service. Apt. ab 945 SEK/1 Pers. oder ab 1195 SEK/2 Pers. (ohne Frühstück). Bjurholmsplan 23, T Skanstull, ✆ 7023300, ✆ 7023301, www.acapulco-hotell.se.

Art Hotel (5), citynah, aber ruhig im Herzen eines traditionellen Stockholmer Stadtviertels gelegen. Das freundliche Hotel wurde von Studierenden der Kunsthochschule eingerichtet; einladender kleiner Patio. Eigentlich eine Unterkunft für die Künstler aus dem IASPIS-Programm (International Artists Studio Program in Sweden), nimmt es auch Touristen auf. DZ 1190 SEK, Wohnungseinheit mit Küche ab 1200 SEK, Preise inkl. Frühstück. Johannesgatan 12, T Hötorget, ✆ 4023760, ✆ 4023770, www.arthotel.nu (auch auf Dt.).

*** **Hotell August Strindberg (6)**, ruhiges und gemütliches Hotel nahe Tegnérlunden. Alle Zimmer gehen auf den hübsch begrünten Innenhof. Gehentfernung zur City und zum Hbf. DZ/Frühst. ab 499 SEK/Pers. Tegnérgatan 38, T Rådmansgatan, ✆ 325006, ✆ 209085, www.hotellstrindberg.se.

*** **Queen's Hotel (9)**, der runde Treppenaufgang mit schmiedeeisernem Aufzug und Jugendstilfenstern stimmt ein auf die charmante Atmosphäre des jüngst renovierten, familiären kleinen Hotels im Herzen der City. DZ/Frühst. ab 950 SEK. Drottninggatan 71A, T Hötorget, ✆ 249460, ✆ 217620, www.queenshotel.se.

** **Hotel Renstierna (67)**, liegt am östlichen Rand des belebten Södermalm und ist als nettes Budget-Hotel mit z. T. sehr einfachem Standard zu empfehlen (auch JH-Zimmer). In der gemütlichen Gästeküche im Keller warten gratis Kaffee und Tee und häufig ein freundlicher Klönschnack auf die Gäste. Unterschiedliche Zimmerstandards, einige Räume liegen im Kellergeschoss. Achtung: Nicht alle Fenster im Haus lassen sich öffnen. DZ ab 895 SEK (WC/Dusche auf dem Flur und Etagenbett) oder ab 1250 SEK (WC/Dusche en suite, aber Etagenbett; mit Doppelbett ab 1395 SEK). Renstiernas gata 15, T Medborgarplatsen, ✆ 6152135, ✆ 6152183,, www.hotelrenstierna.se.

Ersta konferens och hotell (38), eine Perle auf Södermalm gleich bei der Fjällgatan mit schlichten, wohnlichen Zimmern in freundlicher und ruhiger Umgebung. Das Hotel, Teil der ahnenreichen Diakoniegesellschaft, erhielt 2007 den St.-Julians-Preis der Stadt für seine besondere Anpassung an die Bedürfnisse von Menschen mit Behinderungen. Der Gewinn des Hotels fließt wieder in die Diakoniearbeit. Zwei Standards wählbar. DZ ab 1250 SEK, ohne WC und Dusche ab 850 SEK, mit Frühst. Erstagatan 1K, T Medborgarplatsen, ✆ 7146341, ✆ 7146351, www.erstadiakoni.se/hotell.

*** **Wasa Park Hotel (53)**, verkehrszentral gelegenes, kleineres Hotel in einem Gebäude aus der Zeit um die vorletzte Jahrhundertwende. Einfacher Standard (WC/Dusche auf dem Flur), gemütlich, wenn auch etwas abgewohnt. DZ/Frühst. ab 795 SEK. S:t Eriksplan 1, T S:t. Eriksplan, ✆ 54545300, ✆ 54545301, www.wasaparkhotel.se.

Hotel Tre Små Rum (69), aus drei kleinen Zimmern sind in diesem beliebten Hotel im Souterrain einer ruhigen Wohnstraße auf Södermalm mittlerweile sieben geworden. Das ökologische Frühstück bereiten sich die Gäste im Gemeinschaftsraum selbst zu. Einfacher Standard (WC/Dusche auf dem Flur, einige Zimmer mit TV), aber persönlich und anheimelnd. DZ/Frühst. ab 795 SEK. Högbergsgatan 81, T Medborgarplatsen oder Slussen. ✆ 6412371, ✆ 6428808, www.tresmarum.se.

*** **Hotell Gustav Vasa (44)**, sehr zentral beim Odenplan und der Einkaufsstraße Odengatan gegenüber der Kirche Gustav Vasa kyrka gelegen. Komfortable, heimelige Zimmer in zwei Standards, z. T. mit Balkon oder Kachelofen. Zimmer für bis zu 5 Pers. DZ/Frühst. ab 790 SEK. Västmannagatan 61, T Odenplan, ✆ 54544805, 📠 307372, www.gustavvasahotel.se.

Rygerfjord Hotel & Hostel (32), wohnen auf dem Wasser auf einem von zwei Schiffen, entweder in Kabinen mit Hotelstandard (mit oder ohne WC /Dusche) oder auf JH-Niveau (s. u.). Jüngst renoviert. Hotel-DZ ab 750 SEK (WC/Dusche auf dem Flur), sonst ab 820 SEK, Preise ohne Frühstück. Södermälarstrand, T Slussen, Kajplats 11–14, ✆ 840830, 📠 840730, www.rygerfjord.se (auch auf Dt.).

*** **Hotel Rex** mit ** **Rex Petit (49)**, das ruhig gelegene Boutiquehotel Rex teilt sich mit seiner Schwester Hotel Hellsten auf der gegenüberliegenden Straßenseite häufig die Rezeption. In dem liebevoll restaurierten Haus von 1866 ist das für alle Zimmer unterschiedlich gewählte Interieur skandinavisch-hell und klar. Im Rex Petit sind die fensterlosen Zimmer klein und mit Etagenbetten (das untere Bett mit einer Breite von 120 cm), aber mit den üblichen Bequemlichkeiten ausgestattet, allerdings verfügen nur 16 der 20 Zimmer über ein eigenes Bad mit WC. DZ/Frühst. im Rex ab 1090 SEK, im Rex Petit ab 595 SEK. Luntmakargatan 73, T Rådmansgatan, ✆ 160040, 📠 6618601, www.rexhotel.se.

• *Jugendherbergen* Die günstigsten Betten stehen zumeist in gemischten Schlafsälen. Die meisten Jugendherbergen bieten aber eine breite Palette von Zimmern an, so dass jede/r das passende Bett finden sollte. Viele Häuser verfügen über „private“ Zimmer mit WC und Dusche en suite, die dann zwar wesentlich teurer als die günstigen Schlafsaal-Übernachtungen sind, aber damit ganz klar eine günstige und häufig charmante Alternative zu den oftmals recht hochpreisigen Hotelzimmern darstellen. Daher lohnt sich immer ein Blick auf die Webseiten! Internetzugang ist in den Herbergen i. d. R. auch immer vorhanden. Bei in Verbünden organisierten JHs (STF oder SVIF) sind die günstigsten Preise Mitgliedspreise, ohne Mitgliedschaft darf man etwa 50 SEK hinzurechnen.

Af Chapman & Skeppsholmen (24), die vielleicht begehrteste Jugendherberge in Stockholm liegt zentral und im Grünen auf und vor der Insel Skeppsholmen. Im gelben Haupthaus auf dem Festland, dem „Hantverkshuset“, befinden sich die Rezeption und etwa die Hälfte der 280 Betten, die weiteren Betten in Kajüten auf dem gegenüber vor Anker liegenden Dreimaster Af Chapman von 1888. Kurzfristig sind auf dem Schiff nur

Herbstspaziergang in Stockholm: beliebt bei Groß und Klein

Restplätze zu bekommen; wer sichergehen und ein Bett dort ergattern möchte, sollte so lang wie irgend möglich im Voraus buchen. Sollte man Pech haben und „nur“ ein Bett im Haupthaus aus dem 19. Jh. erhalten: Auch dieses ist nicht ohne seine eigene Geschichte, diente doch das ursprüngliche Gebäude an seinem Standort als Brennholzlager für das Königliche Schloss. Das Frühstück hat schwedischen Bio-Standard. STF/Hostelling International. Ganzjährig geöffnet (im Hochsommer keine Gruppen). Ab 230 SEK/Pers., DZ ab 285 SEK/Pers. Flaggmansvägen 8, T Kungsträdgården, ✆ 4632266, 📠 6117155, www.stfchapman.com.

Gärdet (46), diese noch junge Jungendherberge zeichnet sich nicht nur durch ihre fantastisch schöne und dennoch recht zentrale Lage auf Gärdet (Teil des Nationalstadtparks) aus, sondern auch durch ihre gepfleg-

Karte S. 364/365 u. hinterer Umschlag

ten, hellen und mit einem besonderen Design versehenen Räumlichkeiten. Alle Zimmer verfügen über eine eigene Dusche und Toilette, einige sogar über einen eigenen Kühlschrank. Die Rezeption war bei Drucklegung nur bis 21 Uhr geöffnet (bei späterer Ankunft vorher für Erteilung eines Zugangscodes kontaktieren). STF/Hostelling International. Ganzjährig geöffnet. Die JH vergibt nur ganze Zimmer: EZ ab 475 SEK, DZ ab 360 SEK/Pers. (Preise inkl. Handtücher und Bettwäsche). Sandhamnsgatan 59A, T Gärdet, ✆ 4632299, 📠 4632290, www.svenskaturistforeningen.se/upptack/Omraden/Stockholmsomradet/Vandrarhem/STF-Vandrarhem-Gardet (auch auf Dt.; leichter zu googlen unter „STF Gärdet", alternativ auf Facebook unter „STF Hotel & Hostel Gärdet").

Långholmen hotell och vandrarhem (61), 2009 von den STF-Mitgliedern mit dem Preis „Kissen des Jahres" *(„Årets kudde")* ausgezeichnet und zur besten Jugendherberge Schwedens ernannt. STF/Hostelling International. Ganzjährig geöffnet. Für mehr Infos s. Hotels. Ab 240 SEK/Pers., DZ ab 295 SEK/Pers. Långholmsmuren 20, T Hornstull, ✆ 7208500, 📠 7208575, www.langholmen.com.

Zinkensdamm hotell och vandrarhem (70), auch JH-Zimmer mit höherem Standard buchbar. Bietet Gästen bei Unterbelegung auch schon mal Hotelzimmer zu Jugendherbergsbedingungen an. STF/Hostelling International. Ganzjährig geöffnet. Für mehr Infos s. Hotels. Ab 230 SEK/Pers., DZ ab 300 SEK/Pers. Zinkens väg 20, T Zinkensdamm, ✆ 6168110, 📠 6168120, www.vandrarhemmetzinkensdamm.com.

STF Fridhemsplan (56), neue, große und vor allem freundliche und moderne Jugendherberge im Herzen von Kungsholmen. Keine Etagenbetten. In der Lobby Rauchabzug – Raucher müssen nicht vor die Tür. Bietet seinen Gästen zwei Standards zur Wahl an. Sehr reichhaltiges Frühstücksbuffet. STF/-Hostelling International. Ganzjährig geöffnet. Ab 225 SEK/Pers., DZ 550 SEK. S:t Eriksgatan 20, T Fridhemsplan, ✆ 6538800, 📠 6538920, www.fridhemsplan.se (auch auf Dt.).

City Backpackers Hostel (8), T Centralen, JH in stilvollem Gebäude aus der Zeit um die vorletzte Jahrhundertwende, freundlich, jung, gut ausgestattet und zentral. Pasta gibt's umsonst. Hat auch Schlafsäle nur für weibliche Gäste. Ganzjährig geöffnet. Ab 230 SEK/Pers., DZ 650 SEK. Upplandsgatan 2A, T T-Centralen oder Hötorget, ✆ 206920, 📠 100464, SMS 0730-125588, www.citybackpackers.se (nur auf Engl.).

Castanea Vandrarhem (29), kleinere und nette Jugendherberge im kopfsteingepflasterten Herzen von Gamla Stan. SVIF. Ganzjährig geöffnet. Ab 195 SEK (gemischter Schlafsaal), DZ 650 SEK. Kindstugatan 1, T Gamla Stan, ✆ 223551, www.castaneahostel.com.

Klubbensborg Vandrarhem, schwedisch-helle, freundliche JH auf dem Land und doch in der Stadt. Auf einer grünen Halbinsel im Mälaren liegt diese Ansammlung unterschiedlicher Häuser, alle vor 1900 erbaut, auf welche die Zimmer verteilt sind; nahezu alle haben Seeblick. Die einzigartige Umgebung ist den etwas längeren Weg in die Stadt eindeutig wert. Anfang Jan. bis kurz vor Weihnachten geöffnet. Rezeption Mo–Fr 8–12 und 15–18 Uhr, Sa/So 16–18 Uhr. Ab 200 SEK/Pers., DZ ab 220 SEK/Pers., „Pensionatszimmer" (höherer Standard mit WC/Dusche en suite) 450 SEK/Pers. Ebenfalls buchbar ist das komplett ausgestattete Haus Tvärvillan mit 60 m² für 1500 SEK/Nacht im Frühling und Herbst (mind. 2 Nächte) oder 7500 SEK/Woche Juni bis Aug. Klubbensborgsvägen 27, T Mälarhöjden (dann 12–15 Min. gut ausgeschilderter Fußweg durch Einfamilienhausgebiet), ✆ 6461255 (Rezeption Mo–Fr 8–12 und 15–18, Sa/So 16–18 Uhr), 📠 6464545, www.klubbensborg.nu.

Skanstulls Vandrarhem (76), an der südlichen Ringstraße liegt diese kleine moderne und nette Jugendherberge im Souterrain. Die Gäste sind oft studentischen Alters. Pasta, Tee, Kaffee und Internetzugang gibt's umsonst. Ganzjährig geöffnet. Ab 215 SEK, DZ ab 565 SEK. Ringvägen 135, T Skanstull, ✆ 6430204, www.skanstulls.se.

Den Röda Båten (33), ab 260 SEK/Pers., DZ ab 620 SEK, inkl. Bettwäsche. Keine Selbstversorgerküche. Für mehr Info s. Hotels. Söder Mälarstrand, Kajplats 6, T Slussen, ✆ 6444385 (keine telefon. Buchung!), www.theredboat.com.

Rygerfjord Hotel & Hostel, ab 220 SEK/Pers., DZ ab 610 SEK. Keine Selbstversorgerküche. Für mehr Info s. Hotels. Södermälarstrand, T Slussen, Kajplats 11–14, ✆ 840830, 📠 840730, www.rygerfjord.se.

Best Hostel Old Town/Skeppsbron (26), zwar verleihen die langen, verwinkelten Gänge und Zimmer auf mehreren Etagen der schlichten Jugendherberge am östlichen Ufer von Gamla Stan den Charme der Bettenburg, die sie auch ist, aber zentraler als in diesem Gebäude, dessen älteste Teile aus dem 15. Jh. stammen, kann man kaum wohnen. Bei voller Belegung versucht man, Gäste bei Wunsch in einem der ebenfalls zentral gelegenen Schwesterhäuser unterzubringen. Ab 200 SEK, DZ ab 600 SEK. Skeppsbron 22, ✆ 4119545, ✆ 4119546, www.besthostel.se/skeppsbron.

• *Bed & Breakfast/Apartments* Diese Wohnalternative ist nicht immer preislich günstiger als der im Sommer hart umkämpfte Hotelmarkt, aber nicht selten freut man sich über persönliche Kontakte. Buchung häufig online; oft für mind. 2 Nächte; Frühstück nicht immer inkl. Mehrere Anbieter stehen zur Auswahl, die Unterkünfte im gesamten Großraumbereich Stockholm vermitteln:

Stockholm Uptown Bed & Breakfast, mit dieser Bed-&-Breakfast-Vermittlung haben Leser gute Erfahrungen gemacht. DZ und Apt. ab 700 SEK. ✆ 070-7970074 (mobil), www.stockholmuptown.com.

Gästrummets Bed & Breakfast, Vermittlung, DZ ab 300 SEK/Pers., Apt. ab 700 SEK. ✆ 6501006, www.gastrummet.com.

Bed & Breakfast Service Stockholm, Vermittlung, leider keine Fotos auf der Homepage. DZ ab 240 SEK/Pers., Apt. ab 800 SEK. ✆ 6605565, ✆ 6633822, www.bedbreakfast.se.

Bed & Breakfast Center, Vermittlung. DZ ab 500 SEK, Apt. ab 750 SEK. ✆ 7300003, ✆ 7305214, www.stockholm-bed-and-breakfast.se.

Stockholm Guesthouse, Vermittlung. DZ ab 450 SEK, Apt. ab 600 SEK. Nur Online-Buchung. www.stockholmguesthouse.com.

Gästhemmet Tre Systrar, eine von drei Schwestern geführte, ruhig auf Lidingö gelegene Pension mit gepflegt traditioneller Gutshof-Atmosphäre. DZ 800 SEK, WC und Dusche auf dem Flur. Läroverksvägen 32, Lidingö, ✆ 7657100 (8–16 Uhr), www.tresystrar.com.

• *Camping* Will man in Innenstadtnähe campen, muss man sich darüber im Klaren sein, dass die Plätze häufig nicht vorbuchbar sind, dazu völlig überfüllt – wenn überhaupt noch frei –, und dass man hier eher zentral denn idyllisch campiert. Wer Wert auf eine schöne und ruhigere Umgebung legt, ist gut beraten, seine Zelte auf einem der vielen hübscher gelegenen Campinganlagen in der näheren oder auch etwas weiteren Umgebung aufzuschlagen. Unter www.camping.se findet man eine recht detaillierte Auflistung und kann Campingplätze nach Regionen suchen. In diesem Buch aufgeführte Plätze oder Orte, die sich besonders als Ausgangsorte eignen, sind Trosa und Umgebung (Zug ab Vagnhärad), Mariefred und Umgebung (Zug ab Låggesta). Des Weiteren sind die Schäreninsel Vaxholm vor Stockholms Toren

Die Jugendherberge Klubbensborg liegt idyllisch am Wasser

(Bus bis Danderyds sjukhus, dann U-Bahn) sowie das bei Schweden und besonders Stockholmern für (Kurz-)Urlaube beliebte Gebiet Roslagen nördlich von Stockholm denkbar (z. B. Bus ab Norrtälje, an T Tekniska Högskolan in die U-Bahn umsteigen). Viele Bahn- oder Busstrecken führen in die Stadt und ermöglichen das Pendeln.

Östermalms Citycamping (39), Stockholms zentralster Campingplatz ist eigentlich ein lokaler Sportplatz. Nur Stellplätze. Ca. 4. Woche Juni bis ca. Mitte Aug. Fiskartorpsvägen 2, T Stadion, ✆ 102903, ✆ 214412.

Långholmens Husbilscamping/Autocamper (62), dieser Platz ausschließlich für Wohnmobile liegt zwar grün am Kanal, doch auch unter der Hauptverkehrsbrücke Västerbron. Ende Mai bis Anfang Sept. Skutskepparvä-

Karte S. 364/365 u. hinterer Umschlag

gen 1, T Hornstull, ☎ 6691890 (nur während der Saison), www.autocamper-stockholm.se (auch auf Dt.).

Klubbensborg Camping, 9 km westlich der City. Sehr kleiner Campingplatz in Klubbensborg (s. auch Jugendherbergen). Haus „Tvärvillan" (60 m²) Juni bis Aug. 7500 SEK/Woche, Frühling und Herbst 1500 SEK/Nacht (mind. 2 Nächte). Campingplatz Mitte Mai bis Mitte Sept. Klubbensborgvägen 27, Hägersten, T Mälarhöjden, ☎ 6461255, 📠 6464545, www.klubbensborg.nu.

Ängby Camping, 10 km westlich von Stockholms Zentrum. Familienfreundlicher Platz, in grüner Umgebung am Mälaren beim Strandbad Ängby gelegen, wird aber auch von einer Durchgangsstraße begrenzt. Hütten/2 Pers. ab 425 SEK. Ganzjährig. Blackebergsvägen 24, Bromma, T Ängbyplan (beim Ausgang links halten, ca. 10 Minuten Fußweg), ☎ 370420, 📠 378226, www.angbycamping.se.

Bredäng Camping, nahe einem typischen Stockholmer Hochhausvorort gelegen, ist dieser Familienplatz zumindest groß. Gut ausgestattetes Servicehaus, rollstuhlgerecht; Badeplatz am Mälaren in der Nähe. Gästezimmer ab 440 SEK (2 Pers.), Hütte i. d. NS ab 750 SEK, sonst ab 1200 SEK. Anfang April bis 1. Woche Okt. Stora Sällskapets väg, Skärholmen, T Bredäng, ☎ 977071, 📠 7087262, www.bredangcamping.se (auch auf Dt.).

Die dem Campingplatz angeschlossene JH bietet Übernachtungen ab 190 SEK, DZ ab 500 SEK und Hütten ab 750 SEK. Stora Sällskapets väg 51, Skärholmen, T Bredäng, ☎ 976200, 📠 976030, www.bredangvandrarhem.se.

Plätze vor den Toren der Stadt:

Singö Camping, kleinerer, familiärer Campingplatz im naturschönen Roslagen direkt am Wasser. Hütte 550 SEK. Ganzjährig. Singö/Grisslehamn, ☎ 0175-10025, www.singocamping.se (nur auf Schwed.).

Björkö Örns Havscamping, mit 120 Wohnwagenplätzen und eigenem Minigolfplatz sowie einer Boulebahn ist diese Anlage in Roslagen ein größeres Kaliber. Aber auch hier befindet man sich gleich am Meer. Hütten ab 450 SEK. Mai bis Mitte Sept. Gräddö/Norrtälje, ☎ 0176-40590, www.bjorkoornscamping.se (z. T. auf Dt.).

Waxholm Strand & Camping, hier campiert man schon in den Schären, mit Direktzugang zu einem schönen Strand auf Vaxholm. Hütte ab 700 SEK (2-Bett-Hütte ab 450 SEK), Komfort-Hütten ab 850 SEK. Ende April bis ca. Mitte Sept. Eriksövägen, Eriksö, ☎ 54130101 oder 54130020 (Büro), 📠 54130138 oder 54430491 (Büro), www.waxholmstrand.com.

• *Gasthäfen* Wer mit dem eigenen Boot anreist, findet in Stockholm auch einige Gasthäfen vor. **Wasahamnen (22)** ist mit seiner Lage direkt vor dem Vasamuseum auf Djurgården der zentralste. Galärvarvet, Bus 69 oder Museumsstraßenbahn, ☎ 6619187, 📠 6603513,www.wasahamnen.se.

Essen & Trinken (Karten S. 364/365 und Umschlagklappe hinten)

Die Schweden pflegen eine innige Liebesbeziehung zum „Fika", dem gemütlichen Kaffeetrinken zwischendurch mit einem Klönschnack und einer leckeren Kleinigkeit. Der internationale Kaffeetrend, der Caffè Latte, Moccaccino und Coffee to go auch nach Schweden gebracht hat, wird in Stockholm mit offenen Armen willkommen geheißen. Insgesamt gilt: Die Gastronomieszene der Stadt ist vielseitig und flexibel und lässt alle ihre „smultronställe" finden, ihren eigenen Lieblingsort und Geheimtipp. Die nachfolgenden Adressen können nur Vorschläge sein, z. T. handelt es sich etwa um traditionelle und/oder bei Einheimischen und Besuchern beliebte Adressen. Also auf, auf – finden Sie Ihre ganz persönliche Smultronställe! (Auch hierbei ist selbstredend der Weg das Ziel ...)

• *Café-Konditoreien und Bistros* **Chokladkoppen (25)**, kleines, heterofreundliches schwul-lesbisches Café im Herzen von Gamla Stan. Der warme, unprätentiöse Purismus der Einrichtung komplementiert die reichhaltige Fülle der angebotenen Leckereien. Eher alternatives Publikum und aufgrund der Lage auch viele Touristen (dementsprechende Preise). Gediegener findet man es im angrenzend liegenden Café **Kaffekoppen** vor. Tägl. 9–22 Uhr, Fr–So i. d. R. bis 23 Uhr. Stortorget 18–20, T Gamla Stan, ☎ 203170.

Grillska Huset (27), etwas ruhiger geht es in den anheimelnden Räumen dieses ebenfalls am Stortorget gelegenen Cafés zu. Außerdem tut man hier noch Gutes, denn das Café gehört zu Stockholms Stadsmission. Bei schönem Wetter ist die Terrasse im oberen Stockwerk ein Favorit. Tägl. 10–18 Uhr. Stortor-

Pittoreskes Gartencafé im Bellmanmuseum auf Långholmen

get 3, T Gamla Stan, ✆ 7878605, ✆ 4113948, www.stadsmissionen.se/Matochkonferens/Cafe–Lunch (Info-Teil zur Stadsmission auf Engl., sonst nur Schwed.).

Café Valand (40), treten Sie ein in die 50er Jahre! Der Eigentümer Stellan Åström hat das Café nicht nur 1954 selbst entworfen, sondern führt es auch heute noch zusammen mit seiner Frau. Über das denkmalgeschützte und sich in jeder Hinsicht treu gebliebene Café Valand wurde schon mehrfach auch in ausländischen Kulturjournals berichtet. Mo–Fr 8–19, Sa 9–17 Uhr. Surbrunnsgatan 48, T Odenplan, ✆ 300476.

Rosendals Trädgårdscafé (57), in einem der Gewächshäuser im Garten von Rosendals Trädgård („Garten") auf Djurgården werden biodynamische Speisen sowie ökologischer Kaffee und Tee serviert. Im Sommer sitzt man idyllisch draußen unter Apfelbäumen. Mitte Feb./März Di–So 11–16 Uhr, April Di–So 10–17 Uhr, Mai bis Sept. Mo–Fr 11–17, Sa/So 11–18 Uhr, Okt. Di–Fr 11–16, Sa/So bis 17 Uhr, Nov./Dez. Di–So 11–16 Uhr. Rosendalsterrassen 12, Straßenbahn 7 Richtung Waldemarsudde bis Bellmansro oder Bus 69 Richtung Blockhusudden bis Djurgårdsbron (ein hübscher Fußweg schließt sich an), ✆ 54581270, www.rosendalstradgard.se.

Sturekatten (14), traditionelles Café mit Jahrhundertwende-Flair und einem Hauch von Plüsch. Im Sommer auch Tische im Innenhof. Mo–Fr 8–20, Sa 9–17, So 12–17 Uhr. Riddargatan 4, T Östermalmstorg, ✆ 6111612.

Konditori Vete-Katten (16), dieses 1928 gegründete, große Café im klassischen Stil eines Teesalons ist beliebt bei Stockholmern und Touristen. Das breite Sortiment aus traditionellem sowie moderneren Zeiten zugehörigem Backwerk und Schokoladigem kann man bei passendem Wetter im Innenhof zu sich nehmen. Damit die bewusst gewählte altmodische Gemütlichkeit für die Gäste nicht gestört wird, ist der Gebrauch von Handys und Laptops auf bestimmte Bereiche beschränkt. Mo–Fr 7.30–19.30, Sa 9.30–17, So 12–17 Uhr. Kungsgatan 55, T T-Centralen, ✆ 208405 (Verkauf) oder 6116733 (Büro), www.vetekatten.se (nur auf Schwed.).

Sosta Espresso Bar (50), Sie wollen doch nur Kaffee? Sostas Caffè ist in aller Munde, und wer seinen Kaffee liebt und etwas auf sich hält, muss sich hier lässig an die Theke stellen. Neben guten Kaffee-Getränken bekommt man hier auch einen Hauch Little Italy und die Gelegenheit, den mehrfach ausgezeichneten Kaffee stilecht im Stehen zu goutieren. Mo–Fr 8–18, Sa 10–17 Uhr.

Karte S. 364/365 u. hinterer Umschlag

In den Schären von Stockholm

Jakobsbergsgatan 5–9 (✆ 6117107, T Östermalmstorg) und Sveavägen 84 (✆ 6121349, T Rådmansgatan).

Saturnus (1), nettes kleines Bistro mit Hang zu Französischem nahe Humlegården. Beliebt und bekannt für seine übergroßen *vetebullar* (Hefeschnecken) mit mächtiger Füllung; nun auch Verkauf von losem Tee. Mo–Fr 8–20, Sa/So 9–19 Uhr. Eriksbergsgatan 6, T Östermalstorg, ✆ 6117700, www.cafesaturnus.se.

The Cookbook Café (41), bei den schwedisch-amerikanischen Schwestern Lisa und Monica Eisenman liest, isst und genießt man in einer inspirierenden Mischung aus Buchladen und Café. Mo–Fr 8–18, Sa 11–17 Uhr. Birger Jarlsgatan 76, T Tekniska högskolan oder Rådmansgatan, ✆ 206308.

Café String (71), gehyptes Café für die trendbewusste SoFo-Crowd. Sie mögen den – vielleicht etwas fadenscheinigen – Vintage-Sessel, auf dem Sie sitzen? Fragen Sie nach dem Preis, denn im String (übrigens nach dem bekannten Regal benannt) steht nicht nur der Kaffee zum Verkauf. Vorwiegend jüngeres und/oder hippes SoFo-Publikum, nette Atmosphäre, wenn das junge Personal auch mitunter recht gestresst wirken kann. Mo–Do 9–20, Fr bis 19 Uhr, Sa/So 10.30–19 Uhr. Sa/So bis 13.30 Uhr großes und beliebtes Frühstücksbuffet – wer gerne eine Sitzplatzgarantie hätte, sollte frühzeitig antreten. Nytorgsgatan 38, T Medborgarplatsen, ✆ 7148514, www.cafestring.com (nur auf Schwed.).

Nytorget Urban Deli (73), mag keine der billigeren Adressen sein, aber angesagter als in diesem erst 2009 eröffneten Haus geht es im Augenblick kaum. Die Delikatessen erhält man sowohl im Geschäft (z. B. in Form von *matkassar*, Tüten mit Rezept und Zutaten fürs Abendessen) als auch an der Bar, wo man auch Meeresfrüchte serviert bekommt, und das alles mit einem Hauch Manhattan à la Södermalm. Wochenweise kulinarische Schwerpunkte machen das Speisen im Urban Deli abwechslungsreich und froh. Keine Reservierungen. Nytorget 4, T Medborgarplatsen, ✆ 59909180, www.urbandeli.org (nur auf Schwed.).

Lasse i parken (63), am Rande des westlichen Södermalm liegt dieses Gartencafé beschaulich im Pålundsparken fernab von SoFo; eine Stadtteil-Institution. In dem denkmalgeschützten Haus, in Teilen von 1730, wird klassisch Schwedisches serviert. Regelmäßig abends Theatervorstellungen nach alter Hornstull-Tradition. Die Öffnungszeiten sind auf Grund der Natur des Cafés saison- und wetterabhängig, daher bei Interesse das Personal nach den konkret geltenden Zeiten fragen oder selber auf der Homepage nachsehen. Bei gutem Wetter sind Richtzeiten in der Hochsaison etwa 11–23 Uhr. Högalidsgatan 56, T Hornstull, ✆ 6583395, www.lasseiparken.se (nur auf Schwed.).

Per Olsson Choklad och Konditori (POCK) (64), ein helles Café, in dem nicht nur süße Schlemmereien serviert werden, diese aber aber deutlich im Mittelpunkt stehen. Freundlich und durchgängig qualitätsbewusst zieht Meister Per Olsson, Konditor des Jahres 2003 und Mitglied der Kochnationalmannschaft 2004, seine Gäste auch in diesen eher unscheinbaren Teil Södermalms. Mo–Fr 7.30–18, Sa 9–16 Uhr. Heleneborgsgatan 19, T Hornstull, ✆ 6681011, www.pock.nu (nur auf Schwed.).

Frosseri (51) (etwa „Schlemmerei"), noch junges, aber von „Caféveteranen" geführtes gemütliches Café im Stil der 00er-Jahre („ein bisschen bunt und kitschig macht froh"), und dem bleibt man auch mit dem gediegenen Sortiment treu. Beliebt in der HBT-Szene. Mo–Fr 8–17, Sa 10–16 Uhr. Tegnérgatan 11, T Rådmansgatan, ✆ 206940.

Café Puck (60) auf dem „Puckel" von Hornsgatan ist immer ein sicherer Schuss, wenn man sich eine gemütliche Kaffeestunde ohne allen Baristaschnickschnack wünscht, aber auch ohne dabei von Altbackenheit umgeben zu sein. Am Puls von Södermalm und direkt bei den Galerien gelegen, schreibt dieses Café Kunst auch groß. Eine „Wohngemeinschaft" mit Sushitaki ist angekündigt. Tägl. 10–18 Uhr. Hornsgatan 32, T Slussen oder T Mariatorget, ✆ 6411030, www.cafepuck.se.

Thelins (54), einmal einfach nur traditionell Kaffee trinken, ohne so viel neumodischen Schnickschnack, so wie man es halt von früher kennt? Klar geht auch das in der Café-Hauptstadt. Thelins Konditori, seit gut 100 Jahren in Stockholm, bietet genau das sehr zufrieden stellend, wie die häufig mit Gästen aller Altersstufen vollen Lokale und verschiedenen Auszeichnungen über die Jahre belegen. Mo–Fr 7.30–19, Sa/So 10–17 Uhr (S:t Eriksgatan ab 9 Uhr). Thelins gibt es an mehreren Stellen im Stockholmer Bereich, z. B. S:t Eriksgatan 43, T Fridhemsplan, ✆ 6511900, oder Karlaplan 13, T Karlaplan, ✆ 6636289.

• *Restaurants* Vor allem am Wochenende unbedingt rechtzeitig reservieren; Buchung häufig online möglich. Viele Restaurants haben So geschlossen.

Den Gyldene Freden (31), möglicherweise das älteste Restaurant der Stadt, auf jeden Fall aber legendär und mythenumsponnen. In der Geschichte dieses traditionsreichen Hauses von 1722 tauchen so illustre Persönlichkeiten wie Carl Michael Bellman und Selma Lagerlöf auf. Anders Zorn war einst Eigentümer des Restaurants und hinterließ es der Schwedischen Akademie. Bei allen Restaurations- und Erweiterungsarbeiten am Restaurant wurde sorgfältig darauf geachtet, seine Authentizität zu bewahren. Klassische schwedische Küche mit gehobenem Anspruch. Obere Preisklasse. Mo–Fr 11.30–14.30 und 17–23 Uhr, Sa 13–23 Uhr. Österlånggatan 51, T Gamla Stan, ✆ 249760, www.gyldenefreden.se.

Ulla Winbladh (58), traditionsreiches Gasthaus in grüner Umgebung auf Djurgården, wo Ihnen anspruchsvolle klassische schwedische Hausmannskost in ebensolchem Ambiente serviert wird. Gehobene Preise. Mo 11.30–22, Di–Fr bis 23 Uhr, Sa 12.30–23, So bis 22 Uhr. Rosendalsvägen 8, Straßenbahnlinie 7 oder Bus 69 Richtung Blockhusudden bis Djurgårdsbron, ✆ 53489701, www.ullawinbladh.se (z. T. auf Engl.).

Gondolen (34), die Restaurantgondel „hängt" unter der Brücke zum Aufzug Katarinahissen. Stark nachgefragt wegen ihrer ausgefallenen Lage über der Stadt und der besonderen Aussicht – mindestens eine Woche im Voraus reservieren! Edles Club-Ambiente mit Bar. Abends isst man preiswerter im Speisesaal um die Ecke, „Bakfickan" genannt (eigtl. Potasche, gemeint ist Hinterstube), aber ohne Aussicht. International inspirierte schwedische Küche. Obere Preisklasse. Mo–Fr 11.30–1 Uhr (14.30–17 Uhr nur Bar), Sa 16–1 Uhr. Stadsgården 6, T Slussen, ✆ 6417090, www.eriks.se.

Landet, übersetzt „das Land", scheint in den alten Lokalen der Post am Telefonplan im Stadtteil Hägersten tatsächlich ganz abgelegen von der Innenstadt zu liegen. Ein „Ausflug" zu diesem Restaurant, das mit einem Bein in Schweden und mit dem anderen in Frankreich steht und sich selbst als eine Kneipe im Viertel betrachtet, lohnt sich aber definitiv (gleichzeitig kann man die Gelegenheit nutzen, dieses heute als Kulturdenkmal geführte Stadtgebiet aus den 1930er Jahren, die sog. LM-staden, zu erkunden). Ein Stockwerk höher im Festlokal ist mittwochs bis samstags immer etwas los. Der einstige Geheimtipp ist heute ein Favorit vieler. Mittlere bis gehobene Preise. Mo–Do 16–

Karte S. 364/365 u. hinterer Umschlag

24, Fr 16–1, Sa 17–1 Uhr. LM Ericssons väg 27, T Telefonplan, ✆ 41019320, www.landet.nu (nur auf Schwed.).

Tegnérs Gömställe (3), in diesem entspannten Lokal bei Tegnérlunden, wo sich das Viertel trifft, genießt man klassische schwedische Hausmannskost innovativ herausgeputzt. Mittleres bis gehobenes Preisniveau. Mo–Fr 11–14 Uhr sowie Di–Do 17–23 Uhr, Fr/Sa 17–1 Uhr. Juli bis Aug. keine Mittagszeiten. Upplandsgatan 17, ✆ 304057, www.tegnersgomstalle.se.

Ein ansprechendes Angebot an Fisch- und Meeresfrüchtegerichten direkt von **Lisa Elmqvists Fischhandel (7)** erhält man bei **lisapåtorget (10)** in klassischem Ambiente (Mo–Fr 11.30–23, Sa 12–23, So 13–23 Uhr; Östermalmstorg 2, ✆ 55340450, www.lisapatorget.se) oder, in rustikalerer Ausführung, im kleineren Schwesterrestaurant direkt in der Markthalle Östermalms Saluhall (Mo–Mi 9.30–18, Do/Fr bis 19 Uhr, Sa 9.30–16 Uhr; ✆ 55340400, www.lisaelmqvist.se); beide T Östermalmstorg und mittlere bis obere Preisklasse. Eine weitere Schwester der Restaurants, das fantastisch schön in einem kleinen Hafen auf Djurgården gelegene **lisapåudden**, war bei Drucklegung auf Grund eines Brandes leider geschlossen und im Wiederaufbau begriffen, soll aber im Sommer 2011 wieder öffnen. Daher sei Ihnen empfohlen, sich dann auf jeden Fall über genaue Öffnungszeiten zu informieren. Biskopsvägen 7, Bus 69 Richtung Blockhusudden bis Manilla bzw. Straßenbahn 7 Richtung Waldemarsudde bis Waldemarsudde mit anschließendem beschaulichen Fußweg, ✆ 6609475, www.lisapaudden.se.

• *Vegetarisch/Vegan* **Hermans (37)**, vegetarisches Restaurant und Gartencafé mit herrlicher Aussicht über das Wasser Richtung Gamla Stan und Djurgården. Deckengewölbe, warme Farben und Lampions verbreiten Gemütlichkeit. Internationale süße und pikante Leckereien; keine stärkeren Getränke als das sehr leichte Bier Folköl. Gemischtes Publikum. Niedrige/gemäßigte Preise. Tägl. 11–22 Uhr. Fjällgatan 23a, T Slussen, ✆ 6439480 (beste Telefonzeit für Reservierung 15–18 Uhr), www.hermans.se (nur auf Schwed.).

Chutney (74), freundlich-alternatives Souterrain-Restaurant, das in jeder Hinsicht den One-World-Geist lebt. Vegane und vegetarische Speisen. Im Sommer sitzt man gerne draußen und sieht entspannt Södermalms Treiben zu. Tendenziell jüngeres Publikum. Niedrige/gemäßigte Preise. Mo–Fr 11–22, Sa/So 12–22 Uhr. Katarina Bangata 19, T Medborgarplatsen, ✆ 6403010, www.chutney.se.

Govindas (55), Govindas Restaurant ist Teil des „Hare-Krishna-Centers für höhere Ausbildung", aber im Restaurant ist davon bis auf die Hintergrundmusik wenig zu merken. Einfache, aber sehr leckere „karmafreie" indische Gerichte, häufig Currys, mit Beilagen und Lassi. Unbedingt das selbstgemachte Eis probieren! Gemischtes Publikum. Niedrige Preise. Mo–Fr 11–19, Sa 12–19 Uhr. Fridhemsgatan 22, T Fridhemsplan, ✆ 6549004, www.govindasstockholm.se.

• *Restaurants mit Bars* **Operakällaren (20)**, schon Gustav III. war hier „im schönsten Speisesaal Schwedens" zu Gast. Der feudale Opernkeller befindet sich im Operngebäude und hat eine bis 1787 zurückreichende Tradition. Die klassische Küche wurde mit einem Michelin-Stern ausgezeichnet. Angemessene Garderobe wird erbeten. Im Wintergarten, der Veranda, werden Cocktails serviert. Obere Preisklasse. Tägl. 18–22 Uhr. Karl XII:s torg, T Kungsträdgården, ✆ 6765801, www.operakallaren.se. Stilvolle Hausmannskost in etwas rustikalerem Ambiente und zu mäßigeren Preisen findet man um die Ecke in **Bakfickan**, der kleinen Hinterstube, Mo–Fr 11.30–23, Sa 12–22 Uhr. Keine Reservierungen. In **Operabaren** bietet die Originaleinrichtung von 1904 eine Mischung aus Jugendstil und englischem Herrenclub; Mo–Mi 11.30–24, Do/Fr bis 2 Uhr, Sa 12.30–2, So 15–2 Uhr; ✆ 6765808, operabaren@operakallaren.se. Im **Café Opera**, einem illustren Restaurant mit Nachtclub/Konzertbühne (Aufführungen oftmals mit Starbesetzung), tummelt man sich Mi–So 22–3 Uhr unter Kronleuchtern, Stuck und Deckenmalereien von Vicke Andrén. Mindestalter 23 Jahre. ✆ 6765807, www.cafeopera.se.

Grill (2), in einer verspielten Stil-Melange (Moulin Rouge trifft Bauernstube trifft Alice im Wunderland) in unterschiedlich gestalteten „Wohnzimmern" isst man in diesem ehemaligen Möbel-Showroom Barbecue-Gerichte aus aller Welt, die allesamt auf verschiedenen Grill-Typen zubereitet werden. Thema der Bar ist Sommer in South Beach. Eines der populäreren Restaurants der Stadt, immer reservieren! Mittlere bis obere Preisklasse. Mo–Fr 11.15–14 und 17–1 Uhr, Sa 16–1, So 15–23 Uhr; So Grillbuffet über dem Carving-Grill – essen, so viel der Bauch fasst; dabei Livemusik oder DJ. Drottninggatan 89, T Rådmansgatan, ✆ 314530, www.grill.se.

Bistro Nouveau (52), Bistro-Restaurant und Lounge im Stil des französischen Jugend-

Markttag auf dem Hötorget

stils. Perfekt für einen ruhigen Abend bei Kerzenlicht. Gemischtes Publikum und reizendes Personal. Gehobene Preise. Mo–Mi 17–23, Do–Sa bis 1 Uhr. Kommendörsgatan 7, T Östermalmstorg, ✆ 6614242 (Telefonzeit Reservierungen 15–18 Uhr), www.bistronouveau.se (auf Schwed. oder Franz.).

Berns (18), nunmehr beherbergt diese klassische Adresse im traditionellen Milieu des Lilla Salongen ein asiatisches Cross-Over-Restaurant: **Berns Asiatiska**. Von der Galerie auf der Empore tritt man in den „röda salongen" ein, einst Schauplatz für August Strindbergs Roman „Das Rote Zimmer". Obere Preisklasse. Das Berns ist stets populär, mit hoher Promidichte. Restaurant und Bar: So–Do 11.30–1, Fr/Sa bis 3 Uhr. Ein beliebter Platz ist die Terrasse, im Sommerhalbjahr tägl. 17–3 Uhr geöffnet (Küche schließt um 22 Uhr), im Winterhalbjahr Fr/Sa 21–3 Uhr, dann ausschließlich Getränke. Frühstück So–Fr 7–10, Sa/So 7.30–11 Uhr; großzügiger Brunch Sept. bis Mai Sa/So 11.30 und 14 Uhr. Berzelii Park, T Kungsträdgården, ✆ 56632222, www.berns.se.

Story (13), schnell in der Stockholmer Szene populär gewordener Restaurant- und Barteil des gleichnamigen Hotels – Paris trifft Stockholm in loungig-jazziger Weise. Innovative Gerichte, auch kleinere, laden zum Probieren und Verweilen ein. Gemäßigte bis mittlere Preise. Di–Do 16–1, Fr/Sa bis 2 Uhr, So/Mo bis 23 Uhr; die Küche schließt um 23 Uhr. DJ Do–Sa. Riddargatan 6, T Östermalmstorg, ✆ 54503940, www.storyhotels.com.

Teatergrillen (17), Schwesterrestaurant des Riche und nahe dem Dramatischen Theater gelegen. 1945 in Betrieb genommen und lange Kind des Restaurantvaters Tore Wretman, ist Teatergrillen klassisches Wasserloch der Stockholmer Restaurantgängerszene, was man im seit 1968 nahezu unveränderten Interieur zu sehen meint; viel Bühnenvolk, nicht selten auch Prominenz. Klassische Haute Cuisine (mittags entsprechende „Hausmannskost") zu gehobenen bis hohen Preisen. Mo–Fr 11.30–14.30 Uhr, außerdem Mo/Di 17–24 Uhr und Mi–Sa 17–1 Uhr. Ende Juni bis ca. 1. Woche Aug. geschlossen. Nybrogatan 3, ✆ 54503565, www.teatergrillen.se (nur Schwed.).

Restaurang Kungsholmen (59), noch ein elegantes Mitglied im Restaurantimperium von Melker Andersson und Danyel Couet. Dieses Lokal zeichnet sich durch seine Mischung aus Restaurant und Lounge (Stil: „the seventies meet the noughties") aus; an sieben verschiedenen offenen Küchen mit unterschiedlichen Schwerpunkten (Sushi, schwedisch, Fast Food, Slow Food, Gewürzgrill, Luxus und Früchte) hat man die Qual der Wahl. Im Sommer kann man gleich am

Stockholm Karte S. 364/365 u. hinterer Umschlag

Ponton anlegen, aber auch im Winter ist der Blick aufs Wasser ein klarer Attraktionspunkt. Die Bar kennt die guten alten Drinks genauso wie die allerneuesten. Verschiedene Preisniveaus, vom mittleren bis zum oberen. Norr Mälarstrand, Kajplats 464, T Rådhuset, ✆ 50524450, www.kungsholmen.com.

Cadierbaren (19), dieser beliebte Klassiker ist ein Ort der Eleganz im Grand Hôtel; Cocktailbar mit Bistro. Do–So 21.30–1.30 Uhr Pianomusik live. Mo–Fr 7–2, Sa 8–2, So 8–1 Uhr; Frühstück Mo–Fr 7–11, Sa/So 8–11 Uhr; Afternoon Tea Mo–So 14–17 Uhr; Brunch Sa/So 11–17 Uhr. Södra Blasieholmshamnen 8, T Kungsträdgården, Tischreservierung ✆ 6793585, www.grandhotel.se/restaurang_bar/cadierbaren/.

• *Internationale Küche* **Vapiano (4/30)**, ja, eine Kette, ja, importiert (übrigens aus Deutschland), und ja, irgendwie auch Fast Food, aber ja, hier trifft sich auch das Stockholmer Jungvolk (tatsächliches und gefühltes) zurzeit sehr gerne zum After Work oder um einfach lecker italienisch zu essen. Die Mahlzeiten bestellt man sich an einer der vielen verschiedenen Küchentheken, wo man bei ihrer Zubereitung zusehen kann und wo man sie auch selbst abholt. Am Eingang erhält man eine Chipkarte, auf der die Preise gebucht werden, die man beim Verlassen des Restaurants dann gesammelt bezahlt. Das behaglich moderne, große Restaurant ist wegen seines hohen Geräuschpegels zwar definitiv kein Platz für einen lauschigen Plausch, aber dafür ist man hier wirklich mittendrin im abendlichen Stadtleben. Reservierungen werden nicht vorgenommen, dafür aber die Gäste kommunikationsorientiert an langen Tischen platziert. Solide Qualität zu gemäßigten Preisen. So–Do 11–24, Fr/Sa bis 1 Uhr (die Küche schließt 30 Min. früher). www.vapiano.se (nur auf Schwed., s. www.vapiano.com für Info auf Dt.). Mehrere Filialen, z. B. Sturegatan 12, T Östermalmstorg, ✆ 6622011, oder Munkbrogatan 8, T Gamla Stan, ✆ 8222940.

Divino (47), Sie essen gerne italienisch, vorzugsweise mit einem Hauch von Luxus? Das anspruchsvoll schlicht gehaltene Divino hat mehrere Auszeichnungen erhalten, unter anderem im Guide Michelin und im White Guide („Schwedens bestes italienisches Restaurant"), und kann mit einem gut sortierten Weinkeller prahlen. Obere Preisklasse. Mo–Sa 11.30–13.30 und 18–23 Uhr, So nur Reservierungen. Karlavägen 28, T Tekniska högskolan, ✆ 6110269, www.divino.se.

Primo Ciao Ciao (72), lecker italienisch, aber wenig prätentiös: In diesem kleinen (!) Restaurant mit Deli in einem ruhigeren Abschnitt auf SoFos Bondegatan ist es eben wie beim Italiener um die Ecke. Schwerpunkt Pizza, mittlere Preise. Hat zwar größere Geschwister in der Stadt, aber dieser Platz ist besonders charmant. Mo–Fr 10.30–21.30, Sa/So 12–21.30 Uhr. Bondegatan 44, T Medborgarplatsen, ✆ 6400110.

Happy India (65) ist das typische kleine indische Restaurant „im Viertel". Hier in einer ruhigen Straße trifft sich nicht nur Södermalm. Mittlere Preisklasse. Mo–Do 11–22, Fr bis 23 Uhr, Sa 16–23, So bis 22 Uhr. S:t Paulsgatan 35A, ✆ 6444259, www.happyindia.se (nur auf Schwed.).

Moon River Thai Restaurang (66), was den Deutschen einst Mallorca oder Rimini war, ist den Schweden heute wohl Thailand. Entsprechend beliebt – und zahlreich – sind thailändische Restaurants im Land. Und will man „typisch schwedisch" essen, darf man die Thaiküche nicht auslassen Dieses kleine, einfache und günstige Familienrestaurant hat viele zufriedene (Stamm-) Gäste und liegt nicht weit entfernt von den Geschäften auf Hornsgatan. Niedrige Preise. Mo 11–17, Di–Fr 11–21, Sa 13–21 Uhr. Hornsgatan 85, T Zinkensdamm, ✆ 6691800.

Beirut Café (42), Mezerestaurants wie dieses holen im Wettlauf um Beliebtheit die allseits populäre Thai-Küche immer mehr ein. Dieses erste libanesische Restaurant in den nordischen Ländern ist ebenso elegant wie entspannt und hat ob der dargebotenen Qualität vielfaches Lob erhalten. Gehobene Preise. Mo–Sa 17–1, So bis 23 Uhr. Engelbrektsgatan 37, T Tekniska högskolan, ✆ 212005, www.beirutcafe.se (nur auf Schwed.).

Marion's Gastro Diner (12) zitiert den ersten weiblichen Bowlingstar der USA, Marion Ladewig, und schreibt sich als Motto auf die Fahnen: „Good food and great bowling are the essentials of a balanced diet." Hier wird klassische US-amerikanische Küche, gerne aus den 50er und 60er Jahren, serviert, und ebenso stilgetreu kann man dann gleich auch auf einer der 16 Bahnen bowlen. Eine Nostalgiezeitreise. Unbedingt buchen, entweder über die Homepage oder telefonisch (Mo–Fr ab 9 Uhr, Sa/So ab 11 Uhr). Mittlere bis gehobene Preisklasse. Mo/Di 10–23, Mi/Do bis 24 Uhr, Fr bis 1 Uhr, Sa 11–1, So 11–23 Uhr; Bowling tägl. ab 11 Uhr. Kungsgatan 37, T Hötorget, ✆ 54611000, www.marionsgastro.se.

East (11) betrachtet sich seit seiner Gründung 1989 als das erste moderne asiatische Restaurant in Schweden. Seiner Lage auf Östermalm wird diese qualitätsbewusste und gelassen-designoriente Adresse, in deren Einrichtung sich Japan und Skandinavien gelungen vermählen, gerecht. Die Speisekarte umfasst eine große Variation an Speisen aus weiten Teilen Asiens, wobei die Preise vom mittleren bis zum oberen Niveau rangieren. Populäre Bar. Mo–Fr 11.30–1 Uhr (Bar bis 3 Uhr), Sa/So 17–1 Uhr (Bar bis 3 Uhr). Stureplan 13, T Östermalmstorg, ✆ 6114959, www.east.se.

• *Verschiedenes* **Günters korvar (45)**, nein, keine Falle für deutsche Touristen oder Heimwehkranke. Bei Günters Würstchen steht das Stockholmer Jungvolk in der Mittagspause Schlange und schlemmt nicht nur deutsche Wurst, sondern auch spannende Wurstspezialitäten aus aller Welt. Niedrige bis gemäßigte Preise. Mo–Fr 11–20, Sa 11–16 Uhr. Karlbergsvägen 66 (Bude am Bürgersteig, direkt an der Bushaltestelle), T S:t Eriksplan.

Grand Hôtel (19), das Smörgåsbord, traditionelles schwedisches Buffet mit kalten und warmen Speisen, wird ganzjährig auf der eingeglasten Veranda serviert. Hier sitzt man dem Königlichen Schloss gegenüber. Gehobene Preise. Mai bis Aug. Mo–Fr 12–15 und 18–22 Uhr, Sept. bis Nov. (bis zum Beginn des Weihnachtsbuffets, „julbord") Mo–Fr 18–22, Sa/So 13–16 und 18–22 Uhr, Feb. Sa/So 13–16 und 18–22 Uhr, März/April Mo–Fr 18–22, Sa/So 13–16 und 18–22 Uhr; Ausnahmen und Ergänzungen auf Grund saisonaler schwedischer Feste möglich, aber auch die dann angebotenen Buffets sind einen Besuch wert. S. Blasieholmshamnen 8, T Kungsträdgården, ✆ 6793586, www.grandhotel.se.

Einkaufen

Die Geschäfte haben ähnliche Öffnungszeiten wie in Deutschland, mit der Ausnahme, dass man in der City auch sonntags shoppen gehen kann (ca. 12–16 Uhr, mit Abweichungen). Eine Lieblingsfreizeitbeschäftigung der Schweden ist in der Tat das Shoppen, und in Stockholm finden sie alle ihr Mekka, die *fashion victims* und Familienväter, Angel-Enthusiasten und Touristen. Hier leben sie ihren Einkaufsrausch aus:

• *Shoppen auf Norrmalm* Um die Hamngatan, Kungsgatan, Drottninggatan, Regeringsgatan und rund um den Sergels torg drängen sich die Einkaufsmöglichkeiten dicht an dicht. Hier finden sich Filialen fast aller großen Bekleidungs- und Schuhketten

Kommerz, Kunst und Kultur am Sergels torg

Karte S. 364/365 u. hinterer Umschlag

sowie diverse Geschäfte für Einrichtung, technisches Zubehör und Bücher; außerdem einige größere Kaufhäuser und Einkaufspassagen (eine sehr große ist die ober- und unterirdisch gelegene Gallerian, die man u. a. über Hamngatan 37 oder über den Sergels torg betritt). Ebenfalls auf der Hamngatan liegt das Edel-Kaufhaus NK (Nordiska Kompaniet), eines der Wahrzeichen der Stadt mit seiner beleuchteten Uhr auf dem Dach. Das 1902 von Josef Sachs gegründete NK wurde schnell als „das große Kaufhaus" bekannt; das noble Ambiente hat natürlich seinen Preis. Aber mit Åhléns City liegt nicht nur ein weiteres großes Kaufhaus, sondern das heute sogar größte des Landes zentral beim Sergels torg.

• *In Vasastaden* Auf der Odengatan und um den Odenplan befinden sich eine Reihe kleinerer, verschiedener Läden, besonders aber eine große Anzahl Antiquitätengeschäfte mit unterschiedlichen Schwerpunkten sowie eher junge Bekleidungsgeschäfte.

• *Auf Östermalm* In diesem traditionell gutbürgerlichen und wohlhabenderen Stadtteil finden Sie um die Biblioteksgatan, den Stureplan, die Birger Jarlsgatan, die Humlegårdsgatan, die Nybrogatan und die Grev Turegatan eine reiche Auswahl an bekannten und exklusiven Marken und Designerlabels. Die Städteplaner entwickeln gerade ihr Staddtteilkonzept „Biblioteksstaden": In einem aus Biblioteksgatan, Norrmalmstorg und Stureplan sowie dazugehörigen kleineren Straßen wie der Jakobsbergsgatan oder der Mäster Samuelsgatan bestehenden Straßendreieck soll merkbar das feinste Modeviertel der Stadt entstehen. Einrichtungsdesign – auch in Schweden zurzeit extrem nachgefragt – konzentriert sich u. a. auf der und um die Sibyllegatan.

• *Auf Kungsholmen* Hier kann sich ein Bummel über die Hantverkargatan lohnen, in der vereinzelt spannende Geschäfte Einrichtungsobjekte und Kleidung feilbieten. Auch sollte man einen Blick in die Seitenstraßen werfen, vor allem auf dem der Innenstadt näher gelegenen Abschnitt.

• *In Gamla Stan* Die Altstadt ist selbstredend randvoll gespickt mit Souvenirgeschäften unterschiedlicher Qualität (Preise vergleichen!); daneben entdeckt man hier und da aber auch sehr individuelle Geschäfte und Boutiquen.

• *Auf Södermalm* Haupteinkaufsstraßen sind die Hornsgatan und die Götgatan. Hier sowie vor allem im SoFo-Viertel um die Skånegatan und die Nytorgsgatan finden Sie eine Fülle an individuellen Geschäften mit Schwerpunkt Mode und Lifestyle, dem Geist des Stadtteils entsprechend tendenziell jung und/oder alternativ.

• *Spezielle Tipps* **Svensk Hemslöjd**, Sveavägen 44. Verkaufsstelle der Ende des 19. Jh. von Lili Zickerman gegründeten und von Prinz Eugen unterstützten Kunsthandwerkvereinigung Svensk Hemslöjd. Geeignet zum Erstehen von schönen Erinnerungsstücken; hier liegt der Schwerpunkt deutlich auf Kunsthandwerk und Naturmaterialien.

Sweden Bookshop, Slottsbacken 10. Teil des Svenska Institutet. Hat Literatur verschiedener Formate und Genres in 47 Sprachen zu fast allem, was mit Schweden zu tun hat; allerdings nicht immer preiswert. Nur Juli/Aug. und Dez. samstags geöffnet.

Press Stop, Götgatan 31 und Hamngatan 37 (Gallerian). Zeitschriften und Magazine in mehreren Sprachen.

Kartcentrum, Vasagatan 16; gegenüber dem Hauptbahnhof. Großes Angebot an geografischen Karten und Reiseführern (auch auf Englisch).

Naturkompaniet, z. B. Kungsgatan 4A, Sveavägen 62 und Hantverkargatan 38–40. Alles, was man fürs Outdoor-Leben benötigt. Einschlägige Marken.

• *Märkte/Flohmärkte* **Hötorget**, Mo–Sa bieten Händler ihre Waren feil. Farbenprächtiges Angebot an Früchten, Gemüse und Blumen!

Östermalms Saluhall, Östermalmstorg. Ein Paradies für alle Sinne. In dieser Markthalle aus dem späten 19. Jh. verführen feinste Delikatessen zu einem kleinen Imbiss.

Skärholmens loppmarknad, Erdgeschoss von Vårberg Centrum, T Vårberg. Der größte Flohmarkt Skandinaviens findet tägl. statt: Mo–Fr 11–18, Sa 10–16, So 11–16 Uhr. Sa/So vor 15 Uhr Eintritt (15 bzw. 10 SEK) sowie Kinderwagenverbot (abschließbare Abstellplätze vor dem Eingang).

Eine Übersicht über die aktuell anstehenden Märkte ("Marknad") und Flohmärkte ("Loppis") findet man auf www.gratisistockholm.se unter der Rubrik "Marknad/Loppis"; zwar nur auf Schwedisch, aber Art und Datum des Marktes sind leicht erkennbar.

Das Stadshuset ist weithin sichtbar

Kungsholmen und das Stadshuset

Kungsholmen mag auf den Betrachter unspektakulär wirken, aber seine Unscheinbarkeit hat ihre Geschichte: Dieser Stadtteil wurde als letzter von allen bebaut. Franziskanermönche, die dort z. B. Heuwiesen und Weiden, Fischerhütten und einen Ziegelbruch unterhielten, ließen sich vermutlich als Erste hier nieder. Erst nachdem unter Gustav Vasa die Kirche enteignet worden und die Insel zunächst königlicher Jagdgrund gewesen war, kam Kungsholmen in städtischen Besitz, indem die Vormundsregierung Königin Kristinas der Stadt 1644 und 1647 große Teile schenkte. Viele Handwerker wurden angelockt, sich dort anzusiedeln, woran die Hantverkargatan heute noch erinnert. So wurden beispielsweise Gerbereien von reichen Deutschen entlang des Wassers angelegt. Als 1672 die Kungsholmsbron eingeweiht wurde, war sie mit ihren 800 m die längste Holzbrücke Europas. Trotz starker Bevölkerungszuwächse behielt die Insel ihren ländlichen Charakter bis ins 19. Jh. bei. Missernten und Notjahre auf dem Land sowie die Industrialisierung veranlassten schließlich viele Menschen dazu, in die Stadt zu ziehen, und Kungsholmen wurde zum Fabriken- und Arbeiterviertel. Daher nannte man es auch Svältholmen, die „Hungerinsel", und etwas später aufgrund der großen Dichte an Krankenhäusern außerdem Dysterholmen, „die düstere Insel". Die Wohnungsknappheit ab 1850 und die schlechten hygienischen Bedingungen taten ein Übriges. Mit dem Wegzug vieler Industrien und Krankenhäuser schon im frühen 20. Jh. wurde Kungsholmen allmählich zu dem beliebten Wohnviertel, das es heute ist. Von seinem erstarkenden Selbstbewusstsein zeugt seit einiger Zeit sein halb selbstironischer, halb aufmüpfig-kecker Spitzname „KuHo", mit dem sich der Stadtteil insbesondere

Karte S. 364/365 u. hinterer Umschlag

rund um die Hantverkargatan als Szeneviertel etabliert und dem angesagten „SoFo“ (s. u.) auf Södermalm Konkurrenz macht. Doch auch Altehrwürdiges prägt heute noch das Bild Kungsholmens. Auf der Scheelegatan 7 steht stabil und behäbig das beeindruckende **Rådhuset,** wörtlich „das Rathaus“, ein 1915 fertiggestelltes Werk des Architekten Carl Westman. Über dem Portal thront ein Abbild des Schutzheiligen Stockholms, Sankt Erik, und auch ansonsten ist das Gebäude reich an Ornamenten. Das an die Nationalromantik erinnernde Baudenkmal beherbergt heute das Gericht *Tingsrätten*. Ihm gegenüber ruhen die Augen auf der Skulpturenlandschaft des pittoresken Barockgartens **Piperska trädgården,** im späten 17. Jh. von Graf Carl Piper in Auftrag gegeben und später vom Coldinuorden restauriert.

Das **Stadshuset** ist Kungsholmens bekannteste Sehenswürdigkeit. Das 1923 fertiggestellte und an Mittsommer eingeweihte Gebäude des Architekten Ragnar Östberg ist eines der bekanntesten Bauwerke Schwedens im nationalromantischen Stil und nicht nur das Wahrzeichen der Stadt, sondern auch Tagungsort der Lokalpolitiker. Der weithin sichtbare 106 m hohe Turm, an dessen Fuß Östberg einen Sarkophag platzierte, der Birger Jarls Grab darstellen soll, schließt mit einem kleinen Rundtempel ab. Auf diesem leuchten die drei goldenen Kronen des kleinen Reichswappens, die auch den Namen der ehemaligen Burg „Tre Kronor“ aufgreifen. Die Bewältigung des Aufstiegs auf z. T. schmalen Stiegen lohnt sich mehrfach: Auf halbem Weg zeigt das Turmmuseum, zu dem man sich mit dem Aufzug „pfuschen“ kann, Repliken von Büsten und Statuen des Stadshuset, und am Ende belohnt eine der besten Aussichten über die Stadt für die Mühe. Unter dem Dach des Stadshuset haben viele Einrichtungen ihr Zuhause: Büros und Konferenzräume für Politiker, aber auch Kunst und Festsäle. Der prachtvolle Goldene Saal, *Gyllene salen*, und die Blaue Halle, *Blå hallen*, können ganzjährig auf geführten Touren besichtigt werden. Die Blaue Halle, die eine der größten Orgeln Skandinaviens beherbergt, überrascht

Die Rundbögen im Stadshuset besitzen eine augenfällige Symmetrie

den Besucher mit ihren roten Ziegelwänden: Ursprünglich hatte Östberg vorgehabt, sie blau zu verputzen, und den Saal bereits entsprechend benannt, doch als er die schöne rote Backsteinmauer sah, änderte er seine Pläne spontan. Hier findet jedes Jahr am 10. Dezember das Bankett zum Nobelfest statt.

Hantverkargatan 1, ✆ 50829058/-59, www.stockholm.se/OmStockholm/Stadshuset/. Zugang nur auf geführten Touren: Führungen auf Englisch i. d. R. tägl. 10–15 Uhr stündl., nicht buchbar, max. 10 Teilnehmer. Achtung: Führungen können auf Grund von Veranstaltungen begrenzt oder eingestellt werden, tagesaktuelle Infos per Telefon oder via E-Mail. Besteigung des Turms April Sa/So 10–16 Uhr, Mai/Sept. tägl. 9–16 Uhr, Juni/Juli tägl. 9–17 Uhr. Aufstieg etwa alle 40 Min. für jeweils max. 30 Pers.; kann nicht im Voraus gebucht werden. Zugang zum Stadshuset von Anfang Okt. bis März über den Shop, sonst über den Säulengang auf der Südseite des Hofs; Eintrittspreise variieren je nach Saison. T T-Centralen oder Rådmansgatan (ein wenig weiter entfernt, aber schöner zu gehen).

Barocke Skulpturenlandschaft im Piperska trägården

Norrmalm mit Vasastan

Über Sankt Eriksbron gelangt man von Kungsholmen nach Vasastan, einem ebenfalls klassischen und sehr nachgefragten Wohnviertel. Es stand bereits im Mittelalter in Verbindung mit der von Birger Jarl gegründeten Stadt. 1288 schenkte König Magnus Ladulås, ein Sohn des Stadtgründers, einen Teil von Vasastan dem Klara-Nonnenkloster. Im Zuge von Gustav Vasas Reformmaßnahmen verlor das Kloster die Besitzungen jedoch wieder. Wie Södermalm erhielt auch Norrmalm durch eine Erweiterung des Stadtgebiets in den 1570er Jahren ähnliche Rechte wie Gamla Stan. Die Bevölkerung wuchs schnell, und so wurde die nördliche Vorstadt 1602 unter Karl IX. zur selbstständigen Handelsstadt, jedoch bereits 1635 wieder mit Stockholm vereint.

Norrmalm hat ein auffallend rechtwinkliges Straßensystem. Dieses geht zunächst auf Admiral Klas Fleming zurück, der es anlegen ließ, um der Stadt ein der Großmacht würdiges Gepräge zu verleihen. Das nördliche Vasastan behielt lange seinen ländlichen Charakter, doch mit der Industrialisierung entstand akuter Wohnungsmangel. Miserable soziale und sanitäre Verhältnisse waren die Folge, bis unter Justizrat Albert Lindhagen 1866 ein Vorschlag zum Ausbau des Straßennetzes gemacht wurde, um den Verkehr zu verbessern und der Stadt ein wenig ländliche „Frische und Wohlbehagen“ zukommen zu lassen. Der zögerlichen Umsetzung des Planes folgte in den 1870er Jahren eine städtische Bauverordnung, die u. a. die Ausformung der Häuserblöcke festschrieb. Um 1890 entstand der Name Vasastaden. Heute lädt die große Odengatan vor allem Freunde antiker Wohnkunst zum Schaufensterbummel ein. Folgt man der Straße über den Verkehrsknotenpunkt Odenplan

Karte S. 364/365 u. hinterer Umschlag

hinaus bis zur Kreuzung mit Sveavägen, gelangt man zur **Stadsbiblioteket.** Dieses international berühmte Bauwerk des Architekten Gunnar Asplund ist eines der besten Beispiele des skandinavischen Klassizismus der 1920er Jahre. Vom Eingang aus führt ein wie ein Prozessionsweg geformter Gang in den zylindrischen Bibliothekssaal; die Räume schmücken u. a. Kunstwerke von Ivar Johnsson und Nils Dardel.

Sveavägen 73, ✆ 50831100, stadsbiblioteket@stockholm.se, Mo–Do 9–21 Uhr (Kinder- und Jugendabteilung bis 20 Uhr), Fr 9–19, Sa/So 12–16 Uhr. T Rådmangatan oder T Odenplan.

Der gleich hinter der Bibliothek gelegene „Bergpark" Observatorielunden lädt zum Verweilen ein; die Aussicht über die Stadt ist den teilweise steilen Anstieg wert. Oben angekommen, kann man sich zudem mit einem Besuch im Alten Observatorium belohnen, welches heute Museum ist. Museumsführungen beginnen zur vollen Stunde, Observationen halbstündlich. Dienstags finden Observationen in Zusammenarbeit mit der Vereinigung der Stockholmer Amateurastronomen im Magnethuset vor dem Museum statt, donnerstags von der Museumskuppel aus; da die Besucherzahl in der Kuppel begrenzt ist, bei gutem Wetter bitte frühzeitig vor Ort sein. Bei schlechtem Wetter richtet man die Teleskope statt auf den Sternenhimmel auf markante Bauwerke in der Stadt.

Observatoriemuseet, Drottninggatan 120, ✆ 54548390, observatoriet@kva.se, So 12–15 Uhr mit Führungen um 12, 13 und 14 Uhr; Okt. bis März außerdem Di/Do 18–21 Uhr mit Observationen (ab Mitte März wegen der längeren Tage erst ab 19 Uhr). T Odenplan oder Rådmansgatan.

Auch diese Berg- oder Felsenparks waren Teil von Albert Lindhagens Plan zur Erneuerung der Stadt und sollten auf ihren begrünten Anhöhen frische Luft sowie schöne Aussichten bereithalten. An der Grenze zwischen Vasastan und Norrmalm liegt ein weiterer solcher Park: der **Tegnérlunden.** Hier steht das von Carl Eldh geschaffene Strindberg-Monument, welches den Künstler als antiken Helden interpretiert, und auch der berühmten Astrid Lindgren wird hier mit einer Skulptur gedacht.

Der markante Brunnen auf dem Sergels torg ist nachts beleuchtet

Vom Tegnérlunden ist es nicht mehr weit bis zur Drottninggatan und den weiteren Einkaufszentren der City. Doch Norrmalms Zentrum ist mehr als eine bloße Shoppingmeile: Wenn man die sanfte Steigung von der Hamngatan hinaufschlendert, ahnt man nicht, dass sich hier einst der steile Bergrücken vom Brunkebergsåsen erhob, den man abtrug, u. a. um mehr Siedlungsfläche zu erhalten. Der Brunkeberg war am 10. Oktober 1471 Schauplatz einer großen Schlacht, in der die Truppen des Dänenkönigs Christian I. denen Sten Stures unterlagen. An diesen Kampf erinnert noch heute die St.-Georgs-Statue in der Altstadt. Auch der **Sergels torg** ist Schauplatz eines noch gar nicht so alten Dramas, welches der Besucher kaum erahnt, obwohl sich das Ergebnis direkt vor seinen Augen manifestiert.

Das Klara-Viertel – ein Beispiel für die Bausünden der 1960er Jahre

Der Sergels torg ist in seinem modernistischen Gewand in der Innenstadt einmalig, wenn auch nicht untypisch für die Stadtpolitik. Noch vor wenigen Jahrzehnten standen hier dicht gebaut die 350 Wohnhäuser und Arbeitsstätten des sehr lebendigen Arbeiterviertels Klara. So manches Gebäude war inzwischen baufällig geworden und der Slum den Stadtvätern ein Dorn im Auge. Man wünschte sich eine moderne City, in der es Platz für Handel und Kommerz gäbe sowie für den ständig wachsenden Verkehr und die dringend benötigte U-Bahn. Für eine solche Stadtsanierung musste aber erst Platz geschaffen werden, da Stockholm im Gegensatz zu anderen europäischen Großstädten im Zweiten Weltkrieg nicht zerbombt worden war. Kaum jemand in Klara war sich der drohenden Abrissgefahr wirklich bewusst, doch fielen 1951 die ersten Häuser, und die anderen folgten. Zeitzeugen berichten, dass eine zerbombte Stadt auch nicht schlimmer hätte aussehen können. Klara verschwand, und an seiner Stelle rissen Bagger „die Grube" in die Erde, eine riesige Baustelle, mit der die Stadt über Jahre hinweg lebte. Rückblickend erscheint es seltsam, dass nur die Ausgestaltung des neuen Platzes massiv kritisiert wurde, es gegen den Abriss eines ganzen Viertels jedoch kaum einen wahrnehmbaren Protest gegeben hatte. Später erst wurde man sich bewusst, dass ein wertvolles kulturhistorisches Erbe unwiderruflich verloren gegangen war.

Heute ist der Sergels torg, und das mag fast ironisch anmuten, architekturhistorisch als Teil der modernistischen Cityentwicklung selbst wieder interessant; so ist beispielsweise diskutiert worden, das von Peter Celsing entworfene Kulturhuset (s. u.) unter Denkmalschutz zu stellen. Doch besitzt der Platz nicht nur kulturellen Status, sondern allgemein eine breite und selbstverständliche Popularität: Hier geht man shoppen und verabredet man sich, hier finden Demonstrationen statt, und große Sportereignisse werden gerne zum Anlass für ein Bad im Brunnen um „den Stock", *„pinnen"*, genommen, wie die Stockholmer das 37,5 m hohe Monument „**Kristallvertikalaccent**" des Künstlers Edvin Öhrström nennen. Konzepte für eine neuerliche Umgestaltung „ihres" Platzes stoßen mittlerweile auf vehemente Ablehnung. Der Sergels torg ist auf einer Seite geprägt von den fünf „Wolkenkratzern" der **Hötorgscity,** von denen der erste 1965 entstand. Im Jahr darauf wurde dann das große Kaufhaus Åhléns gebaut. Diesem Geschäfts- und Handelszentrum wollte man ein nicht-kommerzielles Gegengewicht setzen. Seit 1974 steht Hötorgscity das kommunal betriebene Kulturhaus **Kulturhuset** gegenüber. Über 2 Mio. Besucher

Karte S. 364/365 u. hinterer Umschlag

nehmen jedes Jahr das Angebot dieses kulturellen Forums wahr. In seinen drei Galerien finden jährlich etwa 25 Ausstellungen statt, die, von einigen Ausnahmen abgesehen, kostenlos sind. Der Hörsaal ist eine Bühne für zeitgenössische internationale Kultur. Kindern und Jugendlichen wird Raum für Kreativität gegeben. Der Lesesaal mit seinen internationalen Zeitungen und Zeitschriften oder die vielen Sitzgelegenheiten bieten die Möglichkeit, sich auszuruhen und vom hektischen Großstadttreiben zurückzuziehen. Im Café Panorama sind regelmäßig Autoren aus aller Welt zu Gast. Im Kulturhaus-Gebäude befindet sich auch das Stadttheater.

Sergels torg 101, ✆ 50831508, www.kulturhuset.stockholm.se, unterschiedliche Öffnungszeiten für alle ansässigen Einrichtungen, Kernzeiten etwa Di–Fr 11–19, Sa/So 11–17 Uhr; Galerien Mo geschlossen, aber die übrigen Räumlichkeiten sind i. d. R. zugänglich. T T-Centralen.

An das alte Klara-Viertel erinnert heute noch die zwischen Sergels torg und Hauptbahnhof gelegene Gemeindekirche **Klara kyrka** (auch S:ta Clara kyrka). Im 16. Jh. ließ Johan III. die jetzige Kreuzkirche mit ihrem Turm errichten, nachdem die vorherige Klosterkirche während der Reformation abgerissen worden war. Als die Kirche 1751 von einem Feuer verwüstet wurde, blieben Mauern und Gewölbe stehen, und man begann noch im selben Jahr, sie wieder aufzubauen. Die 116 m hohe Turmspitze stammt von 1884–86. Die Klara kyrka besitzt das größte Glockenspiel in Stockholm. Auf dem Friedhof befindet sich das Grab des volkstümlichen schwedischen Dichters Carl Michael Bellman.

Klarabergsgatan 37, ✆ 4117324, www.klarakyrka.se (nur auf Schwed.), tägl. 10–17 Uhr (Café S:ta Clararummet, zu erreichen über eine Treppe im Inneren der Kirche, Mo–Fr 12.30–15 Uhr sowie im Anschluss an Gottesdienste).

Eingang zur Regierungskanzlei Rosenbad

Nur wenige Blöcke von der Klara kyrka entfernt befindet sich unauffällig in einer Ecke am südlichen Ufer von Norrmalm ein Teil des politischen Machtzentrums des Landes: die Regierungskanzlei, in den Medien auf Grund ihrer Adresse synonym **Rosenbad** genannt (T T-Centralen). Der Name geht auf ein Badehaus zurück, welches vom Badmeister Christopher Thiel in den 1680er Jahren an dieser Stelle errichtet wurde und in dem man neben gewöhnlichen Bädern auch solche mit Rosen, Kamillen oder Lilien anbot, die der Gesundheit besonders zuträglich sein sollten. Das jetzige Gebäude Rosenbad wurde von Ferdinand Boberg entworfen und war 1902 fertig, ein Symbol für nordische Modernität sowohl in Hinsicht auf seine Architektur als auch seine Nutzung (hier gab es eine Bank, Büros, Paradewohnungen und Gastronomie). Es hatte seinerzeit viele Kritiker, die meinten, es passe nicht in das Gesamtbild der Stadt, Boberg selbst aber war zufrieden damit, hier am schönen Strömmen einen künstlerischen und freundlichen Akzent gesetzt zu haben. Viele Rosen im inneren und äußeren Dekor des Hauses greifen das Thema von Rosenbad wieder auf. Von hier aus hat es der Staatsminister nicht weit nach Hause, denn nur wenige Meter entfernt liegt auf der Strömgatan 18 seine Dienstwohnung mit Repräsentationsräumen im **Sagerska palatset** (auch Sagerska Huset genannt). Und auch zum Reichstag jenseits der Brücke Riksbron ist es von seiner Haustür nur ein Katzensprung.

Geht man aber nicht Richtung Riksbron, sondern stattdessen in die andere Richtung weiter, so gelangt man gemütlich zu Fuß zur Grünfläche **Kungsträdgården** oder „Kungsan", wie die Stockholmer ihren kleinen Park liebevoll nennen. Heute unweit des belebten Stadtzentrums gelegen, war dieser älteste Park Stockholms schon zu Gustav Vasas Zeiten der königliche Küchengarten, bis er im 18. Jh. als Park im französischen Barockstil allmählich der Allgemeinheit zugänglich gemacht wurde. Die prächtige Anlage wich unter Karl XIV. dann einem Exerzierplatz. Heute locken hier Bänke und Eisstände im Sommer, im Winter ein Weihnachtsmarkt und eine kleine Schlittschuhbahn (Schlittschuh- und Helmverleih i. d. R. bis ca. 18 Uhr, sonst eigene Schlittschuhe mitbringen). Ganzjährig finden hier viele Veranstaltungen statt.

Die **U-Bahnhaltestelle Kungsträdgården** ist merkwürdig weit abgelegen; ursprünglich war im Frühling 1971 der Beschluss gefasst worden, an der Stelle des Teehauses einen Zugang zu bauen. Dafür war das Fällen mehrerer Ulmen im Kungsträdgården vorgesehen, was allerdings zu Zeiten der Citysanierung und eines starken Politik- und Umweltbewusstseins auf Widerstand in der Öffentlichkeit stieß. Nach Zusammenstößen zwischen dort schon seit einiger Zeit zeltenden und demonstrierenden – und von den Medien bewachten – Aktivisten, den beauftragten Bauunternehmen und der Polizei gewannen in dem, was als der „Almstriden" („der Ulmenkampf") bekannt wurde und was manche einen Symbolkampf um Demokratie nennen, die Ulmenfreunde. Die Bäume, an denen man teilweise heute noch Narben der schon angesetzten Sägen entdecken kann, durften stehen bleiben – und zur Haltestelle geht man jetzt halt etwas weiter.

Beim Kungsträdgården steht die **Königliche Oper.** An dieser Stelle wurde am 30. September 1782 das Operngebäude von Gustav III., einem besonderen Liebhaber der schönen Künste, eingeweiht, in dem dieser selbst dann am 16. März 1792 während eines Maskenballs ermordet wurde. Doch auch nach seinem Tod war die Oper weiterhin Stockholms musikalischer Tempel, bis sie 1892 abgerissen wurde, um für das heutige Opernhaus Platz zu machen. Dieses neue Opernhaus im neoklassizistischen Stil wurde am 19. September 1898 eingeweiht und 1989 umfassend renoviert. Deckengemälde u. a. von Vicke Andrén.

Jakobs torg/Gustav Adolfs torg, ✆ 7914300 (Zentrale) oder 7914400 (Buchung von Tickets, Mo–Fr 12–18, Sa 12–15 Uhr oder bis Vorstellungsbeginn). Führungen (auch auf Englisch möglich) Aug. bis Mai Sa/So 13 Uhr, Buchung bzw. Kauf des Tickets vorab erforderlich (ab Mo der Woche, in der die Führung stattfindet), da Gruppengröße begrenzt. T Kungsträdgården.

Karte S. 364/365 u. hinterer Umschlag

An der Grenze zu Östermalm, auf dem Raoul Wallenbergs torg am Nybroplan, finden sich zwölf liegende Skulpturen sowie ein bronzener Namenszug des schwedischen Diplomaten. Die mit Absicht seltsam formlosen, sphinxartigen Skulpturen der Gruppe „Till Raoul Wallenberg" von Kirsten Ortwed erinnern an den Einsatz Raoul Wallenbergs zur Rettung tausender Juden in Ungarn. Ergänzt wird die Gruppe von einem nur wenige Schritte weiter auf dem Weg Richtung Synagoge gelegenen, großen Mahnmal: einem Granitglobus, dessen mehrsprachige Inschrift daran erinnert und mahnt, dass der Weg oftmals gerade war, wo Juden deportiert wurden, um getötet zu werden, aber verschlungen, gefährlich und gesäumt von Hindernissen, wenn Juden versuchten, ihren Mördern zu entkommen. Die 24 Sprachen repräsentieren die Länder, in denen Juden von den Nazis deportiert wurden. Von der Platzierung des Globus an der Öffnung zum Raoul Wallenbergs torg führt durch den Berzelii Park hin zu Aaron Isaacs gränd der weitere Teil dieses Mahnmalprojektes: Die Skulptur „Vägen", „der Weg", ist eine von Eisenbahnschienen eingefasste Strecke aus Straßenpflastern, die dem Budapester Ghetto entstammen. Die Architekten dieses Projekts sind Aleksander Wolodarski und Gabriel Herdevall. Die Jüdische Versammlung bietet Führungen durch die vom schwedischen Architekten Fredrik Wilhelm Scholander im orientalischen Stil erbaute, 1870 eingeweihte Große Synagoge und das Mahnmal an.

Judiska Församlingen i Stockholm, Wahrendorffsgatan 3, ✆ 58785800, www.jf-stockholm.org. Führungen Mitte Juni bis ca. 1. Woche Sept. Mo–Do 11 und 13 Uhr, Fr 11 Uhr. T Kungsträdgården.

Kunst findet man auch vor dem Nationalmuseum

Museen auf Norrmalm

Nationalmuseum: Das Gebäude im florentinischen und venezianischen Renaissance-Stil liegt vor der Brücke zu Skeppsholmen und beherbergt das größte Kunst- und Designmuseum Schwedens. Hier werden Gemälde, Zeichnungen, Grafiken, Skulpturen und Kunsthandwerk schwedischer und internationaler Künstler vom Mittelalter bis ins frühe 20. Jh. ausgestellt; Design-Exponate und kunsthandwerkliche Ausstellungsstücke datieren bis in die Gegenwart.

Södra Blasieholmshamnen, ✆ 51954300, www.nationalmuseum.se, Juni bis Aug. Di–So 11–17, Di bis 20 Uhr, Sept. bis Mai auch Do bis 20 Uhr. T Kungsträdgården.

Strindbergsmuseet Blå Tornet: In diesem Haus, welches August Strindberg „blauer Turm" nannte, wohnte der vielleicht bekannteste und nicht immer unkontroverse Schriftsteller Schwedens die letzten vier Jahre seines Lebens. Das Museum besteht aus Strindbergs rekonstruierter Wohnstätte mit Schlaf-, Ess- und Arbeitszimmer und der Bibliothek sowie einer Basisausstellung, die ihn als Verfasser, Dramaturgen, Maler und Fotografen zeigt; zudem gibt es weitere Ausstellungen, Theater, Archiv und Bibliothek.

Drottninggatan 85 (4. Etage), ✆ 4115354, www.strindbergsmuseet.se, Di–So 12–16 Uhr. T Rådmansgatan.

Hallwylska Museet: In dem original eingerichteten Privatpalast des gräflichen Paares Walter und Wilhelmina von Hallwyl von 1900 kann man in 40 Räumen auf fünf Etagen die umfassende Sammlung der Gräfin an Kunst- und Alltagsgegenständen sehen. Schon bei Baubeginn gab es Pläne, das Haus einst als Museum zu hinterlassen. Man hat ohne Teilnahme an einer Führung nur Zugang zu einem begrenzten Teil des Museums; Audioguides sind gegen eine Leihgebühr erhältlich. Einen umfassenderen Eindruck erhält man auf einer geführten Tour.

Hamngatan 4, ✆ 4023099, www.hallwylskamuseet.se, Juli/Aug. Di–So 10–16 Uhr, übrige Zeit auch Mi bis 19 Uhr. Führungen Di–Fr 12.30 und 13.30 Uhr, Sa 12.30, 13 und 13.30 Uhr, So 12.30, 13, 14 und 14.30 Uhr; Führungen auf Englisch Sa 14 und 14.30 Uhr. Da begrenzte Teilnehmerzahl, empfiehlt es sich, frühzeitig vor Ort zu sein. Für große und kleine Kinder (empfohlen ab 7 Jahre) gibt es eine dramatisierte Führung durch das Leben im Hallwyllschen Haushalt, wie es sich damals abgespielt haben könnte. Fr 12 Uhr, Sa/So 13 und 14 Uhr. Achtung: max. 30 Teilnehmer, Buchung über o. g. Telefonnummer oder über E-Mail (Bestätigung abwarten!); Kinder und Jugendliche kostenlos; Schwedischkenntnisse sinnvoll. T Kungsträdgården oder Östermalmstorg.

Östermalm

Direkt an Vasastan und Norrmalm angrenzend liegt Östermalm, einer der prächtigsten Stadtteile Stockholms. Albert Lindhagens Esplanadensystem aus breiten, baumbestandenen Alleestraßen wie dem Karlavägen, die auf den Karlaplan zulaufen, lässt die Vorbilder Berlin, Paris und Wien erkennen. Zahlreiche alte Häuser waren hierfür abgerissen worden, und an den breiten Boulevards reihten sich alsbald neue Mietshäuser im Palaststil, höher und stattlicher als alle bisherigen. Östermalm wurde binnen Kurzem der bevorzugte Stadtteil des Stockholmer Bürgertums und ist bis heute Wohnviertel für die Wohlsituierten; manche Wohnung am Strandvägen hat an die 20 Zimmer und kostet bis zu 50.000 SEK/m^2.

Vom Kungsträdgården gelangt man in wenigen Minuten durch den Berzelii Park zu **Kungliga Dramatiska Teatern.** Ursprünglich geht das königliche Theater wie die Oper und die Schwedische Akademie auf Gustav III. zurück, der mit Hilfe der Kultur das Nationalgefühl seiner Untertanen stärken wollte. Das jetzige „Dramaten“, wie das Theater in Schweden genannt wird, wurde 1901–08 von Fredrik Liljekvist erbaut und ist einer der wenigen Monumentalbauten der Stadt in kontinentalem Jugendstil. Die Fassadenreliefs stammen von Christian Eriksson, die Skulpturen im Portikus von Carl Milles und die Gemälde im Foyer von Carl Larsson. Vor dem Gebäude steht eine Statue der weithin beliebten und viel zu früh verstorbenen Schauspielerin Margaretha Krook.

Nybroplan, ✆ 6656100 oder 6670680 (Buchung Eintrittskarten), www.dramaten.se. T Östermalmstorg.

Nur den sprichwörtlichen Katzensprung vom Theater entfernt liegt seit über 100 Jahren Hovstallet, der **Hofstall** seiner Majestät, des Königs. Die Hauptaufgabe des Hofstalles ist heute die Koordinierung des königlichen Fuhrparks, und auch Pferd und Wagen kommen noch zum Einsatz, zum Beispiel bei zeremoniellen Auftritten

Karte S. 364/365 u. hinterer Umschlag

Die Königliche Bibliothek im Humlegården

wie Staatsbesuchen oder beim Empfang neuer Botschafter. Der Hofstall, dessen Wurzeln bis in die Zeit Gustav Vasas zurückreichen, sieht seine weitere Aufgabe in der Wahrung klassischer Reit- und Fahrkunst und der königlichen Equipagekultur sowie darin, diese für die Öffentlichkeit zugänglich zu machen.

H.M. Konungens hovstall, Väpnargatan 1, ✆ 4026106 (Information und Buchung, tägl. 10–11 Uhr), www.royalcourt.se, nur auf Führungen zugänglich: ca. 2. Woche Jan. bis Mai sowie ca. 3. Woche Aug. bis ca. 2. Woche Dez. Sa/So 14 Uhr, Ende Juni bis ca. Mitte Aug. Mo–Fr 14 Uhr. Während einiger Wochen im Jahr also geschlossen. T Östermalmstorg.

Mit der U-Bahn oder zu Fuß gelangt man zum Östermalmstorg, wo die Markthalle, **Östermalms Saluhall,** immer zu einem Besuch verlockt (s. Einkaufen). Zwischen der Humlegårdsgatan und dem Karlavägen liegt der **Humlegården,** ein Park mit ähnlich langer Geschichte wie der Kungsträdgården und mit seinen fast 11 ha eine der größten Grünoasen im Innenstadtbereich. Einige Linden im westlichen Alleenteil stammen vermutlich noch aus den Anfangszeiten des Humlegården im 17. Jh., was ihn zum ältesten ursprünglichen Park der Stadt macht. Dominiert wird er von der **Kungliga Biblioteket,** der schwedischen Nationalbibliothek, die unter ihrem Dach eine Sammlung so gut wie aller seit 1661 in Schweden oder auf Schwedisch veröffentlichten Schriftstücke beherbergt. Dafür wurde dieses 1878 fertiggestellte Gebäude mittlerweile mehrfach erweitert.

Humlegården, ✆ 4634000, www.kb.se, Juni bis Aug. Mo–Do 9–18, Fr 9–17, Sa 11–15 Uhr (Juli Sa geschlossen), übrige Zeit Mo–Do 9–19, Fr 9–17, Sa 11–15 Uhr. T Östermalmstorg.

Folgt man der Allee Karlavägen ihrem Verlauf in nordwestliche Richtung, so gelangt man an ihrem oberen Abschnitt zur **Engelbrektskyrkan**. Der Kirchenbau des Architekten Lars Israel Wahlman, 1914 beendet, ist in seiner Konsequenz ein herausragendes Jugendstilgebäude des frühen 20. Jh. und damit auch ein Teil der Nationalromantik in Schweden. Wahlman entwarf auch die Zeichnungen für den Taufbrunnen und die Ausschmückung des Altars sowie Textilien und Kirchensilber. Zu sehen sind Malereien von Olle Hjortzberg (Chor), Stuckreliefs von Tore Strindberg und Kalkmalereien von Filip Månsson. Die Kirche, reich an symbolischer Ornamentik, kann als "Felsenkirche" bezeichnet werden: Sie thront nicht nur auf dem alten Kvarnberget, sondern war in den Augen Wahlmans auch eine Kirche der Bergpredigt. Diesen Gedanken drückte er deutlich in der Formsprache der Kirche aus: Das 32 m hohe Gewölbe war damals das höchste in Skandinavien, und Auszüge aus der Bergpredigt finden sich auf den acht dieses Gewölbe tragenden Pfeilern. Auch die mächtige Grönlundsorgel beeindruckt ihr Publikum.

Östermalmsgatan 20B, ✆ 4069800, www.svenskakyrkan.se/engelbrekt/engelbrektskyrkan.htm (nur auf Schwed.), Di–So 11–15 Uhr für die individuelle Andacht geöffnet. T Tekniska högskolan.

Museen auf Östermalm

Über die Linnégatan kommt man vom Humlegården zum **Historiska Museet.** Thema ist die schwedische Kulturgeschichte von der Steinzeit über die Zeit der Wikinger bis zum Mittelalter. Die Goldkammer zeigt einen Großteil der älteren Gold- und Silberschätze Schwedens; zu sehen sind u. a. drei Goldkragen aus der Zeit der Völkerwanderungen. Die unglaubliche Fülle dieser Sammlung ist einem Gesetz aus dem 17. Jh. zu verdanken, dem zufolge eigentümerlose Fundstücke aus Edelmetall mit einem Alter von mehr als 100 Jahren in den Besitz des Staates überzugehen haben. Zudem bietet das Museum spannende Ausstellungen über Kultur und Leben der Wikinger, mittelalterliche Kirchenkunst oder Textilhandwerk.

Narvavägen 13–17, ✆ 51955600, www.historiska.se, Mai bis Sept. tägl. 10–17 Uhr, übrige Zeit Di–So 11–17, Do bis 20 Uhr. Okt. bis April Do 16–20 Uhr freier Eintritt. T Karlaplan.

Vom Historischen Museum erreicht man zu Fuß das für Spaziergänge beliebte, weitläufige Grüngebiet **Ladugårdsgärdet** – kurz auch nur Gärdet genannt – auf Norra Djurgården. Wer will, kann diesen Weg gut mit einem Schlenker durch das Gebiet **Diplomatstaden** erweitern. Hier trutzen neben jüngeren Institutionsgebäuden aus späteren Jahrzehnten zwölf prächtige Villen aus dem frühen 20. Jh., die südlich von Dag Hammarskjölds väg halbmondförmig um die Engelska kyrkan, die englische Kirche, gelegen sind. Ursprünglich wurden sie als Residenzen für wohlhabende Privatpersonen genutzt, dann aber zunehmend von diplomatischen Vertretungen bezogen. Hinter diesen Villen steht eine illustre Architektenschar; so findet man unter ihnen u. a. die namhaften Ivar Tengborn, Carl Westman und Ragnar Östberg. Diplomatstaden ist als kulturell wertvoll klassifiziert und in mehr als einer Hinsicht einen Abstecher wert, aber vielleicht nicht gerade, um sich seine zukünftige Adresse auszugucken, denn hier sollen die höchsten jemals in Schweden für private Wohnhäuser verlangten Preise erzielt worden sein.

Alternativ ist Gärdet mit dem Bus 69 oder 69K (Richtung Blockhusudden oder Kaknästornet) z. B. vom Hauptbahnhof oder vom Sergels torg erreichbar. Von Gärdets Grünfläche ist es nur noch ein Katzensprung zur **Museumsstadt**, die gleich mit mehreren Ausstellungen lockt, z. B.:

Sjöhistoriska Museet: Das nationale Maritimmuseum dokumentiert den Versuch der Menschen, das Meer zu bezwingen und es sich zu Nutze zu machen. Viele Themenaustellungen, große Modellsammlung; für Kinder lockt ein Ausflug nach Saltkråkan.

Djurgårdsbrunnsvägen 24, ✆ 51954900 (Info), www.sjohistoriska.se, tägl. 10–17 Uhr. Montags Eintritt frei; tägl. 14 Uhr kostenlose Führungen, samstags 11 Uhr für Kinder. Bus 69 oder 69K Richtung Blockhusudden oder Kaknästornet bis Sjöhistoriska Museet.

Stockholm Karte S. 364/365 u. hinterer Umschlag

Riksidrottsmuseet: Wer sagt denn, dass Sportbegeisterung und Museum nicht zusammenpassen? Drei Basisausstellungen schildern den schwedischen Sport von der Vorzeit bis heute.

Djurgårdsbrunnsvägen 26, ✆ 6996010, www.riksidrottsmuseet.se, Di–Fr 12–17 Uhr, Sa/So ab 11 Uhr. Bus 69 oder 69K Richtung Blockhusudden oder Kaknästornet bis Sjöhistoriska Museet.

Etnografiska Museet: Sammlungen und spannende Themenausstellungen über homo ludens aus Afrika, Asien, Australien, Ozeanien, den Amerikas und Grönland. Zum Museum gehört auch „Matmekka", ein populäres, gutes, ökologisch orientiertes Weltbistro unter der Leitung von Carolas Eko und der u. a. durch Kochbücher und Fernsehauftritte bekannten Köchin Carola Magnusson.

Djurgårdsbrunnsvägen 34, ✆ 51955000, www.etnografiska.se, Mo–Fr 10–17, Sa/So ab 11 Uhr; Informationen zu den Führungen durch die Ausstellungen auf der Homepage. Eintritt frei. Bus 69 oder 69K Richtung Blockhusudden oder Kaknästornet bis Sjöhistoriska Museet.

Tekniska Museet: Schwedische Technologie- und Industriegeschichte; zudem ein Science Center, Experimentstationen und Schwedens erstes 4-D-Kino.

Museivägen 7, ✆ 4505600, www.tekniskamuseet.se, Mo–Fr 10–17, Mi bis 20 Uhr, Sa/So 11–17 Uhr. Bus 69 oder 69K Richtung Blockhusudden oder Kaknästornet bis Museiparken.

Unweit der Museumsstadt ragt der **Kaknästornet** auf: Besucher können sich mit dem Aufzug in Windeseile ins 30. Stockwerk des 155 m hohen Funkturms befördern lassen, von dem man bei klarer Sicht bis zu 60 km weit sehen kann. Das 1967 eingeweihte Gebäude ist nicht nur eines der höchsten Nordeuropas, sondern auch ein Beispiel für die Baukunst der 1960er Jahre. Hier finden Sie auch das am höchsten gelegene Restaurant-Café der Stadt.

Mörka kroken 3, ✆ 6672105. Restaurant Mo–Sa 11–21, So 11–16 Uhr (angegeben ist der letzte Einlass); Café und Skybar Mo–Do 10–17, Fr/Sa 10–21, So 10–18 Uhr; Aussichtspunkt und Shop Mo–Sa 10–21, So 10–18 Uhr.

Vom Kaknästurm aus erreicht man über den Djurgårsbrunnsvägen und die anschließende Brücke eines der beliebtesten Ausflugsziele in der Stadt: Djurgården, grüne Lunge und Naherholungsgebiet.

Verabredungen und Shoppingtouren auf dem Stureplan auf Östermalm

Djurgården

Wenn man heute von Djurgården, wörtlich etwa „Tierhof", spricht, so meint man in der Regel Södra Djurgården, die Insel zwischen den Gewässern Saltsjön, Djurgårdsbrunnsviken und Djurgårdsbrunnskanalen, welche zusammen mit Norra Djurgården auf dem Festland Teil vom Ekoparken ist (s. auch Ausflüge). Djurgården ist heute ein Synonym für grüne Parklandschaft, Entspannung, Abenteuer und Aktivitäten für Jung und Alt. Früher war es allerdings königlicher Besitz: Walmundsön, wie Södra Djurgården damals hieß, wurde bereits 1452 unter Karl Knutsson Eigentum der Krone, und 1540 kam auch der nördliche Teil hinzu. Der landwirtschaftlich interessierte Gustav Vasa nutzte es als Zuchtstätte und Weidegrund für königliche Pferde und Vieh, doch erst als König Johan III. 1576 begann, in eingezäunten und bewachten Gehegen Elchkälber zu zähmen, begann Djurgårdens Epoche als königlicher Tierpark und Jagdrevier. Im Zuge von Stadtentwicklung und Bevölkerungszunahme wurde allmählich ein Teil von Norra Djurgården zum Wohngebiet umgewandelt und die Parklandschaft Södra Djurgården der Allgemeinheit zugänglich gemacht.

Djurgården lädt primär zu ausgedehnten Spaziergängen, Joggingrunden sowie Touren auf Inlinern oder mit dem Fahrrad ein. Diese können das Saltsjönsufer und den Djurgårdsbrunnskanalen entlang um die gesamte Insel oder über einen der zahlreichen anderen Wege durch ihren grünen Kern führen. Doch auch für Kulturhungrige gibt es eine Vielzahl an Möglichkeiten. Eine Anfahrt über das Wasser mit der regelmäßig von Slussen nach Gröna Lund verkehrenden Fähre ist ein pittoreskes Erlebnis und ein Muss bei einem Stockholm-Besuch.

Für Djurgården gilt grundsätzlich: Bus 44 Richtung Skansen, die – auch mit Rollstuhl zugängliche – Fähre Djurgårdsfärjan von Slussen über Skeppsholmen bis Allmänna Gränd beim Vergnügungspark Gröna Lund und für die östliche Spitze auch Bus 69 Richtung Blockhusudden. Eine besonders charmante Anfahrt hat man in der Museumsstraßenbahn 7 von Norrmalmstorg, man fährt in Wagen aus den 20er-, 30er- und 40er-Jahren; ein gelöstes Ticket gilt für die Hin- und Rückfahrt am selben Tag. Achtung: Die Straßenbahn wird von einem Verein und nicht von SL betrieben; es gelten zwar die SL-Zeitfahrausweise, die Stockholmskarte und die Stockholm-à-la-Carte-Karte, nicht aber die *kontantkuponger* und die *förköpskuponger*! Die Museumsstraßenbahn fährt nur im Hochsommer tägl.; etwa 1. Woche Juli bis etwa 3. Woche Aug. tägl. 10–19 Uhr, ca. Ende Aug. bis ca. Ende Sept. Sa/So sowie an Feiertagen 10–19 Uhr und Anfang Okt. bis ca. 3. Woche Dez. bis 17 Uhr. Abfahrt etwa alle 15 Min., manche Touren sind mit einem beliebten Caféwagen ausgestattet, der als das Café mit der abwechslungsreichsten Aussicht für sich wirbt (für Fahrplandetails s. www.sparvagnssallskapet.se/djurgardslinjen; auch auf Dt.).

Sehenswertes auf Djurgården

Gröna Lund: Bunter Vergnügungspark seit 1883 und damit der älteste Schwedens. Die klassischen Attraktionen, Los- und Spielbuden, viele Bühnen und Sonderveranstaltungen sowie die kulturhistorisch interessanten Gebäude, von denen einige älter als das eigentliche Tivoli sind, garantieren Spaß und Unterhaltung für die ganze Familie. Ungewöhnlich ist die großartige Kulisse am Ufer von Djurgården; so hat man im Kettenkarussell das Gefühl, über das Wasser zu fliegen, und das altmodische Riesenrad, wenn auch nicht wirklich riesig, gewährt einen hübschen Ausblick. Interessantes Detail: Im Tivoli werden jeden Tag im Schnitt 5000 Preise ausgeteilt, davon sind zwei Tonnen Süßigkeiten.

Karte S. 364/365 u. hinterer Umschlag

Im Skansen werden Tradition und Geschichte anschaulich gemacht

dem Philologen Artur Hazelius gegründet, um traditionelle schwedische Volkskultur zu bewahren, die er durch die fortschreitende Industrialisierung gefährdet sah. So hatte er bereits 1870 damit begonnen, auf seinen Reisen einzelne Gegenstände zu sammeln – die Grundlage für das Nordische Museum (s. u.). Aber das allein genügte nicht den holistischen Zielen Hazelius', der Geschichte dadurch lebendig machen wollte, dass er ganze Häuser bzw. Gehöfte mit ihren traditionellen Ausstattungen und Bewohnern in ihrem natürlichen Umfeld darstellte. Auf Skansen entstand ein Schweden in Miniaturformat: Auf Spaziergängen zwischen Schonen und Lappland erlebt man Natur, Architektur und Kultur vom 14. bis zum 20. Jh. Feste und Ereignisse wie Mittsommer, Lucia, Weihnachten oder Neujahr werden im Skansen immer gefeiert, häufig auch mit prominenter Präsenz, und das Museum ist regelmäßig Ort für beliebte Fernsehproduktionen.

Haupteingang Djurgårdsslätten, ✆ 4428000, www.skansen.se, Mai bis etwa Mittsommer tägl. 10–20 Uhr, etwa Mittsommer bis Aug. tägl. 10–22 Uhr, März bis April und Okt. tägl. 10–16 Uhr, Nov. bis Feb. Mo–Fr 10–15, Sa/So 10–16 Uhr. Die kulturhistorischen Häuser sind vor allem im Herbst/Winter nur eingeschränkt geöffnet. Detaillierte Öffnungszeiten aller Einrichtungen finden Sie Tag für Tag auf der Homepage gelistet. Bus 44 bis Skansen oder Straßenbahn 7 Richtung Waldemarsudde bis Liljevalchs/Gröna Lund.

Nordiska Museet: Niemand kann das beeindruckende Gebäude hinter der Djurgårdsbrücke übersehen, das an ein Renaissance-Schloss erinnert. Ursprünglich hatte es übrigens viermal so groß werden sollen. Der bunte Eindruck wird verstärkt durch unterschiedliche schwedische Steintypen im Mauerwerk sowie die von Carl Eldh geschaffenen Reliefs und Skulpturen mit ihrer ausdrucksstarken Motivik. Wie Skansen wurde auch das 1907 eingeweihte Museum für nationale Kulturgeschichte von Artur Hazelius gegründet, der hoffte, es werde der Nachwelt die schwedische Kultur bewahren und so den Patriotismus stärken. So vielfältig wie seine Architektur ist auch der Inhalt des Museums: Aus- und dargestellt wird alles Erdenkliche von Samentradition bis hin zu typisch schwedischen Sitten und Gebräuchen. Besonders beliebt bei Kindern ist die Spielstube, in der sie das ländliche Leben im Schweden der 1890er Jahre nachahmen können.

Djurgårdsvägen 6–16, ✆ 51954600, www.nordiskamuseet.net, Mo–Fr 10–16, Mi bis 20 Uhr, Sa/So 11–17 Uhr. Bus 44 Richtung Skansen bis Nordiska Museet/Vasamuseet oder Straßenbahn 7 Richtung Waldemarsudde bis Djurgårdsbron.

Aquaria Vattenmuseum: Im Wassermuseum Aquaria wird der Lebensraum Wasser im südamerikanischen Regenwald, im tropischen Meer und in der nordischen Umwelt dargestellt. Dabei erhalten die Besucher auch wichtige Information über Umweltprobleme wie Überdüngung; nicht zuletzt aber bekommt man einen Einblick in die fantastische Welt des Lebensraums Wasser. Am Di, Do, Sa und So um 14 Uhr kann man Tierpflegern auf eine Fütterungsrundwanderung durch alle Bereiche folgen, auf der man gleichzeitig Anschauungsunterricht erhält (nur begrenzte Teilnehmeranzahl möglich). Der Fütterung der Haie und der Moränen (die grüne mit Namen Bengt) kann man am Mi, Sa und So um 14.30 Uhr beiwohnen.

Falkenbergsgatan 2, ✆ 6609089, www.aquaria.se, Mitte Juni bis Aug. tägl. 10–18 Uhr, übrige Zeit Di–So 10–16.30 Uhr. Bus 69 Richtung Blockhusudden bzw. Bus 69K Richtung Kaknästornet, jeweils bis Djurgårdsbron, oder Straßenbahn 7 Richtung Waldemarsudde bis Liljevalchs/Gröna Lund.

Vasamuseet: Vielleicht das spektakulärste Museum der Stadt, mit Sicherheit aber eines der beliebtesten und bekanntesten. 1628 sank das Regalschiff Vasa. Nach seiner Bergung wurde es konserviert und restauriert, und nun wird es hier in all seiner eindrucksvollen Größe und Pracht ausgestellt – 95 % des Schiffs sind Originalteile. Das eigens für das Schiff konzipierte Museum ist nahe der Stelle errichtet worden, wo es einst versank. Filme und zusätzliche Ausstellungen beleuchten verschiedene geschichtliche Aspekte auf eine solche Art und Weise, dass die Geschichte der Vasa in jedem Augenblick lebendig und gegenwärtig ist. Ein klares Muss bei einem Stockholmbesuch.

Galärvarvsvägen 14, ✆ 51954800, www.vasamuseet.se (auch auf Dt.). Juni bis Aug. tägl. 8.30–18 Uhr, übrige Zeit tägl. 10–17, Mi bis 20 Uhr. Führungen auf Englisch tägl. 11.30, 13.30 und 15.30 Uhr, Sa/So außerdem 10.30 Uhr, Juni bis Aug. auch auf Deutsch tägl. 9.30, 11.30, 13.30 und 15.30 Uhr. Etwa einmal monatl. Führungen in Zeichensprache, die genauen Daten sind auf der Homepage angegeben. Schwedisch- oder englischsprachige MP3-Guides vor Ort oder auf der Homepage herunterladbar. Bus 69 Richtung Blockhusudden bzw. Bus 69K Richtung Kaknästornet bzw. Straßenbahn 7 Richtung Waldemarsudde, jeweils bis Djurgårdsbron, oder Bus 44 Nordiska Museet/Vasamuseet.

Die Vasa lag 333 Jahre auf dem Meeresgrund und steht heute in ihrem eigenen Museum

Die Vasa – 333 Jahre auf dem Grund

Die Vasa sollte Schweden ruhmreich in die Großmachtära voraussegeln – und hat dann nie den Stockholmer Hafen verlassen.

Unter der Regierung Gustavs II. Adolf und seines Reichskanzlers Axel Oxenstierna vollzog sich der Wandel Stockholms von einer Handelsstadt zur königlichen Hauptstadt modernen Zuschnitts. Schweden wurde einer der effektivsten zentralregierten Staaten in Europa. Neben innenpolitischen Modernisierungsmaßnahmen betrieb der König eine Außenpolitik, die Schweden zur Großmacht machen sollte. Es war dieser Gustav II. Adolf, der Schweden 1630 in den Dreißigjährigen Krieg führte. Ihm war die Bedeutung der Seestreitkraft für Schweden bewusst: „Nächst Gott beruht das Wohlergehen des Reiches auf seiner Flotte." Um in den Ostseeanrainerstaaten Krieg führen und im Polnischen Krieg den Anspruch auf den schwedischen Thron gegen die polnische Seite des Vasageschlechts verteidigen zu können, musste die Flotte verstärkt werden. So wurden auf der Werft, die dem Königlichen Schloss gegenüber auf Blasieholmen lag – etwa dort, wo heute das Grand Hôtel steht – zahlreiche Kriegsschiffe gebaut. Das führende Fahrzeug dieser Flotte sollte das königliche Kriegsschiff „Vasa" werden, das der König selbst 1625 bei dem holländischen Schiffsbauer Henrik Hybertsson in Auftrag gab. Mit einem Schiffsrumpf aus 1000 Eichen, 64 schweren Kanonen und sechs Sturmgeschützen auf zwei Batteriedecks, über 50 m hohen Masten und zahlreichen prachtvollen und symbolträchtigen Bildwerken war die Vasa kräftiger gebaut, schwerer bestückt und reicher verziert als alle anderen – das prächtigste aller Kriegsschiffe sollte nicht nur Furcht einflößen, sondern auch imponieren. Nicht zuletzt sollte es die Stärke des schwedischen Königs demonstrieren: Am Hinterspiegel liest man die Initialen GARS – Gustavus Adolphus Rex Sueciae – und das Galion schmückt ein zum Kampf bereiter Löwe, der den König selbst symbolisiert, da dieser von seinen Zeitgenossen der „Löwe des Nordens" genannt wurde. Dreieinhalb Jahre später, am 10. August 1628, lag das Schiff im Hafenwasser vor dem Schloss bereit, um zu seiner Jungfernfahrt auszulaufen. Viele Stockholmer waren zugegen, um dem Schauspiel beizuwohnen – und mussten dabei zusehen, wie die Vasa nach kaum einer Seemeile vor Beckholmen mit gehissten Segeln langsam versank. 50 Menschen nahm sie mit in den Tod, doch noch nachhaltiger wirkte die Symbolträchtigkeit des Dramas. Die sofort eingeleitete Untersuchung ergab, dass das Schiff viel zu instabil im Wasser gelegen hatte, sodass schon eine leichte Böe es hatte zum Kentern bringen können. Es kam jedoch zu keiner Verurteilung: Der König, der die Maße genehmigt hatte, war unfehlbar, Hybertsson selbst im Jahr zuvor gestorben. Moderne Untersuchungen haben indes bestätigt, dass der Unterwasserteil im Verhältnis zu Rumpf, Takelage und Artillerie zu klein war. Am 25. August 1956 fand der Ingenieur Anders Franzén nach mehrjähriger systematischer Suche das Schiff. Und wieder waren zahlreiche Stockholmer anwesend, als es am 24. April 1961 endlich in einer aufsehenerregenden Bergungsaktion nach fast 333 Jahren vom Grund gehoben wurde.

Der Dreimaster Af Chapman liegt vor Skeppsholmen vor Anker

Skeppsholmen

Über die Djurgårdsbron verlässt man Djurgården Richtung City. Die Skeppsholmsbron, die Brücke, die Norrmalm beim Nationalmuseum mit der Insel Skeppsholmen verbindet, hat nicht nur wegen ihrer mittig platzierten, charakteristischen Goldkronen Berühmtheit erlangt, sondern auch, weil selbige des nachts gerne mal gewaltsam von ihrem Standort entfernt und in den Fluten versenkt werden.

T Kungsträdgården. Die Djurgårdsfähren laufen i. d. R. auch Skeppsholmen an.

Skeppsholmen mit ihrem Anhang Kastellholmen wurde 1640 Stützpunkt der Kriegsmarine. Heute ist die Insel vielleicht am markantesten durch ihre schwimmende Jugendherberge, den Dreimaster „Af Chapman“, geprägt.

Moderna Museet: Skandinavische und internationale Kunst aus der Zeit von Beginn des 20. Jh. bis heute ist in diesem meistbesuchten Kunstmuseum Schwedens ausgestellt. Die Sammlung im lichten, an den frühen skandinavischen Funktionalismus angelehnten Gebäude des Architekten Rafael Moneo umfasst u. a. Gemälde, Skulpturen, Installationen und Videos; sie präsentiert Werke z. B. von Picasso, Matisse, Dardel, Bacon oder Oppenheim. Auch im Außengelände begegnet Ihnen Kunst, z. B. „Das Paradies“ von Niki de Saint Phalle. Eigenständige Bekanntheit hat auch das Bistro-Restaurant des Museums erlangt, das nicht zuletzt einen großartigen Blick auf das Wasser und Djurgården bietet (ein Klassiker ist mittlerweile der Brunch: Sa/So 11.30–13.30 oder 14–15.30 Uhr; unbedingt reservieren!).

Skeppsholmen, ✆ 51955200, www.momumat.se, Di 10–20, Mi–So 10–18 Uhr, Führungen Di/Do 12 Uhr, So 15 Uhr (Achtung: begrenzte Teilnehmerzahl). Restaurant ✆ 51956291, Di 11–20, Mi–So 11–17 Uhr. Bus 65 Richtung Kastellholmen bis Moderna Museet/Arkitekturmuseet oder Djurgårdsfähre bis Skeppsholmen.

Arkitekturmuseet: Angeschlossen an das Moderna Museet, Kombi-Eintrittskarten sind erhältlich. Die übersichtliche Basisausstellung illustriert plastisch und vielseitig

Karte S. 364/365 u. hinterer Umschlag

Rafael Moneo entwarf das Moderna Museet in Stockholm

schwedische Bautraditionen über die Jahrhunderte und moderne Perspektiven auf Architektur und den urbanen Raum.

Exercisplan und Slupskjulsplan (Eingang bei Moderna Museet), ✆ 58727000 (Sa/So ✆ 58727002), Di 10–20, Mi–So 10–18 Uhr. Freitags ab 16 Uhr Eintritt frei. Anfahrt s. Moderna Museet.

Eine ganz besondere Institution nicht nur auf Skeppsholmen, sondern für ganz Stockholm ist **Föreningen Folkmusikhuset.** Die 1979 gegründete Vereinigung setzt sich für die Verbreitung von schwedischer Volksmusik und schwedischem Volkstanz ein. Jeden Sonntag ab 18 Uhr offenes Haus mit abendlichem Kaffeetrinken, wie man es sonst aus ländlichen Gegenden kennt. Der Eintritt ist frei. Ab 18 Uhr steht gemeinsames Musizieren und Unterricht in Volkstanz auf dem Programm, ab 19 Uhr Gesang, ab 20 Uhr offener Tanz mit Spielleuten. Schwedischkenntnisse stark empfohlen!

Skeppsholmsgården, ✆ 4119988, www.folkmusikhuset.se (auch auf Dt.). Von der Skeppsholmsbron aus gesehen hinter Moderna Museet; am einfachsten gelangt man dorthin, indem man hinter der Brücke gleich links abbiegt und am Ufer entlanggeht, bis man das Gebäude von Skeppsholmens Folkhögskola rechter Hand erreicht.

Gamla Stan und Helgeandsholmen

Für Gamla Stan und Helgeandsholmen gilt: U-Bahnhaltestelle T Gamla Stan, für Helgeandsholmen ist auch T T-Centralen günstig. Von Norrmalm führen mehrere Brücken nach Gamla Stan, dabei passiert man über die Riksbron oder die Norrbro eine weitere Insel, Helgeandsholmen, also die „Insel des Heiligen Geistes". Über der Riksbron erhebt sich der Reichstag, **Riksdagen.** Interessierte haben ganzjährig die Möglichkeit, die Räumlichkeiten zu besichtigen.

Riksgatan 3, ✆ 7864000 (Zentrale), www.riksdagen.se. Kalenderwochen 26–34, also etwa Juli und August, tägl. Führungen auch auf Englisch 13.30 Uhr, übrige Zeit nur Sa/So. Bei Bedarf eines Zeichensprachendolmetschers bitte vorher Kontakt aufnehmen. Die Führungen sind gratis, aber nicht buchbar und auf max. 28 Personen beschränkt; da außerdem auch eine Sicherheitskontrolle durchgeführt wird, bitte rechtzeitig vor Ort sein. Eine Führung zu den Kunstwerken im Reichstag findet in den Kalenderwochen 36 bis 25 Mo 18 Uhr statt.

In unterirdischen Gewölben direkt unter der westlich von Riksbron gelegenen Norrbro liegt an der Strömparterren, einem halbmondförmigen Platz, an dem sich im Mittelalter ein klösterlicher Kräutergarten befand und wo man sich Mitte des 19. Jh. gerne traf, um einen Punsch zu sich zu nehmen und zu parlieren, nun das **Medeltidsmuseum,** das Mittelaltermuseum der Stadt, welches anhand zahlreicher Fundstücke die Entstehung und mittelalterliche Entwicklung Stockholms dokumentiert.

Strömparterren, Norrbro, ✆ 50831790, www.medeltidsmuseet.stockholm.se. Di–So 12–17, Mi bis 19 Uhr. Eintritt frei. T Gamla stan, T-Centralen oder Kungsträdgården.

Gamla Stan, die Altstadt von Stockholm, ist der von Touristen wohl am stärksten frequentierte Teil der Stadt. Urige Gässchen und mittelalterlich anmutende Plätze bestimmen das Bild. Hier wird Stockholms Geschichte vielleicht am deutlichsten lebendig – und besonders exzessiv kommerzialisiert. Als sich Birger Jarl Mitte des 13. Jh. daran machte, die Zufahrt in den Mälaren zu kontrollieren, setzte er auf diese Insel zwei Wachtürme, einen in den Süden und den anderen, „Kärnan“, zusammen mit einer Burg in den Norden, dorthin, wo heute das Königliche Schloss steht. Zwischen den Türmen zog man Mauern, innerhalb derer schnell eine feste Besiedlung entstand. Fortan wurde die Insel Stadsholmen genannt. Im Mittelalter war Stadsholmen jedoch deutlich kleiner als die heutige Altstadt. Die Straßen Västerlånggatan und Österlånggatan, welche entlang der ältesten Stadtmauer verliefen, demonstrieren dies anschaulich. Der spätere Bodenzuwachs entstand durch Landhebung und manuelle Auffüllarbeiten.

Stockholm war vornehmlich eine Handelsstadt, woran die Köpmangatan („Kaufmannsstraße“), 1350 die erste namentlich erwähnte Straße in Stockholm, erinnert. Sehr früh schon hatten sich auch deutsche Kaufleute dort niedergelassen, die bald mit bedeutenden Privilegien versehen worden waren. Davon zeugen noch Straßen- und Platznamen im Viertel um die Tyska kyrkan. Deutsches Sprach- und Kulturgut war auch sonst vielfach gegenwärtig und fest in den Alltag integriert, und so war Stockholm bis ins 18. Jh. praktisch eine zweisprachige Stadt. In den ersten Jahrhunderten ihrer Existenz bestand die städtische Bebauung vorwiegend aus Holzhäusern, doch wegen der immerzu drohenden Brandgefahr wurden diese 1552 von Gustav Vasa verboten.

Wer heute abseits der bunten Touristenmeilen einen Blick vom mittelalterlichen Stockholm erhaschen möchte, sollte die großen Straßen verlassen und z. B. gemächlich die Prästgatan entlangspazieren (in der Nr. 78 wurde am 28. Mai 1853 der Maler Carl Larsson geboren). Von der Prästgatan führt Mårten Trotzigs gränd, eine an ihrer engsten Stelle nur etwa 90 cm breite Gasse, hinunter zum alten Handelsplatz Järntorget. Wer mehr über die mittelalterliche Stadt erfahren möchte, dem sei ein Besuch in Stockholms Medeltidsmuseum empfohlen.

Heute ist Gamla Stan vor allem ein sehr begehrtes Wohnviertel; wer sich seine Adresse hier sichern will, muss bereit und im Stande sein, die horrenden Wohnungspreise zu zahlen – wenn einem überhaupt das Kunststück gelungen ist, eine der raren wie begehrten Residenzen ergattert zu haben. So pittoresk seine alte Bebauung für den heutigen Geschmack ist, so sehr empfanden die Stadtväter sie seit dem 19. Jh. als Schandfleck. Ende der 1960er Jahre erwog man tatsächlich, Mietshäuser, die nicht den sanitären Standards entsprachen, abzureißen und sie durch moderne zu ersetzen. 20 Jahre zuvor waren ähnliche Pläne sogar ansatzweise in die Tat umgesetzt worden: Um Raum für die Stadtverwaltung zu schaffen, plante man, den

Karte S. 364/365 u. hinterer Umschlag

gesamten Häuserblock um die Klockgjutargränden, die Kolmätargränden und die Stenbastugränden niederzureißen. Man betrachtete es als unmöglich, die alte Bausubstanz des Viertels in den Neubau zu integrieren, und so war bereits ein Drittel der Gebäude abgerissen, als der Architekt Artur von Schmalensee mit seinem Vorschlag sowohl das Ministerium als auch die Denkmalspfleger zufrieden stellte: Innerhalb der bewahrten Randbebauung errichtete er um einen offenen Innenhof einen neuen Gebäudekranz. Auch wenn der klassizistisch anmutende **Kanslihusannexet** keinen ungeteilten Beifall fand, lohnt sich ein Abstecher schon wegen des gleichzeitig harmonischen und dramatischen Eindrucks, den man erhält, wenn man aus einer der engen Gassen in den weiten Raum des Hofes tritt.

Sehenswertes in Gamla Stan

Diese Rubrik ist beinah anmaßend, denn sehenswert ist in Gamla Stan wirklich fast alles auf die eine oder andere Weise, sei es das reiche historische Erbe, die Vielzahl schmaler Gässchen im Herzen dieses Viertels oder die stattliche Fassade der Häuser am Skeppsbrokajen, die als das Gesicht Stockholms Richtung Ostsee blicken. Oder einfach so pittoreske Orte wie der ursprünglich als Wendeplatz für Fahrzeuge angelegte idyllische Brända tomten mit der stattlichen Kastanie, einem der wirklich alten Bäume in Stockholm. Ob man sich auf einen Streifzug in die Vergangenheit, nur auf einen entspannten Spaziergang durch eine atmosphärische Szenerie oder auf die Jagd nach kleinen Anekdoten oder (häufig überteuerten) Souvenirs begeben möchte, this is the place!

Stockholms Slott: An dieser Stelle stand einst die Burg „Tre Kronor", die spätestens unter Gustav Vasa zur vornehmsten des Landes aufstieg. Der König ließ ihre Verteidigungsanlagen ausbauen, und aus der Burg wurde eine Festung. Diese wiederum verwandelte Gustav Vasas kulturell interessierter Sohn Johan III., dessen „höchste Lust" das Bauen war, in ein Renaissance-Schloss. Als es am 7. Mai 1697 bis auf einen zuletzt gebauten Flügel niederbrannte, wurde das neue Schloss von Nicodemus Tessin d. J. und dessen Nachfolger Carl Hårleman in italienischem Stil errichtet und 1754 vollendet. Teile des alten Tre Kronor sind noch in der Schlossmauer enthalten. Mit seinen 608 Zimmern ist die offizielle Residenz des Königs das größte königliche Schloss der Welt, welches noch entsprechend genutzt wird. Neben den Repräsentationsräumen beherbergt es auch einige Museen. Erhältlich ist ein 30 Tage lang gültiges Kombi-Ticket, mit dem man Zutritt zu den Repräsentationsräumen, der Schatzkammer, dem Museum Tre Kronor und, wenn geöffnet, auch zu Gustav III:s Antikmuseum erhält.

Slottsbacken 1, ✆ 4026130 (wenn nicht anders angegeben; Mo–Fr 9–12 Uhr), www.royalcourt.se. Representationsvåningarna, Skattkammaren und das Museum Tre Kronor haben dieselben Öffnungszeiten: Juni bis Aug. tägl. 10–17 Uhr, Mitte bis Ende Mai und Anfang bis Mitte Sept. tägl. 10–16 Uhr, Mitte Sept. bis Mitte Mai Di–So 12–15 Uhr.

Representationsvåningarna: Zu den Repräsentationsräumen gehören u. a. der Reichssaal, in dem der König bis 1975 jedes Jahr den Reichstag eröffnete, und prachtvolle Gemächer mit zeittypischem Inventar aus mehreren Jahrhunderten. Achtung: Die Repräsentationsräume sind der Arbeitsplatz des Monarchenpaares und daher an manchen Tagen nicht zu besichtigen (nähere Angaben auf der Homepage).

Führungen auf Englisch Mitte Mai bis Mitte Sept. tägl. 11 und 14 Uhr, übrige Zeit Di–So 14 Uhr.

Skattkammaren: In der Schatzkammer im Gewölbe unter dem Schloss können die Reichsregalien bewundert werden; die ältesten stammen von Gustav Vasa. Die

Wachablösung mit Musik im Hof des Königlichen Schlosses

Regalien werden heute noch bei königlichen Taufen, Hochzeiten und Begräbnissen hervorgeholt.

Führungen auf Englisch Mitte Mai bis Mitte Sept. tägl. 13 Uhr, übrige Zeit Di–So 13 Uhr.

Museum Tre Kronor: Beim Schlossbrand 1697 aus den Flammen gerettete sowie später bei Ausgrabungen entdeckte Gegenstände geben einen Einblick in das tägliche Leben auf dem mittelalterlichen Schloss.

Führungen auf Schwedisch Mitte Mai bis Mitte Sept. tägl. 12 Uhr, übrige Zeit Di–Fr 12.15 Uhr.

Gustav III:s Antikmuseum ist mit seiner Eröffnung im Jahre 1794 eines der ältesten Museen Europas. Der an Kunst und Architektur äußerst interessierte Gustav III. erwarb den Großteil der Exponate des Museums selbst auf einer Reise nach Italien Ende des 18. Jh., und man beschloss nach dem Tod des Königs, die aus über 200 Skulpturen bestehende Sammlung zum Andenken des Monarchen auszustellen. Die Exponate stehen in den Galerien an den gleichen Plätzen wie früher. Das Prachtstück Endymion befindet sich in der Större Stengalleriet, der Größeren Steingalerie, und weckt heute wie damals Bewunderung.

Juni bis Aug. tägl. 10–17 Uhr, Mitte bis Ende Mai und Anfang bis Mitte Sept. tägl. 10–16 Uhr. Führung auf Schwedisch tägl. 11 Uhr.

Livrustkammaren (Zeugkammer): Im 16. Jh. befand sich hier im Kellergewölbe noch die Waffenkammer, jetzt sind Rüstungen und Waffen Gustav Vasas, königliche Hochzeits- und Krönungsgewänder sowie Paradewagen ausgestellt – und das Pferd Streiff, welches Gustav II. Adolf in der Schlacht bei Lützen ritt.

Slottsbacken 3, ✆ 4023030 (9–12 Uhr), www.livrustkammaren.se, Di–So 11–17 Uhr; Führungen 14 Uhr, für Kinder Sa/So 13 Uhr (vorab Sprachen erfragen).

Slottskyrkan: In der Schlosskirche richtet die königliche Familie kirchliche Zeremonien aus. Das Innere der Kirche wurde Mitte des 18. Jh. von Carl Hårleman größtenteils nach Zeichnungen von Nicodemus Tessin d. J. vollendet. Die an Sonn- und

Karte S. 364/365 u. hinterer Umschlag

Feiertagen gehaltenen Gottesdienste sind ebenso wie die musikalischen Programme mit Orgelspiel und klassischer Musik für alle offen.

Ganzjährig zu Gottesdiensten So 11 Uhr, Besichtigung ohne Führung Juni bis Aug. Mi/Fr 12–15 Uhr.

Eine Hauptattraktion des Schlosses ist zweifelsohne die schon seit 1523 bestehende **Wachablösung,** der eine Parade mit Musikkorps vorausgeht. Heute wechseln sich Regimenter aus ganz Schweden bei dieser Aufgabe ab.

✆ 4026317 (Garnisonseinheit), www.forsvarsmakten.se, i. d. R. Mo–Sa 12.15 Uhr, So 13.15 Uhr (Abmarsch ca. 30 Min. früher beim Armémuseum, Riddargatan 13). Nov. bis März beginnt die Parade 6 Min. früher auf dem Mynttorget. Einzelne Abweichungen möglich; für Details s. Homepage unter „Veckoprogram för Högvakten".

Erklimmt man Slottsbacken vom Wasser aus, läuft man geradewegs auf das Monument **Obelisken** zu, das König Gustav III. als Zeichen seiner Dankbarkeit gegenüber den Bürgern der Stadt errichten ließ. Diese hatten die Hauptstadt verteidigt, als sich der König selbst im Feldlager im Krieg gegen Russland befand. Beim Obelisken beginnt übrigens – mit einigen Ausnahmen – die Straßennummerierung. Am Slottsbacken ragt der weithin sichtbare Dom zu Stockholm, die Storkyrkan, auf:

Immer wieder Schauplatz wichtiger Ereignisse: der Dom

Die **Storkyrkan,** die älteste Kirche der Stadt, steht zwischen dem Slottsbacken und dem Stortorget. Birger Jarl ließ vermutlich auf Stadsholmens höchstem Punkt eine kleine Kirche errichten; nachdem diese niedergebrannt war, wurde an gleicher Stelle eine deutlich größere Kirche gebaut und 1306 eingeweiht. Der heutige Dom basiert auf diesem spätgotischen Gebäude, wurde aber im Laufe der Jahrhunderte immer wieder baulich verändert. In dieser prächtigen Kirche fällt besonders das von dem Lübecker Berndt Notke u. a. aus Eiche und Elchhorn geschaffene Standbild „St. Georg und der Drache" auf, von Sten Sture d. Ä. in Auftrag gegeben und 1489 eingeweiht. Einer weithin akzeptierten Interpretation zufolge stellt der Ritter Sten Sture selbst dar, der den dänischen „Drachen" König Christian I. besiegt und das Land so vor dem Untergang rettet: Während der Kalmarer Union gehörte der Reichsverweser Sten Sture zu den Kräften im Land, die sich für einen selbstständigen schwedischen Nationalstaat stark machten. Seine Auseinandersetzung mit Christian I. kulminierte am 10. Oktober 1471 in der Schlacht bei Brunkeberg. Dieses Mal war Sten Sture siegreich, aber unter Christians Sohn Hans musste er sich letztlich doch zurückziehen.

Eine Kopie der Skulptur steht übrigens auf dem Köpmantorget. In einer Ecke nahe dem Ausgang hängt etwas versteckt das Gemälde „Vädersolstavlan“. Es stellt ein auch heute noch mancherorts vorkommendes atmosphärisches Lichtphänomen mit Lichtringen und leuchtenden sog. Nebensonnen oder Parhelia (auf Schwedisch *vädersolar*) dar, welches man am 20. April 1535 am Himmel beobachtete. Die Bevölkerung sah in ihm ein schlechtes Omen und eilte in die Kirchen. Der Reformator und Prediger Olaus Petri ließ die *vädersolar* als Bild verewigen; im Dom hängt allerdings eine in den 1630er Jahren erstellte Kopie des Originals. Heute ist der Dom, in dem am 19. Juni 1976 das Königspaar Carl XVI. Gustav und Silvia getraut wurde und wo sich auf den Tag genau 34 Jahre später auch Kronprinzessin Victoria und Daniel Westling das Jawort gaben, die Gemeindekirche von Gamla Stan. Vor der Hochzeit des Kronprinzessinnenpaares wurde der Dom übrigens aufwändig renoviert – den Steuerzahlern ist dies in der öffentlichen Debatte häufig ein Dorn im Auge, aber dem geneigten Besucher bietet sich dadurch natürlich eine Augenweide.

Tråongsund 1, ✆ 7233000 (Mo–Fr 9–12 Uhr), www.stockholmsdomkyrkoforsamling.se, Juli/Aug. Mo–Fr 9–18, Sa/So 9–16 Uhr, übrige Zeit tägl. 9–16 Uhr. Unter Umständen aufgrund von Zeremonien oder anderen Veranstaltungen eingeschränkt geöffnet. Mai bis Sept. wird für erwachsene Touristen Eintritt erhoben – in Ruhe beten darf man umsonst. Führungen Di 13 Uhr und Mi 16 Uhr, in der Hochsaison möglicherweise ausgedehnte Zeiten (s. Informationen auf der Homepage).

Der **Stortorget,** der große Marktplatz am Dom, ist heute wie damals lebhafter Mittelpunkt in Gamla Stan. Doch wo heute zahlreiche Cafés rund um den Platz zu einer beschaulichen Pause locken, trug sich vor mehr als 500 Jahren wahrhaft Schreckliches zu:

Das Stockholmer Blutbad

Der aus der Kalmarer Union entstandene Konflikt zwischen Separatisten und Unionisten eskalierte im Jahre 1520 im sog. Stockholmer Blutbad. Dem Anschein nach war kurz vorher eine Versöhnung im Unionskonflikt zustande gekommen, doch schwelte er unter der Oberfläche weiter. Das wusste auch der dänische König Christian II., dem die Stockholmer Ratsherren am 4. November widerwillig als Erbkönig huldigten, nachdem er seinen Gegenspielern Straffreiheit versprochen hatte. Der Frieden wurde mit einem mehrtägigen Fest auf dem Schloss gefeiert. Um die Mittagszeit des 7. November wurden der Überlieferung zufolge plötzlich die Türen geschlossen und anwesenden ehemaligen Anhängern Sten Stures d. J., der 1517 Erzbischof Gustav Trolle gestürzt hatte, wurde wegen antichristlicher Verschwörung und Ketzerei der Prozess gemacht. Um die 90 Menschen wurden in den folgenden drei Tagen auf dem Stortorget hingerichtet und ihre Leichen blieben während des gesamten Prozesses dort liegen: Ein Bericht beschreibt, ihr Blut sei mit dem Regenwasser die steilen Gassen hinuntergespült worden.

An der Nordseite vom Stortorget, wo ehemals die Ratsstube stand, erhebt sich heute das Börshuset. Hier ist das Nobel Museum zu Hause, in dem uns sowohl Alfred Nobel selbst als auch die Preisträger sowie ihre Entdeckungen und Ideen präsentiert werden.

Stortorget 1, ✆ 53481800, www.nobelmuseum.se, Mitte Mai bis Mitte Sept. tägl. 10–18, Di bis 20 Uhr; übrige Zeit Di 11–20, Mi–So 11–17 Uhr. Di 17–20 Uhr.Eintritt frei.

Stockholm
Karte S. 364/365 u. hinterer Umschlag

Die Kirche der deutschen St.-Gertrudsgemeinde, **Tyska kyrkan,** ist keinesfalls nur für Deutsche einen Besuch wert. Früh schon besaßen die in der Stadt ansässigen deutschen Kaufleute einen privilegierten Status, und 1571 wurde ihnen von Johan III. die Gründung einer muttersprachlichen Kirchengemeinde gewährt, die ihre Finanzen selbst verwalten und ihre Pfarrer aus der Heimat berufen durfte. Damit entstand die erste deutsche Gemeinde im Ausland. Ab 1576 feierten ihre Mitglieder Gottesdienste im Haus der früheren St.-Gertrudsgilde, das sie 30 Jahre lang mit der finnischen Gemeinde teilten, bis Karl IX. es der deutschen Kirchengemeinde 1607 überließ. 1638–42 wurde die Kapelle von Hans Jacob Kristler zu ihrer heutigen Form, einer zweischiffigen Hallenkirche, erweitert. Der Turmhahn, der nun den Eingang der prächtigen Kirche schmückt, fiel während des großen Brandes 1878 von der Turmspitze. Die kunstvollen farbenprächtigen Fenster wurden erst in den Jahren nach dem Brand eingesetzt.

Svartmangatan 16, ✆ 4111188 (Di/Do 9–12 und 13–15 Uhr, Mi 9–12, Fr 9–12 und 13–14 Uhr), www.svenskakyrkan.se/deutschegemeinde (auch auf Dt.), im Sommer tägl. 12–16 Uhr, übrige Zeit Mi, Fr und Sa 12–16, So 12.30–16 Uhr. Aktuelle Informationen zu den Gottesdiensten auf der Homepage.

Weniger groß und prächtig, aber nicht minder eindrucksvoll ist ein vermutlich aus dem 11. Jh. stammender **Runenstein,** an dem man wegen seiner Lage auf Kniehöhe an der Kreuzung Kåkbrinken/Prästgatan leider allzu leicht vorbei läuft. Dieser Stein ist das einzige noch erhaltene Zeugnis der Wikinger in Stockholm. Seine Inschrift lautet in etwa „Thorsten und Frögunn ließen diesen Stein in Gedenken an ihren Sohn errichten“. Noch kleiner als dieser Runenstein ist die Skulptur des **„Jungen, der zum Mond schaut“** von Liss Eriksson aus dem Jahre 1967. Olle, wie er auch zärtlich genannt wird, sitzt auf einem Bänkchen im Hinterhof Bollhustäppan hinter der finnischen Kirche und weckt bei Anwohnern und Passanten gleichermaßen Emotionen: Des Winters stricken mitfühlende Seelen dem kleinen nackten Jungen Mützen und Schals zum Schutz gegen die Kälte, und auch Kleingeld und Süßigkeiten werden ihm zum Trost vor die Füße gelegt.

Der Junge, der zum Mond schaut, muss nicht mehr frieren

Riddarholmen

Von Gamla Stan gelangt man über die Riddarholmsbron nach Riddarholmen (T Gamla Stan). Heute wohnt auf der Insel nur noch eine Person, aber jeden Morgen um 8 Uhr bevölkert sich das kleine Eiland, wenn zahlreiche Angestellte sich zu ihrem Arbeitsplatz bei den hier angesiedelten Gerichten und Behörden begeben.

Bei Stadtgründung lag die Insel noch außerhalb der Mauern und war Weidegrund für Ziegen. 1268 kamen Franziskanermönche nach Stockholm, die 1280 auf

Blick von den Terrassen des Stadshuset auf Riddarholmen und Södermalm

Riddarholmen ein Kloster zu errichten begannen. Diese Mönche nannte man in Schweden *gråmunkar*, Graumönche, und fortan hieß die Insel Gråmunkeholmen. Während der Reformation unter Gustav Vasa wurde das Kloster eingezogen und der Nordwesten der Insel zu Verteidigungszwecken befestigt. Zwei Türme wurden gebaut, von denen der eine heute den unteren Teil vom Birger Jarltstorn ausmacht und der andere in den Wrangelska Palatset integriert ist. Als Schweden im 17. Jh. zur Großmacht avancierte und viele Prachtbauten in der Stadt entstanden, gestatteten Gustav II. Adolf und Königin Kristina einigen adeligen Gefolgsmännern, auf der Insel ihre Paläste zu erbauen. Von nun an hieß sie Riddarholmen, die Ritterinsel.

Auf dem **Birger Jarls torg** erhebt sich die Statue des Stadtgründers. Geradeaus blickt man auf den **Wrangelska Palatset,** von Nicodemus Tessin d. Ä. in der zweiten Hälfte des 17. Jh. erbaut; hierhin zog die königliche Familie vorübergehend nach dem Schlossbrand von 1697. Linker Hand steht die **Riddarholmskyrkan,** deren durchbrochener Turm weithin sichtbar ist. Sie wurde um 1300 erbaut und ist heute nicht nur die einzige noch existierende mittelalterliche Klosterkirche Stockholms, sondern auch das einzige in seiner Ganzheit bewahrte mittelalterliche Gebäude der Stadt. Ursprünglich eine Franziskanerkirche, fungierte sie ab Beginn des 14. Jh. als Grabeskirche der schwedischen Könige. Als letzter wurde hier 1950 Gustav V. beigesetzt.

✆ 4026130 (Mo–Fr 9–12 Uhr), www.royalcourt.se, Mitte Mai bis ca. 4. Woche Sept. tägl. 10–17 Uhr; Führungen auf Englisch tägl. 15 Uhr.

Bei schönem Wetter ist es herrlich, sich auf eine der Bänke auf der **Evert Taubes Terrass** zu setzen und den Blick frei über das Wasser von Riddarfjärden und das Stadshuset gleiten zu lassen, wie es der Barde dort selbst, in Bronze gegossen, auch tut.

Karte S. 364/365 u. hinterer Umschlag

Die Anhöhen von Södermalm erklimmt man gerne…

Södermalm

Über Brücken waren die Vororte im Norden und Süden mit Stadsholmen verbunden. Vor allem diejenigen Menschen, die nicht das bürgerliche Recht besaßen, sich in der Stadt niederzulassen, siedelten auf Norrmalm und Södermalm.

„Södermalm" wird bereits in einem Brief von 1288 erwähnt, doch noch lange bis ins 17. Jh. hinein nannte man es gemeinhin „Åsön", nach dem südlichen Ausläufer vom Brunkebergsåsen. Bereits im Mittelalter entstand eine einfache Bebauung entlang krummer, sich windender Steige. Obwohl Södermalm ab Mitte des 13. Jh. zu Stockholm gehörte, durften dort erst ab 1573 Handel und andere Geschäfte betrieben werden, Rechte, die bis dahin Stadsholmen vorbehalten gewesen waren. Nach Södermalm wurde hauptsächlich alles Übelriechende, Gefährliche oder sonstwie Störende und Unangenehme verlegt, etwa Kranken- und Armenhäuser oder Richtplätze und Armenfriedhöfe. Als Admiral Klas Fleming unter Gustav II. Adolf in den Vororten ein rechtwinkliges Straßennetz anlegen ließ, erhielt Södermalm die Struktur, die es heute noch prägt. Im 18. Jh. entstanden hier größere Industriebetriebe, und als Stockholm im Zuge der Industrialisierung im 19. Jh. ein kräftiges Bevölkerungswachstum erfuhr, entstand auf Södermalm eine teilweise sehr dichte Bebauung mit *kåkar,* einfachen und nicht selten bald baufälligen Häuschen der Arbeiterschicht. 1880 trat auch für Södermalm Albert Lindhagens Straßenregulierungsplan in Kraft, dennoch war es um den Wohnstandard in den Armenvierteln um den Vitabergsparken besonders schlecht bestellt, worauf z. B. August Strindberg und Per Anders Fogelström in einigen Werken Bezug nehmen. Erst im 20. Jh. verbesserten sich die Verhältnisse dort, gleichzeitig erkannte man aber auch den kulturhistorischen Wert der alten Viertel, sodass Teile des Gebietes nunmehr Kulturreservat sind und vor allem auf der Stigbergsgatan und im Trakt um die Sofia kyrka einige Häuser bewahrt wurden, manche sogar noch aus dem 17. und 18. Jh. Moderner Wohnungsbau zeichnet sich auf Södermalm heute durch die Verbindung von Ästhetik mit Zweckmäßigkeit aus, deutlich erkennbar etwa in der Gegend um die Södra Station.

Auf Söder, wie die Anwohner ihren Stadtteil liebevoll nennen, hat sich ein Wandel vollzogen: Früher ein Stadtteil für die sozial Benachteiligten, ist es heute Lieblingskind der Jungen, Coolen und der Chic-Boheme. Seine kulturelle Dichte wird viel-

... für die weite Aussicht über die Stadt, die sich dort bietet

leicht nur noch durch die hohe Anzahl an Cafés und aus dem Boden schießenden kleinen, interessanten Geschäften übertroffen. Besonders die Straßenzüge südlich der Folkungagatan sind hipper Anziehungspunkt, sodass man seit einigen Jahren in Anlehnung an Londons Soho zugetan und stolz von „SoFo" spricht, South of Folkungagatan. Man trifft sich gerne in einem der vielen Cafés auf der Bondegatan oder der Skånegatan auf einen Caffè Latte zum Klönen und zum alten Spiel „Sehen und gesehen werden". An warmen Sonnentagen erfreut sich der Nytorget besonderer Beliebtheit, wegen seines Spielplatzes nicht zuletzt auch bei Eltern mit Kindern. Wenn Ihnen hier etwas auffällt, dann vielleicht Folgendes: Kinderkriegen ist in Schweden populär und vielfach Teil des modernen Lebensentwurfs, wobei es das erklärte Ziel vieler, vor allem jüngerer Eltern ist, ihre Kinder in ihren urbanen Lebensstil einzubeziehen – der wiederum davon beeinflusst wird, dass viele seiner Träger eben junge, schicke Eltern mit Kindern sind. So wird man hier und anderswo in der Stadt stets einer großen Dichte junger Väter gewahr werden, die ihre trendige Nerd-Brille und die richtige Markenjeans genauso selbstverständlich tragen wie den Nachwuchs auf dem Arm.

Södermalm erreicht man aus der Stadt kommend über die Verkehrsanlage **Slussen,** wörtlich „die Schleuse". Der höhere Wasserstand des Mälaren machte bereits im 17. Jh. eine Schleuse erforderlich; deren mittlerweile wieder sanierungsbedürftiges Nachfolgemodell aus den 1930er Jahren ist ein komplexes Verkehrskarussell, das manche als genial bezeichnen – wenn sie es denn endlich das erste Mal bezwungen haben. Bei seiner Einweihung 1935 als so funktionell wie schön empfunden, wirkt es auf den heutigen Betrachter vielleicht eher wie ein etwas „ungetümes" Relikt; seine neuerliche Umgestaltung ist schon lange im öffentlichen Gespräch. Eine Wasserschleuse ist Slussen nach wie vor auch und wird wegen der ehelichen Dramen, die sich hier alljährlich während der Sportbootsaison abspielen, von den Stockholmern gerne „Scheidungsgraben" genannt.

Erreicht man dann Södermalm, kann man nicht umhin, die 38 m hohe Aufzuganlage **Katarinahissen** zu bemerken. Bei seinem Bau 1883 dazu gedacht, den Hafenarbeitern den Aufstieg auf die steilen Hügel von Södermalm zu erleichtern, ist der 1933 zerstörte und dann wieder aufgebaute Fahrstuhl heute eine Attraktion der Stadt (T Slussen; Mitte Mai bis Aug. tägl. 8–22 Uhr, übrige Zeit tägl. 10–18 Uhr).

Karte S. 364/365 u. hinterer Umschlag

Wer die 10 Kronen Fahrpreis sparen möchte, erreicht die Anhöhen auch über Treppen und Gassen linker Hand des vorderen Götgatan-Hügels. Ein Ausflug zur am oberen Ende des Aufzugs gelegenen Brücke Katarina Gångbro lohnt sich nicht zuletzt schon wegen der atemberaubenden Aussicht über die Stockholmer Innenstadt. Von hier betritt man auch das Hängerestaurant Gondolen.

Einen guten Eindruck vom Spektrum Södermalms über das trubelige SoFo hinaus erhält man auf einem kleinen Rundgang: Man kann sich z. B. von der Södra Station durch die noch junge Anlage **Fatbursparken** zum **Medborgarplatsen** und von dort auf die Götgatan begeben. Hier kann man auf die andere Straßenseite wechseln und rechter Hand den futuristischen Anblick der an einen riesigen Golfball erinnernden Veranstaltungsarena **„Globen"** (s. u.) auf sich wirken lassen. Rechter Hand ragt der Turm der **Großen Moschee** gen Himmel (Zayeds moské, Kapellgränd 10, ✆ 50910900, www.ifstockholm.se – nur auf Schwedisch; Führungen online oder telefonisch buchbar); das 1903 als Kraftwerk errichtete Gebäude war von Fredrik Boberg entworfen worden, welcher dabei von islamischer Architektur inspiriert gewesen war, was den späteren Umbau zur Moschee sehr vereinfachte. Am oberen Ende der Götgatan angelangt, biegt man rechts in die Gasse Urvädersgränd ab und sollte auf jeden Fall einen Abstecher auf die **Katarina Gångbro** machen (s. o.). Nur wenige Meter von ihr entfernt befindet sich der **Mosebacke torg**, ein ahnenreicher Platz mit einnehmendem Charme.

Thront erhaben auf Södermalm: die Katarina-Kirche

Weiter über die Svartensgatan stößt man auf den Katarina Kyrkobacke und hat rechts einen malerischen und fast dramatischen Blick auf die sich dort mächtig erhebende Katarina-Kirche. Der Weg links hinunter über die kopfsteingepflasterte Gasse und die anschließende Holztreppe eröffnet eine weite Sicht auf Gamla Stan. Geht man am Fuße der Treppe auf der Glasbruksgatan nach rechts bis zur Nytorgsgatan und biegt von ihr ab in die zweite Straße links, steht man auf der Mäster Mikaels gata. Ursprünglich war diese Straße ein Teil der Fjällgatan, doch nachdem die große Renstiernas gata 1910 in den Fels gesprengt worden war, erhielt sie 1939 ihren jetzigen Namen nach Mikael Reisuer, dem städtischen Henker (1635–50), der in dieser Straße wohnte. Mäster Mikaels Leben endete übrigens tragisch-ironisch mit seiner eigenen Hinrichtung. Die Häuser in dieser Straße stammen allerdings aus der Zeit nach dem großen Brand der Katarina-Kirche im Jahr 1723. An der Nr. 10 vorbei gelangt man über eine Art

Trampelpfad zu der Treppe Albert Engströms Trappor, an deren Fuße man die Renstiernas gata überquert, ihr dann einige Meter rechts hinunter folgt und so zu den hölzernen Mamsell Josabeths Trappor kommt, die hinauf zur Stigbergsgatan, arme „Hinterstube" der Fjällgatan, führen. Dieses Viertel hieß einst „Justitia", ein Name, der an den Galgenplatz erinnert, der sich bis Ende des 17. Jh. hier befand. Der ältere Teil der Stigbergsgatan hat noch seinen alten Straßenbelag. Mittlerweile sind alle *kåkar* bis auf eines saniert: Die windschiefe Nr. 21, **Blockmakarens Hus,** gehört nun zum Stadsmuseum. Ein Stück weiter oben liegt linker Hand auf dem Hang der **Stigbergstäppan,** ein Gartenbereich, der zum Ausruhen einlädt. Weiter die Treppen Sista Styverns Trappor hinunter gelangt man zur Fjällgatan, einem *der* Aussichtspunkte der Stadt mit weitem Panoramablick (der allerdings auch bei den Myriaden an Touristenbussen auf dem Plan steht). Von der Fjällgatan gelangt man wieder auf die Renstiernas gata, und von hier folgt man dem Katarinavägen bis zum Verkehrsknotenpunkt Slussen und den Einkaufsstraßen Götgatan und Honrsgatan.

Der Fatbursparken nahe dem Medborgarplatsen

Weitere Sehenswürdigkeiten auf Södermalm

Auf dem „Puckel" der Hornsgatan reihen sich viele verschiedene kleine **Galerien** aneinander.

Stockholms Stadsmuseum: Viele Modelle, anschauliches Material und diverse Ausstellungen machen die Geschichte der Stadt lebendig.

Ryssgården, Slussen, ✆ 50831600, www.stadsmuseum.stockholm.se, Di–So 11–17, Do bis 20 Uhr; „Torget", das Spielzimmer für Kinder, Di–So 12–16 Uhr. Eintritt frei. T Slussen.

Fotografiska ist ein neuer und hell leuchtender Stern an Stockholms Museumshimmel. Am 21. Mai 2010 öffnete das von Jan und Per Broman initiierte und gegründete Fotografiemuseum mit einem musealen Pauken-und-Trompeten-Äquivalent, nämlich einer viel besprochenen Annie-Leibovitz-Ausstellung. Seither reihen sich hochkarätige und interessante Ausstellungen aneinander, was nicht nur die Geneigtheit und Aufmerksamkeit der Öffentlichkeit auf sich zieht: Kaum ein halbes Jahr alt, erhielt das Museum im Oktober 2010 den Großen Tourismuspreis, den die Stiftung für die Förderung von Wissen im Tourismus („Stiftelsen för kunskapsfrämjande inom turism") jährlich für innovatives Denken, Internationalisierung, Qualität oder Nachhaltigkeit vergibt. Lose Pläne für ein fotografisches Museum in Schweden bestanden bereits seit 1940, nun endlich gibt es in Stockholm eines der größten Foren dieser Art weltweit mit Ausstellungen, Events und Workshops. Die gut 5500 m² Gesamtfläche liegen am Stadsgårdshamnen im Großen

Karte S. 364/365 u. hinterer Umschlag

Zollhaus, einem nach Plänen von Ferdinand Boberg erbauten, 1910 fertiggestellten und heute unter Denkmalschutz stehenden Jugendstilgebäude.

Stora Tullhuset, Stadsgårdshamnen 22, ✆ 50900500, www.fotografiska.eu, tägl. 10–21 Uhr, Führungen (max. 30 Teilnehmer) Mo–Fr 13 Uhr, Sa/So 11 Uhr, Do auf Englisch, sonst auf Schwedisch. Kinderwagenführung auf Schwedisch Mo 11 Uhr (max. 15 Teilnehmer). Bitte rechtzeitig vor Ort sein und an der Kasse anmelden; Voranmeldungen sind nur am selben Tag möglich, nicht weiter im Voraus. Für den Sommer ist eine größere Anzahl Führungen angedacht, doch gab es dazu bei Drucklegung noch keine Details. T Slussen.

Deutlich kleineren Formats und älter, aber keinesfalls minder interessant, vor allen Dingen für jüngere Besucher, ist das *Leksaksmuseet.* Ziel dieses **Spielzeugmuseums** mit teilweise von Großsammlern zur Verfügung gestellten und teilweise aus den eigenen Beständen der Stiftung stammenden Exponaten ist es, die Vielfältigkeit von Spielzeugen und Modellen zu dokumentieren. Auch Kindertheater, Zaubereivorstellungen und andere Aktivitäten.

Tegelviksgatan 22 (gemeinsamer Eingang mit dem Straßenbahnmuseum Spårvägsmuseet), ✆ 6416100 (Spielzeugmuseum) oder 6410018 (Kindertheater Bambino), www.leksaksmuseet.se, Mo–Fr 10–17, Sa/So 11–16 Uhr, Führungen nach Vereinbarung (300 SEK plus Eintritt). T Slussen, dann z. B. Bus 2 Richtung Sofia bis Spårvägsmuseet.

Jenseits der Anhöhen pulsiert die Szene auf Södermalm

Auf den westlicheren **Anhöhen Södermalms** genießen Sie einen mindestens ebenso schönen Blick auf die gegenüberliegende Seite der Stadt wie von der östlicher gelegenen Fjällgatan aus. Die Umgebung ist hier jedoch wesentlich beschaulicher – der Ende der 1990er Jahre fertiggestellte, romantische Spazierweg **Monteliusvägen** am kulturhistorisch interessanten Viertel um die Bastugatan ist garantiert zu schmal für jeden Touristenbus. Gehen Sie von der Hornsgatan aus z. B. die Treppengasse Blecktornsgränd (T Mariatorget oder T Slussen) hinauf und folgen Sie dem Weg bis zum Ende.

Hammarby Sjöstad ist ein junges und noch fortschreitendes Bauprojekt der Stadt, in dem die Architektur im Mittelpunkt steht und die Formen der modernen Gebäude an den wieder aktuellen schwedischen Funktionalismus gemahnen, einen Stil, der in Schweden im Allgemeinen als „Nyfunkis" bekannt ist. Im ehemaligen heruntergekommenen Industrie- und Hafengebiet war es Ziel, eine moderne und gleichzeitig ökologisch nachhaltige Stadt in der Stadt zu schaffen. Pittoreske Anfahrt mit der kostenlosen Fähre

Nur die Nähe zum Wasser erinnert in Hammarby Sjöstad noch an das alte Hafengebiet

MS Lotten, die viertelstündlich von der Nordseite am Ende der Tegelviksgatan (Haltestelle „Färjeläget" von Bus 55) zum Fähranleger bei der Bibliothek Luma verkehrt. Sonst Anfahrt mit der Tvärbanan, Haltestellen Luma, Sickla kaj oder Sickla Udde.

Von Södermalm lohnt sich ein Abstecher zur großen nationalen Veranstaltungsarena **„Globen"** (seit dem 1. Februar 2009 offiziell der „Ericsson Globe"), dem 1989 fertiggestellten und bis heute mit seinen 110 m Durchmesser und 85 m Innenraumhöhe größten sphärischen Gebäude der Welt. Sein Innenraumvolumen beträgt nahezu unvorstellbare 600.000 m^3; man hat errechnet, dass man 40 Jahre bräuchte, um es mit Wasser aus einem Wasserhahn zu füllen. Lockte der Globen Besucher bislang meist zu den großen Events aus Sport und Unterhaltung oder auch dem großen Shoppingzentrum in sein Inneres, ist nun ebenfalls seine äußere Fläche ein sehr beliebtes Ausflugsziel geworden, und dies nicht nur auf Grund ihrer reinen Erscheinung: Die zwei gläsernen Gondeln der neuen Attraktion **SkyView** entführen den, der es wagt, auf Stahlschienen hinauf *auf* den Globen in die schwindelerregende Höhe von 130 m ü. d. M. Will man die Warteschlange umgehen, sollte man sein Ticket via Telefon oder Internet vorbuchen (Buchung von Rollstuhltickets bitte telefonisch). Es gibt aber täglich auch mehrere Drop-in-Fahrten, für die Tickets ab morgens vor Ort an den Ticketschaltern erhältlich sind. Inhaber der Stockholmkarte fahren gratis, doch nur, wenn Plätze verfügbar sind, sodass man eventuell eine gewisse Wartezeit in Kauf nehmen muss. Jede Gondel fasst 16 Personen. Sechs Abfahrten pro Stunde, eine Fahrt dauert ca. 20 Minuten.

✆ 0771-81100 (Servicenummer, Mo–Fr 10–18, Sa bis 15 Uhr), www.globearenas.se, ca. Mitte Juni bis Mitte Aug. Mo–Fr 9–20, Sa/So 10–18 Uhr, übrige Zeit Mo–Fr 10–19, Sa/So 9.30–18 Uhr; Feiertage 10–15 Uhr (an den großen Feiertagen Weihnachten, Neujahr und Mittsommer aber geschlossen); ca. 19.–25. Juli nur Drop-in-Tickets. 130 SEK, Kinder und Rentner 100 SEK. T Globen.

Karte S. 364/365 u. hinterer Umschlag

Ausflüge

Ekoparken: Das Gebiet dieses „Ökoparks", seit 1995 erster Nationalstadtpark der Welt, besteht hauptsächlich aus den drei königlichen Parks Djurgården, Ulriksdal und Haga. Der **Hagaparken** ist nur einen Katzensprung nördlich der Innenstadt gelegen und lädt zu Kurzausflügen und ausgedehnten Spaziergängen ein (Bus 515 von Odenplan Richtung Sundbybergs station nach Haga Södra oder Haga Norra, der Weg lässt sich aber auch gut zu Fuß bewältigen, nur ist er nicht sehr schön zu gehen). Der Park wurde von Gustav III. geschaffen, einem Monarchen, der stark von den Ideen Jean-Jacques Rousseaus beeinflusst war, der aber seinen Traum von einem schwedischen Versailles vor seiner Ermordung nicht mehr verwirklichen konnte. Davon übrig geblieben sind allein die **Schlossruinen** (Slottsgrunden), die der berühmten Zweikampfszene zwischen Mattis und Borka im Film „Ronja Räubertochter" als Kulisse dienten; heute findet hier das im Jahr 2000 gegründete Sommertheater „Teater i Haga" statt. Gustavs Liebe zu Gärten fand in der englischen Parkanlage Ausdruck, die auch die zeitgenössischen philosophischen Vorstellungen über das Verhältnis des Menschen zur Natur widerspiegelt. Im Park stehen die **Koppartälten**, von Louis Jean Desprez in Form von römischen Heereszelten entworfene und 1787 als Quartier für die Leibwache errichtete Gebäude mit einer Fassade aus bemaltem Kupferblech. Das mittlere Zelt beherbergt ein kleines kostenloses Museum zur Geschichte des Parks; hier findet man z. B. das Originalmodell für das von Gustav III. geplante Lustschloss, dessen Bau aber nach der Ermordung des Monarchen eingestellt wurde.

Im Sommer kann man sich im Café (tägl. 10–17 Uhr) oder im Gasthaus (✆ 277002, Mo–Sa 11–15 Uhr, Sa Brunch) nach einem ausgiebigen Spaziergang ausruhen und stärken. Alternativ nimmt man sich aus dem Café einen Verpflegungskorb mit und genießt den Tag mit einem Picknick unter freiem Himmel. Das Echo im **Ekotemplet**, der als sommerlicher Speiseraum für den König gebaut wurde, war so konzipiert, dass es geheimnisvolles Flüstern auf Partys und Versammlungen sofort verraten würde. Der **Pavillon** Gustavs III. (✆ 4026130; nur mit Führung, Juni bis Mitte Sept. Di–So 12–15 Uhr stündl.) wurde von Louis Masreliez für den kulturliebenden König in römischem Antikstil eingerichtet und ist ein bestechendes Beispiel spätgustavianischen Baustils. **Haga Slott** aus dem frühen 19. Jh. war Kinderstube des jetzigen Königs Carl XVI. Gustav und seiner vier Schwestern und ist nun nach seiner umfassenden Renovierung dem Kronprinzessinnenpaar nach dessen Vermählung ein Zuhause. Nördlich der Kupferzelte liegt **Fjärilshuset**, wo Schmetterlinge und Vögel in einem 2000 m^2 großen tropischen Regenwald frei umherfliegen (✆ 7303981; April bis Sept. tägl. 10–17 Uhr, Okt. bis März tägl. 10–16 Uhr). Ganz in der Nähe liegt auch **Bergianska Trädgården**, ein botanischer Garten, der mit seinen verschiedenen Pflanzenabteilungen – am bekanntesten ist wohl das Victoria-Haus mit der größten Seerose der Welt, der Victoria-Seerose – Forschungsstätte für die Universität sowie Rekreationsgelände für die Öffentlichkeit ist. Frescati, ✆ 54591700. Edvard Andersons växthus (Mittelmeer-Gewächshaus) Feb. bis Okt. tägl. 11–17 Uhr, Nov. bis Jan. Mo–Fr 11–16, Sa/So 11–17 Uhr; Victoriahuset Mai bis Sept. Mo–Fr 11–16, Sa/So 11–17 Uhr, Juni bis Aug. Do bis 20 Uhr. T Universitetet.

Es gibt viele Arten, den Ekopark für sich zu entdecken. Für den Hagapark gibt es beispielsweise schwedisch- und englischsprachige Audioguides, die sich für die jeweilige Verbindungsgebühr auf das eigene Mp3-Gerät herunterladen lassen (www.guidetome.com/sv/guide/en/1006/Haga-park), sodass man den Park auf eigenen Streifzügen und im eigenen Takt erkunden kann, ohne einer vorgegebenen Route folgen zu müssen. Das Unternehmen Strömma arrangiert in Zusammenarbeit mit dem WWF auf Anfrage verschiedenste Führungen im Nationalstadtpark, z. B. Wanderungen, Rad- oder Bootstouren. Dieses Angebot hat das Qualitäts- und Ökotourismuszertifikat „Naturens Bästa" erhalten. Buchung und Info unter ✆ 58714020 oder www.ekoparken.se (nur auf Schwed.).

Am östlichen Rand vom Ekoparken, auf Lidingö, liegt der **Millesgården**. Das Haus mit Terrassen und Parklandschaft war 1906–31 Wohnsitz und Atelier des Bildhauers Carl Milles und seiner Frau, der Malerin Olga Milles geb. Granner. Auf den Klippen über Lilla Värtan gelegen, bietet das Anwesen eine weite Aussicht auf Stockholm. Zu besichtigen sind die wichtigsten Werke des Künstlers sowie Einrichtungs- und Gartenkunst. Herserudsvägen 32, Lidingö, ✆ 44675 90, tägl. 11–17 Uhr. T Ropsten, dann Direktbus 203 Richtung Larsberg zu Millesgården bzw. Bus 201 (Richtung Kottla) oder 202 (Richtung Lidingö C) nach Torsvikstorg (dann ca. 750 m Fußweg, alternativ Bus 203 von Stjärnvägen Richtung Larsberg bis Millesgården) oder Lidingöbanan Richtung Gåshaga Brygga nach Torsvik.

Carl Eldhs Ateljémuseum: Carl Eldh, ebenfalls ein bekannter schwedischer Bildhauer, hatte seine große Schaffensphase zu Beginn des 20. Jh. Viele seiner Werke sind wie die Milles' vielerorts in Stockholm zu finden. Sein im Bellevueparken gelegenes Atelier, von Ragnar Östberg, dem Architekten des Stadshusets, entworfen, ist heute ein Museum, in dem man nicht nur seine Skulpturen sehen, sondern auch die Schritte von der Skizze zum vollendeten Werk verfolgen kann. Das Museum bietet auch Skulpturführungen durch Stockholm an (zwei englischsprachige Termine im Aug. sowie einige weitere auf Schwedisch Ende Aug. bis Anfang Okt., Details telefonisch oder über die Homepage). 2010 war das Museum auf Grund von Bauarbeiten bis auf Weiteres geschlossen. Lögebodavägen 10, ✆ 6126560, www.eldhsatelje.se, Öffnungszeiten vormals Juni bis Aug. Di–So, Mai/Sept. Sa/So, April/Okt. So, jeweils 12–16 Uhr, Führungen auf Englisch 13.30 Uhr. T Odenplan, dann Bus 40 Richtung Stora Lappkärrsberget bis Johannes skola, Bus 515 Richtung Sundbybergsstation bis Sveaplan oder Bus 4 Richtung Radiohuset bis Roslagsgatan; ein Fußweg von 400–1100 m schließt sich an.

Als ein merkwürdiges, wenn nicht gar morbides Ausflugsziel mag zunächst der Waldfriedhof, **Skogskyrkogården**, in Enskede im Süden Stockholms erscheinen. Doch ist dies ein Ort, der über eine ganz eigene Ästhetik verfügt – und nicht zuletzt als anerkanntes Weltkulturerbe über einen Platz auf der Liste der UNESCO. Der Friedhof mit Krematorium wurde 1919–1940 von den Architekten Gunnar Asplund und Sigurd Lewerentz geschaffen und musste damals sowohl den funktionellen als auch den ästhetischen Ansprüchen der modernen Gesellschaft genügen. Der sakrale Landschaftsraum verbindet die erforderten Funktionen eines sehr großen Friedhofs mit der ihn umgebenden Natur. Er wird zu den wichtigsten Werken moderner Architektur gezählt. Besucherzentrum Tallumpaviljongen, ✆ 50830158 (zu Öffnungszeiten) oder 50830100 (Friedhofsverwaltung), Juni bis Aug. tägl. und Sept. So 11–16 Uhr, Führungen Anfang Mai bis Ende Sept. So 13 Uhr, es empfiehlt sich, Tickets vorab über Stockholms Stadsmuseum (✆ 50831659) oder Ticnet (www.ticnet.se) zu bestellen, da nur die ggf. übrig gebliebenen Tickets vor Ort noch herausgegeben werden und dies zudem zu einem höheren Preis; Beginn der Führung vor dem Haupteingang. T Skogskyrkogården.

Standbild „Auferstehung" von John Lundquist in E. G. Asplunds Säulenhalle im Skogskyrkogården

Rund um den **See Mälaren** liegen viele besonders kulturhistorisch interessante Ausflugsziele, von denen sich einige auch auf dem Wasserweg anfahren lassen. Dazu gehören:

Karte S. 364/365 u. hinterer Umschlag

Schloss Drottningholm

Drottningholms Slott: Das Schloss wurde im 17. Jh. von Nicodemus Tessin d. Ä. im Auftrag Hedvig Eleonoras gebaut. Seit 1981 wohnt hier die königliche Familie. Die Gebäude sind eingebettet in den ganzjährig zugänglichen, weitläufigen und abwechslungsreich gestalteten **Park**, der selbst auch einen Besuch wert ist. Seit 1991 steht die gesamte Anlage von Drottningholm auf der Weltkulturerbe-Liste der UNESCO. ✆ 40 26280, Besucherzentrum: Mai bis Aug. tägl. 9.30–17 Uhr, Sept. tägl. 10.30–16 Uhr, Okt. bis April Sa/So 11–16 Uhr; Schloss: Mai bis Aug. tägl. 10–16.30 Uhr, Sept. tägl. 11–15.30 Uhr, Okt. bis März Sa/So 12–15.30 Uhr, April Sa/So 12–15.30 Uhr; Führungen (i. d. R. auch auf Englisch) Mai Sa/So tägl. 10, 12, 13, 14 und 16 Uhr, Juni bis Aug. tägl. 10, 12, 13 (Themenführung), 14 und 16 Uhr, Sept. tägl. 12 und 14 Uhr, Okt. bis April Sa/So 12 und 14 Uhr. Achtung: ca. Mitte Dez. bis Anfang Jan. sowie möglicherweise zwei Wochen in der Zeit um Mittsommer geschlossen. Lovö, T Brommaplan, dann eine von folgenden Busanbindungen bis Haltestelle Drottningholm: Bus 176 Richtung Stenhamra, Bus 177 Richtung Ekerö-Skärvik, Bus 312 Richtung Adelsö kyrka oder Bus 323 Richtung Strömdal. Alternativ als geführten Ausflug (dt. und engl.) mit dem Dampfschiff (Strömma, ✆ 12004000, www.stromma.se; Hin- und Rückfahrt 160 SEK, Kinder bis 5 Jahre gratis, 6–11 Jahre 80 SEK) von Stadshusbron, tägl. Anfang April bis Okt., bis Mitte Sept. ab 10 Uhr (Mai bis Mitte Juni auch ab 9.30 Uhr) im Stundentakt bzw. Juli bis ca. Mitte Aug. bis 16 Uhr auch halbstündl. (Fahrkarte kaufen Sie bei Abfahrt oder buchen Sie telefonisch oder online). Auch ein Fahrradweg führt von der Innenstadt nach Drottningholm.

Im Park von Drottningholm steht auch **Kina Slott**, ein von König Adolf Fredrik 1753 heimlich als Geburtstagsgeschenk für seine Ehefrau Lovisa Ulrika errichtetes und in den 1760er Jahren durch ein Steingebäude ersetztes Lustschloss mit Einrichtung in europäischem Rokoko und damals sehr gefragten Chinoiserien. ✆ 4026270, Mai bis Aug. tägl. 11–16.30 Uhr, Sept. tägl. 12–15.30 Uhr, Führungen (i. d. R. auch auf Englisch) Mai Sa/So sowie Juni bis Aug. tägl. 12, 14 und 16 Uhr, Sept. tägl. 12 und 14 Uhr.

Ebenfalls im Park befindet sich **Drottningholms Slottsteater**, das älteste in seiner ursprünglichen Form bewahrte und noch mit seiner Originalmaschinerie betriebene Theater der Welt. Es wurde von C. F. Adelcrantz gleichfalls für Lovisa Ulrika erbaut und erlebte seine Glanzzeit unter Gustav III. Seit 1922 finden wieder regelmäßig Vorstellungen statt, im Sommer lockt das jährliche Opernfestival mit Inszenierungen von Opern aus dem 17. und 18. Jh. Zuschauer aus aller Welt. ✆ 55693100, nur zugänglich im Rahmen von Führungen, tägl. Mai bis Aug. 11–16.30 Uhr, Sept. 12–15 Uhr; Führungen zur halben und vollen Stunde, auch auf Deutsch.

Björkö: Wo ist denn hier die Stadt? Diese Frage stellt man sich unwillkürlich, wenn man in der Erwartung, Gebäude und deren Überbleibsel zu sehen zu bekommen, auf der Mälarinsel anlangt. Auf Björkö wurde gegen Ende des 8. Jh. die **Wikingerstadt Birka** gegründet. Auf welchen König genau die Gründung zurückgeht, ist nicht belegt. Gesichert ist nur, dass auf Grund der Entstehung neuer Königreiche am Rande Europas ein königlicher Machtanspruch u. a. durch die Gründung von Handelsplätzen gefestigt wurde – Birka war eine solche Handelsstätte und lange eine der wenigen auf der skandinavischen Halbinsel. Die vorher schon besiedelte Insel war wegen ihrer Lage an einer bereits wohl etablierten Wasserstraße besonders geeignet. Birka wurde bald ein internationales Handelszentrum und Schwedens erste Stadt, die zu ihrer Blütezeit bis zu 1000 Einwohner zählte. Dem Lärm und Schmutz dieser Großstadt wollte sich der König jedoch nicht aussetzen und bezog eine Wohnung im **Königshof Hovgården** auf der gegenüberliegenden Insel **Adelsö**. Birka wurde in der 2. Hälfte des 10. Jh. verlassen – möglicherweise zugunsten des zu jener Zeit gegründeten Sigtuna, doch lassen sich über die Gründe bislang allenfalls Hypothesen aufstellen. Birka und Hovgården sind seit 1993 von der UNESCO als Weltkulturerbe gelistet. Sieht man mit ungeschultem Auge von der vormaligen Siedlung auch zunächst nicht viel, so erhält man auf geführten Rundgängen doch bald einen guten Eindruck vom dortigen Leben zu Wikingerzeiten. Dieses Thema wird auch in einem Museum mit Basisausstellung und vertiefenden Themenausstellungen dokumentiert. Birkamuseet, ✆ 56051445, Mai bis ca. 1. Woche Sept. tägl. Außerhalb der Saison können Birka und Hovgården auch auf eigene Faust erkundet werden. Verbindung nach Björkö nur auf dem Wasser, ohne eigenes Boot mit Strömma, ✆ 12004000, www.stromma.se, Mai bis ca. Mitte Sept. tägl. 9.30 Uhr ab Stadshusbron mit Rückfahrt 15 Uhr, Anfang Juli bis etwa Mitte Aug. auch Abfahrt 13.15 Uhr mit Rückfahrt 18.30 Uhr; will man die frühe Hinfahrt mit der späten Rückfahrt kombinieren, muss man online buchen! Ein Blick auf den Fahrplan *(tidtabell)* online lohnt sich, da einige Tage vom Verkehr ausgenommen sind. 295 SEK inkl. Führung unterwegs und auf Björkö sowie Eintrittskarte ins Museum. Verbindung nach Adelsö: Bei Anreise mit dem Auto nimmt man die gelbe und kostenlose Fähre des Vägverket von Munsö nach Adelsö (halbstündl. Abfahrten), sonst Bus 312 von Brommaplan bis Adelsö kyrka oder Schiffsverkehr zwischen Hovgården und Birka, z. B. mit Strömma, Mai bis ca. Mitte Sept. 11.30 Uhr, Rückfahrt 15.00 Uhr. An Sommersonntagen Führungen auf Adelsö durch Kalle Runristare (10 Uhr vor der Kirche, Adelsö kyrka, 50/25 SEK) vor der Abfahrt des Bootes nach Birka. Diese Führungen müssen nicht vorgebucht werden, doch da einige Sonntage ausgenommen sind, bitte auch hier vorab den Termin sicherstellen: ✆ 56051111, www.runristare.se (auch auf Engl.).

Skokloster Slott: Von dem luxusliebenden Feldmarschall Carl Gustaf Wrangel zu Schwedens Großmachtzeit erbautes Barockschloss mit Originaleinrichtung in 77 Räumen auf 2130 m². Die Bauarbeiten wurden jedoch niemals beendet, sodass heute ein Raum noch genauso aussieht, wie ihn die Bauarbeiter vor 300 Jahren verlassen haben. Skokloster, ✆ 4023060, Mitte Juni bis Aug. tägl. 11–17 Uhr, Sept. Sa/So 12–16 Uhr, auch geöffnet zu großen Feiertagen wie Ostern oder bei Events. Selbstständige Rundgänge möglich; Führungen kosten 30 SEK extra. Führungen auf Englisch bis Aug. tägl. 13.15, 14.15 und 15.15 Uhr. Zug bis Bålsta (setzen Sie sich in den vordersten Teil des Zuges), dann Bus 311 bis Skokloster (Bus von UL, Upplands Lokaltrafik); alternativ kombinieren Sie einen Besuch im Schloss mit einer Bootsfahrt auf dem Mälaren: Strömma (✆ 12004000, www.stromma.se), 290 SEK, ca. Anfang Juli bis ca. 3. Woche Aug., Mi–So 9.45 Uhr ab Stadshusbron, Abfahrt von Skokloster 15 Uhr, eine Tour dauert knapp 3 Std., kleinere Mahlzeiten an Bord erhältlich.

Sigtuna ist die älteste heute noch bewohnte Stadt Schwedens, sie wurde um 980 n. Chr. von König Erik Segersäll am Ufer des Mälaren gegründet. Der mittelalterliche Bebauungsplan ist im sehr pittoresken

Karte S. 364/365 u. hinterer Umschlag

Stadtkern erhalten geblieben. An den Wegrändern stehen Runensteine aus dem späten 10. bis späten 12. Jh., die ursprünglich wohl die Stadtgrenzen markierten oder als Grabsteine dienten. Das älteste noch bestehende Gebäude der Stadt ist die von Dominikanermönchen erbaute **Mariakyrkan**, eine Kirche aus dem späten 13. Jh. (tägl. 9–16 Uhr, Ausnahmen möglich) und heute noch funktionierende Gemeindekirche. Gleich daneben steht die Ruine von St. Olof. Im mittelalterlichen Stadtkern liegt auch das **Sigtuna Museum**. Gezeigt werden in der Basisausstellung die Entwicklung der Stadt und die neuesten Funde (Stora gatan 55, ✆ 08-59126670, Juni bis Aug. tägl., übrige Zeit Di–So 12–16 Uhr). Zu den Museen der Stadt gehören auch das kleine **Rathaus** von 1744 am Stora Torget (Juni bis Ende Aug. tägl. 12–16 Uhr) sowie der **Lundströmska gården**, ein Bürgerhaus von 1900 (Mitte Juni bis Mitte Aug. tägl. 12–16 Uhr). Einstündige persönliche Führungen durch die Stadt sind über die TI (✆ 08-59480650, www.sigtunaturism.se) für 995 SEK buchbar. Und wenn man sich für die vielfach dargebotene Historizität der Stadt weniger interessiert, macht man es wie viele schwedische Besucher: Man schlendert durch den hübschen Stadtkern mit seiner freundlichen Holzbebauung, shoppt, trinkt Kaffee in einem der vielen netten Cafés und genießt einfach die gemütliche Atmosphäre. Anfahrt: Pendelzug 36 nach Märsta, dann Bus 570 Richtung Hällsboskolan bis Sigtuna busstation. Alternativ auch hier die Schifffahrt mit Strömma, ca. Anfang Juli bis ca. 3. Woche Aug. Mi–So 9.45 Uhr, Abfahrt Stadshusbron, Ankunft Sigtuna 11.55 Uhr, Abfahrt Richtung Stockholm 16 Uhr. Hinweis: Die Schifffahrt von Stockholm nach Skokloster führt über Sigtuna, doch reicht die Zeit bei einem Tagesausflug nur für eines der beiden Ziele. Will man beides verbinden, gibt die TI in Sigtuna (s. o.) gerne Auskunft zu Übernachtungsmöglichkeiten. Hin- und Rückfahrt mit dem Schiff (Strömma) Sigtuna–Skokloster 150 SEK.

Vor allem naturnahe Erlebnisse verschaffen Ausflüge in **Stockholms skärgård**, das vor der Stadt weit gefächert liegende Archipel, das in ein nördliches, ein mittleres und ein südliches Gebiet eingeteilt ist. Die noch üppig bewachsenen Inseln in Küstennähe weichen nach Osten hin einer zunehmend kargen Felslandschaft, die ihren ganz eigenen Reiz besitzt. Eine Vielzahl an unterschiedlichen Ausflugsangeboten – von reinen Transportverbindungen über Rundfahrten bis hin zu komplexen Ausflugspaketen mit Mahlzeiten an Bord und Themenfahrten – lässt jeden etwas nach seinem Geschmack finden. Beliebte Inseln für Natur- und Badeausflüge sind z. B. Finnhamn (Klippen und Sandstrände, JH, Sauna sowie Kajak- und Kanuverleih), Möja (JH, rote Häuschen, bekannt für Mittsommerfeiern), Sandhamn (Seglermecka, dichtere Bebauung mit Hafen, Museum) oder Grinda (relativ citynah, gute Gastronomie) – aber seien Sie ruhig abenteuerlustig und finden Sie Ihre eigene Lieblingsinsel in dieser atemberaubend schönen Schärenlandschaft. Bei der Auswahl aus dem überbordenden Angebot kann auch die TI helfen. Anbieter von Schifffahrten sind z. B:

Strömma Kanalbolaget, ✆ 12004000, www.stromma.se.

Cinderellabåtarna (zu Strömma gehörend), ✆ 12004045, www.cinderellabatarna.com; ab Strandvägen; bei Drucklegung stand Cinderella aber vor einer eventuellen Niederlegung.

RIB Sightseeing: Ein ganz anderes Kaliber fahren mit bis zu 45 Knoten die RIB-Schnellboote (rigid inflatable boats) auf, die auf ihrer Rundfahrt u. a. die inneren Schäreninseln Fjäderholmarna und Vaxholmen passieren. Ab Skeppsbrokajen beim Königlichen Schloss. Mai bis Ende Juni sowie Mitte Aug. bis Ende Sept. Sa/So 13 und 15 Uhr, Sa auch 11 Uhr, Ende Juni bis Mitte Aug. tägl. 11, 13 und 15 Uhr, Dauer 1:30 Std., 395 SEK (inkl. Schwimmwesten und Wasserschutzoveralls), nach eigener Aussage für die ganze Familie geeignet.

Waxholmsbolaget, ✆ 6795830, www.waxholmsbolaget.se; ab Strömkajen. Sozusagen der „Schärenfährdienst". Auf der Homepage des Unternehmens lassen sich englischsprachige PDF-Broschüren zu Ausflugszielen in den Schären herunterladen. Mit Waxholmsbolagets *Båtluffarkort*, der „Walzkarte", kann man die Inselwelt 5 oder 30 Tage lang (gültig ab Erstnutzung) auf allen Booten des Unternehmens bereisen. Die Karte, erhältlich z. B. an den Waxholmsbolaget-Terminals am Strömkajen oder bei der TI im Sverigehuset, kostet 420 SEK bzw. 750/450 SEK (plus 40 SEK Pfand bei Erstausgabe). Einfache Fahrten kann man direkt bei Reiseantritt lösen, der Preis bemisst sich nach der Entfernung Ihres Fahrtziels. Kinder von 7–19 Jahren (jüngere Kinder umsonst) und Rentner fahren zu reduzierten Preisen. Vielfahrer sollten eine Båtkort, also eine Fährenkarte, in Betracht ziehen, die für den Preis von 750 SEK mit 1000 SEK geladen und auf den Booten als Zahlungsmittel benutzt wird. Im Übrigen sind koordinierte oder zu koordinierende SL- und Waxholmsverbindungen über den Reiseplaner („Reseplaneraren") auf www.sl.se abzufragen.

Wer nur begrenzt Zeit aufbringen kann, mag einen Ausflug nach **Vaxholmen** in Erwägung ziehen; die Fahrtzeit beträgt nur etwa eine Stunde. Hier zieht z. B. die Festung kleine und große Kinder an, da dieses Gemäuer filmische Kulisse für Pippi Langstrumpfs Taka-Tuka-Abenteuer war. Auch die **Fjäderholmarna**-Inseln sind durch ihre direkte Citynähe sehr beliebt.

Außerhalb der Saison kann es sich als günstiger erweisen, für Ausflüge andere Häfen als Stockholm als Ausgangspunkt für eine Schärentour zu wählen; Nynäshamn – mit SL-Verkehrsmitteln zu erreichen – ist eine solche Alternativoption.

Hinweis (besonders, wenn Sie mit der Walzkarte unterwegs sind): Gehen Sie sicher, dass Sie sich an Bord des richtigen Schiffes befinden, da nicht alle mit ihren Destinationen beschildert sind – fragen Sie im Zweifelsfall immer das Personal an Bord. Seien Sie auch sehr genau mit den Zustiegsorten: Viele Inseln verfügen über Zustiegsmöglichkeiten an mehr als einer Stelle, die dann unterschiedliche Namen tragen.

Ausflug nach Uppsala: Die alte Bischofsstadt (TI Uppsala: Fyristorg 8, ✆ 018-7274800, www.uppland.nu, auch auf Dt.) erreicht man per Zug mehrmals stündl. ab Stockholm. Die alte und gleichzeitig jung gebliebene Stadt lockt mit einer Vielzahl an Attraktionen (von denen das berühmt-berüchtigte jährliche Reggae-Festival nur eine ist). Doch verbindet man mit Uppsala wohl am ehesten zwei Dinge: die renommierte Universität und Carl von Linnés Schaffen:

Die **Universität** (an den Straßen S:t Olofsgatan und Övre Slottsgatan, ✆ 018-4711715, www.uu.se) von 1477 ist die älteste Skandinaviens und genießt neben Lund das höchste Ansehen im Lande, und so ist das Stadtbild geprägt von den zahlreichen Studierenden. Unter anderem haben hier Carl von Linné, Dag Hammarskjöld und Kronprinzessin Victoria studiert. Wenn man sich für kurze Zeit zu dieser illustren Gruppe hinzugesellen möchte: Die Eingangshalle

Blick von Södermalm Richtung Riddarholmen

Stockholm Karte S. 364/365 u. hinterer Umschlag

(rollstuhlgerecht) ist Mo–Fr 8–16 Uhr zugänglich. Die **Universitätsbibliothek Carolina Rediviva** besteht seit 1841, als das Gustavianum für die Büchermasse zu klein geworden war – das nimmt bei 5 Mio. Büchern und 3500 laufenden Metern Manuskripte auch nicht Wunder. Die Bibliotheksräume sind nur für Studenten zugänglich, aber eine öffentliche Ausstellung zeigt eine Sammlung an außergewöhnlichen Drucken und Handschriften – darunter auch Schwedens wertvollsten Buchschatz, die vermutlich Anfang des 6. Jh. in gotischer Schrift verfasste Silberbibel. Dag Hammarskjölds väg 1, ✆ 018-4713900, www.ub.uu.se, ca. Mitte Mai bis ca. Mitte Sept. Mo–Do 9–18.30, Fr 9–17.30, Sa 10–17, So 11–16 Uhr, 20 SEK, übrige Zeit Mo–Fr 9–20, Sa 10–17 Uhr, kostenfrei. Für Abweichungen an Feiertagen bitte die Tourismus-Homepage oder TI telefonisch kontaktieren.

Von der Bibliothek lohnt sich ein Abstecher zum **Schloss**, dessen Bau Mitte des 16. Jh. von Gustav Vasa begonnen wurde und dem Johan III. eine prachtvolle Renaissance-Schlosskirche hinzufügte, das aber erst 1757 seine jetzige Form erhielt. Seit 1995 beherbergt das Schloss das **Kunstmuseum** von Uppsala, dessen permanente Ausstellung die Kunststudiensammlung der Universität ist und die ergänzend Ausstellungen mit Gegenwartskunst präsentiert. Slottsbacken/Drottning Christinas väg, Eingang E, ✆ 018-7272485 oder ✆ 018-7272482, www.uppsala.se/konstmuseum, bis Ende Juni Mo–Fr 12–16, Sa/So 12–16.30 Uhr, Ende Juni bis Anfang Sept. auch Mo. Audioguides auch auf Deutsch erhältlich. Nur der Museumsteil ist rollstuhlgerecht angepasst.

Des Weiteren ist die **Wasaburg** (Kung Jans port, www.vasaborgen.se), die Ruine der ursprünglichen Burg, im Sommer der Öffentlichkeit zugänglich; Juni tägl. 10–17 Uhr, Juli bis Mitte Aug. tägl. 9–18 Uhr, Mitte bis Ende Aug. tägl. 10–17 Uhr, vereinzelt verkürzte Öffnungszeiten möglich. Während seiner Kindheit wohnte **Dag Hammarskjöld** im Schloss, und so ist ihm und der Geschichte des Friedens in Schweden im Südturm in fünf Themenräumen ein eigenes **Friedensmuseum** gewidmet. Eingang H, ✆ 018-500008, www.fredsmuseum.se, Mi 14–18, Sa/So 12–16 Uhr, Führungen werden zu den Öffnungszeiten angeboten.

Das älteste noch erhaltene Universitätsgebäude ist das **Museum Gustavianum**, wo sich eine Sammlung über die Epochen der Universität und deren Wissenschaftsgeschichte findet (u. a. waren Carl von Linné und Anders Celsius hier als Professoren tätig); Hauptattraktionen sind das anatomische Theater und der Augsburger Kunstschrank. Akademigatan 3, ✆ 018-4717571, www.gustavianum.uu.se, Juni bis Aug. Di–So 10–16 Uhr, übrige Zeit Di–So 11–16 Uhr. Führungen auf Englisch 2. Woche Juli bis 1. Woche Aug. tägl. 13 Uhr, übrige Zeit Sa/So 13 Uhr.

Dem Gustavianum gegenüber liegt am Domkyrkoplan der **Dom** zu Uppsala (✆ 018-4303630 oder ✆ 018-4303618, www.uppsaladomkyrka.se), Reichsheiligtum Schwedens, erzbischöfliche Kirche und auch heute noch Gemeindekirche. Das Bauwerk im gotischen Stil ist die größte und höchste Kathedrale Skandinaviens, 1260 gegründet und nach seiner Fertigstellung 1435 eingeweiht. In einem Sarkophag befinden sich die vermeintlichen Überreste und die Krone des hier gestorbenen schwedischen Nationalheiligen St. Erik. Auch Carl von Linné und Gustav Vasa liegen hier begraben. Mai bis Sept. tägl. 8–18 Uhr, übrige Zeit So–Fr 8–18, Sa ab 10 Uhr, Abweichungen möglich; Führungen auf Englisch Ende Juni bis ca. 3. Woche Aug. Mo–Sa 14 Uhr, So 16 Uhr. Zum Dom gehört ein Museum, die **Schatzkammer**, mit einer Sammlung an textilen und aus Metall verfertigten Gegenständen. Besonders hervorzuheben sind z. B. das Schwert Gustav Vasas, Stickereien aus dem Atelier des Albertus Pictor, die Sture-Kleider von 1567 und die einzige erhaltene mittelalterliche Damenprachtrobe, das goldene Kleid Königin Margaretas. ✆ 018-187201, Mai bis Sept. Mo–Sa 10–17, So ab 12.30 Uhr, übrige Zeit Mo–Sa 10–16, So ab 12.30 Uhr. Letzter Einlass 30 Min. vor Schließung. Evtl. etwas Wartezeit einplanen, da sich max. 30 Pers. gleichzeitig in der Schatzkammer aufhalten dürfen. Führungen auf Englisch Ende Juni bis ca. 3. Woche Aug. tägl. 15 Uhr (Achtung: Dieser Teil des Doms ist nicht rollstuhlgerecht).

Auf den Spuren Carl von Linnés, der seine Studienzeit hier verbrachte und 1741 selbst zum Professor an der Universität ernannt wurde, wandelt man im **Linnémuseum**, dem original eingerichteten Wohnhaus des Wissenschaftlers, in dem sein Werk gezeigt wird. Svartbäcksgatan 27, ✆ 018-136540, www.linnaeus.se, Mai bis Sept. Di–So 11–17 Uhr, Führungen auf Englisch 14.30 Uhr (gebuchte Führungen ganzjährig möglich).

Mythenumsponnene Grabstätte: die Königshügel in Gamla Uppsala

Evtl. Wartezeit einplanen, da begrenzte Gruppengrößen. Kein rollstuhlgerechter Zugang. An derselben Adresse zu besichtigen ist auch der **Linnégarten**: Schwedens ältester botanischer Garten, der schon rund 1655 von Olof Rudbeck d. Ä. angelegt wurde und unter Linné zu internationaler Berühmtheit gelangte, wurde nach Linnés eigenen Plänen von 1754 wiederhergestellt. Hier kann man Linnés Sexualsystem verfolgen, nach dem der Bereich der Gewächse angeordnet ist. ✆ 018-4712838, www.linnaeus.uu.se, Mai bis Sept. Di–So 11–17 Uhr (die Tore schließen um 20 Uhr). Führungen auf Englisch 13.30 Uhr.

Ein allgemeineres Interesse an Uppland und der Stadt Uppsala befriedigt ein Besuch im schön am Fluss Fyrisån gelegenen **Uppland Museum** in der historischen Akademiemühle aus dem 18. Jh. S:t Eriks torg 10, ✆ 018-169100, www.upplandsmuseet.se, Di–So 12–17 Uhr.

Gamla Uppsala („Alt-Uppsala") liegt ein Stück außerhalb des Zentrums, doch sollte man diesen Abstecher auf keinen Fall versäumen: Gamla Uppsala ist mit seinen „kungshögar", **Königsgrabhügeln**, eine der wichtigsten historischen Stätten Schwedens – und eine, die ihre Besucher ergreift und fasziniert. Inmitten der Kulturlandschaft liegen drei ca. 1500 Jahre alte stattliche Grabhügel, die einer Legende zufolge über Aun, Egil und Adil aufgeschichtet wurden, um die Macht des göttlichen Königreichs zu demonstrieren. Die Wikinger verehrten diese Hügel als Symbol für ein vergangenes goldenes Zeitalter, in dem die Könige des Nordens noch aus dem göttlichen Ynglingageschlecht hervorgegangen waren. Adam von Bremen schrieb im 11. Jh. von heidnischen Menschenopfern in einem sagenumwobenen goldgeschmückten Tempel, der aber aller Wahrscheinlichkeit nach nie existiert hat. Das **Museum** dokumentiert in seiner Ausstellung Geschichte und Mythen. Disavägen, ✆ 018-239300 oder ✆ 018-239312, www.raa.se/gamlauppsala, Mai bis Sept. tägl. 10–16 Uhr, April/Okt. Mi, Sa und So 12–15 Uhr, übrige Zeit nur für Gruppenbuchungen. Führungen auf Englisch 11 Uhr. Bus 110 oder 115 ab Stora torget in der Innenstadt.

Unweit des Museums befindet sich die **Kirche** zu Gamla Uppsala, in der 1. Hälfte des 12. Jh. angeblich auf dem Grund eines heidnischen Tempels erbaut. 1164 wurde sie zur Domkirche für das neu gegründete Erzbistum Uppsala erhoben, bevor sie diesen Status an den heutigen Dom abtrat. ✆ 018-4303785, www.svenskakyrkan.se/gamlauppsala, Mai bis Aug. tägl. 9–18 Uhr, übrige Zeit tägl. 9–16 Uhr.

Karte S. 364/365 u. hinterer Umschlag

Etwas Schwedisch

Wortschatz

Elementares: Anrede, Grußformeln, Wendungen

Achtung: In Schweden duzt man sich i. d. R., d. h., dass man auch zu Fremden normalerweise nicht „Sie" sagt, obwohl diese Anrede („Ni") auch existiert. Wenn man auf Schwedisch um etwas bittet, so dankt man im Voraus und schließt sein Anliegen mit einem „..., tack" ab. Die nachfolgenden Ausdrücke und Redewendungen sind teilweise an der Umgangssprache orientiert.

Ja – doch	*ja – jo*
nein – nicht	*nej – inte*
ich – wir	*jag – vi*
du – ihr	*du – ni*
er – sie – es	*han – hon – den/det*
das	*det*
sie (Pl.)	*de/dom*
Sie (höfl. Anrede)	*Ni*
und – oder	*och (Aussprache: „ock") – eller*
mit – ohne	*med – utan*
auch – auch nicht	*också – inte heller*
Hallo!	*Hej! (Ugs.: Tjena!)*
Guten Morgen!	*God Morgon!*
Guten Tag!	*Goddag!*
Guten Abend!	*God kväll!*
Gute Nacht!	*God natt!*
Entschuldigung	*Ursäkta ... (Bei Bitte um Information.)*
	Förlåt! (Wenn einem etwas leid tut.)
Danke! – Dankeschön!	*Tack! – Tack så mycket!*
Bitte!	*Varsågod!*
Wie geht's?	*Hur är det? (Ugs.: Hur är läget?)*
Danke, gut.	*Bra, tack.*
Es geht so.	*Sådär.*
Nicht (so) gut./Schlecht.	*Inte (så) bra./ Dåligt.*

Ich komme aus Deutschland/ Österreich/ der Schweiz.	*Jag kommer från Tyskland/ Österrike/ Schweiz.*
deutsch – österreichisch – schweizerisch	*tysk – österrikisk – schweizisk*
Wie heißt du?/Wie heißen Sie?	*Vad heter du?*
Wie heißt ihr?	*Vad heter ni?*
Ich heiße ...	*Jag heter ...*
Ich spreche kein Schwedisch.	*Jag talar inte svenska.*
Wie heißt das auf Schwedisch/ Deutsch?	*Vad heter det på svenska/tyska?*
Ich verstehe leider nicht.	*Jag förstår tyvärr inte.*
Wo liegt ...?	*Var ligger (det) ...*
Ich brauche ...	*Jag behöver ...*
Ich möchte gerne ... (plus Infinitiv)	*Jag vill gärna .../Jag skulle vilja ... (plus Infinitiv)*
Ach so.	*Jaha./Jaså.*
Das ist okay.	*Det är okej.*
Das ist teuer/billig/ preiswert.	*Det är dyrt/billigt/ prisvärt.*
geöffnet – geschlossen – gesperrt	*öppet – stängt – avspärrat*
frei – besetzt	*ledigt – upptaget*
erlaubt – verboten	*tillåtet – förbjudet*

Achtung!/ Vorsicht!	*Obs! (notabene) Varning! Se upp! (Pass auf)*	Mädchen – Mädchen (pl.)	*flicka/tjej – flickor/tjejer*
kaputt	*sönder*	ein/e Erwachsene/r – zwei Erwachsene	*en vuxen – två vuxna*
Herr – Herren/ Mann – Männer	*Herr(e) – herrar/ man – män*	ein/e Jugend-liche/r – zwei Jugendliche	*en ungdom – två ungdomar*
Dame – Damen/ Frau – Frauen	*dam – damer/ kvinna – kvinnor*	ein Kind – zwei Kinder	*ett barn – två barn*
Junge – Jungen	*pojke/kille – pojkar/killar*	unter – über	*under – över*

Zahlen

0	*noll*	11	*elva*	22	*tjugotvå*
1	*ett*	12	*tolv*	30	*trettio*
2	*två*	13	*tretton*	40	*fyrtio*
3	*tre*	14	*fjorton*	50	*femtio*
4	*fyra*	15	*femton*	60	*sextio*
5	*fem*	16	*sexton*	70	*sjuttio*
6	*sex*	17	*sjutton*	80	*åttio*
7	*sju*	18	*arton*	90	*nittio*
8	*åtta*	19	*nitton*	100	*hundra*
9	*nio*	20	*tjugo*	1000	*tusen*
10	*tio*	21	*tjugoett*		

Zeitangaben

(am) Montag	*(på) måndag*	Woche	*vecka*
Dienstag	*tisdag*	Wochenende	*helg/veckoslut*
Mittwoch	*onsdag*	Feiertage	*helgdagar/röda dagar (im Kalender rot markierte, arbeitsfreie Tage)*
Donnerstag	*torsdag*		
Freitag	*fredag*		
Samstag	*lördag*	Monat/Jahr	*Månad/år*
Sonntag	*söndag*	Um drei Uhr.	*Klockan tre.*
bezeichnet eine Einheit von 24 Std.	*dygn*	Vor drei Uhr.	*Före/innan klockan tre.*
heute	*idag*	Nach drei Uhr.	*Efter klockan tre.*
gestern	*igår*	Viertel vor drei.	*Kvart i tre.*
morgen	*i morgon*	Viertel nach drei.	*Kvart över tre.*
Morgen	*morgon*	Halb drei.	*Halv tre.*
Vormittag	*förmiddag*	Wann?	*När?*
Mittag	*middag*	Um wie viel Uhr?	*Hur dags?*
Nachmittag	*eftermiddag*	Wieviel Uhr ist es?	*Hur mycket är klockan?*
Abend	*kväll*	Es ist drei Uhr.	*Klockan är tre./ Den är tre.*
Stunde	*timme*		
Tag	*dag*		

Übernachten

Einzel-/Doppelzimmer	*enkelrum/dubbelrum*
Ferienhaus	*sommarstuga, stuga, fritidshus*
Campinghütte	*campingstuga*
Zelt	*tält*
Jugendherberge	*vandrarhem*
Gästehaus	*gäststuga*
Dusche – Bad – Toilette	*dusch – bad – toalett*
Haben Sie ein Zimmer frei?	*Finns det lediga rum?/Har du några lediga rum?*
mieten	*hyra*
Frühstück	*frukost*
Mittagessen	*lunch*
Abendessen	*kvällsmat/middag*

Straßenverkehr

Bus – Zug	*buss – tåg*
Straßenbahn – U-Bahn	*spårvagn – tunnelbana*
Schiff – Boot – Fähre	*skepp – båt – färja*
Bahnhof Hauptbahnhof	*(tåg)station centralstation/ tågcentral*
Busbahnhof – Haltestelle	*busstation – hållplats*
Anlegeplatz	*båtplats, brygga, gästhamn, tilläggningsplats*
Parkplatz	*parkering*
Straße – Weg – Platz	*gata/väg – väg/stig – torg/plats*
Flughafen	*flygplats*
Leihwagen – Taxi	*hyrbil – taxi*
Auto	*bil*
Motorrad	*motorcykel*
Fahrrad	*cykel*
Reifen	*däck*
Bremse	*broms*
Ich habe eine Autopanne.	*Jag har fått stopp på bilen.*
Ich habe/Mein Auto hat einen Platten.	*Jag har fått punktering på bilen.*
Mein Fahrrad hat einen Platten.	*Min cykel har fått punktering.*
Mein Fahrrad macht Schwierigkeiten.	*Min cykel krånglar.*

Einkaufen, Essen und Trinken

Was kostet das?	*Vad kostar det?*
Ich hätte gerne …	*Jag skulle vilja ha …*
Ich möchte … bestellen.	*Jag skulle vilja beställa …*
Ich möchte … bezahlen.	*Jag skulle vilja betala …*
Noch ein …, bitte.	*En/Ett till …, tack.*
Ich bin allergisch gegen …	*Jag är allergisk mot …*
Angebot	*erbjudande*
Laden – Supermarkt	*butik – matbutik/ snabbköp (kleines Lebensmittelgeschäft)*
Lebensmittel	*livsmedel*
Brot – Brötchen	*bröd – fralla*
Aufschnitt	*pålägg*
Milch	*mjölk*
Käse	*ost*
Butter	*smör*
Sahne	*grädde*
Rindfleisch	*nötkött*
Schweinefleisch	*fläsk*
Hackfleisch	*köttfärs*
Hackfleischbällchen	*köttbullar*
Lamm	*lamm*
Rentier	*ren*
Elch	*älg*

Besonderheiten

å	Dieser Buchstabe wird von Touristen gerne wie das lange a ausgesprochen (s. o.), ist aber lautlich schlicht ein ganz rundes o, das je nachdem entweder lang, z. B. in åka (fahren; Aussprache wie im dt. Opa), oder kurz, z. B. in fålla (säumen; Aussprache wie im dt. soll), ausgesprochen wird.
y	liegt lautlich etwa zwischen dem deutschen i und ü.

Die Aussprache der Umlaute ä und ö entspricht in etwa der deutschen. Die häufig vorkommende Buchstabenkombination ej – wie auch die seltener auftretende Verbindung ei – werden wie „äi" ausgesprochen; z. B. hej (hallo), tejp (Tesafilm/Klebestreifen).

Aussprache der Konsonanten

Im Grunde werden viele Konsonanten im Schwedischen so ähnlich wie im Deutschen ausgesprochen, doch gibt es ein paar Besonderheiten:

r	ist ein gerolltes Zungenspitzen-r.
s	wird immer stimmlos ausgesprochen.
z	wie ein stimmloses s

Einige Konsonanten sind in ihrer Aussprache vom nachfolgenden Vokal abhängig. Dabei unterscheidet man zwischen den dunklen Vokalen (a, o und u) einerseits, und zwischen den hellen (e und i) andererseits; y wird ebenso wie die Umlaute ä und ö zu den hellen Vokalen gerechnet.

	nachfolgender dunkler Vokal	**nachfolgender heller Vokal**
	i. d. R. wie im Deutschen	
c	z. B. café (Café), camping (Campingplatz)	wie ein stimmloses s z. B. cigarett (Zigarette), centralt (zentral)
g	z. B. galen (verrückt), gott (lecker)	wie das deutsche j z. B. gissa (raten), gädda (Hecht) *Wie ein j wird g auch ausgesprochen, wenn es auf ein r oder l folgt, z. B. Göteborg, helg (Wochenende).*
k	z. B. kolla (schauen, gucken), Kalmar	wie das deutsche sch z. B. känga (Stiefelette), kind (Wange)

Folgt ein weiterer Konsonant, gilt die Ausspracheregel für nachfolgende dunkle Vokale. Davon ausgenommen sind besondere Konsonantenkombinationen (s. u.).

Besondere Konsonantenkombinationen

Das Schwedische kennt einige im Deutschen unübliche Anhäufungen von Konsonanten:

dj	ausgesprochen wird nur das j	z. B. djur (Tier), djupt (tief)
gj	ausgesprochen wird nur das j	z. B. gjutjärn (Gusseisen), gjorde (machte)
hj	ausgesprochen wird nur das j	z. B. hjul (Rad), hjärta (Herz)
lj	ausgesprochen wird nur das j	z. B. ljud (Laut), ljuvlig (lieblich)
gn	ausgesprochen wie ngn	z. B. regn (Regen), ugn (Ofen), Magnus

kj	ausgesprochen wie sch	z. B. kjol (Rock), Kjell
tj	ausgesprochen wie sch	z. B. tjära (Teer), tjuv (Dieb)
sj	ein stark aspirierter, im hinteren Gaumenbereich artikulierter Zischlaut, der sich dem deutschen sch ein wenig annähert (Tipp: bei Unsicherheit wirklich sch sagen, man outet sich zwar als deutschsprachig, wird aber immerhin verstanden!)	z. B. sjuk (krank), själv (selbst, allein)
skj	s. Aussprache von sj	z. B. skjorta (Hemd), skjuta (schießen)
stj	s. Aussprache von sj	z. B. stjärna (Stern)
sk	vor hellen Vokalen, s. Aussprache von sj (vor dunklen Vokalen wie im Deutschen)	z. B. skinka (Schinken), skämt (Witz, Spaß)

Auch die Endungen -tion (z. B. station – Bahnhof) und -sion (z. B. version – Version) folgen der Ausspracheregel von sj.

Anmerkung: sp und st werden wie im Norddeutschen mit stimmlosem s ausgesprochen.

Für die tatkräftige Unterstützung bei der Erstellung und Ergänzung des Sprachführers – und die daraus entstandenen lebhaften semantischen Diskussionen – ein herzliches Dankeschön an meine Kollegen und an meine Schüler aus Deutsch 9.

Britta Jansen

Ystad: Stadtrundfahrt mit der alten Feuerwehr

Verlagsprogramm

Ägypten

- Ägypten
- Niltal
- Sinai & Rotes Meer

Australien

- Australien – der Osten

Baltische Länder

- Baltische Länder

Belgien

- *MM-City* Brüssel

Bulgarien

- Schwarzmeerküste

China

- *MM-City* Shanghai

Cuba

- Cuba

Dänemark

- *MM-City* Kopenhagen

Deutschland

- Allgäu
- *MM-Wandern* Allgäuer Alpen
- Altmühltal & Fränkisches Seenland
- Bayerischer Wald
- *MM-Wandern* Bayerischer Wald
- *MM-City* Berlin
- Berlin & Umgebung
- Bodensee
- *MM-City* Dresden
- Fehmarn
- Franken
- Fränkische Schweiz
- *MM-City* Hamburg
- Harz
- *MM-City* Köln
- *MM-City* Lübeck
- Mainfranken
- Mecklenburgische Seenplatte
- Mecklenburg-Vorpommern
- *MM-City* München
- *MM-Wandern* Münchner Ausflugsberge
- Nürnberg, Fürth, Erlangen
- Oberbayerische Seen
- Ostfriesland und Ostfriesische Inseln
- Ostseeküste – von Lübeck bis Kiel
- Ostseeküste – Mecklenburg-Vorpommern
- *MM-Wandern* Östliche Allgäuer Alpen
- Pfalz
- Rügen, Stralsund, Hiddensee
- Südschwarzwald
- Schleswig-Holstein Nordseeküste
- Schwäbische Alb
- Sylt
- Usedom
- *MM-Wandern* Westliche Allgäuer Alpen und Kleinwalsertal
- *MM-Wandern* Zentrale Allgäuer Alpen

Dominikanische Republik

- Dominikanische Republik

Ecuador

- Ecuador

Frankreich

- Bretagne
- Côte d'Azur
- Elsass
- *MM-Wandern* Elsass
- Haute-Provence
- Korsika
- *MM-Wandern* Korsika
- *MM-Wandern* Korsika Fernwanderwege
- Languedoc-Roussillon
- Normandie
- *MM-City* Paris
- Provence & Côte d'Azur
- *MM-Wandern* Provence
- Südfrankreich
- Südwestfrankreich

Griechenland

- Athen & Attika
- Chalkidiki
- Griechenland
- Griechische Inseln
- Karpathos
- Kefalonia & Ithaka
- Korfu
- Kos
- Kreta
- *MM-Wandern* Kreta
- Kykladen
- Lesbos
- Naxos
- Nord- u. Mittelgriechenland
- Nördl. Sporaden – Skiathos, Skopelos, Alonnisos, Skyros
- Peloponnes
- Rhodos
- Samos
- Santorini
- Thassos & Samothraki
- Zakynthos

Großbritannien

- Cornwall & Devon
- England
- *MM-City* London
- Schottland
- Südengland

Indonesien

- Bali & Lombok

Irland

- *MM-City* Dublin
- Irland

Island

- Island

Italien

- Abruzzen
- Apulien
- Adriaküste
- Cilento
- Dolomiten – Südtirol Ost
- Elba
- Friaul-Julisch Venetien
- Gardasee
- Golf von Neapel
- Italien
- Kalabrien & Basilikata
- Lago Maggiore
- Ligurien – Italienische Riviera, Genua, Cinque Terre
- *MM-Wandern* Ligurien & Cinque Terre

- Liparische Inseln
- Marken
- Mittelitalien
- Oberitalien
- Oberitalienische Seen
- Piemont & Aostatal
- *MM-Wandern* Piemont
- *MM-City* Rom
- Rom & Latium
- *MM-Wandern* Rund um Meran
- Sardinien
- *MM-Wandern* Sardinien
- Sizilien
- *MM-Wandern* Sizilien
- Südtirol
- Südtoscana
- Toscana
- *MM-Wandern* Toscana
- Umbrien
- *MM-City* Venedig
- Venetien

Kanada

- Kanada – der Osten
- Kanada – der Westen

Kroatien

- Istrien
- Kroatische Inseln & Küste
- Mittel- und Süddalmatien
- Nordkroatien – Kvarner Bucht

Malta

- Malta, Gozo, Comino

Marokko

- Südmarokko

Montenegro

- Montenegro

Neuseeland

- Neuseeland

Niederlande

- *MM-City* Amsterdam
- Niederlande

Norwegen

- Norwegen
- Südnorwegen

Österreich

- Salzburg & Salzkammergut
- Wachau, Wald- u. Weinviertel
- *MM-City* Wien

Polen

- *MM-City* Krakau
- Polnische Ostseeküste
- *MM-City* Warschau

Portugal

- Algarve
- Azoren
- *MM-City* Lissabon
- Lissabon & Umgebung
- Madeira
- *MM-Wandern* Madeira
- Nordportugal
- Portugal

Russland

- *MM-City* Moskau
- *MM-City* St. Petersburg

Schweden

- Südschweden

Schweiz

- Genferseeregion
- Graubünden
- Tessin

Slowakei

- Slowakei

Slowenien

- Slowenien

Spanien

- Andalusien
- *MM-Wandern* Andalusien
- *MM-City* Barcelona
- Costa Brava
- Costa de la Luz
- Gomera
- *MM-Wandern* Gomera
- Gran Canaria
- Ibiza
- Katalonien
- Lanzarote
- La Palma
- *MM-Wandern* La Palma
- *MM-City* Madrid
- Mallorca
- *MM-Wandern* Mallorca
- Menorca
- Nordspanien
- Spanien
- Teneriffa
- *MM-Wandern* Teneriffa

Tschechien

- *MM-City* Prag
- Südböhmen
- Tschechien
- Westböhmen & Bäderdreieck

Türkei

- *MM-City* Istanbul
- Türkei
- Türkei – Lykische Küste
- Türkei – Mittelmeerküste
- Türkei – Südägäis von İzmir bis Dalyan
- Türkische Riviera – Kappadokien

Tunesien

- Tunesien

Ungarn

- *MM-City* Budapest
- Westungarn, Budapest, Pécs, Plattensee

USA

- *MM-City* New York

Zypern

- Zypern

Aktuelle Informationen zu allen Reiseführern finden Sie im Internet unter

www.michael-mueller-verlag.de

Michael Müller Verlag GmbH, Gerberei 19, 91054 Erlangen
Tel. 0 91 31 / 81 28 08-0; Fax 0 91 31 / 20 75 41; E-Mail: info@michael-mueller-verlag.de

Anleger von Kyrkesund

Register

„Kungsportsavenyn" steht nur im Stadtplan – die Göteborger nennen ihre Paradestraße liebevoll kurz „Avenyn"

Stockholm-Register (ab S. 362)